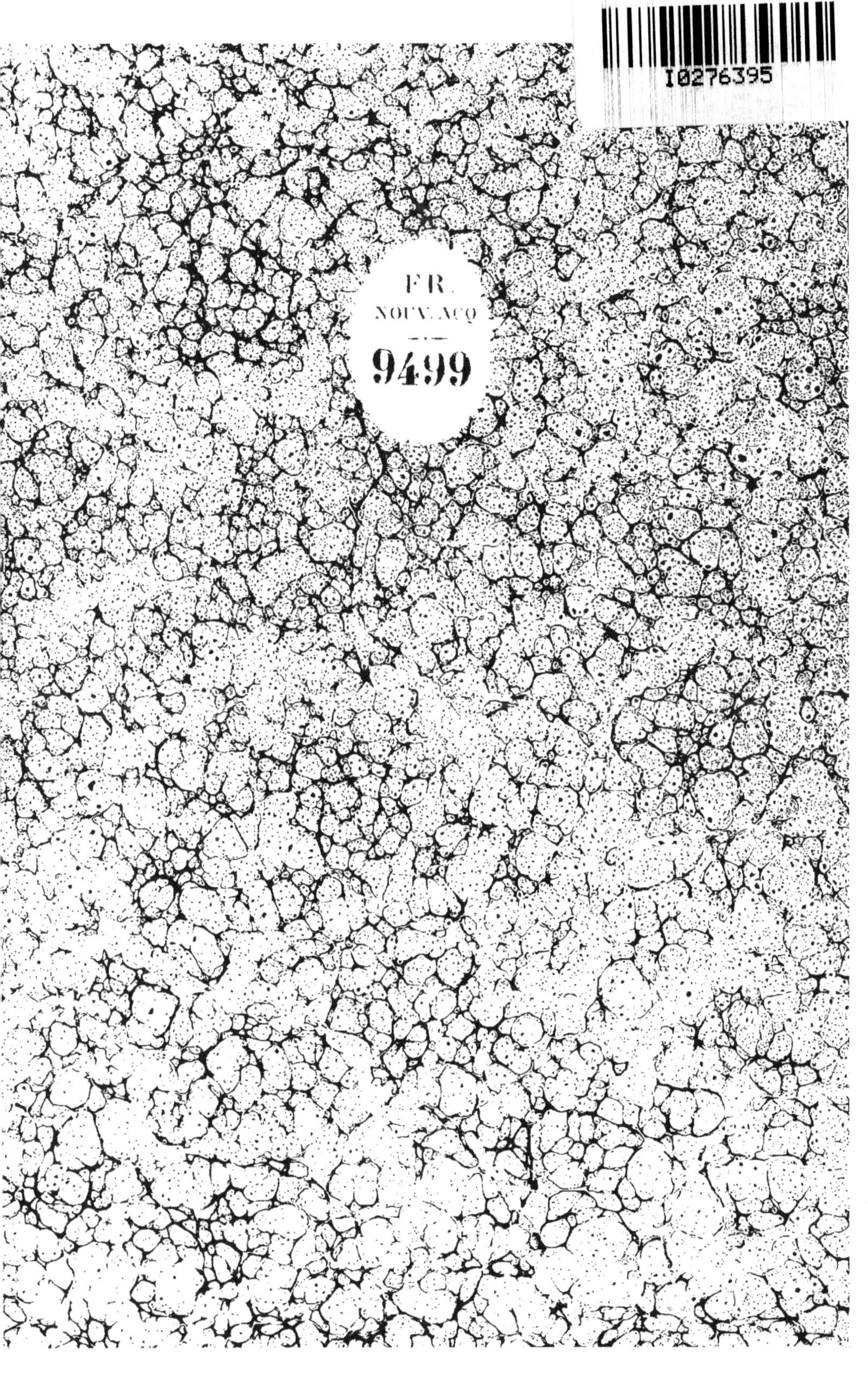

Le 15 Septembre 1844.

1

Monsieur Le Ministre.

Travaux historiques.

Puisque Votre Excellence daigne m'encourager je prendrai la liberté de lui exposer par écrit l'objet d'une Entreprise, qu'Elle n'a pu qu'entrevoir dans ce que j'ai eu l'honneur de lui dire.

Il y a plus de deux ans, j'eus l'occasion de fouiller les Archives de nos anciennes colonies de l'Amérique Septentrionale — Un Examen quoique superficiel de ces papiers fit bientôt naître en moi le désir d'écrire l'histoire de ces régions, dont le sujet me paraissait neuf, animé, pittoresque, riche de couleur et de tons divers. Depuis ce temps, je n'ai cessé de lire, de copier les documents contenus dans ces Archives et chaque jour j'y ai découvert des trésors du plus haut prix, des trésors enfouis, ignorés, dispersés dans nos Ministères, où souvent ils étaient entassés sans ordre. — Persuadé, comme je le suis, que les Cartons des autres colonies ne renferment pas moins d'éléments historiques dignes de l'attention de tout et qu'il importe de mettre en lumière, je proposerais à Votre Excellence, de publier une Collection des documens principaux relatifs aux Fastes de la Colonisation Française prise dans son ensemble. Les Colonies, qui concourent à la Richesse du Pays ont également contribué à sa gloire, cependant jusqu'ici elles n'ont réellement pas eu d'historien. — Mais, peut être, au milieu des travaux qui se préparent déjà pour l'histoire de l'Intérieur du Royaume, cette entreprise pourrait elle paraître trop étendue à Votre Excellence. S'il en était ainsi, je vous demanderais aumoins Monsieur le Ministre, de faire pour nos anciennes colonies de l'Amérique du Nord, le travail que plus tard un patriotisme éclairé ne saurait manquer d'étendre à tout

Il y a longtemps, il est vrai, que la Nouvelle France, la plus import de nos possessions, alors même que nous avions Saint Domingue, a passé au pouvoir d'un peuple, dont le Roi était aux Gages de Louis XIV. — Nous le savons trop les Traités de Paris nous sont funestes. — Quatre-vingt ans se sont écoulés de cet abandon, auquel Monsieur de Choiseul fut contraint en partie par la néglig de ses prédécesseurs et dont le consolait, dit-on, l'idée même des excès aux que l'homme d'Etat prévoyait que l'Angleterre allait se porter dans l'Am rique Septentrionale, où le Traité de 1763 la rendait maîtresse absolue. M Si reculée que soit la perte de ces Colonies, le Monument historique, Mon le Ministre, que je vous propose d'élever à la Gloire de la France a aussi un intérêt actuel, général, et tel que vous m'avez fait l'honneur de m'en tracer le p il imposerait encore par delà l'Atlantique, malgré l'extinction de notre pu sance sur les bords du Saint Laurent et du Mississipi.

A mon avis, l'ignorance où nous sommes des divers Systèmes d'Administ tion suivis par le Gouvernement, de la manière dont ses agents ont rempli leurs mission du résultat de leurs actes, notre ignorance des habitudes, des besoins, des mœurs, de chacune des populations est une des principales causes de l'état où s'agitent les

Colonies qui nous restent, si brillantes à leur début. — Alors, il faut le dire aussi, Colbert les dirigeait, Colbert qui n'eut qu'un tort, celui, malheureusement pour elles, de ne pas comprendre la liberté du commerce. — L'indifférence dans laquelle nous sommes demeurés à l'égard de nos possessions, la négligence funeste du passé donnent donc aujourd'hui à l'étude de la question de colonisation une importance qui s'est accrue de tout ce qu'on pouvait, de tout ce qu'on a omis de faire. — Une considération doit encore nous attacher davantage à observer l'état et le régime de nos colonies. Je ne parle pas seulement de la misère des classes qui ne pouvant vivre ici de leur travail s'étouffent dans nos villes, lorsqu'elles pourraient être heureuses et utiles à la Guadeloupe, à la Martinique ou ailleurs. — Mais je veux parler aussi des conquêtes de nos soldats qui nous préparent tant de sol nouveau à faire valoir.

Sous ce point de vue, Monsieur le Ministre, une Collection de documens principaux pour servir à l'histoire des Français dans l'Amérique septentrionale, en reliant le passé au présent, aurait actuellement une valeur réelle et positive. Objet de la sollicitude particulière des Colbert, des Seignelay, des Pontchartrain, ces ministres de la grande époque, le Canada, la Louisiane et l'Acadie nous représenteront mieux, au moins aussi bien que d'autres colonies, tout ce qu'il y a eu de bon et de défectueux dans notre système de colonisation, que je crois peu modifié.

Mais aussi, à part des raisons de gloire laissée dans l'ombre et d'éléments nouveaux de littérature, lesquels accroîtront nos richesses en ce genre, il est d'autres considérations faciles à développer, qui se rattachent à l'importance du rôle que les États Unis jouent depuis cinquante ans, à leur essor continu, à l'influence qu'ils peuvent exercer de ce côté par leurs relations avec l'Europe, dont ils semblent aujourd'hui faire partie. — Assurément il serait avantageux de resserrer les liens qui nous unissent à ce pays. — Rivaux nés de l'Angleterre, les terre, les États Unis sont nos alliés naturels contre une puissance toujours armée contre nous jusques dans la paix. — Or cette amitié de pays à pays, nous pouvons l'entretenir, je crois, entre la Confédération Américaine et la France, unies déjà par des intérêts commun en rappelant avec ménagement ce que la Patrie des De Gourgues, des Lasalle et des d'I berville, des Lafayette et des Vergennes a fait pour le peuple des Smith et des Raleig des Washington et des Franklin.

D'un autre côté, Monsieur le Ministre, l'impatience de nos anciennes colonies à porter le joug de la Grande Bretagne qui vexe et violente la Race française, généreusement obstinée depuis 1763 à ne vouloir ni renier le nom ni oublier la lang et les habitudes de ses pères, semble nous parler de la manière la plus él quente en faveur du Canada et nous presser de donner au moins à cette N Américaine, au milieu des souffrances qu'elle endure parce qu'elle est née Française, un gage de notre sympathie, seule consolation, unique secours qu nous soit permis d'apporter à des concitoyens, à des Frères.

Ainsi en même tems qu'elle servirait à nos Études, à nos Intérêts, à no honneur, la Collection des Documents relatifs à notre histoire dans l'Amériq du Nord serait également un livre national pour les Canadiens, comme pou la Population Française de l'Ancienne Louisiane, dont dix des États un couvrent aujourd'hui le sol découvert et possédé jadis par la France. Et si les Souven du passé ont une influence qu'on ne saurait contester, si les sentiments formés au fon des populations par une suite de faits semblables sont une chaîne dont il est diffic de rompre les anneaux, il est permis de croire que la publication que je propo à Votre Excellence, soutiendra, augmentera, s'il est possible, chez les descen de ces deux peuples sortis du sein de notre mère commune l'amour et le respect d nom qui fut le leur; de même qu'elle protègera contre l'oubli, contre l'amour propre des Anglo-Américains nos titres à la Reconnaissance des États Unis. France en effet, d'où naquit une moitié de l'Amérique Septentrionale, qui veilla sur son berceau, qui plus tard présida à l'Emancipation de l'autre moitié de ce continent, ne saurait y devenir une Etrangère, et l'on peut même espérer que l'Influence qu'engendrent le respect et l'[illegible] prendra en notre faveur un nouvel accroissement par l'Evocation du Passé; quand le jour de Victoire et de délivrance luira pour les Canadas, quand le Canada et l'Acadie se réunissant aux Etats Unis evenement probable, formeront avec l'Ancienne Louisiane un noyau Français dans le Congrès. Américain

Enfin pour me résumer, Monsieur le Ministre, la Collection de documents que j'ai l'honneur de vous proposer, vous paraîtra, je crois, du plus haut intérêt. — Considérée sous le point de vue de l'Economie politique, elle servira à éclairer l'Etude de la question de Colonisation — question d'une si haute importance pour notre époque; Envisagée sous le rapport historique, le Père de Charlevoix n'ayant poussé l'histoire de nos Colonies de l'Amérique du Nord que jusqu'en 1722, cette publication qui embrasserait une période de 60 années de plus, où les événements se compliquent et deviennent plus grands, mettra en lumière outre d'intéressans détails presque effacés dans le récit incolore, partial et quelquefois inexact de cet historien, beaucoup d'événements encore ignorés aujourd'hui et des hommes du plus noble caractère, nés pour accroître l'honneur du nom Français. — La nouvelle Collection répondrait encore aux besoins de notre Curiosité artistique et littéraire. L'Element Indien par exemple, présente un caractère tout pittoresque, les usages, les mœurs, les actions de l'homme Rouge, ses Discours empreints quelquefois de la plus haute éloquence, tout défigurés qu'ils sont par les versions des Interprètes, ont une couleur, une poésie, une originalité qui ressortiront bien mieux dans le texte des Archives fidèlement reproduit que dans les fictions de Cooper souvent inférieures aux documents qui sont en notre possession.

Si je pouvais, Monsieur le Ministre, vous faire passer sous les yeux les Archives que je propose à Votre Excellence de recueillir, si je pouvais seulement m'étendre davantage dans [illegible] la simple exposition de mon projet, je pourrais, je n'en doute pas, justifier une partie de ce que j'avance. — Je vous montrerais ces courses audacieuses dans des mers inconnues, ces Etablissemens qui se font sous la flèche enflammée ~~du Sauvage~~ et au cri du Sauvage, ce cri, qui une fois qu'on l'a entendu ne s'oublie jamais tant il est terrible! Je vous dirais le dévouement de nos missionnaires, infatigables dans l'accomplissement de leurs devoirs, infatigables dans le martyre, mais moins forts contre les tentations de l'orgueil et ~~celle~~ de l'ambition que contre les tortures du bûcher. Je vous peindrais la vie des coureurs de bois, amoureux d'indépendance et de plaisirs excessifs achetés au prix des plus dures privations et d'effrayans périls, franchissant des espaces immenses en traînant ou emportant leurs bagages à travers des forêts vierges où la hache doit leur faire un passage, voyageant l'hiver sur les neiges des raquettes aux pieds, l'été sur les fleuves dans le canot d'écorce qu'on appelle un coffre à mort. — Je vous présenterais le tableau des prétentions du Conseil Souverain qui joue là bas le ~~petit~~ Parlement et fait des barricades. — Je vous raconterais les guerres des partis, guerres affreuses, où l'Indien vainqueur emporte pour trophées les chevelures qu'il enlève avec le scalp, où le prisonnier la plupart du temps est mis à la chaudière s'il n'est consumé dans les flammes. — Je vous rapporterais encore ces luttes si éclatantes et si tristes à la fois de la Rivalité des colonies de la France et de l'Angleterre, dans lesquelles ~~cette~~ dernière cupides, sans foi, sans pudeur, sans humanité, ~~ne~~ triomphèrent que par le nombre de la valeur Canadienne, du patriotisme Breton de l'Acadie, qu'elles désespéraient d'abattre jamais, la nuit même qui précéda leur grande et décisive victoire du 13 7bre 1759. — Je n'entreprendrai pas toutefois, Monsieur le Ministre, dans les particularités qui ajoutent à l'intérêt de l'histoire, ici la place manquerait à l'abondance des faits. — Je demanderai seulement à Votre Excellence la permission de lui dire que les actions chevaleresques d'un de Gourgues, un héros de roman, que les aventures de Cavelier de la Salle, plus belles que l'Odyssée si l'on retrouvait le pinceau d'Homère, que le caractère magnifique et plein d'élévation du Comte de Frontenac, que les belles paroles de ce seigneur à l'Envoyé de l'Amiral Anglais qui le sommait de se rendre par ce qu'il était sans défense, paroles dignes du Général que Turenne désignait autrefois pour aller au secours de Candie. — Je demanderai à Votre Excellence la permission de lui dire que ces détails, que les beaux faits d'armes de d'Iberville dans la baie d'Hudson, que nos découvertes, que la magnanimité de Villiers, maître de la vie du jeune Washington, que mille traits enfin, à quelques uns desquels de jeunes héroïnes ont attaché leur nom, appellent l'attention et s'imposent naturellement à la mémoire d'un pays qu'ils honorent.

Mais il faut le dire à Votre Excellence, une collection où se rassembleraient selon ses propres paroles non des documents oiseux, mais ayant tous une portée réelle, un intérêt évident tels que des Traités, des prises de possession, des récits de découvertes, des tableaux de mœurs, des coups d'éclat, des combats d'un résultat grave, des projets, des Edits utiles à la Colonisation, une Collection semblable ne peut se faire ni en deux ni en trois volumes. Pour que je puisse suivre, Monsieur le Ministre, le plan que vous me tracez et remplir vos intentions c'est à dire pour que l'Entreprise ait comme vous le voulez une signification historique, nationale, il faudrait que vous eussiez la bonté de m'accorder un plus grand espace.

En effet, Monsieur le Ministre, dans la Période, dans les contrées de l'histoire desquelles vous m'avez fait l'honneur d'approuver le projet, il n'y a pas moins de trois Colonies, le Canada, la Louisiane et la trois fois malheureuse Acadie; il ne s'écoule pas moins d'un siècle — Pendant cet espace de temps sur cette vaste étendue de pays plus de trente gouverneurs se succèdent, qui tous ont des titres à la renommée et à la reconnaissance des peuples. Ce sont les D'Avaugour, les Tracy, les Courcelles, les Frontenac, les Callières, les Vaudreuil, les Beauharnois, les Duquesne. — Ces Colonies ont aussi de grands administrateurs, tels que l'Intendant Talon, avec lequel Colbert discute lorsqu'il commande et l'avenir prouve que l'Intendant avait raison quoiqu'il eût dû céder à son Supérieur — On ne saurait par exemple passer rapidement sur les efforts de cet esprit distingué qui seconda si bien les Inspirations du grand Ministre dans l'Etablissement de la Nlle France — Les soins éclairés autant que paternels de l'Amiral Comte de Toulouse, les vastes vues de son beau-frère et conseil le Régent, Philippe d'Orléans, malgré ses erreurs, assignent également à ces deux princes une place honorable dans l'histoire de l'Amérique Septentrionale, place qu'on doit, sans flatterie, leur accorder, qu'on ne peut leur refuser sans injustice

Ainsi en ne me donnant que trois Volumes, Votre Excellence ne donnera pas même un dixième de chacun à chaque Gouverneur, puisqu'il faudrait aussi en consacrer une partie aux Ordres des Ministres et à l'administration des Intendants

Encore, dois-je le dire, la guerre de Sept ans née en Amérique et à cause d'elle, dans laquelle la rivalité de la France et de l'Angleterre partage l'Europe en deux camps, où nos Montcalm, nos Lévis, nos Bougainville font des efforts si éclatans, encore cette guerre, maritime, mérite-t-elle une attention particulière.

Je m'appuie ainsi, Monsieur le Ministre, sur les moyens d'exécuter le plan que vous m'avez tracé vous même que parce que vous avez exprimé toutes mes pensées, tous mes désirs avec une clarté qui m'y attache d'autant plus, parce que si en révélant une partie de notre gloire dans le Nouveau Monde en produisant au grand jour les témoignages de la vérité qui nous est presque toujours favorable vous détruirez l'effet des mauvaises histoires de notre Colonisation, écrites dans un but hostile par des Anglais qui semblent avoir pris à tâche de ternir ou d'effacer notre mémoire.

L'examen des documens que j'ai l'honneur de vous faire remettre, Monsieur le Ministre, quoiqu'il ne m'ait été donné de les choisir que parmi le peu de notes que j'ai encore pu copier, ne détruira en rien, je l'espère, le suffrage que vous avez eu la bonté de m'accorder. En les parcourant, Votre Excellence, ne cessera pas, je pense, d'avoir de la Collection que je lui propose, l'idée qui me soutient depuis deux ans dans l'entreprise de l'histoire, à laquelle doivent servir ces archives, contre tous les sacrifices de plaisir, de bien être, de santé même. Sans nul doute ces sacrifices, où l'amour propre a eu également sa part de souffrance, je ne les aurais ~~acceptés~~ ni supportés, ni même acceptés, si je n'eusse puisé ~~mes~~ forces et ~~mon~~ mon courage dans l'espoir de donner un jour un ouvrage utile, en même temps que glorieux à notre pays. J'ose donc espérer aussi, Monsieur le Ministre, que vous voudrez bien me confier l'exécution de ce travail qui entrepris sous vos auspices portera une fois encore sur les rivages ~~trans~~-Atlantiques le nom du

Je joins, Monsieur le Ministre, au mémoire que j'ai l'honneur de vous présenter plusieurs
documens qui pourront servir de specimen et faire quelque peu connaître la valeur des pièces
qu'on peut tirer des Archives relatives à l'histoire des Français dans l'Amérique Septentrionale; Mais je prendrai la liberté de faire observer à Votre Excellence et aux personnes
à qui elle en commettra l'examen que ces documens ne sont pas comme je le voudrais
choisis entre les plus curieux et les plus intéressants de ceux que contiennent les
cartons de nos Ministères, mais qu'ils sont seulement tirés de mes propres notes, et
malheureusement mon travail s'arrête encore à une époque peu avancée. Je
n'ai guères copié que 600 pages, et pendant que je les copiais, je ne croyais d'autre but que
mon histoire. Des notes, je le sens bien aussi, servant d'Introduction, devraient nécessairement
à chaque pièce pour en éclairer quelques parties, pour faire comprendre l'impor
tance qu'elle peut avoir par rapport à l'ensemble, Mais avec le peu de temps qui
m'appartient, avec mes connaissances incomplètes, on me pardonnera sans doute de n'a-
voir pas fait à la hâte un travail qui exigerait beaucoup de soin
et d'étude pour être exact sans être long.

Je dois dire aussi que la grande quantité des Archives renfermées à la Section histori
que des divers Départemens de l'Administration et le peu d'espace qui me serait limité,
Monsieur le Ministre, si Votre Excellence veut bien me faire l'honneur de me char
ger de cette Collection, me rendront plus rigoureux dans le choix définitif des documents
Assurément, je ne donnerai plus tard que la substance seule de plusieurs de ceux mêmes
que je lui soumets en ce moment. Mais j'ai voulu faire voir par l'intérêt même des
pièces que je devrai écarter qu'il est aisé de former un corps d'histoire neuf, autant
qu'utile et souvent curieux, car tel est l'objet de la proposition
que j'ai pris la liberté d'adresser à Votre Excellence.

Il serait superflu, je crois, Monsieur le Ministre, après que vous m'avez déterminé
vous-même le genre de pièces qu'il serait nécessaire de rassembler, de vous exposer
la manière dont je croirais devoir faire ce recueil — Le plan de mon travail
se trouve ainsi tout naturellement distribué, selon moi — Je prendrais soin
seulement de resserrer dans le moins d'espace possible le plus de faits et le plus
d'idées qui méritent d'être conservés. Les progrès de la population, le commerce, l'ad
ministration de la Justice et des finances, la guerre et les desseins politiques
auraient leur part, mais ce ne serait qu'en proportion des avantages qu'ils portent
avec eux, de l'influence qu'ils ont eue sur l'existence des Colonies
ce que je ne saurais voir que lorsque je serais à l'œuvre, alors même, le lendemain
devant peut être modifier les idées de la veille. — Je ne puis donc dire précisé
ment comment je distribuerais chacune des parties de mon travail.

Par exemple, comme je voudrais faire ainsi que je l'ai déjà dit de ce recueil
un corps d'histoire complet, je me proposerais de relier toutes les pièces entre
elles, par les analyses des parties que je n'aurais pas cru nécessaire de copier
et dans

à la tête de chaque année des

les époques, dont l'histoire n'existe pas encore, je me servirais peut-être pour les masses d'évènements

années qui manquent de la manière du Président Hénault.

Une Introduction, semblable à ces notices dont je croirais bon de faire précéder les papiers qui auraient besoin d'être éclaircis ou complétés, me paraîtrait également utile à la tête de l'ouvrage. Les documents que j'ai sous la main et qui remplissent plus de 150 cartons ou registres, embrassent la période d'un siècle, depuis 1663 époque à laquelle Louis XIV racheta les Colonies aux Compagnies de Commerce, jusqu'en 1763, année où Louis XV céda le Canada et l'Acadie à l'Angleterre, et la Louisiane à l'Espagne. Mais l'histoire des Français dans l'Amérique septentrionale commence aux découvertes de Verazzani et de Cartier. Or cette histoire, tracée à grands traits dans une notice préliminaire, pourrait paraître encore neuve après le récit du Père Charlevoix surtout si je retrouvais les papiers de la Compagnie des Indes.

C'est [illegible] tout ce que je puis dire jusqu'à présent — Peut-être aurais-je été facile de m'avancer davantage mais les idées que je puis avoir ne sont pas encore établies dans mon esprit sur des bases assez solides pour que je m'expose à tomber dans des erreurs qu'un examen plus approfondi des matériaux me fera éviter. D'ailleurs des hommes d'un art exquis et d'une science étendue m'ont précédé dans ce genre de travail. Un livre publié dernièrement est entre autres regardé comme un modèle. Je [illegible] je l'étudierai avec soin. Nul plus que moi ne se plaît à rechercher les lumières, à demander aux Esprits distingués les enseignements de leurs œuvres.

— Papiers [illegible] soumis par moi à l'examen de Monsieur le Ministre.

1 Deux pièces qui se rattachent au rachat du Canada des mains de la Compagnie de Commerce. — La Compagnie prouve que loin d'y gagner, elle a perdu à la Seigneurie de la Nouvelle France.

1ère Pièce 1663 — La Compagnie de la Nlle France réclame de l'équité du Roi un dédommagement à ses dépenses et à ses pertes.

2e. Pièce — 1628–1671. État au vrai de la dépense qui a été faite par la Compagnie de la N. F.

histoire de l'État de New-York.

{ — 25. Mai 1666. Soumission des Iroquois Sonnontouans. Reconnaissance de l'autorité du Roi. Signatures de ces Indiens —

17. 8bre 1666. Prise de possession des forts d'Agnié, suivie d'un document intitulé De l'avantage des missions aux Iroquois.

{ Prise de possession des terres du Lac Érié — (histoire de l'État de Michigan)

1671. { Récit de ce qui s'est passé au voyage que Mr. de Courcelles, Gouverneur de la N. F. a fait au Lac Ontario — Périls de cette navigation — 1ère barque qui on ait vue sur les lacs.

1673. { Autre voyage au même lac par le Comte de Frontenac, suivi de la lettre écrite d'Onnontagué par le Père Millet, Jésuite. — (histoire du Canada et de l'État de New Y.)

1674. Extrait d'une lettre de Monsieur de Frontenac — Procès de Monsieur Perrot, Gouverneur de Montréal, neveu de l'ancien Intendant, Mons. Talon — Procès qui s'ensuit contre l'abbé de Fénélon, dont le nom se trouve aussi dans le mémoire précédent.

Le Roi mit le Gouverneur de Montréal six semaines à la Bastille et défendit au parent de [illegible] Archev. de Cambrai de retourner au Canada — [illegible]

principaux griefs qu'on eut à reprocher l'abbé, afin de s'être élevé contre les cornées —
s'éclaireront cette partie

Sept pièces sur les découvertes de Cavelier de la Salle.

Histoire des États de l'Ohio — du Michigan — de l'Illinois, du Missouri — de l'Indiana — de l'Arkansas, du Mississipi, de la Louisiane — et du Texas —

1678 — 12 mai — Permission au Sieur de la Salle de découvrir la partie occidentale de la Nlle France.

1678 — 1688. Mémoire de Monsieur de Tonty — touchant la découverte du Mississipi et des nations voisines par le Sieur de La Salle en 1678 et depuis sa mort.

1682 — 14 mars — Procès verbal de la prise de possession du pays des Arkansas dans la Louisiane

1682 — 9 avril. Procès v. de la p. de p. de la Louisiane à l'embouchure de la mer du Golfe du Mexique.

1684. Mémoire du Sieur de La Salle pour rendre compte à Monseigneur de Seignelay de la découverte qu'il a faite par l'ordre de Sa Majesté.

Sans date (ce doit être en 1684.) Mémoire du Sieur de La Salle sur l'entreprise qu'il a proposée à Monseigneur le Marq. de Seignelay sur une des provinces du Mexique.

14 av. 1684. Commission pour le Sieur de la Salle

On connaît à peine en Amérique même les aventures à qui le génie n'a pas plus manqué que le courage et la persévérance. — J'espère montrer bientôt que l'imagination des poètes n'a pas créé de héros ni plus malheureux ni d'un plus grand caractère. Colomb seul me semble supérieur à lui. — Après avoir pendant dix ans vaincu des obstacles insurmontables à tout autre, traversé des périls sans nombre, subi des fatigues, souffert des privations inouïes, voyagé souvent sans habits et sans chaussures, à travers des bois et des rivières qui semblaient impraticables, marchant des jours entiers dans de vastes solitudes, poussant le bagage sur le dos, dans la neige fondue et sous une pluie battante, poussant son canot au milieu de l'hiver, dans l'eau jusqu'à la ceinture, les pieds nus sur des rochers tranchants, et reposant la nuit couché sur la terre gelée sans avoir pris de nourriture depuis plus de 20 heures — perdant sur sa route des sommes immenses, pendant qu'on le ruinait en Canada, qu'on niait sa découverte, que le gouverneur l'accusait auprès du ministre d'imposture et de desseins pervers, — ayant eu enfin continuellement à se défendre contre les perfidies de ses envieux qui cherchaient à l'arrêter dans sa marche par tous les moyens possibles, contre la férocité des peuples inconnus qui l'attaquaient sur son passage, contre la faiblesse, le découragement, la lâcheté et la cupidité des siens qui l'abandonnaient après l'avoir volé, Cavelier de La Salle était sur le point de compléter l'œuvre qu'il avait entreprise en 1669 lorsqu'il tomba frappé d'un plomb assassin. — Trois fois la maladie, suite de ses fatigues, avait respecté sa vie — L'histoire n'a pas encore vengé cet homme éminent en lui décernant la gloire qui lui appartient. Le corps du découvreur qui donna avec tant d'efforts incroyables plus de huit cents lieues de territoire à sa patrie, dépouillé de ses habits, au milieu de sauvages ensuite poussé du pied dans un hallier, resta dans ce pâturage exposé aux bêtes sauvages qui le dévorèrent deux doute. Et sa mémoire est encore obscurcie des mensonges et des calomnies par lesquels chacun a cherché à se disculper des malheurs qui ont traversé ce hardi voyageur que Lenty, son second, jugeait l'un des plus grands hommes de son siècle, d'un esprit admirable et capable d'entreprendre toutes sortes de découvertes.

Les livres publiés sur ce sujet, si je les compare à ces documents que j'ai cherchés partout, sont incomplets ou faux.

1685. Mémoire du sieur Greysolon Dulhut — Découverte du pays des Nadouessioux.

1685 — Lettres relatives à l'affaire de la baie d'Hudson, dont les termes font voir que celle des Iroquois l'objet de vives contestations entre les couronnes de France et d'Angleterre.

1694 + Mémoire de La Motte Cadillac qui devint plus tard le fondateur du Détroit, ville capitale de l'État du Michigan.

— A propos de la représentation de Nicomède et de Mithridate par crainte du Tartuffe — toute puissance et Inquisition ecclésiastique —

1696 ..... Relation des faits héroïques de Mlle de Verchères âgée de 14 ans contre les Iroquois. Sa mère quelque temps auparavant avait repoussé ces barbares qui tentaient pendant plusieurs jours de suite l'escalade du fort de son mari et toujours en vain — Elle était seule dans le fort — Charlevoix s'est trompé sur la date des actions héroïques de Magdeleine de Verchères.

1712 — + Attaque du Détroit par les Mascoutens et les Outagamis (Renards).

24 9bre 1754. Copie de la lettre écrite à M. de Rouillé par M. de Silhouette — Préliminaires diplomatiques de la guerre de sept ans — Usurpation des rives de l'Ohio par les Anglais.

12 avril 1759. Mémoire sans nom d'auteur que je crois du jeune colonel Bougainville — sur le peu d'espoir qu'il y a de conserver le Canada —

1759. Principaux événements de la campagne de 1759 jusqu'à la prise de Québec avec un mémoire du nombre des troupes anglaises et une carte où sont marqués les forts — Plan du siège de Québec.

Population et Domaine — Justice, administration — Commerce — Sauvages

1666-1667-68 — État abrégé du contenu au rôle des familles de la colonie de la Nlle France.

1°. De 1680 à 1685. État des cures et missions qu'on peut faire au Canada moyennant le supplément qu'il plaira au Roi de donner — Nombre actuel des âmes de chaque paroisse.

170 — Mémoire du sieur de Catalogne sur les plans des habitations et seigneuries des gouvernements de Québec, les Trois-Rivières et Montréal.

1667. Ordre sur les armes.

— 166 — Lettre du Roi à Mr de Courcelles pour lui ordonner de diviser les habitants du Canada par compagnies pour les faire faire l'exercice du maniement des armes.

— arrêt du Conseil supérieur de Québec, défendant d'aller dans les bois au-devant des Sauvages pour traiter lorsqu'ils viennent de la chasse.

J'ai joint à cet arrêt un mémoire sur l'ivrognerie des Sauvages. La traite de l'eau-de-vie au Canada fut l'objet de dissensions bien vives entre les habitants, les officiers du Roi et le clergé. — L'évêque en fit un cas réservé — La Sorbonne, le Pape et le Roi agitèrent la question portée à leur conseil.

1670. Arrêt du Conseil d'État du Roi sur les mariages — Formalités admises ... de la justice ... la Prévôté et ... appel ...

1699. Mémoire sur le commerce au Canada de ... de Callières.

1736. Dénombrement des nations sauvages qui ont rapport au gouvernement du Canada.

Professeur Illustre, dont jadis les Journaux Américains ont réimprimé les brillantes leçons.

Je suis,

avec respect,

Monsieur le Ministre,

Votre très humble et très obéissant serviteur

Pierre Margry.

11 : Rue d'Angoulême — [illegible]

Son Excellence Monsieur le Ministre de l'Instruction Publique.

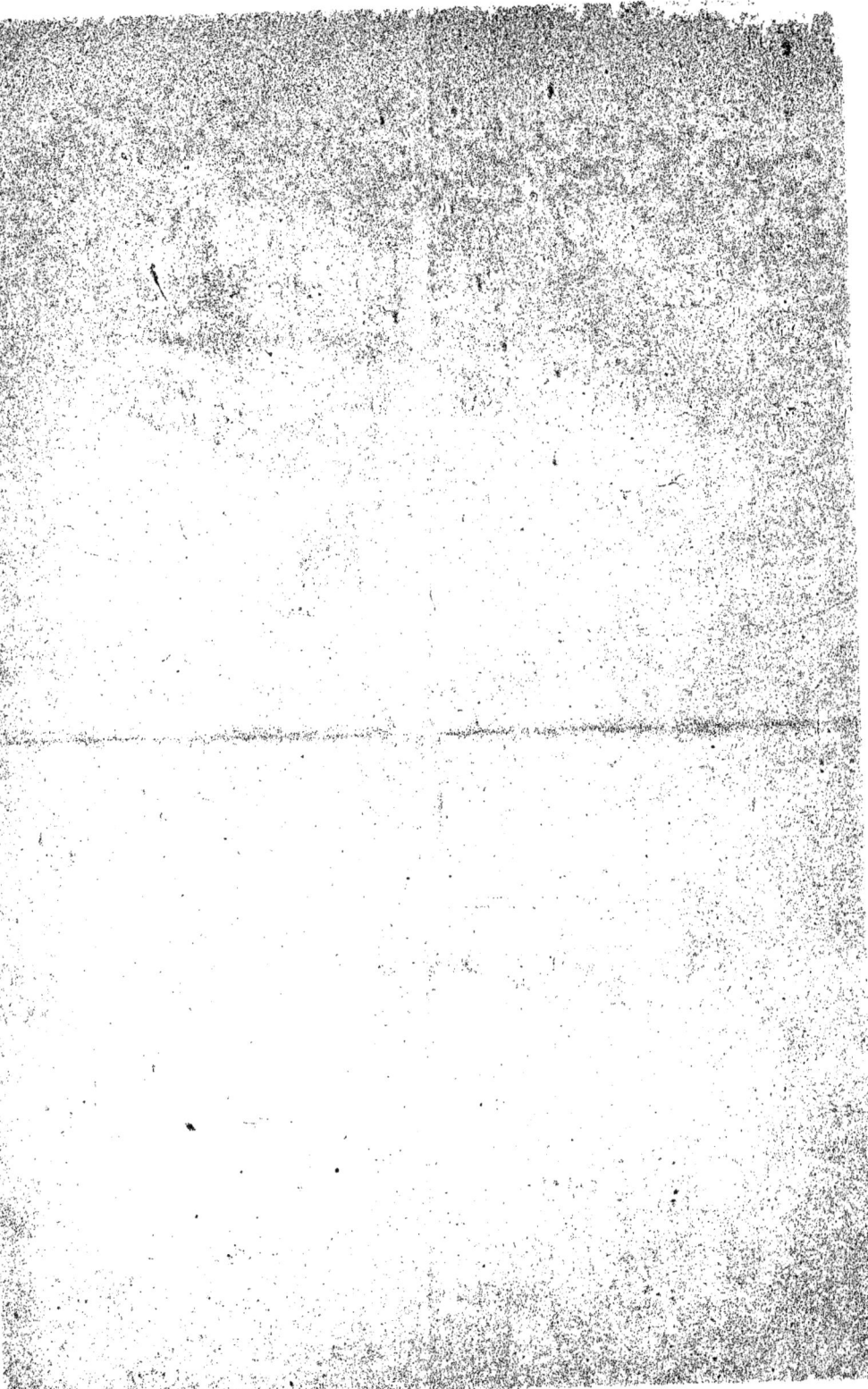

9

15 avril 1845

de 1524 – 1664
carnet
Nazelly
[illegible]
Manuscrit de Sollier –
Manuscrit de l'arsenal

vaux historiques.

2

Monsieur le Ministre,

Jamais pareil espace de temps ne s'est pour moi aussi rapidement écoulé que ces trois derniers mois, il est vrai, dit on, que les termes arrivent fort vite et c'est celui qui m'a été assigné pour vous rendre compte des recherches que vous m'avez ordonnées dans le but d'un recueil de papiers relatifs à nos anciennes Colonies de l'Amerique du nord. J'étais cependant bien impatient de remercier le Comité de m'avoir recommandé à Votre Excellence et Votre Excellence de m'avoir, sur cette recommandation accordé un travail que je ne dois pas moins estimer comme un bienfait que comme un honneur. Mais quelle que fût, à ce propos, mon impatience, un autre sentiment aussi la modérait. C'était l'inquiétude même de l'obligation où j'étais de correspondre avec des hommes qui me sont tellement supérieurs et dont quelques uns sont nos maîtres. Toutefois je me suis efforcé d'élever mon Courage au niveau de mon devoir ; j'ai cherché, si l'on pouvait remplacer le talent par le zèle, à justifier ainsi du moins, Monsieur Le Ministre, Votre appui et le Concours du Comité.

Tout travail exige de l'ordre et de la Méthode, et plus il est étendu, plus ces qualités y sont indispensables. Comme il était probable pour moi que plusieurs dépôts de manuscrits que je n'avais pas encore explorés avant ma Commission, posséderaient des documents importants sur mon sujet, Comme j'avais également besoin, pour suivre l'enchaînement des faits dans le recueil que je dois former de ces documents, de Connaître le Contenu de tous les dépôts, au moins chronologiquement, afin de m'y porter lorsqu'il serait nécessaire suivant la succession et l'intérêt même des événements, j'ai donc Monsieur Le Ministre, aussitôt mes instructions reçues, examiné les diverses bibliothèques de Paris. deux seules ne m'ont rien donné, ce sont la bibliothèque de la Ville et celle de la Sorbonne. La Sorbonne dépouillée de ses papiers importants, ne possède plus guère que des écrits de Jurisprudence et de Théologie. Il semble qu'on l'ait voulu punir par où elle a péché. Mais en revanche la bibliothèque Royale où je suis loin encore d'avoir tout vu, la Mazarine, celle de L'Arsenal, paieront tribut, Sainte Geneviève même a fourni son petit Contingent. Les Archives du Royaume m'ont donné de leur plus précieux.

Mais tout ce que ces divers dépôts peuvent fournir de documens est bien peu Considérable, en Comparaison des immenses richesses des Ministères, leurs archives sont de vraies mines auxquelles leurs propriétaires n'attacheront tout le prix et ne donneront tout le soin qu'elles méritent que quand les esprits puissans en auront mis en oeuvre quelque partie detachée à grand'peine. On aime un peu mieux son or, quand on le voit sortir des mains d'un Cellini. Déja Certains écrivains ont tiré de ces archives des tableaux et des enseignemens d'une vérité plus attachante et plus élevée que toutes les folles imaginations qui ont envahi la littérature. — Mais je le crains, Monsieur le Ministre, il faudra encore bien des efforts pour appeler une attention efficace sur ces sources de lumière qu'on tient sous le boisseau. — Les progrès sont lents en administration, cependant l'histoire, la conquête de notre siècle, ne sera tout ce qu'elle peut, tout ce qu'elle doit être, que quand aux faits, qui déjà nous sont acquis, nous aurons ajouté cette partie la plus féconde assurément et pourtant la plus négligée de son domaine, les archives des divers départemens de l'État, où demeurent ignorés tant de documens qui racontent la gloire de la France.

On ne saurait en vérité, Monsieur le Ministre, se défendre d'une impression pénible, à voir dans la poussière et dans l'oubli des cartons tous ces monumens de nos annales, comme si un peuple et surtout un grand peuple pouvait vivre au jour le jour, oubliant le passé qui a préparé et fondé son avenir, sans le souci de la veille ni celui du lendemain. Aussi cette peine se change-t-elle en un plaisir d'autant plus vif, je dirai presque en un sentiment de reconnaissance, au spectacle du soin intelligent et religieux qu'apportent des hommes éclairés à nous conserver les souvenirs qui nous font une patrie et tous ces titres qu'on pourrait appeler des titres de noblesse. Je n'ai pas moins pour ce qui me regarde Monsieur le Ministre, à me louer de l'ordre qui règne dans les cartons des dépôts de la Guerre et de la Marine, que de la bienveillance que m'ont manifestée, du concours que m'ont prêté leurs directeurs Monsieur le Général Pelet et Monsieur le Vice-amiral Halgan. Ces dépôts contiennent une partie importante des papiers relatifs à mon travail et j'ai pu les connaître aussitôt par un simple coup d'œil jeté sur leurs catalogues, mais les archives de ces deux Ministères mêmes sont loin de jouir du bienfait d'un ordre semblable et si j'ai rencontré à celles de la Marine, où se trouve la masse des documens qui m'importent, une complaisance égale à la difficulté que les recherches y présentent, je dois l'avouer ces difficultés y sont grandes. — Outre les registres des ordres du Roi et les dossiers du personnel, souvent si curieux et si riches, j'ai, je ne sais combien de cartons à visiter et

Tous les papiers y sont dans le désordre le plus embarrassant, ni classification par ordre de dates, ni classification par ordre de matières, souvent même les papiers d'un autre pays s'y trouvent confondus. — De Catalogue il n'en faut pas parler : là où il n'y a pas le plus strict nécessaire, un catalogue serait tout à fait superflu. Par ces paroles, Monsieur Le Ministre, je ne prétends pas reprocher à l'administration actuelle de la Marine un état de choses que ses prédécesseurs lui ont fait et que le déménagement de Versailles a quelque peu augmenté ; je désire seulement ici justifier la lenteur obligée de mon travail dans le cas où votre Excellence et le Comité pourraient m'en faire le reproche, en même temps que je leur montrerai par là le gré que je suis avoir au chef et aux employés de ces archives de l'aide qu'ils voudront bien me donner pour tirer de ce chaos le travail que vous m'avez fait l'honneur de prendre sous vos auspices.

Les recherches, que Votre Excellence m'a ordonnées, se bornent naturellement aux dépôts publics. mais j'ai pensé que deux ordres Religieux, qui avaient joué un grand rôle au Canada et à la Louisiane pouvaient avoir entre leurs mains des mémoires de leurs missionnaires. J'ai voulu m'en assurer. J'aurais également souhaité savoir quels étaient aujourd'hui les propriétaires des papiers des Récollets, des provinces de Saint Denis et d'Artois, mais personne n'a pu me dire où je devais m'adresser. — Ma première visite a donc été aux Révérends Pères de la rue des Postes qui avaient acheté leurs papiers à la vente de la bibliothèque de l'orientaliste M. Langlès. — Malheureusement les Révérends Pères ne m'ont voulu fournir que deux ou trois traits de malice qu'il ne serait pas généreux aujourd'hui de décocher contre eux ; je préfère me consoler avec Tristram Shandy d'une disgrâce qui nous est commune. Quant à Messieurs de Saint-Sulpice, j'ai lieu de croire que Monsieur de Courson élu supérieur de l'ordre, depuis que je ne suis allé au séminaire, réparera par sa libéralité la conduite plus qu'indiscrète de l'abbé Carrière à mon égard. Je dis plus, je me plais à l'espérer, car ainsi que quelques-uns de leurs manuscrits m'en ont donné la preuve, les Sulpiciens ont fait de grandes choses, que la justice de l'histoire ne permet pas de taire, d'une modestie qui fait honneur à cet ordre, nous a privés jusqu'ici de les connaître.

Je terminerai en cet endroit, Monsieur Le Ministre, le compte rendu de mes voyages aux extrémités de Paris, pour apprendre à Votre Excellence les résultats de mes investigations, mais je dois auparavant soumettre à sa critique la manière dont j'ai cru devoir distribuer mon travail et mes rapports — Le désordre des cent cartons de la marine, la diversité et le nombre des registres de ce département, autant que des autres collections qui appellent mes recherches, enfin la dispersion dans plusieurs dépôts des matériaux de mon travail, y apportent naturellement une grande confusion. Si en arrivant aux archives de la marine, j'ai trouvé les ~~mémoires~~ papiers de 1628 à côté de ceux de 1763, les mémoires des premiers gouverneurs à côté de ceux des derniers, à plus forte raison ne pouvais-je espérer que je rencontrerais dans les autres dépôts qui n'en ont que quelques uns et par hasard, des papiers par ordre de dates, venant se grouper harmonieusement autour les uns des autres ; encore s'il en eut été ainsi aussi je du les réunir à la masse de ceux de la Marine. Cependant, Monsieur Le Ministre, je ne saurais vous faire connaître l'importance des papiers que je découvre, l'intérêt même de cette histoire, si je n'en rapprochais par l'ordre et avec méthode tous les élémens dispersés ou bouleversés — En conséquence après avoir parcouru le contenu des diverses archives et noté la date des évènements dont leurs manuscrits font mention, j'ai résolu de diviser mes rapports par périodes ou par grands épisodes et de les faire autant qu'il me sera possible, succéder aux yeux de Votre Excellence dans l'ordre des temps.

Les papiers dont je me propose de vous rendre compte dans ce premier rapport, Monsieur Le Ministre, embrassent la période qui s'écoule pour l'histoire des Français dans l'Amérique du nord depuis Jean Verazzani le premier navigateur envoyé par François Ier jusqu'à l'époque où Colbert racheta les Colonies d'entre les mains des Compagnies de Commerce pour les faire servir à l'accroissement des richesses et de la gloire de la France — Mais je ne me contenterai pas ici de dire les papiers inédits, je ferai davantage, comme les écrivains qui se sont occupés de l'histoire à laquelle ces documents peuvent servir, sont aujourd'hui peu communs, j'indiquerai en outre, pour cette fois seulement, afin qu'on ne les perde pas de vue les manuscrits publiés, mais la plupart aussi oubliés et enfouis dans quelque coin obscur d'immenses collections. D'ailleurs agir ainsi, Monsieur le Ministre, c'est en étendant mon rapport et le mal n'en est que pour moi, donner un cadre aux précieux papiers ignorés que je fais connaître, c'est aider pour plus tard à rassembler dans un foyer commun tous les documents qui éclairent le même sujet, c'est enfin tracer une espèce d'avant propos intéressant indispensable même comme la base des rapports qui suivront sur les périodes postérieures à celle-ci.

Ça été, comme j'ai eu tout à l'heure, l'honneur de le dire à Votre Excellence, Monsieur le Ministre, l'Italie qui a fourni à la France son premier découvreur, Jean Verazzani. L'Italie si brillante alors par les lettres, par les sciences par les arts, mais usée déjà de civilisation au milieu de l'Europe encore presque barbare, mais si morcelée, si anarchique qu'elle ne pouvait faire servir tous ses mérites à sa propre puissance, l'Italie donnait ~~alors~~ pour un peu d'or ses enfans, son Colomb, ses Cabot, ses Vespucci, son Verazzani à l'Espagne au Portugal, à l'Angleterre, à la France qui louoient ces habiles et aventureux pilotes, ainsi que Florence, Milan, Ferrare louoient des Condottieri. Seulement les Condottieri occupaient quelques lieues de territoire pour eux mêmes, souvent encore aux dépens du Saint Père comme Sforza qui datait ses lettres de cette manière « E Firmiano nostro, Invito Petro et Paulo », tandis que les grands navigateurs prenaient possession pour l'étranger de la moitié du monde et de ses trésors. = J'ai recherché avec un vif désir, Monsieur le Ministre, les papiers qui pouvaient avoir rapport à Verazzani, lequel passe pour avoir poussé ses voyages d'exploration depuis la Floride au sud jusques au Cap Breton. Jusqu'ici mes investigations ne m'ont rien produit. J'aurais été heureux de découvrir quelques renseignemens sur sa fin et touchant le succès de son dernier voyage d'où il ne revint pas, mais il faut que je l'avoue, je ne connais encore à son égard que les relations contenues dans le 3me volume de Ramusio, dans le 3e également de la Collection d'Hakluyt - J'espérerai cependant encore, jusqu'à ce que j'aie visité les Collections Dupuy, — Fontanieu, Clairambault et les papiers de l'amirauté - que je ne connais point.

2e voyage de - Découverte de Jacques Cartier - Bibliothèque Royale.

Le monument écrit de l'époque la plus reculée, Monsieur le Ministre, qui me soit encore tombé sous les mains concerne Jacques Cartier l'illustre Malouin. Dieppe, Saint Malo, La Rochelle commencaient alors notre gloire maritime - Ce mémoire dont il y a trois exemplaires inscrits à la bibliothèque Royale sous les numéros 10,025 - 10,272 - 10,265. Lamar, porte le titre suivant : « Seconde « navigation faite par le commandement et vouloir du très « Chrestien Roy François 1er de ce nom au parachèvement de la « découverte des terres occidentales estantes sous le climat et « parallèles des terres, Royaulme dudict Roy et par luy — « précédentement jà commencée à faire découvrir. Icelle « navigation faicte par Jacques Cartier natif de Sainct Malo « de l'isle en Bretaigne, pillote dudict Roy en l'an mil cinq « cent trente six » Je n'ai pu voir le No 10,265 alors prêté, mais il n'existe qu'une petite différence entre les deux autres à l'avantage du 10,025, qui contient de plus que le 10,272 une — « Epistre liminaire adressée au Roy très chrestien, commençant par ces mots : « Considérant ô mon très redoubté Prince... » — Le No 10272, dont la reliure, m'a dit Monsieur Champollion indique qu'il appartenait au malheureux et royal élève d'Amyot, Charles IX ne possède pas cette lettre que Marc Lescarbot, auteur d'une histoire très ancienne de la nouvelle France, croit avoir publiée le premier, « Puis, dit-il, qu'elle est écrite à la main au livre d'où je l'ay « prinse, comme aussi tout le discours de cette seconde « navigation » Ce livre pourrait bien être le No 10,025, le même si je ne me trompe a qui fut présenté au Roy, couvert en Satin bleu (préface de Lescarbot) » En effet on le trouve dans son histoire entremêlé des voyages de Samuel De Champlain, avec lequel le digne avocat au parlement de Paris, croit devoir le faire alterner suivant les nécessités de la Géographie. — Nous devons à Lescarbot plus encore. Il parait avoir reproduit les deux autres voyages de Cartier « le premier desquels était imprimé en son entier » — Il avait eu « ajoute-t-il l'intention de n'en donner que l'abrégé de peur « d'ennuyer les lecteurs sédentaires qui ont leur vie arrestée ès « villes, du nom et de la description des Isles, passages, caps « &c, mais ne voulant pas frustrer les mariniers et terre-neuviers « d'un si bon guide, voulant également renouveler entièrement « la mémoire d'un grand pilote il avait, selon ses propres « paroles, laissé ses mémoires en entier.

Cependant Monsieur Le Ministre, un fait à consigner c'est que Saint Malo ignore l'existence de ces mémoires dans l'ouvrage de L'Escarbot et les habitans de cette ville qu'on pouvait en croire les plus éclairés, ayant besoin de les connaître, eurent recours à Hakluyt. L'ouvrage de L'Escarbot est-il donc si rare ou des compatriotes si peu soucieux de leurs propres gloires qu'il faille que des français recourent à des Collections Anglaises pour lire leur histoire C'est pourtant ce qui est arrivé dernièremen[t] comme Votre Excellence le pourra voir par un rapport que Monsieur Le Maire de Saint Malo a envoyé au chef des archives de la Marine. J'ai l'honneur de faire remettre à Votre Excellence ce mémoire auquel plusieurs raisons donnent un vif intérêt.

Dans son second voyage en Canada (1535-1536) où Jacques Cartier pénétra, si je ne me trompe jusqu'à l'emplacement actuel de Quebec, son équipage périt en grande partie par un mal jusqu'alors inconnu. « Les uns « perdaient la soutenue et leur devenaient les jambes grosses

« et enflées, et les nerfs retirés et noircis comme des
« charbons et aucunes toutes semées de gouttes de sang
« comme pourpre. Puis montait ladite maladie aux
« hanches, cuisses, épaules, aux bras et au col et à tout
« venait la bouche si infecte et pourrie par les gencives
« que toute la chair en tombait jusqu'à la racine des dents,
« lesquelles tombaient presque toutes. — Et tellement s'éprint
« ladite maladie, raconte la relation, qu'à la mi février
« de cent dix hommes que nous étions il n'y en avait
« pas dix sains tellement que l'un ne pouvait secourir
« l'autre — qui était chose piteuse à voir, considéré le lieu
« où nous étions — Notre Capitaine voyant la pitié et
« maladie ainsi émue fit mettre le monde en prières
« et oraisons et fit porter une image et remembrance de
« la Vierge Marie contre un arbre distant de notre fort
« d'un trait d'arc. Le travers, les neiges et glaces et
« ordonna que le dimanche en suivant l'on dirait audit
« lieu la messe et que tous ceux qui pourraient cheminer
« tant sains que malades iraient à la procession, chantant
« les Psaumes de David avec les Litanies en priant ladite
« Vierge qu'il lui plût pour son cher enfant qu'il eut
« pitié de nous et la messe dite et chantée devant ladite
« Image, se fit le Capitaine Pelerin à notre Dame qui
« se fait de prier à Rogue-madou (ou pour mieux dire
« à Roques Amadou c'est à dire des amans. C'est un
« bourg en Quercy où il y va force Pelerins) promettant
« y aller si Dieu lui donnait grâce de retourner en
« France. »

Malgré le vœu, Monsieur le Ministre, nonobstant la procession, le mal, c'était le scorbut, continua ses ravages. Le jour même de la messe mourut un jeune homme « icelui jour trespassa Philippe Rougemont, « natif d'Amboise, de l'aage d'environ 20 ans. » Cartier qui ne savait à quel mal destructeur il avait affaire, fit ouvrir le corps de ce malheureux afin de s'en instruire et pour préserver si possible était le parsus de son équipage. Mais de jour en autre la maladie s'accroissa tellement que telle heure a été que par tous lesdits trois navires n'y avait pas trois hommes sains. « De sorte qu'en « l'un desdits navires n'y avait homme qui eût pu descendre « sous le tillac pour tirer à boire tant pour lui que pour « les autres et pour l'heure y en avait jà plusieurs de morts « lesquels il nous convient par faiblesse mettre sous les neiges « car il ne nous était possible de pouvoir pour lors ouvrir « la terre qui était gelée, tant étions faibles et avions « peu de puissance. »

La Providence regarda enfin ces malheureux — un jour sortant du fort, Cartier qui par sa prudence, peut être aussi par son courage qui ne se laissa pas abattre, demeura toujours en bonne santé — Cartier aperçut se promenant et bien valide un chef sauvage qu'il avait vu dix jours auparavant avec une jambe aussi grosse qu'un enfant de deux ans, les nerfs d'icelle retirés, les dents perdues et gâtées et les gencives pourries et infectes. Aussitôt Cartier s'approchant de lui et lui ayant demandé le remède qu'il avait employé pour se porter ainsi — Domagaya, c'était le nom du sauvage lui répondit que c'était avec le jus et le marc des feuilles d'un arbre qu'il s'était guéri, que c'était là le seul remède contre cette maladie. Cartier qui ne voulait pas faire connaître aux indigènes la triste situation de ses navires, lui dit qu'il avait son serviteur atteint de ce mal et pria l'indien de lui montrer s'il n'y aurait pas de ces arbres aux environs — Celui-ci lui en fit apporter et lui indiqua comment il fallait s'en servir. Sur le champ Cartier fit faire ce salutaire breuvage, mais nul des malades ne voulut d'abord en goûter, sinon un ou deux qui se « mirent en aventure d'icelui essayer tôt après qu'ils en « eurent bu, ils eurent l'avantage qui se trouva être un vray

« et évident miracle. Après ce avoir vu, y a eu une
« telle presse qu'on se voulait tuer sur ladite médecine
« à qui le premier en auroit de sorte qu'un arbre aussi
« gros et aussi grand que je vis jamais arbre a été
« employé en moins de huit jours. L'auteur de la
relation qui témoigne de ces faits, un peu douteur
comme Molière à l'endroit des médecins ajoute ce
trait piquant. « Lequel arbre a fait une telle opération
« que si tous les médecins de Louvain et de Montpellier
« y eussent été avec toutes les drogues d'Alexandrie ils
« n'en eussent pas tant fait en un an que ledit arbre
« en a fait en huit jours — Car il nous a tellement
« profité que tous ceux qui en ont voulu user ont
« recouvert santé et guérison, la grâce à Dieu. »

Il était temps, Monsieur le Ministre. à chaque instant les vivres corrompus, glacés, la faim, le froid et la maladie décimaient ces malheureux. Que votre Excellence se les représente depuis la mi-novembre au delà de la moitié d'avril incessamment enfermés dans les glaces épaisses de plus de deux brasses. « dessus la terre il y avait la hauteur de quatre pieds de neige et plus de deux brasses — d'épaisseur. tellement qu'elle était plus haute que les bords de nos navires ensorte que nos breuvages étaient tout gelés dans les futailles et par dedans lesdits navires tant bas que haut était la glace contre les bois à quatre doigts d'épaisseur et étoit tout ledit fleuve par autant que l'eau douce en contient jusques au « dessus de Hochelaga gelé. » Quelle situation cruelle! leurs bons, leurs principaux hommes mouraient de la maladie, tous à l'exception de trois ou quatre en étaient atteints, rongés. « Ils avaient quasi perdu l'espérance de jamais retourner en France! » Ajoutez, Monsieur le Ministre à l'horreur de ces maux, —

l'horreur de la crainte où ils étaient que les Sauvages ne profitassent de leur état pour les massacrer, ce qui eût fort bien pu arriver sans la ruse de Cartier « Pour couvrir ladite maladie lorsqu'ils (les gens » du pays) venaient auprès de notre fort, notre Capitaine, » que Dieu a toujours préservé debout, sortait au » devant d'eux avec deux ou trois hommes tant sains » que malades lesquels il faisait sortir après lui. Et » lorsqu'il les voyait hors du parc, faisant semblant » les vouloir battre et criant et leur jetant ~~bâtons~~ bâtons après » eux, montrant par signes esdits sauvages qu'il faisait » besogner ses gens dedans les navires, les uns à gallifester » les autres à faire du pain et autres besognes et qu'il » n'était pas bon qu'ils vinssent chômer dehors, ce » qu'ils croyaient. Et faisait ledit Capitaine battre & » mener bruit cedans les navires avec bâtons et cailloux » feignant gallifester. »

Mémoire de M. Charles Cunat, de St Malo sur Jacques Cartier. Archives de la Marine.

Ces souffrances, dont le récit, Monsieur Le Ministre, hors des proportions sans doute de mon rapport et du fait auquel il se rattache, peut cependant ne pas paraître hors de propos puisqu'il sert à faire ressortir la ~~grandeur~~ de Cartier en retraçant une partie des dangers et des peines de nos découvreurs. Ces souffrances avaient de beaucoup diminué l'équipage du découvreur et tellement affaibli le peu qui lui en restait que force lui fut de laisser un de ses navires au lieu de Sainte Croix. — Ce fut si je ne me trompe, la petite Hermine, or dernièrement, Monsieur Le Ministre, la carcasse de ce navire enfouie sous un mètre 67 centimètres de vase a été retrouvée par les petits fils de ceux à qui ~~Cartier~~ l'Illustre Malouin a ouvert le pays.
l'Illustre Malouin

Une pareille découverte après plus de trois cents ans écoulés fut parmi les Canadiens un évènement qui

agita tous les vieux souvenirs et dans des cœurs semblables, ~~aux siens~~ de pareils souvenirs poussent avec le temps et sous la servitude, de profondes racines. Votre Excellence, Monsieur Le Ministre a pu lire dans la relation d'un attaché d'ambassade, chargé il y a quelque temps d'explorer L'Orégon et les Californies ces passages tristement attachants de son ouvrage, où il raconte son voyage au milieu des populations de L'hudson. Là au fond de l'Amerique, dans ces lieux où d'Iberville par ses incroyables exploits faisait jadis retentir le nom Français, Mr Duflot de Mofras se croyait au milieu de nos hameaux de Bretagne et de Normandie. « Nous " avons toujours remarqué, dit-il, avec plaisir, l'empresse-" =ment que mettaient les français du Canada à " venir quelquesfois de plusieurs lieues pour voir un " français de france, comme ils nous appellent: l'un " nous disait que sa famille était venue d'Artois avec le " Marquis Duquesne, l'autre que son père avait servi " au régiment du Roi, ils nous faisaient mille questions " sur la france et nous exprimaient vivement le desir de " se reunir à elle et de la savoir forte et heureuse. Le " long des rivières, dans leurs Canots, pour ramer bien " en mesure, les Canadiens font retentir ces solitudes de « leurs vieilles chansons françaises. Plusieurs fois « parcourant la Colombia notre cœur a battu en entendant « les échos du fleuve qui nous rappelaient la mère Patrie. »
Les sentiments des Colons de L'hudson ne sont pas plus vifs à notre égard que ceux des français de Québec et de Montréal. Tout ce qui leur rappelle leur origine et leur fait oublier un moment qu'ils sont sujets Anglais, les transporte. A la vue de ces débris, ils se sentirent pour ainsi dire renaitre de la métropole. Ils revoyaient la france de François 1er, celle de Henri IV et de Louis XIV, sous le règne duquel ils avaient deux fois chassé L'Anglais,

aujourd'hui leur Maître. — Mais comme si ces débris, en leur rappelant leur origine leur eussent rendu plus vives et plus sensibles les douleurs de l'asservissement et de l'oppression, ces français qui cependant pouvaient les regarder comme des reliques, se dépêchèrent d'en faire aussitôt hommage à Saint-Malo, la patrie du navigateur, ils la prièrent seulement de leur donner en échange — communication des papiers qui pourraient ajouter à leur gloire mutuelle, en relevant encore un nom cher à leurs deux pays. Saint-Malo reçut avec reconnaissance cet envoi que l'on conservera comme les restes de la Pérouse; Le Maire ordonna des recherches pour satisfaire à la demande des Canadiens et dans la réponse qui fut faite à Monsieur Faribault Vice Président de la société Littéraire et Historique de Québec Saint-Malo redisait aux habitans du pays qui se glorifiait jadis de s'appeler la nouvelle France, toutes ses sympathies et ses vœux pour des jours meilleurs. Québec et Saint-Malo fraternisaient.

C'est à cette circonstance, Monsieur le Ministre, que nous devons le rapport actuellement sous les yeux de Votre Excellence. Quatre faits précieux y sont contenus, que je n'ai pas trouvés ailleurs.

Sixième enfant de Jehan Cartier et de Guillemette Beaudouin, Jamet Cartier eut de sa femme Jeffeline Jansart trois enfants, Jacques, Lucas et Bertheline. Jacques fut baptisé à la fin de l'année où Colomb découvrait la Jamaïque. Le 31 décembre 1494. — Ainsi lorsqu'il partit pour ses découvertes, il avait environ 40 ans. Il s'était marié en 1519 à la cathédrale, à Catherine Des Granches fille de Jacques Des Granches, sieur de la Ville Chers, connétable de Saint Malo, ce qui peut indiquer que sa famille jouissait — au moins de quelque importance. — Jacques Cartier n'était pas Gentilhomme, il n'est qualifié dans les actes que du modeste titre d'honnête homme, mais après sa découverte, il est devenu noble homme Sieur de Limoilou.

Il demeure aussi établi par un papier où Jacques Cartier et sa femme Catherine Des Granches fondent un obit, moyennant une rente de 4 livres forte monnaie hypothéquée sur leur maison et jardin qu'ils habitaient en face de l'hopital Saint Thomas, c'est à dire sur l'emplacement qu'occupe aujourd'hui l'hotel de france situé près de la Chapelle Saint Thomas. On trouve également à l'entrée de Limoilou, village distant d'une lieue E.N.E. de Saint Malo, dont Jacques Cartier était Seigneur, une maison antique bien conservée à laquelle on arrive par deux portes proches l'une de l'autre et de forme très ancienne. Ces deux portes ont conservé dans tout le pays le nom de Portes Cartier. des armoiries sculptées en relief sur une pierre qui est près de la plus grande armoirie du navigateur sans doute, ont été entièrement effacées en 1793.

Il n'est pas assurément non plus entièrement indifférent de connaître les autres actes dont le rapport est rempli et où Cartier figure si fréquemment comme Parrain antérieurement et postérieurement à sa découverte on le voit là homme instruit signant en toutes lettres à coté des simples croix apposées par les autres témoins qui ne savent pas écrire. C'est déjà une marque de supériorité et il semble qu'on se plaise dans Saint Malo à la reconnaître en le prenant si souvent comme père en Dieu — ainsi que disent les anglais* (god father). Il est curieux aussi je l'avoue, de savoir le sort des indiens amenés en france et baptisés également Mais les registres de l'état civil sont un cercle bien restreint — Monsieur Charles Cunat, chargé par Mr Le Maire de Saint Malo n'a-t-il pas cherché ailleurs — certainement quelque gré qu'il faille lui savoir de ce qu'il a obtenu, il est à regretter qu'il n'ait rien trouvé de plus sur l'existence de

Cartier ni sur les circonstances antérieures à sa découverte où il a pu se distinguer et qui auront déterminé le choix de François Ier en sa faveur. Comment se fait-il enfin que Monsieur Cunat n'ait rien rencontré de la main de Jacques Cartier. Comment sa ville natale n'a-t-elle pas au moins une expédition de ses mémoires. Il est vrai de le dire aussi; à Saint Malo comme ailleurs le régime de la Terreur a laissé ses traces, les registres nécrologiques par exemple y manquent de 1508 à 1588 & ce vide ne permet pas de connaître l'époque de la mort de Cartier. Combien d'autres papiers importants pour l'histoire n'ont-ils pas encore été perdus dans cette tourmente. A Saint Malo; lorsque l'évêque et le chapitre qui étaient les seigneurs de la ville furent contraints de s'enfuir, leurs mémoires et leurs titres furent brûlés et l'on fit des gargousses de leurs parchemins. il n'y a qu'une chose à dire pour excuser cette destruction insensée et nous consoler quelque peu de ces pertes, c'est que les gargousses ont aidé à sauver le pays, et que si les républicains ont brulé une grande partie des archives de la france féodale, ça été un peu comme Guillaume le Conquérant, brûlant ses propres vaisseaux. Que d'étranges, de dramatiques & de sublimes faits enregistrés depuis dans les annales mêmes de cette Bretagne.

Entreprise de colonisation à la floride. Bibl. Royale.

Le peu d'avantages, Monsieur le Ministre, que l'on vit à l'époque de François Ier aux travaux de l'illustre Maloin. La rigueur du climat des pays découverts, la crainte de maux semblables à ceux qu'il avait essuyés, maux reconnus tels plus tard par les Canadiens eux mêmes qu'ils disaient en commun proverbe d'un homme curieux à l'excès : curieux comme Jacques Cartier ; tous ces motifs réunis firent que l'attention de nos français se tourna vers le sud. Il n'y avait d'ailleurs pas d'or aux terres d'hochelaga et c'était ce que l'on recherchait avant tout. Les Commissions parlaient bien de Conversion des Sauvages « afin de faire chose « agréable à Dieu notre Créateur et rédempteur et que ce « soit à l'augmentation de son saint et sacré nom. Mais ce n'est pas d'aujourd'hui seulement qu'on a mis de grandes enseignes à de petites choses et décoré ses passions du voile des plus nobles principes. Le nom de Dieu était alors le mot avec lequel ceux qui l'honoraient le moins menaient les peuples. « y-a-t-il des trésors? y-a-t-il des mines d'or et d'argent en Canada, demandait encore cinquante ans après à Marc Lescarbot. Lescarbot répondait « La plus belle mine que je sçache c'est du blé & du vin avec la nourriture du bestial. qui a de ceci, il a de l'argent. Le digne avocat avait raison. que l'on considère aujourd'hui les Colonies espagnoles et celles de la nouvelle angleterre celles là n'ayant pour ainsi dire pu se lever sous l'or, les autres à ce point de grandeur qu'elles imposent à cette heure à l'un des deux plus puissants empires du monde. Néanmoins l'idée des galions qui s'en retournaient chargés de lingots ne cessait de troubler le bon sens de nos Pères. auri sacra fames!

Ce fut par cette raison sans doute, peut être aussi dans des vues plus élevées et plus étendues, Monsieur le Ministre, que le beau père de Guillaume le taciturne, Gaspard de Coligny, seigneur de Châtillon « homme rassis et modéré « en la conduite des affaires, disent les mémoires du temps. songea aux terres qu'avait vues Jean Verazzani (1524) les terres étant selon ce qu'il en avait rapporté remarquables par de très belles campagnes, des plaines couvertes de bocages « et des forests très touffues si plaisantes à voir que c'était « merveilles. Puis les arbres qui pour la plupart étaient « lauriers, palmiers, hauts cyprès et autres inconnus. desquels s'exhalait une odeur très suave » avaient fait penser aux français « que ce pays, participant en-

Circonférence avec l'orient ne pouvait pas ne pas être aussi abondant en drogues et liqueurs aromatiques comme « encore la terre donnait assez d'indices qu'elle n'était sans « avoir des mines d'or, d'argent et d'autres métaux - en un mot le pays était admirablement propre à y planter une Colonie et les protestans espéraient y trouver dans le besoin un asyle assuré contre la tyrannie exercée à l'endroit des consciences, contre les complots dont ils étaient sans cesse menacés sous le nom de Charles de Valois dans lequel l'esprit Italien de la littérature et de la politique d'alors demêlait aprés le Colloque de « Poissy cet anagramme, instigation fatale, VA CHASSER L'IDOLE "CHASSA LEUR IDOLE."

Votre Excellence sait quelle fut l'issue de l'entreprise de Jean de Ribaut. les Espagnols qui - craignaient de voir s'approcher de leurs trésors les autres nations de l'Europe, prenant pretexte que la Colonie française était une Colonie de huguenots a fils du grand diable d'enfer, s'en vinrent attaquer nos français sous la conduite de Don Pedro de Menendez de Avilez et pendirent tous ceux qui eurent le malheur de se rendre à eux, croyant se rendre si non à des chrétiens, du moins à des hommes - Le Chef de ces barbares, il est vrai eut soin de faire attacher aux arbres qui portaient les victimes un écriteau avec ces mots: Ceux-ci n'ont pas été traités de la sorte en qualité de français, mais comme hérétiques et ennemis de Dieu. A la fin du 18me siècle lorsque le mot Liberté qui avait succédé aux mots nature et Philosophie enivra la france jusqu'à la fureur, avant de recevoir la mort une noble victime s'écriait: ô Liberté que de crimes ne commet-on pas en ton nom - au seizième siècle il eût fallu dire. Ô Dieu! que d'horreurs en votre nom de bonté et de miséricorde.

Mais ces misérables ne devaient pas longtemps en abuser d'une aussi affreuse manière, en effet Monsieur Le Ministre, Votre excellence connait également l'héroique vengeance que Dominique de Gourgues tira de cette atrocité, comment ce noble gentilhomme ayant fait des emprunts à ses amis, et vendu une partie de ses biens pour équiper trois navires, partit avec eux attaquer les espagnols. Comment il se rendit maitre d'eux secondé par les indiens qui déja les avaient en horreur; Comment enfin il les chatia ainsi qu'on chatie des barbares par la peine du Talion. — Le cœur se soulève d'indignation à la lecture de la conduite des Espagnols révolte cette fois et nous fait presque applaudir au gentilhomme français remplacant l'écriteau de Menendez par cet autre, monument de sa justice et de son patriotisme « Je ne fais ceci comme à Espagnols ni comme à Maranes, mais comme à traitres, — voleurs et meurtriers » — En effet Jean de Ribaut avait commission du Roy de France.

Un fait aussi chevaleresque que celui du ~~noble~~ brave Bordelais fait qui lui valut le reste de sa vie la persécution Espagnole et ne lui permit pas de demeurer en france. — un fait semblable, frappant d'autant plus l'esprit qu'il s'adresse à tous les sentimens généreux devait naturellement appeler l'attention sur le mémoire qui le relate, aussi la bibliothèque Royale n'en a-t-elle pas moins de quatre exemplaires sous ces divers numéros et sous ce titre La reprinse de la Floride par le Capitaine Gourgue. 156 Lancelot — id. 7977/4 — 8428/2. Baluze — 1806 Saint Germain. Monsieur Ternaux Compans autant que je me le rappelle, l'a publié dans ses archives des voyages.

Nous eûmes, ainsi que le voit Votre Excellence,

peu de bonheur dans nos essais de Colonisation — Nous nous tournions au Sud parceque les glaces du nord nous avaient donné lieu de les redouter, mais au sud nous rencontrions les Espagnols prêts à Convertir nos protestants et même nos Catholiques Comme Las Casas nous montre qu'ils convertissaient les indiens — Or ceux-ci, un jour l'un d'entr'eux le dit au milieu des tourmens, préferaient l'enfer au Paradis, s'il y avait des Espagnols dans le Paradis, sentiment bien éloigné de celui ~~que~~ aux nos français inspirèrent — Lorsqu'une grande partie de nos Colons eut abandonné en 1763 les terres de la Louisiane, les chefs sauvages s'en consolaient par l'espérance qu'ils les reverraient dans le pays des âmes.

La Floride, sur les cotes de laquelle 10 ans environ avant Jean Verazzani, avait été jeté Ponce de Léon, Cherchant avec ~~[illegible]~~ l'avidité inquiète d'un homme près de mourir une fontaine qui rendait la Jeunesse aux Vieillards et qu'on disait exister dans l'ile de Bimini (Saint-Jean de Porto-Rico), la floride pouvait en Comparaison du Canada passer aux yeux des français pour le Paradis terrestre, cependant la cruauté de Menendez leur fit reporter leurs regards vers ces terres occidentales « estantes sous le climat et parallèle des terres du Royaulme de France » — en 1588 les neveux et héritiers de Jaques Cartier — Etienne Chaton, sieur de la Jaunaye et Jaques Noël qu'il avait tenu sur les fonds de baptême le Jeudi 5 février 1550, obtinrent une Commission semblable à celle de leur oncle, avec le privilège de la traite des Pelleteries, faveur que les marchands de Saint-Malo, rendirent aussitot inutile; leur Commission fut revoquée, les négocians réclamaient la liberté du Commerce. même principe, mêmes obstacles furent opposés aux projets du sieur de Montz et de ses associés — Mais en même temps que l'on réclame les avantages de ses droits, trop souvent il arrive que l'on oublie les devoirs auxquels ils obligent. — Les marchands en reclamant la liberté de faire leurs affaires ne s'interessaient aucunement, même les privilégiés, à celles de la France et à l'avancement de ses Colonies. heureusement s'approchait l'époque de Richelieu dont l'administration fut toute occupée à réprimer au profit de la Royauté, qui était alors l'état, les désordres d'une liberté rendue stérile, nuisible même par son égoïsme. Richelieu fonda la fameuse Compagnie des Cent associés de l'ère de laquelle date vraiment le Canada.

Je prie Votre Excellence Monsieur le Ministre, de remarquer en passant quels noms président toujours aux phases de notre Colonisation et sous quels auspices se reveille l'esprit d'entreprise lorsqu'il parait s'être endormi dans l'indifférence du Gouvernement — François 1er, Gaspard de Coligny — henri IV et Sully — Richelieu à 40 ans de là ce sera Colbert — Il semble que sans certains hommes l'humanité entière ne marcherait point — En effet ils meurent — elle s'arrête. Il faut qu'ils surgissent pour lui faire faire un nouveau pas.

— Memoire du Chevalier de Razilly — Bib Sainte Geneviève

Assurément la gloire des grands hommes que je viens de nommer, Ministres ou Rois, ne fut pas moins d'avoir créé par eux mêmes que de s'être identifié en les adoptant les projets des citoyens. Ainsi leur protection vivifiante a fait naître l'émulation et fécondé les germes que d'autres eussent laissé se perdre dans des esprits bien doués. Mais en reconnaissant par ce langage l'un des principaux titres de Richelieu à la renommée, celui d'avoir donné un nouvel essor à la marine française abandonnée à la mort de

François 1er, il serait injuste de ne point tenir compte également de leurs projets aux divers officiers de mer qui les soumirent au Cardinal Duc et le secondèrent de leur capacité comme de leur valeur dans la réalisation de cette entreprise nationale.

Parmi les projets de ce genre je ne doute pas, Monsieur Le Ministre, que Votre Excellence ne place en première ligne, lorsqu'elle l'aura fait examiner un mémoire que j'ai trouvé à la bibliothèque Sainte Geneviève intitulé : Memoire presenté à Monseigneur Le Cardinal de Richelieu, pour établir le Commerce sur mer et autres choses très utiles par le Chevalier de Razilly. Ce memoire est daté de Pontoise du 26 novembre 1626. Déja sans doute Richelieu obligé d'appeler les vaisseaux hollandais au secours de l'autorité Royale contre Guiton le Maire de la Rochelle, qui ne se soumit qu'en 1628, Richelieu avait compris la nécessité d'une marine indigène qui devait faire respecter le Roi de France, des étrangers comme de ses sujets et le mettre audessus d'une alliance indigne de lui puisqu'il y était contraint. Déjà en 1626 également le fondateur de la Martinique, D'Enambuc avait institué sous les auspices du Cardinal la Compagnie de Saint Cristophe, mais le Memoire de Razilly vint suggérer au ministre de nouvelles idées en lui offrant son concours, le concours d'un des marins les plus distingués de cette époque ; quoique je ne connaisse pas parfaitement encore tous les projets antérieurs à celui-ci, je crois pouvoir le dire, il fut pour beaucoup au moins dans la création de la Compagnie des Cent associés.

Ce Memoire, Monsieur Le Ministre, ne révèle pas moins un esprit aux vues étendues qu'un Cœur curieux avec passion de l'honneur du pays.

« J'ai le Cœur tout serré, dit le Chevalier quand
« je viens à Considerer les discours que font tous
« les jours les Etrangers quand ils parlent de la
« france et même j'en ai eu dispute pour soutenir
« l'honneur du Royaulme et me disaient : quelle
« puissance a votre Roy, vu qu'en toutes ses forces
« il n'a pas pu vaincre un gentilhomme de ses
« sujets sans l'assistance d'angleterre, de hollande
« et de Malte » Le brave Chevalier disputait avec
eux et cherchait à élever dans leur esprit sa patrie
par ses paroles, peut être même nonobstant le
nouvel édit contre les duels, par quelques Coups
d'épée. Mais malgré ses argumens dans ces deux
genres il ne pouvait se cacher à lui même la vérité.
« Mais disait-il, entre les français qui connaissent
nos Côtes et nos affaires, j'aime mieux en taire mon
sentiment que d'en parler davantage » Aussi avec
quelle ardeur, tant il en souffre, ne cherche-t-il pas
dans son écrit à renverser ces opinions de « plusieurs
personnes de qualité et même de Conseil qui lui
ont dit et soutenu que la navigation n'était point
nécessaire en france d'autant que les habitans d'icelle
avaient toutes choses pour vivre et s'habiller sans
rien emprunter des voisins, parlant que c'était
pure erreur de s'arrêter à faire naviguer et que
l'exemple est que l'on a toujours méprisé au passé
les affaires de la mer Comme étant du tout inutile &
outre que les français ne sont pas capables d'entreprendre des voyages de longcours n'y planter Colonies.
Semblables discours étaient à Colbert et Votre Excellence
peut les entendre encore aujourd'hui.

Je ne veux point analyser ici, Monsieur
Le Ministre ni les argumens ni les projets

du Chevalier de Razilly, puisque je copierai son
mémoire. Il me suffira de dire que ce chevalier
qui s'était déjà distingué au Brésil, fut l'un des
fondateurs de l'Acadie, et de rappeler à Votre Excell[ence]
que cette année même de laquelle est daté le mémoire,
la charge d'amiral fut supprimée et le Cardinal chef
du Conseil du Roi, nommé surintendant de la mari[ne].
Toutefois je ferai de ce document un extrait : « Les
« Anglais dit Razilly sont habités au sud à 36 degré[s]
« et qui entreprendrait de planter une colonie en
« ce pays là, il faudrait borner les anglais le
« plus proche qu'on pourrait. Les marchands de
« Rouen et autres qui avaient entrepris depuis
« vingt années de peupler ladite terre s'y sont ma[l]
« gouvernés et n'ont eu aultres pensées si non de
« retirer chacune année nombre de castors et peaux
« d'orignac pour y trouver le profit, sans avoir eu
« aucune volonté bonne d'augmenter ce pays là. Car
« si c'eut été des gens curieux de rendre cette terre
« bien habitée il y pourrait avoir à présent plus de
« quatre mille âmes et néanmoins il n'y en réside
« pas plus de vingt cinq ». Certainement dans ce
passage le Chevalier de Razilly reproche à bon droit
aux marchands leur avidité qui moissonnait et
ne semait rien; mais je voudrais qu'il semblat
moins méconnaître les efforts de quelques hommes
qui jetèrent vraiment par le plus grand courage
et la plus ferme constance les germes de l'avenir
de ces colonies — allant à la découverte des côtes
et des terres au péril de leurs vies, puis s'établissan[t]
dans ces solitudes si loin du monde, de leurs premières
habitudes et de tout bien être, ces hardis pionniers
préparaient des voies plus faciles à la civilisation
dont ils étaient les éclaireurs, les sentinelles perdues
dans ces postes avancés. Du temps même du
Chevalier, Monsieur le Ministre, quatre hommes

V. on eut pu dire souvent

Surtout s'étaient distingués par leur dévouement à l'implantation des Colonies au Canada — C'étaient Pierre du Guast, sieur de Monts gentilhomme de la chambre gouverneur de Pons, ses lieutenant et ses associés, le sieur de Champlain à Quebec et les barons de Poutrincourt en acadie.

Lettre de Poutrincourt. arch. du Royaume.

Les archives du Royaume m'ont donné, Monsieur Le Ministre, une fort belle lettre du second de ces Barons, fils du premier, dont il continua les desseins — Outre son style remarquable, cette pièce, ignorée, a encore une valeur d'un autre genre. Elle prouve dans deux cas donnés une erreur du Père de Charlevoix, erreur que je releverai avec plus de plaisir assurément que d'autres trop grossières où cet historien qui n'en a pas moins fait autorité jusqu'ici, peut être accusé d'une légereté extrême

« Les francais dit le Révérend père (page 408
« ed. in 4° 1744) chassés de la nouvelle france en 1613 par
« les anglais de la manière que nous avons vu, ne
« firent alors aucune tentative pour la recouvrer et
« quoiqu'elle eut été aussitot abandonnée qu'envahie
« et que mr. de Poutrincourt qui y fit un voyage
« l'année suivante n'y eut rencontré personne en état
« de lui faire obstacle s'il avait voulu s'y rétablir,
« que le peu d'habitans qu'il y avait laissés y fussent
« même assez tranquilles, le chagrin de voir tous ses
« travaux ruinés et la crainte que s'il recommençait
« sur nouveaux frais à rebâtir le port Royal, les
« anglais ne vinssent encore le déloger avant qu'il
« eût le temps de s'y fortifier le portèrent à y
« renoncer entièrement »

Or, Monsieur Le Ministre, la lettre

que j'ai trouvée est de 1618 datée de Port Royal le 1er septembre, Mr de Poutrincourt qui l'écrivait et la signait, demandait par elle des secours à Messieurs les Prevost des Marchands et Echevins de la Ville de Paris, il était donc en 1618 au port Royal et il fallait nécessairement ou que les français eussent fait quelque tentative pour le recouvrer ou que l'expédition d'Argall n'eût pas eu lieu en 1613, selon le dire du père Charlevoix, mais en 1618 suivant le sentiment de l'historien de la Virginie, opinion que combat le révérend Père « L'historien « de la Virginie se trompe évidemment lorsqu'il place « cette entreprise en 1618 auquel temps le même Argall « était gouverneur général de la Virginie, car il est « formellement démenti en cela par tous les historiens « contemporains et par des monuments incontestables. Cet historien contemporain, sans doute c'est Champlain. — Quoiqu'il en soit, Monsieur le Ministre, ma croyance aux monuments incontestables du Père Charlevoix est singulièrement troublée par les lignes suivantes de la lettre que j'ai l'honneur d'indiquer à l'attention de Votre Excellence. Poutrincourt vient de dire que la mort de son père tué lâchement pour le service du Roi au siège de Méry sur Seine a retardé l'œuvre de colonisation en commencé et il ajoute : « Mais si « cela doit être regrettable, nous avons aussi à regretter « que le nom françois peu à peu s'évanouira ici, si « l'on n'y donne ordre de bonne heure & vous seront les « molues (la grande manne de vostre ville et de l'Europe « que ce pays vous donne gratuitement) tributaires au « gré de l'anglais qui nous traite hostilement par deçà, « en a chassé les Jesuites et ceux menés captifs avec « leur équipage, brulé nos habitations et cet été a « encore pris un navire de Dieppe ». Ces faits si je ne me trompe sont ceux là mêmes que rapporte Champlain – Or est-il probable que Poutrincourt parlât d'évènement passés à cinq ans de là. – Ainsi il se pourrait fort bien que Charlevoix eut pris le fils pour le père, réveillant de cette sorte les morts pour les faire agir. Mais s'il fallait regarder comme fausse la supposition que je fais, sans vouloir encore la garantir puisque je n'ai rien approfondi, au moins demeurera-t-il évident contre l'assurance formelle du Père Charlevoix que les français auront essayé quelque tentative pour recouvrer l'acadie puisqu'ils y étaient en 1618 et que Poutrincourt y écrivait ces mots : « la terre est « ici comme au labourage, Messieurs, la chasse y « est abondante et le poisson à foison et ne voudrais « point avoir fait échange du Pérou à cette terre, « si une fois elle était sérieusement habitée » – J'ai déjà Monsieur Le Ministre copié cette pièce et je ne veux pas en citant tout ce qu'elle a de détails curieux et de traits saillants la copier encore une fois tout entière.

Commissions des chefs d'entreprises – B. Roy.

La courageuse persévérance que ces découvreurs et les pionniers de nos colonies de l'amérique du nord déployèrent contre les dangers et les souffrances de tout genre, l'idée de l'avenir qui semble promis aux contrées qu'ils ont ouvertes, feraient un devoir de rechercher tout ce qui se rattache à eux, si la curiosité qu'excite naturellement une ~~pareille~~ telle que la leur vie, ne nous y portait naturellement – En conséquence, Monsieur Le Ministre, je me suis efforcé de trouver toutes leurs commissions et je ne cesserai de poursuivre avec la même ardeur mes investigations sur ce point des plus intéressants.

1

La Bibliothèque Royale m'a déjà donné un arrêt du parlement qui entérine les lettres patentes du Roi François 1er par lesquelles, Sa Majesté nomme en 1540. François de la Roque sieur de Roberval son lieutenant général au Canada - ainsi que le voit votre Excellence, ces patentes sont de l'année où Cartier faisait son troisième voyage - Lescarbot nous en fournit plusieurs autres - mais à mon avis il sera bon de les avoir toutes - En effet outre qu'elles contiennent des détails relatifs aux personnes - on y trouve aussi des faits généraux qui importent à l'économie d'une époque et sont des traits utiles à connaître pour en bien juger l'ensemble. - Ainsi dans la Commission de Jacques Cartier, un ordre « du Roi enjoint à ses Prévosts de Paris, Baillifs de « Rouen, de Caën, d'Orléans, de Blois, de Tours, - « Sénéchaux du Maine, d'Anjou et Guienne et à tous « ses autres Baillifs, Sénéchaux, Prévosts alloués & « justiciers et officiers tant de son propre Royaume que « de Bretagne uni à icelui, pardevers lesquels sont « aucuns prisonniers accusés ou prévenus d'aucuns crimes « quelqu'ils soient fors de crimes de lèse majesté divine « et humaine envers le Roi, et de fausse monnaye qu'ils « aient incontinent à délivrer rendre et bailler ès mains « dudit Quartier ...... pour servir en ladite expédition « et entreprise ceux desdits prisonniers qu'il connaîtra « être propres suffisans et capables de servir en icelle « expédition jusqu'au nombre de 50. »

C'étaient aussi, Monsieur le Ministre, des hommes tirés des prisons que le Marquis de la Roche nommé lieutenant général du Canada en 1598, - emmena avec lui - que pensait-on donc dans ces premiers temps que dût être ~~cette~~ une colonie ? - quoiqu'il en soit, il fallait assurement qu'on jugeât bien perilleuses ces expeditions, bien pénibles ces Commencement de Colonisation puisqu'on faisait grâce aux Condamnés de leurs peines à la Condition d'y servir, et qu'on leur donnait pour ainsi dire à opter entre la prison, ~~[illegible]~~ ou la mort ~~et~~ les Colonies. Votre Excellence peut mesurer parlà l'audace et la grandeur des chefs qui avaient à craindre deplus que leurs subordonnés la revolte de ces subordonnés mêmes. — S'il en était ainsi Monsieur Le Ministre, le triste succès du voyage du Marquis dela Roche fut peu propre à changer les idées à ce sujet. = Le Marquis aymait voulu chercher un port pour planter sa Colonie en un lieu convenable, avait fait en attendant descendre ses gens dans l'île de Sable à 25 ou 30 lieues de Canceaux dans l'île de Sable et s'étant mis lui même dans une barque pour aller reconnaitre un endroit favorable à ses desseins. — Mais après l'avoir découvert, en retournant vers les siens, il fut pris d'un vent contraire des plus furieux, — et sa barque si petite que du bord il trempait ses mains dans la mer, emportée avec une telle violence qu'en dix ou douze jours le noble pionnier se trouva en france — il faut aujourd'hui pour le même trajet plus de temps aux bateaux à vapeur — Le danger couru par le Marquis dela Roche ne fut pas le plus grand malheur réservé à son entreprise — Le duc de Mercœur, c'était pendant les guerres de Religion le retint prisonnier 5 années entières, et dans cet espace de temps, les hommes qui étaient demeurés délaissés dans l'île de Sable, se mutinaient et se coupaient la gorge les uns aux autres. Ceux qui restaient privés de toutes ressources vécurent de pêcheries et de chair des animaux jusqu'à ce que le Marquis délivré ayant parlé à Henri IV de ces infortunés, les pilote ~~Chef d'hostel~~ les alla chercher sur l'ordre de ce Prince. — Ils parurent devant lui vêtus de peaux de loups marins et le bon Roi eut grand pitié quand ils lui racontèrent leurs misères, Mais sans doute la Providence n'avait pas voulu que des hommes souillés de vices ou de crimes commençassent une Colonie qui donne encore dit-on aux autres peuples, l'exemple des vertus et si elle en acceptait quelques uns, ce devait être purifiés par les souffrances.

Chef d'hostel

Je ne crains pas, de le dire à ce propos, Monsieur le Ministre, si la religion après l'amour de l'or, après la recherche des mines a réellement, sincèrement concouru quelque part à la ~~fondation~~ des Colonies, ce mobile a été puissant surtout dans celles de la france, surtout dans les établissements formés par elle au sein des forêts de l'amérique du nord — Je ne glorifie pas ici les Canadiens de cette intolérance religieuse dont ils se firent une loi sévère par laquelle ils interdisaient l'entrée de leurs pays aux P. reformés — Mais de la Sainte vie de leurs premiers chefs temporels & spirituels qui imposa leur propre honneur à ceux qu'ils commandaient — non seulement en effet Mr. de champlain le fondateur de quebec — Mrs. de Poutrincourt qui le furent de Port-Royal — Mr. de Montmagny qui succeda à Mr. de Champlain, Mr de Maison neuve qui établit Montreal se montrèrent pleins de l'amour du Pays et prêts à tous les devouements qu'il inspire, mais on peut les croire d'autant plus religieux qu'ils étaient plus désinteressés, ayant abandonné un bien être évident pour les dures privations du nouveau monde et n'en demandant point de récompense ici bas.

Lorsque la religion, Monsieur le Ministre, poussait ces dignes gentilshommes sur le bord du Saint Laurent où elle devait être un soutien pour eux, les missionnaires qui en faisaient le but de leur vie de sacrifices vinrent se joindre à eux afin d'étendre la gloire du nom chrétien, nulle part ces saints hommes n'exercèrent mieux leur divin ministère qu'au Canada, nulle part aussi bien qu'ils le firent dans les commencements. Le manuscrit du Père Paul le Jeune, jésuite, qu'on trouve aussi à la bibliothèque Royale, nous peint admirablement tous ces travaux auxquels ils s'assujettissaient, toutes les peines tous les dégouts qu'ils bravaient au nom de Jesus Christ. — Cette relation intitulée Relation de ce qui s'est passé « en la nouvelle france sur le grand fleuve de Saint « Laurens en l'année 1634 (n° Sorbonne 1047) est une « des premières des Pères Jesuites et je l'estime avec celle du Récollet Saghart la plus intéressante de celles que j'ai lues. elle n'a pas encore cette apparence de reclames mendiantes que les Révérends Pères donnèrent à celles qui la suivirent, caractère honteux, qui servit fort il est vrai dans les premiers temps, à l'accroissement de la Colonie, mais qui en donnant à la Compagnie de Jesus une richesse et une autorité souveraines menaça un moment d'étouffer le Canada comme le Paraguay, par l'abus qu'elle fit aussitôt de son pouvoir.

— Relation de ce qui s'est passé en la nouvelle France sur le grand fleuve St Laurent. en 1634 — Bibliothèque Royale.

Entre tous les obstacles, Monsieur le Ministre, que les fondateurs et les missionnaires, les officiers de Dieu et ceux du Roi, rencontrèrent dans l'exécution de leur mandat l'ignorance du langage des peuples parmi lesquels ils s'établissaient n'a pas été le moins

Glossaire Indien — B. de l'arsenal.

grand — Allez et Prechez dit Jesus christ à ses apôtres, mais aussi un jour le Saint esprit descendit sur eux et ils reçurent le don des langues — Or il n'en était pas de même de nos missionnaires qui se trouvèrent en face des sauvages comme si les uns & les autres ne faisaient que descendre des Tours de Babel — L'intelligence, la constance que les hommes de Dieu déployerent pour surprendre le langage des indiens furent merveilleuses — Il y avait d'abord à vaincre cette première difficulté qu'un mot se prenait aisement pour un autre. Le Père Hennepin par exemple, le premier Européen qui remonta le Mississipi, montrant de l'huile à un sauvage, celui-ci crut qu'il lui en demandait et repondit obligeamment qu'il lui en donnerait atoctonton — c'est à dire beaucoup et le Recollet de s'imaginer que l'huile s'appelait l'huile d'atoctonton. Les indiens quelques fois levèrent la difficulté en nous aidant à apprendre leur langage — Assetoxa, agnonra, séatonqua — ariel prends ta plume et ecris disaient les hurons au Père gabriel Saghart Théodat — et ils lui expliquaient alors de leur mieux ce que celui-ci désirait savoir d'eux — cependant il arrivait parfois qu'ils ne pouvaient lui faire entendre leurs conceptions — Dans ce cas ils les lui demontraient par figures, similitudes et demonstrations « extérieures » quelques fois avec un baton traçant la « chose sur la terre, ou la representant par le mouvement « de leurs corps, n'étant pas honteux d'en faire souvent de « bien indécentes. — Mais la complaisance que le Père Saghart rencontrait à son égard chez les hurons fut loin d'etre la même partout et pour tous. Les missionnaires avaient à combattre l'influence des jongleurs qui étaient à la fois chez les indiens médecins et prêtres. D'après les instigations des representans du Manitou les sauvages ne voulaient rien dire aux envoyés du Christ, ou bien

Au lieu de Gabriel qu'ils ne pouvaient prononcer à cause de lettre B. qui ne se trouve point dans leur langue ainsi que les autres labiales.

leur disaient quelques mots, c'en étaient d'un sens contraire à ce qu'ils demandaient; maintes fois même ils se plaisaient à leur en enseigner des plus impudiques et lorsque le missionnaire qui s'était fié à eux les prononcait croyant leur enseigner la vérité, c'étaient de la part des sauvages des éclats de rire qui lui revelaient bientot la malice de ces barbares. néanmoins les Reverends Pères s'obstinaient et à force de perseverance également par quelques petits présents de petun, de rassade et d'aiguilles, ils augmentaient chaque jour leurs connaissances et peu à peu ils apercevaient mieux l'ensemble de la langue, de manière à en comprendre tous les secrets ils en faisaient alors des grammaires et des dictionnaires.

La bibliothèque de l'arsenal, Monsieur le Ministre, conserve sous le no. 3 ou 4 un de ces glossaires, est il en langue Iroquoise comme le dit le Catalogue je noserais l'affirmer, de qui est-il, je ne sais. Cependant il peut être attribué selon toute probabilité à la constance et aux lumières d'un Père Jesuite. Ces Reverends Pères étaient les plus habiles de tous dans la connaissance des langues indiennes et servaient la plupart du temps d'interprêtes aux gouverneurs dans leurs rapports avec les sauvages, ce qui selon quelques mémoires, nuisit en plusieurs circonstances aux affaires du Roi. Je pense, Monsieur le Ministre, que ce dictionnaire est inédit et peut servir à jeter quelque jour sur la langue ancienne des six nations du lac Ontario, qui a su se corrompre et demain aura péri avec la race rouge.

Manuscrit, figuré, à la manière Egyptienne. — B. arsenal

Quoique ce qui est de l'homme ne puisse être entièrement dénué de curiosité pour l'homme. Quoique l'on aperçoive dans cette langue presque toute matérielle les procédés de l'esprit humain à son enfance qui ne s'est pas encore élevé au dessus des sens, quels enfin qu'aient été les motifs qui aient pu déterminer l'institut à couronner l'ouvrage du chevalier Duponceau sur les langues indiennes, j'avouerai toutefois, Monsieur le Ministre, que ma curiosité a été beaucoup plus excitée à la vue d'un autre manuscrit que l'on trouve aussi à la bibliothèque de l'arsenal. Ce manuscrit figuré à la manière égyptienne pourrait fort bien être l'œuvre même d'un indien à moins qu'un de nos français n'ait lui même voulu écrire « à la sauvage » en effet après la parole le dessin était pour les indiens la seule manière de s'exprimer. Quand ils allaient en guerre ils traçaient sur des écorces d'arbres ce qu'ils voulaient dire, combien ils étaient d'hommes, leur village, le nombre de leurs prisonniers, s'ils avaient rencontré beaucoup d'ennemis, tout cela par des représentations d'une image plus ou moins fidèle, mais ils ne connaissaient pas l'écriture proprement dite. aussi rien n'égalait leur surprise à la vue des livres ou d'un homme lisant. Les Nadouessioux disaient aux deux canoteurs du père Hennepin « Dès que Louis a regardé « (ils n'ont pas de nom pour désigner le papier) il nous « répond et nous fait entendre ses pensées. Il faut « ajoutaient ils que cette chose blanche soit un esprit « qui lui fait connaître tout ce que nous lui disons. » Ils ne pouvaient se lasser d'admirer comment des absents quelque loin qu'ils fussent se faisaient ainsi entendre ce qu'ils désiraient, ils regardaient volontiers « nos livres dit le Père Sagard après les avoir bien « contemplés et en avoir admiré les images et les lettres « ils s'amusaient à en compter les feuillets. Les mémoires sont pleine àpropos de tout des étonnement naifs du sauvage en face des gens de fer, ou des gens de bateaux de bois ainsi qu'il appelait les Européens, lui révélant les mystères de la Civilisation.

Je ne puis, Monsieur le Ministre, m'empêcher de citer encore à Votre Excellence ce passage de Sagard sur ce sujet « Comme ils estimaient que les « plus grands Capitaines de France étaient doués d'un « plus grand esprit ~~eux seuls~~ et qu'ayant un si grand « esprit eux seuls pouvaient faire les choses les plus « difficiles, comme haches, couteaux, chaudières, ils « inféraient delà que le Roy, comme le plus grand « Capitaine et le chef de tous faisait les plus grandes « chaudières et nous tenant en cette qualité de Capitaines « ils nous en présentaient quelques fois à raccommoder « et nous suppliaient aussi de faire pencher en bas « les oreilles droites de nos chiens et de les rendre comme « celles de ceux de France qu'ils avaient vus à Kebec « mais ils se méprenaient et nous suppliaient en vain « comme de nous être importuns d'aller tuer le tonnerre « qu'ils pensaient être un oiseau, nous demandant « si les français en mangaient et s'il avait bien de « la graisse et pourquoi il faisait tant de bruit, mais « je leur donnai à entendre (selon ma petite capacité « comme et en quoi ils se trompaient et qu'ils ne « devaient point penser si bassement des choses, de « quoi ils restèrent fort contents et avoient avec un « peu de honte leur trop grande simplicité et ignorance »

— Je n'ai pas fait cette citation Monsieur le Ministre, dans le but de faire croire à Votre Excellence que ces peuples fussent comme le dit la Commission de françois 1er à Jacques Cartier « vivant sans connaissance, sans usage de raison » ce serait une erreur. Marc Lescarbot

histoire de Montréal — manuscrit de la Bibl. Mazarine

declarait a bon droit ces termes « abusifs. »

Jusqu'ici, Monsieur le Ministre, à l'exception de 4 ou 5 mémoires j'ai plus rappelé à Votre Excellence les papiers oubliés ou négligés, que je ne lui en ai fait connaître d'inédits; peut être même Votre Excellence me reprochera-t-elle d'avoir suivi un peu trop dans mon rapport le système de Lescarbot dans son histoire de la nouvelle France — Mais le mémoire dont j'ai à parler en ce moment montrera que je ne cherche pas à remplacer par le nombre des pages de mon rapport, les découvertes que j'ai la commission de faire — A force de chercher directement et indirectement, n'omettant aucun mot, aucun nom des catalogues qui put m'offrir un recoin où se cacherait un document, j'ai enfin trouvé un manuscrit que je puis croire une véritable conquête. Le catalogue de la bibliothèque Mazarine m'indiquait au mot amérique le n° 2706 sous cette rubrique Voyages en amérique — mais plus loin je voyais aussi Voyage de mr de Bretigny n° 2706 — que je savais être un voyage à la Guyane. — Néanmoins je demandai ce numéro et je vis renfermée sous la même couverture une histoire de Montréal depuis 1640 jusqu'en 1672, manuscrit que je me suis assuré être entièrement inédit et des plus précieux par les matières qu'il contient — C'est un in folio de 207 pages, je le copie en ce moment. Comme Votre Excellence en pourra juger plus tard, ce mémoire fait ressortir l'esprit religieux qui présida à la fondation du Montréal dont l'établissement fut une œuvre pie pour laquelle de ceux qui l'entreprirent les uns donnèrent leur argent, les autres leurs soins, d'autres enfin leur sang — intéressant sous ce point de vue, ce document ne l'est pas moins sous un autre qui attachera peut-être même d'avantage certains esprits, je veux parler de la constance des premiers colons de Montréal au milieu des misères de toute espèce et surtout des incursions sanglantes dont chaque jour ce poste avancé était le but et le théâtre, — « tantot dit ce mémoire, les ennemis venaient par ruse « afin de nous surprendre dans un pourparler spécieux, « tantot ils venaient se cacher dans des embuscades « où ils passaient sans branler les journées entières — « chacun derrière sa souche afin de faire quelque coup — « enfin un pauvre homme à dix pas de sa porte n'était « point en assurance — il n'y avait morceau de bois « qui ne put être pris pour l'ombre ou la cache d'un « ennemi — C'est une chose merveilleuse comment Dieu conservait « ces pauvres gens ; il ne faut pas s'étonner si Monsieur « de Montmagny empêchait tout le monde de monter « ici pour s'y établir disant qu'il n'y avait point « d'apparence que ce lieu put subsister — car humainement « parlant cela ne se pouvait pas si Dieu n'eut « été de la partie.

Cet état de désolation qui dura, Monsieur le Ministre, jusqu'à l'avènement de Louis XIV aux affaires donna lieu aux plus beaux exploits, par lesquels hommes et femmes se signalèrent — Pendant 20 ans deux ou trois cents des notres soutinrent le choc des terribles barbares qui chassaient et exterminaient par milliers les autres nations indiennes : en 1648 si la mémoire ne me trompe, les iroquois détruisaient plus de 30,000 hurons — Les chefs de notre poignée de français n'étaient pas seulement les premiers par leurs titres, mais ils avaient encore l'autorité de la valeur, et lorsqu'en 1652 l'on exposait à Montréal le Saint Sacrement pour hâter la venue de Mr. de Maison neuve, c'était dans la persuasion profonde qu'avec le secours qu'il amènerait, il empêcherait en le commandant, la la Colonie Chrétienne de devenir un désert. — Votre Excellence en effet pourra lire dans le mémoire dont j'ai l'honneur de lui parler les beaux traits de ce Gouverneur qui honore notre histoire — et je doute qu'elle les applaudisse moins que les combats du major Closs & de Daulac qui avec 17 soldats soutenaient jusqu'au dernier soupir du dernier de ses hommes, jusqu'à sa propre mort, l'assaut de 500 iroquois — Votre Excellence s'intéressera vivement aussi j'en suis persuadé à ces populations si peu nombreuses & partant si exposées, lorsqu'après avoir vu le spectacle de leur bravoure, elle songera à la manière dont les iroquois faisaient la guerre et surtout à celle dont ils traitaient leurs prisonniers — Le manuscrit de la bibliothèque Mazarine, Monsieur le Ministre raconte le martyre de plusieurs de nos pauvres Colons, mais j'extrairai d'un mémoire que je donnerai prochainement le tableau de leurs supplices, tels que Dante & Michel Ange n'oseraient les représenter, car quelle que soit l'imagination des hommes, elle est, selon moi, toujours au dessous de la réalité.

Le premier supplice qu'ils font souffrir à ces
" pauvres misérables dit l'un de ces mémoires est de leur
" arracher quelques ongles, de leur couper quelques doigts
" avec des pierres à fusils pour les faire souffrir d'avantage,
" ou de leur appliquer quelques tisons sur le corps pour les
" faire chanter — les ayant tourmentés cinq ou six heures
" en cette façon ils les conduisent sur un échafaud dans la
" place publique où les ayant attachés pieds et mains à un
" pilier ils commencent à les brûler avec un vieux canon
" de fusil tout rouge le leur appliquant successivement
" depuis les pieds jusques à la tête pendant l'espace de 8 ou
" 10 heures ensorte qu'il ne reste aucun endroit dans leur
" corps qui ne soit grillé. Cela fait ils les détachent et le
" laissent courir par la place où la jeunesse l'attend encore

« avec des tisons et des chaudronnées de cendres
« chaudes ou d'eau bouillante qu'ils lui jettent et les
« autres lui ruent des cailloux. Enfin ils le fatiguent
« en telle sorte que tombant de défaillance ils se
« jettent dessus et le démembrent, en emportant chacun
« une pièce chez eux pour faire chaudière. — Je n'ai rapporté
« ici que le genre de mort le moins cruel car ils exercent
« quelquefois des cruautés si particulières que je n'ose
« les raconter de peur de faire frayeur. »

Un autre mémoire, Monsieur le Ministre, récite à peu près les mêmes atrocités on y trouve cependant ce détail de plus « C'est une chose fort ordinaire de faire « deux coustillades aux deux côtés d'un des tendons du « poignet et ayant passé un bastonnet au dessous du tendon « faire plusieurs tours de ce bastonnet comme pour lui « arracher le tendon »

Telle était, Monsieur, l'horreur des supplices desquels on était incessamment menacé dans la Colonie, car la guerre des Sauvages était une guerre de surprise, — souvent le soleil se couchait sur une habitation heureuse par le travail et par les vertus, le lendemain à son lever, il n'éclairait plus que des cendres — quelques os épars, des monceaux de chair grillée ou saignant encore indiquaient que la nuit l'Iroquois avait passé par là — Malheureusement la grande distance qui séparait les habitations françaises les unes des autres ne leur permettait pas de s'entraider et lorsque les nôtres à la nouvelle de ces désastres courant à la vengeance poursuivaient ces barbares, ils avaient rarement le bonheur de les atteindre l'Iroquois ainsi que disaient les Canadiens, « Renard dans la surprise, lion dans l'attaque était un oiseau dans la suite "

Pour terminer ce que j'ai à dire, Monsieur Le Ministre, du manuscrit de la bibliothèque Mazarine, manuscrit sans nom mais dont Mr Dollier de Sulpice me semble être l'auteur, — à mon avis il complète heureusement et nécessairement les relations des jésuites, relations si recherchées; j'ajouterai même qu'il est d'un plus haut prix que beaucoup d'entre elles, car tout prêtre qu'était son auteur, il parle moins de religion, de baptêmes et de conversions toujours très équivoques et un peu plus des actions de nos français. — A cet avantage il joint celui de mettre en relief le séminaire de Saint Sulpice que les jésuites ont essayé d'effacer, comme ils ont fait des Recollets qui après les avoir reçus en 1625, dans leur propre maison, en avaient été exclus par les intrigues de ces hôtes ingrats, sous prétexte qu'ils étaient trop pauvres pour faire quelques progrès parmi les nations sauvages dans la prédication de l'Evangile.

- Papiers sur la Compagnie de la Nlle France. - Arch. de la Marine

Le père de Charlevoix qui défend de ce prétexte la conduite de sa Compagnie, n'ajoute pas comme fait un manuscrit des archives du Royaume — que quant à eux ils avaient donné à leurs affaires l'ordre nécessaire pour empêcher qu'on ne leur pût jamais faire une pareille objection. Ce même manuscrit me montre que le révérend père n'avait pas peu de raisons pour voiler et déguiser bien des choses, mais pourquoi omet-il des faits qui sans nuire en rien à l'honneur de la Société sont d'un intérêt évident pour l'histoire qu'il traite ? il est vrai de le dire, Monsieur le Ministre, lorsque Charlevoix écrivit les seules annales que nous ayons encore aujourd'hui de nos établissements de l'amérique du nord, annales qui s'arrêtent à 1722 on ne se préoccupait en histoire ni du commerce, ni de la population, ni de l'administration des finances et de la justice, en un mot l'économie d'un peuple —

était généralement négligée — Cependant quelle n'est pas la valeur de ces connaissances dont aujourd'hui les hommes politiques font l'objet des plus graves études.

La Compagnie des Cent associés à qui Richelieu donna le Canada, laquelle fut souveraine du pays jusqu'en 1663, méritait au moins comme telle, comme aussi par l'influence qu'elle a pu avoir sur les progrès et sur le bien être du pays, qu'on cherchât à connaître ses diverses phases, si elle songea réellement à remplir les intentions du Cardinal, comment elle échoua et finit par se dissoudre sans rapporter de toutes ses dépenses les profits qu'elle espérait à sa fondation, j'ai donc recueilli à ce sujet, Monsieur le Ministre quelques papiers que j'ai l'honneur de vous faire remettre — Ils sont des archives de la marine, et sont sous le point de vue des chiffres d'une certaine importance.

Je prendrai à ce propos, Monsieur le Ministre, la liberté de dire à Votre Excellence que si je ne me trompe le dépôt des affaires étrangères contient un grand nombre des documents relatifs à l'histoire des Français dans l'amérique du nord, depuis l'époque de François 1er, au rapport de tous les livres — la Marine n'a été détachée du département de Mr. de Lyonne qu'en 1669 et plusieurs notes m'ont prouvé que tous les papiers n'avaient pas été rendus — j'en pourrais citer plusieurs — je me propose, en conséquence pour compléter mon travail sur cette partie de mettre à profit l'offre obligeante que m'a faite Monsieur Mignet, en visitant le dépôt dont il est le directeur.

Simple Extrait, curieux par le rapprochement.

Enfin, Monsieur le Ministre il existe aux archives de la Marine et ailleurs un nombre infini de documents qui sans mériter qu'on les copie entièrement

Contiennent toutefois des détails dignes d'être conservés, ce que je fais par des extraits afin de remplir fidèlement les instructions de Votre Excellence — Parmi ces pièces il en est une intitulé « Transaction faite avec les habitans de Canada (1er avril 1651) qui contient un petit article intéressant pour l'histoire contemporaine. — On y trouve le nom d'un sieur Olivier Papineau, négociant de la ville de la Rochelle, inscrit comme créancier d'une somme de 1750 sur laquelle on lui donna un acompte de 1175#. Je ne pense pas, Monsieur le Ministre, à chercher des lettres de noblesse, ni même des preuves de comme roture à l'ancien Président de l'assemblée du Bas Canada qui était tout dernièrement encore proscrit en France. — Mais si Votre Excellence se souvient des incidens de la révolution de 1837 où la partie française du Canada tenta de secouer le joug oppresseur de l'Angleterre, elle trouvera curieux sans doute de rapprocher la somme due au négociant de la Rochelle, Olivier Papineau, de celle que le Gouvernement anglais décernait comme prix à celui qui rapporterait la tête de L. B. Papineau. 50,000# étaient alloués à cet homme, et faisant assaut de barbarie avec le gouvernement les négocians anglais de Montréal en ajoutèrent 50000 autres. 100,000 francs c'était une fortune pour un malheureux. — Dans cette Rome dont on est las d'entendre l'éloge, si de sanguinaires dictateurs mettaient une tête à prix et que ce prix en fut le poids en or, elle était bientot apportée, chargée de plomb fondu pour ajouter à sa valeur, mais au Canada, une noble colonie de la France, on ne trouva ni les Romains d'autrefois ni les juifs de nos jours, pour livrer un vaincu à ses ennemis et le gouvernement Anglais resta flétri, s'il pouvait l'être encore par la proposition — Monsieur Papineau caché le jour dans les cabanes des paysans, marchait la nuit escorté par

Ces mêmes hommes. — ils manquaient de tout, mais ils estimaient comme sacrée la vie employée à défendre la patrie et croyaient que l'or ne saurait payer ni le cœur ni la tête d'un homme de bien.

Ici, Monsieur le Ministre, est le terme de mon rapport. En effet ainsi que j'ai eu l'honneur de le dire à Votre Excellence, j'ai borné pour cette fois le compte rendu de mes recherches à la période qui s'écoule entre 1524 et 1664. ~~A travers d'une confusion à laquelle j'étais contraint~~ je me suis efforcé le plus qu'il m'a été possible d'y faire entrevoir à Votre Excellence, [+] l'audace des navigateurs explorant des mers inconnues d'où les équipages revenaient décimés lorsqu'ils en revenaient. — je lui ai indiqué plutot que montré, la constance et les misères de ces premiers hommes qui en venant s'établir dans ces terres sauvages, couvertes de forêts vierges n'avaient pas même les ressources les plus faciles à l'homme d'un pays civilisé, manquant souvent de vêtements, de chaussures, d'instruments pour bâtir et pour labourer, n'ayant pour tout logis que des cabanes d'écorce que la pluie, le froid et la chaleur brisaient et pénétraient; pour toute nourriture dans les jours heureux que de la farine de maïs bouillie des citrouilles ou le produit de leur chasse quand la Providence leur en envoyait; vie cruelle qui faisait dire entr'autres pronostics et nouvelles aux livrets de Maître Guillaume, le Mathieu Laënsberg de ce temps là, sans doute, que le sieur de Monts arrachait des épines en Canada.

A l'horreur de ces privations inhumaines, puisqu'elles poussèrent quelque fois des hommes à manger des hommes, [+] Votre Excellence a pu voir encore s'ajouter l'horreur de la situation de ces malheureux

[+] à travers une confusion à laquelle j'étais contraint

exposés incessamment à la mort soit pendant leurs travaux soit durant leur sommeil, presque toujours à la merci d'un ennemi féroce qui les massacrait ou les emmenait prisonniers pour les livrer ensuite à des supplices dont l'esprit repousse l'image. Si rapidement que j'aie dû passer sur les sacrifices des missionnaires, Vous avez assurément aussi Monsieur le Ministre, accompagné de Votre admiration, de Votre respect ces hommes qui souvent déjà surchargés d'années comme le père Nicolas, ~~Vieil~~ vieil prédicateur, dit Saghart, partaient convertir à la vérité de l'Evangile, les peuples assez malheureux pour ne la pas connaître, bravant à l'âge du repos, avec la fermeté d'un dévouement qui ne voit que son objet, les fatigues de la marche, les besoins du corps, les intempéries des saisons, l'indifférence des leurs, les injures des barbares et leurs mauvais traitements, mourant enfin ou par l'épuisement qui suit des travaux excessifs, ou noyés dans les eaux en les traversant pour porter le baptême, ou consumés dans le feu au milieu duquel ils enseignaient encore à leurs néophytes le chemin du ciel et par leurs discours et surtout par l'intrépidité de leur martyre - Sans doute l'esprit des corporations religieuses, esprit d'ambition et d'orgueil comme celui de toute société, a paru même dans ces missions, mais il ne peut ternir la gloire des individus, que les corporations escomptaient. - L'esprit de Dieu anima trop évidemment quelques uns de ces martyrs - Certes l'amour pur de la Divinité parlait bien à ces religieuses hospitalières demandant elles aussi à partir pour la nouvelle france et écrivant aux Révérends Pères. Nous vous portons plus d'envie que de compassion -

Enfin tel est à peu près le tableau que m'a présenté un examen que je ne puis dire encore que superficiel, la fermeture des bibliothèques ne me permet pas de le compléter — Néanmoins Votre Excellence y a pu deviner les grandes choses que ces français la plupart du temps de simples particuliers ont faites sans encouragement, sans autre direction que la leur, ce qui était cause que leurs entreprises mouraient avec eux. — Dans mon prochain rapport, Monsieur le Ministre, je donnerai connaissance d'un grand nombre de papiers relatifs à la période de Colbert — papiers du plus haut intérêt et presque tous ignorés — Votre Excellence verra en les examinant ce qu'un grand peuple est capable de faire, — soutenu par un grand Roi et dirigé par un grand Ministre.

J'ai l'honneur d'être

Monsieur le Ministre,

avec le plus profond respect,

De Votre Excellence

15 août 1845.

Le très humble et très obéissant serviteur

Pierre Margry

Aout 1845.

311

Aout 1845

Note des papiers joints et à joindre au premier rapport fait à propos d'une collection de Documents concernant l'histoire des Colonies françaises de l'Amérique du Nord.

remis. 1°. Procès Verbal de la Commission nommée par M. Hovius chevalier de la Légion d'honneur Maire de Saint Malo pour reconnaître et recevoir les débris d'un navire que Jacques Cartier abandonna à Sainte Croix en Canada le mois d'avril 1536.

remis 2°. Filiation du célèbre navigateur — Certificat de sa naissance à Saint Malo le 31. Xbre 1494.

remis. 3°. Lettre du Maire de Saint Malo à Monsieur Faribault, Vice Président de la Société littéraire et historique de Québec, concernant l'Envoi des débris, et les recherches faites sur ce qu'on pourrait connaître de Cartier.

---

remis. Lettre de Poutrincourt à Messieurs les Prevosts des Marchands et Échevins de Paris — Il y demande du secours contre les Anglais — 1618 1er 9bre.

à remettre. — Mémoire du Chevalier de Razilly pour inviter le Cardinal Richelieu à retablir le Commerce maritime — et projets de Colonisation.

Les Memoires qui suivent étant reunis donnent nettement l'histoire de la Compagnie de la Nouvelle France de 1628 à 1664 et les raisons qui empêchèrent son heureux succès.

remis Mémoire de Canada par Mr De la Chesnaye — C'est un aperçu général de ce qui s'est passé dans la Nouvelle France depuis l'epoque des Decouvertes jusque en 1697, année où il fut ecrit. — Il donne l'histoire des Compagnies de Commerce et contient principalement sur la gestion des affaires du pays de 1645 à 1664 des détails qu'on ne trouverait pas ailleurs. Ces détails paraissant impartiaux sont précieux en ce qu'ils confirment l'authenticité de faits que d'autres memoires que je donne ici accusent plus vigoureusement.

Mémoire sur le Commerce du Canada par le même — Il ajoute de nouveaux faits à ceux des documents précédents — Il indique par exemple les avantages que présentait la Nouvelle France à la Métropole.

— Établissement de la Compagnie de Canada sous le titre de la Nouvelle France par les articles des 29 avril et sept mai 1627 avec les arrets et commission des sept et dix huit mai 1628 portant ratification, confirmation et execution d'iceux

— Ce mémoire ayant été imprimé je veux seulement le rappeler ici pour donner un commencement aux mémoires ci dessous designés.

1° La Compagnie de la Nouvelle France ayant donné au Roi la demission de ses droits sur ce pays réclame une indemnité de ses frais rendus inutiles — Elle trace brievement son historie, represente les depenses, les malheurs et la mauvaise administration de ses agens — d'importants détails

2° État au vrai de la dépense qui a été faite par la Compagnie de la Nouvelle France pour l'Établissement des Colonies et entretien des Ecclésiastiques qui ont eté audit pays depuis 1628 pour la Conversion des Sauvages jusques à ce qu'il a plu au Roi retirer le dit pays de ladite Compagnie — le précédent document ne rend pas inutile celui ci — ils se controlent l'un l'autre.

3°. Articles accordés entre les directeurs et associés en la Compagnie de la Nouvelle France et les deputés des habitans du dit pays — agréés et confirmés par le Roy 1645 6 m[illegible]

Par ce papier qui peut être regardé comme une pièce justificative d'un article capital des pièces précédentes, la Compagnie de la Nouvelle France accorde la liberté de Commerce aux Colons de la Nouvelle France, moyennant certaines conditions que ceux-ci n'executèrent pas, comme on le voit par les memoires mentionnés plus h[au]t Aubert de la Chesnaye, de la Compagnie elle même mais surtout par le suivant qui nous revele à n'en pas douter que le mal qui empechait le Canada de naître c'était la concussion, le même ver rongeur qui cent ans plus tard fut en g[ran]de partie la cause de la perte de la Colonie pour nous — Il est ainsi intitulé : «

4° « Memoire concernant les affaires du Canada qui montre et fait voir que sous prétexte de la Gloire de Dieu et Instruction des Sauvages de servir le Roi et de faire la Nouvelle Colonie il a été pris et diverti trois millions de livres ou environ qui montre encore quels moyens on doit tenir pour recevoir une partie des deniers divertis et que si les ordres donnés pour le Gouvernement du pays et administration ne sont pas changés, la Colonie ne se fera jamais.

genie

Document des plus tristes mais aussi des plus importants

En 1660. La Compagnie de la Nouvelle France qui ne reçoit rien de l'Indemnité convenue entr'elle et la Communauté de Canada, pour la cession de ses droits sur le revenu du Commerce, envoie un Intendant examiner les livres des Comptables de la Communauté. Enrichis par les malversations que les Jesuites, semblent avoir protégées parce qu'il est probable* qu'ils en touchoient la plus grosse part, ces comptables craignant l'examen de leur gestion persuadent au peuple que l'Intendant du mesme vient etablir des maltostes et de nouveaux impots. Une émeute s'en suit d'où l'Intendant se tire la vie sauve mais où son fils est assassiné — L'auteur de ce mémoire Peronne Dumesnil lui même examine les sommes que le débit du castor a produites depuis 1645. époque de la cession du Commerce par la Compagnie, il les répète de ceux qui les ont reçues, il fait observer les aumones tirées de France et demande ce qu'elles sont devenues, Enfin il montre les dettes contractées malgré tout l'acquis

* d'après beaucoup de documents

au nom de la Communauté de Canada et que les malheureux Colons sont obligés de payer deux fois — par quelques personnalités qui ne sont pas tout ce qu'il dit, comme il le fait entendre, on soupçonne l'Etat malheureux de cette Colonie livrée à l'avidité et à l'ambition de quelques hommes qui profitent seuls —

On voudroit pouvoir ne pas ajouter foi à ce mémoire qui ternit l'éclat des missions — mais une lettre de l'Intendant Gaudais Dupont qui a tâché de le réfuter élude toutes les questions, tourne à l'entour et n'aboutit à rien de concluant. Malheureusement encore les Jésuites qui y sont compromis, c'est à dire les chefs de la Compagnie, jouent autre part d'assez pauvres rôles et tous qui sont accusés avec eux, des mémoires postérieurs à celui ci montrent les individus comptables, dont ils sont au moins complices, comme dévoués à leur Société, à leur cabale — les assertions qui sont contraires à ces Religieux sont trop souvent répétées par les hommes les plus honorables pour qu'on croie sinon à leur honnêteté du moins à leur désintéressement — Outre les grandes aumônes d'ailleurs les Pensions qu'ils recevoient pour l'instruction des Sauvages et le commerce que les mémoires les plus dignes de foi soutiennent qu'ils faisaient, ils avaient évidemment intérêt à habiter un pays où ils acquéraient tous les jours de nouvelles terres — Nous avons la liste de celles qu'ils possédoient en 1663 — Je l'ai copiée, mais elle est renfermée sous la couverture d'un autre mémoire qui n'appartient pas à cette période et je la remettrai la prochaine fois.

mettre — Déclaration des terres que les Pères Jésuites possèdent dans le pays de la Nlle France.

Ces Papiers joints à la Grande Relation de l'histoire du Montréal que je copie — document de 207 pages in folio très serrées, jettent un nouveau jour sur les annales de la nouvelle France. Ce dernier mémoire est tout entier une narration d'évenemens, tandis que ceux ci prêtent beaucoup à la discussion — Cette diversité de matériaux ne peut être qu'heureuse dans une Collection.

Je garde par devers moi d'autres documens que j'ai copiés qui doivent me servir de guides — je les soumettrai prochainement à l'examen

Pierre Margry.

2.

1377/2

29 9bre 1845

36

Colbert
Grav.
Talon

Monsieur le Ministre,

Après vous avoir présenté, autant qu'il m'était donné de le faire à propos de quelques papiers, le Tableau des Entreprises grandes et hardies, que des Français, de simples particuliers avaient exécutées la plupart du temps sans l'aide, même sans encouragement, ni du Pays ni de la Couronne, j'ai terminé mon premier rapport en vous annonçant que j'aurais l'honneur de vous montrer dans le suivant ce qu'un Grand peuple peut, soutenu par un Grand Roi, dirigé par un Grand Ministre. J'annonçais ainsi à Votre Excellence les Papiers de l'administration des Colonies de l'Amérique du Nord sous Colbert, papiers dont aujourd'hui je lui fais remettre une grande partie copiée de ma main.

J'ai rencontré, Monsieur le Ministre, à ce sujet une difficulté. Les instructions de Votre Excellence me recommandent d'apporter une grande réserve au choix des Pièces et de n'en prendre que celles qui me paraîtraient les plus intéressantes — or le nombre des documents, embrassant l'histoire de notre Colonisation tant sur les bords du Saint Laurent que sur ceux du Mississipi est si grand que j'avais dû me poser des bornes en conséquence. J'avais eu tout d'abord l'intention de choisir entre tous les narrations. Je me réservais néanmoins de soumettre au Comité un court sommaire de ceux que j'écartais ainsi, afin qu'en connaissant la substance, il voulût bien m'indiquer lui même la part qu'il fallait leur accorder dans ce recueil. Je demanderai, Monsieur le Ministre, vos ordres sur ce point.

Toutefois j'ai cru, sans les attendre, que Colbert sous les inspirations et par la protection duquel le Canada fut organisé (1665–1683) l'Acadie recouvrée (1667–1670) la Louisiane découverte (1669–1682–1685) ne pouvait se voir refuser une place importante à des desseins réalisés comme à ceux qui n'avaient pu l'être, or un monument consacré à l'honneur de notre nationalité dans le Nouveau Monde. Votre Excellence m'approuvera sans doute lorsqu'elle apercevra dans ces mémoires une partie des difficultés que l'administrateur avait à surmonter, difficultés qui lui venaient non seulement de l'hostilité des Indigènes soutenus par la Rivalité anglaise, de l'État sauvage du pays, mais encore et ce furent les plus pénibles à vaincre, de l'Intérêt qu'avaient à la durée des abus dont ils profitaient des gens tout puissans dans les Colonies naissantes.

Un homme ignoré pour ainsi dire puisque c'est à peine si le seul historien de la Nouvelle France l'a fait connaître et qu'on a presque oublié Charlevoix lui même, une de ces hautes capacités cependant que le génie attire à lui pour les animer de sa propre chaleur et qui vont se grouper à l'entour comme au foyer d'une même famille, ressortira pour Votre Excellence de la lecture des mémoires que j'ai l'honneur de mettre sous ses yeux. Un des talents de Colbert, cause principale de la prospérité du Pays sous son administration, était celui de choisir ses agents, une de ses vertus fut de les chercher.

H.

ce — de L. — Sub

chercha avec une vive sollicitude les hommes qui devaient être les interprêtes et les executeurs de ses volontés relativement aux Colonies de l'Amérique du Nord.

Déjà en 1664, il avait et nommé pour Vice-Roy des Iles et du Canada, le Marquis Alexandre Prouville de Tracy, en l'absence du Comte d'Estrades qui en avait la charge et était alors employé aux négociations de hollande. Ce vénérable vieillard plus que septuagénaire, accablé d'infirmités mais non las de servir était bien digne de poser la première pierre du Gouvernement Royal dans la Nouvelle France, mais quel devait être l'homme capable d'élever cet édifice. Colbert marquait à Monsieur de Tracy lui même son anxieté à ce propos. Il lui écrivoit le 15. 9bre 1664. « Le Roy a donné tous les ordres nécessaires pour le voyage de Canada en sorte que l'on commence à préparer les munitions de guerre et de bouche dont l'on aura besoin pour cette expédition (contre les Iroquois). Le Régiment de mille hommes (Carignan Salières) se mettra en marche au premier Janvier. Nous tacherons de vous donner deux bons Ingenieurs et peut être y réussirons nous. Mais je désespère de pouvoir rencontrer un Intendant qui ait les qualités propres pour cet Emploi. Ceux qui s'en acquitteroient dignement n'ayant pas le cœur de s'exposer à un si long voyage et d'autres qui l'entreprendroient n'ayant pas le caractère de prudhommie et d'habileté qu'il faut pour y servir utilement. » De semblables Lettres font un égal honneur au Ministre qui les écrit et à l'agent qu'il juge après elles digne de son choix. — Le choix de Colbert tomba sur Jean Talon, de la famille des avocats-Généraux de ce nom, dans laquelle le Controleur-Général trouva pour le procès du malheureux surintendant un dévouement si entier à la justice et probablement à la vengeance Royale comme à sa fortune personnelle. — Jean Talon appartenait à cette famille, originaire de Picardie par une branche cadette établie depuis deux générations en Champagne où elle avait occupé les plus hauts emplois. — Il est permis de supposer que des rapports d'une ancienne amitié unissaient cette branche avec Colbert, né dans cette province comme on sait et que celui ci se plaisait à en resserrer les liens par ses grâces et par des faveurs, peut être même reconnaissait il ainsi des services rendus par les Talon, receveurs et Intendants des Deniers de la Province de Champagne au Marchand de laines de Rheims à l'Enseigne du Long-Vêtu. — Quoiqu'il en pût être, l'Intendant de la Nouvelle France, appelé surtout à cause de ses précieuses qualités, du Hainaut où il exerçait les mêmes fonctions ressemblait sur tous points à l'administrateur dont le ministre avait tracé le Portrait. Les Memoires actuellement entre vos mains, Monsieur le Ministre, vous le montrent habile à découvrir les ressources de la Colonie,
actif, Industrieux à les faire valoir et d'un caractère aussi élevé que l'avait grande l'Intelligence, juste, probe, bon, genereux même jusques à abandonner de son propre bien plutôt que de ne pas voir accorder à de bons officiers la récompense méritée par eux. — Cet homme dévoué à l'Etat, le servit si bien qu'en 1667 le Canada de 1665 n'était déjà plus reconnaissable. Or il y demeura jusqu'en 1673. — Cependant entravé sans cesse dans les bienfaits de ses améliorations par les Jésuites qui ayant gouverné le Pays jusqu'en 1663, vouloient y retenir le pouvoir, Jean Talon avait rappelé à Colbert que le Roi l'avait envoyé dans la Colonie pour deux ans seulement et ce temps écoulé, il avait demandé avec instance une lettre de cachet pour s'en retourner en France, mais le Roi lui écrivit qu'il avait encore besoin de ses services, au moins pour une année après laquelle Colbert appela Michel de Bouteroue à lui succeder. — Cet Intendant quoique homme d'un mérite distingué à divers endroits, capable sans doute d'entretenir un Etat de

choses sans établi, n'était pas à la hauteur des circonstances où il fallait lutter contre le passé en même temps que préparer l'avenir. Il lui manquait le coup d'œil sûr qui pénètre et discerne toutes choses. Il n'avait non plus ni la force qui tantôt comprime et tantôt soutient ni le génie qui féconde et vivifie — Deux qualités nécessaires chez un homme appelé à poser les fondemens d'un État — Déjà en 1669 les abus commençaient à reprendre le dessus, et l'activité de la Colonie, excitée sur tous les points par Jean Talon, s'éteignait, elle se rendormait dans cette paresse si naturelle à l'homme. Colbert s'aperçut qu'il était difficile de remplacer Jean Talon et il trouva moyen de l'engager à retourner dans un pays dont l'essor suspendu par son absence indiquait combien il lui était indispensable.

Jean Talon eut sur la Colonie qu'il dirigea les vues les plus vastes. — En présence de ces espaces infinis de terres, traversées par des fleuves dont on ne connaissait pas la source, espaces plutôt parcourus que jamais possédés par les Français, sur un sol fertile rendant 20 et 30 minots de bled pour un, sous un climat des plus salubres, il aimait à rêver un brillant avenir pour le Canada et plus qu'aucun autre il s'efforça de le hâter. — Il discuta dans cette pensée avec Colbert la liberté du Commerce pour les Colons. Il disait au Ministre qu'il n'était pas bon de céder la Souveraineté du Pays, et surtout le pouvoir de nommer les Gouverneurs et le Privilège de la traite à la Compagnie des Indes Occidentales qui ne pouvoit voir comme toutes les Compagnies dans son Établissement que les moyens de retirer le plus tôt possible au taux le plus élevé l'argent avancé par Elles, et non la Grandeur de l'État. — Il faut aussi sans doute attribuer au désir constamment marqué par Talon d'avancer la Colonie, le fait qu'allègue un mémoire. Obligé de réclamer incessamment le concours de Monsieur de Courcelles, quelquefois contrarié dans ses projets par ce Gouverneur, homme d'ailleurs de talent et de vertu mais impatient d'approuver et de voir s'exécuter tant de choses qu'il ne créait pas, « Jean Talon souhaitait, dit Aubert de la Chesnaye, de réunir en une seule main « le Gouvernement avec l'Intendance et faisait dans ce but de grandes dépenses « pour s'acquérir des amis et des partisans ». — Cette imputation n'a rien d'invraisemblable mais la cause qui la fait naître n'a également rien d'illégitime. Un esprit supérieur, une âme élevée portant leurs regards sur toutes choses aperçoivent ici un besoin à combler, découvrent là un progrès à faire, ils en trouvent les moyens; contraints cependant par une fausse position de demeurer inutiles, ils souffrent avec peine et comme par violence de partager un pouvoir qui ne sert dans des mains inertes ou incapables qu'à retarder le bien conçu par eux. L'ambition est juste, quand elle présente des titres pour se justifier. — Au reste les maux qui naquirent trop souvent et trop longtemps dans l'ancienne administration, de l'existence des deux pouvoirs rivaux de l'Intendant et du Gouverneur, toujours en querelle l'un avec l'autre, donnèrent lieu aux peuples de la Nouvelle France de désirer ce que Talon pouvait espérer d'obtenir, n'y ayant guères alors en Canada que six à sept mille habitans.

Si Votre Excellence veut bien rapprocher quelques documens les uns des autres, elle verra que ce beau rêve de Talon songeant aux destinées futures de son œuvre, fut, il est douloureux de le penser aujourd'hui, la première idée dont tous les hommes de cœur et d'intelligence étaient frappés en entrant dans le Pays. Déjà en 1663 le Gouverneur Baron Dubois d'Avaugour avait proposé un plan pour fortifier Québec « L'Entrée, disait-il, du plus beau et du plus grand État du Monde. » Établie, comme il le proposait Québec à son avis devait être la pierre fondamentale de dix provinces et ces dix provinces établies, elles mêmes sur la place de Québec en assureront cent autres, c'est à dire l'Amérique entière à la France. En 1672.

le Comte de Frontenac écrivait aussi que rien ne lui avait paru ni si beau ni si magni
fique que la position de Quebec – Quebec, ajoutait-il, ne pouvait être mieux située quand
elle devrait devenir la Capitale d'un Grand Empire ». Plus tard encore le Marquis de
(1685–89.) Gouv. Denonville voyait dans le Canada les Prémisses d'un Grand Peuple, mais ce même Gouver
neur avait aussi coutume de dire que le Roi de France qu'on venait cependant de
surnommer le Grand « n'était pas assez grand seigneur pour mettre en valeur un
aussi vaste pays ».

Cette raison, assurément, quoique la Louisiane ne fut pas encore découver
te, causa le rejet que fit Colbert de la proposition de Talon, d'acheter à
Charles II. la Nouvelle Belgique nommée depuis la Nouvelle York du nom
du frère de ce prince, qui venait de s'en emparer sur les Hollandais. Charles II.
prodigue et partant toujours dans le besoin venait de vendre Dunkerque
à la France.

Deux motifs, Monsieur le Ministre, me semblent devoir faire remarquer
cette Proposition de Talon. Voltaire dit que je ne sais quel grand fait arriva
en Europe parce que cent ans auparavant au fond de l'Inde un fakhir sortit
de chez lui le pied droit en avant au lieu d'en sortir du pied gauche. L'Esprit
ironique de Voltaire a souvent porté plus à faux que dans cette induction ima
ginaire tirée de l'Enchaînement des causes. – Mais il est plus permis de croire
encore que les Evenements de 1756. partis des rives de l'Ohio mettre le feu aux
deux mondes n'eussent pas eu lieu si Colbert eut trouvé le moyen de réaliser
une proposition qui tendant à nous donner une troisième Entrée dans l'Amérique
du Nord, mettait fort à l'étroit les Colonies Anglaises, resserrées ainsi
encore davantage par les nôtres et ôtait enfin à notre rivale un Etat qui allait
devenir un nouvel aliment de haines et de discordes entre les deux peuples en même
temps qu'il augmenterait du côté de nos ennemis la puissance de les satisfaire.

L'autre cause de l'attention que j'accorde, Monsieur le Ministre, à la
proposition de Talon, c'est celle-ci – Les désastres de 1763. qu'elle eut pu empêcher
ne nous ont laissé de 1200 lieues dont la France était Souveraine que deux
Petites Iles Saint-Pierre et Miquelon. Nous les avions depuis longtemps
découvertes, mais Talon nous les assura en en prenant possession lui-même à son
retour en Canada – Les Anglais attirés par l'appât des pêches si abondantes à
l'Entrée du Golfe Saint Laurent, s'établissaient dans tous les lieux que leur aban
donnait notre négligence et c'est à l'Intendant que nous devons peut être
encore de garder ce petit point de nos immenses possessions,

Jean Talon rentra en France les mains nettes – les documents m'ont
appris que c'était un Eloge à faire à un administrateur des Colonies – Il n'avait
pas selon sa propre expression, voulu faire sa fortune par ses mains et l'avait
attendue de ses services – Pour cela, il avait compté sur Colbert comme le Ministre
avait compté sur lui pour les affaires du Roi. – Nul des deux ne fit défaut à l'autre
Talon avait formé trois bourgs aux Environs de Québec, ils furent érigés en baronnie
et deux ou trois ans après en Comté. – Une lettre de Colbert datée de 1674 nous
le montre encore 1er Valet de Chambre du Roi. – En voyant, Monsieur le Ministre
cet homme honoré lui aussi de porter un titre semblable, ne peut-on pas se demander
quand un maître tel que Louis XIV. pouvait avoir des valets tels que Talon et
Molière, ce qu'avait à s'étonner le doge de Gênes de se trouver suppliant au milieu
des merveilles du Palais de Versailles.

Jean Talon, Monsieur le Ministre, se retira devant le Comte de Fron tenac, nommé Gouverneur à la place de Monsieur de Courcelles. Le Comte et l'Intendant comme gens qui avaient hautement le sentiment de leur supériorité aimoient trop tous deux à dominer pour se partager le pouvoir ainsi qu'ils devoient, mais ils s'estimoient trop aussi l'un l'autre pour se le disputer. Talon connoissoit Monsieur de Frontenac, dont la femme lui était parente. Il savait qu'il ne devait pas espérer d'effacer et encore moins peut être de se subordonner ce gouverneur comme il avait fait de Mr de Courcelles. Son rôle était fini, prématurément il est vrai pour le Canada. Talon le comprit, il l'avait rendu d'ailleurs assez beau pour sa propre gloire et l'administrateur céda la place à l'homme de guerre.

Celui ci aussi devait s'illustrer mais par l'éclat des armes qui eut pour la foule plus de prestige que les bienfaits mêmes de l'administration la plus sage et la plus heureuse. Une vive splendeur devait être répandue par lui sur le Canada, et la gloire qui en rejaillissait sur la France allait la récompenser du soin qu'elle prenait de cette colonie. — Les beaux faits de ce gouverneur, le faste et la magnificence dont il aimait à s'entourer, signes extérieurs de la grandeur de ses sentiments devaient faire dire de lui que nul ne pouvait mieux représenter à la tête d'un Gouvernement, la majesté de Louis XIV. Il y avait loin en effet de lui à Mr de Lauzon, pauvre homme de lettres qui lais... de tout faire aux ennemis et sans domestiques vivait mesquinement de lard et de pois comme un manant".

qui avait eu chez elle de reconnaissance

(Gouv. en 1656.)

Un des mémoires joints à cette lettre, Monsieur le Ministre, vous donnera quelques traits du caractère de Monsieur de Frontenac, mais ce personnage ne se révèlera pour Votre Excellence tout entier, dans toute sa noblesse qu'à l'époque de son second Gouvernement. J'aurai lieu alors d'entrer dans de plus amples détails à son égard.

Une entreprise dont Monsieur de Frontenac et Jean Talon ont leur part de gloire pour l'avoir protégée tous deux, c'est la découverte de la Louisiane. Le Mémoire auquel je viens ici de faire allusion, Monsieur le Ministre, intitulé "Voyage du Comte de Frontenac au lac Ontario" important en ce qu'il raconte la fondation d'une ville florissante aujourd'hui sous le nom de Kingstone, présente encore un autre intérêt. Dans un voyage fait deux ans avant celui de Mr de Frontenac au même lac Votre Excellence voit les premiers bateaux de bois lancés sur les rivières du Canada qu'on ne traversait encore qu'en canots d'écorce et chacun avant de se livrer aux dangers de ce genre de navigation inconnue jusqu'alors sur ces rivages, régler d'abord ses affaires avec les hommes et sa conscience avec Dieu. — L'Établissement du Poste de Cataracouy, proposé pour diverses causes par M. Talon, entrepris par M. de Courcelles, exécuté enfin par M. de Frontenac, fut en outre l'un des premiers jalons que posa pour ses magnifiques découvertes René Robert Cavelier De la Salle qui fut également le premier gouverneur en même temps que le premier propriétaire de ces terres.

J'appellerai à ce propos, Monsieur le Ministre votre attention sur deux ou trois pièces, par la prise de possession des terres du Lac Érié (aujourd'hui l'État de Michigan) et par la Carte de Louis Jolliet Votre Excellence verra que la Louisiane était découverte avant l'époque que le Père de Charlevoix et les autres historiens assignent à cet événement. — Divers renseignements épars dans plusieurs papiers nous montrent La Salle dès 1669 à la recherche par les terres du Canada d'un chemin au Japon et à la Chine, tentative qui ne devait se réaliser que par la découverte du Missouri, et Talon qui excitait ce jeune homme alors âgé de 24 à 25 ans le signale comme plein de chaleur pour les Découvertes. Il commença les siennes avec Messieurs de Saint-Sulpice. La Salle avait dès 1671 poussé jusqu'aux Arkansas où Jolliet et le Père Marquette n'atteignirent qu'en 1673. Mais il faut dire qu'ils descendirent au Mississipi par deux chemins différents, La Salle par l'Ouabache, qui tombe dans l'Ohio et Jolliet par l'Ouisconsin. — La Carte de Jolliet.

attestant ces premières découvertes prouve aussi également à l'honneur de la France combien
étaient fausses les prétentions des Anglais en 1754 sur le cours de l'Ohio. Elles furent
cependant la cause principale de la guerre de Sept ans. — Votre Excellence remarquera
assurément aussi dans cette carte le nom que Jolliet ~~[illegible]~~ assigne aux terres de sa décou
verte. Il les appelle Colbertie. Les Jésuites qui s'en arrogent l'honneur dans une autre
carte proposent de les nommer la Manitoumie à cause d'un Grand Manitou rencontré par
eux sur leur chemin — Le nom que La Salle leur imposa, prévalut, ce fut celui de Louisiane
du nom de l'Idole, du Manitou qu'on adorait à Versailles. Si l'on en croit le Père Hennepin,
Louis chez les Nadouessioux signifiait soleil.

Les dangers et les malheurs de Cavelier de La Salle, le courage, l'énergie, la
persévérance que votre Excellence, Monsieur le Ministre, le verra déployer même avant
d'obtenir la commission de Colbert en 1678, époque à partir de laquelle seulement il est
connu ou pour mieux dire entrevu, me font désirer vivement de savoir tous les incidens
de cette grande vie facile à opposer même avec succès, je crois avoir aujourd'hui le droit de le dire,
aux gloires dont l'Espagne s'enorgueillit en ce genre. Cependant quoique je sache déjà
sur cet homme, il y a des documens qui ont existé, qui existent sans doute encore et
que je ne trouve pas, d'autres que je possède fort incomplets et je voudrais copier les
uns et compléter les autres. — Plusieurs raisons me permettent de penser que le Séminai
re de Saint Sulpice en possède quelques uns, MM. Dollier et Gallinée, du séminaire
de Montréal commencèrent avec La Salle les découvertes et prirent possession avec
lui des terres du Lac Érié, aujourd'hui l'État de Michigan. Or l'histoire de Montréal
même dont j'ai parlé dans mon premier rapport, Monsieur le Ministre, ~~[illegible]~~
~~[illegible]~~ et de laquelle l'auteur est Monsieur Dollier, nous apprend que Monsieur Gallinée
a écrit la Relation de ces voyages — L'ordre des Sulpiciens également compte parmi
les plus nobles des siens Jean Cavelier, frère du Découvreur, du Diocèse de Rouen qui a
laissé des mémoires sur l'expédition où Robert Cavelier périt après avoir découvert
le Texas, le pays dernièrement annexé à la Confédération Anglo-Américaine.
— Ces Mémoires sont d'autant plus importantes que ce saint prêtre accompagnait
son frère dans ce voyage, d'où il revint lui 4ème seulement de 200 qui s'y étaient
perdus — Mais ce qui me les fait plus désirer encore, c'est que le livre connu sous
le nom de Joutel, second de La Salle, n'est qu'un pauvre résumé du Journal de
ce brave homme et que ce Journal que j'ai copié est encore incomplet quoiqu'il
ait plus de 600 pages in folio. — Il y manque au moins trois cahiers.

Je vous serais donc, Monsieur le Ministre, vivement obligé si vous vouliez
bien obtenir pour moi de Monsieur de Courson la permission de visiter les
archives du Séminaire de Saint Sulpice dont il est supérieur. La conduite
des trois ecclésiastiques qui figurent dans la découverte de la Louisiane honneur
de leur ordre me fait espérer que Votre Excellence ne saurait éprouver aucune difficul
té à ce sujet. La connaissance d'ailleurs des autres mémoires que peut posséder ce
séminaire, seigneur de la seconde ville du Canada est indispensable pour retra
cer l'histoire de notre Colonisation dans l'Amérique du Nord.

A cette demande, Monsieur le Ministre, je prendrai la liberté d'en ajouter
une autre, par laquelle je terminerai cette lettre.

J'avais commencé ~~[illegible]~~ en place de ces quelques pages un mémoire complet
où j'essayais de montrer l'État dans lequel Colbert avait pris le Canada et
celui où il l'avait laissé, en même temps que les difficultés qu'il avait eues
à vaincre, afin de mieux mettre en relief l'importance des papiers en ce moment
sous vos yeux. — Mais j'ai été obligé de m'arrêter dans ce travail. Il m'est impos
sible de faire ~~[illegible]~~ seul des recherches, des copies et des rapports. Votre Excellence
le comprendra, Monsieur le Ministre, — Dans ces proportions immenses de
labeur pour moi, quelque soit mon désir d'avancer un travail, que je crois
devoir lui faire honneur ainsi qu'au Comité par delà l'Atlantique, quels

que soient mes efforts contre une santé mauvaise, j'ai peu le moyen de le satisfaire
Il m'eut été impossible même, [illegible] de fournir comme je le fais, la
copie de tant de documens, si dès longtemps je n'y avais mis la main avant ma
commission. Je prierai donc Votre Excellence de vouloir bien rappeler à Mon
sieur le Ministre de la Marine la demande qu'elle a daigné lui adresser
en ma faveur. — Elle diminuera ainsi ma peine et augmentera la reconnais
sance

29 novembre 1845.

De son très humble et très
obéissant serviteur

Pline Margry

2ème Rapport.

23

40 — 1ère feuille

Colonies françaises de l'Amérique du Nord

—

Travaux historiques.

Monsieur le Ministre

Par mon rapport de Novembre et par les papiers qui l'accompagnaient je me suis principalement proposé de vous faire connaître l'homme supérieur que Colbert choisit pour exécuter ses desseins sur nos possessions de l'Amérique du Nord. — En comparant la situation misérable où étaient ces colonies en 1664 avec l'état déjà florissant dans lequel Jean Talon les laissa en 1673, en observant aussi l'étendue des terres reconnues par ses soins, étendue dont la Nouvelle France allait s'accroître, Votre Excellence aura pu voir d'un coup d'œil ce qu'avait opéré cette puissante main et deviner ce qu'elle se préparait encore à faire.

J'ai employé ces trois derniers mois, Monsieur le Ministre, à rechercher la part de mérite qu'il faut, dans les services rendus par l'Intendant, réserver à l'inspiration et à la direction du Ministre. Je me suis appliqué en même temps à compléter la période historique qui se termine à la mort de celui-ci, mais le nombre des matériaux, la nécessité dans laquelle je suis de copier ne me permet pas même de consulter encore tout ce qui s'y rapporte et le peu que j'ai vu des manuscrits de la Bibliothèque Royale m'impose le devoir de ne pas en négliger les précieuses collections.

Afin donc de ne vous présenter, Monsieur le Ministre, que l'ensemble des actes de Colbert relatifs à la colonisation de l'Amérique septentrionale, je remettrai de nouveau à rendre compte à l'époque où j'aurai entièrement achevé le dépouillement de ces papiers.

En attendant j'adresse à Votre Excellence six documents, desquels trois forment plus de 400 pages in-folio. — Le premier qui en compte 207 très serrées, intitulé histoire de Montréal depuis 1640 jusqu'à 1672 est une ancienne dette que j'avais contractée envers le Comité par mon premier rapport et je l'acquitte. — Les trois autres, les plus considérables après celui-ci, racontent l'un des événemens les plus importans du règne de Louis XIV — on peut le dire aussi sans hésiter l'un des épisodes les plus attachans de notre histoire, la découverte de la Louisiane. — Je ne saurais rien ajouter concernant les deux pièces qui les accompagnent si ce n'est que j'ai détaché d'un manuscrit sauvage enfermé à l'Arsenal le fac-simile tracé sur papier végétal et que la dernière pièce « Explication des onze présens des Iroquois » peut donner une légère idée du langage figuré des Indiens dont la suite de ce travail doit offrir d'éloquens monumens.

Manuscrit — Histoire du Montréal.

Ainsi que j'ai eu lieu de l'exprimer dans mon premier rapport la connaissance du manuscrit intitulé « histoire du Montréal » de 1640 à 1672 est d'un intérêt réel, Monsieur le Ministre, pour la collection dont vous m'avez fait l'honneur de me charger. — Les Relations des Jésuites parlent à peine de cet établissement et ce document qui va jusqu'à l'époque où se terminent les relations des R.R. P.P. concourt à combler les lacunes qu'elles ont laissées dans les événemens de l'histoire canadienne. — Tel semble même avoir été le dessein de l'auteur en l'écrivant. — Plusieurs fois en effet il fait observer qu'il ne parlera pas de tels faits, les Relations des Jésuites en ayant déjà rendu compte. — Beaucoup de détails, quelques pages même d'un intérêt suivi donnent à l'ensemble de ce manuscrit une valeur qui ferait regretter de l'ignorer.

Le dernier historien de la Nouvelle France, M. Garneau (1845 Québec) parlant des divers mobiles qui poussèrent les Européens vers le nouveau monde, dit que l'amour de l'or y amena les Espagnols; la liberté de conscience, les Anglais; et la conversion des sauvages, pour la plus grande gloire de Dieu les Français. — Le [illegible] d'un pareil fait caresse assez notre amour propre national — mais comme toutes les divisions systématiques, tranchées, cherchant l'effet, celle-ci pourrait fort bien n'être pas entièrement exacte. — Cependant il faut le dire à la louange de notre nation, si le désir de faire connaître le vrai Dieu à des idolâtres, de convertir des barbares à la civilisation afin qu'ils participassent à ses bienfaits, et ces sentiments élevés, qui n'appartiennent pas aux masses, mais à quelques [illegible] individus noblement doués, constituent quelque part le caractère d'une colonisation, cet honneur en revient assurément aux colonies françaises plus qu'à toutes autres et surtout à nos colonies de l'Amérique du Nord —

Telle fut l'origine de Montréal, tel le but de sa fondation —

Un résultat des relations annuelles des Jésuites, résultat dont on ne saurait contester l'utilité pour la colonie, quoiqu'il ne fût guère [illegible] que dans l'intérêt de la société qui aspirait à se faire du Canada un Paraguay — ce fut de tenir incessamment en France l'attention publique occupée de ces terres si longtemps abandonnées — les demandes de secours divers dont ces relations étaient remplies, la peinture vraie ou fausse que les missionnaires y faisaient de leurs travaux et de leurs dangers dans la conversion des sauvages, leurs incitations à concourir à une si noble entreprise, donnèrent naissance à plusieurs fondations de la part de personnes pieuses — Ainsi par exemple la Duchesse d'Aiguillon fondait par l'intermédiaire des R.R.P.P. les hospitalières de Québec et la même ville vit s'élever sous leur inspiration une communauté d'Ursulines par les soins de Magdelaine de Chauvigny — Dame de la Peltrie.

— Vers l'époque même où ils allaient obtenir ces heureux résultats, les Jésuites parlaient dans une [illegible] de leurs relations celle de 1638 ou 39 [illegible] si ma mémoire ne me trompe, de l'avantage qu'il y aurait à établir une mission dans l'île de Montréal — Cette relation étant tombée dans les mains d'un habitant de La Flèche où les R.R.P.P. avaient leur principal collège et le passage qui concerna Montréal ayant frappé l'esprit de cet homme, éminent par sa piété au point qu'il vit dans un songe cette île même [illegible] après avoir parlé à son directeur, il résolut avec un de ses amis, qui demeurait chez lui de commencer cet établissement — Il s'en alla dans ce but à Paris, s'en croyant chargé par le ciel.

Or dans le temps où M. Le Royer de la Dauversière intendant des domaines du Roi à La Flèche méditait cette œuvre, un vénérable prêtre, que saint François de Sales avait béni [illegible] enfant et auquel plus tard il avait donné la soutane — Jean Jacques Olier fondateur du séminaire de Saint Sulpice désirait s'employer à la conversion des idolâtres et son esprit s'était également porté sur Montréal — [illegible]

Pressé par l'ardeur de son désir, M. Le Royer de La Dauversière était arrivé promptement à Paris — Ce digne homme et M. Olier se rencontrèrent tous deux à Meudon chez le Garde des Sceaux. Ils ne se connaissaient pas, mais s'étant regardés, entraînés l'un vers l'autre par un sentiment dont ils n'étaient pas maîtres, ils s'embrassèrent ainsi qu'on raconte de saint Paul et de saint Antoine — M. de La Dauversière ayant appris au saint prêtre le dessein qui l'amenait à Paris, celui-là l'en loua beaucoup et lui remettant cent louis dans la main — Tenez lui dit-il, je veux être de la partie — Puis il alla célébrer la messe à laquelle M. de La Dauversière assista, et communia — Ces deux hommes s'unissaient ainsi davantage et de leur zèle réuni naquit bientôt la Société de Notre Dame de Montréal, qui fonda la ville de ce nom.

Le 17 mai 1642 la 1ère troupe d'hommes envoyés par les associés débarquait dans l'île — Ils avaient passé l'hiver à Québec — En abordant dans cette terre, ils se prosternèrent sur le rivage et entonnèrent ensuite plusieurs psaumes pour remercier

Dieu de les y avoir conduits, pour le prier de les y conserver — Des tentes et des pavillons furent aussitôt élevés pour les logements et le lendemain sur un autel dressé à la hâte par Mademoiselle Manse et Madame de la Peltrie au milieu des forêts séculaires qui allaient faire place à la civilisation, le Père Vimont appelait sur les courageux Pionniers la Protection du Seigneur.

Il y eut ceci de remarquable dans cette première célébration à Montréal du Sacrifice de la Messe, que la Chapelle était construite avec des écorces et que comme on ne pouvait avoir de lampes ardentes devant le Saint Sacrement, faute d'huile et de cire dans le pays, on suspendit devant le tabernacle au moyen de filets une fiole de verre où l'on avait enfermé plusieurs mouches à feu — "Insectes, dit Mr l'abbé Faillon dans sa savante vie de Mr Olier, qui lorsqu'on les multiplie jettent une lumière semblable à celle de plusieurs bougies réunies."

Tout le temps que dura cette Société d'hommes unis véritablement par un seul Intérêt, celui de l'amour de Dieu, elle ne cessa d'y sacrifier tous les autres. Il fallait longtemps encore avant que l'Établissement pût lui rapporter quelque chose et elle y donna plus de six cent mille livres, dit un mémoire, dépense presque égale à celle de la Compagnie des Cent associés que le privilège de la traite des Pelleteries, les droits seigneuriaux du Pays pouvaient exciter à de plus grandes dépenses — Cependant malgré tant d'argent employé par elle à son dessein, elle se dépouilla elle même en 1663 de tous ses droits sur l'Île de Montréal et les remit entre les mains de Messieurs de Saint Sulpice, qui, dignes plus que tous autres de continuer l'œuvre commencée par la Société, mais dirigée par le fondateur du Séminaire, en conservèrent la Seigneurie jusqu'à notre abandon du Pays — cent ans après — Un pareil désintéressement ne permet pas de douter de la Sainteté de l'Entreprise de ces hommes et l'histoire des actes de cette compagnie étant incontestée, peut être regardée comme le monument d'une de nos gloires les plus pures. —

Le Zèle qui animait Mrs de la Dauversière, Jean Jacques Olier, le Baron de Fancamp, le duc de la Rochefoucauld-Liancourt, et autres à contribuer de leurs bourses, en excita plusieurs aussi à y contribuer de leurs soins, de leurs fatigues, de leurs dangers, de leur vie même — Une généreuse fille Mlle Mance, fut pendant plus de vingt ans, l'administratrice de la Petite Colonie et comme la mère des habitants — Elle était là partout où l'on souffrait merveilleusement servie en cela par le gouverneur de Montréal, Monsieur de Maisonneuve, qui s'était offert à la Compagnie "sans vouloir autre chose que l'honneur de servir Dieu et le Roy ses maîtres" — Pour éviter les débauches et les mauvaises sociétés, ce gentilhomme avait jadis appris à pincer le luth afin de passer son temps tout seul — Et cette crainte de faire mal en fréquentant ceux qui font mal était en partie cause qu'il voulait s'éloigner de France. — En lisant ces faits, on se rappelle involontairement le Marquis de Fénelon conduisant son fils unique au siège de Candie où il périt pour les retirer de la Cour et avouant à Louis XIV qu'il ne trouvait pas Candie encore assez loin — Digne pendant de Mrs de Champlain et de Montmagny, Gouverneurs de Québec, homme sage plein de lumières, d'un cœur intrépide, aimant les colons jusqu'à se priver généreusement pour eux des mets de sa propre table, tout ce qui ne lui était pas rigoureusement nécessaire, le Gouverneur de Montréal fut jusqu'en 1664 si je ne me trompe, le soutien de la Ville naissante et son nom doit être cher à la Colonie dont il a posé les fondements.

Malgré tout le beau zèle de la Compagnie pour la Conversion des Sauvages, ce beau dessein n'eut pas de grands succès — On en gagna bien quelques uns, mais on n'eut guères que le mérite de l'Intention et cela d'ailleurs presque toujours, si d'autres documents ne me font pas changer d'avis. Les Sauvages se soumettaient fort bien aux pratiques extérieures, mais de nombreux mémoires fort dignes de foi, nous font douter qu'ils tirassent grand fruit du baptême qu'ils recevaient pour un fusil, pour un capot ou pour du tabac. — Il y avait surtout une grande difficulté aux progrès de la religion Chrétienne chez ces peuples qui voulaient bien croire à nos mystères, mais qui ne cessant pas pour cela de croire

…ux leurs, voulaient aussi qu'on y ajoutât foi et lorsqu'on leur objectait que leurs légendes n'avaient pas le sens commun. — A chaque difficulté qui leur était opposée, mais c'est un Mystère, disaient-ils — Ils pensaient aussi que la vérité ne pouvait pas être la même pour les blancs et pour les hommes rouges — A ce propos, Monsieur le Ministre, je ferai l'extrait d'un document de 1787 qui pour être diplomatique n'en est pas moins plaisant — Ce document n'a pas d'accord en ce point avec d'autres plus anciens —

« Les Abenakis avaient pour aumônier un Récollet de Versailles, j'ai oublié son vrai nom — les Sauvages l'avaient nommé le Père Jumper; l'État de Massachusetts pendant la guerre lui donnait des appointements, mais à la paix ils furent supprimés et il prit le parti de retourner en France — Il passa à Boston pendant que j'étais chargé de l'intérim du Consulat, je le présentai au Gouverneur qui lui donna une décharge de ses fonctions. Deux mois après je vis trois Sauvages des Abenakis, ils me parurent regretter beaucoup le Père Jumper à qui ils ne connaissaient d'autre défaut que de toujours demander de l'argent pour baptiser les petits enfants — Du reste il n'a pas fait un seul prosélyte parmi les adultes, — manquait-il de zèle ou les Sauvages de grâce? — Qu'on me permette de placer ici une anecdote qui fera voir qu'il n'est pas bien facile de convertir ou de convaincre les Indiens —

« Un Ministre suédois dans un Sermon aux chefs des Indiens de la Susquehanna leur racontait les principaux faits historiques sur lesquels la religion Chrétienne est fondée et particulièrement la malheureuse chute de nos premiers parents pour avoir mangé du fruit défendu — Lorsque le Sermon fut fini, un vieux Sauvage se leva et dit: Ce que vous venez de dire est très bon, nous vous remercions pour être venu de si loin nous dire ce que vous avez appris de votre mère, permettez-nous de vous dire à notre tour, ce que nous avons appris des nôtres.

« Dans le commencement du monde nous n'avions pour toute nourriture que la chair des animaux, et s'ils nous manquaient nous mourions de faim — Deux de nos chasseurs ayant tué un cerf, tandis qu'ils en grillaient une partie, ils virent descendre d'un nuage une jeune femme qui s'assit auprès d'eux — C'est peut-être un génie, un Esprit, dit l'un, qui a senti notre venaison — Il faut lui en offrir, ils lui présentèrent la langue, elle la trouva excellente et leur dit: Votre générosité ne restera pas sans récompense — Revenez ici dans treize lunes et vous la recevrez — Ils n'y manquèrent pas, ils trouvèrent en effet que dans l'endroit où sa main gauche avait touché, croissaient des haricots, que dans celui où avait touché sa main droite croissait le maïs et qu'à l'endroit où avait reposé son derrière croissait du tabac. »

« Le Ministre suédois fut dégoûté de ce conte et leur dit: ce que je vous ai raconté est une vérité sacrée, ce que vous venez de me dire n'est qu'une fable, une fiction, un mensonge. Le Sauvage à son tour fut piqué et répondit: Mon ami, votre éducation n'a pas été des meilleures, votre mère vous a beaucoup négligé, ne vous ayant pas même enseigné les premières règles de la politesse (1) vous avez vu que nous autres, qui pratiquons ces règles, avons cru votre histoire pourquoi refusez-vous de croire la nôtre. Nous croyons ainsi que vous le dites, que c'est mal fait de manger des pommes, car il vaudrait beaucoup mieux en faire du cidre — Pourquoi rejettez-vous l'origine parmi nous du maïs et des haricots et du tabac »

Cet extrait, Monsieur le Ministre, dont le fond un peu exagéré par le narrateur sans doute me paraît d'ailleurs très vrai, intéressant en outre par son rapport avec l'histoire des Impôts et de la Société élégante en France, nous expose un des traits du caractère Indien qui fut le plus grand obstacle aux missions

(1)

On admet seulement après la lecture de plusieurs pages semblables, que la Compagnie du Montréal ait eu peu de succès dans sa pieuse entreprise — Il n'y eut d'ailleurs jusqu'en 1656 dans cette île que des Jésuites pour missionnaires — les Sulpiciens n'y vinrent que l'année suivante — Enfin l'on était toujours en guerre avec les Iroquois, ce qui empêchait encore de ce côté tous les bons résultats. Mais cette guerre même qui faillit ruiner plusieurs fois la Colonie, montra l'utilité de ce poste avancé en opposant aux sauvages la bravoure de son petit nombre d'habitants. Par là la Compagnie du Montréal rendit d[e] services — Sans l'Établissement qu'elle avait fondé et qu'elle entretenait Québec on peut le dire eut été perdu et si la Compagnie de Notre Dame ne convertit que fort peu de sauvages, elle sauva des Chrétiens et concourut ainsi à fonder un des États les plus sincèrement religieux du monde entier.

Placée entre Québec et le Lac Ontario où habitaient les cinq nations Iroquoises, Montréal était la première exposée aux coups et ses colons occupés à bâtir des maisons ou défricher les terres, au milieu même du sommeil, devaient avoir toujours leurs armes auprès d'eux — En effet la guerre des Iroquois était une guerre de surprises et d'embuscades et les habitants du Montréal étaient tellement endangés que chaque fois que l'on y envoyait de Québec on craignait que la colonie n'existât plus, que les habitants en eussent été massacrés ou emmenés prisonniers, c'est-à-dire réservés à mille tortures — les communications même entre les deux postes étaient si périlleuses qu'il fallait chercher les meilleurs canoteurs, les faire partir la nuit et dit le manuscrit que j'ai l'honneur de communiquer au Comité avec une diligence qu'on aurait peine à croire aujourd'hui ils tâchaient de se rendre au lieu déterminé et d'éviter par leur vitesse la rencontre des Ennemis — Ainsi menacés incessamment de mort, rarement allait-on deux fois dans le même endroit — Et ce fut merveille comment la Colonie se soutint — tantôt en effet dit ailleurs le manuscrit que je viens de citer, tantôt les ennemis venaient par ruse afin de nous surprendre dans un pourparler spécieux, tantôt ils venaient se cacher dans des embuscades où ils passaient sans branler les journées entières chacun derrière sa souche afin de faire quelque coup. Enfin un pauvre homme n'était pas en assurance à dix pas de sa porte — Il n'y avait pas de morceau de bois qui ne fût pris pour l'ombre ou la cache d'un Ennemi — En un mot on avait à chaque instant ces Indiens sur les bras — On leur tuait beaucoup de monde, mais ils se renouvelaient sans cesse et la perte d'un homme pour les nôtres si faibles en nombre était un dommage irréparable — Il y eut des moments si cruels pour cette colonie naissante, que les Français étaient obligés de quitter leurs maisons; on mettait garnison dans tous les endroits qu'on voulait conserver.

Dans un pareil état de choses, la poignée d'hommes qui établissait Montréal n'honora pas moins le nom français par son intrépidité que par la pureté de sa vie — toujours près de la mort, nos braves pionniers s'y tenaient toujours préparés et ne semblaient plus la craindre — Au premier coup de fusil, ils accouraient à toutes jambes pour s'entre-secourir et l'on eut dit qu'ils allaient à une fête. Cette disposition d'esprit ne cessa pas chez les Montréalistes lorsque le Gouvernement du Roi eut remplacé celui de la Compagnie des Cent associés et M.r de Courcelle, dans ses expéditions sur le lac Ontario, leur donnait toujours l'honneur de la tête en allant et de la arrière au retour — Les préférant à ses soldats mêmes, il les appelait d'un nom de prédilection, ses capots bleus — Chez les habitants de Montréal il n'y avait [...]age qui interdît de porter les armes et le sexe ne dispensait pas même les femmes du courage — et plusieurs exemples apparaissent de ce fait dans le manuscrit soumis au Comité — exemples auxquels Mesdames de Verchères devaient plus tard ajouter leurs propres actes. De telles femmes promettaient des fils. D'Iberville, dont les actions ressemblent souvent à celles que l'Arioste a chantées, naquit à Montréal — son père Charles Lemoyne, sieur de Longueil anobli pour les services qu'il rendit dans les guerres contre les Iroquois s'était lui même tellement signalé aux yeux de ces Barbares, qu'ils se préoccupaient avant tout de sa capture et pour les y exciter davantage, les vieilles amassaient de temps en temps le bois de son bûcher, — demandant quand donc on livrerait aux flammes cet ennemi si redoutable qui avait tué tant de leurs frères et si semblable pour d'eux.

L'histoire du Montréal Monsieur le Ministre, rapporte

1659 ou 1660

beaux faits d'armes, mais nul n'est aussi brillant, aussi remarquable que celui de Daulac qui avec 17 Fran
çais, et quatre ou cinq Sauvages soutint pendant plusieurs jours les efforts de huit cents Iroquois
le combat ne cessa que par la mort du dernier de ces 22 braves — Cette partie l'une des plus
attachantes, est aussi la mieux écrite de ce document que je ne puis donner que comme
un monument historique, non comme un monument littéraire.

— L'auteur de l'histoire de Montréal qui est sans aucun doute le Sulpicien François Dollier
de Casson avait été soldat avant d'être prêtre et l'on peut dire que si son style est
celui de sa première profession, sa pensée se ressent de la seconde — Incorrect, mais surtout
prolixe à l'excès, il ne manque jamais de donner
les intentions qui doivent motiver de la part de Dieu l'évenement qu'il raconte
Ce dernier defaut, qui a son bon coté, puisqu'il donne à l'histoire de Montréal
un caractère élevé dont l'exagération seule est mauvaise, ce defaut ne serait rien
s'il n'y joignait les infortunes du bel esprit et disant plus qu'il n'en faut, il dit
toujours tout ce qu'il faut — Mais, comme il paraît, ce n'était pas la mode alors
sans doute et Mr Dollier écrivait en 1672 comme l'Intimé parlait en 1668 — Or
ce défaut, ennuyeux partout ailleurs, devient dans cette histoire fort regrettable
pour nous en deux occasions — En effet rapportant dans le reste de son manuscrit les évène
mens par ouï dire, en ces deux endroits il en était témoin et même acteur.

Missionnaire zélé ayant par deux fois dans un grand état de faiblesse exposé sa
vie pour sauver celle d'hommes qui allaient se noyer, il avait encore concouru par ses soins
et par ses bienfaits à remettre sur pied la garnison du fort Sainte Anne, atteinte presque
toute entière de contagion — Mais les soins de l'aumônier ne suffisaient pas à son
activité — Il conçut avec un jeune homme alors âgé de 24 à 25 ans, nommé Cavelier de
la Salle, le dessein de chercher par les terres du Canada un passage à la Chine, fait
que nous trouvons confirmé dans deux autres mémoires — Ce passage à la Chine par
différens chemins avait été depuis Colomb le rêve des plus grands voyageurs, l'objet
des plus hardies navigations. — Samuel de Champlain fondateur de Québec avait
autrefois tenté cette recherche à travers le Canada par une rivière qui l'eût mené avec
un peu plus de patience à la Baie du Nord.

Le but que Champlain, que La Salle et Monsieur Dollier après lui se proposaient
poursuivi encore après ces derniers par d'autres Français entre autres, par Mr De la Veren
drye, atteint enfin par les Américains qui ont fondé leurs titres à la possession du territoire
de l'Oregon, les voyages subséquens de La Salle et la grandeur qu'il a déployée au milieu
de malheurs sans fin donnaient à la relation de son 1er voyage, fait avec Mr Dollier
un intérêt qui en faisait désirer le récit — Ce récit on pouvait l'espérer d'un hom
me porté à parler fort au long de choses inutiles, mais il ne nous dédommage
point d'avoir abusé de notre patience — Un autre honorable ecclésiastique,
René Bréhant de Galinée du Diocèse de Rennes, l'ayant accompagné et ayant écrit
ce mémoire il nous renvoie à lui et nous ne savons rien à ce sujet que les faits racontés
par un mémoire que j'ai intitulé Commencemens de Mr De la Salle — Or avec ce
mémoire les cartes que j'ai sous la main ne me permettent pas de distinguer quelles
rivières ils ont passées, quoique je croie pouvoir dire qu'en ce voyage l'Ohio qui mè
ne au Mississipi a été découvert et parcouru.

Feuille cinquième de ce rapport

Mal initié, comme je le suis aux connaissances
Géographiques, je serai sur ce point obligé d'avoir recours aux lumières de Mon
sieur le Baron Walckenaer, l'un des commissaires nommés pour mon travail.

C'est dans cet dessein même, Monsieur le Ministre, que je vous deman
derai la permission d'exposer un peu longuement le second grief que j'ai contre
l'historien du Montréal — cet autre reproche que j'ai à lui faire a trait
au même sujet que le premier, je veux dire au voyage de Mr Dollier et De la Salle
et ce qui le motive c'est encore l'habitude du premier de s'étendre sur l'inutile
et comme je l'ai dit de couper court, lorsqu'on désirerait qu'il s'étendît — moins
excusable ici cependant que dans le 1er cas — Dans le premier cas en effet on pou
vait rejeter sa faute sur une espèce de modestie, quoique cette vertu qui venait si mal
à propos, lui eût ailleurs mieux convenu — dans le second le bel esprit prend la place

d'une explication qu'un esprit plus judicieux n'eût pas manqué de nous donner — Je m'explique.

Il y a aux environs de Montréal un village que l'on nomme La Chine — Dans son mémoire manuscrit Joutel, second de la Salle dans sa dernière expédition où il mourut en découvrant le Texas, Joutel dit : Le Mardi 13 nous arrivâmes à un village nommé « La Chine ayant appartenu à Monsieur De la Salle et le dit nom de la Chine lui avait « été donné sur les prétentions que le dit sieur avait de trouver le chemin de la Chine « au travers des terres ». Une tradition, dont je ne me souviens que confusément, rapporte à peu près le même fait — Cependant Mr Dollier qui avait fait avec lui cette tentative, s'exprime ainsi à la date de 1667-68 (— Il faut que nous commencions cette année par cette transmigration qui se fit de la Chine en ces quartiers en donnant son nom pendant cet hiver à une de nos côtes d'une façon si authentique qu'il lui est demeuré. Que veulent dire ces quatre lignes — des Chinois sont-ils venus en Canada, comme l'indiquerait le mot transmigration, ou Monsieur Dollier veut-il seulement parler d'Européens venus de Chine près de Montréal ce qui alors n'eût pas exigé le mot transmigration — ce mot signifiant si je ne me trompe le passage d'un pays dans un autre en parlant d'un peuple, d'une nation, d'une troupe d'hommes qui l'abandonnent pour en aller habiter un autre. Mais quoi qu'il en soit le fait dans l'une ou l'autre hypothèse le fait était trop important, trop neuf pour ne pas nous valoir quelques mots d'explication — Voici comment l'auteur continue :

« Si elle (cette transmigration) nous avait donné aussi bien des oranges et autres fruits « qu'elle nous a donné son nom, quand nous aurions dû lui laisser nos neiges « en la place le présent serait plus considérable, mais toujours son nom en attendant est « il quelque chose de grand et fort consolant pour ceux qui viendront au Mont royal lorsqu'on leur apprendra qu'il n'est qu'à trois lieues de Chine et qu'ils y pourront demeurer sans sortir de cette île, qui a l'avantage de la renfermer. »

~~[illegible]~~ Je ne trouve pas la phrase fort plaisante et j'aime mieux mon explication.

J'ai inutilement cherché à me rendre compte, Monsieur le Ministre de cette transmigration dont parle ce mémoire — J'y tenais fort parce que voyant l'année suivante ~~[illegible]~~ le projet de rechercher le passage à la Chine et au Japon je pensais que cette transmigration pouvait bien avoir été la cause déterminante de ce dessein même de pousser au-delà des conjectures sur l'union du Canada avec l'Asie, auxquelles on s'était arrêté jusqu'alors.

Mais je n'ai pas trouvé de traces d'un passage de Chinois dans la Nouvelle France et le seul ~~fait~~ événement que je puisse rattacher aux quatre lignes de Mr Dollier c'est la découverte encore inconnue, je crois, d'un nommé Laurens Van Hemskerk découverte faite de 1666 à 1667.

J'ai lu dans les manuscrits de Colbert qu'on avait proposé à l'ambassadeur du Roi en Hollande, au comte d'Estrades de tenter pour la France la recherche d'un chemin aux Indes par la mer du Nord. — Mais ceux qui se seraient associés dans ce dessein ~~[illegible]~~ n'avaient pas voulu l'entreprendre à moins que l'ambassadeur ne fournît cinquante mille livres pour l'achat d'un vaisseau de 20 pièces de canon et de 3 galiotes de cent tonneaux chacune — Mr d'Estrades les renvoya et comme des trompeurs n'y ayant ~~nulle~~ apparence de leur confier une avance comme celle-là. Il paraîtrait cependant par plusieurs autres registres des archives du Royaume et de la Marine qu'un Hollandais tenta cette découverte au compte de Louis XIV et j'ai lu dans un mémoire de Colbert ambassadeur à Londres qu'un nommé Laurens Vanhemskerk qui avait été au service du Roi d'Angleterre et qui avait lors de la dernière guerre de Hollande conduit la flotte anglaise dans le Vlie où il avait brûlé deux cents vaisseaux marchands avait fait la découverte de plusieurs pays situés dans les mers de l'Amérique du Nord — Au-dessus et derrière le Canada — lesquels pays il avait assuré être habités par des peuples traitables et donnaient lieu d'espérer par la douceur de leur naturel d'y faire un commerce fort avantageux. — En conséquence le Roi lui avait accordé la concession des pays par lui découverts et à découvrir tant dans les mers de l'Amérique que du côté de celle du Sud. Cette grâce lui était accordée à lui et à sa compagnie par ~~[illegible]~~ lettres patentes datées du 27 avril 1670 — Le même jour il recevait ~~[illegible]~~ des lettres de naturalité pour lui, ses enfans et sa femme nommée Jeanne Ritzfeld — La veille Colbert avait délivré deux passeports à deux vaisseaux l'un le St Jean Baptiste, l'autre le St Pierre, allant dans les mers de l'Amérique du Nord au-dessus du Canada et même au-delà des dites mers du côté de celle du Sud.

L'extrait que j'ai fait, Monsieur le Ministre, de l'histoire du Montréal se rapporte comme je l'ai dit, à la fin de 1667 ou au commencement de 1668 — or il n'y aurait d'invraisemblable à dire que Vanheemskerk revenant des pays situés au dessus du Canada s'est arrêté dans le Canada et même près du Montréal. Le plus difficile à établir serait de savoir s'il revenait de la Chine et j'en doute. Toutefois Vanheemskerk pouvait le croire ou s'en vanter, et cette pensée qu'il aurait fait partager aux Canadiens, alors encore peu avancés dans la découverte des terres aurait bien pu donner naissance au nom du village surtout si son bâtiment avait stationné aux environs —

Je n'irai pas plus loin Monsieur le Ministre, dans mes suppositions à ce sujet, toujours arrêté d'ailleurs par ce mot transmigration — Je n'ai pas l'audace des hypothèses, le vague me semble peu sûr et j'aime bien en m'avançant dans le récit des faits me sentir les deux pieds sur mon terrain, — Mais plus je m'exposerai à l'erreur, en proposant d'autres explications, plus les omissions de l'historien de Montréal me semblent regrettables — En effet comme je l'ai déjà dit, elles auraient assurément jeté un grand jour sur les commencements du découvreur de la Louisiane dont l'histoire si peu connue mérite cependant le plus haut intérêt. .

Manuscrits. — Relation des Découvertes et des Voyages du Sieur de la Salle, Gouverneur du Fort Frontenac au delà des grands lacs de la Nlle France faits par l'ordre de Monseigneur Colbert (1679-80-81.)

Mémoire envoyé en 1693. De la Découverte du Mississipi et des nations voisines par Mr de la Salle en 1678 et depuis sa mort par Mr de Tonty.

On ne saurait mieux appliquer qu'au Découvreur de la Louisiane cette phrase de Salluste dans Catilina — Profecto fortuna in omni re dominatur, ea res cunctas, ex libidine magis quam ex vero, celebrat obscuratque — De faire dit Montaigne, imitant Salluste que les actions soient cognues et veues c'est le pur ouvrage de la fortune, c'est le sort qui nous applique la gloire selon sa temérité » — Quelques documens de plus ou de moins en affaire et tel homme qui devrait être célèbre ne le sera pas, — tel à qui on a fait une grande gloire la perdra, tel autre encore qu'on oublie deviendra célèbre — Or tous ceux qui ont vu ou fait de grandes choses ne les écrivent pas et quand par hasard elles sont écrites, souvent négligées, elles demeurent perdues dans des greniers comme l'a été longtems dans les combles de la Bibliothèque Mazarine le Document le plus important que j'aie trouvé sur la Découverte de la Louisiane, — Document intitulé par moi : " Commencemens de Mr de la Salle — Qu'est ce donc que l'histoire ? — qu'est-ce donc que la renommée ?

La France qui à part quelques exceptions, a oublié le nom de Cavelier de la Salle et l'Amérique du Nord, intéressée à consacrer ce nom parmi les plus beaux monumens de sa gloire, ne connaissent guère que quatre lignes sur cet homme à qui l'étendue de ses vues, ses malheurs, les luttes qu'il a soutenues avec une puissante énergie, les dangers qu'il a traversés, enfin les résultats actuels

Deux travaux

qui promettent plus encore à l'Avenir, assureront je crois lorsqu'il sera mieux connu une place entre Colomb et Gama. Jusqu'ici la Description de la Louisiane par le Père Louis Hennepin — l'Etablissement de la foi par le Père Leclerq. — Les Dernières decouvertes dans l'Amérique du Nord de Mr de la Salle, écrit publié sous le nom du chevalier de Tonty, et le Journal historique du Dernier voyage de Mr de la Salle par Mr Joutel — ont été les seules sources auxquelles aient puisé ceux qui ont traité l'histoire de ces decouvertes, qui n'embrassent pas moins que les Etats d'Ohio, Indiana, Michigan, Illinois, Tennessee, Mississipi, Missouri — Arkansas, Louisiane et Texas.

Tous ces ouvrages, Monsieur le Ministre ne racontent les voyages de La Salle qu'à partir de 1678 — Ils ne font en rien mention des événements de sa vie qui précèdent l'epoque de la Commission que lui donna Colbert et laissent ainsi au Père Marquette et à Louis Jolliet l'honneur de la Decouverte de la Louisiane. Mon dernier rapport, Monsieur le Ministre et les papiers qui l'accompagnent vous ont déjà montré que La Salle l'avait decouverte avant eux en descendant par l'Alleghany ou par l'Ouabache, mais assurément par l'Ohio, fleuve dans lequel tombent ces deux rivières — J'esquisserai tout à l'heure à Votre Excellence la vie de Cavelier De la Salle depuis 1669 jusqu'en 1678 — Mais il est bon auparavant qu'elle sache la valeur des livres publiés

L'histoire de l'Etablissement de la foi du Père Leclerc est consacrée au recit des travaux des missionnaires des Recollets dans le Canada ; La Salle ayant fait son entreprise avec des Religieux de cet ordre Etablis dans son fort du lac Ontario, le Père C. Leclerq nous raconte ces decouvertes d'après les lettres du Père Zénobe Membré et du Père Anastase — Je n'ai vu nulle part ces lettres, mais la maniere dont sont resumés bien des mémoires et entr'autres celui de Joutel, dont je ne parlerai que dans un prochain rapport — me fait vivement désirer de connaître les materiaux mêmes dont s'est servi le R. P. — Cette partie de son livre renfermée dans le second volume est d'ailleurs fort succincte — C'est au moyen cependant de cet ouvrage qu'on a pu completer tant bien que mal l'historique de cette Decouverte de La Salle, de laquelle le memoire de Tonty ne traite que fort rapidement avec force fautes de dates et dont le Père Hennepin ne parle que jusques en 1680.

Le livre publié sous le nom de Tonty ne peut être de lui et il le desavoua. Il ne merite donc que la confiance la plus restreinte, mais il est hors de doute que le pauvre ecrivain, de la plume duquel est sorti cet ouvrage de pacotille, avait eu connaissance du memoire que je présente à votre Excellence, et qu'il l'arrangea à sa façon, sans en faire ressortir les beautés, sans doute pour ne pas être accusé de plagiat et que l'ouvrage fût un peu plus de lui — Le mémoire de cet officier, un des deux fils de l'Inventeur des Tontines, merite donc seul une sérieuse attention, quoique écrit fort à la hâte et dans le but de demander au Ministre de la Marine quelque grâce comme recompense de ses services — On ne retrouve dans le livre publié sous son nom, si je me le rappelle bien, rien de cet interet et de ces emotions que donne son propre memoire à plusieurs endroits, endroits vraiment saisissants où l'auteur peint les misères des decouvreurs et les dangers personnels —

Quant au Dernier de ces livres, je veux dire l'ouvrage du P. Louis Hennepin — Je suis heureux, Monsieur le Ministre, de pouvoir vous adresser un memoire qui indique enfin d'une manière positive, claire, le degré de confiance qu'il est permis d'accorder à cet homme qui a fait plusieurs éditions, dont celles qui suivent ne sont jamais d'accord avec celles qui précèdent.

Ce religieux envoyé par La Salle remonter vers la source le Mississipi, à l'Embouchure duquel il se proposait de descendre lui-même, se vanta la Salle mort d'avoir fait la decouverte et du Saut Saint Antoine et de l'Embouchure — Le premier point seul est vrai — Préoccupé de ce desir de s'attribuer un honneur qui ne lui appartenait pas, il arrangea sa première relation, mais comme sans doute ce moine orgueilleux ne trouvait en France ni assez de credulité dans ses allegations ni de faveur pour les recompenses, il passa en Angleterre, dédia à l'Ennemi mortel de Louis XIV au Roi Guillaume, le livre qu'il avait dédié au Roi de France et lui offrant les pays qu'il prétendait avoir découverts, il proposa à ce Prince protestant d'y établir le Catholicis

cisme, aussi extravagant dans ce projet quel s'etait montré dans ses prétentions recon
nues physiquement impossibles — Par ces mensonges, par cette conduite insensée, Il perdait
auprès de la postérité l'honneur que lui méritoient son courage et ses dangers dans
l'exploration du cours superieur de la Grande Rivière. Elle n'allait plus voir que sa honte
et victime aussi de sa folle vanité, Hennepin devait par son exemple temoigner
une fois encore dans l'histoire que nos passions nous menent toujours au but opposé à celui
où elles tendent.

Le mémoire, Monsieur le Ministre que j'ai l'honneur de vous soumettre, mémoire Intitulé
Relation des decouvertes et des voyages du Sieur Delasalle est à peu de difference près jusqu'au
moment où le Père Hennepin quitta Mr Delasalle, semblable à celui que ce Religieux
a publié — Cette similitude même étonne — Mais il est inutile d'en chercher
les causes et je ferai seulement remarquer à Votre Excellence que le Manuscrit que
j'ai copié a sur celui du Père Hennepin l'avantage précieux de contenir le
recit des evenemens de deux années entieres ignorées ou à peu près — Le Père
Hennepin quitta Cavelier Delasalle au commencement de 1680 et mon memoire
finit au commencement de 1682 — Je ne sais si je me trompe, Mais je crois qu'on
pourrait en attribuer la redaction à La Salle lui même. quoiqu'il n'y soit parlé
de lui qu'à la 3eme personne — Il semble toutefois que lui seul puisse dire: — On
apprendra à X la fin de cette année 1682 le succès de sa decouverte qu'il avait
« résolu d'achever au plus tard le printemps dernier ou de perir en y travaillant. Tant
« de traverses et de malheurs toujours arrivés en son absence l'ont fait resoudre à ne
se plus fier à personne et à conduire lui même tout son monde, tout son equipage
et toute son entreprise de laquelle Il esperait une heureuse conclusion — Les livres
je connais sur Lasalle lui ont toujours reproché de ne s'etre fié à personne. En voici
l'explication — Ces lignes me paraissent bien etre de son style.

Vous trouverez, Monsieur le Ministre sous la même couverture que ce
dernier memoire, une dizaine de pages dont le titre est: « Relation de la decouverte
de l'Embouchure de la Rivière Mississipi dans le Golfe du Mexique faite par
le Sieur Delasalle l'année passée 1682 » C'est là un document important puis
que la piece de faits se continue ainsi sans rupture jusqu'à l'époque où Lasalle
revint annoncer au Ministre le succès d'une entreprise pour laquelle il
l'avait commissionné. — Le Ministre c'etait Colbert et Cavelier De Lasalle avait
achevé sa découverte en 1682. Aussi est on surpris de lire dans le Père Charlevoix
que Cavelier Delasalle allant (en 1677) demander au Ministre la commission
de decouvrir la partie occidentale de la Nouvelle France, trouva Mr Colbert mort.
— « En arrivant à la Cour, il apprit la mort de Mr Colbert et rendit au Marquis
de Seignelay qui occupait la place de son pere dans le departement de la Marine
la lettre du Comte de Frontenac dont il etait porteur. L'erreur serait grave
pour un grave historien — Mais les nombreuses inexactitudes du R. P. Historien
autorisent à le croire fort leger — que penser par exemple de celle ci. — Le Père
Saghart dit: Le Pere Nicolas, Vieil prédicateur. et Charlevoix de nommer dès lors
mais ce respectable Recollect qui périt dans un Rapide: Le Père Viel (Nicolas) — L'adjectif
vieil pour vieux est devenu sous sa plume un nom propre.

Résumer, Monsieur le Ministre, les memoires que j'ai l'honneur de vous presenter, serait
leur faire perdre leur Interet. Substantiels comme ils le sont, ne laissant pas de place même
aux sentiments naturels que les actions, quels nous montrent, pourroient exciter, n'en
accordant qu'aux faits Ils ne peuvent être abregés sans que leur valeur en soit d'autant
diminuée — Je tâcherai seulement, Monsieur le Ministre, de vous en donner une
idée par deux Extraits, par deux passages. de ces deux memoires dans les parties où ils
sont entierement Inconnus: —

Cavelier Delasalle attendant pour pénétrer plus avant dans les terres, une
barque chargée de marchandises et de provisions alors indispensables, et ne la voyant p.
arriver résolu d'aller au fort Frontenac s'informer de ce qu'elle Etait devenue. — Or il y avait
de l'Endroit où il etait au dit fort plus de 500 lieues.

« Dans cette extremité il prit une resolution aussi extraordinaire qu'elle était
difficile à executer — C'est à savoir d'aller à pied jusqu'au fort Frontenac, eloigné de
plus de 500 lieues — On etait alors à la fin de l'hiver qui avait été aussi rude en Amérique

qu'en france — La terre était couverte de neige qui n'était ni fondue ni capable de porter un homme avec des Raquettes — Il fallait se charger de l'Equipage ordinaire en ces occasions, c'est à dire d'une couverture, de linge, d'une chaudière, d'une hache d'un fusil, de poudre, de plomb et de peaux passées pour faire des souliers à la sauvage qui ne durent qu'un jour; ceux dont nous nous servons en france n'étant d'aucun usage dans ces pays — Il devait outre cela se résoudre à brosser au travers les halliers et les buissons, à marcher dans l'eau, dans des marais et dans les neiges fondues quelquefois jusqu'à la ceinture et durant des journées entières à coucher sur la terre, quelquefois sans manger, parce qu'il ne pouvait porter aucun vivre et qu'il devait tirer sa subsistance de ce qu'il tuerait avec son fusil et de l'eau qu'il rencontrerait sur sa route — Et enfin à [illegible] être exposé tous les jours et principalement la nuit aux surprises de 4 ou 5 nations qui se faisaient la guerre — Néanmoins toutes ces difficultés ne l'étonnèrent pas et il était seulement en peine de trouver parmi ses gens quelques hommes assez résolus pour l'accompagner et d'empêcher que les autres déjà fort ébranlés ne désertassent tous après son départ.

Cavelier de la Salle prit avec lui cinq des plus robustes de ses gens et partit le deuxième du mois de mars 1680 avec eux. Ils menaient deux canots. Ceci est connu, mais voici ce qui ne l'est pas.

" Mr de la Salle — rencontra en chemin deux hommes qu'il avait envoyés l'automne à Michilimakinak pour aller chercher des nouvelles de sa barque — Ils l'assurèrent qu'elle n'avait pas passé, ce qui le détermina à continuer sa route. Il me renvoya ces deux hommes avec ordre d'aller à l'ancien village pour y visiter un rocher afin d'y construire un fort solide — Pendant que je fus absent tout le monde déserta — Ils emportèrent ~~tout~~ le plus beau et le meilleur, et me laissèrent avec deux Recollects, et trois nouveaux venus de France dénués de toutes choses et à la merci des Sauvages. Tout ce que je pus faire fut d'en dresser des procès verbaux que j'envoyai à Mr de la Salle. Il les guetta dans le lac Frontenac, en prit une partie et tua l'autre. Ensuite il retourna vers les Illinois, mais à l'égard de sa barque on n'en a jamais depuis eu aucune nouvelle — Dans ce temps là les Illinois virent un parti de 600 Iroquois, ce qui les alarma extrêmement. C'était vers le mois de septembre. La désertion de nos gens, le voyage de Mr de la Salle au fort de Frontenac donna soupçon aux Sauvages que nous les trahissions — Ils me formèrent de grandes plaintes sur l'arrivée des Ennemis. Comme j'étais nouveau venu de france, je ne connaissais pas leurs manières cela m'embarrassa et me fit prendre la résolution d'aller aux Ennemis avec des colliers pour leur montrer que j'étais surpris de ce qu'ils étaient venus pour faire la guerre à une nation dépendante du Gouverneur de la Nouvelle France et que Mr de la Salle, qu'il estimait, gouvernait ces peuples. Un Illinois m'accompagna et nous nous détachâmes du corps des Illinois qui étaient au nombre de quatre cents et même déjà aux prises avec les Ennemis. Comme je fus arrivé à la portée du fusil les ennemis firent une grande décharge sur nous, ce qui m'obligea de dire à l'Illinois de se retirer. Il le fit. Étant arrivé à eux ces misérables me saisirent et me prirent le collier que j'avais à la main, un autre me plongea un coup de couteau dans le sein et me coupa une côte à côté du cœur, néanmoins m'ayant reconnu, ils me menèrent au milieu du camp et me demandèrent le sujet de ma venue — Je leur fis connaître que les Illinois étaient sous la protection du Roi de France et du Gouverneur du Pays que j'étais surpris qu'ils voulussent attendre (tet?) à une paix. Dans ce temps ils ne laissaient pas d'escarmoucher de part et d'autre et même un guerrier vint avertir le chef que leur aile gauche pliait et qu'ils avaient reconnu quelques Français parmi les Illinois qui tiraient sur eux, ce qui les chagrina beaucoup et ils tinrent conseil entre eux de ce qu'ils feraient de moi — Il y en avait un [illegible] derrière moi qui tenait un couteau dans sa main et qui de temps en temps me levait les cheveux. Ils étaient de divers sentiments. Tegancouti chef des Tsonnontouans, voulait absolument que je fusse brûlé et Agonstot, chef de ce parti des Onnontagués, comme ami de Mr de la Salle voulait ma délivrance. Il l'emporta sur l'autre et ils conclurent ensemble que pour mieux tromper [illegible] les Illinois il fallait me donner un collier de porcelaine pour leur marquer qu'ils étaient enfans du Gouverneur aussi bien qu'eux qu'il fallait s'unir et faire une bonne paix. Ils me laissèrent aller pour porter leur parole aux Illinois — J'eus beaucoup de peine à les joindre à cause de la grande quantité de sang que j'avais perdu tant par ma plaie que par ma bouche.

Ce document, Monsieur le Ministre étant en vos mains, il m'est inutile d'en copier davantage. — Vous y verrez que ce n'est là pour Tonty et pour ses compagnons, que le prélude de misères immenses qui durèrent 34 jours consécutifs. — Exténué par la fièvre, par la fatigue qui lui enflait les jambes, épuisé par la faim, incessamment glacé par la pluie, par la neige, par gelée d'un hiver rigoureux, Tonty s'étonnait de ne point mourir et il attendait la mort comme la fin de ses maux. Une phrase de son mémoire nous montre par un trait admirable sa désespérante position : « à cinq lieues de là nous fûmes, arrêtés par le vent, l'espace de huit jours, ce qui nous fit consommer le peu de vivres que nous avions amassés (des citrouilles gelées et de l'ail sauvage qu'il fallait) et nous nous trouvâmes avec rien. Enfin nous tînmes conseil pour voir ce que nous ferions et désespérant de pouvoir joindre les sauvages, chacun demanda à retourner au village à cause qu'il y avait du bois pour mourir chaudement. » Mourant de faim, de froid, de fatigue, ils veulent retourner au village ; ils y périront encore de faim et de fatigue, mais de ces trois morts qui les menacent, ils s'en sauveront une, la mort par le froid. — Ils mourront, mais en se chauffant. Que l'on compare avec de se reculer les limites du sens — qu'on se rappelle par exemple Cléopâtre faisant dissoudre dans un bouillon et avalant une des perles qui lui servaient de pendants, prête à dissoudre l'autre et à dévorer ainsi deux millions en deux coups si Plancus ne l'eût retenue par la main.

il pouvait attendre

dit-il, leur ... fallait obtenir en grattant sous la neige

Ces hommes, cherchant à renfermer leurs misères dans des souffrances moins surhumaines, ces excès cassés de jouissances, s'efforcent, pour ainsi dire, afin d'y ... X

ainsi dire, afin de jouir encore,

Cependant Cavelier de la Salle revenait de son voyage ; après environ mille lieues de chemin à pied, — il arriva au village où il avait laissé Tonty.

Or les Iroquois après le départ de celui-ci avaient exercé leur rage sur les corps morts des Illinois qu'ils avaient déterrés ou abattus de dessus les échafauds où les Illinois les laissent longtemps exposés avant que de les mettre en terre. — Ils en brûlèrent la plus grande partie, ils en mangèrent même quelques uns et jetèrent le reste aux chiens. Ils plantèrent les têtes des cadavres à demi décharnées sur des pieux, ils firent le dégât dans les champs et enfin ils n'oublièrent rien de ce qui pouvait satisfaire leur vengeance.

(M de la salle)

« —

Quelle ne dut pas être en présence du spectacle qu'on va décrire la surprise et l'horreur de Mr De la Salle, arrivant à Crève-cœur, cherchant son second et ne le trouvant pas.

« Le 1er jour de Décembre, il arriva au village où il ne trouva que des marques de l'incendie et de la rage des Iroquois. Il ne restait que quelques bouts de perches brûlées qui montraient quelle avait été l'étendue du village et sur la plupart desquelles il y avait des têtes de morts plantées et mangées des corbeaux. — Il y en avait d'autres aux portes du fort des Iroquois avec quantité d'ossements brûlés et quelques restes des ustensiles et des hardes des Français qu'il reconnut à plusieurs marques y avoir demeuré quelque temps. On voyait dans les champs beaucoup de carcasses à demi rongées par les loups, les sépulcres démolis, les os tirés de leurs fosses et épars par la campagne, les trous où les Illinois cachent leurs meubles quand ils vont à la chasse tous ouverts, leurs chaudières et leurs pots tout brisés, la plupart du bled d'Inde était encore sur pied et on en voyait en divers endroits des tas à demi brûlés. Enfin les loups et les corbeaux augmentaient encore par leurs hurlements et par leurs cris l'horreur de ce spectacle.

— Il est aisé de juger quelle fut la surprise du sieur De la Salle à cette vue. Il fit le tour du fort des Iroquois où il ne trouva aucune marque de coups de fusil ni de flèche ni d'apparence que les François y eussent été prisonniers. — Il visita l'une après l'autre toutes les têtes de morts qui y étaient, qu'il reconnut à leurs cheveux et être de femmes ou de sauvages qui les ont tous fort gros et très courts. C'était une épreuve misérable, triste, qu'il était néanmoins obligé de faire pour savoir ce qu'étaient devenus le sieur de Tonty et ses gens. »

Voilà, Monsieur le Ministre, deux extraits qui s'ils étaient représentés

donneraient dans les Galeries de Versailles une autre idée de la Découverte de la Louisiane
que ne fait le tableau de M. Gudin, exposé au Louvre en 1844 — Tonty qu'un sauvage, le scalp-
en main tient entre la vie et la mort, ordonnant aux Iroquois de respecter un peuple qui est
sous la protection du Roi de France, — entendant discuter s'il faut ou non le brûler, Tonty intéresse
au plus haut point — D'un autre côté, [illegible] Cavelier Delasalle cherchant la tête de son second et son ami
parmi celles qui demeurent fichées sur des pieux au milieu d'une scène
de dévastation telle que est exprimée la peinte, ce je ne sais quoi d'horrible que l'imagination n'oserait inventer et le souvenir d'Ethel au col de cygne, cherchant Harold après
Hastings, souvenir qui a inspiré deux grands artistes, l'un historien l'autre peintre, ne
peut lui être aucunement comparé.

Les pages des divers documents relatifs à Lasalle, Monsieur le Ministre, sont presque toutes
pleines de cet extraordinaire qui ne laisse pas un moment l'esprit se reposer. — Mais là n'est pas
tout l'intérêt, il y a une cause des dangers, des souffrances, des malheurs de Lasalle qui a échappé
jusqu'ici — Lasalle en découvrant la Louisiane n'avait pas seulement à surmonter
toutes les peines qui menacent habituellement les découvreurs, les fatigues incroyables,
les chaleurs et les froids excessifs, la faim la soif, les privations de tous genres, l'hostilité des tribus sauvages, l'accablement et la lâcheté de ses compagnons
que l'enthousiasme d'un grand dessein à réaliser ne soutient pas et qui s'en
vont jusqu'au crime par insubordination — soit par manque de courage — Lasalle
eut à vaincre encore des ennemis puissants qui voulaient l'empêcher de faire cette
découverte pour la faire eux-mêmes et se substituer à lui dans tous les avantages
qui devaient en résulter.

Manuscrit. Document intitulé par moi : Commencement de Mr Delasalle.

La concurrence de ces hommes, haineuse avec tous les dehors de l'affection — implacable
comme l'ambition et la cupidité qui la font naître, quoiqu'elle ne paraisse se préoccuper d'aucun intérêt humain nous apparaît tout entière, toute ténébreuse qu'elle est,
par les documents attentivement scrutés. — Nous la voyons naître, se développer et
ne mourir qu'après que l'un de ces rivaux a atteint son but par la ruine de l'autre
— l'épisode est complet, et la sombre intrigue qui le domine, donne à toutes ses
parties qu'elle rattache, l'unité d'un drame aux proportions grandioses — Pour moi,
il m'a semblé en me pénétrant de la lecture des faits inconnus que me présentaient les documents, que j'assistais à un duel malheureux, terrible, où la passion finissait par avoir raison d'un des plus grands, d'un des plus infatigables courages que nous offre l'histoire

ayant toujours ces deux rivaux en présence l'une de l'autre.

J'ai été longtemps, Monsieur le Ministre, sans me douter de la vérité — Je
voyais bien Monsieur Delasalle parler, de ses envieux, de ses ennemis, mais
quels étaient ces ennemis — je ne connaissais alors qu'un petit nombre
de pièces et j'étais presque tenté de croire que Lasalle voyait des ennemis partout comme Jean Jacques Rousseau, qui disait-on ne pouvait croire que les fagots ou les petits
pois haussassent de prix au marché, sans qu'il y eût ligue formée contre lui. — Mais
le nombre des documents augmentant, à force de rechercher j'ai aperçu qu'il
ne faut pas en histoire se hâter de décider je trouvai en effet les traces réelles
d'une hostilité cruelle — Je crus pouvoir l'attribuer aux Marchands de Québec
ou de Montréal ; je pensais que ne pouvant aller dans les bois sans congés ceux-ci
étaient chagrins de voir Cavelier Delasalle, d'abord par l'Établissement du fort
Frontenac, puis par sa commission de Découverte arrêtant les sauvages qui
venaient dans ces 2 villes, et ramassant ainsi à lui seul toutes les pelleteries.
Mais enfin, bien plus tard la vérité me fut démontrée — Ce que je suppo-
sais était en partie vrai, mais ces Marchands c'étaient — les Jésuites.

Comme il s'agit ici d'une accusation, Monsieur le Ministre, contre un
corps qui a excité en tous temps et en tous lieux bien des colères, avant de l'exposer je crois devoir assurer à Votre Excellence que je regarde comme un des premiers
devoirs de la commission dont elle m'a honoré, de n'avoir dans mon travail d'autre
préoccupation que la recherche de la vérité en elle-même et seulement pour elle même.

Comme aussi, Monsieur le Ministre, dans une accusation il faut bien préciser tous les points qu'on avance, je vous demanderai la liberté de vous faire observer que mes rapports ne sont point des mémoires historiques où tout bien avéré, me semble devoir être le dernier mot et pour tous et pour moi — Par ces rapports que le temps ne me permet ni de bien écrire ni même de donner toujours scrupuleusement exacts je ne prétends qu'à une chose à grouper les faits, afin que de cet ensemble ressorte quelque peu l'intérêt des pièces que j'ai l'honneur de communiquer au Comité — En effet j'apprends chaque jour cette histoire que personne ne connaît encore, — Demain donc je trouverai des faits que je n'avais pas trouvés hier et qui contrediront avec raison ce qu'hier j'ai avancé — (1) — Mais je puis dire que ma sincérité est partout la même et ici surtout je déclarerai consciencieusement que si je me trompe sur quelques détails, je suis persuadé, convaincu de la vérité de l'ensemble — si je ne dessine pas exactement chaque trait, du moins les masses du tableau sont fidèles.

Le Document, Monsieur le Ministre, qui est venu rattacher pour moi toutes les intrigues que je voyais se dresser contre Mr Delasalle est celui que j'ai intitulé : Comme ennemis de Mr De La Salle. — Ce document est du plus haut prix pour l'histoire de la Découverte de la Louisiane. Cependant quoiqu'il est demeuré longtemps dans les combles de la Bibliothèque Mazarine, peu s'en est fallu que je le perdisse encore par ma propre faute. — Il y avait deux jours que je fouillais le dépôt où il se trouvait, en le retournant de toutes manières et sur tous points pour lui arracher quelques faits nouveaux — mais inutilement. — On m'avait remis beaucoup de papiers mais ces papiers étaient insignifiants. — Ennuyé, las, presque à la fin de mon examen je les avais pour ainsi dire abandonnés, quand rougissant d'une fatigue si prompte si près surtout de son terme je me remis à compulser les papiers qui me restaient — Le dernier de tous les cahiers qui me tombe sous la main c'est celui-ci — Lorsque j'aperçus le nom de Mr Delasalle, je ne pus d'abord en croire mes yeux, je pensai que cela se rapportait à un autre personnage — mais non c'était mon La Salle à moi — Je puis dire que la joie que me causa cette découverte si peu attendue, fut pour moi pendant un moment une des joies les plus douces et les plus profondes que j'aie jamais senties.

Mais à mesure, Monsieur le Ministre que je lus ce document, elle diminua bien — les faits qu'il contenait étaient si exorbitants que je pris ce mémoire pour un pamphlet. — J'avais en conscience peur que l'auteur ne dît la vérité — Néanmoins quoiqu'on me le conseillât je ne le rejetai pas et voulus m'assurer de ce qu'il en fallait prendre ou laisser —

Le voisinage surtout de ce document m'en faisait une obligation impérieuse en me forçant presque à l'incrédulité — Il était si je m'en souviens bien, accompagné d'un mémoire sur une persécution des Oratoriens par les Jésuites — C'était une accusation — A celle-ci il s'en joignait une autre contre les Pères d'Armentières. C'était un factum au nom des héritiers légitimes d'un homme dont les richesses convoitées par eux pendant toute sa vie, avaient aussi passé entre leurs mains par violence par ruse et par oppression de tout genre. — Plusieurs passages de ce factum m'ont paru remarquables, mais un nom lié à cette spoliation, mais le nom du Père Montmorency qui est celui du 1er Évêque de Canada, me frappa plus que tout, plus même que les paroles de celui dont les richesses avaient été convoitées par la Compagnie —

« Le Père Montmorency, dit ce mémoire, s'est servi de l'autorité que lui donnaient sa naissance, les grandes charges et les emplois qu'il a eus dans la Compagnie, le Père Hautin y employait parfois les menaces, parfois aussi des prières pressantes et importunes, jusques là que le Père Welletin son provincial ayant fait même de lui en défendre d'en user de la sorte et ayant donné avis audit sieur Abraam cet homme lui écrit en ces termes — J'ai les lettres de votre Révérence contenant d'empêcher désormais le R. P. Hautin de m'presser indiscrètement comme il a fait le temps passé de façon tellement étrange.

Le jour même de la Donation principale en question, le Père Hautin lui dit soit : Provincia nostra summè obærata est. obærata. obærata...

Celebrant humi-
litate serviendi
impotentiam domi-
natoris. (Tac.)

« Mais le frère Van Brouk qui était du bas étage de la Compagnie y allait bien d'un air plus empressé. Il m'a presque dit ce pauvre homme « tanquam apactores et satellites » si je ne leur ferois point une donation pour la société et cetera. Il faudroit un volume pour mettre les outrages qu'il m'a faits » « Il le compare dans une des lettres ou plutôt il compare tous ceux de la compagnie qui ont été employés à le tourmenter à une aigle qui prend son vol vers le ciel où il semble ne s'attacher à autre chose qu'à regarder le soleil et qui cependant ne s'élève si haut que pour fondre avec plus de roideur sur sa proie qu'il ne perd jamais de vue. Comme s'il eut voulu dire que ces Jésuites qui l'approchaient semblaient tout embrasés du feu de ce soleil de justice et de charité vers lequel ils sembloient porter leurs regards, mais que toute leur piété ne tendait qu'à se rendre maîtres de ses biens »

— Les recherches, Monsieur le Ministre, que j'ai faites en conséquence du voisinage de ces documens pour m'assurer de la valeur réelle de celui qui me regardait ont été longues, minutieuses, et toujours soutenues par le désir de trouver quelques faits qui plaidassent en faveur ~~[illegible]~~ des hommes qu'il attaquait — Mais plus j'ai pénétré avant dans cette matière, plus je me suis constaté à moi même que des faits qu'il alléguait, il fallait tout conserver — En effet ce document s'accorde de point en point avec d'autres mémoires touchant le Canada qui sont connus au Comité et les accusations qu'il contient ne sont pour ainsi dire que les mêmes reproches faits aux Jésuites par tous les peuples chez lesquels ils se sont établis.

L'auteur de cet écrit si je ne me trompe est un Sulpicien ~~mais~~ assurément c'est un ami de plusieurs membres de cette communauté et ce document outre l'inconnu des faits qu'il révèle, a cela d'important surtout qu'il a pour ainsi dire été écrit sous la dictée de M. De la Salle, — l'auteur notant sur le papier tout aussitôt après les avoir entendus les faits que celui ci racontait et les souhaitant de peur d'erreur à ceux qui les avaient entendu raconter en même temps que lui.

Si les faits rapportés dans ce mémoire n'avaient été aussi énormes le portrait que l'auteur ~~fait~~ nous trace du découvreur, on serait disposé volontiers à une confiance complète — Toutefois je l'ai bien discuté avec moi même et avec quelques amis ~~et~~ nous nous sommes répondu affirmativement après nous être fait les questions suivantes que provoque ce mémoire.

Je soumets Monsieur le Ministre à votre sagesse ces ~~quatre~~ cinq questions ne demandant pas mieux que de me trouver en faute dans les réponses que j'y fais les voici les unes et les autres : —

1° Les Jésuites ont ils fait le Commerce ?

2° — Quelles étaient leurs missions ?

3° — Leurs relations qui cessent de paraître en 1672 leur ont elles été défendues comme l'avancent ce document et le Père Hennepin ?

4° — Ont ils cherché à dominer là où ils ont été ? —

— Enfin 5° les Jésuites ont ils jamais agi de manière à se faire accuser d'intrigues

Je ne fais pas ici, Monsieur le Ministre le Procès de la Compagnie, ~~[illegible]~~ procès parlementaire et pouvant en dire davantage, je rappellerai seulement ici quelques traits de leur histoire, tout juste autant qu'il m'en faut pour dissiper les doutes que j'avais conçus moi même sur la véracité du mémoire qui nous occupe.

1ère Question — Les ~~[illegible]~~ Jésuites ont ils fait le Commerce ? — Les bulles des Papes Urbain 8, Clément 9, ~~[illegible]~~ (1669. 17 juin.) Clément 10 (23 Decembre 1673) La banqueroute des Jésuites de Séville, banqueroute de 450000 ducats, celle du Père Lavalette à la Martinique, suffiroient pour preuve du premier fait — Or si les Jésuites font le Commerce en Espagne, en France, en Chine, partout —

où ils sont. — Est-il probable que dans le seul Canada ils ne le fassent pas. — Evidemment
pour moi, la traite des Pelleteries fut aux Jésuites ce que leur était l'or du Mexique. — On
peut voir à ce sujet dans Saint-Simon l'histoire des caisses de chocolat adressées au R. P. Provin
cial de la Compagnie à Madrid.

2e Question — Quelles étaient leurs missions — En 1672 le Comte de Frontenac écrit:
arrivant dans le Pays, dit: Je leur ai fort témoigné l'étonnement où j'étais de voir
que de tous les Sauvages qui sont avec eux à Notre-Dame de Lorette, qui n'est qu'à
une lieue de Québec, il n'y en avait pas un qui parlât français, quoiqu'ils fréquentas
sent continuellement parmi nous et je leur ai dit que je croyais que dans leurs mis
sions, ils devraient songer en rendant les Sauvages sujets de Jésus-Christ, de les rendre
aussi sujets du Roi que pour cela il fallait leur inspirer l'envie d'apprendre notre langue
comme les Anglais leur apprennent la leur, essayer de les rendre plus sédentaires et
de leur faire quitter une vie si opposée à l'Esprit du Christianisme puisque le moyen
de les rendre chrétiens était de les faire devenir hommes. — Mais, ajoutait en chiffre
le Comte de Frontenac, quelque mine qu'ils fassent, ils ne veulent point entendre
ce langage. Franchement ils songent autant à la conversion du castor qu'à
celle des âmes, car la plupart de leurs missions sont de pures moqueries et je ne croi
rais pas qu'on leur dût permettre de s'étendre plus loin jusques à ce qu'on vît en
quelque lieu une église de ces Sauvages mieux formée » — ~~En fin ont confirmé~~ les
faits qu'avance Mr de Frontenac sont confirmés par un mémoire de Mr Talon.

Invoquer contre les Jésuites le témoignage d'un de leurs adversaires, si honnê
te homme que ce soit cet adversaire, semble je le sais peu concluant. — Mais de parti
sans dévoués à leur cause peut-on aussi attendre la vérité et que conclure cependant
si tous les gouverneurs et les hommes attachés aux intérêts du Roi sont les adversaires
des Jésuites. — Le Vicomte Pierre Voyer d'Argenson, le Baron d'Avaugour, l'Intendant
Péronne Dumesnil, le gouverneur M. de Mezy, Jean Talon, Mr de Courcelles,
le Comte de Frontenac sont tour à ~~tour~~ tous leurs ennemis et leurs amis sont des gens
incapables ou intéressés à les soutenir parce qu'ils les protègent. — Le ~~gouver~~
fondateur du Détroit, Antoine Lamothe Cadillac qu'ils traverseront dans ses projets
parce qu'ils contrariaient les leurs, écrivait au Ministre qui lui conseillait d'avoir
bien avec les Jésuites: qu'après avoir bien songé aux moyens d'être leur ami il n'a
trouvé que trois voies pour y parvenir. — La 1ere de les laisser faire, la 2e de faire
tout ce qu'ils veulent, la 3e de ne rien dire de ce qu'ils font. —

3e question. Les Relations des Jésuites qui cessent de paraître en 1672 leur ont-elles
été défendues — L'allégation de ce fait que je trouve dans le Père Hennepin et dans le
mémoire dont je discute ici la valeur me semble probable. — En effet c'est vers
cette époque même que le Comte de Frontenac écrit ce que nous venons
de lire, et ce qui contredit si étrangement tout ce que ces relations avançaient sur
leurs missions et sur leurs pieux succès; c'est à cette époque encore que la bulle
de Clément 10 vient corroborer celle de Clément 9 par laquelle le commerce
~~leur~~ est défendu à la Société. — Mais c'est ~~d'une preuve~~ d'elle-même, Monseigneur
le Ministre, que je tire la plus forte preuve à l'appui de cette assertion. — En 1673
le Père Marquette descend avec Louis Jolliet, bourgeois de Québec, le cours du Mis
sissipi. — En conséquence le Père Charlevoix attribue à la Compagnie l'honneur
d'avoir découvert la Louisiane arrosée par ce fleuve. (Et chacun le répète après lui) — Assurément cette dé
couverte est un événement glorieux pour la Compagnie, utile à la France, il
étend en outre les possessions françaises. — Pourquoi donc voit-on finir à l'année
1672 les Relations de la Société. — Pourquoi les Révérends Pères qui ont publié dans
ces Relations mêmes tant de choses insignifiantes ne publient-ils ce grand fait qu'en
1681. — Ce n'est certes point par modestie.

4eme Question — Les Jésuites ont-ils cherché à dominer en Canada. Le sommaire
des faits qui jusqu'ici se sont présentés à ~~mes~~ mes recherches semble assez le démon
trer.

Dès leur établissement dans la Colonie, ils cherchent à y être les seuls Religieux.

Dès leur établissement dans la Colonie ils tendent à être les seuls religieux. En
conséquence, venus après les Récollets qui les ont reçus dans leur propre maison,
ils parviennent évidemment par leurs intrigues à les faire retirer du pays où eux
les avaient aidés à s'établir — Puis le Séminaire de Saint-Sulpice ayant
avec le secours de personnes pieuses fondé la ville de Montréal, entreprise dont
ils espéraient avoir la direction, ne l'ayant pas, ils s'y opposent d'une manière
couverte, mais inutilement — Plus tard un Sulpicien ayant été proposé
pour évêque du Canada — ils agirent si bien en France et à Rome que Mr de
Quelus, après des persécutions de toutes sortes, dut résigner cet honneur à un
des leurs Mr de Montmorency qui était de la communauté dirigée par
le Père Bagot, Jésuite. Mr de Laval Montmorency sur le siège épiscopal
comme dans la communauté se tient sous l'obéissance de la Société.
Voyons encore (sur ce point ce que disent entre autres et l'Intendant
Du Mesnil et Mr le Comte de Frontenac.

— (Dumesnil — mémoire communiqué au Comité :) Quant à Mr
« l'Évêque de Pétrée — Il en sera parlé quand il plaira au Roi et n'en sera
« fait autre mention sinon que les Jésuites lui donnent 2500 l. de pension par
« an pour sa subsistance au pays et le logent avec eux — qu'il s'est emparé du
« Conseil de la traite et sans y appeler Mr d'Avaugour, gouverneur qui devait
« y présider et ayant pris avec lui seulement le Sr de Charny prêtre son grand
« vicaire et official et le Père Ragueneau qui n'y devait entrer ni assister
« suivant l'arrêt du Conseil du Roi ci-dessus daté ...

— Extrait d'une lettre de Mr de Frontenac dira plus encore : «
« Il y a une autre chose qui me déplaît qui est l'entière dépendance dans
« laquelle les Prêtres du Séminaire de Québec et le Grand Vicaire de l'Évêque
« sont pour les Pères Jésuites, car ils ne font pas la moindre chose sans leur ordre ce
« qui fait qu'indirectement ils sont les maîtres de tout ce qui regarde le Spirituel
« qui comme vous savez est une grande machine pour remuer tout le reste »

Maîtres comme l'a dit Mr de Frontenac de ce qui regarde le spirituel
ils s'en font un marche-pied pour le temporel

Dès 1647 ils entraient dans le Conseil de la Communauté de Canada.
et cherchaient à se soumettre le Gouverneur. — Ils arrivèrent bientôt
à leur but. Mr de Lauzon fut leur humble serviteur et ils étendirent sous lui
par ses continuelles concessions qu'ils en obtiennent, leurs possessions au Canada —
Mr Voyer d'Argenson qui succéda à celui-ci ne se montra pas aussi humble
que son prédécesseur, aussi humble que les Jésuites le voulaient. Ce fut alors je crois
que l'entrée du Conseil de la traite leur fut interdite par ordre du
Roi, le Gouverneur néanmoins dut demander à s'en aller — Mr d'Avaugour le remplaça qu'ils firent rappeler — Il était trop honnête homme
et pas assez souple — Pour ne plus éprouver les mêmes difficultés qu'avec lui les Jésuites
firent désigner au choix du Roi un homme dont l'humilité et la religion extrêmes
leur faisaient croire qu'ils feraient tout ce qu'ils voudraient — Ils se trom-
pèrent. Mr de Mezy, homme sincèrement religieux, ayant en main les intérêts du Roy les voulut faire respecter et ils allaient lui faire faire son
procès en raison de ce qu'il accomplissait son devoir, lorsqu'il mourut.
Dieu lui en fit, car les Jésuites avaient leurs créatures dans le Conseil Souverain — La Société, si insolemment heureuse jusque là dans ses cabales,
ne put rien contre Jean Talon et Mr de Courcelles, quoiqu'elle s'y fût
[illegible] — Le dernier souffrait avec peine, il est vrai, comme je l'ai dit, le génie supérieur de Mr Talon et son activité, mais il était toujours d'accord avec lui
pour renverser une puissance illégitime — Aussi la Société attendit-elle
avec impatience le jour où l'un de ces deux chefs partit. En 1668 elle se réjouit
un moment et espéra mieux pour elle de l'avenir, lorsqu'elle vit Mr Talon
s'éloigner et Michel de Bouteroue le remplacer à l'Intendance — Sa joie
fut courte cependant. Elle avait déjà tourné Mr de Bouteroue contre
Mr de Courcelle quand le retour de Mr Talon, accompagné d'un renfort

d'un renfort de Sulpiciens et de Recollects qu'il allait établir dans le pays, vint la frapper de consternation — Colbert sur les observations de cet administrateur éminent avait dessein de donner à la puissance des Jésuites un contrepoids et il se servait pour cela des Recollects et des Sulpiciens qu'il aimait.

Attaqués ainsi dans le spirituel, contrebarrés dans le temporel, les Jésuites mirent en jeu toutes leurs ressources pour ressaisir un pouvoir qui menaçait de leur échapper de tous cotés — loin d'être découragés, mais par cela même plus actifs. Déjà ils avaient, à ce qu'il paraît en 1672 réussi à gagner le gardien des Recollects qui n'avait plus que 3 ou 4 religieux dans son couvent "que les Jésuites auraient été bien aises de voir aboli entièrement". — M. Talon et Mr de Courcelles partis, fidèles à leur politique, ils tâchèrent d'abord d'amener à eux Mr de Frontenac, mais ils s'aperçurent bientôt qu'il resterait dans les Instructions que Colbert lui avait données et leur dernière espérance était dans un Intendant qui leur fut favorable et qu'ils opposeraient au Gouverneur ils parvinrent si je ne me trompe à faire nommer Mr Duchesneau, — mais s'il ne fut pas leur créature, ils s'en emparèrent à ce point qu'il ne fut plus qu'un instrument entre leurs mains. — Instrument fatal — L'opposition faite par l'Intendant au Gouverneur sous l'Inspiration des Jésuites, opposition constante sur tous points, mesquine sans raison troubla la Colonie jusqu'en 1682. M. Duchesneau, tout en faisant le vil courtisan auprès de Colbert, calomnia souvent Mr de Frontenac, celui-ci parlait, lui, toujours avec la fierté d'un homme qui sent sa dignité et n'y a jamais manqué — Les Jésuites, voyant toutes ces querelles, étaient au comble de leurs vœux. — C'est à cette époque, Monsieur le Ministre, qu'a lieu la Découverte de la Louisiane.

Ces remarques me permettent je crois de passer à la Cinquième Question.

5° Les Jésuites ont-ils jamais été Intrigans — Mon rapport est déjà assez long pour que je ne cherche pas à en fournir les témoignages qui me mènerait loin d'en donner la preuve. Je rapporterai seulement ce jugement que porte d'eux un Père de l'Eglise, Bossuet — Plus puissants par l'Intrigue que par le Crédit. Ce mot me suffit. Je pourrai dire toutefois encore à ce propos qu'il y a trois ans ayant eu lieu de voir avec le Général Cass, ambassadeur des Etats-Unis, les papiers relatifs à l'Etablissement du Détroit qui nuisait à celui de Michilimakinak, où les Jésuites avaient une mission, j'y démêlai une Intrigue dans laquelle les Pères étaient gravement compromis — Les Interets de La Salle et ceux de Lamothe Cadillac fondateurs tous deux de postes rivaux de ceux des Jésuites, ayant beaucoup de rapports vis à vis de ces Pères, il est permis de croire que ceux-ci firent pour l'un comme pour l'autre. — Je rappellerai enfin qu'ils avaient tenté d'empêcher l'Entreprise du Montréal.

C'est sur ces raisonnements, sur ces bases Monsieur le Ministre, que reposa ma confiance dans le Document intitulé par moi : Commencement de Mr De la Salle. — Je crois en avoir assez dit pour montrer que ce n'est pas sans une discussion consciencieuse que j'en accueilli les faits. Mais ces faits une fois reconnus vrais, autant j'ai hésité à les recevoir, autant je crains peu maintenant de les révéler. Ces faits Monsieur le Ministre sont l'histoire d'une persécution et que par conséquent nécessairement là où il y a persécuteur, il y a victime or c'est le devoir de l'historien de venger ceux qui ont injustement souffert, c'est aussi son plus beau privilège — or ce devoir Monsieur le Ministre votre commission me l'imposait. Ce privilège elle me l'accorde et je ne crois pas mieux vous prouver ma reconnaissance qu'en m'en servant.

Ces préliminaires posés, j'arrive à l'exposé des faits que l'omission de détails imperceptibles répandus dans d'immenses mémoires laisserait dans le vague s'il ne les changeait même entièrement.

— La recherche d'un passage à la mer du Sud par le Canada a été comme je l'ai dit, l'origine de la découverte de la Louisiane. Cette recherche l'objet d'une tentative de Champlain, des spéculations et des conjectures des Jésuites ainsi qu'on le voit dans leurs relations fut un des principaux points auxquels s'appliqua Jean Talon après que par les soins de Mrs de Tracy et de Courcelles aidés de son concours, le pays eut été assuré contre les incursions des Iroquois.

L'Intendant était encore en France en 1669 lorsque Mr Dollier hivernant dans les bois avec les Sauvages afin de les instruire dans la religion chrétienne et de s'instruire en même temps de leur langue, reçut l'offre d'un Sauvage qui proposa de le guider à 7 ou 800 lieues de là afin d'y aller annoncer l'Évangile, dans un pays qu'on sait être très peuplé. — Les documents nous annoncent que Mr Dollier partit alors pour chercher le passage à la Chine * — Un jeune homme, fatigué de voyager vers le nord où il n'y avait rien trouvé qui l'attachât, résolu en conséquence de se tourner vers le Sud, s'associa à l'entreprise du Sulpicien et fit à cet effet une grande dépense. Ce jeune homme c'était R.R. Cavelier de la Salle, alors âgé de 24 ou 25 ans et venu en Canada il y avait ~~deux~~ ans environ.

* (qui avait depuis long temps conçu le même dessein)

Vers l'époque où le Sauvage faisait sa proposition à M. Dollier, Jean Talon écrivait de Paris à Colbert qu'il avait entre les mains un homme demi Sauvage qui avait pénétré plus avant que tous les autres Français dans les nations de l'Ouest et qui lui proposait trois choses de rechercher une mine de cuivre dont les mémoires avaient parlé, de trouver soit par la mer ou par les lacs et les rivières la communication que l'on croit être du Canada à la mer du Sud ou bien de faire le voyage de la Baie d'Hudson qui devait être d'une grande utilité en ce qu'il ferait descendre vers Québec ou Tadoussac la nation du Nord avec leurs pelleteries —

Si l'on considère la proposition de la recherche d'un passage à la mer du Sud on voit poindre ici la rivalité ~~qui~~ de gens entreprenants tendant vers le même but par des voies diverses —

Les préludes de cette rivalité sont fort obscurs. Les documents font défaut sur cette partie on voit par quelques lignes seulement que de 1669 à 1670 Cavelier de la Salle a descendu si je ne me trompe par l'Alleghany, qu'il a parcouru une grande partie de l'Ohio — et que là ayant appris que le fleuve qu'il parcourait s'unit à un autre grand fleuve qui tombe dans la mer (Mississipi) lorsqu'il s'acheminait à cette découverte il est obligé par l'abandon des hommes qui l'accompagnent d'aller retourner seul à 400 lieues de chez lui — Il remonte la rivière et revient, vivant ~~...~~ pendant la route de chasse, d'herbes et de ce que lui donnent les Sauvages qu'il rencontre. — ~~Dans~~ L'année suivante de 1670 à 1671 — protégé par Talon, qui est de retour dans la colonie, Cavelier de la Salle continue ses découvertes, et l'Intendant parle à Colbert de la chaleur que ce jeune homme montre dans ces entreprises ~~—~~ Dans ce second voyage ~~...~~ le découvreur s'embarquant ~~...~~ de même que la première fois, près du lac Ontario, ~~...~~ — sur une rivière qui ~~...~~ va de l'Est à l'Ouest et passe à Onnontagué, la quitta au dessous du lac Erié « faisant un portage de six ou sept lieues pour s'embarquer sur le lac qu'il traversa vers le Nord, remonta la rivière qui produit ce lac (rivière du Détroit?) passa le lac d'eau salée (lac Saint Clair?) entra dans la mer douce (lac Huron?) doubla la pointe de terre qui sépare cette mer en deux (vers Michilimakinak) et descendant du Nord au Sud, laissant à l'ouest la Baie des Puants reconnut une baie incomparablement plus large (lac Michigan?) au fond de laquelle vers l'Ouest il trouva un très beau havre ~~...~~ (Chicago?) et au fond de ce havre un fleuve qui va de l'Est à l'Ouest (Rivière des Illinois) il suivit ce fleuve et étant parvenu jusqu'environ le 280 degré de longitude et 39e de latitude il trouva un autre fleuve qui se joignant au premier coulait du Nord Ouest au Sud Est (Mississipi) Il suivit ce fleuve jusqu'au 36e degré de latitude où il trouva à propos de s'arrêter, se contentant de l'Espérance presque certaine de pouvoir passer un jour en suivant le cours de ce fleuve jusqu'au Golfe de Mexique et n'osant pas avec le peu de monde qu'il avait, hasarder une entreprise dans le cours de laquelle il aurait pu rencontrer quelque obstacle invincible aux forces qu'il avait. »

— C'est là tout ce que nous apprennent les Mémoires que j'ai trouvés sur les entreprises de La Salle — Nous n'en savons pas plus — Les Sulpiciens si je ne me trompe, ne l'accompagnèrent pas fort avant dans le 1er voyage — Mr Dollier n'était pas assurément dans le second. — Je ferai Monsieur le Ministre tous mes efforts pour trouver s'ils existent les mémoires des deux premiers voyages de La Salle, qui nous donneraient les motifs pour lesquels Cavelier passe d'un endroit à un autre, par exemple pourquoi il abandonne dans sa deuxième entreprise l'Alleghany qui le menait à l'Ohio qui le menait au Mississipi — On va voir par ce qui suit l'importance de ces documents.

— Pendant que La Salle découvrait ainsi de nouvelles terres, où avaient abouti les propositions faites à Jean Talon par cet homme demi sauvage ? — Talon se plaint en 1670 que cet homme ne lui a pas donné les éclaircissements qu'il devait en attendre — Il écrit à Colbert qu'il n'est pas revenu et est demeuré avec les Pères Jésuites qui font la mission chez les Outawas d'où il n'écrit que fort obscurément — ce qui donne lieu « de douter qu'on n'ait retardé les connaissances qu'il devait prendre de la mine et empê« ché qu'il ne communiquât ses lumières dans leur pureté. » Pour quelles raisons ? Quelles « intrigues » ne permettaient pas à cet homme de donner tous les éclaircissements qu'une gratification royale de plus de 2400 liv. semblait lui imposer — Talon [illegible] le demandait, — mais ne perdant pas de vue l'objet des travaux dont il avait confié l'exécution à cet homme en même temps que La Salle partait de nouveau pour le Sud il envoyait Saint-Lusson vers l'Ouest, avec ordre de rechercher soigneusement s'il y a par lacs ou rivières quelque communication avec la mer du Sud qui sépare ce continent de la Chine — après cependant qu'il aura donné sa première application « à la découverte des mines de cuivre qui fait le principal sujet de sa mission. « et qu'il aura vérifié les mémoires qui lui ont été remis à cet effet — ces mémoires sont ceux assurément de l'homme demi sauvage — Malheureusement encore faute [illegible] voyage Charlevoix en dit moins encore que je n'en dirai — Mais je n'en sais jusqu'ici ni les détails ni le résultat. Toutefois dans le Procès verbal que Saint-Lusson dresse au Sault Sainte Marie de la prise de possession des nations sauvages de cette partie — je vois parmi les noms des témoins celui de Louis Jolliet qui a fait en 1669 avec Péré l'homme demi sauvage, le voyage à la Baie du Nord — Et ce nom est pour moi un éclair. C'est en effet le nom de l'homme avec qui le Père Marquette descend au Mississipi par l'Ouisconsin et il me fait fortement soupçonner qu'on s'occupe toujours de la découverte d'un passage à la mer du Sud, mais que les Jésuites dont cet homme est un frère donné, employant ses lumières aux voyages, veulent s'assurer par son moyen l'honneur et le profit de la découverte. En effet dès 1670 ils écrivent dans leur relation qu'ils sont sur le point d'entreprendre un voyage à la mer du Nord « pour s'assurer des conjectures assez fortes qu'on a depuis longtemps qu'on pourrait « passer par là jusqu'à la mer du Japon. » Les Jésuites, on le voit, veulent profiter des tentatives de Péré et de Jolliet. Là je le suppose est une partie de l'intrigue que soupçonne et dont s'inquiète Mr Talon de la part de la Société — L'entreprise, ou pour mieux dire le projet de Mrs Dollier Galinée, les voyages de La Salle ont jeté l'alarme chez les R.R.P.P. Ils craignent que d'autres qu'eux ne fassent cette découverte — Ils retiennent Péré qui connaît entre tous les parages de la baie du Nord, ne lui permettant pas de donner à l'Intendant sur son voyage, ce dont celui-ci se plaint, les éclaircissements qui pourraient servir à d'autres découvreurs et retiennent enfin par devers eux Jolliet le compagnon de Péré voyageur courageux, habile canoteur et savant dans les langues sauvages ainsi que dans les sciences mathématiques dont il demanda plus tard la chaire à Québec — Jolliet avait fait si je ne me trompe l'exploration de la Baie des Puans avec les Jésuites lorsque La Salle revint de son second voyage ayant découvert le Mississipi — C'est en 1672.

Ici les entreprises des Jésuites et celle de La Salle tendant à la mer du Sud par deux voies différentes vont se joindre, les rivalités se croiser et lutter — Qu'on juge de la manière dont Cavelier cherche à l'emporter sur les Jésuites et de la loyauté de ses adversaires.

Cavelier, ai-je dit dans son second voyage, traverse le lac Érié vers le nord remonte la rivière du Détroit, passe le lac Saint Clair, entre dans le lac Huron — double la pointe de terre qui sépare le lac Huron de celui de Michigan, là il laisse à l'Ouest la Baie des Puans, descend le lac Michigan, y pénètre jusqu'à Chicago et trouve au fond de ce havre la rivière des Illinois qu'il parcourt et se trouve ainsi au Mississipi — Naturellement Cavelier de La Salle avait été accompagné, naturellement par ses compagnons, par lui-même par l'Intendant on avait dû avoir avis du chemin qu'il avait suivi. —

Il est vrai qu'il fallait les trouver, mais

Les Jésuites qui avaient des missions au Sault Sainte Marie, à la Baie des Puans eurent eu les premiers la nouvelle, au milieu peut-être même de son voyage avant son retour à Québec. — Or de la Baie des Puans il n'y a pour aller à la Rivière des Illinois, qui avait mené Lasalle au Mississipi que l'Ouisconsin à parcourir. — Assurément, voyant Lasalle arriver par le lac Michigan à la Rivière des Illinois, ils se doutèrent bien que de leur mission on trouverait aisément une communication au grand fleuve qu'il avait découvert. — Ils la cherchèrent en 1673 et l'Ouisconsin leur ouvrit la route.

Le 2 9bre 1672 le Comte de Frontenac nouvellement arrivé comme Gouverneur en la place de Daniel Remy sieur de Courcelles, écrit au Roi « que Mr Talon a aussi jugé expédient pour le service d'envoyer le sieur Joliet à la découverte de la mer du Sud par le pays des Maskoutens et la grande Rivière qu'ils appellent Mississipi qu'on croit se décharger dans la mer de Californie. — C'est un homme fort entendu dans ces sortes de découvertes, ajoute Mr de Frontenac, et qui a été déjà jusques auprès de cette grande rivière de laquelle il promet de découvrir l'Embouchure.

Évidemment, jusqu'à plus ample informé, le voyage de Lasalle est à mes yeux, l'occasion, le guide du voyage de Joliet. — Évidemment l'homme des Jésuites usurpe sur Lasalle le droit de terminer une découverte qu'il a commencée. — Il l'usurpe au profit de la Société dont un Père l'accompagne. —

Les Jésuites ont écrit dans leur relation de 1670 qu'ils veulent tenter de découvrir la mer du Sud par la Baie du Nord, ce qu'avait proposé Perray et nous les voyons en 1672, Cavelier de la Salle ayant fait sa découverte chercher ce chemin non plus par la Baie du Nord, mais par la route que Lasalle a suivie, s'acheminant vers le Sud. — Quelle autre opinion peut-on avoir que celle que j'exprime? —

Jolliet et le Père Marquette pénètrent dans la Baie des Puans (le terme dit le Père Marquette des découvertes qu'ont faites les français) arrivent à l'Ouisconsin et cette rivière inconnue à Lasalle, étant passée ils arrivent aux Illinois et delà au Mississipi. — Ils ne descendirent, dit-on, pas plus bas que l'Arkansas. Lasalle on s'en souvient était descendu jusqu'au 36ème degré.

Ce qu'ils ont ajouté à sa découverte n'est donc que bien peu de chose et je ne vois guères dans ce voyage de Joliet et des Jésuites qui vont en l'Ouisconsin seul à travers d'autre mérite que celui du courage, — car ils n'étaient que sept hommes. Encore sous ce rapport si l'on considère l'espace de chemin parcouru par Lasalle, les fatigues et les dangers qu'il a pu rencontrer de l'Ontario au Mississipi, dans des chemins inexplorés par les françois, trouve-t-on ce découvreur bien supérieur à Jolliet.

A mon avis, s'ils faisaient avec Lasalle assaut d'honneur, le seul moyen pour Jolliet et pour les Jésuites d'atténuer le blâme qu'ils méritent pour la demande faite par eux de continuer la découverte de Lasalle à laquelle celui-ci avait tous les droits, c'était de la mener à terme en descendant le Mississipi jusqu'à l'Embouchure, ou de le remonter vers ses sources, enfin de faire quelque chose de nouveau. — Ils n'en firent rien et perdirent par là tout ce qu'ils craignaient de perdre, tout ce qu'ils espéraient gagner.

Or, Monsieur le Ministre, comme je l'ai fait entrevoir par les questions il n'y avait pas seulement dans cette découverte à gagner et à perdre que l'honneur même de la Découverte. Elle emportait avec elle des avantages matériels qu'une société marchande devait estimer plus haut que l'honneur si l'honneur même elle ne l'escomptait pas. —

Il ressort pour moi comme je l'ai dit, je ne puis me le dissimuler, de l'ensemble des documents relatifs à l'Amérique Septentrionale et de ceux surtout qui regardent la découverte de la Louisiane, que les Jésuites faisaient le commerce, que leurs missions étaient également des factoreries, qu'à cause de cela plus encore que par cet esprit de jalousie naturel aux Communautés religieuses, ils ne voulaient pas laisser pénétrer d'autres qu'eux et les leurs dans les terres plus loin qu'eux-mêmes, et encore moins les laïcs s'y établir. — Je hasarderai à ce propos, si Votre Excellence veut bien me le permettre une conjecture

Si l'on fait attention au commerce général qu'on impute aux Jésuites et surtout à celui qu'ils faisaient dit on à la Chine d'une manière si scandaleuse, au point de renier le Christ de marcher sur le crucifix eux qui s'appelaient la Compagnie de Jésus, il n'est certes pas invraisemblable de supposer que dans leur desir de rechercher par le Canada le passage à la mer du sud, il y avait peut être un autre grand but, non évangélique mais commercial, celui d'unir par un échelonnement de missions leurs maisons d'Amerique avec leurs maisons d'Asie, en s'emparant avant tout sous l'apparence religieuse des voies qui y conduisent.

Cavelier de la Salle, Monsieur le Ministre, en voyant les Jésuites près de s'emparer du fruit de son entreprise dut souffrir, mais il ne desespera ni de sa fortune ni de la Providence. Son caractère entreprenant qui l'avait déjà signalé à M. Talon et à M. de Courcelles, son esprit, des relations avec Mrs de Saint Sulpice parmi lesquels était son frère Jean Cavelier, le mirent facilement en rapport avec le Comte de Frontenac et Haut l'adresse, si je ne me trompe de le pousser à former, à continuer l'établissement sur le lac Ontario, entrepris par Mr Talon et de Courcelles. Lahontan nous assure du moins qu'il y rendit de grands services au Comte et lui donna de bons conseils — Ces conseils interessés avaient pour La Salle une portée dont le temps lui permit de profiter — Du Montréal où il habitait, au lac Ontario il se rencontre un grand nombre de sauts et de rapides qui rendaient la navigation très dangereuse aux plus habiles canoteurs — De la Salle avait eu tous ces dangers à surmonter avant pour ainsi dire de s'embarquer pour son entreprise — Le Poste de Catarocouy devait les lui épargner — Un évenement inattendu l'en rendit Seigneur et Commandant en lui assurant la protection constante du Comte de Frontenac et par ce gouverneur celle de Colbert — Cet évenement toutefois ne renversa ni les espérances ni les prétentions des Jésuites, mais les difficultés qu'ils éprouvèrent, donnèrent lieu aux plus cruelles intrigues contre lesquelles nous allons voir La Salle se débattre.

Cet évenement, Monsieur le Ministre, vous en avez eu la Relation dernièrement entre les mains et n'en connaissant pas les conséquences vous n'y avez sans doute attaché d'autre interet que par le nom illustre qui s'y lie, — le nom de l'abbé François de Fenelon Salagnac.

Monsieur de Frontenac ayant reçu de la cour ordre de poursuivre les coureurs de bois, qui menaçaient, écrivait le Comte même, de renouveler au Canada les bandits de Naples et les flibustiers de Saint Domingue, fit arrêter à Montréal un officier qui passait pour les protéger — Le Gouverneur de Montréal Mario Perrot neveu de l'Intendant Jean Talon, irrité qu'on vint saisir dans son gouvernement un de ses propres officiers, arrêta lui même le lieutenant des gardes de Monsieur de Frontenac, chargé de cette mission contre M de Brusy — Mr de Frontenac à son tour, vengeant l'autorité du Roi méconnue dans sa personne, fit mettre en prison Mr Perrot et ordonna au Conseil souverain de lui faire son procès — Le Procès était entamé lorsqu'un des Messieurs de Saint Sulpice, Seigneurs de Montréal, qui avait déjà fait signer un grand nombre d'habitans en faveur de Mr Perrot se mit à tonner en pleine chaire contre les Princes et grands de la terre qui abusent du pouvoir — L'allusion était facile à saisir — Cavelier de La Salle était alors dans l'Eglise — L'affection que le Comte de Frontenac avait pu lui montrer pour les services qu'il lui avait rendus dans l'établissement du fort de Catarocouy, les grandes et belles qualités de ce Gouverneur, grand seigneur, caractère magnifique, plein d'esprit, d'un cœur élevé, brillant jusque dans ses défauts avaient dû lui attacher La Salle — Aussi ne put-il entendre un sermon que son éloquence ne rendait que plus injurieux au chef du Pays, ce homme digne de respects à tous égards et par son mérite personnel et par le caractère même des fonctions dont il était revêtu; Cavelier en se tenant tout debout, par les murmures, par les coups d'œil, les haussemens d'épaule montra bien au prédicateur qu'il le comprenait et à ceux qui écoutaient avec lui les fautes de son sermon — Quand on instruisit le Procès de M. de Fénélon au Conseil souverain, il fut le

premier temoin qui deposa contre lui — Dans ce Procès il declara s'appeler René Robert
Cavelier Sieur dela Salle et etre âgé d'environ 30 ans — C'etait en 1674.

Le Procès de Mr Perrot et celui del'abbé de Fenelon ne purent se terminer en
Canada et Mr de Frontenac en les renvoyant en France pour que le Roi les jugeat
se trouva charmé d'y voir passer Lasalle en même temps qu'eux — Lasalle parlait bien
Il venait de se montrer devoué au comte — Si les deux accusés avoient en cour des protections
puissantes, le jeune decouvreur devait en instruisant Colbert de l'affaire defendre mieux
qu'eux autres la verité et le Gouverneur qui l'envoyait — Aussi les depeches de celui
ci contenaient elles des marques de son interet pour Lasalle — Le Comte de
Frontenac ecrivait au Ministre : « Je ne puis, Monseigneur, que je ne vous recommande
le Sieur de Lasalle qui passe en France et qui est un homme d'esprit et d'intelli
gence et le plus capable que je connaisse ici pour toutes les entreprises et decouver
tes qu'on voudra lui confier, ayant une connaissance très parfaite de l'état de ce pays
ainsi qu'il vous paraîtra si vous avez agreable de lui donner quelques momens d'audi
ence » — En sorte que Lasalle n'avait pas perdu de vue ses desseins de decouverte
pour avoir semblé en être un moment empêché. — Lasalle revint de France avec
la Concession des terres de Cataracouy, le titre de Gouverneur et de Seigneur du poste qu'il
allait établir en cet endroit et des Lettres de noblesse — les armes dela
Salle que je n'ai pas trouvées dans les lettres mais dans celles de son neveu en la
personne de qui son anoblissement continua sont des armes parlantes et temoignent
encore de ses decouvertes anterieures à celle de Joliet — C'est un Ecu de Sable à
un Levrier courant surmonté d'une Etoile à huit rais d'or.

Pour ceux qui obtiennent un Succès doivent compter sur l'Envie et avec l'Envie
Cavelier Dela Salle allait payer cher sa triple faveur.

L'Etablissement du fort de Cataracouy était le premier jalon que
la Salle se proposait de poser pour la continuation de ses decouvertes. Ce point de
vue la Concession que Colbert lui en faisait devait exciter les coleres des Jésuites mais
il y avait encore là un motif pour les animer contre lui, motif non
d'avenir, mais actuel — Ils avoient des missions chez les Iroquois voisins du lac Ontario
l'Etablissement du Poste de Cataracouy allait y attirer pour la traite les Iroquois
memes et les Jésuites en perdroient d'autant, car ils ne pouvoient pas compter d'avoir
cette mission — Talon avait fait comprendre en 1668 qu'ils étoient trop puissans trop
dominateurs en Canada et Colbert avait chargé à miner leur pouvoir en fortifiant
celui des Sulpiciens et en rendant à la Colonie les recollets que les intrigues des Jesuites en avaient
chassés. Le Comte de Frontenac suivit la même politique — Il ne tarda pas à reconnaître
qu'elle était bonne, s'il en dut souffrir — En consequence il pria le ministre de
lui envoyer d'autres Recollects et des plus habiles — Plusieurs vinrent et ce fut à eux que
le Poste de Cataracouy fut confié — Parmi les Recollects attachés à ce fort on remar
quait le venerable Gabriel de la Ribourde qui tout chargé d'années qu'il était
voulut accompagner Mr Dela Salle dans ses decouvertes et fut en Louisiane le premier mar
tyr de la foi — Le Père Louis Hennepin qui remonta le premier le Mississipi — et
un homme d'un grand merite, plein d'Erudition et excellent peintre le Pere Luc
Buisson.

Jusqu'en 1672. Cavelier Dela Salle n'avait été pour les Jesuites qu'un
obstacle dont ils pensaient avoir facilement raison. — Dans la concurrence
meme qu'il leur faisoient ils semblaient pour ainsi dire ne pas se preoccuper de lui
tout en s'emparant de ses Découvertes — Lasalle n'etait alors pour eux comme pour
tous qu'un simple particulier et qu'un jeune homme mais en 1675 le jeune homme
avait deployé un Esprit, une eloquence une adresse et une volonté fort grandes
et ces qualités allaient être fort redoutables dans des desseins contraires aux leurs
le simple particulier était devenu un homme considerable dans la Colonie par le poste qui
lui etait confié — Les desseins de Cavelier Dela Salle devaient perir avec lui
Les Jésuites tenterent-ils de le perdre — nous ne pouvons pas dire précisément

que tous les coups qui vinrent de cette époque frapper Lasalle vinrent d'eux – L'intrigue qui
cherche le mystère et la nuit, ne serait plus de l'Intrigue si toutes ses machinations se
montraient aussi claires que les actions de l'homme de bien, agissant au grand jour –
De pareilles machinations sont croire de bien pauvres esprits et ce n'est parce qu'on
a reproché aux Révérends Pères mais je pourrai à cotés des faits qu'on
leur impute les motifs de ces faits mêmes qui rendent probable l'action funeste de
la Compagnie dans tout ce qui a été tenté contre Cavelier Delasalle – de 1675 à
1683 – durant la seconde période de ses Découvertes

A peine arrivé en Canada, Cavelier Delasalle se trouva dans la position de Joseph vis
à vis de la femme de Putiphar. Mais Français et homme d'esprit, il n'y laissa pas son
manteau sans manquer pour cela à la chasteté, si précieuse au fils de Jacob – Il prit la chose
en plaisanterie et tranchant la conversation se retira sans donner à la dame le temps de se
reconnaître – En sortant de la chambre où elle venait de lui faire subir une épreuve dont
on a beaucoup vanté Alexandre et Scipion d'être sortis vainqueurs, le Découvreur aperçut
en passant le mari de cette femme dans un cabinet tout proche du lieu où la scène
s'était passée.

Quelque temps après un habitant de Quebec vint dire en France au frère aîné de Mr
Dela Salle que le Gouverneur de Catarocouy avait séduit une femme dans Québec, que
l'Evêque n'avait pu la lui faire quitter et qu'il l'avait emmenée dans son fort avec lui
d'une manière très scandaleuse. –

Inutile de dire qu'il n'en était rien, ce dont s'assura en allant au Canada le frère de
Mr Delasalle, saint prêtre que nous verrons jouer un rôle vraiment chrétien dans la
troisième partie des Découvertes de Robert.

Or la Dame qui avait fait à Lasalle des avances d'autant plus dangereuses qu'il
était jeune et qu'elle était belle – Etait une dévote des Jésuites. Son mari qui avait
pour ainsi forcé Cavelier Dela Salle de venir s'établir chez lui était également fort atta
ché à la Société – Il était fermier des Droits du Roi – Aubert de la Chesnaye, oncle
de Jolliet, jouissait alors si je ne me trompe de ce titre et les entreprises qu'on le
verra faire en 1683 aux dépens mêmes de la Salle, permettent de lui appliquer éga
lement l'épithète que le mémoire donne au mari de la Dame « un des plus riches
hommes de ce lieu ».

On peut donc, sans crainte de trop s'abuser, penser que les Jésuites trempaient dans cet
te affaire – Le but apparent de cette intrigue était celui ci – Ou Cavelier Dela Salle
pris comme nous disons sur le fait de "criminal conversation" céderait aux menaces
de la Compagnie, à la crainte du scandale et de la punition qui en serait la suite, ou
par un compromis, il se donnerait à elle et deviendrait son instrument; dans le cas
contraire il serait obligé de partir de la Colonie — Cette première partie de l'intrigue
ayant échoué, – les Jésuites par l'avertissement calomnieux donné au frère de la Salle,
espéraient sans doute que ce frère le forcerait de revenir, ce qui satisfaisait à leurs desirs
– ou que ne pouvant y parvenir, il arrêterait les secours de crédit et d'argent dont il
soutenait Mr Delasalle, qui ayant été, dit on, Jésuite lui même avait perdu sa part à
l'héritage paternel. – Mais Jean Cavelier, inquiet du salut de son frère, avant
de le frapper par ses reproches ou de le secréter dans sa carrière, voulut s'informer de la vérité
de l'accusation – Ainsi furent renversées les espérances des Jésuites –

J'aurais pu croire, Monsieur le Ministre, que les Jésuites n'en étaient pas de
cette affaire, si la calomnie n'avait pas suivi la déclaration sans succès
de la Dame. – Je me serais borné à penser que Cavelier Dela Salle, s'il ne tombait pas dans
le guet à peur d'un homme avide de s'intéresser dans son entreprise, avait pu en
passant séduire l'imagination d'une jeune femme, étant fort bel homme
vigoureux et de taille quelque peu herculéenne – Mais, dis je, à la calomnie
je reconnais les Jésuites.

La calomnie n'ayant pas réussi contre Cavelier, d'autres expédients furent
mis en jeu, expédients que votre Excellence verra dans les mémoires que j'ai
l'honneur de lui faire remettre. – Les Jésuites employèrent à cet effet l'autorité
de l'Intendant, leur créature, qu'ils opposèrent de 1675 à 1682 au Gouverneur au point de

troubler tout le pays — Ils tentèrent afin de les détourner de lui, d'agêner le trafic des gens qui s'engageaient avec Mr Dela Salle par des ordonnances émanées de Mr Duchesneau — Toutefois Mr. Dela Salle parvint à éluder leurs artifices en restant dans la loi.

Mais si à un obstacle sans succès les Jésuites devaient incessamment en ajouter un autre — Les dangers pour ainsi dire allaient renaître d'eux mêmes pour Mr Dela Salle.

Le decouvreur, pour mettre son poste à l'abri des attaques des Anglais et des flamands de New York qui menaçaient la colonie, voulut au lieu d'un fortin de terre faire un fort de pierres de taille — le bruit courut alors parmi les Iroquois qu'il se préparait à leur faire la guerre — C'étaient les Jésuites qui l'avaient répandu et tandis qu'ils mettaient tout en œuvre pour y faire ajouter foi par les sauvages, Ils le jetaient dans Quebec disant que les Iroquois allaient nous attaquer et suppliaient le Gouverneur de les prévenir — la prudence, l'Intrépidité du Comte de Frontenac et celles de la Salle déconcertèrent cette fois encore les machinations des Jésuites — et le Gouverneur Géneral et les Iroquois s'entendirent entièrement quand ceux-ci eurent déclaré que c'étaient les Robes Noires qui leur avaient parlé de ses Intentions hostiles.

L'auteur du document dont j'ai l'honneur de donner en ce moment le résumé à Votre Excellence, Monsieur le Ministre dit ceci; cherchant à se rendre compte des vues de la C.

« Je ne vois pas bien jusqu'où allait l'Intention des Jésuites. Il se peut faire qu'ils n'avaient pas dessein d'allumer la guerre, des maux de laquelle ils n'auraient pas été exempts étant mêlés dans plusieurs cantons des Iroquois, mais il est clair supposer les faits qui viennent d'être rapportés qu'ils avaient au moins dessein d'engager le Gouverneur qui ne leur est pas agréable à des dépenses désagréables à la Cour, d'empêcher le revêtissement du fort de Frontenac et de rendre Mr Dela Salle odieux aux Iroquois. — Peut être même quelques uns d'entre eux n'auraient pas été fâchés d'exciter quelque hostilité entre Mr Dela Salle et les Iroquois, pour faire passer ensuite à la Cour que ce Gentilhomme gâtait les affaires du Roy avec cette nation.

Ils pouvaient d'ailleurs espérer d'arrêter Mr De Frontenac en chemin avant qu'il fut aux mains avec les Iroquois en lui disant qu'il était aisé de pacifier ce différend après lui avoir fait faire toute la dépense nécessaire pour se mettre en état de faire la guerre, après quoi ils n'auraient pas eu de peine avec le crédit qu'ils ont parmi cette nation de pacifier le trouble qu'ils auraient excité et de faire tomber sur Mr le Comte de Frontenac le reproche de la Dépense, sur Mr Dela Salle celui de la Guerre et de se donner tout le mérite de la pacification

Je rapporte tout au long cet extrait, Monsieur le Ministre; le document que je cite ayant dû être écrit en 1678 ou 1679 au plus tard, je suis tristement affecté de voir toutes ces raisons s'appliquer si exactement à la guerre suscitée par les Jésuites de 1682 à 1684 pendant que Cavelier Dela Salle, après avoir decouvert l'Embouchure du Mississipi revenait du Golfe du Mexique

— Quelque temps après cette malheureuse affaire, Cavelier Dela Salle fut empoisonné. C'était le temps de nos Locustes, de la Voisin et de la Marquise de Brinvilliers — Celui qui donna le poison à Mr Dela Salle était un nommé Nicolas Perrot, homme entièrement attaché aux Jésuites, — alors son Domestique et que nous avons vu Interprète de St Lusson au Sault Sainte Marie — Le Père Charlevoix en fait un grand éloge — Cavelier Dela Salle écrivit plus tard que les Jésuites n'avaient pas trempé dans ce crime — Cette rétractation de Cavelier ne me convainc pas du tout, le Découvreur avant son départ ayant besoin de ne pas se compromettre avec les Pères et peut être de se réconcilier avec eux — Mais si elle est sincère, elle me montre que je puis ajouter foi à tous les autres faits dont il les accuse, puisqu'il s'empresse de désavouer ce qu'il cesse de croire — Or il ne faut pas oublier que l'auteur du mémoire ne fait pour ainsi dire que rapporter ses conversations avec La Salle

Avant d'arriver à ces moyens extrêmes de l'Intrigue qui se reconnaît autrement impuissante, les Jésuites avaient tenté d'autres moins coupables — Je découvre dans les mémoires du Canada un fait qui seul y semble tout à fait insignifiant, mais qui lorsqu'on le rattache aux autres, en tant qu'il démontre parfaitement la rivalité des Jésuites et de Lasalle, si j'en avais besoin — les Pères avaient tâché d'établir un poste près du Mississipi qui en leur assurant le cours de ce fleuve et le commerce avec les nations assises sur ses bords, contrebalancerait les avantages que donnait à Lasalle le fort Frontenac — Jolliet (leur frère donné) avait demandé à Colbert de s'aller établir chez les Illinois avec 20 hommes — Mais Colbert n'était pas d'avis que la Colonie encore si peu nombreuse éparpillât son monde, son désir était bien plutôt qu'on la resserrât pour la rendre forte contre les attaques des Sauvages — Il l'avait manifesté clairement dès 1666 à Jean Talon. "Le Roy convient il a approuvé que vous ayez fait poser ses armes aux extrémités de l'Étendue du Canada et que vous vous prépariez en même temps à dresser aussi des procès verbaux de prise de possession, parce que c'est toujours étendre sa souveraineté; ne doutant pas que vous n'ayez en cette occasion fait réflexion avec Mr de Tracy et les autres officiers qu'il vaudrait mieux se restreindre à un espace de terre que la Colonie sera en État de maintenir que d'en embrasser une trop vaste quantité dont peut être on serait un jour obligé d'abandonner une partie avec quelque diminution de la réputation de Sa Majesté et de cette Couronne." Il pensait de même à Monsieur de Frontenac, ce qui ne l'empêcha pas de protéger les découvertes [illegible] d'y pousser même lorsqu'il en vit l'utilité. Il disait à Mr de Frontenac. "Vous devez tenir pour maxime qu'il vaut beaucoup mieux occuper moins de pays et le bien peupler que de s'étendre davantage et avoir des colonies qui peuvent être facilement détruites par toutes sortes d'accidents — Ce fut encore là le langage qu'il tint à Mr Duchesneau (créature des Jésuites) qui avait recommandé la pétition de Jolliet (leur frère donné): — Il faut multiplier les habitants du Canada avant de penser à d'autres terres — Jolliet, toujours comme frère donné des Jésuites n'était que leur Instrument — Jolliet eut commandé aussi dans l'Établissement qu'il demandait — mais immanquablement les Jésuites y eussent eu leur mission — c'est tout dire — Le refus de Colbert poussa la Compagnie à bout.

Malgré toutes ces embûches où les Jésuites essayaient de faire tomber [illegible] le fondateur de Cataracouy, embûches qui rappellent plus tard les Intrigues de leur Société contre le fondateur du Détroit, Cavelier Delasalle et eux vivaient dans des relations d'une apparente amitié et les Récollets du fort Frontenac, les Robes Grises entretenaient un commerce de visites assez réglé avec les Robes noires — [illegible] Ce fut pour eux l'occasion et le moyen d'un nouveau coup contre Lasalle. [illegible]

Dans une des visites qu'un Père Récollet fit aux Pères Jésuites, pour avoir quelques catéchismes en langue sauvage, un de ceux ci le pria de vouloir bien se charger à son retour d'un homme qui l'avait servi jusqu'alors et qui désirait servir Mr De Lasalle — Comme le Père Récollet s'en excusait le Père Jésuite écrivit avec instance à Mr Delasalle d'accepter ce garçon qui avait passion d'entrer à son service.

15 Jours après cet individu débauchait les Soldats de [illegible] Cavelier et de peur qu'on ne le suivît ou qu'on le fît suivre, il emmenait [illegible] pendant la nuit tous les canots [illegible] les faisant charger de tout le pain cuit qui était dans le fort — Mr Delasalle s'en aperçut et ramassant quelques colons et des Sauvages, il attendit les déserteurs à un passage. Il en vit arriver un et le couchant en joue il lui commanda de s'arrêter, la mais le soldat se mit en État de tirer lui même sur Mr Delasalle heureusement il fut prévenu par un des soldats de celui ci qui lui perça la tête d'un coup de mousquet. Mr Delasalle, persuadé que l'homme qui avait débauché ses gens s'était réfugié chez les Jésuites, alla sur le rapport d'un Sauvage chez le Père qui lui avait adressé cet homme Le Jésuite se refusait de lui ouvrir, Mr Delasalle ne voulut pas user de violence mais il se prépara à camper devant la maison du Père dût il y rester quinze jours, quand le Sauvage, qui lui avait donné le 1er avis, lui proposa d'entrer soit par le toit fait par

une fenêtre — ce qui fut fait et lon découvrit le coupable — Mais où ? couché sous le lit
du Jésuite sur une planche suspendue — Un fait curieux démontra la complicité des
Jésuites dans cette triste affaire

— Où [illegible] cette [illegible] fois tendait l'Intrigue des R. R. Pères. La connaissance des
articles de la concession du fort frontenac à Mr Delasalle l'explique aisément
Cavelier était tenu d'entretenir une garnison au moins aussi nombreuse que celle du
Montreal et jusqu'à 15 et 20 travaillants durant les deux premières années pour
defricher et cultiver les terres.

Tous ces évenemens menèrent Lasalle à la fin de 1677. — Cependant le Canada était
agité par des cabales que je n'ai pas encore assez bien étudiées pour en démeler exac
tement les détails — Mais autant qu'il m'apparait deux partis divisaient la colonie
peuplée alors seulement de 7 à 8000 individus. l'un de ces partis reconnaissait pour
chef le Gouverneur et représentait bien je le crois les Interets du Roi — l'autre
dirigé par l'Intendant et par l'Evêque qui avaient à leur disposition le conseil
souverain servait en fait ceux des Jésuites. J'ai démontré dans la discussion des
cinq questions ci-dessus établies comment ceux-ci avaient toujours cherché à domi
ner dans le Canada, dont ils voulaient se faire un Paraguay, et par les mêmes
moyens que les Persécuteurs de Dom Bernardin de Cardenas.

En 1677. donc attaqué de toutes manières par l'Evêque, les Jésuites, le conseil
souverain et l'Intendant qui ne faisaient qu'un même parti contre lui, calomnié
par ce dernier auprès de Colbert qui s'en apercevait bien et lui reprochait le style
de ses lettres, ainsi que leur mauvais esprit, lesquels de son coté le Ministre, l'empêchaient
d'y ajouter foi — Mr de frontenac voulut se défendre des Imputations de violence
et de commerce — Il avait trouvé en 1675 qu'il ne pouvait avoir un meilleur avocat
que Mr Delasalle, tous les évenemens qui s'étaient succedé depuis qu'il n'en
pouvait avoir un plus au dessus de toute crainte — A cette époque précisément
Lasalle avait terminé ses préparatifs pour la continuation de ses découvertes, qu'il
n'avait pas un moment perdues de vue. Il vint en conséquence en France défendre
Mr de frontenac et demander à Colbert la permission de poursuivre ses entreprises

Colbert refusa de lui donner audience. Pourquoi ? Votre Excellence
va l'apprendre.

Déjà plusieurs fois et toujours inutilement Cavelier Delasalle avait demandé
au Ministre de le recevoir, et toujours inutilement lorsqu'il rencontra dans
une compagnie Monsieur Hotman — alors si je ne me trompe Intendant de Paris
on recherchait volontiers [illegible] sous Louis XIV comme aujourd'hui dans
les salons ceux qui venaient de loin — Comme aujourd'hui la curiosité était excitée
à leur endroit — un voyageur, un colon avaient je ne sais quoi d'étrange, de neuf qui
tranchant avec la monotonie des habitudes, devenait un attrait puissant pour
des gens oisifs [illegible] M. Hotman causa avec Lasalle et fut tout rempli
de ce que le Découvreur lui rapporta du Canada, sans doute aussi de ses propres
aventures — Hotman, qui nous dit Saint Simon avait épousé une Colbert et était
de germaine du Ministre avait la voix haute chez celui-ci — Il [illegible] s'empressa
de lui faire sa cour de tout ce que Cavelier Delasalle lui avait dit — Mais l'hom
me de marbre (dit marmoreus) d'accueillir très froidement toutes choses et
l'étonnement de Monsieur Hotman fut grand quand Colbert que l'homme dont
il s'était laissé conter tant de merveilles était un fou — Mais le fait incom
préhensible tout d'abord pour Hotman, il se l'expliqua bientôt.

Le Père Ragueneau, Jésuite dont on a déjà vu le nom dans ce rapport en
un endroit assez fâcheux pour lui, ce Père Ragueneau qui à l'occasion des affaires du
Canada, auxquelles il avait grande part, avait quelque temps avant l'arrivée de
la Salle en France, eu soin d'informer au Ministre qu'un nommé Lasalle viendrait

bienôt l'importune de ses chimères — poussant jusqu'à dire que le Gouverneur de Catorocouy était un fou à mettre aux Petites maisons — Mais cela, il le dit si à propos que Colbert en demeura l'esprit prévenu

— Nous trouvons Monsieur le Ministre, dans un mémoire que j'ai eu l'honneur de communiquer au Comité, touchant la dilapidation des deniers publics et la mauvaise administration de la Communauté de Canada, le nom du Père Ragueneau fort mal noté en deux endroits — Le Document que j'ai intitulé Commencements de Mr De la Salle montre l'homme parfaitement. — Voici le fait qu'il rapporte :

> « En exécution de la négociation dont le Gouverneur l'avait chargé Cavelier De la Salle demanda à Mr Colbert pour le Roy une pièce de dix arpents de terre voisine des terres immenses que les Jésuites se sont fait donner dans ces pays là et d'un Sault de la Rivière de Saint Laurent où il faut nécessairement débarquer toutes les marchandises qui doivent passer en France, représentant que c'était un moyen très sûr d'incommoder le Commerce que les Jésuites font dans ce pays là, nonobstant les défenses expresses du Pape et du Roy et ne demandant autre chose pour lui dans ce poste que la permission d'y bâtir une facturerie comme tout autre particulier pourrait faire dans le même endroit. M. Colbert se souvint que les Jésuites lui avaient déjà demandé ce poste et comme le Père Ragueneau lui avait dit qu'ils en avaient un titre il manda ce Père et donna la même assignation à Mr De la Salle pour être présent à l'éclaircissement qu'il devait prendre sur ce sujet. Ce père lui présenta une requête présentée à M. Chesneau Intendant, pliée en travers dont il lui mit la tête devant les yeux. — Le commencement n'était qu'un exposé et le Ministre ayant tourné le papier d'un autre côté et ayant vu que cet écrit ne contenait aucune concession — Il le mit entre les mains du Jésuite avec chagrin lui demandant si c'était cela ce qu'il appelait des titres ».

— Avant cette dernière aventure, Hotman avait détrompé Colbert et Cavelier appuyé de Bellinzani auquel il avait fait un cadeau de mille louis fut reçu bientôt par le Ministre qui lui accorda toutes les grâces qu'il attendait de lui et d'abord la permission de découvrir la partie occidentale de la nouvelle France, Cavelier De la Salle n'abandonnait pas son dessein de la recherche d'un passage à la mer du sud, mais Colbert, qui pouvait le désirer et l'espérer de ce côté [illegible] le succès du Découvreur, voyait surtout dans l'entreprise qu'il lui confiait qu'on pourrait établir un havre pour nos vaisseaux dans le Golfe du Mexique — Tel en fut en partie l'objet de la commission de La Salle.

Avant de terminer, Monsieur le Ministre, le récit des faits qui précèdent le peu que l'on connaît de La Salle, je prendrai la liberté de vous faire observer et ce sera un plaisir pour moi que l'homme auquel Cavelier De la Salle dut d'être écouté favorablement écouté de Colbert et la France par conséquent d'aller rendre en 1682 jusques à la Floride, fut aussi vers la même époque l'auteur de la fortune de Pontchartrain père, le ministre le plus capable de continuer Colbert, si tous les talents de l'esprit pouvaient remplacer le génie.

Je ne pousserai pas plus loin, Monsieur le Ministre le récit des intrigues par lesquelles les Jésuites essayèrent de perdre leur rival qui persévéra dans son courage comme eux persévérèrent dans leur perfidie — Ils ne lui laissèrent pas un moment de repos ; un moment il ne put pas se croire en sûreté contre leurs embûches. — Lorsqu'en 1678 il arriva au Canada avec la Commission de Colbert, ils firent tout pour l'empêcher de partir, lorsqu'il fut parti ils tâchèrent de l'arrêter, et ne pouvant l'arrêter ils le poursuivirent — Le Miamis Monso arrivant en secret et chargé de présents chez les Illinois sema dans leurs esprits mille craintes au sujet de La Salle qu'il leur dépeignit comme l'allié des Iroquois et l'ennemi de leur peuple était évidemment pour moi l'agent des Jésuites, qui avaient des missions chez les Miamis — Et dans tout ce qui se passa depuis 1682 jusqu'en 1684 contre cet homme intrépide, leur action me semble patente.

Les divisions de Mr de Frontenac et de Mr Duchesneau étant arrivées à un point déplorable, il avait fallu faire revenir en France. — Mais pour cela le pays n'en fut pas plus tranquille — seulement les deux factions qui se partageaient la colonie changèrent de chefs — Mr de Meulles intendant fort capable, prit auprès de l'une des deux la place de Mr de Frontenac tandis que le Gouverneur était à la tête du parti jusqu'alors dirigé par Mr Duchesneau, c'est-à-dire par les Jésuites — Mr de la Barre, sur lequel Colbert avait porté dès 1664 ce jugement dans une lettre à Mr de Tracy « je puis vous dire entre vous et moi que je ne suis pas trop surpris de la conduite de Mr de la Barre et qu'il est naturellement assez violent et peu susceptible de conseil. » Je n'ai pas cru qu'il dût changer si promptement pour être jouet aux antipodes. Mr de la Barre servit en tout les intérêts des Jésuites, comme avait fait Mr Duchesneau — J'ai un moment soupçonné de ne les servir que parce qu'il partageait avec eux les profits d'un commerce que le Roi défendait à ses lieutenants, tout comme aux ecclésiastiques — Ce soupçon se fortifiait en moi par des plaintes semblables qu'on fit de lui aux Illinois où il avait commandé, mais déjà avancé en âge, à une époque où les facultés de l'esprit baissent en même temps qu'augmente la crainte de la mort, plus facile par conséquent à entreprendre par des hommes habiles qui savaient user de la religion fort à propos pour leurs intérêts, il est possible encore que mon soupçon soit faux, je n'affirme rien je constate seulement des doutes auxquels Mr de la Barre a donné lieu.

Quoi qu'il en soit, ce qui importe principalement à savoir, c'est que sans le vouloir ou de son plein gré, innocent ou coupable, ce gouverneur fut le complice des Jésuites, mais si sa conduite ne fut pas criminelle, elle manqua tout à fait de lumières et de bon sens. — Ainsi donc la Société domina entièrement avec lui — le plus grand malheur qui pût arriver à la Colonie; — le gouvernement de Mr de Lauzon l'avait déjà montré; — celui de Mr de la Barre et celui de Mr de Denonville son successeur en furent une seconde et triste preuve — En 1689 le Canada, objet particulier des soins de Colbert qui avait donné tant d'espérances sous Talon, le Canada allait périr dans le sang et dans la honte, si l'on n'y eût rappelé Mr de Frontenac qui le sauva et des Indiens et des Anglais.

Mr de la Barre fut un ennemi cruel pour celui que Mr de Frontenac avait protégé autant qu'il l'avait pu, au milieu de ses propres difficultés — Ce Gouverneur arrêtait à Québec ou à Montréal les gens qui venaient de la part du découvreur chercher des secours pour lui; et loin de poursuivre ceux qui l'avaient déserté en le volant il le dépouillait lui-même de ses forts, du fort de Frontenac d'abord, puis de celui de St Louis aux Illinois. — Pour motiver sa conduite il écrivait en cour contre l'homme qui risquait sa vie à chaque pas pour étendre la gloire du nom français — il écrivit d'abord qu'il ne voyait pas d'utilité à cette découverte, ensuite, quand la Salle l'eut faite, il la nia, enfin lorsqu'il ne put la dissimuler, il l'accusa de desseins criminels —

« J'espère recevoir vos ordres » écrit-il au Ministre le commencement du printemps
« par les premiers vaisseaux qui partiront en mars, — vous me marquerez ce que vous
« souhaitez que l'on fasse de ce fort (fort Frontenac) puisque vous verrez par les copies des
« lettres du Sr de la Salle que la tête lui a tourné, qu'il a été assez hardi pour vous
« donner avis d'une découverte fausse et qu'au lieu de revenir pour apprendre ce
« que le Roi désirait qu'il fît, il s'écarte de moi dans la pensée d'attirer les habitans
« à plus de 500 lieues d'ici dans le milieu des terres pour tâcher de se faire un royaume
« imaginaire en débauchant tous les banqueroutiers et fainéants de ce pays. — Je lui envoyai
« dès le commencement de mai le Sr chevalier de Baugis lui porter les intentions de
« Sa Majesté mais il est si éloigné que je n'ai pu avoir de réponse.

« Vous avez ici la copie des deux lettres que j'ai reçues de lui d'assez vieille date si vous
« voulez ordonner qu'on vous en fasse un extrait et le voir vous jugerez du caractère du
« personnage mieux que moi et m'ordonnerez ce que vous désirez que je fasse à son égard
« avec plus de connaissance — L'État des affaires avec les Iroquois ne me permet pas
« de souffrir qu'il assemble tous leurs ennemis pour se mettre à leur tête d'aucune
« utilité pour le Canada que de nous les attirer sur nous ennemis de deçà — Tous les gens
« qui m'apportent de ses nouvelles, l'abandonnent et ne parlent point de retour
« ne et disposent des pelleteries qu'ils apportent comme chose à eux appartenante. Ainsi
« il ne pourra pas se maintenir davantage dans ce poste éloigné d'ici de plus de 500 lieues.

C'est ce que voulaient les Jésuites.

Vous voyez, Monsieur le Ministre, dans l'extrait de cette lettre, qui ne peut être que d'un homme bien impudent et bien perfide, ou d'un esprit bien faible et bien peu judicieux — vous voyez ces mots : « L'état des affaires avec les Iroquois ne permet pas de souffrir qu'il assemble tous leurs ennemis pour se mettre à leur tête sans autre utilité pour le Canada que pour nous les attirer pour ennemis de deça —

Cette phrase, Monsieur le Ministre, est la reproduction nouvelle et l'effet du système qu'on avait commencé de pratiquer en 1677 contre La Salle, ainsi que j'ai eu l'honneur de le montrer à Votre Excellence ; on voulait encore rendre responsable La Salle de la guerre contre les Iroquois en le désignant comme l'auteur. — Maîtres de Mr De la Barre les Jésuites firent sous lui et en son nom tout ce qu'ils avaient projeté et l'on ne peut voir sans une indignation mêlée de terreur et de tristesse, que ce gouverneur, obéissant à leurs suggestions, déclarant pour ainsi dire le découvreur ennemi public l'ait livré presque à la merci des Iroquois fils de ses contrôleurs. — La Salle revenait alors après avoir découvert l'embouchure du Mississipi et les Jésuites devaient hériter du fruit de tant de peines. Πολλὰ δ' ὅγε .... παθεν ἄλγεα ον κατα θυμον.

J'extrais à l'appui de ce que j'avance, Monsieur le Ministre, le passage d'une lettre de Mr De Denonville — Il est d'ailleurs cité par le Père Charlevoix — Mais le Père, je ne sais s'il l'ignore, prend bien garde d'y montrer la connivence du Père Briay et de sa Compagnie.

« Un autre grand mal a suivi, dit le Gouverneur qui succéda à Mr De la Barre, un autre grand mal a suivi qui a été la mésintelligence de Monsieur De la Salle avec Monsieur De la Barre qui a fait deux partis chez nos Français dans leurs traites, et encore plus chez les Sauvages qu'il fallait unir et tenir attachés tous aux Français qui ne devaient être qu'un avec eux et au lieu de les maintenir en paix entre eux, ces désunions se sont entretenues dans leurs querelles, ce qui a fait bien de la peine et à ceux qui prenaient soin des intérêts de Mr De la Salle et à nos missionnaires qui ont jusques ici toujours soutenu les intérêts de la Colonie (On voit que Mr De Denonville honnête homme mais sans caractère était entre leurs mains)

« Cette désunion a causé le premier pillage que les Iroquois ont fait de quinze canots chargés de marchandises qu'ils pillèrent à nos Français croyant, ce disaient-ils, exécuter les ordres qu'ils avaient de piller les gens de Mr De la Salle et en effet il y avait eu quelques marques données pour les distinguer.

Ordonner de piller un homme brave qui se défendra, quelque soit le nombre de ses ennemis, c'est bien le livrer à la mort. C'est du reste ce que dit le Sieur La Salle lui-même dans une lettre à Mr De Seignelay.

« Après avoir raconté comment et pourquoi Mr De la Barre s'était emparé de ses forts de Frontenac et de Saint-Louis, comment ceux qui ne savaient pas même faire respecter nos possessions par les Barbares, le dépouillaient de tout, lui qui s'exposait à tant de douleurs, à tant de privations, à tant de périls pour donner à la France sept à huit cents lieues de terres de plus. — La Salle dit :

« On n'a pas été moins surpris de voir que Monsieur De la Barre qui savait que le Sieur de La Salle était chargé d'une commission du Roi pour faire un Établissement aux Illinois l'ait de son mouvement abandonné aux Iroquois auxquels il a déclaré à Montréal en plein conseil et sans qu'ils se plaignissent de lui qu'ils pouvaient le tuer et les peuples qui se sont réunis près de son fort sans que cela tirât à conséquence. Il y aurait ce semble dû au moins avertir le Sieur de La Salle de se retirer plutôt que de le livrer aux Iroquois dont les différents partis qui sont allés le chercher l'auraient infailliblement massacré s'il n'avait échappé par le bonheur de la défaite d'un de ces partis.

Par ce dernier écrit, Monsieur le Ministre, Votre Excellence voit ainsi que je l'ai dit que Cavelier de la Salle n'eut pas seulement à vaincre les obstacles ordinaires aux découvreurs — les plus terribles pour lui lui vinrent de ceux à qui Dieu et le Roi ordonnaient de le protéger — Ils semèrent pour ainsi dire les dangers sous ses pas. La fable nous montre Eurysthée faisant passer Hercule par des épreuves où il espère que celui-ci trouvera la mort. Tel fut à l'égard de la Salle le rôle des Jésuites — Mais la Providence, meilleure que ceux qui se disent ses ministres, veillait sur lui; et comme si on eût dit qu'elle mesurait les œuvres qu'elle lui destinait à ses forces, elle ne permit pas qu'il succombât frappé par les siens avant d'autres glorieuses misères et sa vie; c'est-à-dire ses luttes furent ainsi prolongées jusqu'en 1687.

De 1677 à 1683, époque où se termine la première partie des découvertes de la Salle et ces rapports, on voit autrement que par des propres récits, l'existence du découvreur trois fois gravement compromise — La première fois, je l'ai dit, par le poison, dont il fut malade pendant 40 à 50 jours — la seconde en 1680 au fort Crèvecœur dont le nom seul trahit l'état désespéré de la Salle et de ses compagnons, une partie de ses gens déserte et l'empoisonne encore, heureusement cette fois averti par la 1re tentative, il avait sur lui un contrepoison que ses amis à Paris lui avaient donné — Enfin ses découvertes achevées, il faillit mourir en 1683 d'une maladie suite de ses incroyables fatigues.

Ce pauvre aperçu, Monsieur le Ministre, d'une histoire véritablement magnifique où l'homme offre à l'homme le spectacle de ce qu'il a de plus grand, une âme courageuse, constante dans une lutte terrible, où elle poursuit un but utile à tous, ce pauvre aperçu a pu vous montrer du moins par quelques points saillants des faits inconnus qui ont jusques ici échappé à chacun et même à des Américains envoyés en France pour faire des recherches, ou venus eux-mêmes — Mr Forsthall envoyé par l'État de Louisiane, Mr Magne journaliste distingué de la Nouvelle Orléans, Mr Brodhead agent historique de l'État de New-York qui faisait aussi des recherches sur la Salle, l'honorable Mr Papineau, l'ancien Président de l'assemblée du Bas Canada — Enfin Mr Sparks ont fouillé tour à tour nos archives et n'ont pour ainsi dire rien vu de ces documents — le peu qu'ils en ont vu ils n'ont pu en saisir l'importance vu qu'ils n'avaient pas sous les yeux la suite des événements. Le dernier de ceux que je viens de nommer, un des compilateurs [illegible] dit les plus laborieux de la Nouvelle Angleterre a publié lui-même une vie de la Salle dans les Biographies Américaines, espèce de Panthéon où toutes les gloires des États-Unis ont leur autel — J'ai lu ce livre, Monsieur le Ministre, mais cet ouvrage qui a obtenu les éloges de la Revue des Deux Mondes n'est que le résumé des livres existants et par conséquent il est fort incomplet comme aussi fort inexact — Quoi qu'il promette dans sa préface "Some important facts have been derived from original papers procured in the archives of the Marine Department" il ne nous donne guère que cinq à six pièces nouvelles sur plus de cent que je puis fournir.* Aussi n'ai-je pu m'empêcher de sourire quand j'ai vu la Revue des Deux Mondes, en même temps qu'elle se désolait de voir encore la France devancée dans ses propres fastes, s'efforcer de nous excuser d'avoir négligé l'histoire de nos Colonies de l'Amérique du Nord et terminer enfin son article en nous invitant à ne point laisser les Étrangers rendre seuls justice à nos compatriotes — La Revue des Deux Mondes apprendra plus tard sans doute, Monsieur le Ministre, je l'espère, que son appel était depuis longtemps entendu pour faire même beaucoup plus que n'a fait Mr Sparks, lorsque l'Amérique du Nord entière remerciera Votre Excellence et le Comité de lui avoir rendu une partie de son glorieux passé.

Mr Sparks d'ailleurs dans son livre, qui est tout ce qu'il pouvait être

---

* Ces cinq ou six pièces auxquelles Mr Sparks a puisé tous ses nouveaux renseignements ont été copiées sur les miennes par un de mes amis, le Major Poore, attaché de l'ambassade des États-Unis en Belgique — La meilleure preuve que j'en pourrais donner c'est que Mr Sparks se plaint dans une lettre au Major qu'il manque une ligne dans le document de Tonty et qu'elle manque encore dans le mien.

avec des documens aussi incomplets que les siens, avoue son insuffisance à donner à l'histoire de la Salle toute la couleur, tout l'interet dont elle est susceptible — Il n'a pu même se confesse de former un jugement exact du caractère des actes et des qualités personnelles de La Salle. Il regrette de n'avoir connu ses projets, ses pensées et ses plans que par des gens qui n'etoient nullement ses amis : « Not a single paper from his own hand, not so much as a private letter or a fragment of his official correspondence.... etc. Jamais dit-il, nul papier écrit de sa main, pas même une seule lettre, un fragment quelconque détaché de sa correspondance officielle n'a été publié, voire consulté par les écrivains dont l'autorité fait tout notre appui dans l'histoire des faits qui le concernent — Les seules sources de renseignemens auxquelles nous puissions puiser jusqu'ici ne sont que des relations, simples recits d'hommes qui rapportaient des evenemens sans en voir autre chose que la superficie, n'ayant ni les moyens de connaitre, ni l'intelligence de comprendre et la nature et l'étendue des desseins de la Salle, non plus que la complication des difficultés qui en empêchaient l'execution »

Nous n'aurons pas, Monsieur le Ministre, à partager les regrets de M. Jared Sparks dans toute leur amertume. J'ai eu le bonheur de retrouver une partie de la correspondance de La Salle, là même où on ne devait pas s'attendre de la trouver — Je ne crois pas pouvoir mieux terminer un rapport où cet homme prend une si grande place, celle du reste qui lui appartient, que par ces lignes qu'il adressait à son retour au fils de Colbert, au Marquis de Seignelay, Ministre de la Marine.

« Pour s'acquitter de cette commission, il a négligé toutes ses affaires parce qu'elles n'avoient point de rapport à son entreprise — Il n'a rien omis de tout ce qui etait necessaire pour la faire reussir, nonobstant les dangereuses maladies, les pertes considerables, et tous les autres malheurs qu'il a soufferts et qui auroient pu faire perdre courage à toute autre personne qui n'aurait pas eu le même zèle et la même application pour l'exécution de ce dessein — Il a fait cinq voyages qui ont été de plus de cinq mille lieues de chemin, le plus souvent à pied dans les neiges et dans l'eau, sans équipage, sans provisions, sans pain, sans vin, sans plaisirs et sans repos pendant cinq années avec des fatigues extraordinaires — Il a traversé plus de six cents lieues de terres inconnues et un grand nombre de nations barbares et anthropophages contre lesquelles il fallait tous les jours combattre quoiqu'il ne fut accompagné que de trente six hommes, n'ayant aucune consolation que dans l'espérance de pouvoir venir à bout d'une entreprise qu'il croyait devoir être agréable à Sa Majesté »

Voilà ce que fit, ce que souffrit cet homme, et cependant, Monsieur le Ministre, combien de gens le savent parmi nous et à qui le nom de René Robert Cavelier de la Salle, est-il connu ?

Je suis, avec respect,

Monsieur le Ministre

de Votre Excellence

le très humble et très obeissant serviteur

Pierre Margry.

23

1339

4ème Rapport

56

7 Juillet 1846

Monsieur le Ministre,

Cavelier de la Salle

J'ai appliqué presque tout entier mon troisième rapport à vous montrer la première partie des voyages de René Robert Cavelier, Sieur de la Salle, qui découvrit la Louisiane. J'achèverai par celui-ci de vous faire connaître les derniers documens relatifs à cette vie si remplie de travaux et de malheurs courageusement affrontés courageusement supportés.

Les écrivains qui jusqu'ici se sont occupés spécialement de l'Amérique ne connaissaient guère bien de l'existence de Mr de La Salle que deux années, à savoir de 1678 à 1680. Et elle fut l'espace de vingt ans, employée au service, à la gloire et à l'extension de la France. Le reste était à peu près ignoré et ce que l'on croyait en avoir appris était plein d'erreurs. Mon précédant rapport a mis au jour pour la première fois les événemens de cette vie qui s'écoulent entre 1666 et 1678 et de 1678 jusqu'en 1684. C'est-à-dire déjà dix sept années. Les lettres, les journaux de Mr de La Salle et du chevalier de Tonty son second pendant la durée de sa première commission, les mémoires du comte de Frontenac et de Mr Duchesneau, de Mrs de la Barre et de Meulles, Gouverneurs et Intendans de Canada, quelques mss écrits dus à la plume de Sulpiciens recommandables, enfin des cartes originales, tous documens inédits ont fait sortir de la poussière et de l'obscurité des collections de cinq dépôts différens la première partie de cette histoire et l'ensemble s'en présente aujourd'hui avec la plupart et assurément dans tout l'intérêt de ses détails.

Mes recherches touchant la seconde partie des voyages du grand découvreur dont je vais traiter ont Monsieur le Ministre été, je l'avoue, moins heureuses. Toutefois, j'ose le dire, pour n'être pas aussi important que celui des premières, le résultat est loin d'en être sans valeur. Je dirai plus, si je parvenais à trouver les documens sur la voie desquels elles m'ont mis, ces dernières investigations couronneraient avec bonheur, que Votre Excellence veuille bien me passer ce mot, mes premières conquêtes.

— Résumé de la Dernière Entreprise de Mr De la Salle.

Après avoir achevé sa première entreprise, à laquelle tant d'obstacles s'étaient
opposés et les dangers et les fatigues, la maladie, les intrigues et ses partis, le
poison et la calomnie et par dessus tout, plus cruels pour lui que les tribus sauvages.
ceux qui lui devaient au nom de Dieu et au nom du Roi aide et protection, Cavelier
De la Salle, Monsieur le Ministre, ayant enfin trouvé par l'intérieur des terres l'Em
bouchure du Mississipi, cefolut d'en tenter la Découverte par l'Océan. Mais l'esprit du
découvreur, étendu, actif, pénétrant comme il l'était ne pouvoit point ne pas
embrasser d'un coup d'œil tous les avantages qui ressortoient des choses et en
homme habile il présentait toujours au personnage puissant, porté à l'y
seconder, la partie de ses desseins qu'il croyait la plus propre à le mieux disposer
encore en sa faveur — Mr De la Salle le faisait ainsi, mais soutenu par l'Espé
rance d'atteindre un jour au but qu'il avait poursuivi depuis 1667 sans jamais
le perdre de vue, je veux dire la découverte d'un passage à la mer du Sud, — il ne
reculait pas devant ces détours. Ils le retardoient, il est vrai,
dans sa marche mais en augmentant sa route, ils augmentoient aussi
sa gloire.

Afin d'obtenir sa commission "de découvrir la partie Occidentale de la Nlle
France" il avait présenté à la haute raison de Colbert pour objet de voyage
qu'avec sagesse le Ministre interdisait aux habitans du Canada, l'Établisse
ment d'un havre dans le Golfe du Mexique — De ce havre, nécessaire en
tous temps comme abri à notre marine, nos vaisseaux pouvoient inquiéter
les galions d'Espagne et peut être aussi en faire leur proie — Le Contrôleur Général
qui en était chaque jour aux expédiens pour subvenir aux guerres et aux autres
dépenses du Roi, malheureux des impôts qu'il prélevait à son corps défendant avait
entrevu sans doute dans le projet de Mr De la Salle un moyen de faire pa
yer un jour à l'Espagne la guerre que lui faisait alors Louis XIV — Et il

Celui avait accordé le Privilège qu'il demandait pour Cette entreprise.

Entrant en 1684 plus avant et avec plus d'audace dans la même idée, Mr
De la Salle séduisit l'imagination ardente du Marquis de Seignelay par un projet
dont l'esprit s'étonne et qui était digne assurément du plus hardi des conquis
tadores. Malheureusement il périt assassiné par deux des siens
et sa mort laissa inachevées les découvertes dont le succès semblait assuré à
une aussi grande intelligence, à une énergie si constante. La fortune
réservait à deux Anglo-Américains, Lewis et Clarke, l'honneur de trouver la route
qu'il avait cherchée.

En 1683. L'année que mourut la reine Marie Thérèse et celle où naissait
le Duc d'Anjou, plus tard Philippe V, roi d'Espagne et des Indes, les Cours de Versailles et
de Madrid étoient encore en guerre. Faute d'exécution du traité de Nimègue (Signé
le 17 Septembre 1678 avec l'Espagne) Louis XIV avait repris les armes et la trêve de Ratis
bonne, au moment où Mr De la Salle exposait son projet n'étoit point encore conclue
Elle ne devait l'être que le 10 Août 1684.

Profitant de cet état des affaires du Roi et considérant la proximité des
terres reconnues par lui de celles que l'Espagne possédait, Cavelier De la Salle,
Monsieur le Ministre, pour mieux montrer l'importance de ses découvertes et voulant

tout de suite en tirer parti irait à s'emparer de la Nouvelle Biscaye, pays riche en mines d'argent dont plus de trente étaient déjà en exploitation — Cette entreprise que lui même devait diriger étant achevée par les moyens qu'il exposait, il avait l'intention de s'ouvrir un passage à la mer du Sud " éloignée seulement de la largeur de la province de Culiacan, sans parler, a disait-il qu'il se pourrait rencontrer quelques rivières voisines de Seignelay qui a sa décharge de ce côté là " Cavelier de la Salle entendait par là les rivières des Illinois et du Missouri.

A la fin de 1684, Monsieur le Ministre, depuis la mort de Colbert les impôts annuels (?) s'étaient déjà augmentés de près de trois millions de livres et devaient s'augmenter encore. — Un projet comme celui de Mr de la Salle, qui promettait si la fortune lui était prospère de subvenir à l'éclat des prodigalités royales et aux besoins des guerres, sourit au Marquis de Seignelay, jaloux des triomphes de Louvois — En effet, outre l'honneur qui lui en reviendrait alors, il verrait s'en élever son crédit auprès du Roy dont il contenterait par un si beau coup les goûts magnifiques et l'influence du fils de Le Tellier en décroîtrait d'autant. — Cette dernière considération n'était pas petite. L'homme est ainsi fait que ce qui lui plaît dans un succès, ce n'est pas toujours tant le bonheur des avantages qu'il en retire personnellement que le dépit qu'en doivent ressentir ses rivaux. — Le jeune ministre donna donc chaleureusement la main au projet de Monsieur de la Salle et mit à sa disposition tout ce qu'il demanda. Celui-ci, [illegible] selon son habitude, afin d'obtenir plus facilement avait demandé peu. Une frégate, la levée de 100 hommes, la nourriture de 280 h pendant un an, des canons, des munitions lui furent accordés par le Roi. Et afin de mieux assurer la réussite de l'entreprise, le Marquis de Seignelay choisit pour mener Monsieur de la Salle à l'embouchure du Mississipi un ancien capitaine de vaisseau expérimenté dans les choses de la mer et connu également par de beaux combats. Ce capitaine c'était Monsieur de Beaujeu qui entre autres titres militaires comptait [illegible] celui de s'être signalé en 1661 à côté même du brillant Tourville — Un intérêt de position conap (?) appelait peut être aussi l'attention sur lui en ce moment — En 1682 il était esclave à Alger lors du bombardement de cette ville de pirates par Duquesne, et peu s'en était fallu qu'il ne fût comme le Père Levacher, attaché à la bouche des canons, seul expédient que les Algériens eussent pu trouver à opposer à l'invention terrible du petit Renau. —

Le 24 juillet donc le vaisseau *le Joli*, la frégate *la Belle*, la flûte *l'Aimable* partirent de la rade de Chef de Bois (?), auprès de la Rochelle, pour l'expédition sur la Nouvelle Biscaye — A juger ce qu'il y avait à craindre de ces bâtiments seulement par leurs noms qu'on eût dit réunis à dessein, ils n'avaient en apparence guères rien de menaçant ni de fort redoutable — Pour ceux là seuls qui en savaient le but, ces noms perfides comme le font quelquefois les qualités qu'ils représentent, couvraient bien des dangers — Or il n'y avait que le Roi, Mr de Seignelay et Cavelier de la Salle qui en connussent le secret. — Le mystère étant dans cette occasion un moyen de réussite.

Par malheur, les services et les talents mêmes qui signalaient Monsieur de Beaujeu au choix du Ministre étaient plus que toute autre chose un obstacle au bon succès de l'entreprise — La suite ne le montra que trop — Monsieur de Beaujeu, lequel, Monsieur le Ministre, a dit tiré à bon droit quelque orgueil de son mérite, n'avait pas le cœur cependant assez élevé. Il était trop de son temps pour se résigner à faire les affaires du Roi, n'étant que le second là où il croyait injustement devoir être le premier. — Les ordres du Marquis de Seignelay lui enjoignaient de commander la manœuvre maritime seulement et pour le reste d'obéir en tout à ce que Monsieur de la Salle lui prescrirait — Or celui-ci, homme nouveau, n'avait aux yeux de Monsieur de Beaujeu, "aucun caractère". "Le découvreur disait le capitaine n'avait jamais [illegible] fait la guerre qu'à des Sauvages" et, écrivait-il ailleurs

avec mépris, faisant allusion aux premières années de Mr De la Salle passées chez les Jésuites, "il n'avait
jamais commandé qu'à des écoliers." — Pour lui "depuis trente années il servait tant sur terre
que sur mer" "depuis 13 ans il était capitaine" Il ne faut pas ajouter qu'il était homme de race —
si bien, Monsieur le Ministre que rabaissant les talents et les services de Monsieur de la Salle
pour en relever les siens à ses propres yeux, l'amour propre de Monsieur de Beaujeu trouvait
fort dur d'être soumis à Mr De la Salle, — le Capitaine souffrait à la fois de [illegible] seulement
sur son vaisseau la charge de maître et d'ignorer entièrement le secret de l'Entreprise que
Monsieur de la Salle gardait soigneusement. — Delà bien des difficultés avaient surgi entre
les deux chefs avant le départ même de France — Monsieur de Beaujeu, à la Rochelle,
avait été jusqu'à mander au Ministre qu'il ne fallait pas pousser plus loin et que Monsieur
De la Salle ne lui semblait pas mériter de confiance — Ces difficultés étaient comme le grain
pronostic de la tempête. Mr De Seignelay ne le vit pas, mais elle ne tarda pas à éclater lors
qu'on fut sur mer et si la crainte qu'officiers et matelots pouvaient avoir des châtiments à leur
retour en assourdit et en voila pour ainsi dire les coups — Ils n'en furent pas moins désastreux
— Ainsi que cela se voit ordinairement, les subalternes entrèrent dans les passions de leurs
chefs et se livrèrent avec plus de violence que ceux-ci aux ressentiments qu'ils avaient faits les leurs.
— Monsieur de Beaujeu et les siens ruinèrent de même la sorte les desseins de Mr De la Salle

A cause de Monsieur de Beaujeu, [illegible] qui n'avait pas mouillé au bord
de Saint-Domingue comme il le devait, une caiche portant la plus grande partie des vivres et une
grande quantité d'ustensiles avait été, Monsieur le Ministre, prise par deux pirogues
Espagnoles, montées de 60 hommes chacune.

La nuit du 3 au 4 Janvier 1685. le Joly monté par Monsieur de Beaujeu, ayant devancé le
bâtiment que montait Monsieur de la Salle; celui-ci pour le rejoindre poursuivit jusqu'au
27e degré et demi de latitude — Il ne le rejoignit que le 19 et le 6 [illegible] de ce mois le
Pilote de la Belle, qui d'après quelques avertissements des flibustiers de Saint-Domingue
avait navigué comme si les courants devaient le porter à l'Est, croyait n'être qu'à la
baie du Saint-Esprit quand effectivement [illegible] l'on était à l'Embouchure du Mississipi
— le 4, ils étaient à la Mobile et les Sauvages qu'ils avaient aperçus et des y abordèrent
Lorsque le Joli et l'Aimable se furent rejoints, Monsieur de la Salle ayant reconnu
l'erreur, résolut de retourner, Mais Monsieur de Beaujeu opposa à son dessein le
manque de vivres et Mr de la Salle descendit sur les côtes du Texas — Il n'appuya
pas comme il le pouvait, sur sa résolution croyant être à une Embouchure occidentale
du fleuve Colbert et que la rivière où il était entré était une des branches
du grand fleuve.

L'opposition de Mr De Beaujeu à la volonté de Monsieur de la Salle dans cette circonstance,
opposition si fatale, [illegible] sous un prétexte plausible en apparence, ne fut peut-être
pas aussi funeste Monsieur le Ministre, que un mauvais coup du Capitaine de
l'Aimable qui fit échouer sa flûte en entrant dans la Baie Saint-Louis, quoique toutes
les précautions eussent été prises pour éviter un pareil malheur — Des balises avaient été
placées en effet aux endroits dangereux, mais au lieu de s'en écarter, c'était comme un moyen
pour le capitaine aigri de naviguer sur elles — Évidemment ce ne pouvait être que
de dessein prémédité, ce que le procès verbal prouve. — Mais il ne répara rien et quelque
diligence qu'il eût pu faire pour sauver ce qui était dans la flûte, "la malice ou l'ignorance
du Capitaine était cause que le découvreur y perdait toutes les boissons, les
" viandes, les légumes une grande partie du fer, du plomb et presque tous les ustensiles
" destinés à l'Établissement, quatre grosses pièces de canon, tous les boulets, grenades,
" et quantité d'armes, de hardes pour les soldats et de denrées nécessaires pour les Sauvages").
Après ce dernier malheur, quoique Monsieur de la Salle fût assiégé près des Espagnols, l'Entreprise
était définitivement manquée. Et si l'on considère, Monsieur le Ministre, l'enchaînement
de ces trois seuls faits que je viens d'apposer à Votre Excellence, la faute

en doit être imputée à Monsieur de Beaujeu. — La perte de La Caiche, dont il est l'auteur,
cause le manque de vivres — A cause du manque de vivres — du moins c'est le prétexte
Mr De Beaujeu refusa à Monsieur Delasalle de remonter vers l'Embouchure du
Mississipi — Enfin avec la flûte que le Roi lui avait donnée, Monsieur Delasalle
pouvait y retourner lui même et, comme les actes que nous avons vus de lui permettent
de le croire, avoir raison enfin de la fortune contraire — Cet Aigron faisait échouer
ce bâtiment — C'était, à bien dire pour le Découvreur, le coup de grâce donné à son
entreprise. Il n'y a rien même d'invraisemblable à supposer que Mr de Beaujeu
y fut pour quelque chose. — La séparation la nuit du 3 au 4 Janvier, lorsqu'on était à
la Mobile, à 2 journées de l'Embouchure du Mississipi peut faire croire qu'en prenant le devant, il voulait s'assurer à lui et à son équipage l'honneur de la découverte
mais l'ayant manquée lui aussi la perte de l'Aimable fait soupçonner qu'il détruisait
pour Mr Delasalle tout moyen de navigation, afin de le faire au retour, et [illegible] en
donner seul des nouvelles à la cour — Cependant je ne donne pas Monsieur le Minis
tre ces soupçons comme un sentiment définitif n'ayant pas encore assez examiné les
pièces que j'ai entre les mains et ne portant jamais d'accusations avant de les avoir jus
tifiées — Quoiqu'il en soit lorsque Monsieur de Beaujeu le quitta (le 14 mars 1685.)
Monsieur Delasalle et ses gens étaient dans une position terrible — Engagés, [illegible] comme ils l'étaient
enfermés [illegible] pour ainsi dire dans des pays sauvages qu'ils ne connaissaient pas, entre les
Indiens qui les avaient déjà attaqués et les Espagnols qui ne leur feraient pas de
[illegible] merci. —

L'Interet, Monsieur le Ministre, qui nous préoccupait au départ des vaisseaux de
la Rochelle a ici disparu — nous étions curieux de voir comment s'accomplirait
l'audacieux projet du Cavelier Delasalle — Le projet échoue, mais un autre interet
plus vif peut être succède au premier — Notre curiosité n'a été que déplacée Et ici
ce n'est plus seulement notre esprit, frappé d'étonnement par ce projet si audacieux
c'est encore [illegible] notre cœur qui regarde — Lasalle va de nouveau lutter avec le malheur : La
lutte avec l'adversité est le plus beau spectacle que l'homme puisse offrir à
l'homme. Comment [illegible] Mr Delasalle qui lui a [illegible] déjà été supérieur et n'a jamais
été au dessous d'elle, Comment s'en tirera-t-il cette fois — Nous sommes curieux, et
lors pour dire empressés de le savoir — après avoir malgré nous [illegible] songé aux misères
que nous connaissons déjà de cette existence si poursuivie, si traversée qu'on
croit voir passer sur elle la fatalité des poètes antiques.

Dans les conjonctures où il se trouvait, Monsieur le Ministre, [illegible] si cruelles
qu'elles fussent, Monsieur Delasalle ne perdit pas courage — Il ne désespéra même pas
[illegible] de l'Entreprise et la regarda seulement comme différée. Mais dans l'état
des choses, après tous ces incidens, il pouvait craindre que les affaires n'eussent changé
de face en Europe. Comme d'ailleurs il comptait beaucoup [illegible] pour le succès
de son projet sur le nombre des Sauvages à la tête desquels il devait marcher [illegible],
[illegible] Il résolut avant que de rien exécuter d'aller aux Illinois
[illegible] pour y apprendre les dernières nouvelles de France, afin
de régler ce qu'il aurait à faire, sur les mêmes pieds qu'avant ses désastres ou d'attendre
de nouveaux ordres si la paix était conclue entre la France et l'Espagne —
Cela était sage, Mais n'était pas facile à exécuter.

Lorsque Monsieur de Beaujeu s'en était allé, Mr Delasalle avait cru, ainsi que ce
capitaine, que la rivière dans laquelle il était entré était une branche du Missis
sipi — Une première exploration du pays [illegible] lui révéla bientôt son erreur —
Il en ressentit un violent chagrin, mais se concentrant en lui même, il ne vit que davantage
la nécessité de s'ouvrir un chemin dans ces régions inconnues aux Européens — Il demeura
ferme — Alors recommencèrent pour lui, Monsieur le Ministre, ces courses dont
parlent les premiers mémoires que j'ai eu l'honneur de soumettre à Votre Excellence,
ces courses le ballot sur le dos, à travers des pays sans chemins où il fallait souvent

s'en frayer un à coups de hache, exposés à toutes les privations, aux intempéries des
saisons, manquant de chaussures et de vivres — tantôt mourant de dépérissement par la
flèche des sauvages ou bien dévorés par quelques crocodiles, soit encore dans un
ravin ou dans une rivière — Un second voyage mena Monsieur de la Salle jusqu'
qu'aux Cenis — Le découvreur était parti avec vingt hommes pour ce voyage et
huit seulement retournèrent à l'habitation qu'on s'était faite et que gardaient
ceux qui ne voyageaient pas — Dans quel état revinrent encore ces huit hommes.
Joutel nous en fait le tableau — « leurs habits dit le manuscrit de ce brave soldat,
« étaient tous déchiquetés. Mr Cavelier frère de Mr de la Salle avait une soutanelle
« laquelle était à bandes, où l'on aurait eu de la peine à trouver un morceau pour
« envelopper deux liards de sel avec une vieille bonnette sur la tête, ayant perdu
« son chapeau en chemin et à l'égard de l'équipage personne n'avait rien à se
« reprocher — leurs chemises étaient propres à l'équipolent »

Ce second voyage qui avait procuré des chevaux, léger adoucissement à leurs peines
rapprochait Monsieur de la Salle de son but, mais il y avait déjà un an (mars 1686.)
que lui et les siens étaient enfermés dans ces régions ~~[illegible]~~ sauvages — ses
compagnons, eux, ne se voyaient guères plus avancés et ne présageaient pas de terme
à leurs maux — les uns mouraient de maladies emportées de Saint Domingue, les autres
de fatigue, ~~[illegible]~~ d'autres enfin de chagrin — les idées pénibles sont facilement contagieuses,
les plus forts eux-mêmes avaient beaucoup de peine à s'en garantir, et voyant tomber
ses camarades autour de soi, on perdait jusques à l'espérance de revoir jamais la
patrie ~~et~~ si chaque homme qui mourait, on le regardait en silence comme pour
~~[illegible]~~ compter ceux qui restaient et l'on attendait aussi son tour —

Le nombre de la ~~col~~ petite colonie diminuant chaque jour par ces morts;
Cavelier de la Salle voyant autour de lui le malheur et le désespoir, souffrant
des souffrances qui venaient s'ajouter aux siennes, Cavelier de la Salle sembla
un moment n'être plus le même — Il songeait à ses projets ruinés, à ses fatigues
incessantes et sans récompense, à sa vie sans repos, sans bonheur domestique,
au malheur de tant de gens qui s'étaient confiés à lui et il craignait pour eux
et pour lui de mourir sans gloire au milieu de ces déserts — On dit que le cœur s'en
durcit aux maux, je crois qu'au contraire plus il est frappé, plus il devient sensible
à chaque douleur nouvelle, on souffre encore de la douleur passée — Néanmoins
reprenant le dessus, à l'idée que cette petite colonie attendait ~~tout~~ de lui son salut
Mr Delasalle résolut de partir pour un troisième voyage bien déterminé à n'en revenir
qu'avec un secours pour ses malheureux compagnons — Votre Excellence, Monsieur le Ministre, l'a vu aussi dans la première partie de ce voyage, de
reprendre à trois fois avant d'arriver au [illegible]. Cette fois le destin lui devait
être plus rigoureux. Il ne devait plus revoir le [illegible] — On semblait le pressentir, je ne sais quels
malheurs, ~~[illegible]~~ lorsqu'on se quitta; la tristesse fut alors profonde — Le Père Zénobe surtout
qui demeurait à l'habitation ne pouvait se consoler de ce départ. ~~[illegible]~~
Le bon et ~~[illegible]~~ intrépide Récollet avait fait avec Monsieur de la Salle sa première
découverte et passé avec lui par d'étranges misères; ~~[illegible]~~
~~même~~ il lui était attaché par cela même, et rapporte Joutel, il marquait
qu'il n'avait jamais eu tant de regret à séparation qu'à celle-là — Il y
était de même de tous, on avait comme l'idée ~~[illegible]~~ que l'on se disait un éternel
adieu — Mais aucun de la troupe ne devinait les maux auxquels ils étaient
réservés les uns et les autres, maux qui ne devaient laisser en tout que sept
hommes des deux cents qu'ils étaient partis pour l'expédition sur la Nlle Biscaye
— En vérité la Floride était fatale aux Européens qui ~~[illegible]~~ y abordaient
~~[illegible]~~ Ponce de Léon, Pamphile Narvaez, Ferdinand Soto y étaient déjà morts. Le découvreur français
allait être une quatrième victime ~~[illegible]~~ Mr Delasalle emmena vingt hommes encore avec lui dans ce
voyage. Au nombre de ces hommes était Joutel, qui nous a laissé ses mémoires
Le sieur Barbier remplaçait celui-ci dans le commandement qu'il avait eu
jusqu'alors de l'habitation de la Baie Saint Louis.

Il y avait trois mois environ qu'on avait quitté ce poste, lorsque Monsieur de
La Salle, Monsieur le Ministre, fut assassiné par deux des siens - Il arrive
presque toujours que quand un malheur commun frappe des hommes réunis en corps
le découragement et l'aigreur suivent bientôt le chagrin qui en résulte; ceux qui
doivent l'obéissance perdent le respect et ceux qui commandent oublient la
bienveillance qui doit toujours accompagner un ordre, - Si bien que quand il faudrait
de l'un des deux côtés au moins faire une concession aux fautes de l'autre pour
les ramener insensiblement à s'unir contre le malheur - c'est en ce moment que
les esprits s'irritent, se divisent et se perdent. — Telle fut la cause de la mort de
Monsieur de La Salle — l'un de ses neveux, le plus âgé des deux ~~[illegible]~~
qui l'accompagnaient, Mr de Moranget, incapable à commander comme ~~[illegible]~~ l'est
la plupart des ~~temps~~ un jeune homme, abusant peut être aussi de sa qualité de proche
parent ~~de Monsieur de La Salle~~, du chef de l'expédition, peut être seulement par cette ~~[illegible]~~
influence funeste des souffrances communes, attira sur lui la colère de deux hom
mes dont l'un, le chirurgien Liotot, lui avait sauvé la vie et dont l'autre le sieur
Duhaut qui avait failli périr à cause de lui, lui reprochait encore la mort de
son plus jeune frère — Maltraités par lui dans un moment d'extrême misère,
ces deux hommes, tous deux d'une certaine condition, poussés à bout par ce mauvais
traitement se rappelèrent en un moment toutes leurs peines et s'animant
s'échauffant ~~[illegible]~~ de la réunion de leurs griefs, ils complotèrent pour les
venger la mort du neveu de Monsieur de La Salle — Celle de l'oncle était pour
eux, sous peine de leur propre vie, la conséquence inévitable de leur premier crime.

Ainsi périt ~~[illegible]~~ après tant de travaux, de dangers
et de souffrances ce découvreur infatigable que rien ne pouvait arrêter que
la mort - S'il était comme ~~[illegible]~~ Votre Excellence l'a vu, Monsieur le
Ministre, un de ces hommes rares qui voyant tout en grand, réunissent à la
fois et au plus haut degré, un esprit vaste, entreprenant, fécond en ressources
à une volonté, à une énergie d'autant plus inébranlable qu'elle est soutenue
par la noblesse ~~[illegible]~~ de leur âme — Il n'avait fallu rien moins à Mon
sieur De La Salle que ces qualités éminentes pour les difficultés qu'il avait
vaincues et qui paraissent souvent dépasser la mesure humaine - Lorsqu'il mourut
il avait alors environ 42 à 43 ans. Il en avait employé vingt à ses découvertes, ~~[illegible]~~
c'est à dire que depuis l'âge viril, le découvreur n'avait goûté ~~[illegible]~~ les joies
~~joies~~ domestiques ni même le repos — Depuis le commencement, depuis 1667, sa
vie toujours agitée, ~~toujours~~ traversée avait été une lutte incessante et si
le malheur lui fit quelque trêve, s'il goûta ~~[illegible]~~ quelques moments de bonheur
ce dut être dans ces moments suprêmes où l'homme supérieur, ébranlé, presque abattu
se relève tout ~~d'un~~ coup, heureux de ses souffrances mêmes. Alors en effet il
a jeté les yeux sur l'avenir qu'il lui appartenait ~~[illegible]~~ et il remercie Dieu ~~[illegible]~~ qui
~~[illegible]~~ l'ayant fait grand et fort, employa ses forces à l'avancement des destinées
du monde.

Le coup sous lequel expira Monsieur de La Salle, frappa de mort, Monsieur
le Ministre, les hommes restés à l'habitation en les privant du secours que ~~Mon~~ le découvreur
~~Monsieur de La Salle~~ leur avait promis, il livrait ainsi cette poignée d'hommes aux Espa
gnols et aux Indiens — Pour ceux de la troupe, ils avaient perdu leur guide et la
situation de ces hommes, tous nouveaux venus de France entièrement étrangers à
la vie des coureurs canadiens était plus ~~[illegible]~~ affreuse que jamais. L'affreuse
perspective de périr de faim, de fatigue, ou par la main des Sauvages n'était pas encore le plus
cruel tourment de leur situation — Une partie de cette petite troupe avait horreur
de l'autre — les ~~[illegible]~~ meurtriers redoutaient la vengeance de Joutel second de
Monsieur De La Salle et du jeune Cavelier son neveu, or ceux ci y étaient d'autant
plus disposés qu'ils pouvaient penser qu'une fois en ~~[illegible]~~ lieu de sûreté les
meurtriers se débarrasseraient d'eux comme ils avaient fait de leur chef. Cependant
aucune catastrophe n'arriva de ce côté, car la religion ~~[illegible]~~ à leur colère et
à leurs inquiétudes une barrière qu'ils n'osèrent franchir — Plusieurs fois l'idée

idée vint à Joutel, et au jeune Cavelier de venger la mort, l'un de son oncle, l'autre de son chef — Toutefois le frère de Mr de la Salle vénérable sulpicien les arrêta en leur disant qu'il leur fallait se confier à la Providence et de remettre le soin de la vengeance à la main divine, leur demandant à tous deux s'ils ne croyaient pas qu'il ressentît lui aussi la douleur de perte déplorable —

La Providence ne manqua pas au vénérable prêtre et à ses compagnons — la vengeance divine ne tarda pas à éclater sur les meurtriers.

Les hommes qui n'avoient pu obéir à leur chef légitime, ne pouvoient naturellement se soumettre à ceux qui s'étoient imposés à eux et le devoir ayant cessé d'être la règle, la violence seule devait désormais parmi eux être la raison et faire droit à chacun — les deux meurtriers les sieurs Duhaut et le chirurgien Liotot, qui depuis l'événement du 9 mars 1687 dirigeaient tout, furent après une courte dispute, assassinés à leur tour par les complices de leur crime — Plus heureux toutefois encore dans leur châtiment que La Salle dans son infortune, ils eurent encore assez après avoir été frappés pour se confesser et leur corps ne demeura pas sans sépulture, tandis que celui du découvreur dépouillé de ses vêtements au milieu des outrages de ses assassins, poussé du pied dans un hallier y était demeuré nu, laissé en proie aux corbeaux et aux loups. — Il n'avait pu avoir six pieds de terre dans ces vastes régions qu'il avait données à la France.

Ces deux assassinats successifs, Monsieur le Ministre avaient diminué la troupe de 6 hommes — Ils n'étoient plus que 14. Ce petit nombre faisant hésiter les plus braves à pousser plus avant et la moitié d'entre eux estimant les maux qu'ils avoient à craindre par ceux qu'ils avoient déjà passés, résolurent de s'arrêter chez les sauvages. Ceux-ci de leur côté par leurs caresses et en leur faisant craindre les tribus qui les environnoient s'efforçaient de retenir nos français à cause de leurs fusils au bruit desquels ils se plaisoient à voir leurs ennemis prendre la fuite — 7 de nos gens donc cédèrent à leurs instances et ce fut de leur part d'autant plus volontiers que la débauche des femmes était un attrait pour eux — Un autre motif non moins puissant les fit se décider à une résolution où la licence les invitait — c'était que quelques uns d'entre eux avaient trempé dans l'assassinat de Monsieur de La Salle — Ceux-ci donc ayant pris le parti de rester, 7 seulement osèrent continuer la route. Encore fallut-il que Joutel, homme d'exécution autant qu'homme de bien, y déterminât l'abbé Cavelier qui las de tant de misères voulait lui, s'en retourner à la Baie Saint Louis — Le brave soldat lui remontra qu'il n'y avait pas moins de danger à redescendre ou à rester qu'à monter, que d'ailleurs pour lui vivre avec ces assassins lui était insupportable, et que la manière dont ils dissipoient dans le libertinage le butin, c'est à dire les dépouilles de Mr de La Salle et du sieur Duhaut, il était probable que bientôt ils n'auroient plus rien et voudroient s'emparer de la portion qu'ils leur en avoient laissée — Ces considérations et celle que lui fit valoir entre toutes du secours que réclamait la colonie de la Baie, ces considérations décidèrent le vénérable prêtre — Il s'arma donc de courage et le 25 mai 1687 — l'abbé Jean Cavelier, le Père Anastase, récollet, Joutel et 4 autres quittèrent les meurtriers du sieur Duhaut et du Chirurgien Liotot — Deux mois après le 25 Juillet ils arrivoient chez les Akansas et atteignoient le Mississipi — Là n'était pas le terme de leurs maux, mais ils devoient les supporter avec plus de courage, puisqu'ils avoient retrouvé d'autres français.

Je ne pousserai pas plus loin, Monsieur le Ministre, le résumé des aventures de ces 7 hommes dont deux encore périrent en route. Le mémoire de Joutel les fait connaître. Il suffit d'apprendre qu'ils eurent à souffrir beaucoup encore, à ce point que le danger imminent de mourir d'inanition comme avait failli Tonty dans la 1ère partie des voyages de La Salle, fit retourner aux Illinois l'abbé Cavelier, qui en était parti pour arriver à Québec à l'époque du départ des vaisseaux — les instances de Joutel, toujours préoccupé du sort de ses malheureux compagnons de la Baie, ne purent rien changer cette fois à sa détermination — Epuisé par tant d'épreuves, cet ecclésiastique manqua de cœur. Une année fut ainsi perdue — et il ne revint pas à Québec avant 1689. A Québec comme aux Illinois, l'abbé et ses compagnons cachèrent pour diverses raisons la mort de Mr Dela Salle, ce qui fut, sinon une faute, du moins un grand malheur — Enfin ils partirent de Quebec et le 19. 8bre 1689 Ils debarquaient à la rade de Chef de bois d'où 4 ans auparavant ils étaient partis pleins d'espoir — Un mois après environ l'abbé Cavelier allait annoncer au Marquis de Seignelay la funeste fin de l'Entreprise — Il avait auparavant accompli le vœu qu'il avait fait si Dieu le sauvait de tant de dangers, d'aller en pelerinage à pied à Notre Dame d'Ardellières et de la au Mont Saint Michel —

Pendant tous ces retards les Indiens et les Espagnols massacraient ou faisaient prisonniers restés à la baie St Louis.

Telle fut cette expédition qui promettait de si beaux resultats et n'aboutit après d'extremes misères qu'à la découverte d'un pays longtems inutile à la France le Texas. On avait compté s'emparer d'un pays riche en mines l'on y perdit dans cette vaine entreprise, un vaisseau, son equipage, c'etait peu sans doute, mais ce qui est davantage un grand homme.

Au premier coup d'œil étonné par l'extrême hardiesse du projet on serait tenté d'accuser de témérité l'officier qui l'a conçu, le ministre qui a bien voulu aider à son execution. Mais outre qu'il serait difficile de reprocher au jeune Marquis de Seignelay, d'avoir eu toujours, cette fois, comme d'autres, l'opinion que rien n'était impossible au courage de notre nation conviction qui lui succéda souvent à sa gloire et à la notre, Il y avait en vérité dans ce projet moins de témérité qu'on ne serait porté à le croire tout d'abord — Ce que la Salle avait en 1684 proposé d'executer n'etait pas, si audacieux que cela parût, plus impossible à realiser que l'Entreprise qu'il avait accomplie de 1678 à 1683. — Cependant il rendait compte de son premier succès avec une modestie des plus grandes et l'on eût dit qu'il n'avait executé qu'une chose ordinaire parce qu'elle était a sa taille et au niveau de ses forces — Il n'y a guères en effet que les petits hommes qui parlent avec emphase des grandes actions, parce qu'elles les depassent et qu'ils seraient étonnés d'y avoir atteint — Et c'est là, malgré son merite, la condamnation de la vanité de Mr De Beaujeu, c'est que ne connaissant qu'une partie et la moindre des desseins de Mr De la Salle, il parle de la Découverte seule de l'Embouchure du Mississipi comme si elle était aussi difficile à faire que celle de la Pierre Philosophale".

Toutefois si malheureuse qu'ait été l'expedition cet échec, dont Mr De Beaujeu est seul responsable, cet échec eut son bon coté — En ce que dans le cas où aucun obstacle n'eut arrêté la Salle dans ses desseins contre la Nouvelle Biscaye, Ignorant comme il l'etait de la Trêve de Ratisbonne, conclue son succès eut troublé la paix entre la France et l'Espagne et changeant bien des evenemens, devenir un nouvel empêchement à cette autre entreprise deja si empêchée, que Mazarin avait preparée, je veux dire l'Etablissement de la Maison de Bourbon sur le Trône de Charles Quint.

Au demeurant à l'envisager, Monsieur le Ministre, sous le coté qui nous interesse aujourdhui, les resultats materiels par consequent mis à part, cette expédition fut pour la France des plus glorieuses si la gloire ne consiste pas tant dans le bonheur des résultats que dans le deploiement de la grandeur d'Intelligence et de caractère de ceux qui y president. A ce compte l'Entreprise de Mr De la Salle ne jette pas sur sa memoire et sur le nom français un lustre moins éclatant que les plus beaux triomphes. Fernand Cortès vainqueur du Mexique ne s'etait pas distingué par une audace d'Entreprise, par une hauteur, une étendue de vues plus grandes que Mr De la Salle dans son projet — Mais la Providence qui n'avait plus besoin de lui, l'arrêta et il montra alors une constance dans les malheurs où il n'a pas eu d'egal — A mon avis c'est là son plus beau titre à la renommée pour la foule qui veut avant tout le succès, le résultat immense de ses premiers voyages, resultat qui doit s'accroître

naire, placera un jour le nom de ce génie malheureux entre ceux de Colomb et de Gama.

Livres et manuscrits relatifs à cette partie des Voyages de Mr De la Salle.

Les livres qui traitent de la seconde partie des voyages, dont je viens de parler, Monsieur le Ministre sont au nombre de 4. Deux desquels y sont spécialement consacrés, ce sont le Journal de Joutel et un 2e volume du Père Hennepin. Les deux autres, dont j'ai déjà fait mention à Votre Excellence, l'Etablissement de la foi et les mémoires du Chevalier de Tonty, embrassent dans leur ensemble le récit des découvertes de Mr De la Salle. Aucun de ces ouvrages n'est de la main du témoin oculaire dont ils portent le nom. J'ai dit ce qu'il fallait penser, Monsieur le Ministre du livre attribué à Mr De Tonty, pour les narrations du 2e volume du Père Hennepin et de l'Etablissement de la foi par le Père Leclercq, au dire de ces deux Pères Récollets, elles s'appuient sur le mémoire d'un des leurs, le Père Anastase Douay. Enfin le Journal de Joutel n'est que le résumé d'un volumineux document que j'ai entre les mains.

Or si des livres qui résument le mémoire du Père Anastase il faut porter le même jugement que du livre publié sous le nom du Chevalier de Tonty et de l'abrégé du Journal de Joutel on peut dire que ceux qui pour écrire l'histoire de Monsieur de la Salle, ont puisé dès à de pareilles sources ont été souvent mal inspirés. En effet si je compare le Journal manuscrit de Joutel que j'ai entre les mains avec le précis qu'on en a donné au public, je vois que l'auteur de ce précis, incapable de résumer a vraiment mutilé ce Journal. Souvent des faits importans pour l'intelligence des caractères et de l'ensemble même de cette histoire se trouvent effacés, tandis que des réflexions qui ne sont pas dans l'original ni toujours même dans son sens viennent fort mal à propos alonger les narrations. Des noms aussi m'y ont paru avoir été mis pour d'autres. Cependant ce résumé fait par un nommé Michel est bien moins mauvais que le livre attribué à Monsieur de Tonty.

La comparaison, Monsieur le Ministre, des livres publiés avec les documens que je viens de recueillir et que j'ai l'honneur de soumettre au Comité en diminuant la valeur des premiers augmente celle des seconds, grâce auxquels nous avons plus complets l'ensemble des faits de cette histoire et leur vérité également aussi mieux déterminée.

De ces documents le plus volumineux et le plus important sans doute c'est le Journal de Joutel où celui-ci presque jour par jour rend compte des événemens les plus importans de ce voyage et quoiqu'il manque à ce Journal trois cahiers le nombre de ses pages n'est pas encore moindre cependant de 600 in folio. Ce mémoire est loin d'être un monument parfaitement littéraire, d'un langage toujours pur et d'une concision sallustienne, il ne l'est guères plus que celui de Mr Dollier de Casson dont j'ai parlé dans mon précédent rapport. Tous deux sont écrits militairement. Mais dans la diffusion du Journal de Joutel et je puis dire dans sa confusion on est assuré de retirer, à son choix, tout ce qui en semble nécessaire, quoique cela ne l'ait pas paru à M. Michel, et l'on n'en veut trop à Joutel de ses répétitions qui nous rapportent souvent un trait d'abord négligé dans un premier passage — Pour le style il est vrai, souvent d'un mouvement trop lent, à cause de ces répétitions et de ce désordre, mais toujours naturel, de même que pour l'expression quelquefois triviale mais par cela même aussi plus énergique, Joutel n'a en rien le droit de se comparer avec Monsieur l'abbé de Vertot, son contemporain, mais l'écrivain, faisant ses sièges dans son cabinet quoiqu'il cherche et qu'il imagine n'a pas ces couleurs tantôt riantes tantôt tristes, mais sous lesquelles on a toujours le sentiment de la vie, couleurs précieuses que sans qu'il le cherche et le sache même, donne à l'expression d'un homme de cœur et d'esprit le souvenir de ses joies et de ses peines

Les considérations de style d'ailleurs et de langage sont ici de peu d'importance puisque nous cherchons les faits avant tout — Il suffit donc que ceux-ci se comprennent et à travers la confusion qui ralentit la marche et nuit souvent à l'intérêt du récit, les événements, les traits principaux des caractères généralement, et surtout l'aspect des pays pour peu qu'on y fasse d'attention, se dégagent assez nettement de ce vaste manuscrit avantage que ne nous procure pas l'écrivain qui s'est chargé de résumer ce journal et de le mettre comme il dit en état de paraître devant le public —

Pour le prouver, Monsieur le Ministre, à côté d'un extrait du manuscrit de Joutel je place le passage du résumé qui y correspond — Votre Excellence jugera ainsi et de quelle utilité peut être pour l'histoire le document que j'ai l'honneur de lui présenter et du peu de valeur de ceux dont on a dû sur ce sujet se contenter jusqu'ici.

De sorte que pour revenir à l'aventure du Sieur Duhaut, après que l'on eut quitté les dits canots l'on prit la route dans les terres, où après avoir marché quelque temps ils trouvèrent une assez belle rivière qui depuis a été nommée la Maligne ainsi qu'on le verra dans la suite. Comme Mon sieur de la Salle marchait à la tête, ayant donné ordre au sieur de Moranget de demeurer à l'arrière-garde où devait être avec ordre de ne laisser personne — Il se trouva que le dit Duhaut s'étant arrêté pour raccommoder son paquet et des souliers dont il n'était pas trop bien pourvu attendu que l'on n'en avait pas fait grande provision et que la plus grande partie se servaient de morceaux de cuir de bœufs dont ils se faisaient des souliers pour se garantir des épines et des chicots de bois et cailloux. Comme j'ai dit que le dit Duhaut s'était arrêté le sieur de Moranger lui ayant dit de marcher et que l'autre lui aurait dit d'attendre un peu et comme il est difficile que pour peu qu'on s'arrête de rattraper ceux qui marchent toujours il se trouva que le d. Duhaut poursuivit toujours son chemin sans pouvoir rejoindre, soit qu'il eût pris une autre route comme cela est assez ordinaire, n'ayant que des routes de bœufs, lesquelles sont tantôt d'un bord et tantôt d'un autre, de sorte que le soir étant venu, il se trouva seul et fort embarrassé de sa personne et non pas sans sujet et comme il vit que la nuit venait, il tira plusieurs coups de fusil afin que si on l'entendait on lui répondît, mais la nuit se passa sans qu'il entendît rien.

Le jour étant venu, il se trouva embarrassé sur la route

Après plusieurs jours de marche ils trouvèrent une assez belle rivière qu'ils nommèrent la Maligne.

Et comme Monsieur de la Salle marchait à la tête de sa troupe et qu'il avait ordonné au sieur de Moranget de se tenir à la queue. Il se trouva que Duhaut s'étant arrêté pour raccommoder son paquet et ses souliers qui étaient en mauvais état

(Détail intéressant passé.)

Le sieur Moranget survenant lui dit de marcher — Il le pria d'attendre un peu, Moranget ne voulut pas et continua son chemin. Duhaut suivit quelque temps après, mais ayant trop tardé il ne put atteindre la troupe

Et se trouva à l'entrée de la nuit dans une plaine herbue où il y avait plusieurs traces de chemins de bœufs, sans savoir lequel il devait prendre — Il tira plusieurs coups de fusil sans rien entendre de sa troupe et fut contraint de passer la nuit au même lieu } inexact

le matin il tira encore (imaginé) passa

qu'il devait tenir, ne sachant de quel côté il devait aller et il jugea à propos de retourner sur ses pas afin que si l'on venait après lui on pût le trouver et pour cet effet se résolut de passer encore la journée au dit lieu et comme il vit qu'il n'avait aucune nouvelle il résolut de retourner et comme il était fourni d'appétit et qu'il avait mangé le boucan qu'il avait de provisions et qu'il avait quelques coups de plomb, ayant vu un gros dindon à portée il le tua dont il s'accommoda le dit jour avec deux galettes de biscuit qu'il me dit de son aveu avoir mangés tout en un repas — Après quoi il se délibéra de retourner et vint au lieu où l'on avait laissé les canots et comme ils avaient été enfoncés, il était embarrassé pour en pouvoir retirer un. Cependant il fit si bien qu'il en tira un qu'il vida avec sa chaudière laquelle lui servit tant à cet effet qu'à cuire sa viande et de cette manière il se résolut de tâcher à joindre la barque ou de retourner à l'habitation où j'étais, mais la difficulté était des vivres dont il n'avait point, et même n'avait pas seulement un couteau de manière qu'ayant tué un bœuf il ne l'avait pu habiller et n'en put tirer et arracher que quelques morceaux des entrailles par le moyen d'un petit trou qu'il fit avec la pierre de son fusil et ce qui était encore de plus embarrassant pour lui était qu'il n'osait marcher le jour de crainte de peur d'être pris des Sauvages, c'est pourquoi il ne marchait que de nuit et le jour il se mettait dans des joncs et des osiers — Quelques jours après, il approcha quelques chevreuils, dont un qu'il habilla avec une pierre à fusil, attendu que la peau n'était pas si dure comme celle d'un bœuf et le dit chevreuil lui servit bien pour continuer son voyage — Il fut approchant d'un mois en chemin — lorsqu'il faisait un peu de vent il faisait servir sa chemise de voile et de cette manière il nous vint joindre et s'échappa heureusement, mais il aurait été avantageux qu'il eût plutôt péri que d'avoir commis l'assassin (sic) qu'il a fait ainsi qu'on verra dans la suite —

le même jour et la nuit au même lieu en sorte que ne sachant que faire il revint sur ses pas.

Et après une marche d'un mois qu'il faisait seulement la nuit de peur de trouver des Sauvages en vivant de la chasse qu'il faisait difficilement et dangereusement (qu'est-ce que cela peint) ayant auparavant consommé ses provisions; enfin après une infinité de maux et de peines il arriva au lieu où l'on avait enfoncé les deux canots il en retira un avec un travail incroyable et trop long à raconter. — (tout ce passage est un résumé des plus inintelligents, inexact et sans intérêt.)

Et il se rendit à notre habitation de St Louis.

C'est ainsi que le Seigneur permit que celui qui devait être un des assassins de Mr De La Salle se tira d'affaire et surmonta un nombre infini de périls.

Ces deux extraits, ai-je dit à Votre Excellence, sont l'image du mémoire et du livre qui le résume et si j'ai choisi ~~celui-ci~~ passage ci pour exemple c'est qu'on y voit une des causes de la vengeance du Sieur Duhaut contre Mr De Moranget, vengeance dont la mort de Mr De la Salle fut un contrecoup — Cette raison, je crois, permettait à l'écrivain d'appuyer un peu plus à cet endroit — Je ne fais pas d'autres citations — elles reproduiraient les mêmes qualités, bonnes et mauvaises, des deux parts.

Le Journal de Joutel étant aussi étendu et embrassant le récit de l'expédition dans son entier, naturellement tous les papiers que j'ai pu recueillir viennent se grouper autour de lui et s'y fondre — Ils nous restituent seulement ce qui a dû lui échapper, éclaircissent ce qu'il a laissé obscur.

Joutel ignorait le but de l'expédition comme tout le monde, comme Monsieur de Beaujeu lui-même, ce qui désolait et irritait le capitaine — Dix pièces, Monsieur le Ministre, que j'ai l'honneur de soumettre à Votre Excellence, où l'on voit Monsieur de la Salle proposer l'expédition — le Marquis de Seignelay l'accepter et en fournir les moyens, sont avec plusieurs lettres de Monsieur de Beaujeu pour ainsi dire le frontispice du mémoire de Joutel.

5ème Rapport 23.   Fin Août 1846.

62

J'exécute en ce moment les ordres que vous m'avez donnés par votre lettre du 26 juillet dernier, où vous déterminez pour première partie de ma commission « Les Origines Françaises de l'Amérique du Nord ». Je suis heureux que Votre Excellence ait bien voulu accueillir le projet présenté par moi à l'honorable Monsieur de Monmerqué — De cette manière cessera l'apparence du vague que le Comité semble avoir jusqu'ici reproché à mon travail.

Mon plan, Monsieur le Ministre, était cependant bien déterminé et si l'on ne pouvait l'apercevoir tout de suite c'est qu'il embrassait selon mon instruction l'ensemble de la Colonisation française et que cet ensemble est immense et divers dans ses parties — J'avais déjà moi aussi en présence de tant de documens inédits, inconnus, curieux, senti l'énorme difficulté d'une collection complète des élémens historiques de la Domination Française dans l'Amérique du Nord et mon second rapport, dans lequel je demandais des conseils au Comité, indiquait clairement mon embarras. Cet infini des cartons m'effrayait surtout en ce qu'il m'était impossible de la contenir dans un petit nombre de volumes et que si je parvenais avec un labeur considérable à en donner la substance, les documens perdaient la valeur attachée à leur originalité — Beaucoup de pièces intéressantes par leur style autant que par les faits en elles renfermés, par l'allure du récit, par l'expression des sentiments, devant n'être plus qu'un sec et froid résumé — Néanmoins j'en avais pris mon parti — Mais avec les limites que Votre Excellence fixe à mon travail, que la Guerre de Sept ans couronnera fort bien avec ces limites, quoiqu'on puisse regretter de ne pouvoir faire connaître l'Ensemble de la Colonisation, nous en aurons du moins complète, originale, une des parties les plus intéressantes et assurément les plus curieuses.

Ayant fini, Monsieur le Ministre, de copier tous les papiers que, sans avoir encore eu tout le temps de fouiller à la Bibliothèque Royale, les Collections Colbert, Mortemart, Clairambault, j'ai pu trouver sur les découvertes de la période de Colbert et de Seignelay — Je m'occupe maintenant de rechercher les documens relatifs aux tentatives qui devaient être le complément des Entreprises de notre plus grand voyageur — après la publication de ce travail, on dira sans doute le plus illustre. — Votre Excellence a su que René Robert Cavelier Sieur de La Salle avait découvert en canots d'écorce le cours de l'Ohio et celui du Mississipi et qu'après avoir pris possession des espaces qu'arrosent ces deux fleuves, après avoir découvert par l'Intérieur des Terres l'Embouchure du dernier, qu'on a surnommé le Nil américain, il avait péri assassiné sur les Côtes du Texas, n'ayant pu par des circonstances vraiment fatales remonter à travers l'Océan vers cette Embouchure — Ce grand homme mort, il restait donc à retrouver par la mer cette embouchure découverte par l'Intérieur de la Nouvelle France. — Il restait aussi à poursuivre le but qui n'était pas une chimère et qu'il avait eu toujours devant les yeux, celui de trouver, également par l'Intérieur du Canada, un chemin, un fleuve qui le conduisît à la mer du Sud — J'ai copié un grand nombre de pièces, Monsieur le Ministre, sur ces deux entreprises par lesquelles se signalèrent deux Créoles Canadiens, tous deux nés je crois à Montréal — par la première Pierre Lemoyne d'Iberville, déjà connu pour des faits d'armes des plus éclatants dans la baie d'Hudson et en Acadie; par la seconde Varennes de la Vérendrye, brave officier qui en 1744 comptait 39 années de services, 9 blessures et cependant n'était point encore capitaine — Par les Entreprises courageuses de ses deux enfans, entreprises presque impossibles à d'autres, le Canada, dont les produits rendent bien à la France ce qu'elle dépensait pour lui, rapportait également à la métropole, à la patrie commune, son contingent de gloire.

Les Relations de l'Expédition de d'Iberville, Monsieur le Ministre, sont fort intéressantes et le paraîtront plus encore quand j'aurai réuni sous les yeux de Votre Excellence et du Comité tout ce qui concerne le voyage de cet homme intrépide, fondateur des premières colonies françaises situées vers l'Embouchure du Mississipi; j'en ai aujourd'hui copiés les 2 documens principaux, c'est-à-dire deux mémoires qui racontent sa périlleuse navigation et le succès dont elle fut suivie.

J'eusse achevé la copie des autres pièces qui y sont relatives, sachant aujourd'hui où elles sont toutes, mais j'étais impatient d'en venir à la connaissance des efforts faits par les Français pour arriver à trouver le fameux passage à la Chine. Toute cette histoire est entièrement inconnue. J'ai déjà 300 pages environ sur cette matière. Malheureusement je ne l'ai pas encore complète. Néanmoins, j'en ai assez pour me donner le plaisir d'étonner quelques Américains en leur racontant, à propos de leurs prétentions sur l'Oregon, que nos Français avaient poussé en 1742, je n'ose dire encore au delà des Montagnes Rocheuses, mais jusques là assurément où les États Unis prétendent que Lewis et Clarke ont pénétré les premiers. Ils paraissent en vérité extrêmement surpris de ce fait et notamment, Monsieur Catlin le peintre qui revient lui même de ces pays, ne le fut pas peu. Avocat, avant d'être peintre, il est cependant versé dans l'histoire de son pays. Quelques uns de ses compatriotes ne voulant pas me croire ont été jusqu'à contester le fait, mais j'ai en main les pièces où se trouvent écrits les noms des Mantannes, des Gens de l'Arc et autres peuples qui existent encore. J'ai la description de la route tenue par Mrs de la Vérendrye le père et ses trois fils, qui s'appliquèrent à cette découverte depuis 1730 jusqu'en 1750, plus tard peut être encore.

Du reste pour ce qui est de la nouveauté des Élémens de l'histoire que je suis chargé de rassembler, il en a été je puis le dire à Votre Excellence, des papiers communiqués par moi précédemment au Comité, de même que de ceux de Mr de la Vérendrye. Les Américains les plus instruits et les plus intéressés à l'être de ce qui regarde l'histoire de leur continent n'ont qu'un bien faible aperçu de ce que les Français y ont fait et j'en suis chaque jour d'autant plus reconnaissant à Votre Excellence de ma commission. En effet l'étonnement de ces Étrangers est pour moi comme l'assurance positive de l'honneur que Votre Excellence et le Comité retireront de cette publication dans le Nouveau Monde.

Mais Monsieur le Ministre, si j'ai lieu de me réjouir de mes découvertes de documents à partir de 1653, j'éprouve une véritable peine de ne rien trouver de nouveau sur les temps qui précèdent et qui sont loin cependant assurément d'avoir été stériles, ça été la cause qui m'a fait demander à Votre Excellence de visiter les Archives de Normandie.

Vous m'avez fait à ce sujet, l'honneur de m'annoncer, Monsieur le Ministre, que vous aviez écrit à Rouen, à Dieppe et au Havre afin d'être informé de ce que l'on pouvait posséder sur Cavelier de la Salle et sur Champlain. Je crains beaucoup je l'avoue à Votre Excellence que les hommes qui ne sont pas intéressés comme je le suis, à fouiller à fond, ne fassent que toucher superficiellement aux choses que je puis désirer sur ces deux hommes. Mais Monsieur le Ministre ces deux hommes que j'ai indiqués entre tous comme devant être l'objet de mes investigations, ces deux hommes, si supérieurs qu'ils soient, ne sont pas les seuls qui m'intéressent. Il fallait motiver ma demande d'une manière explicite et ne pas me contenter vis à vis de Votre Excellence des présomptions qui m'eussent suffi personnellement, si je n'avais pas eu à engager la responsabilité de l'administration sur d'autres personnages. C'est pour cela que j'ai indiqué le mémoire de Champlain, que je sais par un de mes amis, que tout le monde, puisque Mr Vitet l'a imprimé, peut savoir être

entre les mains de Mr Féret, bibliothécaire de Dieppe. C'est encore la raison de cette responsabilité qui
après m'avoir fait indiquer aussi les documens que j'espérais trouver à Rouen, afin de compléter l'histoire
si attachante de La Salle, c'est encore cette raison qui m'a empêché de vous demander d'aller en
Bretagne et en Saintonge où selon toutes probabilités il y a des documens sur Champlain sur Pierre
Du Guast, sieur De Monts, courageux et nobles pionniers l'un fondateur de l'Acadie, l'autre de Québec
et Gouverneur de la Nlle France jusqu'en 1635. — Tous deux étaient de Saintonge — Pourmoi
il était évident aussi qu'en Bretagne il y avait des documens sur Jacques Cartier sur ses neveux,
sur Pontgravé, sur le Marquis de la Roche et assurément ~~aussi~~ encore. touchant des Entreprises
qui mériteraient d'être connues et qu'on ignore — Malheureusement je n'ai pas l'argent pour
faire à mes dépens ces voyages, et celui de l'État étant sacré, je n'ai pas osé m'avancer par
devers Votre Excellence avec des probabilités aux quelles j'eusse volontiers et facilement sacrifié
ce qui m'aurait appartenu.

Aujourd'hui, Monsieur le Ministre, que Votre Excellence et le Comité ont arrêté que je recueil
lerais d'abord les documens relatifs aux origines françaises de l'Amérique du ~~Sud~~ Nord.
Mon travail ainsi limité dans un sujet moins vaste, en a d'autant plus besoin d'être com
plet pour être vraiment digne de celui qui le commande, de ceux qui le dirigent et nous
ne pouvons pas nous contenter de ce que nous avons sous la main, quand demain les Etrangers
qui fouillent les Archives de nos Départements peuvent nous enlever l'honneur d'écrire notre histoire
et de publier avant nous nos propres faits — Cette négligence qu'on nous reproche nous nous
en sommes rendus coupables bien souvent. M. Estancelin n'a guères fait que mettre un nom
au voyage de Parmentier qu'avait publié Ramusio sous le titre de Navigazione d'un
gran Capitano del mare francese del Luogo di Dieppa etc — et il faut aller chercher dans
le Teatro naval hydrografico de Seyxas, la trace de notre premier voyage connu de
circumnavigation du monde, fait par un nommé Jean Baptiste de La Feuillade, de
Rouen — A ma connaissance un Americain qui est venu en France explorer les archives
de la marine Sera à son retour d'Egypte à Dieppe et à Saint Malo. — En conséquence
Monsieur le Ministre, je demanderai de nouveau à Votre Excellence la faveur d'une
mission dans le but d'explorer nos archives et cette fois même mon travail étant limité,
ma demande sera plus étendue, parce qu'il faut qu'il soit complet — Pour cela, Monsieur
le Ministre, j'aurais en vérité besoin, de voir les Archives des principales villes de
Normandie, de Bretagne et de Saintonge.

J'établirai ma demande sur ce fait que les Archives des ports ayant été inexplorées
et ~~étant~~ riches pour la plupart en documents doivent renfermer les relations inédites de
bien des navigations lointaines et assurément aussi de découvertes inconnues — ~~[illegible]~~
l'Esprit d'Entreprise a été de tout temps naturel aux Français — Malheureusement il
n'a trop souvent donné lieu qu'à des Entreprises isolées d'ailleurs, n'étant soutenu par le Gouver
nement que rarement ou d'une manière insuffisante — Dans les trois provinces maritimes
que je propose à Votre Excellence de visiter, il se signala au plus haut point — M. Estancelin
a montré bien des navigations Normandes, Mais à dire vrai, à l'exception d'une ou deux
il n'a guères ~~[illegible]~~ ajouté que de ce qui était connu, et il semble n'avoir vu que les archives de
Dieppe, se contentant pour le reste de rassembler ce qui est imprimé — ~~Ainsi~~ Or Monsieur
le Ministre sans vous parler des expéditions des Malouins qui jouèrent maritimement
un fort grand rôle du 15e au 17e siècle, en laissant de côté les ~~[illegible]~~ entreprises des armateurs
de la Rochelle dont la puissance tint en échec la puissance royale aidée de la marine des
hollandais, pour nous en tenir seulement à la Normandie, ~~J~~ Le peu qui nous reste des archives
de Dieppe est loin de contenter l'Esprit touchant les expéditions des Normands et ce qu'on connait
de ceux de la ville de Rouen, d'Honfleur, d'Harfleur, de la Comté d'Eu n'est pas la dixième, cette
assurément de ce qu'ils ont fait — D'ailleurs ~~pour~~ en ce qui me regarde, j'ai appris que les faits qu'on
croit les plus connus sont encore bien ignorés et qu'il reste au fond des cartons des noms
dignes de renommée dont on n'a gardé aucune mémoire — L'histoire des découvertes
de La Salle et de la Vérendrye n'est elle pas un exemple de ce que j'avance — De la découverte
de La Louisiane qu'on croyait à peu près connaître on n'avait réellement bien que l'histoire
des deux ans et la publication ordonnée par vous Monsieur le Ministre, va en montrer ~~[illegible]~~ celle
de vingt — Quant aux voyages de Mr Denis de la Vérendrye, on n'en connaissait pas même
le nom.

?

La note de M. Vitet qu'on trouve dans son histoire de Dieppe sur le Manuscrit de Champlain pa-
vant suffire en partie pour motiver mon envoi en Normandie, je joins, Monsieur le Ministre à ce Mémoire, pour justifier de ma demande relativement à la Bretagne une lettre que je viens de
recevoir de M. A. de Courson qui a vu les papiers de Saint-Malo et que Votre Excellence sait
capable d'en apprécier la valeur – Il y en a aussi dans d'autres villes de cette province m'a dit Mr
le Marquis d'Argentré – quant à la Rochelle, je n'ai encore que des présomptions comme j'en avais
touchant Saint-Malo avant que je n'eusse reçu ces renseignements de Mr de Courson. Mais Votre Excellence les trouvera suffisantes sans doute si je m'engage envers elle à prendre ma mission à un
point de vue plus haut que la Découverte et l'Établissement des Français de l'Amérique du Nord
Et étendant ainsi mon horizon je prendrai soin d'indiquer pour cette province comme pour les autres
ports où je passerai les papiers intéressants qui peuvent servir à l'histoire de cette partie
maritime et commerçante de la France – Ainsi lorsque l'histoire de la Marine est
encore loin d'être faite, faisant l'affaire de tous en même que la mienne je crois, dussé-
je ne rien trouver pour moi, que ma mission ne demeurerait pas inutile et sans intérêt
pour le Comité.

Pardonnez-moi, Monsieur le Ministre, la liberté que je prends d'appuyer tant sur cette mission –
je le répète, si j'avais par devers moi seulement ce qu'il faut pour faire le voyage à mes propres frais
je le ferais – Mon excuse est d'ailleurs dans le désir que j'ai en rassemblant les titres d'honneur de
notre nation, de faire un ouvrage recommandable, parce qu'il sera consciencieux et aussi complet que possible. Or sans cette mission le recueil de Découvertes semblable pour la France
au monument que Navarrete et Munoz ont élevé à l'honneur de l'Espagne, demeurera incomplet et comme mutilé – Demain peut-être les Étrangers pourront se vanter d'avoir
trouvé et imprimé ce qu'un Français chargé par le Gouvernement d'en faire la collection
n'aura pu recueillir – Mais il en sera autrement, je n'en doute pas, Votre Excellence
après m'avoir encouragé dans mes efforts, voudra encore m'y soutenir et la première partie
de mon travail pourra être aussi neuve que la seconde.

En effet je vais écrire demain au Congrès de Gênes et j'espère obtenir des savants Italiens
des notes nouvelles sur Verazzano, envoyé à la Découverte par François Ier. Des papiers
inédits de ce navigateur florentin, sont je le sais à Florence dans la Bibliothèque Strozzi.
Les Archives de Saint-Malo, me fourniront des papiers sur Jacques Cartier et peut-être sur
d'autres navigateurs – Dieppe me donnera au moins son document de Champlain qui n'est
pas connu, et quelques pièces également je crois sur son ancien Gouverneur, Aymar de Clermont
Commandeur de Chastes – La Saintonge ajoutera sans doute de son côté à celui que m'a
fourni la Bibliothèque Royale sur le Pilote de Roberval – Alfonse le Saintongeois « Livre
et Loyal » document assez volumineux daté de 1545 – Le Marquis de Biencourt qui cherche
en ce moment à réparer les pertes de sa bibliothèque incendiée en partie, m'a promis ce
qu'il avait sur les Poutrincourt, fondateurs de Port Royal, ses ancêtres – Je m'efforce depuis
quelque temps de trouver la demeure des descendants des Razilly – ainsi que celle des
Goulaine de Laudonnière et peut-être obtiendrai-je d'eux des renseignements précieux.
Tels sont les noms principaux que je connais aujourd'hui sur la partie de notre Colonisation
antérieure à Colbert – Vous voyez, Monsieur le Ministre, que pour remplir la commission dont vous m'avez honoré, je m'en vais cherchant de tous côtés les moyens de faire
un ouvrage nouveau – Que Votre Excellence veuille bien me commander encore les
recherches que je lui demande dans ces trois Provinces – je ne reculerai pour obtenir
les résultats que le Comité peut désirer devant aucune fatigue. – Ces voyages dans l'état
de santé où je suis toujours ne seront pas pour moi un plaisir de vacances, je les aurais
même préférés cet hiver, car jedaurais depuis huit mois, ce que j'ignore encore aujourd'hui.
Mais quelque peine qu'ils me coûtent s'ils sont fructueux et ajoutent à la Science historique, s'ils ramènent à la mémoire des faits oubliés honorables pour le pays toutes mes
fatigues m'auront été douces et Votre Excellence aura encore fortifié chez moi les sentiments de respect et de reconnaissance qui me font

Monsieur le Ministre

Votre très humble et très obéissant
Serviteur
Pierre Margry

S. E. Monsieur le Cte de Salvandy, Ministre de l'Instruction.

Recherche d'un passage à la mer du Sud par l'intérieur de l'Amérique du Nord. Découverte des Montagnes Rocheuses par les Français, antérieure aux prétentions des Anglais et à celles des Anglo-Américains — Pierre Gautier de Varennes sieur de la Vérendrye chargé de l'exploration.

— Les découvertes causent de plus grandes dépenses et exposent à de plus grandes fatigues, à de plus grands dangers que des guerres ouvertes. —

Lettre du Mis de la Galissonnière au Cte de Maurepas, — 23 8bre 1747.

Il a marché et nous a fait marcher mes frères et moi d'une façon à pouvoir toucher au but quel qu'il soit, s'il eût été plus aidé et s'il n'eût pas été tant traversé par l'envie.

Lettre du Sr. de la Vérendrye au Ministre L. A. de Rouillé — 30 7bre 1750.

Monsieur le Ministre,

Ainsi que je l'ai annoncé dans mon dernier rapport, j'ai l'honneur de faire remettre à Votre Excellence les documens qui me paraissent constater la découverte des Montagnes Rocheuses par les Français plus de soixante dix ans avant que les Américains de l'Union n'y aient pénétré (1743 – 1806). Maintenant que la question de l'Orégon est vidée entre les États Unis et l'Angleterre, après que l'une et l'autre de ces nations ont chacune selon ses intérêts fait résonner les noms de Cook, de Vancouver, de Mackensie, de Gray, de Lewis et de Clarke, il m'a semblé qu'il pourrait vous être agréable à vous et au comité, qu'avant de vous parler d'autres sujets, je vous fisse connaître les expéditions des nôtres vers les mêmes régions, expéditions tout-à-fait ignorées.

La découverte des Montagnes Rocheuses par les Français n'est, dans des proportions restreintes, Monsieur le Ministre, l'un des nombreux résultats d'une idée qui depuis bien des siècles travaille le monde, dont elle a changé la face. Je veux dire le désir de l'Occident de s'unir à l'Orient, désir qui a fait naître Colomb, Gama et Magalhaens, a suscité tant d'efforts dans le but seul de trouver le plus court chemin de l'Europe aux Indes et qui aujourd'hui aboutit, après les voyages de Ross au percement de l'Isthme de Panama — En désespoir de cause, l'on songe à trancher le nœud Gordien.

En même temps qu'ils ont pris part aux tentatives Maritimes du Nord, tant les Français à peine établis dans l'Amérique du Nord ont cherché à travers les terres de ce continent un passage à la Chine. Colomb, Amerigho Vespucci lui même, étaient morts persuadés que l'Amérique n'était qu'un prolongement de l'Asie et comme eux, jusqu'au 18e siecle on a généralement cru que ces deux Continens se tenaient l'un à l'autre. Suivant ces conjectures qu'on fut longtemps à pouvoir déduire, dans l'ignorance où l'on était également de la longueur de l'Espace à parcourir pour arriver à l'Asie, le Chemin dont on se serait assuré dans l'Amérique du Nord par une chaîne de postes et d'Entrepôts, comme nous fimes depuis terre Neuve jusqu'au Golfe du Mexique, semblait devoir pour le commerce donner au peuple qui auroit executé cette entreprise immense, ~~[illegible]~~ le moyen d'une concurrence avantageuse avec les autres nations forcées de faire le tour de l'Afrique ou de doubler le cap Horn. Les découvertes des Russes ne vinrent que fort tard ruiner ces espérances en renversant l'erreur sur laquelle on les fondait ~~appuyait~~. Mais alors s'il fut avéré que communiquer directement avec la Chine par la seule voie des terres était impossible, on estima du moins comme une bonne fortune d'en être le plus rapproché. — C'est ainsi que le Céleste Empire étant ouvert aujourd'hui au négoce de l'Occident, l'Orégon devenu par sa position d'une importance fort grande, méritait d'être disputé et qu'il serait curieux de nous y voir arriver les premiers, si les efforts, les dangers les fatigues de nos découvreurs, si le spectacle de progrès vers un but longtemps poursuivi ne donnaient déjà un Interet majeur à ces Entreprises.

Les papiers qui sont sous les yeux de Votre Excellence signalent surtout deux hommes comme ayant contribué de leur courage ou de leurs vues au succès dont notre pays, peut au grand désappointement de J. Carver réclamer l'honneur. — Malheureusement encore ils montrent, en même temps que si ce succès ne fut ni plus prompt, ni plus complet, si nos Français n'arriverent pas à l'Ocean Pacifique et n'atteignirent les Montagnes Rocheuses qu'en 1743 la faute en fut seulement au Gouvernement de la Métropole, qui par la crainte d'une dépense miserable, lorsqu'on en faisait de si folles repoussa d'abord la proposition d'un plan par lequel ~~quel~~ moyen Lewis et M. Clark toucherent au but désiré puis abandonnant à ses propres ressources un pauvre gentilhomme plein de zèle et de désintéressement le laissa lui et les siens sans aide se consumer près de quinze ans dans des efforts incroyables que son indifférence et plus tard son injustice rendirent inutiles. Ces efforts, le Ministre de la Marine ne les reconnaissait même pas ; le Comte de Maurepas protégeait alors, il est vrai, les poètes du théâtre de la Foire.

L'homme d'intelligence, Monsieur le Ministre, dont on rejeta le projet ce fut le Père de Charlevoix, historien à mon avis superficiel autant qu'inexact, mais homme d'un esprit droit, actif et non sans énergie. Ce père avait proposé de remonter le Missouri dont la source disait-il d'après les Indiens, n'est certainement pas loin de la mer. L'homme d'exécution qui faute de secours perdit en contremarches une grande partie de ses biens, de son temps et de ses peines était un des deux fils du second Gouverneur de la Ville des Trois Rivières en Canada. Son nom était Pierre Gaultier Varennes Sieur de La Vérendrye — Jeune encore il s'était distingué en Europe sous le Maréchal de Villars dans les campagnes de Flandres, à Malplaquet même il avait été laissé pour mort sur le champ de bataille avec neuf blessures, ce qui lui avait valu le grade de lieutenant dans le Régiment de Bretagne mais trop pauvre pour servir en France, il était depuis retourné dans la Colonie, où 20 ans plus tard il devait avec ses quatre fils se signaler d'une autre manière en s'efforçant de découvrir la mer de l'Ouest par l'intérieur des terres.

Depuis 1706 jusqu'en 1716 c'est à dire depuis la mort de d'Iberville qui avait marqué l'intention de poursuivre les deux desseins de Cavelier de La Salle et n'en avait mené qu'un à terme la découverte par mer de l'Embouchure du Mississipi, les papiers ne m'ont encore montré aucune trace de tentative d'expédition vers la mer du Sud par le Canada — De temps en temps seulement quelques officiers hasardaient leurs conjectures sur la réussite probable de cette découverte par telle ou telle Rivière, mais on en demeurait aux discours lorsque les rapports d'un voyageur engagèrent le Marquis de Vaudreuil à faire faire la recherche du passage à l'Océan — Ce Gouverneur ne demandait guères pour l'exécution de ce projet qu'une somme de cinquante mille livres nécessaire à l'entretien de cinquante hommes pendant deux ans et aux présents qu'il était indispensable de faire aux Nations Indiennes placées sur la route — Il ne croyait pas convenable sans doute qu'un officier s'occupât lui même de la traite des pelleteries comme moyen de faire sa découverte — Il pensait d'ailleurs qu'il y perdrait un temps précieux et y rencontrerait de fréquens embarras — Monsieur de Vaudreuil voulait enfin assurer à l'État l'honneur de l'Entreprise — Le Conseil de Régence souscrivit d'abord à la demande du Marquis mais il changea d'avis et le Chevalier De La Noue déjà parti pour la découverte dut obéir à d'autres ordres. [remplacé par de La Noue] Le Gouvernement voulait auparavant s'assurer pour ne pas faire une dépense inutile du meilleur chemin à suivre. Cela était sage mais on poussa trop loin la prudence. ~~En~~ le Père Charlevoix en conséquence fut chargé de cette commission, dans laquelle un grand nombre d'obstacles, un naufrage entr'autres vinrent l'empêcher d'accomplir ses desseins. Néanmoins il avait pu dans les différens postes par lesquels il avait passé recueillir de grandes lumières et de retour à Paris malgré lui, le Révérend Père en communiquant ses informations au Régent et au Comte de Toulouse, leur présenta deux projets qui en étaient le résultat. Il proposait par l'un de faire remonter le Missouri, par l'autre d'établir une mission aux Sioux. Ces peuples, disait-il, en relation avec les Assiniboels et les Aiouez (Iowas) voisins du Missouri donneraient certainement aux Missionnaires bientôt instruits de leurs langues toutes les connaissances désirables pour la découverte. Le Père De Charlevoix en présentant ces deux projets ne dissimulait ~~pas~~ toutefois pas qu'il penchait de préférence vers le premier — Il s'offrait même à l'aller exécuter mais le second qui ajournait indéfiniment l'Entreprise fut celui que le Régent accueillit par économie. Le Régent était souvent moins réservé sur d'autres dépenses moins utiles à l'État. La mission aux Sioux fut donc établie, mais elle ne donna pas d'autres renseignemens que ceux qu'avait obtenus le Père De Charlevoix lui même et lorsqu'excité par les Récits des Indiens, le Sieur de La Verendrye eut demandé et obtenu sous les auspices du Marquis de Beauharnois le privilège de faire la Découverte sans qu'il en coutât rien au Roi il ne mettait guères à exécution, si ma mémoire ne me trompe pas, que le projet présenté par Monsieur De Vaudreuil en 1716 et ainsi que le Père De Charlevoix l'avait pensé, après d'immenses efforts, il n'arrivait qu'au Missouri et par le Missouri devait continuer son exploration — C'était donc de compte fait 14 années de perdues. —

Toutefois en 1730 époque à laquelle Monsieur De La Vérendrye offrait de tenter l'entreprise, il eut encore été temps de réparer le mal du retard causé par l'adoption du second projet du Père Jésuite. Il ne fallait pour cela qu'un peu d'aide à un officier plein d'ardeur et de dévouement. Mais lorsque le projet reparut pour être enfin mis à exécution l'aide manqua toujours au Découvreur. Malgré la protection de Monsieur de Beauharnois trop tiède mais réelle, malgré les lettres de ce Gouverneur, lorsque Monsieur De La Vérendrye parlait non de ses fatigues, non de ses périls non de ses souffrances et de ses pertes, mais des besoins indispensables à un voyage quel'on compara du temps de Lewis et Clark à l'expédition si longue d'Orellana dans l'Amérique du Sud. On lui faisait des réponses équivalentes à celle-ci — Le Roi ne vous aidera en rien et allez.

Ce ne fut qu'en 1743 Monsieur le Ministre que les fils de cet officier arrivèrent aux Montagnes Rocheuses. Malheureusement les guerres que les sauvages s'y livraient jointes au manque de guides, forcèrent nos Français de rétrograder et là s'arrêtèrent nos découvertes, car par cela même que Monsieur De La Vérendrye était plus près du succès on l'acharnoit davantage dans la Colonie à le calomnier. On travestissoit son zèle, son dévouement au service du Roy en esprit de commerce et l'on disait que s'il ne découvroit pas la mer de l'Ouest, c'était qu'il préférait découvrir les castors. La nomination de plusieurs officiers au Grade de Capitaine où il n'eut point de part quoiqu'il fut lieutenant depuis Malplaquet (1709-1743) démontra à Monsieur De La Vérendrye qu'il valait mieux pour son avancement être oisif auprès de ceux qui distribuaient les grâces qu'au bout de l'Amérique les méritant par les services. Il était malade alors. En conséquence il demanda son rappel et bientôt le sous-lieutenant de Malplaquet fut nommé capitaine, le Découvreur fut ~~[illegible]~~ chevalier de St Louis. Il est vrai qu'un nouveau Gouverneur avait été envoyé ~~[illegible]~~ en remplacement de Monsieur de Beauharnois. C'était le Marquis Barin de la Galissonnière. Cet homme qui avait l'âme la plus belle dans un corps contrefait cherchait partout le bien du service et soutenait avec autant de chaleur que de constance ceux qui y contribuaient. Mais pendant que grâce au Gouverneur Monsieur De La Vérendrye obtenait une tardive justice, bien chèrement payée l'Entreprise ne marchait plus. Celui qu'on avait choisi pour le remplacer

Monsieur de Noyelles n'avançait à rien et en 1749, toujours sur la vive et ferme recommandation de Mr de La Galissonnière, on crut devoir proposer de nouveau à Mr de la Verendrye de remettre entre ses mains le succès d'une affaire qu'on lui avait retiré. Mais alors cet officier qui entrait comme cadet dans les troupes en 1697 ne devait guères avoir moins de 70 ans et les misères essuyées par lui dans ses diverses expeditions sous un climat rigoureux, exposé fréquemment aux privations, avaient concouru avec l'âge à épuiser son corps. — Il mourut le 6 Décembre 1749 — Ainsi périt toute cette Entreprise, car on ne sut pas être juste et les fils de Monsieur de La Verendrye qui avaient éclairé, facilité sa marche ne purent quoiqu'ils en eussent déjà fait tous les frais, obtenir le commandement de cette expedition qui vraisemblablement heureuse eut été la dernière. Ils avaient sans ménagement employé toutes les forces de leur jeunesse à la recherche de la mer de l'Ouest. Ils y avaient perdu leur avancement et engagé leur peu de fortune — Un de leurs frères était mort massacré par les Sioux, leur cousin, second de leur père, ~~était~~ avait aussi ~~mort~~ dans l'exploration succombé aux fatigues du pionnier — Malgré tous ces titres qui étaient des droits, l'Amour propre de ceux qui furent chargés de la Découverte ne leur permit même pas d'y prendre part — C'était les ruiner, on les ruina c'était leur enlever l'honneur d'une découverte qu'ils regardaient comme la plus belle partie de leur héritage, on leur enleva cet honneur — Il vaut mieux aujourd'hui Monsieur le Ministre découvrir les Etoiles, qu'il ne faisait bon alors de découvrir les parties ignorées de la terre — Par malheur ces injustices menaçaient de maux irrémédiables la Colonie. C'était pour la France le pronostic de la perte de ses possessions de l'Amérique du Nord, En effet cette injustice n'était pas la seule et lorsque les grandes Entreprises d'un Interet reel étaient si peu aidées, si mal récompensées. il ne devait être assurément pas Etonnant de voir malgré le Courage des Canadiens tomber leur malheureux pays au pouvoir d'un Etat toujours prêt à soutenir les siens jusques dans ses prétentions les plus iniques telles par exemple que celles qui suscitèrent la Guerre de sept ans.

Je ne vous retracerai pas, Monsieur le Ministre, les détails de cette Entreprise le sommaire de tous les documents que je joins à cette lettre fixera votre attention sur les points saillants. Il me manque d'ailleurs des pièces qui en sont des parties importantes et j'ai pour les obtenir besoin ici de me réclamer de votre bienveillant concours et de celui du comité.

Je n'ai pu en effet à l'exception d'un seul trouver les Journaux de Monsieur de La Verendrye ni ceux de ses fils et les documents résumés que j'en ai entre les mains, ne m'indiquent les faits que d'une façon souvent bien sèche. Le document important par le quel j'apprends l'arrivée des Français aux Montagnes Rocheuses compte quelques lignes seulement et si elles fournissent un témoignage suffisant pour établir ce fait elles n'en disent pas assez pour la curiosité qu'elles excitent. Mais ces Journaux qui nous rendront tout ce qu'il nous serait interessant de connaître où sont-ils - c'est ce que je ne saurais dire précisément ne les ayant trouvés ni aux Archives ni au Dépôt de la Marine. Mais je demanderai à Votre Excellence la permission de lui soumettre sur ce point quelques conjectures afin qu'elle ~~leur~~ veuille en proportion de leur vraisemblance, m'aider à trouver ces papiers.

La première de ces conjectures me ferait Monsieur le Ministre désirer de voir les Archives des Affaires Etrangères, la seconde les papiers du Comte de Toulouse et du duc de Penthièvre - Voici les raisons de mes désirs

Les Grandes affaires ayant dû passer sous les yeux du premier ministre il est possible que les papiers relatifs à la découverte de la mer de l'Ouest soient restés dans les bureaux de celui après avoir été portés au travail du Roi. - Or le 1er ministre était naturellement à la tête des Affaires Etrangères. Si je me trompe dans ce que j'avance je me reporterai sur d'autres probabilités qui ne seront sans doute plus favorables. Lorsqu'il s'agita entre la France, l'Angleterre et l'Espagne des questions de limites qu'on ne cessa jamais de débattre, vraisemblablement on alla chercher les Journaux de découvertes qui établissaient les droits de la France jusqu'à tel ou tel degré de longitude ou de latitude. Comme plusieurs notes me le montrent plusieurs papiers importans furent envoyés de la Marine au Département des Affaires Etrangères qui ne les rendit pas. Je serais donc reconnaissant à Votre Excellence de vouloir bien demander à son collègue, Monsieur le Ministre des Affaires Etrangères la permission pour moi de visiter ce que peuvent renfermer les cartons et les registres de son Département touchant l'Amérique du Nord jusqu'en 1763. - Il m'est impossible de formuler ma demande plus nettement et plus amplement, puisque dans l'ignorance de ce que possède le Dépôt je pourrais négliger ce qu'il a et demander ce qu'il n'a pas - Cette entrée ne me fut-elle pas d'ailleurs utile, ce qui me surprendrait beaucoup, pour les Découvertes de Cavelier de La Salle, pour celles de d'Iberville, pour celles des Capucins, des Sulpiciens des Jésuites et des Recollects, ainsi que pour celles de

Messieurs de La Verendrye, des sieurs de Saint Pierre et La Marque de Marin qui succédèrent à Mr de la Verendrye dans sa commission. — Elle ne le serait assurément pour les temps antérieurs à 1669. Plus de dix notes en effet m'ont renvoyé pour ces époques aux papiers de ce Département et j'ai d'autant plus lieu de croire à la véracité de ces notes que la marine fut alors détachée des Affaires Etrangères pour être donnée à Colbert. Jusques là ou du moins jusqu'en 1663 les Archives du Ministère de la Marine ne possèdent guères de papiers touchant la Marine elle même et les colonies. Je pense Monsieur le Ministre que ces époques sont tellement reculées que la politique n'a plus rien à voir dans ces papiers. — J'userais d'ailleurs de toutes les réserves que croiroit bonnes à cet égard Monsieur le Directeur de ce Dépot, de la bienveillance particulière duquel je me réclamerai.

Pour ce qui est, Monsieur le Ministre, des papiers du Comte de Toulouse et du duc de Penthièvre un membre du Comité m'avait déjà dit que les papiers de l'Amiral avaient sur l'ordre de la Convention été déposés aux Archives de la Chambre des Députés, lorsqu'un Document relatif à la Louisiane m'a confirmé ce fait. — Votre Excellence après s'en être de nouveau assurée auprès du Comité appréciera si elle doit faire pour moi cette demande dont je lui serais sincèrement obligé.

Je suis désolé, Monsieur le Ministre, d'avoir dans chacun de mes rapports à vous importuner par mes demandes tantôt sur un objet tantôt sur un autre. Mais à mesure que mon champ s'élargit les besoins de connaissances et d'informations deviennent par cela même aussi plus étendus or je ne voudrais négliger aucune source de renseignemens. Je serais même cet hiver, malgré une mauvaise santé opiniâtre prêt à obéir aux ordres de Votre Excellence si elle voulait me donner maintenant pour la Bretagne, la Normandie, la Saintonge, la mission que je lui avais demandée dès le mois de juin. — Cette mission et mon Entrée aux Archives des Affaires Etrangères dont je lui saurais vivement gré, me permettraient de compléter enfin dans l'ordre voulu les matériaux que j'ai rassemblés tandis que tout en ayant des parties précieuses sur beaucoup de points de mon travail, je ne saurais encore aujourd'hui les rattacher les unes aux autres.

J'ai l'honneur d'Etre,

Monsieur le Ministre

De Votre Excellence

Le très humble et très obéissant

serviteur

Pierre Margry

A Monsieur de Salvandy. M. de l'Instruction Publique.

Travaux historiques.

2.5

1383 G

7eme Rapport.

Colonies françaises de l'Amérique du Nord — Hist. des découvertes faites par les français dans ce continent.

Monsieur le Ministre,

J'allais envoyer à Votre Excellence, mon septième rapport lorsque sa lettre du 24 février est venue le rendre inutile, en restreignant mes recherches aux faits qui regardent particulièrement Cavelier de la Salle. Néanmoins pour justifier de l'assiduité de mon travail pendant les trois ~~derniers~~ mois, je crois devoir vous faire connaître les découvertes qui en ont résulté.

Les derniers papiers que j'ai soumis au Comité avaient trait à la recherche faite par les Français d'un passage à la mer du Sud à travers les terres de l'Amérique du Nord.

Dans les discussions touchant l'Oregon, l'Angleterre et les États-Unis avaient réclamé l'honneur de la première découverte après les Espagnols et ni l'un ni l'autre de ces peuples n'avait dit que les Français eussent touché avant tous autres ~~aux Montagnes Rocheuses l'Oregon~~ par les Montagnes Rocheuses.

Dans cet état de choses, mon instruction s'étendant à l'histoire de toutes les découvertes des Français dans l'Amérique du Nord, j'ai cru que l'intérêt attaché à cette discussion politique rendrait d'autant plus curieuse la connaissance de faits enfouis dans les cartons et comme pour protester contre cet oubli, volontaire ou non, de nations rivales, je présentais au Comité avec mon dernier rapport touchant cette découverte les papiers qui signalaient le courage et les misères de Pierre Gautier de Varennes de la Verendrye, de ses quatre fils et de son neveu, Monsieur de La Jemerays. Je pensais que comme je ne sortais pas des limites de mon instruction, si j'abandonnais momentanément la marche chronologique que j'avais jusques là suivie dans mon travail le Comité ne m'désapprouverait pas.

Des raisons non plus seulement de circonstance, mais d'un ordre plus élevé m'ont sollicité de compléter pendant ce trimestre les documens que j'avais recueillis pendant l'autre sur ce sujet.

Il y a là en effet dans l'exposé des documens relatifs à cette entreprise et une question de justice par rapport à des hommes d'intelligence et de courage oubliés et aussi une question d'amour-propre national qui ne se borne pas à l'antériorité de découverte des Montagnes Rocheuses, c'est la grande question d'un passage aux Indes et à la Chine, où la France joute avec toutes les nations maritimes avec Gênes et avec Venise d'abord, avec la patrie de Vasco de Gama et d'Albuquerque et de Soarez, avec l'Espagne fière d'avoir employé les talens de Colomb et de Magellan, deux Etrangers, avec l'Angleterre, si active, si persévérante mère de Ross et de Parry, avec la Hollande, avec le Danemark avec la Russie même, cet empire né si tard cependant, et qui malgré cela a servi aux progrès de la civilisation, de la science et par ses efforts à l'union des deux mondes — Ces divers peuples ont tour-à-tour possédé ou tenté d'obtenir le Commerce de la Chine et des Indes en s'ouvrant une voie nouvelle vers ces contrées si riches. Des efforts qu'ils ont faits ont résulté la découverte et la peuplade des quatre cinquièmes du Globe, cachés jusques là à l'autre cinquième. Ces efforts ont encore été la cause de bien des révolutions politiques, de l'accroissement ou de la de la decadance de nations Européennes, et en même temps qu'ils développaient les connoissances geographiques on ne sauroit calculer ce qu'ils ont fait pour le bien être des peuples, et pour l'avenir de la Civilisation.

Il est donc curieux de connoître la part que la France a prise à ce désir aux efforts qu'il a suscités comme aux bienfaits qu'il a répandus. Mais l'histoire jusqu'ici révèle bien peu de voyages où les français devancent les autres peuples dans les découvertes en s'efforçant de trouver le passage des Indes — Je crois, il est vrai, que l'histoire qui n'a dit son dernier mot sur rien, est plus loin encore de l'avoir dit sur la part que les français ont prise à ces tentatives civilisatrices je crois que nos archives negligées, dispersées contiennent bien des titres encore glorieux pour nous, même sur ce point, j'en ai, comme je l'ai dit, decouvert deux, et assurément ce ne sont pas les seuls perdus, on sera plus heureux sans doute que moi, mais jusques là, si la dispersion et l'abandon où sont les divers papiers de l'Etat, nous laissent comparativement aux autres peuples si pauvres d'honneur quant à ce qui concerne les navigations, c'est là ce me semble un motif de ne pas abandonner les titres que nous trouvons sous la main

Or au récit de toutes ces recherches d'un passage à la Chine par le Sud et par le Nord, par l'Est et par l'Ouest, nous en avons un inconnu jusqu'aujourd'hui à opposer, c'est celui de nos efforts dans une voie où nous sommes entrés les premiers et que nous avons été longtemps les seuls à parcourir. ~~Et~~ il est probable même que si la ~~[illegible]~~ guerre de sept ans ne nous eût pas arrêtés nous eussions mené cette découverte à terme, que commencée par Champlain elle eût ~~[illegible]~~ été achevée bien avant 1754 si le Gouvernement eût donné à nos officiers les moyens d'agir en proportion de leur énergie et de leur intelligence — Malheureusement il resta toujours au dessous de son devoir et des inspirations des particuliers, quoique la réalisation du désir où ceux ci tendoient eût pu donner aux français maîtres des lacs du Canada des rivières de la Louisiane la plupart des avantages auxquels l'Angleterre prétendit longtemps arriver par ses navigations au Nord Ouest

~~Ce~~ Cette recherche, comme je l'ai dit dans mon dernier rapport, c'est la recherche d'un passage à travers les terres de l'Amérique du Nord jusqu'à l'Océan Pacifique.

~~Cette recherche~~. Les efforts que cette recherche a suscités chez les nôtres ont successivement fait découvrir par eux la Baie d'hudson et au delà, le cours ~~[illegible]~~ de l'Ohio, de l'Ouabache, du Ouisconsin, du Mississipi, celui du Missouri, le saskatchouan et enfin les Montagnes Rocheuses — ~~[illegible]~~ ~~[illegible]~~ si l'on songe que longtemps les Géographes ont ignoré si la Californie était une Ile ou une presqu'île, si l'Asie et l'Amérique dont on ne connaissait pas les extrémités septentrionales n'étaient pas unies l'une à l'autre par un Isthme. — ~~et~~ pour peu que l'on observe encore que Terre Neuve, Port Royal, Québec furent le point de départ de nos explorations, l'on appréciera grandement toutes ces découvertes.

Un motif est venu s'ajouter à ces raisons déjà fortes, Monsieur le Ministre — Il a été publié dernièrement en Amérique un livre français, qui paraît y être assez estimé, dans lequel l'Ecrivain nie la découverte des Montagnes Rocheuses par nos officiers — Possesseur de 4 ou 5 pièces seules sur ce sujet, il s'autorise de son ignorance des autres pour flétrir ce découvreur aussi courageux qu'infortuné. Cet écrivain d'ailleurs n'a mentionné aucunement ~~[illegible]~~ ni les efforts ni les mémoires des autres officiers dans la poursuite de cette idée et toute la grandeur des faits lui échappe avec leur enchaînement.

Les pièces nouvelles que j'ai trouvées au nombre de 32 sur l'entreprise d'un passage à la mer de l'Ouest sont de deux sortes comme les premières, les unes concernent les hommes qui l'ont commandée, ou protégée, les autres faux qu'il ont épéalée. Ces premières sont de Mrs de la Verendrye, ou des gouverneurs, les autres sont des lettres du Régent, du Roi ou du Ministre.

grâce à un recensement — J'ai pu établir l'âge de Monsieur de La Verendrye. Le père, — comme je l'ai dit déjà, il était fils de Gautier de Varennes, Gouverneur des Trois Rivières mort en 1691 après 33 ans de services et de Demoiselle Jeanne Boucher de Boucherville. Ce recensement, qui est de 1681 me donne le nombre des enfans de ce gouverneur, ils étaient quatre - trois garçons, une fille. René avait dix ans, Pierre 5, Jean 2 — ~~Mr~~ Pierre c'était Monsieur de La Verendrye. Il mourut en Décembre 1749 au moment de repartir pour une expédition. Il avait donc alors 74 ans. Ainsi c'était un vieillard chargé d'ans et de blessures, lorsqu'il s'exposait aux fatigues et aux privations dont le Comité a pu prendre connoissance dans les derniers papiers que je lui ai soumis.

Le sort des 3 fils de Monsieur de la Verendrye qui demeurèrent après la mort de leur père était intéressant à connaître. — On les avait ruinés en leur retirant la découverte pour laquelle ils avaient fait des avances considérables et qu'ils étaient plus capables que personne d'achever — Ils avaient ainsi perdu dans cette entreprise leur bien et leur avancement, fort âgés déjà ils n'étaient que petits officiers, c'étaient là autant de causes de sympathie qui faisoient désirer de savoir ce qu'ils étaient devenus. — D'après ce que j'en ai pu apprendre, la fin de leur carrière ne fut guères plus heureuse que ne l'avait été leur vie jusqu'en 1749. Ils s'avancèrent ~~des~~ bientôt, il est vrai, dans la guerre de sept ans, parce que dans la guerre des hommes d'énergie reprennent leur rang. Mais je vois trois Varennes mourir tristement de 1760 à 1761 et je crains bien que sur ces trois il n'y ait au moins deux La Verendrye.

Le Chevalier de La Verendrye celui qui avait pénétré jusqu'aux Montagnes Rocheuses périt noyé le 15. 9bre 1761 sur l'Auguste, vaisseau armé en Cartel — Dans ce même naufrage fut englouti avec lui un ~~lieutenant~~ danseur (?) du nom de Varennes — Avant ces morts, en 1760 avait été blessé à ne pas revenir un autre lieutenant de ce nom. Si ces derniers n'étaient pas les

70

deux frères de celui qui avait été massacré par les Sioux en 1736 c'étaient ses cousins. C'étaient donc, sans compter Monsieur De La Jemeraye, 4 hommes au moins dans une même famille qui avaient vécu et étaient morts pour le service du Roi.

Quand on voit des existences aussi noblement employées que celle de ces découvreurs on se sent porté naturellement à s'enquérir si le père était digne des fils. Je savais que le Gouverneur des Trois Rivières était venu en Canada avec le régiment de Carignan-Salières dans lequel il était lieutenant, que ce régiment avait servi sous Turenne, mais je n'ai pu apprendre de quelle province était originaire cet officier et j'ai cherché également en vain des actes de sa vie. Le livre, dont j'ai parlé tout à l'heure, et qui traite si légèrement de la découverte de Messieurs de La Vérendrye, m'a fait un moment croire à une grande et belle action du Gouverneur des Trois Rivières. Mais c'est avec bien d'autres encore une erreur de ce livre. Ce gouverneur venait alors de mourir, ses fils, les seuls Varennes que je connaisse en Canada, n'étaient pas encore capables d'agir et le Varennes que l'Écrivain met en jeu est un Valrenne. Ce Valrenne s'appelait Clément de Valrenne et descendait des premiers Maréchaux de France du nom de Clément.

J'ai demandé inutilement au Louvre, à la Bibliothèque ainsi qu'aux Archives de la Couronne, les papiers du Comte de Toulouse. Mrs Barbier et Camet m'ont répondu qu'ils ne les avaient pas, mais je dois signaler à l'attention des Membres du Comité un énorme manuscrit sur l'Administration de la Marine pendant le Ministère de Monsieur de Maurepas, manuscrit qui est à la Bibliothèque du Louvre. Je continuerai donc jusqu'à plus amples informations de croire celles qu'on m'a données touchant les papiers de l'Amiral compris dans ceux de la Maison de Penthièvre. J'aurais vivement souhaité de trouver ces papiers et parmi eux les deux Journaux les plus importants de Monsieur de La Vérendrye que je n'ai pu rencontrer jusqu'ici. Si ces journaux ne sont pas dans les papiers de l'Amiral, selon la conjecture la plus probable, je n'ai plus sur le moyen de les trouver que des données fort chanceuses. Le Géographe du Roi Philippe Buache semble les avoir eus entre les mains, sont-ils restés en sa possession et les siens en ont-ils hérité. Les trouverait-on chez les descendants des Gouverneurs, ou bien l'Academie des sciences les a-t-elle par devers elle dans ses archives si elle a des archives — L'Académie des Sciences fût en effet fortement preoccupée de ces découverts et on la voit nommer des Commissaires, entre lesquels est un ancien Gouverneur de Canada, Monsieur de La Galissonnière, pour examiner les Considérations de Philippe Buache sur la mer de l'Ouest —

A ce propos même un fait curieux est à remarquer c'est qu'au moment où le projet de découvrir cette mer était soumis au Regent par le Marquis de Vaudreuil en 1716, Guillaume Delisle qui fut professeur de Geographie du Roi Louis XV, et que le Régent avait sans doute consulté lui presentait avec un memoire sur l'existence de cette mer une carte dans laquelle on ~~trouve~~ trouve placé presqu'exactement l'Embouchure de l'Oregon; ~~[illegible]~~ où selon les in commun l'on ne penetra qu'en 1786 — Delisle désigne l'Orégon sous le nom de Rivière de l'Ouest — Déjà en 1706, ce savant Geographe en avait parlé ~~en 1706~~ dans un mémoire imprimé au sujet d'un procès qu'il intenta aux contrefacteurs de ses cartes à cette mer, disait-il alors est une de mes découvertes, mais comme il n'est pas toujours à propos de publier ce que l'on sait, ou ce que l'on croit savoir, je n'ai pas fait graver cette mer de l'Ouest dans les ouvrages que j'ai rendus publics, ne voulant pas que les Etrangers profitassent de cette découverte quelle qu'elle put être avant que l'on eût reconnu dans ce Royaume si l'on en pourrait tirer quelque avantage. Mais je l'avais mise sur le Globe manuscrit que j'eus l'honneur de présenter en 1697 à Monsieur le Chancelier Boucherat et j'ai donné en 1700 à Monsieur le Comte de Pontchartrain les preuves de l'existence de cette mer —

D'où Guillaume Delisle avait-il tiré ce renseignement, c'est ce que je ne saurais déterminer — N'etait ce qu'une conquête obtenue par la reflexion, une ~~[illegible]~~ conquête semblable à celles qu'avait déjà faites ce savant appliqué à étendre ou à reformer la connaissance qu'on avait ~~[illegible]~~ de la terre en ces tems là, cela est ~~[illegible]~~ peu vraisemblable — Quoiqu'il en soit, cette carte présentée par le savant au Régent merite une grande attention surtout à cause de certaines coïncidences. En effet en 1717 Pierre Le Grand était à Paris. Il visitait fréquemment Guillaume De Lisle et il est probable que preoccupé alors du projet sur lequel le Gouvernement le consultait le Géographe insinua au prince qui lui avait montré deux cartes manuscrites de son empire, de faire rechercher par le Kamtchatka, parla Tartarie cette mer de l'Ouest, pendant que les français la cherchèrent par le Canada (On sait que l'un des derniers ordres de Pierre le Grand avant sa mort commanda cette recherche, et que les voyages de Behring et de Tchirikoff auxquels Delisle de la Croyère prit part, en furent ~~entrepris~~ d'après ses instructions mêmes du czar.

Les lettres nouvelles que j'ai trouvées de la Régence concernant cette recherche, Monsieur le Ministre, montrent évidemment son action protectrice sur ce projet, mais elles laissent aussi à désirer qu'elle n'ait pas été plus chaude, c'est cependant, on ne peut l'avouer qu'avec peine, la Régence qui fit le plus — Malheureusement ~~qui~~ comme je l'ai déjà dit entre les deux projets du Père Charlevoix, le Régent préféra à celui qui mena les Américains à la mer du Sud, le projet d'un établissement aux Sioux parce qu'il coûtait moins. —

Je prendrai la liberté de faire remarquer à Votre Excellence la présence et l'action ~~des~~ des Jésuites dans la recherche d'un passage à l'Ouest, action soutenue depuis et même avant Cavelier de la Salle — On les voit signaler dans leurs relations le désir qu'ils ont de cette entreprise, ~~et~~ on les y voit en commencer l'exécution. On les voit dans les manuscrits ~~les~~ faire à ce propos une concurrence terrible à Cavelier de la Salle, encourager plus tard d'Iberville à ce dessein, enfin en 1717 lorsque les Jansénistes fatiguant le Régent de leur austérité mystique, ce prince tourne de l'autre côté et favorise les Jésuites qui l'avaient au commencement de son administration assez lestement traité en pleine chaire, on voit le Père de Charlevoix envoyé à la recherche de la mer de l'Ouest ~~Je trouve~~ Je trouve encore à la date du 25 avril 1730 la notification d'un mémoire d'un de ces pères. «

« J'ai reçu, écrit le Roi au Marquis de Beauharnois, les lettres que vous m'avez « écrites les 25 8bre et 5 9bre de l'année dernière, avec la première la « suite du mémoire du Père De Gonor, sur la découverte de la mer de l'Ouest, « mais je n'ai point trouvé le brouillon que vous m'avez marqué qui y était « joint » Cette persistance des Jésuites dans un même dessein est une preuve de plus de leur activité, de leurs lumières et d'une influence dont ils ont cherché à recueillir les intérêts mais qui n'a point été moins utile à la colonie. La découverte de la mer de l'Ouest qui les rapprochait de la Chine où ils étaient si puissants, de la Californie où ils avaient des missions, au moyen desquelles ils trafiquaient avec les Philippines, la découverte de la mer de l'Ouest qui devait unir entre elles leurs missions de ces divers pays, en faire comme une chaîne avait pour eux évidemment, leurs efforts l'indiquent, un très vif intérêt, qu'ils y eussent pour objet le commerce, la domination ou les conquêtes des âmes seulement —

Parmi les documens que j'ai trouvés nouvellement, les Lettres du ministre Maurepas sont la confirmation de tout ce qu'on sait de la legereté de ce Ministre homme capable, mais livré aux plaisirs et peu appliqué aux Affaires. On y voit trop ce que peut être une administration sous un tel chef. — Il n'y a plus dans les Depêches cette puissance d'impulsion qui part d'en haut, cette elevation morale qui fait lire avec un sentiment de respect les Depeches de Colbert — Loin même de donner ce mouvement, on voit dans les papiers l'administration marcher a la remorque du genie et de l'activité des particuliers, encore les suit elle avec peine, et ne les soutient elle pas. Elle écoute les brouillons, les envieux et les Intrigans qui se jettent au travers de ces grandes choses, comme si elle voulait même se dispenser de faire le peu qu'elle s'imagine faire — Le seul stimulant en effet que je trouve dans les lettres de Monsieur de Maurepas a propos de la Mer de l'Ouest, ce sont des accusations injustes de commerce contre Monsieur de La Verendrye; ce sont des reproches de lenteur et de negligences immerités — Il est facile de comprendre que livré a ses propres ressources ou aux exigences avides et à la mauvaise volonté d'une Compagnie qui lui fournit mal ce dont il a besoin, obligé, par ce qu'il manque de tout, de retourner sur ses pas lorsqu'il s'est avancé quelque peu, Monsieur de la Verendrye perdant son fils, son fils, son neveu, ses gens, accablé par les années, par la douleur, par les fatigues, les privations plus encore que par l'âge aille moins vite dans ces pays inexplorés, traversés de saults et de rapides que Monsieur de Maurepas lui même à une de ces aimables débauches qui lui sont aussi faciles qu'habituelles. — Un ancien Pionnier de l'Acadie, le fils de Poutrincourt répond pour Monsieur de La Verendrye à tous ces reproches de lenteur. Il dit dans une magnifique lettre inedite que j'ai soumise au Comité: On dit il y a longtemps qu'on parle de Canada « et l'on n'en voit aucun fruit. Je respons qu'il y a longtemps que nous ne « sommes point assistés et est aisé de parler entre oisifs ou assis dans une chaire » Quant au manque d'argent toujours allegué pour ne rien faire, quoiqu'il ne fût que trop vrai, Il ne pouvait être une justification ni pour le Gouvernement du Regent ni pour celui de Louis XV, bien au contraire, si l'on rapproche certains faits du peu de souci qu'on montrait des Interets de l'Etat. On ne trouvait pas 50000.^t pour une Entreprise qui eût honoré un ministère, qui eût valu bientôt par ailleurs au pays cent fois plus qu'elle n'aurait demandé — Mais l'abbé Dubois trouvait deux millions pour les répandre dans Rome et se faire nommer

Cardinal, ce qui allait lui valoir à lui et à Rome de sanglantes épigrammes; mais à la mort de la Marquise de Pompadour, la vente seule du mobilier de la favorite durait plus d'un an.

— De ce que je viens de dire, et des autres lettres que j'ai trouvées, Monsieur le Ministre, il ressort que l'honneur d'avoir encouragé ~~par~~ l'entreprise d'un passage par les terres du Canada appartient moins à la Cour, qu'aux deux Gouverneurs de Canada, ~~aux~~ aux Marquis de Vaudreuil et de Beauharnois, à celui-ci surtout. J'ai cherché en conséquence à me rendre compte de quelques particularités à leur égard. La destinée brillante de leurs descendans m'y a également engagé et j'y suis parvenu grâce aux papiers.

J'ai trouvé sur le premier dont les descendans brillèrent à la Cour de Louis XVI une lettre assez piquante, écrite par le Marquis de Denonville : — La voici, elle est adressée à M. de Seignelay le 28. 8bre 1687. « Par mes dépêches j'ai l'honneur de « rendre compte à Monseigneur comme j'ai posté Monsieur le Chevalier de Vaudreuil « à la tête de l'Ile de Montréal avec six vingts Canadiens pour estre en estat « de tomber brusquement sur l'ennemi. — Il est en lieu où sa paye ne le mènera « pas loin et où il se ruinera bien vite quelque économie qu'il puisse avoir « si vous n'avez ~~pas~~ la bonté de le secourir, quand il n'y auroit que les desjeunés « haut le pié. — C'est un Cadet de qualité de Gascogne qui ne fera pas venir souvent « de lettres de change, si vous n'avez la bonté de lui en donner les moyens. — Il ne « sçauroit se dispenser de donner à manger, quoiqu'il ne se soit pas mis sur le « pied de tenir table, quand ce ne seroit qu'à ses Canadiens et aux officiers qui « le sont voir, il faut qu'il soit assidu — Il est très appliqué et sert très bien assurément. « J'espère que vous aurez la bonté de le secourir ».

Si les descendans de ce cadet arrivé en Canada avec l'incapacité de suffire à des desjeuners haut le pied, parce qu'il ne devait pas souvent faire venir de lettres de change, si les petits-fils du Marquis de Vaudreuil jouèrent un grand rôle dans la Cour de Louis XVI — La famille des Beauharnois était appelée encore à une plus haute fortune, à une fortune telle qu'on ne pouvait ni l'espérer ni même la prévoir — J'ai cherché à lier par quelques détails tirés des manuscrits le passé de cette famille à son illustration contemporaine en la montrant dans les diverses charges où je l'ai vue occupée.

Le Gouverneur, qui protégea autant qu'il put Mr de La Verendrye était lorsqu'il arriva en Canada le Chevalier de Beauharnois, l'année suivante le

Roi lui ecrivait Monsieur le Marquis. — Il avait été promu au Gouvernement de Canada. De préférence à sept autres candidats parmi lesquels était Monsieur le Baron de Longueil, Gouverneur Intérimaire, frère de D'Iberville.* — Il avait eu comme capitaine de vaisseau de belles affaires un combat entr'autres à la date de 1707 où commandant l'Achille il avait abordé le vaisseau anglois le Chêne Royal, — les mâts de Beaupré de ces deux vaisseaux s'étant rompus de part et d'autre l'anglais avait pris la fuite ; Mais la préférence que Monsieur de Maurepas donna au Chevalier sur les autres candidats fut due vraisemblablement à l'alliance de sa famille de celui-ci avec celle des Phélypeaux. Ce Gouverneur du Canada mourut en 1749 à Paris rue Thevenot à l'âge de 79 ans — Il était alors commandeur de St Louis, Général des armées navalles. Il fut enterré à Saint Sauveur le 12 Juillet — Il n'eut je crois pas d'Enfans, mais il avoit trois frères et c'est de l'un d'eux qu'est descendu le Prince Eugène de Beauharnois.

*le Chevalier de Beauharnois se recommandait par quelques eclatants services

Le premier des trois avait été nommé en 1702 Intendant de Canada, à la place de Monsieur de Champigny, fait Intendant de la Marine au Havre de Grace — Il ne resta pas longtemps dans ce poste — ~~[illegible]~~. Monsieur d'Herbault Intendant ~~[illegible]~~ général des armées navales ayant été tué au Combat que le Comte de Toulouse avait livré sur mer aux armées reunies d'Angleterre et de Hollande — Monsieur de Pontchartrain proposa aussitôt au Roi Mr de Beauharnois pour le remplacer et Louis XIV voulut bien l'agréer, ce dont le Ministre donna avis à l'Intendant par une lettre du 17 Mars 1705 — La raison de famille était pour beaucoup dans une promotion si rapide, sans doute, mais je ne crois pas qu'il faille pour cela dire que cet Intendant était un fils naturel du Roi, comme on m'assure que l'avance l'historien anglais du Canada.

Le second frère du Gouverneur, Beauharnois du Colombier et depuis de Beauville qui avait commencé à servir en 1697 comme Garde Marine fut élevé au Grade de Capitaine de vaisseau le 10 Mars 1734 et mourut sur le Leopard le 17 fév. 1741.

Enfin le troisième était Claude de Beauharnois de Beaumont nommé Garde-Marine en 1691 fait capitaine de vaisseau en 1727 — Il mourut en 1738 à la Boeche ou la Chaussée près d'Orleans, c'est de ce Beauharnois là que descendait le Prince Eugène. Cet officier avait obtenu vers 1728 en Canada qui s'appelle encore aujourd'hui le Comté de Beauharnois et qui avait an en 1831, 16,857 habitans.

Le fils de La Capitaine, Major de la Marine à Rochefort en 1754 fut nommé en 1756. Gouverneur de la Martinique qu'il conserva au Roi tant qu'il y fut malgré les tentatives des Anglais service qu'un couplet fait en 1759 que j'ai trouvé dans les manuscrits du Gd père d'un de mes amis. Pierre Dessalles Conseiller au Conseil souverain, ne semble pas attribuer soit à sa valeur soit à sa capacité

Tandis qu'au morne Tartanson un chacun se chamaille
On voit monter un cheval de bataille
Hé bien hé bien ? — On voit un beau cheval
Un Beauharnois, et point de général.

Mais les chansons ne prouvent rien pas même l'Esprit dont on y veut souvent faire preuve.

Tout en descendant à ces détails, qui pour être minutieux ne sont pas sans intérêt, je n'ai pas negligé, Monsieur le Ministre les faits plus importans d'où l'histoire de la Recherche d'un passage à la Mer de l'ouest par nos françois peut tirer plus d'eclat et plus de lumières. J'ai eu le bonheur de rencontrer une Relation fort longue, fort singulière qui lie les tentatives précédentes à celles qui furent faites sous Mrs de Vaudreuil et de Beauharnois — Cette relation mit en émoi le Ministère de Monsieur de Pontchartrain, toute l'Intendance de Brest et excita de nouveau D'Iberville à chercher par la Louisiane le passage qu'il avait cherché par la Baie d'Hudson — Voici la partie capitale de ce mémoire :

Un soldat né à Montréal, nommé Mathieu Sagean, qui avait suivi Mr de La Salle dans son expédition de 1678 à 1683. avait eu l'idée d'aller à la découverte avec onze autres françois accompagnés de deux sauvages. Et dans sa course aventureuse cette petite troupe trouva un pays non moins riche en or que le fameux pays de Cibola — Suivant le rapport de ce soldat les murailles du palais du Roy de cette contrée situé dans la partie ouest de l'amérique du Nord étaient de 18 pieds de haut et toutes en or massif « non en plaques, mais en carreaux arrangés l'un sur l'autre comme des briques fort larges, liaisonnées avec des crampons et des barres de même matière ». Ce n'était pas là tout. Sagean ajoutait que les peuples soumis à la domination de ce Roy faisaient un grand commerce de ce métal, mais il ne pouvait dire positivement avec quelle nation si ce n'étoit la Japonnoise « comme il le croyoit bien, car ils le transportaient « fort loin par caravanes et souvent Sagean leur avait entendu dire suivant leur manière de compter qu'il y avait pour six lunes de chemin de chez eux à cette nation. Il avait vu partir une de ces caravanes dans le temps qu'il était parmi eux composée de plus de trois mille boeufs tout chargés d'or sur leur dos. La nation avec laquelle ils allaient traiter leur donnait en échange du fer, de l'acier et des armes blanches.

Quel était ce pays des Acaanibas ainsi que le nomme la Relation — La route suivie par ces onze aventuriers et quelques détails fournis par Sagean à ce sujet font penser qu'il était situé vers le haut de la Californie — Sagean présumait que la Rivière sur laquelle ils avaient navigué allait tomber dans la mer du Sud et il y a quelques rapports entre ce que Sagean raconte des Acaanibas et ce que du temps de Monsieur de la Vérendrye on disait des Ouatchipouannes.

La route tenue par les 11 français et les 2 Moatagans fut celle ci « Ils « prirent trois canots d'écorce pour remonter le dit Missisipi sur lequel ayant fait environ « 250 lieues, Ils trouvèrent un sault qui les obligea de faire un portage d'environ six lieues, « passé lequel ils se rembarquèrent encore sur le même fleuve qu'ils remontèrent encore « jusqu'à 40 lieues sans trouver aucune nation, et s'étant arrêtés près d'un mois et demi « à chasse et tâche de faire quelque nouvelle découverte, ils trouvèrent en chassant « une rivière à quatorze lieues delà qui couroit au S. S. Ouest, ce qui leur fit juger qu'elle « allait se rendre dans la mer du Sud, ayant son cours tout contraire à celles qui vont « se rendre à la mer du Nord — Ils se résolurent d'y naviguer et firent pour cet effet le « portage du dit chemin de 14 lieues. (Dans une note du manuscrit on lit: Il veut dire 14 jours « c'est à dire environ 40 lieues.) pendant lequel ils trouvèrent quantité de Lions, de Léopards « et de Tigres qui ne leur firent aucun mal, Ils entrèrent avec leurs canots dans la « dite Rivière et après y avoir fait environ 250 lieues Ils trouvèrent les Acaaniba qui « qui sont une grande nation qui occupe pour le moins 200 lieues de pays, où ils ont « plusieurs villes fortifiées de forts, de terrasse et de palissades et quantité de villages dont « les maisons sont bâties de bois et d'écorce — Ils ont un roi qui se dit descendant de Mon« tezuma. » etc.

Dans les réponses de Sagean à l'Interrogatoire qui lui fut fait à Brest une d'elles éclaircit quelque peu ce dernier point

On lui demandait « s'il n'avait rien appris de l'Endroit où la Rivière sur laquelle ils avoient navigué tombe dans la mer et pourquoi ces Acaanibas ne se servoient pas plutôt de cette rivière que d'autre voiture pour porter leur marchandise et leur or.

Il répondit « qu'il ne pouvoit rien dire de certain touchant l'Endroit où cette rivière entre dans la mer, qu'il avoit dit déjà dans sa relation qu'il croyait qu'elle alloit tomber dans la mer du Sud et il pensait toujours que c'étoit vers la Californie

Au surplus ajoutait-il il ne savoit que répondre, sinon que ces peuples n'étoient point navigateurs et qu'ils n'avoient d'aucune sorte de bateaux que de petits canots d'une pièce sans voiles et dont ils ne se servoient que pour la pêche et pour couper le riz et la folle avoine qui croissent dans l'eau — Il ajouta encore qu'ils étaient grands ennemis des Espagnols, qu'ils assuroient avoir massacré leurs ancêtres, et envahi leur premier pays. Ils conservoit dit le Procès verbal de l'Interrogatoire, par des chansons quils chantent presque continuellement et quils enseignent à leurs Enfans le souvenir de leurs cruautés. Ces chansons contiennent entr'autres choses l'histoire d'un de leurs anciens Rois qui se nommait Attibala, lequel avait trois fils dont l'ainé portait le nom du Père, et les deux autres se nommaient Montézuma et Acaaniba desquels les deux Attibala père et fils furent tués et Montézuma pris prisonnier par les Espagnols et pour ce qui est d'Acaamba, il se sauva avec plusieurs de sa nation et s'en fut habiter le pays qui porte son nom présentement et d'où les Espagnols n'ont saine que d'approcher jamais, ce qui lui fait croire que ce n'est point avec cette nation quils traitent leur or, quils envoient par caravanes, mais bien avec les Japonnois comme il a dit dans sa relation ».

L'histoire de cette Découverte difficile à connaître, puisque le point de départ n'est pas bien déterminé nettement même dans l'Interrogatoire et qu'on ne voit pas s'ils commencent leur voyage aux Ilinois ~~au plus~~ ou plus bas, — L'histoire de cette Decouverte ne fait pas ~~tout~~ le fond de tout le Journal, la plus grande partie en est occupée par le recit des aventures de nos hommes depuis leur départ de ce pays jusqu'au Retour de Sageau en France. Il va sans dire que le Roi des Acaanibas avait offert à ce dernier sa fille en mariage, s'il voulait rester, que ce Roy lui avait promis de la lui garder, s'il voulait retourner — Mais on ne voyage pas toujours sûrement quand on est chargé de barres d'or comme s'en allerent du pays des Acaanibas ces onze compagnons — De là des incidens qu'il serait trop long de raconter et où neuf sur onze perdent la vie, ce qu'il importe ici de faire connoitre c'est le rapport que cette Découverte peut avoir avec la recherche d'un passage à la mer du Sud — Elle en a un grand non par elle seule, mais par ce qui s'en suivit.

Lorsque ce Sageau, revenant des Indes et de la Chine arriva à Brest en 1699 n'ayant plus le moindre lingot il s'enrôla dans la Compagnie de la Heuville afin de subsister. Mais les recits quil fit bientôt frappèrent l'Intendant Mr Desclouseaux qui en donna avis à la Cour. Sageau assurait sur sa vie que si l'on voulait le faire passer au Mississipi n'importe en quel endroit de ce il trouverait fort bien le chemin pour retourner aux Acaanibas. Ce dire de l'Intendant causa une vive sensation dans l'administration et elle s'accrut bientôt des paroles mêmes d'un capitaine de navire marchand. Ce capitaine racontait qu'étant au fort Saint Pierre de la Martinique il avait rencontré un Canadien qui lui avait demandé passage pour venir disait-il informer le Roi d'une découverte qu'il avait faite par le fleuve Mississipi, grâce à la quelle on pourroit avoir de l'or facilement en très grande quantité et à peu de frais. Le Ministre aussitôt écrivit à Mr d'Amblimont Gouverneur de la Martinique une lettre que j'ai trouvée, dans la quelle il le blâmait de ne lui avoir point parlé de cet homme et lui ordonnait de le chercher. En attendant quoique l'on reconnût facilement des erreurs grossières dans ce qu'avait rapporté Sageau, il était si naturel d'attribuer ce mauvais alliage au manque de lumières et à la crédulité d'un soldat, Il y avait aussi tant d'autres faits qui pouvaient s'appuyer que le Ministre résolut d'envoyer faire cette recherche.

Mais ici, Monsieur le Ministre, les documens m'ont manqué et je n'ai pu rattacher les évènemens entr'eux que par quelques notes éparses.

Les papiers de la Louisiane me montrent Sageau arrivé au Mississipi et demandant à toute force à remonter le Missouri, Mais après cela plus rien.

Avant ce renseignement toutefois j'en ai trouvé un autre qui semble se rattacher à la découverte de Sageau. C'est un mémoire de d'Iberville. Ce mémoire me fait croire que c'est cet officier qui auroit été chargé de cette recherche, sinon du pays des Acaanibas du moins de la mer de l'Ouest.

Il dit je prendrai en même temps les mesures nécessaires pour la découverte que l'on souhaite qui soit faite soit par la Rivière de Marne ou des Akansas ou par le Missouri si on le croit nécessaire, ce sera des mesures à prendre sur les lieux avec les gens qui seront descendus des Illinois et des Sioux qui auront connaissance de ces pays là.

Ma pensée est qu'il faudra aller par la rivière de Marne et couper le Missouri si on croit que ce soit le meilleur et le plus court chemin.

Savoir comment on agira chez les Nations Sauvages qui seront en guerre contre les Espagnols, si on les portera à la paix ou si on les laissera faire jusqu'à ce que les Espagnols nous le demandent. Se trouvant près du Nouveau Mexique savoir si on y pourra aller ou y envoyer pour savoir ce que c'est que ce pays là

Trouvant la hauteur des terres et les Rivières qui descendent à la mer du Nord savoir si on les descendra, si elle tombe dans la Californie près les Etablissements Espagnols et savoir s'il y aura sûreté de s'aller livrer à eux ou aux sauvages qui leur seront soumis.

« trouvant cette mer dont il est parlé, savoir si on la découvrira ou si on laissera du monde
« là chez les nations pour apprendre leur langue et en tirer des connaissances par faute du pays ? »

Malheureusement je n'ai pu ~~en~~ découvrir ~~de~~ la suite de cette entreprise. Cette découverte fut elle tentée et les français tombèrent ils entre les mains des Espagnols ? Une lettre du Père ~~[illegible]~~ manuscrite du Père Charlevoix que j'ai présentée la dernière fois au comité pourroit donner lieu de le croire. Elle nous montre en effet en 1723 Mathieu Sagean chez les Espagnols. « En allant à Saint Domingue, dit le Père, au Cte de Toulouse, nous touchâmes à la Havane. Je me proposais d'y voir Matheu Sageay, ce fameux aventurier dont j'ai eu l'honneur de présenter la relation à votre altesse sérénissime, mais le Gouverneur Espagnol à qui j'étais allé demander la permission de faire entrer notre navire dans le port, pour y faire de l'eau et y acheter quelque provision dont nous avions un extrême besoin non seulement nous le refusa, mais ne me donna pas même le loisir de chercher mon voyageur. Le Père Charlevoix ainsi que je l'ai montré dans mon dernier rapport était chargé de s'informer du chemin le plus court pour arriver à la mer de l'Ouest.

Si cette découverte fut tentée par d'Iberville vraisemblablement son frère de Bienville en aura été chargé par lui ce qui expliquerait ce passage d'un manuscrit de cet officier « L'année d'ensuite (vers 1701) Mon frère étant revenu avec
« cent Canadiens m'apporta une commission de lieutenant de Roy et des instructions
« de la cour pour pousser plus loin les découvertes, ce que je fis en pénétrant dans
« la Rivière Rouge 250 lieues au delà de notre premier établissement après avoir
« traversé quantité de nations féroces. »

Mais sans doute les deux maladies de d'Iberville, ses projets sur les colonies Anglaises, puis sa mort à la Havane en 1706, la nécessité où la colonie de la Louisiane fut longtemps réduite de se soutenir elle même contre les entreprises des Anglois qui voulaient s'y établir, contre les sauvages auxquels ils donnaient des armes, tout cela fit qu'on ne put guères songer du côté de la Louisiane à cette entreprise. Lorsque cette colonie ~~la Louisiane~~ fut concédée au banquier Crozat, l'expédition de Juchereau de St Denis qui avait été avec Bienville en 1701 à la Rivière Rouge, fut peut-être une des suites de cette idée, je le crois, mais je n'ai pas voulu employer plus de temps à des recherches sur ce même sujet qui auroient vraisemblablement été peu fructueuses si elles ne devaient pas être stériles.

J'ai été en conséquence ramené à l'époque où j'étais avant d'avoir voulu signaler au comité avec les idées et les faits qui s'y liaient l'antériorité de la

Découverte des Montagnes Rocheuses par les françois. Je me suis efforcé de recueillir les papiers de Pierre Le Moyne d'Iberville ce Militaire comme l'épée qu'il portait d. dit Monsieur de Comporté, connu par ses combats à la Baie d'Hudson, sur les côtes de l'Acadie et par la prise de Niéves, cet officier tient encore un haut rang parmi les découvreurs et les pionniers de l'Amérique du Nord à cause de la reconnaissance qu'il s'est permise de l'Embouchure du Mississipi et de son établissement sur les bords de ce fleuve.

Le Comité ayant résolu momentanément de s'en tenir à un seul homme, je crois ~~[illegible]~~ qu'il trouvera bon que je ne lui donne que succinctement le résumé des papiers de d'Iberville, seulement afin de lui faire comprendre la valeur des deux journaux de navigation que j'ai trouvés et que je ne puis à cause de leur objet même m'empêcher de lui soumettre.

Après l'Assassinat de Cavelier de La Salle, crime qui ruina tout à fait son Entreprise on demeura quelque temps sans s'occuper de pénétrer plus avant dans les terres. Le Canada était d'ailleurs en feu – Il fallait se soutenir contre la fureur des Iroquois en même temps que contre les attaques des Anglois – Chacun était tout entier appliqué à cet œuvre de salut. Lorsque l'énergie et les coups répétés du Comte de Frontenac eurent épouvanté ces Barbares et nos rivaux qui les excitaient, on songea seulement alors à poursuivre des découvertes, dont à chaque instant les Anglais eux mêmes menaçaient de vouloir recueillir les avantages. C'est ce qui allait arriver en 1697 ou 1698.

Le père Henpin (c'est ainsi qu'il signe et non Hennepin, j'ai trouvé une de ses lettres) qui avait suivi Cavelier De La Salle dans son expédition avait ~~après l'assassinat~~ à la mort de celui ci cherché à s'attirer l'honneur de toutes ses découvertes. Celui d'avoir reconnu le premier le haut du Mississipi jusqu'au Sault Saint Antoine ne lui suffisait pas – Il prétendit en avoir aussi découvert l'Embouchure mais les faits qu'il alléguait à l'appui de ses prétentions ont été reconnus matériellement ~~faux~~ impossibles et la honte de sa vaniteuse imposture n'a servi qu'à obscurcir l'honneur que plus modeste il eut retiré de sa participation aux efforts de La Salle. – Néanmoins, malgré la fausseté ou plutôt à cause même de la fausseté de ses prétentions, mécontent qu'on n'y ajoutât pas foi et qu'on ne le récompensât pas en proportion de ses mensonges, Il offrit ses services aux Anglais, dédia au prince d'Orange, Guillaume, la seconde édition du livre dont la première avait ~~été~~ dédiée par lui à Louis XIV et invita ce prince protestant, monté sur le trône d'Angleterre et y demeurant parce qu'il était protestant à former des colonies catholiques dans ces contrées que disait-il, il avait découvertes et qu'on pouvait appeler les délices du Nouveau Monde — Les Anglais virent sans doute beaucoup de la proposition, mais ils ne tachèrent pas moins d'en tirer parti. Une association se forma publiquement, sans secret, pour établir une colonie sur les bords du fleuve français; Deux lords étaient à la tête de l'entreprise, qui crurent bon d'envoyer en Hollande demander au Père Hennepin s'il voulait retourner et les piloter au Mississipi, comme il s'était offert. Mais il avait promis au delà de ses forces et la nouvelle que quatre compagnies de françois protestans y devaient aller avec des ministres pour y instruire les sauvages lui fut sans doute un prétexte de refus — D'Iberville dit de ce père Recollet dans une de ses lettres: « C'est un homme que j'ai connu pour un ignorant qui n'a jamais été que dans le haut du Mississipi et n'a nulle connoissance du bord de la mer. » Cavelier de la Salle ne le jugeoit pas moins sévèrement.

Ce fut pour parer le coup que voulaient nous porter les Anglais que d'Iberville partit de Brest le 24 Octobre 1698 avec le Marin commandé par Monsieur de Surgères et deux traversiers. Le neveu de Tourville, le brave Marquis de Châteaumorant le joignit à Saint Domingue avec l'ordre de l'aider à disputer la place aux Anglais s'il leur en prenait envie. L'expédition réunie partit le Mercredi 31 Decembre à minuit de la Rade de Léogane. Monsieur de Châteaumorand avait à son bord le fameux flibustier Laurens de Graff capitaine de frégate légère qui fut d'un grand secours à l'Entreprise — Outre que c'était un parfaitement bon matelot, il connaissait toutes les roches et tous les ports de ce pays là jusques à l'entrée du Mexique, y ayant toute sa vie fait la course ».

Avec de tels chefs, aussi habiles marins que braves soldats, l'expédition ne pouvait être qu'heureuse. Elle le fut, on rencontra bien les Anglais, mais ils se virent obligés de s'en aller, en jurant toutefois d'y revenir, et d'Iberville pénétra dans le fleuve par une de ses trois embouchures — Il y laissa une petite colonie sous les ordres de Monsieur de Bienville son frère et pendant trois ans il s'appliqua à entretenir, à fortifier ces premiers commencements d'une grande nation aujourd'hui florissante, qui je crois forme 13 ou 14 des Etats Unis — Le commandant des Illinois, Le Chevalier de Tonty, le brave second de Cavelier de La Salle et son ami, y aida de son côté le plus qu'il put; ce fut même au retour d'une expédition contre les Alibamons où il avait accompagné Monsieur de Bienville qu'il mou

ent, fait encore ignoré comme bien d'autres. Monsieur de Bienville en donne lui même avis par sa lettre signée du 6. 7bre 1704. « Depuis que j'ai eu l'honneur de vous écrire cette présente lettre il est mort deux officiers qui sont Mrs Levasseur et De Tonty. Il meurt de la peste qu'avait apportée au Mississipi le Vaisseau le Pélican qui l'avait attrapée à la Havane »

J'ai déjà reuni, c'est à dire copié sur la découverte et l'établissement de d'Iberville plus de 35 pièces dont plusieurs n'ont pas moins de 20 à 30 pages et dont deux en comptent plus de cent chacune. Si le Comité change d'avis sur la publication, je lui en ferai alors l'analyse pièce par pièce, ce qui serait maintenant un travail inutile. Toutefois je lui adresse les deux journaux de navigation de Monsieur d'Iberville et du Chevalier de Surgères fort curieux par leur objet même, curieux surtout par la comparaison qu'on peut en faire, cet examen indique clairement que d'Iberville qui observe pour agir doit être un homme supérieur partout, et vraisemblablement si la mort ne l'eut pas enlevé en 1706 à la havane au moment où tous les grands hommes du Grand Siècle disparaissaient successivement le rôle qu'il eût joué sur un plus vaste théâtre n'eut pas été moins brillant que dans les mers de l'Amérique où il avait souvent étonné. A la Baie d'Hudson par exemple on l'avait vu grâce à sa valeur et à son adresse prendre avec 17 hommes qui n'avaient qu'une simple barque sans artillerie deux vaisseaux Anglais montés de plus de cent hommes et garnis de 24 pièces de canon et de pierriers. Plus tard ayant après ses belles campagnes du côté de l'Acadie et de la Nouvelle Angleterre reçu ordre de reprendre la Baie d'Hudson sur les Anglais il se trouva en présence de trois vaisseaux de cette nation. Il en coula un à fond, aborda le second qui se rendit et donna la chasse au troisième, mais il ne put l'atteindre lui étant impossible de forcer de voiles ayant plusieurs haubans, beaucoup de manœuvres coupés et faisant eau par sept voies que le canon ennemi lui avait faites. Une telle intrépidité du reste n'était pas sans exemple chez les Canadiens et les noms de ses dix frères, celui de son père, demeurent attachés aussi bien par la gloire comme ces vaillants hommes le furent par les liens du sang.

A ces divers documents, Monsieur le Ministre, sur la recherche de la mer de l'Ouest, sur les travaux de d'Iberville se bornent mes investigations de ces trois derniers mois, mais avant de terminer ce rapport, je dois répondre à deux points de la lettre que vous m'avez fait l'honneur de m'adresser.

En me notifiant la décision par laquelle le Comité restreignait mes recherches à Cavelier de La Salle, Votre Excellence m'a engagé à m'y conformer. C'est mon devoir d'obéir à toutes les instructions qu'on me

sont données et je le ferai comme je l'ai fait jusques à présent. Je vais aussitôt Monsieur
le Ministre prendre à tâche de recueillir le plus promptement possible tous les documens
relatifs à Cavelier de La Salle, mais ce travail fait, je demanderai au Comité la
permission de lui soumettre quelques observations au sujet de sa nouvelle décision
qui en réduisant sa publication aux proportions de documens biographiques lui
enlèverait, malgré le haut intérêt de ces documens mêmes, ce que ma seconde
instruction lui donnait de grand et de national. En effet l'histoire des fran
çais dans l'Amérique du Nord se doit diviser en deux parties principales, l'une,
c'est l'histoire de la Découverte des terres, l'autre c'est celle de la Rivalité de la
France et de l'Angleterre — Dans ces deux parties l'influence de notre pays n'est
pas moins remarquable, n'est pas moins noble. Dans la première nos français à force
de travaux, de misères dans lesquelles ils égalent ~~[illegible]~~ par le courage, sinon
par l'éclat des résultats la gloire des Espagnols, des Portugais, des Anglais, nos français
découvrent à la science et à la civilisation 12 à 1400 lieues de terrain, ils en défri
chent, ils en établissent une grande étendue. La France donne ainsi de cette manière
naissance à un tiers de l'Amérique du Nord — Dans l'autre partie, après avoir
perdu ses colonies, elle enlève à l'Angleterre les siennes autant par politique que
par un enthousiasme généreux — Elle émancipe ainsi ce peuple qui va donner la loi
à toute l'Amérique — On ne peut guère aujourd'hui compter que pour peu
de chose les Colonies russes et les Colonies espagnoles placées aux deux extrémités
de ce continent, l'histoire de l'influence française dans l'Amérique du
Nord est donc d'un intérêt immense — Le Comité n'a pas cru devoir
en rappeler l'ensemble par une collection de documens parce que l'entreprise
serait trop vaste pour être complète, mais il jugera sans doute plus tard
qu'une de ces parties doit rester une, entière, que la borner à une biographie
c'est réduire, c'est mutiler un monument dont la pensée honorera ceux
qui l'élèveront, comme il ~~doit~~ glorifiera ceux qu'il doit rappeler.

Je n'appuierai pas davantage aujourd'hui sur cette idée, d'autant
que la décision du Comité me donnera le moyen de compléter un fait l'histoi
re d'un homme, ce dont je suis charmé. En effet jusqu'ici craignant
qu'en m'appliquant à des recherches suivies comme elles sont souvent infruc
tueuses je n'encourusse le reproche de lenteur ou de perte de temps, obligé
comme je le suis de copier et de rechercher à la fois, j'ai pris, puisqu'il
me fallait les copier tôt ou tard, tout ce qui regardait les Découvertes.

Je craignais aussi qu'en m'appliquant plus particulièrement à la recherche de documents relatifs à un homme dont l'existence est longue, difficile, pleine d'incidents et de travaux le Comité crût, ce qu'on m'avait déjà fait soupçonner, que je voulais me borner à lui seul. Mais je n'ai plus cette crainte aujourd'hui que j'ai montré qu'il y avait des faits importants en dehors de Cavelier de la Salle, que l'ensemble des découvertes françaises enferme toutes les terres comprises depuis Terre Neuve et le Labrador jusqu'aux Montagnes Rocheuses, depuis la Baie d'Hudson jusqu'au Golfe du Mexique — Néanmoins Cavelier de la Salle demeure l'homme éminent de notre colonisation dans l'Amérique du Nord et les livres dont Monsieur le baron Walkenaer a parlé au Comité justifient assez par l'intérêt qu'on y attache en Amérique, que je ne le grandis point.

— Mais Monsieur le Ministre pour répondre à la partie de votre lettre qui m'engage à prendre connaissance de ces livres je dois dire que les ouvrages que je connais, s'il n'y en a pas d'autres que ceux que j'adresse au Comité n'ont réellement de valeur que par l'absence de ce qui doit mériter une attention légitime, — l'un, ouvrage de Monsieur Sparks n'est qu'un recrépissage historique des livres connus sur ce sujet — l'autre qui donne quelques uns des documents français est gros surtout par la traduction du mauvais abrégé du mémoire de Joutel, mémoire que j'ai entre les mains et dont le manuscrit, quoique incomplet ne monte pas à moins de 600 pages in folio.

— Du reste, ainsi que je viens de le dire s'il n'y a point d'autres livres que ceux que j'ai l'honneur d'adresser au Comité, l'observation que l'honorable Mr Walkenaer a faite au Comité, la Revue des Deux Mondes, à propos de ces livres mêmes comme je l'ai signalé dans un de mes rapports, la Revue des Deux Mondes l'avait faite au public il y a plus d'un an. La Revue se désolait alors que des Étrangers prissent encore les devants sur nous dans notre propre histoire, et engageait à retracer la vie de La Salle, qui n'a pas été disait elle ni sans grandeur ni sans influence — A l'époque des patriotiques douleurs de la Revue et des exhortations qu'elles lui arrachaient, il y avait déjà plus de trois ans que je m'occupais d'un sujet bien plus étendu, que Votre Excellence et le Comité avaient approuvé plus d'une année une collection bien plus vaste que celle de Monsieur French — Le Comité même avait eu alors sur La Salle plus de documents, cinquante fois plus de faits que n'en savent encore aujourd'hui la Revue des 2 Mondes, et les Deux Mondes de la Revue.

Toutefois, comme il y a déjà longtemps, je crois qu'il sera bon de lui en rappeler la mémoire. Afin donc, Monsieur le Ministre, que le Comité voie d'un coup d'œil ce que j'ai déjà fait sous sa direction au sujet de ce grand homme, je joindrai à mon prochain rapport l'analyse de ce que j'ai découvert, que je mettrai en regard de ce qui est depuis longtemps dans le Domaine Public. — Le Comité pourra voir alors que si Monsieur Sparks et Monsieur French ont pris les devants sur nous, l'un et l'autre n'en sont pas moins encore bien en arrière. —

J'ai l'honneur,

Monsieur le Ministre

d'être

Votre très humble et bien obéissant serviteur

Pierre Margry

— 15 Mars 1847.

travaux historiques. Juillet 1847

3

8e Rapport.

I (1-4) Decouverte de nouveaux papiers fort interessans, la plus part de la main de ceux qui ont pris part à la découverte (Cavelier Dalasalle, Chevalier de Tonty, Père Hennepin, père Zénobe Membré.)

II Faits qui doivent confirmer la vérité des intrigues que Cavelier Delasalle suppose avoir été tramées contre lui afin d'empêcher sa decouverte.

III. Recit abregé, fait d'après les manuscrits, des evenemens de la vie de C. D. L. S., jusqu'à l'époque où commencent ceux que l'on connait, ainsi que les memoires que j'adresse au Comité — 3. passage a la chine —

IV. — une liste de ces papiers aujourd'hui reunis touchant la decouverte de la Louisiane pour montrer l'état actuel de mon travail sur cet episode principal des Decouvertes francaises dans l'amerique du nord, —

Monsieur le Ministre,

La découverte que j'ai faite de nouveaux papiers concernant les voyages de Cavelier De La Salle, papiers du plus vif interêt, m'a reporté avec joie sur la vie de ce personnage éminent, dont m'avait détourné la copie des Documens relatifs aux autres expéditions où nos français abordèrent à des terres inconnues avant eux aux Européens — J'avais craint en effet que le Comité ne s'ennuyât de m'entendre toujours parler du même homme comme si je le grandissois outre mesure et que je n'eusse pas d'autres grands faits à lui signaler que les siens. — Je n'avois pas voulu non plus employer mon temps à des recherches qui souvent sont stériles pendant que j'avais sous la main des papiers que d'après mes instructions il me fallait aussi copier. Mais le Comité m'a rassuré de ce côté en m'engageant à compléter d'abord la Collection des pièces relatives à la decouverte de la Louisiane et aux hardis pionniers qui y ont pris part.

Les cinq ou six cents pages nouvelles que j'ai trouvées Monsieur le Ministre ont une valeur de beaucoup superieure à celle d'une grande partie des papiers que j'ai deja soumis à Votre Excellence sur le même sujet. Ces papiers n'étaient que des recits de seconde main, ceux là sont de la main même des acteurs de ce grand fait qui a ouvert à la Civilisation un si vaste espace — Aussi les détails sont ils plus abondants; la physionomie, le caractère des hommes s'y dessine avec plus de vigueur, parce que ces papiers plus intimes ont moins d'apprêt; quelques particularités echappées aux passions de leur cœur, en nous venant emouvoir, font ressortir davantage à nos yeux, l'Immensité des obstacles de tout genre qu'ils ont eus à surmonter.

Le mémoire de Monsieur de Tonty, dont la traduction anglaise a excité la susceptibilité patriotique de la Revue des deux mondes un peu au détriment de la justice due à votre Excellence et au Comité est depuis que j'ai trouvé nouveaux papiers peu de chose pour la collection. Ce qu'il rapportait en effet n'est qu'une reproduction effacée d'une relation des événemens de la decouverte ecrite sous les yeux même de Monsieur de la Salle.

Cette seconde relation de Monsieur de Tonty commencée en l'année 1678 et finie en 1683, ecrite a Québec en 1684 a précédé de beaucoup la première faite seulement en 1693 et dans laquelle bien des erreurs de date prouvent que le souvenir de ces grandes choses ne lui était pas aussi présent qu'au sortir de l'expédition. Il avait alors aussi pour s'aider les journaux qu'il avait depuis perdus dans de nouveaux voyages —

Il y a d'ailleurs une différence notable entre les deux mémoires qui rend peut etre chacun nécessaire quoique a un degré différent. Le memoire de 1684 ne pouvait aller naturellement plus loin et celui de 1693 vient donner des renseignements jusqu'à cette année même, mais en ce qui concerne Monsieur de la Salle de 1684 à 1687, ce n'est plus que par ouï dire et la confiance qu'il inspire devient moindre alors — Elle le devient également par une autre considération — Dans le premier Monsieur de Tonty après tant de travaux se livrait à un amour propre legitime en même temps qu'il cherchait à satisfaire la curiosité d'un homme qui le protegeait auprès du prince de Conty, — mais ici il semble avant tout voir l'honneur d'avoir pris une grande part à une grande entreprise et dans le second, s'il a de même à un certain dégré sa reputation en vue, c'est d'une manière moins independante, il la subordonne à ses interets; il voulait tirer profit des faits qu'il rappelait et les rapportait en consequence plus sur lui parce qu'il avait besoin de sortir d'une position difficile — Sept compagnies ayant été reformées parmi lesquelles était la sienne il en demandait une autre à la considération de ses voyages — Toutefois dans l'un comme dans l'autre mémoire il est fier d'avoir servi sous Monsieur de la Salle — Voilà dit-il apropos de l'assassinat, de cet homme, l'honneur de notre colonisation dans l'Amerique du Nord. Voilà la destinée d'un des plus grands hommes de ce siecle d'un esprit admirable capable d'entreprendre toutes sortes de découvertes. Entre les détails importants que contient le nouveau mémoire il y a une liste de tous les français et de tous les Sauvages qui descendirent ~~...~~ en 1682 jusqu'à l'Embouchure du Mississipi —

Si ce dernier mémoire de Monsieur de Tonty est d'une grande valeur pour la collection, des lettres de Cavelier Delasalle, écrites de sa main et d'un assez fort volume, sont encore plus précieuses.

Je ne les ai pas encore toutes copiées. Il y en a assez et n'en fais remettre que trois à Votre Excellence — J'y ajoute celles des Pères Zenobe Membré et Louis Hen(ne)pin Recollects, qui avaient accompagné Monsieur de La Salle.

Je connaissais déjà ~~p~~ la substance de ces différentes lettres par deux mémoires que j'ai soumis au Comité, intitulés; le premier: Relation des Découvertes et des voyages du Sieur Delasalle, seigneur et Gouverneur du fort de Frontenac au delà des grands lacs de la Nouvelle france pendant les années 1678, 79. 80. 81 — Le second: Relation de la Découverte de l'Embouchure de la Rivière Mississipi dans le golfe de Mexique faite par le Sieur Delasalle l'année passée 1682 —

Ces mémoires, au moins le premier, ont été faits d'après les lettres de Cavelier Delasalle ces lettres sont celles dont je n'ai pas encore ~~entièrement~~ pris copie — Mais, ainsi qu'elles me le montrent, cette relation plus ample de beaucoup sur cette partie de la Découverte qu'aucune des publications connues jusqu'aujourd'hui a été faite avec des ménagemens qui en diminuent bien l'interet — Par respect pour leur caractère religieux peut être par crainte de leur puissance, on n'osait pas nommer dans ce mémoire les ennemis de Monsieur de la Salle ni détailler leurs intrigues, de telle façon que souvent cette crainte du rédacteur a rendu vague et douteuse l'allégation des faits mêmes qu'il n'avait pourtant cités que parce qu'ils étaient les plus forts et les plus évidents. Or les lettres de Cavelier De La Salle que j'ai trouvées, lettres évidemment intimes, non officielles disent tout; elles nomment les gens et ces faits étonnans qu'elles révèlent se trouvent pour la plupart confirmés par d'autres Documens qui sans elles, quoique bien étudiés demeureraient obscurs, inexplicables ou sans interet.

Ces Ennemis de Monsieur De La Salle c'étaient les Jésuites et la cause de leur hostilité contre lui fut celle qui les arma contre tous tour à tour, saints ou profanes que ce fut ~~le~~ le vénérable Palafox ou le poëte Théophile — il gênait leurs interets, mais les Jés. en avaient de différens genres. Cavelier Delasalle d'abord en prenant possession des pays qu'il découvrait y amenait avec ~~lui~~ lui un ordre rival des Jesuites, les Recollects — Ce n'était pas tout. Il faisait concurrence à leur commerce et ~~les Jésuites~~ les Jesuites, voyaient en lui un homme qui n'était ni avec eux ni pour eux allait, en s'avançant dans les terres, enlever à leur compagnie le privilège de la traite fut par elle contre tous les ordres du Roi au mépris de toutes les bulles des papes qui depuis bien longtemps, mais inutilement fulminaient contre les religieux marchands. Aussi ces terribles moines que Bossuet leur ennemi comme l'avait été Saint Charles Borromée accusait d'être plus puissants par l'intrigue que par le crédit ces moines employèrent ils tous les moyens pour empêcher Cavelier de la Salle de pénétrer plus avant dans les terres et il ne fit point un pas qu'il n'eût à cause d'eux à renverser un obstacle, qu'il ne risquât de tomber dans une embûche.

Lorsque le Comité, Monsieur le Ministre, lira toutes les lettres de La Salle ; lorsqu'il verra toutes ces inculpations, il aura sans doute peine à croire, s'il ne connaît l'état du pays et l'action des Jésuites exercée sur lui que par les Relations des Révérends Pères eux mêmes, seuls documents imprimés que nous ayons sur cette époque de l'histoire du Canada, s'il ne le connaît que par l'histoire du Père Charlevoix seul ouvrage d'autorité publié sur nos anciennes colonies de l'Amérique du Nord, mais outre que deux documents m'assurent que relations leur furent défendues en 1673 comme mensongères, défense qui ne les gêna pas parce qu'ils firent rédiger leurs actions travesties dans d'autres recueils comme les lettres Édifiantes ; outre que l'autorité du Père Charlevoix est aujourd'hui bien ébranlée par tous ceux qui ont touché un point quelconque touché par lui, les dépêches des divers officiers du Roi, gens souvent de l'esprit le plus opposé s'accordent presque unanimement pour faire un tout autre portrait d'eux qu'ils ne le font eux mêmes. Et ce portrait et les accusations qui ressortent des lettres des gouverneurs, des Intendants, des procureurs généraux ainsi que des mémoires des autres officiers sont une confirmation puissante de ce que Cavelier de la Salle avance, comme les mémoires de celui ci ne sont que l'écho des faits imputés à la Compagnie soit à la Chine au Japon aux Philippines soit au Paraguay, au Chili et dans la Californie. Les Jésuites n'ont pas été plus implacablement opposés à Cavelier de la Salle qu'au saint Évêque du Mexique et en 1683 à l'archevêque de Manille Dom Philippe Pardo, qui on sait que celui-ci voulait les obliger à rendre compte de trois successions dont ils étaient successeurs testamentaires et leur interdisait lui aussi le commerce comme indécent à leur profession de prêtres et de Religieux, comme contraire aux bulles des Papes aux ordonnances du Royaume et enfin comme préjudiciable aux sujets du Roi.

Afin que le Comité, Monsieur le Ministre, puisse estimer d'une manière plus juste les lettres que j'ai l'honneur de lui soumettre, peut être

être et le déplacer en regard de l'apologie des Jésuites faite par eux-mêmes le tableau de leur conduite tracé par les officiers du Roi. Le Comité appréciera les faits.

En 1663, à l'époque où Colbert racheta les Colonies en indemnisant leurs propriétaires, le Canada livré à une communauté composée des principaux de ses habitans subissait tous les maux d'une administration profitable seulement à quelques uns, dont la faiblesse, les vexations, les concussions allaient perdre la Colonie naissante. Les Jésuites dominaient dans cette oligarchie ils étaient les plus riches, leur crédit en France, à la cour, était énorme et ils se servaient de cet état de choses pour s'imposer à tous dans la Colonie.

Leur premier moyen d'influence étant naturellement dans la Religion ils avaient fait tous leurs efforts pour être les seuls Religieux dans le pays. Les Recollects les y avaient appelés, les avaient reçus chez eux; ceux ci pour les en remercier les en firent partir et les représentations de la Compagnie les empêchèrent longtems d'y rentrer. Ils ne retournèrent en Canada que lorsqu'on sentit le besoin de les opposer à elle. Debarrassés des Recollects, les Jésuites virent surgir de nouveaux rivaux, c'étaient les Sulpiciens dont l'ordre venait de naître, et qui voulaient fonder une Colonie dans l'Île de Montréal en l'honneur de La Vierge. La Ville de Montréal s'appela même longtemps du nom de Ville Marie. Les Jésuites qui avaient inspiré cet établissement par une page de leurs relations, s'apercevant qu'ils n'en auraient pas la conduite voulurent s'y opposer. Leurs efforts furent vains, mais les Sulpiciens n'étant arrivés que plusieurs années après la fondation ce furent les Jésuites qui desservirent l'habitation ~~[illegible]~~ pendant cet espace de temps et cela leur suffit. Cependant les choses ne pouvaient toujours leur rester aussi favorables.

Vers 1644, je ne saurais encore préciser la date que je trouverai dans le savant ouvrage de Monsieur l'abbé Faillon, Monsieur Gauffre ayant laissé par testament 80000 livres pour fonder un Evêché en Canada, on y apprit en 1648 que cette somme avait été perdue par arrêt "faute d'avoir diligemment vaqué à cette affaire". Mais en ~~quelque~~ 1657, quelques semaines avant la mort du respectable fondateur de Saint Sulpice, l'abbé de Queylus, et Mrs Souart, Gallinier et Dallecq partirent envoyés par lui pour ~~fond~~ établir une église de leur ordre dans l'Amérique du Nord. Monsieur l'abbé de Queylus à qui l'assemblée générale du clergé ~~avait~~ voulu auparavant procurer la mitre pour y aller annoncer l'Evangile, y vint avec les lettres de grand vicaire de Monsieur l'Archevêque de Rouen. Les Jésuites l'accueillirent merveilleusement, mais ce n'était pas leur compte, aussi comme dit l'abbé Dollier de Casson un temps si serein ne fut pas longtemps sans se brouiller, les tonnerres commencèrent à gronder. Les Jésuites voulaient que le chef de l'Eglise fut à eux. Ils y parvinrent, mais pour cela Monsieur l'abbé de Queylus eut tellement à se plaindre d'eux que les coups gros de leurs injustices il en dit un jour autant au Grand Arnauld venu en pèlerinage au Mont Valérien où l'abbé s'était retiré « que le Port Royal en eut pu dire » Les Jésuites ne s'accordant pas avec les Sulpiciens usèrent de leur grand moyen, Ils les traitèrent de Jansénistes – Monsieur l'abbé de Queylus dut se retirer devant François de Montmorency Laval, choisi par eux et qui fut à eux –

L'Entreprise qui plaça cet ecclésiastique de grande naissance à la tête de l'Eglise Canadienne au service des Jésuites fut habilement menée par ces pères, qui renversèrent aussi le pouvoir qu'on leur opposait, en dominant Messieurs de Saint Sulpice par l'ordre hiérarchique, auquel eux mêmes semblaient se soumettre également.

Vers l'époque où Monsieur Gauffre instituait 30000 en testament pour l'établissement d'un Evêché en Canada. Le Père de Rhodes, occupé dans les missions de ~~la [illegible] de la~~ Cochinchine et du Tonquin était à Rome où il exposait à Innocent X la nécessité d'envoyer au plus tôt des Evêques dans ces régions et dans les Indes Occidentales un clergé formé des naturels du pays afin que la foi ne fût pas exposée à se perdre par la persécution des Missionnaires Européens. Touché de ces remontrances, le pape invita le R. P. de Rhodes à chercher des ecclésiastiques pour l'exécution de ce dessein. Celui-ci en trouva à Paris dans une communauté située vers le faubourg St Marceau ~~dirigée~~ et dirigée par un autre Père Jésuite – C'était le Père Bagot, de Rennes auteur de l'apologeticus fidei (1645) et de quelques autres ouvrages contre les prétendus Jansénistes. Le Père donna avis à la propagande des gens qu'il tenait à sa disposition et en conséquence Monsieur Bagny nonce en france eut ordre du pape de choisir parmi les Ecclésiastiques qui se consacraient aux missions trois sujets qu'il jugerait les plus dignes d'être élevés à l'épiscopat. Son choix tomba sur Monsieur de Laval Montmorency, un moment supérieur, dit-on, de la Compagnie du faubourg Saint Marceau – Sur Monsieur Pallu, Chanoine de Saint Martin de Tours et sur Monsieur Piques, affectionnés aux Jésuites – Tout paraissait concourir au succès de l'Entreprise, mais elle se brisa contre des obstacles inattendus. Elle avait rencontré des oppositions à Rome lorsque la mort du pape Innocent, l'Eloignement du Père Rhodes envoyé ~~[illegible]~~ en mission par ses supérieurs s'ajoutant aux premiers embarras la firent entièrement échouer, du moins on le crut, mais elle n'était qu'ajournée. La Compagnie avait trop fort à cœur cette affaire pour la laisser perdre et la nomination de Monsieur l'abbé De Queylus comme Vicaire Général de Monsieur de Rouen lui fit plus que jamais désirer d'en voir l'achèvement selon ses premières espérances — Elle fit donc de nouveaux efforts — Elle avait un grand crédit auprès de la Duchesse d'Aiguillon qui avait beaucoup fait pour les missions des pères, ceux-ci la sollicitèrent — A son tour la Duchesse d'Aiguillon sollicita vivement le Cardinal de Bagny et la Reine s'en mêlant, le Cardinal présenta enfin au Pape Alexandre VII cinq sujets qui furent nommés Évêques — Parmi eux était en première ligne Monsieur de Montmorency Laval désigné au Monsr de Bagny par le Père Bagot, — Monsieur De Montmorency fut nommé Évêque De Pétrée —

La Compagnie avait gagné la partie, Saint Sulpice la perdait. Le terrain était aux Jésuites. — Toutefois ce ne fut pas sans peine. Monsieur De Queylus ne voulut pas reconnaître le nouvel évêque. Il fallut lancer une lettre de cachet contre lui — mais il y résista, alors la lutte finit — Cette victoire remportée, les Jésuites consolidèrent leur œuvre — Ils maintinrent Monsieur De Laval dans l'obéissance en le protégeant de leur puissance pour enrichir son évêché et pour l'élever lui même en dignité — Il n'était qu'évêque in partibus, ils le virent comme en Elle en lui transmettant Uber de leur crédit pour le faire nommer Évêque titulaire de Quebec, il le fut en 1674 — J'ai lu en plusieurs manuscrits que les Jésuites lui faisaient une pension.

Maîtres ainsi du Spirituel, ils voulurent s'assurer du temporel, mais ici la lutte fut plus acharnée, on leur disputa sans cesse non leur part, mais celle à laquelle ils n'avaient pas droit; néanmoins ils contrebalancèrent longtemps l'autorité Royale, quand ils ne la dominèrent pas.

[Marginal note:] L'archevêque de Rouen soutenant son grand vicaire réclama la Colonie comme une partie de son Diocèse. Le Parlement de Rouen soutint l'évêque pour conserver la juridiction qu'il avait aussi sur elle, et le Parlement de Paris confirma l'arrêt du Parlement de Rouen malgré tous ces appuis, St Sulpice dut céder, — Mr De Queylus fut interdit, la lutte finit alors.

Riches au milieu de gens généralement pauvres, se répandant par leur grand nombre et se multipliant dans un petit peuple à travers tout le pays, où ils obtenaient des terres comme ils voulaient, ce qui n'était pas peu, dominant les uns au moyen de la religion soit par le respect dû à leur robe, soit par la confession ou par une confrérie qui leur étaient un moyen de police et d'espionnage, soit par l'exaltation de l'humilité qu'ils vantaient comme la plus grande vertu (1) par ce qu'elle leur

(1) « Son humilité était tout à fait rare, disaient les Pères d'un de leurs frères donnés en faisant son éloge. Il s'offrit une fois à être Bourreau en Canada, afin d'être en horreur à tout le monde par cet office. Et une chose l'empêcha de presser pour être en notre Compagnie [illegible]

* à des gens arrivés leurs engagés —

donnait des Instrumens plus commodes à manier, dominant encore les autres par le gouvernement auquel ils avaient part, ainsi que par leur propre commerce, en faisant donner à ceux ci les premières charges du pays et jusques à des lettres de noblesse, en assurant à ceux là des benefices ce quils étaient obligés de cacher leur traite, enfin par tous ces moyens ils purent dans les commencemens de la Colonie substituer leur autorité à celle du Roi — Ils étaient appelés à toutes les affaires d'administration, ils certifiaient les comptes rendus de ceux qui étaient chargés de deniers publics — on les consultait sur la guerre en un mot ils gouvernoient avec le gouverneur, ou plutôt ils le gouvernoient et lorsque celui ci ne voulait pas se soumettre à leur autorité, ils faisaient si bien que tout en le flattant dans leurs relations, de guerre lasse il demandait à s'en aller ou que par leurs intrigues on le rappelait.

Mr De Lauzon qui succéda à deux très honnetes gens sur lesquels je ne sais rien de précis fit tout ce que les Pères voulurent, — C'était leur très humble serviteur et il leur concéda des terres immenses. Monsieur De Lauzon était un homme de lettres qui donnait peu d'honneur à la plume et à l'Etat — Il soutenait mal son caractère n'avait pas de domestique, il ne vivait que de lard et de pois comme un manant aussi ne l'aimait on point en Canada et eut il raison de s'en retourner en France où il servit depuis en qualité de sous doyen du Conseil. Pierre Voyer Vicomte d'Argenson, jeune homme de 30 à 32 ans sage au possible lui succéda. Il plaisait à chacun mais il deplut aux Jésuites qui se brouillèrent alors avec lui et avec Messieurs de Saint Sulpice — Il s'en alla pour se débarrasser d'eux. La Compagnie de la Nouvelle France envoya ensuite le baron d'Avaugour qui s'était distingué dans les armes et dans les ambassades aux pays du Nord. Ce gouverneur ne tarda pas à encourir la colère des Jésuites par les mêmes raisons que Monsieur D'argenson — Il écrivait en 1663 à propos d'eux en apprenant son rappel sur la demande de l'Evêque. — « Lorsque je leur permis de venir en court, je ne doutais nullement qu'ils n'y fissent des vers à ma louange, mais l'Interet du service du Roy et quarante ans d'experience acquise sous les plus honnetes gens qui aient commandé me semblait mettre fort à couvert contre de si basses lumières » et pour finir cette escarmouche ajoutait le vieux soldat, je me contenterai par le respect que je dois à leurs robes de vous assurer Monseigneur que par la grâce de Dieu, j'ai non seulement bien et fidèlement servi mais fort heureusement selon les moyens et que jamais mes actions mieux connues n'irriteront la colère du Roi ni de la Reine mère.

Quoiqu'il en fût, le Roi voulant assurer la tranquillité du Canada invita l'Evêque à lui désigner un homme de son goût dont les principes s'accordassent avec ceux qu'ils désiraient lui et les siens. L'Evêque se mit à chercher cet homme, si difficile à trouver.

La Basse Normandie était alors le foyer du Bigotisme. Il y avait dans sa ville principale ce qu'on appelait l'hermitage de Caen où Monsieur de Bernières, Monsieur Dudouyt, vicaires de l'Evêque de Québec avaient été ses confrères, Monsieur de Pétrée pensa qu'il avait trouvé là son homme. Ce personnage c'était le Major même de la Ville, Mr De Mezy. Monsieur de Mezy avait autrefois mené une vie fort dissipée, il était accablé de dettes et comme s'il n'en avait pas contracté de moins grandes envers Dieu, qu'envers les hommes, on entendit un jour parler de sa conversion, elle fut éclatante. Dans son repentir, il n'y avait pas de choses dont il rougît pour le marquer. Il rendait aux pauvres les services les plus humbles, allant jusqu'à les porter sur ses épaules dans les rues de la ville. Tel fut le personnage que Mr De Laval présenta au Roy. Heureux de croire que l'accord régneroit désormais dans la colonie et que rien n'empêcherait plus son accroissement, le jeune prince fit d'énormes gratifications à Mr De Mezy pour l'aider à s'acquitter envers ses créanciers. Le nouveau Gouverneur partit avec son protecteur qui espérait trouver dans cette humilité si excessive une obéissance passive.

Mais soit que Monsieur de Mezy délivré de ses dettes eût joué pour arriver le rôle auquel Molière allait à deux ans de là donner un nom immortel, soit qu'il trouvât le joug de l'Evêque d'autant plus lourd qu'il servait à faire peser sur d'autres une domination injuste et qu'ayant avant tout la religion de son devoir, il ne voulût rien faire que ce qu'elle lui commandoit, bientôt tous les ecclésiastiques publiaient hautement que c'était « un calomniateur, un mauvais juge, un ingrat, une conscience erronnée », quoiqu'il déclarât n'avoir agi « qu'en conscience ayant connu certaines pratiques dont le serment prêté par lui au Roi ne lui permettait pas de laisser continuer l'abus. »

Quelles étaient ces accusations de Mr De Mezy qui lui valaient et ces épithètes et ces colères. Le Père François le Mercier supérieur des Jésuites nous les apprend, il demande une enquête pour savoir « s'il est vrai que Monsieur l'Evesque et les Pères Jésuites se servent secrètement et adroitement d'un moyen

" pour s'enrichir qui est de traiter des boissons aux Sauvages pour leurs pelleteries,
" ostant ensuite aux habitans tout commerce de traite des pelleteries aux Sauva
" ges, Algonquins et Hurons, faisant leurs deux maisons et trois ou quattre -
" autres de la Cabale plus de marchandises que tout le Canada, ce qui fait murmu
" rer beaucoup le monde, mais dont personne n'ose parler par la crainte quils
" ont d'eux étant dans une sujetion captive sous leur conduite et en un au
" tre endroit, il parle de cette captivité comme si les peuples de ce pays y estoient
" enchainés par la conduite de leurs directeurs de conscience
" 2º Scavoir si le Caresme de l'année 1664 les Prédicateurs de leur maison changea le sujet
" de ses prédications et ce pour faire passer le sieur de Mezy pour calomniateur, In
" grat, bourreau, conscience erronnée, reprouvé etc
" 3º Savoir quel procez il ya rendre sa Majesté et les Jésuites, dont on attend l'évé
" nement en ce pays avec crainte
" 4º Savoir si les Reverends Pères ne veulent pas souffrir que les Sauvages soient
" gouvernés sous les loix de sa Majesté et en quoi ils y trouvent si fort leurs avan
" tages
" 5º savoir si la Religion des Sauvages est bien imaginaire, s'ils ne sont chrétiens
" que par politique et par les gratifications qui leur sont faites, et que hors cela
" ils sont tous dans leur erreur comme auparavant ce qu'on leur voit pratiquer
" tous les jours -

Sur ces entrefaites, Monsieur de Mezy mourut - Mais le sieur Chartier, lorsqu'on parla de faire l'Enquête se presenta pour défendre ce que Monsieur de Mezy avait avancé, Et ce quil avait avancé est d'autant plus probable qu'avant et après Mr de Mezy. Ce sont toujours les mêmes accusations portées contre les Peres, c'est que Monsieur de Mezy les confirmait lui même à un moment où l'on ne ment plus à sa dernière heure. C'étaient aussi en partie les accusations de Jean Talon l'un des esprits supérieurs, comme l'un des caractères les plus honnetes du temps de Louis XIV et lorsqu'il revint en France, il en eut sur eux tant à dire qu'on lui fit observer qu'on n'en voulait pas tant savoir - Toutefois les pères demandaient l'enquête. Ils n'y pouvaient bien prouver au Conseil souverain leur innocence - En effet ils l'avaient fait établer pour se sauver de rendre compte des deniers publics et d'une succession - Tous ceux qui la composaient étaient à eux et leurs complices, en partie les premiers conseillers ayant été les comptables qui avaient sous eux administré les affaires - Chose triste à reveler en ce qu'elle montre que les

les ministres les mieux intentionnés ne sauraient faire le bien qu'ils désirent. — Colbert en établissant le Conseil Souverain, avait cru les intérêts de la Colonie et n'avait fait que servir la Cabale qui y était contraire. Néanmoins malgré la chance qu'ils avaient en leur faveur au conseil lorsque Monsieur de Mézy y mort, Mr de Tracy, homme de mœurs douces leur conseilla de ne pas poursuivre cette affaire. Ils y souscrivirent volontiers et je trouve dans leurs papiers cette note de la main d'un des leurs. — Monsieur de Tracy nous a conseillé de ne pas poursuivre cette affaire après qu'il en a conféré avec ces Messieurs [(Messieurs de Courcelles et Talon sans doute)] qui n'y avaient eu aucune inclination. La raison qu'il nous en a apportée est que ces articles sont dans une lettre écrite au Roy qu'on suppose être secrète qu'on ne peut pas entreprendre de lacérer — 2° qu'eux ont écrit à Sa Majesté avantageusement pour notre justification et ità est ainsi tout va très bien.

Tel était l'État des choses en 1663. Cette situation dont on cherchera en vain le tableau dans l'histoire du Père de Charlevoix ressort avec évidence pour moi de tous les papiers que j'ai vus et malheureusement si l'accroissement de la population affaiblit, diminua l'influence fatale des pères, elle se prolongea trop longtemps encore pour le repos et pour la prospérité du pays.

Malgré le service qu'elle leur rendit de les délivrer des inculpations de Monsieur de Mézy, l'arrivée de Monsieur de Tracy, vice-roi de l'Amérique en l'absence de Mr le Comte d'Estrades, fit mal au cœur aux Jésuites, car ils s'aperçurent bientôt que Mrs de Courcelles et Jean Talon dont il était accompagné, venaient et voulaient en réalité établir le gouvernement du roi. Aussitôt les entendit-on déclamer en pleine chaire contre eux de la façon la plus inconvenante, surtout quand l'Intendant leur eut redemandé une terre utile au service de la Colonie — Monsieur de Courcelles, ayant peine à se voir primé par l'activité, par l'esprit d'organisation de Jean Talon, les Jésuites avaient compté sur le peu d'accord de ces deux chefs, mais l'Intendant et le Gouverneur s'accordaient toujours pour reconnaître les abus des ecclésiastiques et pour s'y opposer — Toutefois Jean Talon qui n'était venu en Canada que pour deux ans afin d'organiser tout, eut hâte de s'en aller à cause d'eux et il sollicitait de Colbert à chaque instant son retour, qui fut cependant retardé. Colbert appréciant justement l'intelligence supérieure de Talon, avait voulu puisqu'il voulait quitter la Colonie, malgré la nécessité où elle était de ses talents, qu'il formât son successeur et il lui envoya Monsieur de Ressan. Talon déclina cet honneur mais il invita Monsieur De Ressan à rendre compte à la cour de l'Etat du pays et de lui communiquer ses vues sur toutes les choses qu'il estimerait pouvoir s'y faire pour le mieux du service du Roi et le plus grand avantage des colons — L'intendant ne voulut pas consentir que Monsieur de Ressan le consultât sur les choses qu'il avait à faire sçavoir en cour — Elles arriverent donc sans mélange, sans influence de la part de l'Intendant, qui en écrivant à Colbert les raisons de cette conduite avec Monsieur de Ressan, lui mandait qu'il avait trouvé celui ci d'une probité toujours égale — A la lecture du mémoire de Monsieur de Ressan, mémoire que je n'ai pu trouver, et dans le quel sans doute il faisait une triste peinture de la domination des Jésuites, Colbert parut tellement craindre que Monsieur de Ressan ne se portât à des extrémités contre eux qu'il le fit revenir, quoiqu'il eut eu dessein de le substituer à Talon — Il envoya donc Claude de Bouteroue le remplacer, mais Monsieur de Courcelles se plaignit qu'il se laissait aller trop à l'influence des Pères. Colbert pria donc Talon de retourner en Canada, lui permettant de revenir quand il voudrait et afin de lui faciliter le commandement de toutes façons, il lui donna des lettres de cachet pour faire repasser en France ceux qui nuiraient à la colonie, quels qu'ils fussent. Talon partit en outre accompagné de Recollects pour contrebalancer l'autorité des Jésuites. L'arrivée de ces Religieux excita au plus haut point la joie du peuple (1). Aussi les Robes noires, comme les Indiens les appelaient ne furent ils pas tentés de faire canoniser Jean Talon et on les vit presque aussitôt employer tous leurs moyens pour détruire l'influence des Robes grises qu'on venait leur opposer (2.) en attendant du temps d'autres chefs et une meilleure fortune — Ils eurent un mo.

---

note de Talon
Lettre du
10. Nov. 1670
a Mgr Colbert

En vérité, Monseigneur, il est malaisé de vous exprimer la joie que les peuples ont reçue de l'arrivée de ces pères et je n'affecte rien quand je dis qu'elle vous a fait benir partout de les leur avoir procurés, je remets au provincial à vous dire ce qu'il a connu de la contrainte dans laquelle les Canadiens ont ci devant été et avec quelle délicatesse il a fallu que j'agisse avec l'Eglise pour conserver l'autorité du Roi, le repos des consciences et ne leur pas donner sujet de murmurer contre moi.

Lettre du
Comte de
Frontenac
1672 — 2 9bre

« Il y a une autre chose qui me déplaît qui est l'entière dependance dans laquelle les prêtres du seminaire de Québec et le grand vicaire de l'Evêque sont pour les Pères Jesuites, car ils ne font pas la moindre chose sans leur ordre — ce qui fait qu'indirectement ils sont les maîtres de ce qui regarde le spirituel qui comme vous savez est une grande machine pour remuer tout le reste — Ils ont même si je ne me trompe gagné le gardien des Pères Recollects qui n'a plus que trois ou quatre religieux dans son couvent que les Pères Jesuites seraient bien aises de voir aboli entièrement et où il serait necessaire qu'il y eut des religieux habiles et qui eussent assez de talent pour balancer un peu celui des autres. »

---

qu'elle leur arrivait avec Monsieur de Frontenac auquel ils firent toutes sortes de prévenances, mais Votre Excellence et le Comité verront dans les documens relatifs aux découvertes de Cavelier Dela Salle qu'ils ne furent pas longtems d'accord avec ce Gouverneur, a qui Colbert avait donné ordre de veiller sur leurs empiétemens —

Ce fut même à propos de Cavelier Dela Salle que l'orage éclata — Je pourrais Monsieur le Ministre pousser plus loin et montrer la suite de cette opposition constante à tout ce qui vient gêner l'ambition ou la cupidité des pères. Les faits inconnus que je produirais aujourd'hui d'après les manuscrits inédits seroient autant de faits qui viendroient rendre plus probables encore tous ceux qu'avança contre eux le grand homme dont le Comité s'occupe à propos de l'histoire d'une découverte importante et glorieuse, Mais j'ai voulu seulement montrer que tous ces faits dont on eut pu douter s'ils avaient été sans antécédens n'étaient pas nouveaux dans la colonie, comme on l'eut pu supposer d'après l'absence de livres publiés dans ce sens — Je ne connais qu'un écrivain qui ait parlé de la sorte, c'est le Baron de Lahontan et le Père Charlevoix et ceux de sa robe l'ont tellement décrié qu'ils ont voulu faire douter même de la découverte faite par lui d'une Rivière que depuis les savans et les hommes du pays se sont accordés a reconnaître pour la rivière saint Pierre — Mais pour moi dans ce que je viens d'indiquer superficiellement comme dans ce que je sais tout me semble si bien lié, si uniforme que je ne puis guères qu'ajouter foi aux récits de Mr Dela Salle et j'ai dû montrer au Comité ce qui motivait ma confiance afin qu'il ne crut pas avoir devant les yeux les rêves d'un visionnaire ou les exagerations haineuses d'un homme de parti — Cette note est au moins pour le Comité le préliminaire indispensable de tous les documens que j'ai déjà envoyés, que j'ai l'honneur en ce moment d'envoyer a votre Excellence et de ceux que je vais copier encore.

Les pièces de la seconde de ces trois catégories, transcrites par moi pendant ces trois mois pouvant être lues tout entières avec intérêt, je pense inutile, Monsieur le Ministre d'en faire une analyse qui même longue serait dépourvue de charme parceque surtout dans le mémoire du Chevalier De Tonty les faits sont très serrés Et je pense que les membres de la Commission chargés de l'examen de ces papiers les ayant sous les yeux n'auront pas de peine à montrer quelque passage saillant

— Je crois également, quoique la Collection des pièces relatives aux autres Découvertes m'ait pendant longtems détourné de celle des documens relatifs à celle De la Louisiane et que le Comité ait pu oublier les Incidens de la vie de Cavelier Dela Salle, pendant cette periode de temps, je crois inutile aussi de les lui rappeler

Le mémoire de Monsieur de Tonty en faisant un intéressant détail depuis 1678 jusqu'en 1684 pourra servir a faire comprendre le contenu et la valeur même des autres pièces que j'y joins,

Mais il sera peut être bon de remettre de nouveau sous les yeux du comité les faits qui se sont passés depuis 1666 que Cavelier de la Salle est arrivé en Canada jusqu'en 1678 époque à laquelle commence le mémoire de Tonty et qui est aussi le terme à partir duquel les historiens les plus spéciaux connoissent seulement la vie et ses actions de La Salle.

III.

Lorsque Colbert racheta les Colonies à leurs propriétaires le Canada était sur le point de périr comme je l'ai dit et par les dilapidations et par l'oppression exercée jusques sur les consciences, mais à ces maux il s'en joignait un plus terrible encore c'étaient les guerres continuelles de l'Iroquois. A peine pouvait on sortir à dix pas de chez soi, car on n'etait pas certain de n'être pas bientôt victime de sa témérité. Souvent dans les lieux où l'on s'y attendait le moins un Iroquois en embuscade, guettant sa proie un jour entier se jetait sur le Francais qui allait à son champ ou à la traite. Celui ci n'avait pas eu le temps de voir son ennemi, que déjà il etait frappé, scalpé ou fait prisonnier, mais mieux valait la mort, car la plupart du temps le prisonnier était livré à des tortures que le coeur répugne à peindre

La crainte de l'Iroquois, qu'on trouvait partout à Québec aux Trois Rivières a Montréal comme sur tous les chemins a cinq cents lieues delà, avait arrêté les decouvertes des pays situés à l'Ouest et au Sud - Les Hurons ayant été dispersés par les armes des Iroquois s'étoient portés vers le Nord et cherchaient à travers les terres un passage à la Baie d'Hudson, mais là aussi l'Iroquois s'élançant à leur poursuite, et partout sur leurs pas leur avait barré le passage et suspendu les découvertes.

Le Gouvernement du Roi en cherchant à remédier à tous les maux qui avoient jusques là empêché la colonie de s'etablir, lui permit enfin de s'étendre avec liberté. L'Iroquois occupé d'abord, puis dompté par nos soldats, l'esprit entreprenant de nos Francais reprit son essor et les lança vers de nouvelles terres au milieu des plus grands dangers, mais ils ne redoutaient ni les périls ni les fatigues

Les Jésuites, dont on ne peut nier ni le courage ni surtout l'activité persévérante

~~dont l'éclat ... la religion~~ les Jésuites dans ces circonstances s'empressèrent de pousser plus avant et de reconquérir de nouvelles terres. Depuis longtemps ils s'inquiétaient de pousser aussi loin que possible vers l'Ouest, Nord et Sud ~~~~ espérant trouver un passage à la Chine, ~~~~ soit par la mer du Sud, soit par la mer du Nord, soit enfin ~~~~ par les terres dans le cas où l'Amérique et l'Asie ~~eussent~~ eussent été jointes par un Isthme, fait sur lequel la science n'a eu des données certaines que fort tard. On ne connaissait guère alors ~~~~ les côtes de l'Amérique plus loin que la Californie, encore un grand nombre de cartes estimées en faisaient-elles une Ile — Les terres de l'Asie situées dans les latitudes parallèles étaient également inconnues. Le dessein donc de cette recherche qui a excité les plus grands efforts de la part de nos Français et les a menés aux Montagnes Rocheuses avant les Anglo-Américains avait donc sa grandeur et son importance et si les Jésuites n'y eurent pas l'honneur de l'Initiative, ils eurent le mérite de tenir l'esprit toujours tendu ~~pas~~ vers ce but par leurs relations et le mérite plus grand encore d'en partager les premiers les dangers — Le Comité a vu figurer le nom d'un Jésuite parmi les vingt et un voyageurs massacrés par les Sioux avec le fils de Mr De la Verendrye. -

Marchant sur les traces du Père Ménard qui s'était avancé au dessus du lac Supérieur à plus de cent lieues et avait péri probablement, car on n'avait plus eu de ses nouvelles, dans la recherche de quatre nations nombreuses éloignées de là, Le Père Allouez ~~avait~~ était allé s'établir vers ce lac, où Nicolet avait pénétré le premier dès avant 1640, et il avait reconnu une grande partie des peuples attenant au lac des Hurons, à celui des Illinois ou Michigan et à la Baie des Puans, aujourd'hui Baie Verte ou Green Bay :

Pendant que la Compagnie s'honorait par les travaux et les succès de ses voyages, on faisait aussi par d'autres côtés des tentatives qui n'étaient ni sans fruit ni sans gloire. Perray trouvait un chemin du lac Supérieur à la Baie d'Hudson, et Denis de Saint Simon y allait hiverner ~~aussi~~ bientôt en partant de Montréal — Saint Lusson explorait l'acadie et faisait ~~aussi~~ également quelques reconnaissances dans l'Ouest. Mais l'intérêt de ces découvertes, mais la grandeur des travaux et ~~de~~ celle de ses hommes allaient être surpassés par les efforts d'un jeune homme qui y allait consacrer vingt ans de sa vie, une intelligence remarquable, une constitution de fer, une ~~~~ activité toujours prête à entreprendre ~~~~ et une constance que rien n'ébranlait dans l'exécution de ce qu'il avait entrepris.

Cavelier de La Salle, originaire selon toute probabilité de Rouen où sa famille était établie, arriva en 1666 en Canada. Il avait alors environ 22 ans — S'étant fixé à quelque distance des habitations de Montréal, il fonda trois lieues au-dessus une habitation qu'il nomma la Chine, marquant par ce nom son projet d'exécuter le dessein dont les pères Jésuites parlaient tant dans leurs relations. Élevé chez eux, un moment même de leur Compagnie, ce qui paraît par quelques passages des manuscrits, il avait puisé ce désir à la source que j'indique et l'esprit d'aventure naturel aux Normands l'emportant, il avait abandonné l'ordre, sans que la Compagnie qui allait chercher à abattre cet enfant sorti de son sein, eût eu jusque là le moindre reproche à lui faire. — Son entrée chez les Jésuites l'avait privé de sa part aux biens de sa famille, mais lorsqu'il s'en alla chercher en Canada honneur et fortune, il trouva les secours nécessaires dans son frère aîné, l'abbé Cavelier, prêtre du séminaire de Saint-Sulpice dont les ecclésiastiques possédaient l'Île de Montréal.

Il paraîtrait que La Salle fit d'abord quelques voyages vers le Nord dans l'intention que je viens d'exposer, mais un Sauvage ayant donné à un prêtre de Saint-Sulpice avis d'une grande rivière d'où l'on pouvait aller à la Mer du Sud, Cavelier de La Salle fit des instances auprès du Gouverneur pour être adjoint aux Missionnaires qui allaient faire cette recherche. Le Gouverneur, Monsieur de Courcelles favorisa les désirs de Monsieur de La Salle et l'expédition partit au mois de juillet de 1669 — A une certaine distance déjà des habitations, Mrs Dollier et Galinée ayant eu l'idée d'aller par les Outawas chercher cette rivière que Cavelier estimait devoir rencontrer par un autre côté, le jeune voyageur prétexta une grosse fièvre qui l'avait en effet saisi à la vue de trois gros serpents et laissant aller les Sulpiciens il se dirigea vers l'Ohio et en suivit le cours — Arrivé dans un pays où la rivière tombe d'une grande hauteur, il apprit que le fleuve qui se perdait dans cette terre basse et vaste se réunissait fort loin de là dans un seul lit — Il continua son chemin, mais la grande fatigue fit déserter en une nuit les hommes qu'il avait avec lui et il se trouva seul à 400 lieues de chez lui où il revint cependant — Il remonta la rivière vivant dans sa route de chasse, d'herbe et de ce que lui donnaient les Sauvages qu'il rencontra.

Lorsqu'il fut de retour à Montréal, Jean Talon qui avait proposé à Colbert l'établissement d'un poste au lac Ontario et Mr de Courcelles qui venaient de l'y aller faire, dans la pensée qu'on pourrait trouver de là communication avec la mer Vermeille engagèrent Cavelier de la Salle à poursuivre ses explorations favorables à la réalisation de leur Idée — Le jeune homme partit en conséquence et — Dans cette seconde tentative il arriva le premier des Européens au Mississipi avant l'expédition, seule connue, de Louis Jollier et du Pere Marquette à qui l'on attribue encore cet honneur. — La route qu'il suivit fut celle ci : — Voici les propres expressions du mémoire où ce fait important est consigné. « A quelque temps de là il fit une seconde tentative sur la même rivière qu'il quitta au dessous du lac Erié faisant un portage de six ou sept lieues pour s'embarquer sur ce lac qu'il traversa vers le Nord, remonta la rivière qui produit ce lac (la rivière du Détroit) passa le lac d'eau salée (Lac Saint Clair, si je ne me trompe) entra dans la mer douce (Lac Huron) doubla la pointe de terre qui sépare cette mer en deux (vers Michilimakinak) et descendant du Nord au Sud laissant à l'ouest la Baie des Puans (aujourd'hui la Baie verte, Green Bay) il reconnut une Baie incomparablement plus large (veut dire le lac Michigan assurement) au fond de laquelle vers l'Ouest il trouva un très beau havre (celui de Chicago) ~~[illegible]~~ et au fond de ce havre un fleuve qui va de l'Est à l'Ouest (Rivière des Illinois.) Il suivit ce fleuve et étant parvenu jusqu'à environ le 280 dégré de longitude et le 39. de latitude il trouva un autre fleuve qui se joignant au Premier coulait du Nord ouest au Sud Est. (Evidemment c'est le Mississipi) Il suivit ce fleuve jusqu'au 36e dégré de latitude où il trouva à propos de s'arrêter se contentant de l'Espérance « presque certaine de pouvoir passer un jour en suivant le cours de ce fleu- « ve jusqu'au Golphe de Mexique et n'osant pas avec le peu de monde qui « l'accompagnait hasarder une entreprise dans le cours de laquelle il auroit « pu rencontrer quelque obstacle aux forces qu'il avoit. »

Ce dernier voyage doit être de 1671. Le 2e 9bre de cette année Jean Talon écrivait au Roi « Le sieur de La Salle n'est pas encore de retour de son voyage fait au côté du sud de ce pays — Quant au premier la date en est de 1669 – 1670. On lit dans une lettre écrite par le Secretaire de Mr l'Intendant du 11. 9bre 1669. Que Mrs De La Salle et Dolier accompagnés de 12 hommes étaient partis à dessein d'aller reconnoître un passage qui donneroit communication avec le Japon et la Chine — Cavelier De La Salle à son dernier voyage avait environ 27 ans.

Les tentatives de découverte de Cavelier de La Salle, les voyages de MM^rs de St Sulpice inquiétèrent beaucoup les Jésuites. Ils craignirent d'être devancés et lorsque Mrs Dollier et Galinée arrivèrent par un chemin peu fréquenté jusqu'alors aux Outaouacs, la Mission la plus reculée des Pères, on les vit s'empresser de pousser plus loin leurs découvertes — Ils annoncèrent aussitôt leur projet qui était comme la conséquence de celui des Sulpiciens, d'aller reconnaître le Mississipi dont leur parlaient les sauvages et de chercher en aussi le passage à la Chine soit par la mer du Nord soit par la mer de l'Ouest. (X)

En conséquence de cet avis, Louis Joliet, homme dévoué aux Pères, obtint de Mr de Frontenac qui venait d'arriver pour remplacer Monsieur de Courcelles, la permission d'aller à la découverte de la mer du Sud par le pays des Maskoutins et de la grande rivière qu'on le croit se décharger dans la mer de Californie — Joliet promit d'en découvrir l'Embouchure — Déjà employé par Jean Talon dans des voyages fort pénibles, particulièrement avec Perray pour la découverte d'une mine de cuivre, Joliet était comme La Salle un jeune homme fort actif, fort intelligent très courageux s'il n'avait pas la grandeur du premier — Il partit avec le Père Marquette — Ces deux voyageurs l'un jeune l'autre chargé d'années et de travaux, découvrirent l'Ouisconsin et en le descendant se trouverent dans le Mississipi qu'ils suivirent comme avait fait Cavelier de La Salle jusqu'au 36e Degré les raisons qui avaient eues celui ci de ne pas aller plus loin furent l'obstacle qui les arrêta aux aussi.

La relation de leur voyage imprimée en 1681 par les Jésuites tandis que celle des entreprises antérieures de Cavelier de la Salle restait inédite, comme seulement de la Colonie et de quelques amis en France a fait attribuer jusqu'ici l'honneur de la découverte de la Louisiane à Louis Jolliet et au Père Marquette par un accident à peu près semblable à celui qui fit donner le nom d'Amérique aux terres découvertes par Colomb.

Les Jésuites et Cavelier De La Salle s'étant rencontrés dans le même dessein, dans la même découverte il devait en résulter un choc à moins que

---

X Relation de 1671–1672. — C'est ainsi que notre Sainte Foy va s'établissant parmi ces — (Mascoutins Outagamis etc.) peuples et nous espérons bien que dans peu de temps nous la porterons jusqu'à la fameuse rivière nommée Mississipi et même peut être jusqu'à la mer du Sud afin que l'Evangile s'étende aussi loin vers le Nord (Expédition de Denis de St Simon et du Père Albanel —

l'un des deux rivaux ne cessât de poursuivre le dessein de l'autre. Mais la compagnie avait trop d'interêts à continuer ce qu'elle avait commencé par elle même et par les siens, et Cavelier de La Salle ne voulut pas se desister d'une entreprise où il y allait autant de sa gloire que de sa fortune. Les evenements vinrent l'Etablir plus fermement encore dans sa resolution et compliquer la rivalité

En 1674 Jolliet ayant demandé à Colbert d'aller s'etablir aux Illinois, le Ministre ne lui accorda pas la grâce qu'il demandait parce qu'il fallait à son avis d'abord établir les terres anciennement decouvertes et qu'il n'etait pas bon de disperser ainsi une population trop peu nombreuse sur un vaste espace. Or l'année suivante Colbert accordait à Cavelier de La Salle des faveurs que ceux là même qui avaient eprouvé le refus du Ministre pouvaient trouver immenses. Cavelier recevait des lettres de noblesse et Sa Majesté lui concedait les terres attenant au fort Frontenac si favorables par leur situation aux découvertes ambitionnées par les Jesuites et d'un autre côté leur possession de ces terres par un homme qui n'etait pas avec eux menacait d'autant plus la traite faite par les Pères chez les Iroquois et avec les Anglais au moyen de leurs missions qu'. — A la propriété des quatre lieues de pays adjacent, le Roi ajoutait le commandement du fort — Les armoiries données à Cavelier de La Salle rappelaient ses découvertes, c'étaient un levrier courant et une Etoile à huit rayons — Les huit rayons représentant si je ne me trompe les huit principales aires de vent de la boussole —

Si la connaissance des faveurs accordées à Cavelier de La Salle est d'une grande importance pour l'histoire générale de la colonie il est plus curieux encore de savoir comment il les obtint et surtout comme on les lui disputa. Voici les conséquences les documents étudiés avec soin nous donnent de sa bonne fortune.

Lorsque Joliet demandait et obtenait de Monsieur de Frontenac la permission d'aller à la découverte de la mer du Sud par le pays des Maskoutens et de la grande rivière Missisipi qu'on croyait se décharger dans le golfe de Californie, Cavelier de La Salle revenait à peine de ses découvertes, s'il en était revenu. Probablement Joliet avait obtenu cette permission à l'insu de celui ci mais assurément à son détriment — Quoiqu'il en soit Cavelier pour ne pas perdre sa part des avantages qu'il avait si légitimement acquis tacha de s'approcher du Gouverneur et par son esprit par son adresse par son activité, par le zèle qu'il lui montra personnellement, il devint comme le second de Monsieur de Frontenac. L'on peut même dire sans se tromper que si plus tard le parti ecclésiastique, c'est à dire le parti dominant frappa si fort sur Monsieur de Frontenac c'est qu'il celui ci protegeait Cavelier, et que s'il voulait perdre Cavelier c'est que Cavelier seconda merveilleusement le gouverneur.

Cavelier si je ne me trompe avait contribué quelque peu par ses entreprises du côté du lac Ondario au projet de Monsieur de Courcelles d'établir un poste sur ses bords — y poussa-t-il de même Monsieur de Frontenac c'est ce que je ne saurais dire mais Lahontan nous assure qu'au moins le voyageur donna au lieutenant général de bons conseils, et lui aida grandement dans l'exécution de ce dessein. Cavelier avait éprouvé dans ses deux voyages de grandes fatigues et exposé sa vie à traverser tous les Sauts et les rapides qui embarrassent la navigation depuis Montréal jusqu'au lac Ondario — Un établissement en cet endroit devait les lui épargner lorsqu'il voudrait poursuivre ses découvertes, Mais trop jeune pour de si grandes espérances il n'osait prétendre à la propriété ni même au commandement du fort, dont le Comte donna alors en effet la ferme aux Sieurs Leber et Bazire. Cependant une année encore et il allait être le maître sur le Lac Ontario.

Le Comte de Frontenac avait reçu de Colbert l'ordre de poursuivre les coureurs de bois. — Ces coureurs de bois étaient des gens qui s'en allaient dans les bois faire la traite avec les sauvages. Ils portaient à ces peuples des marchandises selon le goût ou les besoins de ceux-ci et prenaient en échange des peaux de castor ou d'autres animaux et comme ils faisaient à ce commerce de grands profits tout d'abord, que cette vie était également une vie d'indépendance d'aventure et de débauches beaucoup d'hommes se jetaient dans les bois, qui jeunes et vigoureux eussent pu servir à défricher et à faire valoir les terres — Les peines cependant étaient grandes dans ces voyages, combien de fois n'y jeûnaient-ils pas, heureux encore quand ils avaient par devers eux quelques pelleteries pour en faire de la colle, qui leur pût servir de nourriture. Mais aussi à leur retour quelle vie — C'était le Marin à terre. — Après avoir reçu l'argent de leur traite ils se livraient pendant qu'il durait à toutes les débauches, à toutes les folies imaginables, Ils étaient toute la journée au cabaret, et coûte que coûte, là ils mangeaient, buvaient, fumaient, jouaient, enfin ils s'habillaient en seigneurs, portaient l'épée, et de la dentelle comme de vrais gentilshommes, ils donnaient un écu au premier venu pour allumer leur pipe, car leur grandeur n'eût pas voulu s'en donner la peine — C'était bon pour des gens pauvres, ils étaient riches mais à ces façons brutales, la fortune qui aime qu'on la ménage, s'envolait bientôt et ils repartaient gaiement manger de la colle de peau, — Cette vie pleine d'attraits par ses contrastes avait répandu un grand nombre d'hommes dans les bois — c'étaient

non seulement autant de bras enlevés à la Colonie, mais ce tort que ces libertins lui
faisaient n'était pas le seul — Lors de l'arrivée de Monsieur de Frontenac celui ci
écrivait leur Insolence va au point de faire des ligues et de semer des billets
« pour s'attrouper, menaçant de faire des forts et d'aller du côté de Manatte
« et d'Orange où ils se vantent qu'ils seront reçus et auront toute protection, Ils
« ont commencé de leur porter des peaux dès l'année passée, ce qui causerait
« un notable préjudice à la Colonie, mais j'irai dès le petit printemps à Montréal
« pour les observer de près et je vous assure que je tâcherai d'en faire un exemple si
« sévère que cela servira pour l'avenir »

Cet exemple le Comte le fit comme il l'avait dit, et il troubla même un moment toute
la Colonie, car il tomba sur un de ses principaux chefs et pour le défendre un
prêtre portant lui des plus beaux noms de France, l'abbé de Fénelon allait
sortir de l'obéissance due au Gouverneur, — pour défendre à son tour lui
des siens le Clergé il allait récuser la Justice civile

Monsieur de Frontenac avait appris que Monsieur Perrot Gouverneur de
Montréal protégeait les coureurs de bois, que l'Isle qui porte son nom et qui
lui appartenait leur servait de retraite. En présence d'un semblable embarras
ayant également peine à se décider à poursuivre un officier principal de
la Colonie allié à l'ancien Intendant Talon que le Comte estimait
particulièrement, il cherche d'abord par des avis sous-main, puis par
des remontrances directes enfin par tous les moyens possibles à prévenir l'obligation
où il serait de le punir — L'Emploi des moyens mis en usage par Monsieur
de Frontenac réussissait un moment, mais bientôt le désordre des coureurs de
bois recommençait — Ils s'attroupaient même pour éviter les punitions
Le Gouverneur général résolut alors d'y en finir — Sur ces entrefaites le
juge de Montréal ayant averti que deux coureurs de bois étaient arri
vés chez le sieur Carion lui envoya son sergent, mais loin de se soumettre
aux ordres du juge le sieur Carion maltraita fort le sergent et fit évader
les deux coureurs de bois en présence de celui ci — Le juge de Montréal pouvait
s'attendre à voir punir par le Gr de Colonie une telle action mais il en fut autrement, ce
qui aggrava les faits loin de châtier le lieutenant Carion, Monsieur Perrot
manda le juge et l'ayant grandement réprimandé de ce qu'il avait envoyé
chez le lieutenant avant que de lui en parler, il le
menaça de prison si nonobstant tous les ordres qu'il pouvait avoir de Monsieur le

Comte de Frontenac, d'entreprendre à l'avenir une chose semblable.

Le juge intimidé donna avis de tout à Monsieur de Frontenac en lui envoyant le procès verbal de rébellion fait par son huissier. Le Comte irrité et ne voulant pas laisser un tel acte impuni, envoya son lieutenant des gardes se saisir du sieur Carion, mais craignant la connivence du Gouverneur de Montréal, il ordonna à l'officier qu'il chargeait de cette commission d'arrêter le sieur Carion et de ne porter qu'ensuite à Monsieur Perrot la lettre dans laquelle il lui mandait l'ordre par lui donné et où il lui faisait une espèce de réprimande de son procédé à l'égard du juge de Montréal. Le lieutenant des gardes exécuta tous ses ordres et il était entré chez l'un des principaux habitans de Montréal nommé Léber, chez qui demeurait Cavelier de la Salle pour mettre à part la lettre qu'il devait remettre à Monsieur Perrot, lorsque celui-ci y arriva transporté de colère et lui demanda la hallebarde de son sergent pour ainsi dire dans le ventre du lieutenant des gardes qui le faisait si hardi d'arrêter un officier dans son gouvernement sans sa permission. Le lieutenant lui ayant présenté la lettre de Monsieur de Frontenac, Monsieur Perrot la lui jeta au nez et lui dit qu'il la reportât à son maître et qu'il l'avertît de lui apprendre une autre fois son métier, que cependant il le faisait prisonnier et en effet en se retirant il lui laissa une sentinelle pour l'empêcher de sortir. Monsieur Perrot aggrava l'offense qu'il faisait à Monsieur de Frontenac par d'autres incidens qu'il serait trop long de raconter mais se ravisant enfin il leva la sentinelle et permit au lieutenant des gardes du Comte de se promener sans toutefois qu'il celui-ci put envoyer de canot à Québec qu'il ne l'en avertît. Le lendemain Monsieur Perrot le renvoya avec une lettre au Gouverneur Général dans laquelle loin de s'excuser auprès de lui, il se plaisait à se piquer, mais avant que de partir le lieutenant des gardes fit un procès verbal que signèrent deux témoins, le sieur Leber dans la maison duquel tout s'était passé et Cavelier de la Salle qui y logeait et avait entendu les paroles de Monsieur Perrot.

L'assistance que le sieur Leber et Cavelier de la Salle avaient donnée au lieutenant des gardes ne manqua pas d'arriver aux oreilles du Gouverneur de Montréal qui s'en estima insulté. Après donc avoir fait venir Leber chez lui, il le menaça et l'envoya en prison sans autre forme de procès. Il en aurait fait volontiers autant à Cavelier de la Salle mais il ne l'osa pas. Le frère de celui-ci, prêtre du séminaire de Montréal, étant fort estimé parmi es ecclésiastiques, seigneurs de l'Ile — Toutefois il le fit observer de jour par des soldats. Cavelier de la Salle s'en aperçut, il sauta une nuit par dessus les palissades et descendit à Québec avec tout le Comte de Frontenac ce qui se passait et lui demander d'employer son autorité pour faire rendre la liberté au sieur Leber.

Monsieur Perrot en reçut aussitôt l'ordre avec injonction d'avoir à venir à Québec rendre compte de ses actions. Il obéit. Le 28 janvier il arrivait à Québec et le 29 au moment où il entrait dans la chambre du Comte le lieutenant des gardes qu'il avait arrêté, l'arrêta à son tour — Toute cette affaire était en vérité une comédie — on eut pu l'appeler la Comédie des arrestations. Le juge

Le juge de Montréal veut arrêter deux coureurs de bois, le sieur Carion les en empêcha et Monsieur Perrot s'en fâche — Il menace le juge de le faire mettre en prison s'il lui prenait envie d'y mettre ceux que lui Perrot protège — Le juge ~~[illegible]~~ ne dit mot, mais il en écrit à Monsieur de Frontenac celui-ci envoie son lieutenant des gardes arrêter le sieur Carion — mais la femme du sieur Carion se plaint à Monsieur Perrot, Monsieur Perrot fait arrêter le lieutenant des gardes qui le laisse faire, toutefois il en prend acte — deux hommes signent son procès verbal — Cause d'arrestation et d'emprisonnement contre les sieurs Leber et Cavelier de la Salle, ce dernier se dérobe, mais c'est pour accélérer l'arrestation de Monsieur Perrot — Le gouverneur de Montréal reçoit ordre de venir à Québec — Alors le lieutenant des gardes jadis arrêté par lui l'arrête à son tour — Mais ce n'est pas tout, l'affaire elle ne s'arrête pas en si beau chemin. Monsieur l'abbé de Fénelon, ennuyé qu'on ait arrêté son ami parle et agit de manière à se faire arrêter, il sera arrêté.

Le Comte de Frontenac ne s'en tenait toutefois pas là pour les coureurs de bois. — Il les faisait poursuivre et prendre celui qui avait été la cause de cette affaire — Les autres après l'arrestation de Monsieur ~~[illegible]~~ Carion, de Monsieur de Brucy, de Monsieur Perrot, vinrent se rendre à Monsieur de Frontenac qui fit grâce au reste et tous rentrèrent dans le devoir.

Quant à Monsieur Perrot il fut plus difficile d'en obtenir justice. Monsieur de Frontenac ayant assemblé le Conseil souverain aussitôt après qu'il se fut assuré de la personne ~~du~~ du Gouverneur il remit aux juges l'instruction des faits allégués contre lui — ~~M~~ Le Conseil nomma deux commissaires à cet effet, mais il surgit de nouveaux embarras. Monsieur Perrot qui avait été transféré au Château de Saint Louis refusa de reconnaître le Conseil pour juge, disant qu'il ne devait rendre compte qu'au Roi, prit à partie Monsieur le Comte de Frontenac prit à partie le Conseil récusant l'un comme son ennemi et les gens du Conseil comme les créatures du Gouverneur. Tous les embarras qu'il apportait à ses interrogatoires retardaient la fin de l'affaire croisaient le Comte, contre lui-même mettaient à dos le Conseil et accroissaient le temps de son emprisonnement.

L'affaire, par la faute de Monsieur Perrot était donc depuis longtemps en instance et faisait grand bruit dans le pays — Les ecclésiastiques de Montréal surtout, comme seigneurs dudit lieu souffraient avec impatience de voir leur gouverneur détenu et plus que tout autre Monsieur l'abbé de Fénelon ami intime de Monsieur Perrot — Un fait aussi donnait quelque intérêt à l'emprisonnement de celui-ci, c'était la grossesse de sa femme, nièce de l'Intendant Jean Talon.

Le jour de Pâques donc, l'abbé de Fénelon, s'inspirant évidemment trop de la conjoncture monta en chaire et prenant pour texte ces mots : ô Maria, quid ploras ? consolaberis, il fit pour division de son sermon que nous devions mourir de la mort de Jésus Christ et ressusciter de sa résurrection — Il dit dans le premier point que cette mort devait détruire en nous trois vies corrompues, la végétante, la sensitive et la raisonnable. Et dans le second que la résurrection devait établir en nous ces trois vies — Après avoir traité comme en passant dans ce second point des dispositions que cette résurrection produit dans les personnes de tous les Etats, en parlant de ceux qui ont le commandement, il dit à peu près dans ces termes que celui qui est revêtu de l'autorité ne doit pas inquiéter les peuples qui dépendent de lui, mais qu'il est obligé de les regarder comme ses enfans et de les traiter en père, qu'il ne faut pas qu'il trouble le commerce du pays en maltraitant ceux qui ne lui font pas part du gain qu'ils y peuvent faire, qu'il doit se contenter par des voies honnêtes, qu'il ne doit fouler le peuple ni le vexer sous de spécieux prétextes par des corvées extraordinaires qui ne servent qu'à ses intérêts, qu'il ne faut pas qu'il se fasse des créatures qui le louent partout ni qu'il opprime sous des prétextes recherchés des personnes qui servent le même prince lorsqu'elles s'opposent à des entreprises qu'autant qu'il doit sentir d'exactitude à punir les fautes qui sont contre le service du Roi, autant doit-il avoir de facilité à pardonner celles qu'on fait contre sa personne — Il a dit respect pour les prêtres et pour les Ministres de l'Eglise et autres choses semblables.

Parmi les Paroissiens qui écoutaient ce sermon était Cavelier de La Salle — L'abbé de Fénelon causant avec lui au sujet de Monsieur de Frontenac avait tenu sur le Comte des propos qui correspondaient entièrement au discours qu'il tenait en chaire. Cette corrélation malheureuse fit que Cavelier prêta une oreille plus attentive au sermon et pour mieux écouter comme plusieurs personnes debout devant lui, lui ôtaient la vue du prédicateur, il se leva et fit entendre par sa tenue combien ces allusions faciles à comprendre étaient déplacées.

Tout le monde sentit comme lui ~~...~~ sinon l'inconvenance du moins l'inutilité et l'imprudence d'un tel discours. Et Messieurs du séminaire inquiets des conséquences qu'il pouvait avoir s'efforcèrent par quelques démarches d'en détruire l'effet. – Cela eût pu se faire, mais Monsieur de Fénelon comme excité par tout le bruit qu'on faisait autour de lui à propos de son sermon et se croyant mis au défi par la colère des partisans du comte, se posa nettement comme son adversaire. – Le juge de Montréal ayant refusé à Madame Perrot la permission de tirer des habitants de Montréal des écrits en faveur de son mari, l'abbé de Fénelon prit sur lui la responsabilité d'un tel acte et s'en alla demander de porte en porte les déclarations telles que Madame Perrot les pouvait désirer. Un domestique de celle-ci l'accompagnait.

Cependant, Monsieur de Frontenac avait prié plusieurs fois par lettre, Mr le supérieur de Saint Sulpice de modérer les emportements de Monsieur de Fénelon qui ne convenaient pas à un homme de sa naissance et de son caractère. – Le gouverneur même aurait voulu user de ménagements avant d'informer de sa conduite, mais celui-ci qui avait chanté les louanges de Monsieur de Frontenac et avait obtenu de lui la concession d'une île n'y eut pas égard et la réserve du comte ne lui attira que des insultes. Alors il employa les voies de la justice et le procès de l'abbé vint compliquer l'affaire de Monsieur Perrot, affaire moins difficile quoiqu'elle le fût déjà beaucoup. –

L'abbé de Fénelon déclara qu'il ne reconnaissait d'autre autorité que celle de son évêque, que le pouvoir du conseil ne lui était de rien. – Il se réclama du grand vicaire, l'évêque étant alors absent. Cela devint alors l'affaire de tout le clergé et Monsieur de Frontenac l'eut tout sur les bras à l'exception des Jésuites qui renfaient profit sans doute du discrédit où la résistance ouverte de leurs rivaux les allait mettre auprès du comte.

Il serait trop long de m'engager dans tous les embarras des procédures des faux-fuyants et des prétentions du clergé dans cette affaire. Il suffit de dire que Monsieur de Frontenac craignant d'avoir poussé les choses trop loin, renvoya Monsieur Perrot et l'abbé de Fénelon, ~~...~~ en France, que l'un fut trois semaines à la Bastille et l'autre ne put revenir en Canada.

Or, ~~...~~ pour ce qui intéresse Monsieur de La Salle, on l'avait vu jouer dans cette double affaire un personnage assez fâcheux pour les inculpés, menacé de prison par Mr Perrot, obligé de se sauver à Québec, enfin le plus fort témoin ~~...~~ à charge contre l'abbé de Fénelon. – Messieurs de Saint Sulpice même disaient que sans lui on n'eût pas pris autant garde au sermon, et qu'il avait été la cause de tout le bruit. – Monsieur de La Salle, si attaché au comte, le servit de son zèle jusqu'au bout dans cette

difficultés — Il passa vers cette époque même en France sous le prétexte de ses affaires peut-être sur le même vaisseau qui portait Mrs Perrot et de Fénelon —
Et le Comte le recommandait à Colbert par cette phrase « Je ne puis, monseigneur, que je ne vous recommande le Sieur de la Salle qui passe en France et qui est un homme d'Esprit et d'Intelligence et le plus capable que je connaisse ici pour toutes les Entreprises et découvertes qu'on voudra lui confier ayant une connaissance très parfaite de ce pays, ainsi que vous paraîtra si vous avez agréable de lui donner audience »

Mais cette phrase si je ne me trompe était trop simple pour n'être pas plus importante qu'elle ne voulait paraître — Monsieur de Frontenac qui dans ces différends n'avait peut-être pas eu toujours le sang-froid nécessaire avait par les aboutissans de Monsieur Perrot, de l'abbé de Fénélon, du Clergé entier, affaire à forte partie. Il craignait sinon qu'on le calomniât au moins qu'on ou[illegible] tout — Évidemment Monsieur de la Salle passait en France sous d'autres prétextes pour le défendre. Et il le défendit bien Mais il en emporta la récompense — En sortant de l'audience du Ministre il avait obtenu ses lettres de Noblesse et la concession du fort Frontenac — Cette concession il n'eût pu l'avoir sans la participation du Comte car il devait le désintéresser de l'argent avancé par lui, ce qui confirme la conjecture que j'énonce ici

Elle fut l'origine et de la grandeur et des misères de Cavelier de la Salle, car ce fut le commencement de ses luttes.

Je ne répéterai pas ici, Monsieur le Ministre, ce que j'ai dit dans mes autres rapports les Jésuites du Canada, comme les Jésuites Espagnols qui firent banqueroute à Séville, comme les Jésuites de la Martinique qui firent eux aussi banqueroute vers 1756, comme les Jésuites des Philippines de la Chine, du Mexique et d'ailleurs faisaient le commerce. Leurs missions étaient des comptoirs — Aussi ne voulaient-ils pas avoir de voisins qui pouvaient y nuire soit en détournant une partie, soit en les surveillant — Cavelier de la Salle en s'établissant sur le lac Ontario près de leurs missions allait contrarier les pères par ces deux côtés; lorsqu'il voulut pénétrer dans les terres jusqu'au Golphe du Mexique, il devait encore nuire aux missions qu'ils avaient chez les Illinois et à celles qu'ils avaient chez les Illinois et à celles qu'ils avaient dessein d'établir plus avant — Ils remuèrent donc ciel et terre pour traverser les Entreprises de Cavelier, et ils firent jouer contre lui toutes leurs machines ainsi qu'ils firent vingt ans après, contre La Motte Cadillac — Celui-ci officier distingué mais qui n'était lui qu'un homme actif et spirituel, voulut établir avec les Récollets le poste du Détroit, voisin assez éloigné cependant de la mission des Jésuites à Michilimakinac. La Compagnie fit tout son possible pour empêcher ce poste de s'établir et lorsqu'il fut établi pour le renverser

Cadillac écrivait à ce propos au Ministre : « Vous voulez, Monseigneur, que je sois l'ami des Jesuites, mon Dieu, je le voudrais bien, mais après y avoir bien reflechi j'avoue qu'il n'y avait que trois moyens — Faire ce qu'ils font, ne pas faire ce qu'ils ne veulent pas et faire ce qu'ils veulent — Pour les deux premiers je m'y soumets volontiers mais quant au troisième cela m'est impossible ».

Ces quelques lignes suffisent pour indiquer la cause des difficultés que Cavelier De la Salle allait avoir à surmonter — Quatre autres suffiront encore pour mener l'histoire ignorée de ce grand homme jusqu'à l'époque à laquelle commencent les mémoires que j'ai l'honneur de vous adresser.

On chercha d'abord à attirer à soi Cavelier De la Salle par un penchant facile à un jeune homme, l'amour, mais c'était pour une femme mariée — on n'y put reussir, alors on voulut le perdre par la calomnie — l'intrigue fut vaine de ce coté — On fit alors courir le bruit parmi les Iroquois que s'il venait établir un fort sur le lac Ontario, ce n'était que pour les détruire, cherchant par là à exciter contre lui les colères des Indiens et pour donner plus de fondement à ce bruit, on allait à Quebec jetant l'alarme et disant que les Iroquois menaçaient de la guerre afin que Monsieur de Frontenac prît les devants et que la vue de l'Onontio armé confirmât chez les Iroquois les avis donnés touchant ses ~~prétendues~~ intentions. Mais Monsieur De la Salle n'ayant rien écrit de tout ceci à ~~...~~ G.r G.l, Mr de Frontenac agit avec ~~...~~ circonspection et reconnut d'où partait le coup. celui là donc aussi fut manqué — La Concession du fort avait été ~~...~~ accordée à Cavelier De La Salle, à condition qu'il entretiendrait un certain nombre d'hommes pendant plusieurs années On fit tout pour les débaucher — On voulut empecher les francais du fort d'aller faire la traite avec les Iroquois Cavelier De la Salle fit amener chez lui les sauvages — Il y en établit une partie. Sur ces entrefaites Cavelier De La Salle fut empoisonné — c'était le bon temps de La Voisin et de la petite Marquise de Brinvilliers — Cavelier De La Salle declara plus tard que ce n'était ~~...~~ par les Jésuites, mais par quelle facheuse coincidence. et ~~...~~ ce un homme ~~...~~ qui leur était devoué et dont le Père Charlevoix fait un grand éloge dans son livre — Enfin après avoir établi le fort malgré tout et malgré tous, lorsqu'il repassa de nouveau en france demander à Colbert de continuer ses decouvertes. Colbert ne voulut pas tout d'abord le recevoir — Quelle en était la cause, la Compagnie avait craint que celui qu'elle servait de tant persécuter ne rendît compte de toutes ses machinations, un de ses pères, le Père Raguenau, avait fait passer Cavelier De la Salle pour fou auprès de Colbert, Mais Cavelier prouva au Ministre que s'il l'était en effet, il avait au moins de fort longs intervalles de lucidité.

Le récit abrégé de ces faits conduira le Comité jusqu'au moment où commencent le Mémoire de Tonty, ainsi que les lettres de Cavelier de La Salle. Ce mémoire de Monsieur de Tonty racontant succinctement toute l'Entreprise de 1678 jusqu'à 1684 et écrit par lui même par le fait le résumé de tous les memoires que j'ai présentés à votre Excellence, je n'en ferai pas l'analyse — Je me contenterai de l'indiquer dans la liste que je donne des pièces réunies jusqu'ici sur La Salle — J'ai fait cette liste afin de montrer le point où en est mon travail sur ces découvertes

En ~~[illegible]~~ recevant l'ordre de Votre Excellence et l'Invitation du Comité de m'en tenir pour ce moment à cet épisode, j'ai cherché à établir pour moi d'une manière claire, l'État des découvertes faites avant lui dans l'Amérique et les inspirations qu'il avait pu recevoir des relations des Jésuites qui ~~[illegible]~~ mentionnent une partie — A cet effet je les ai lues toutes depuis 1633 jusqu'en 1673 et j'en ai fait une grande quantité d'extraits, mais ceux qui concernaient principalement mon travail avaient pour objet la recherche d'un passage à la Chine première préoccupation de Cavelier de La Salle.

Il m'a semblé intéressant non seulement pour notre histoire, mais pour celle du progrès des sciences d'étudier cette question, de considérer les préoccupations de la France touchant ce problème dont la solution tenait les navigateurs en continuelle excitation et qui eut sur le monde entier la plus grande influence. Les Indes, la Chine, le Japon, comme je crois l'avoir dit dans un précédent rapport ont été le point d'attraction où les deux mondes ~~se~~ devaient se toucher et se confondre — En effet c'est en cherchant le Cathay, la Cipango de Marco Polo que Colomb trouva ~~[illegible]~~ l'Amérique qu'il ~~[illegible]~~ crut bien être l'Asie, comme l'Espagne elle même et Pinzon — Bartholomé Diaz et Vasco de Gama cherchent les Indes à l'Est et les côtes ~~[illegible]~~ de l'Afrique ont dès lors seulement été reconnues par les Européens, mais l'Espagne qui a d'abord cherché à travers le Nouveau Monde découvert par elle un détroit pour arriver à ces terres desquelles disputé au Portugal les Moluques que les Portugais viennent d'atteindre. Magellan double alors l'Amérique comme Gama a doublé l'Afrique, et la pointe méridionale du nouveau continent apparait ~~[illegible]~~ cependant Sébastien Cabot avait déjà cherché le passage à la Chine par le Nord ouest ~~et~~ a fait là le commencement des découvertes dans l'Amérique septentrionale. ~~Dont~~ Les tentatives par le Nord Est eurent ~~de~~ pour résultat l'observation des côtes septentrionales de l'Europe et de l'Asie — par ce chemin Behring ait ouvrir la séparation de l'Asie et de l'Amérique et les Russes allaient établir sur la pointe de ce dernier continent des postes, qui seroient une source de richesses par le trafic des fourrures avec la Chine et le Japon — Enfin la coupure des Isthmes dont on parle aujourd'hui n'est que la continuation de cette idée plus immense que toute autre par ses conséquences.

J'ai trouvé Monsieur le Ministre sur cette partie de nos découvertes des faits intéressans qui expliqueront parfaitement le dessein de Cavelier de La Salle et comment il n'avait rien d'étrange à l'époque de sa conception le voyageur eut-il eu le désir d'y arriver même par les terres.

Voici deux faits surtout qu'on n'a pas assez remarqués à ce sujet. François premier en donnant à Jacques Cartier sa commission pour un troisième voyage au Canada s'exprime ainsi : « notre cher et bien amé Jacques Cartier lequel auroit découvert grand pays des terres de Canada et Hochelaga faisant un bout de l'Asie du côté de l'Occident. Cartier était dans l'erreur de Colomb et le pilote saintongeois partageait l'erreur du célèbre marin il dit dans sa Cosmographie en parlant aussi du Canada — Ces terres tiennent à la Tartarie et pense que ce sont le bout de l'Asie selon la rondeur du monde et pour cela il seroit bon avoir un navire petit de soixante et dix tonneaux pour découvrir la coste de la Floride.

La recherche d'un passage aux Indes était toujours dans les préoccupations des navigateurs même lorsqu'ils cherchoient de l'or avant tout. C'était l'idée de Champlain, c'était celle de John Smith lorsqu'il découvrit la baie de la Chesapeake — On espérait que par là on communiquerait avec la mer du Sud et ce fut assez quand il revint de son excursion pour apaiser la colère de ses mutins.

Établir l'enchaînement des faits et des idées sur ce grand problème avant Cavelier de La Salle m'a semblé important pour présenter mon sujet dans son ensemble, et ce travail devant servir aux notes qui accompagneront la Collection, j'espère que le Comité ne regardera pas le temps que j'y ai consacré comme perdu, lors surtout que les tentatives de Cavelier de La Salle, suivies de celles de d'Iberville, de plusieurs autres Français et enfin des Mrs de La Vérendrye doivent en faveur de notre pays produire des titres à l'exécution d'une idée où l'histoire jusqu'ici montre à peine notre part, et indiquer à côté des routes espagnoles, portugaise, hollandaise, Russe, une route essentiellement française.

J'ajoute Monsieur le Ministre à cette lettre une liste des pièces relatives à Cavelier de La Salle déjà réunies et copiées par moi afin d'exposer, comme je l'ai dit l'état où en est mon travail sur la découverte de la Louisiane, outre les pièces rassemblées sur les autres découvertes. — En regard des pièces restées inédites, je mets celles qui ont été publiées et qui y peuvent correspondre — Mais il ressortira de cette confrontation le peu d'importance de ces dernières. —

Votre Excellence et le Comité pourront en les

comparant de féliciter à juste titre d'avoir rendu à l'histoire ~~un~~ ~~personnage~~, d'avoir créé pour ainsi dire un ~~nom illustre~~ un personnage éminent que pour la gloire de la France le Nouveau Monde placera entre Colomb et Cortez et qui rappellera à la Normandie les beaux temps où elle enfantait dans un siècle Malherbe, Corneille, Nicolas Poussin et Salomon de Caus l'inventeur de la vapeur.

J'ai l'honneur d'être

Monsieur le Ministre

avec un profond respect

Votre très humble et très obéissant serviteur

Pierre Margry

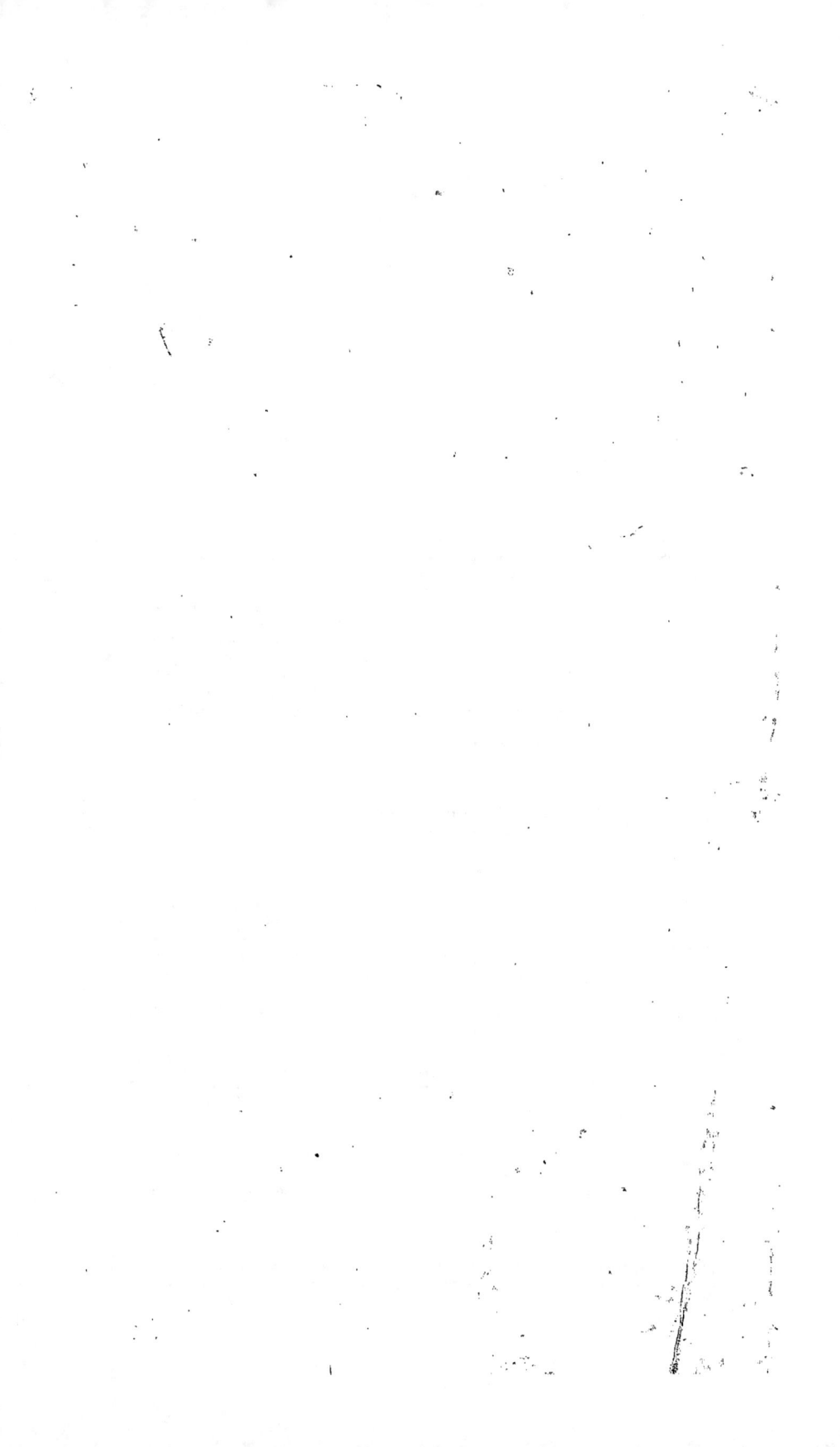

Travaux historiques.

Mission en Normandie.

9bre 1847

Rouen Dieppe

La Salle Champ[illegible]

Monsieur le Ministre,

Je viens d'achever à Rouen et à Dieppe les recherches dont vous avez bien voulu me charger et je m'empresse de vous rendre compte des résultats que j'en ai retirés pour mon travail sur les découvertes des Français dans l'Amérique du Nord.

Cavelier de La Salle objet premier de mes recherches à Rouen.

La grandeur et la hardiesse des desseins qui présidèrent à la découverte de l'ancienne Louisiane, l'immensité des obstacles qui la signalèrent en la traversant, l'énergie et l'intrépidité soutenues, l'adresse, la constance, la fécondité de ressources déployées pendant 20 années successives par celui à qui la France doit ainsi une extension de plus de soixante lieues de territoire, le génie de cet homme qui semblait défier les privations, les pertes, les dangers, les intrigues, en un mot toutes les oppositions qu'elles lui vinssent de la nature ou des hommes; la mort tragique, mort à laquelle il avait échappé tant de fois, enfin le magnifique avenir promis aux vastes pays reconnus par lui, toutes ces raisons qui doivent établir sa renommée, ont concouru à faire de René Robert Cavelier sieur de La Salle le principal objet de la collection de documents que vous m'avez fait l'honneur de me confier, et la nécessité de compléter l'histoire de cette existence aussi grande que malheureuse, liée à celle de 14 des États-Unis d'Amérique, motivait plus spécialement encore que toute autre partie de mon sujet, mon envoi en Normandie. — Je me suis donc aussitôt que je fus arrivé à Rouen, efforcé de retrouver ce que cette ville pouvait renfermer sur le découvreur de la Louisiane, sur le premier pionnier du Texas.

L'opinion générale indique Rouen comme le lieu de sa naissance — cette opinion contredite.

J'avais pour m'encourager à mes recherches dans Rouen, sur ce sujet l'opinion commune que Cavelier de La Salle y était né. Toutefois cette opinion était contredite sur son propre témoignage au dire d'un homme avec lequel il avait vécu pendant près de dix ans, et les historiens qui avançaient le fait généralement répandu ne l'appuyaient d'aucune preuve, nul non plus ne fixait la date de cette naissance même approximativement. — Or je fondais sur la confirmation du bruit général vers lequel me portaient moi-même de grandes probabilités, le principal espoir de ma mission. Je voulus en conséquence m'en assurer avant tout et ce fut là le premier point du programme que je me posai. En effet si j'y échouais je ne pouvais plus guère marcher qu'au hasard pour trouver les documents que je souhaitais sur Monsieur de La Salle et sur son frère l'abbé Jean Cavelier — mais si au contraire j'y réussissais j'avais la chance de rencontrer aussi sa famille et d'arriver peut-être en continuant ses descendants, par la connaissance même de ses collatéraux à savoir entre quelles mains sont présentement les papiers de Monsieur de La Salle que l'on disait en 1744 être en la possession d'un auditeur à la Cour des Comptes nommé Monsieur Le Baillif.

L'exploration du catalogue de la Bibliothèque de Rouen ne m'ayant rien procuré qui concernât Monsieur de La Salle j'allai, pour suivre la marche que je m'étais tracée, fouiller les registres de l'État civil de Rouen où Monsieur Fleury maire par intérim voulut bien autoriser mes recherches.

Le manque dans ces archives de listes alphabétiques des naissances et des décès comme il y en a pour les colonies au ministère de la Marine, menaçait de me mener loin et de me prendre une grande partie du peu de temps qui m'était donné — L'absence d'un certain nombre de registres des paroisses pouvait en outre rendre plus douteux encore le succès de mes investigations si incertain déjà comme je l'ai dit par la relation d'un des compagnons de voyage de Mr de La Salle.

Cavelier de La Salle né à Rouen suivant le père Hennepin.

Le Récollet que le découvreur avait envoyé avec deux de ses hommes remonter le Mississipi le père Hennepin écrit les lignes suivantes à propos du fort de Catarakoui et de son fort établi en 1673 sur les bords du lac Ontario par le comte de Frontenac, lieu dont Mr de La Salle avait obtenu la concession en 1675 : On y travailla avec tant de diligence qu'il fut mis dans sa perfection dans l'espace de deux ans par les soins du sieur Cavelier de la Salle qui étoit un homme habile et grand politique, normand de nation. Il m'a dit plusieurs fois qu'il étoit né à Paris afin que le Père Luc Buisset dont j'ai parlé et moi prissions plus de confiance en lui. Parce qu'il avait remarqué dans nos conversations ordinaires que les flamands et plusieurs autres peuples se défient aisément des normands — Je suis, ajoute-t-il avec une clémence infinie, qu'il y a des gens d'honneur et de probité en Normandie comme ailleurs mais enfin il est certain que les autres nations sont plus franches et moins rusées que les habitans de cette province de France. (Voyage ou Nlle Découv. d'un très grand pays dans l'Amérique entre le Nouveau Mexique et la Mer Glaciale par le R. P. Louis Hennepin ; Amsterdam 1704)

Cavelier De la Salle vraiment né à Rouen

L'assertion du Père ce semble est formelle. Cavelier de la Salle lui avoit dit être né à Paris. Or
le Père parle à chaque instant de sa bonne foi, de sa candeur, de sa naïveté flamande ; nécessairement l'opinion commune devait avoir tort contre toutes ces qualités surtout quand le témoignage allégué de Mr de la Salle que j'ai toujours trouvé me semblait y ajouter une force
nouvelle — Tant de qualités réunies pourraient ébranler celui qui n'eût pas connu le caractère
Père Religieux — Mais j'avais aussi en faveur de l'opinion générale contre l'assertion qui
me contrariait certaines raisons tirées de mes manuscrits ; d'un autre côté la légèreté
habituelle des discours du Père Hennepin qui m'avait déjà trompé au sujet de l'abbé de
Fénélon confondu par lui avec l'archevêque de Cambrai — les allégations préméditées de
faits reconnus depuis matériellement impossibles par lesquelles ce moine avait tenté de s'arroger
aux dépens de Mr de la Salle l'honneur d'avoir le premier découvert l'embouchure du Mississipi
sa conduite d'une déloyauté insensée qui fit en 1698 hâter l'expédition de Lemoyne d'Iberville ont singulièrement [illegible] baissé le degré de confiance qu'on pouvait avoir dans cette naïveté de laquelle il se recommande d'autant plus souvent qu'on peut être toujours près d'en douter.
Ainsi [illegible] selon moi la naissance de Cavelier de la Salle à Paris admettait fort la discussion.
Ces raisons, Monsieur le Ministre m'avaient engagé à vous désigner Rouen comme un point
important pour mes recherches ; elles me soutinrent et me firent heureux — Quelques
jours après ayant parcouru un certain nombre de registres de paroisses page à page, j'eus
une fois de plus l'idée d'être convaincu qu'il fallait donner peu de crédit aux assertions qu'on affecte
tant, j'avais une nouvelle preuve que le candide Récollet était un effronté menteur.
En effet ou ce malheureux flamand qui mentait si souvent disait vrai cette fois, ou le grand
[illegible] Normand que je trouve toujours véridique lui avait menti, ce que je crois plus aisément
du premier qui n'était pas tout religieux qu'il était un des hommes d'honneur et de probité
de Flandre quoiqu'il y ait en Flandre comme en Normandie

Son père sa mère ses frères et sa sœur et lui même

Je transcris ici, Monsieur le Ministre quatre actes tirés par moi des registres de la paroisse déposés à l'Etat Civil de Rouen.

1636. Le 27 d'octobre Jean fils d'honnestes personnes Jean Cavelier mercier et de Catherine Getz a esté baptisé. Ses parrain et marraine honnestes personnes Robert Geest et Anne Morisse femme du sr Henry Cavelier mercier demeurant sur la paroisse St Herbland.

1638. Aout le 7 dud. mois Catherine fille de Jean Cavelier mercier et de Catherine Getz a esté baptisée ses parrain et marraine Henry Cavelier et Catherine de La Salle.

1643. Novembre le 22e jour de Novembre a esté baptisé Robert Cavelier fils d'honorable homme Jean Cavelier et de Catherine Geest ses parrain et marraine honnestes personnes Nicolas Geest et Marguerite Morice.

1645. Le 15 jour de 7bre a esté baptisé Nicolas Cavelier fils d'honorable homme Jean Cavelier ses parrain et marraine maistre Nicolas Geest et Catherine Soullain.

L'union qui avait donné naissance à ces 4 enfans avait été contractée également sur la paroisse St Herbland. En voici l'acte — Le lundi jour de St Barnabé XI juin 1635 ont été rendus les bans de Jean Cavelier mercier grossier de notre paroisse et Catherine Lagays de la paroisse Ste Croix des Pelletiers en présence de Henry Cavelier père et Anne Morice de St Martin sur Renelle.

Preuves de l'identité de ces actes avec la personne de Cavelier de La Salle

Ce furent pour moi au premier coup d'œil les actes que je cherchais. Toutefois comme il n'y avait pas à Rouen qu'une seule famille Cavelier, ainsi que les registres des paroisses me l'avaient cent fois répété, je fus obligé par le grand nombre des gens de ce nom que j'y ai rencontrés à une grande circonspection avant de pouvoir me croire autorisé à accepter le Robert Cavelier du registre pour le mien et les autres Cavelier issus de Jean et de Catherine Geest comme sa famille. Mais cette série de prénoms, l'ordre et la date des naissances, la coïncidence de quelques particularités que je rattachais à ces actes, tout est venu me garantir que c'était bien en vérité le découvreur et les siens que j'avais découverts et je pouvais l'assurer au professeur d'histoire du Collège de Rouen Mr Chéruel qui en apprenant le sujet de mes recherches dans cette ville me disait qu'il ne croyait pas que Cavelier de La Salle y fut né.

Telles sont, Monsieur le Ministre, les principales preuves qui à mes yeux confirment l'identité de ces naissances avec celles du découvreur de ses frères et de sa sœur.

Un mémoire encore inconnu écrit vers 1678 d'après le récit fait par Mr de La Salle d'une partie de ses aventures nous apprend qu'il abandonna la France à l'âge de 22 ans environ or ce fut de 1666 à 1667 qu'il arriva en Canada — Autre part en 1673 Cavelier de La Salle lui même déposant à Québec en témoignage dans le fameux procès de l'abbé de Fénelon frère de l'archevêque de Cambrai déclare avoir environ trente ans. Le mémoire et les pièces du procès indiquant ainsi l'un et l'autre approximativement l'année 1643. C'est aussi la date que assigne le registre de St Herbland à la naissance de Robert Cavelier.

Cette preuve seule pourrait suffire mais pour peu qu'on tienne à la corroborer, l'entourage des trois autres actes s'y prête sans aucune peine.

Le premier né de Jean Cavelier s'appelle comme son père nous apprend le registre — Jean est bien également le prénom du frère de Mr de La Salle l'abbé Cavelier de qui je cherche le mémoire sur l'expédition du Texas. L'acte nous informe que Jean, indiqué ailleurs comme prêtre docteur en la faculté de Paris, était de sept ans l'aîné de Robert et ce renseignement est aussi parfaitement conforme avec l'espèce d'autorité protectrice que l'abbé paraît en certains endroits de mes manuscrits exercer à l'égard du découvreur. Cette distance d'âge qui séparait les deux frères était bonne à constater sous un autre rapport — elle devait rendre moins pénible pour le cadet, parce qu'elle la rendait alors presque naturelle cette protection même à laquelle l'entrée de ce dernier chez les Jésuites l'avait réduit. En effet, quoiqu'il fût presque aussitôt sorti de la Compagnie il avait perdu par là ses droits à l'héritage paternel et il ne pouvait guères tenter d'entreprise quelque peu coûteuse sans le secours de l'abbé Jean, circonstance dont ses ennemis c'est à dire ses rivaux profitèrent plusieurs fois avec succès en parvenant à lui aliéner pour quelque temps le cœur de son frère. Ce frère aîné de qui Monsieur De La Salle le mémoire de 1678 dit que c'était un ecclésiastique de grande piété lui était de grands secours de crédit et d'argent pour ses affaires de Canada.

L'acte de baptême de Catherine Cavelier ne m'a dit pas moins que le précédent. Robert Cavelier s'appelle Sr de La Salle du lieu de ce nom. L'acte que je cite signale comme marraine en 1638 de l'enfant que je prétends être sa sœur une Catherine de La Salle — J'ignore si d'autres liens l'unissaient à la famille des Cavelier, mais en voyant plusieurs fois cette femme y assister par cette espèce de maternité religieuse j'ai lieu de présumer son attachement pour les enfants de Jean Cavelier — peut être s'intéressait-elle davantage parce qu'il était déshérité, à ce jeune homme qu'elle avait vu naître. Catherine de La Salle pour réparer envers lui quelque peu les torts de la fortune aura-t-elle cédé à Robert Cavelier la terre dont elle portait elle même le nom — Il y a une petite seigneurie ainsi appelée près de Rouen.

Enfin l'acte de baptême de Nicolas Cavelier a encore son importance pour nous puisqu'il explique dans l'expédition du Texas (1684–1689) la présence d'un neveu de Mr de La Salle du nom de Cavelier et alors âgé de 14 à 15 ans — cet âge concorde entièrement avec la naissance en 1671 de Pierre Nicolas Cavelier fils aîné de Nicolas Cavelier avocat au parlement et de Marie Fauvel l'un frère, l'autre belle sœur de Robert Cavelier.

Pour achever de persuader de la relation de ces actes avec la naissance de Cavelier de La Salle, j'ajouterai que j'ai trouvé des alliances entre les Le Bailly et les Cavelier mentionnés dans ces mêmes actes. Or celui qu'on désigne en 1744 comme l'arrière petit neveu du découvreur et comme possédant ses papiers est un nommé Le Bailly.

Ainsi je ne pense pas me tromper c'est là un fait désormais acquis à l'histoire. Cavelier Dela Salle né à Rouen y a été baptisé le 22 9bre 1643 sur l'ancienne paroisse de St Herbland

— Muni et certain de ce renseignement j'avais le fil qui pouvait me conduire au but de mes recherches, la connaissance de la descendance collatérale jusqu'à nos jours de Cavelier Dela Salle et par elle, celle du possesseur actuel des journaux de ses Entreprises, — J'espérai y arriver j'espère encore.

Quelques uns des compagnons de Lasalle nés à Rouen comme lui

En outre de ces faits importans, Monsieur le Ministre la lecture des registres de l'Etat civil de la mairie et l'examen de ceux du Palais de Justice m'ont fourni une remarque intéressante. J'y ai trouvé un grand nombre de noms Canadiens et parmi eux ceux de la plupart des compagnons de Mr Dela Salle. L'époque et le prénom de ces baptistaires concordant même avec l'âge et le prénom de quelques uns des hommes cités dans mes manuscrits tels par exemple celui du notaire de l'expédition de 1678 à 1683 Jacques Dela Metairie. M Hebert ministre actuel de la justice est dit on allié à une famille de ce nom. Il m'eut été curieux de poursuivre ce contrôle jusqu'au bout et je l'eusse fait si les recensemens du Canada eussent été plus complets et plus exacts — En effet Cavelier Dela Salle avait naturellement plus de prise sur des gens sortis de la même ville que lui — Il pouvait ainsi exciter davantage leur amour propre, et en évoquant leurs souvenirs flatter en même temps leurs espérances — Nulle Entreprise plus que les siennes ne rencontra d'obstacles et de misères capables de briser les courages, nulle par conséquent n'eut plus besoin de stimulant et de soutien. Or c'est un grand soutien pour des hommes et un grand lien entre eux que de pouvoir au milieu des solitudes et des privations causer ensemble de souvenirs communs et se bercer mutuellement des espérances dont la fin est doit aller retourner dans le même foyer.

Mes efforts pour jeter quelque jour sur son Enfance.

L'époque de la naissance de Monsieur Dela Salle étant connue, j'ai voulu refaire autant qu'il serait possible son enfance ignorée jusqu'ici — A cet effet j'ai tâché de retrouver les habitudes de sa famille, quelques particularités sur elle et entr'autres l'habitation qu'elle occupait comme on a réussi à le faire pour les maisons où sont nés Pierre Corneille, Jouvenet, Fontenelle et Boieldieu

Quartier où il est né.

Je n'ai pas encore été complètement heureux sur ce dernier point. Les pièces que j'ai eu entre les mains désignent seulement la paroisse des Cavelier et non leur demeure elle même. J'ai dit lation qui ne se trouve guères à ce qu'il paraît que dans les actes de propriété mais comme il eut fallu pour cela fouiller les minutes des notaires, et que d'ailleurs ces informations demandent un trop longtemps (les recherches m'a-t-on dit, faites pour connaître la maison de Corneille n'ont pas coûté moins de 4 ans) j'abandonnai la fortune de cette ci à l'Archiviste de la Préfecture Mr Barrabé qui dans ces sortes d'investigations a fait ses preuves de patience et de bonheur. — En attendant le nombre des Eglises voisines les unes des autres qui existaient avant la Révolution dans le rayon de la Cathédrale au Palais de Justice, rétrécissant grandement alors la circonscription des paroisses nous savons que celle de St Herbland devait avoir fort peu d'étendue en ceci, ce me semble entre la rue de la grosse Horloge la rue du Bec une petite partie de la rue [illegible] des Carmes et la rue aux Juifs qu'il faut chercher la maison des Cavelier dans la quelle a pu naître Mr Dela Salle. — Peut être est ce encore l'une de ces maisons remarquables par leur construction qui rendent Rouen si curieux et que le temps et le commerce font chaque jour disparaître à l'envi.

Quant à la vie de famille qui est celle de l'Enfant et même celle du jeune homme, vie qui par ses influences laisse en nous des traces toujours durables, je suis parvenu grâce aux documens dont je vais rendre compte à jeter quelque jour sur les grandes époques de celle des Cavelier et l'historien déjà aidé des actes précédens, y peut faire sa place à l'Enfant qui sera plus tard un grand homme utile à la gloire et à l'avancement de deux continens.

Son père et son oncle, leur condition

Les deux premiers des quatre actes de naissance me désignaient le père de Cavelier de la Salle comme mercier. — Me reportant alors aux institutions de ce temps, je demandai [illegible] s'il n'y avait point vers cette époque de documents concernant ce corps d'État composé en partie des premiers négociants de Rouen. L'archiviste de la Préfecture me communiqua le registre de la confrérie des maîtres merciers grossiers, registre qui vraisemblablement devait me fournir quelques détails sur ce que je souhaitais; le nom de la confrérie en était déjà un curieux — Elle avait été instituée en 1611 dans l'Église de St Jean de Rouen en l'honneur de Dieu et des glorieux saints Louis et Marcouf.

Trésoriers de la confrérie St Louis et St Marcouf.

Lorsque j'examinai ce registre je ne tardai pas à y voir paraître le nom de Jean Cavelier — Il y contrôla peut-être auparavant mais bien certainement dès l'an 1639 jusqu'en 1666 avec les autres gardes trésoriers de la confrérie le compte du trésorier en charge. La plupart du temps sa signature est fraternellement auprès de celle de Henri Cavelier. A deux époques seulement, époques solennelles pour la famille elles se séparent. En 1655 Jean Cavelier est lui même comptable et rend ses comptes en 1656, de 1664 à 1665 c'est le tour de son frère Henry — Deux ans après aussi un seul frère signe. Jean était mort.

Date de la mort de son père —

Le registre de la confrérie nous l'apprend en 1667 sans en fixer la date de son décès, mais l'état civil de la paroisse de Notre Dame de la Ronde en donne l'acte précis. « Le trente uniesme décembre mil six cent soixante six a été inhumé Jean Cavelier marchand proche l'autel de la B. Vierge lequel a été apporté de la paroisse St [illegible] où il est mort. »

Voici les notes auxquelles ce décès donna lieu dans la confrérie St Louis et saint Marcouf. Compte de César Le Barcher (1666-1667) — Payé par le dit sieur comptable pour avoir fait l'acquit de défunt le sieur Jean Cavelier la somme de sept livres et seize sous.

Plus loin on lit au compte de Maître Morel — Se charge ledit comptable de la somme de dix sous que a reçu de deux [illegible] morte de Madame Cavelier.

Je ne comprends pas entièrement la valeur de ces deux [illegible] notes mais les statuts de la confrérie me la donneraient assurément. Mr Barrabé a bien voulu me promettre de les chercher.

Il y avait un grand intérêt à connaître exactement la date de la mort du père de Cavelier de la Salle. En effet elle se rapporte avec l'époque à laquelle le découvreur partit pour le nouveau monde et l'on peut se demander si cette mort ne détermina pas son départ de France peut-être même sa sortie de la compagnie des Jésuites, car tout ceci est encore à l'état de conjecture. [illegible] toutefois il y a un fait positif et il était utile d'en fixer le moment, c'est que la mort de Jean Cavelier allait mettre le frère cadet dépouillé de sa part d'héritage à la disposition de ses frères et de sa sœur quoique leur mère vécut encore.

Quelques détails sur la confrérie St Louis et St Marcouf.

Les détails relatifs à la confrérie de St Marcouf en même temps qu'ils pouvaient servir à retracer par un coin l'époque et le monde dans lequel un grand homme avait [illegible] passé son enfance relient quelque peu notre société à l'ancienne et la vieille Europe au nouveau continent. J'ai pris copie du compte rendu par Jean Cavelier de sa gestion pendant l'année qu'il avait été en charge.

On y voit les apprentis et les maîtres reçus cette année faire chacun son don. Puis Jean Cavelier aller par les maisons des maîtres de l'État faire une quête — Un chapelain qui paraît attaché au service de la confrérie l'accompagne suivi d'un clerc des marchands.

L'argent recueilli dans cette quête et en diverses autres occasions servait à payer les frais auxquels la confrérie était engagée — c'étaient principalement les dépenses de cérémonie et de pompe religieuse — Par exemple il se célébrait une messe au commencement de chaque mois pour la confrérie, une au jour de la reddition des comptes du trésorier en charge et une la plus solennelle de toutes au jour de la Saint Louis — Ce jour là il y avait grande procession avec enseignes déployées et flambeaux et torches — Le dimanche qui précédait la fête le prédicateur avait monté en chaire devant la confrérie assemblée.

D'après le compte rendu la messe mensuelle ne coûtait que soixante et onze sous, celle de la reddition des comptes se payait cent dix, mais le service de la Saint Louis s'élevait bien plus haut. Le chapelain recevait pour ce service et pour la procession vingt quatre livres, auxquelles on ajoutait soixante dix sous pour l'éloquence du prédicateur qui avait prêché le dimanche précédent. —

Le jour où le comptable sortant de charge rendait ses comptes il remettait entre les mains de son successeur l'excédent des dépenses ainsi que les statuts, lettres, ordonnances et contrats de la confrérie et les autres objets à elle appartenant comme flambeaux d'argent, chasuble, tuniques garnies d'étole et de manipules, casaque servant au clerc de la confrérie, le tout de velours bleu parsemé de fleurs de lys d'or, deux voiles pour couvrir les images de saint Louis et de saint Marcouf. etc.

Le père et l'oncle de Cavelier de La Salle trésoriers de St Herbland

Ces particularités étaient tout ce que je pouvais attendre du registre de la confrérie des merciers grossiers, mais elles devaient m'amener elles mêmes à la connaissance d'autres faits également relatifs aux Cavelier.

L'action de l'Église est évidente dans l'établissement des confréries dans leur maintien dans leurs cérémonies se présentant alors partout. — Jusqu'à la fin du 18e siècle les habitudes, les sentiments des individus, les coutumes générales et particulièrement le grand nombre de fêtes, les formes extérieures de la société signalent à chaque pas cette influence qui prenait les hommes de ce temps dès leur enfance, influence souvent bonne je l'avoue — mais nulle part cette influence ne se fait mieux sentir et ne parle plus aussi que par la mode encore existant il y a soixante ans de diviser le pays en diocèses et en paroisses. — Les termes mêmes de cette ~~[illegible]~~ division ne substituaient-ils pas en quelque sorte le pouvoir ecclésiastique au pouvoir laïque — Dans un ordre de choses où qui groupait les citoyens autour du curé qui les mettait en continuel rapport avec lui ~~tout~~ ce qui regardait la paroisse avait une valeur bien autre qu'aujourd'hui, tant l'Église était liée à l'État, ainsi que le prouvent les guerres religieuses et à un point de vue moins pénible, mais non moins curieux les affaires de la Fronde.

Ces considérations bien étendues peut être à propos d'un petit objet m'ont engagé à rechercher si je ne trouverais rien dans les registres ou dans les papiers de paroisse qui en se rapportant directement ou indirectement aux Cavelier caractérisât quelque peu leur époque et leur propre vie.

Je venais de trouver Jean et Henri Cavelier trésoriers de la confrérie Saint ~~Marcouf~~. — En fouillant les registres de St Herbland je les trouvai comme je l'avais pensé trésoriers de cette paroisse qui était la leur et sur laquelle Mr De la Salle était né.

Le titre de trésorier d'une paroisse que représente mal aujourd'hui celui de marguillier imposait des charges auxquelles on ne pouvait se soustraire sans certains privilèges ; mais conférait aussi un véritable honneur pour lequel il fallait qualité suffisante ; je ne parle pas seulement des honneurs de l'Église soit à la messe soit aux processions, vanité qui suscita tant de querelles, mais de l'honneur dont nous revêt l'estime de nos concitoyens. Les fonctions de trésorier étaient en effet électives, ni le seigneur, ni le curé de la paroisse ni même l'évêque ne pouvait y nommer. Le droit en était réservé à l'assemblée des paroissiens qui élisaient dans leur trésorier un homme respectable à tous égards capable dans l'occasion de défendre leurs intérêts. Le grand Corneille était trésorier de sa paroisse c'est à dire marguillier, marguillier il est vrai comme il y en avait peu.

Procès intenté par la fabrique St Herbland à l'oncle de Mr De la Salle et aux autres habitans de la paroisse.

Les papiers de St Herbland m'ont après les registres, fourni leur contingent de faits. J'y ai trouvé deux documens tous deux relatifs aux Cavelier comme trésoriers et habitans de cette paroisse tous deux intéressans quoique à un degré ~~[illegible]~~ différent.

Les fonctions de trésoriers ne furent pas toujours à ce qu'il paraît faciles aux deux frères, selon ce que le premier de ces papiers nous apprend. — J'avais déjà vu, si je ne me trompe que la peste qui plusieurs fois avait visité Rouen y était revenue vers 1650 — vers la même époque

~~les~~ Henri Cavelier eut personnellement durant l'exercice de sa charge à lutter contre le chef de la paroisse. Or si Henri luttait, Jean devait avoir également sa part d'ennuis, car il signait les comptes et l'affaire était d'ailleurs celle de toute la paroisse.

Le curé depuis longtemps demandait qu'on rétablit la maison presbytériale, la sienne étant disait-il en décadence, mais vainement en avait-il parlé au prône et après la messe paroissiale vainement encore il avait convoqué les paroissiens à cet effet. La moitié des intéressés ne s'étaient pas présentés à l'assemblée. Alors les trésoriers avaient pris sur les fonds de la paroisse et lorsqu'il n'y en avait plus ils avaient fait des avances de leur propre bourse. Or cela ne pouvait continuer ainsi — Toutefois les paroissiens ne semblaient point s'en soucier — Ils étaient sourds à la voix du curé, aux représentations des trésoriers dans l'embarras ils ne voulaient entendre à aucun paiement disant que la convention naguères avait été faite avec le curé de lui donner 200 livres par an qu'ils avaient exécuté la convention et même au delà, puisqu'ils en avaient payé plus de 8000 sur les deniers du trésor de la paroisse — Voyant qu'il aurait peine à obtenir quelque chose de gens si obstinés dans leurs droits le curé avait alors abaissé ses prétentions et ne demandait plus que ces deux cents livres dont on était jadis convenu mais il n'en était pas plus heureux. Les trésoriers interprètes de la paroisse lui refusèrent tout, opposant pour raison à sa demande que la paroisse n'était point obligée de lui fournir de logement.

Poussé ainsi à bout le curé appela Henry Cavelier et les paroissiens devant le bailly lequel leur ordonna par sentence d'avoir à construire la maison presbytériale et de payer au curé pas que là la somme de 200 livres — La pièce à laquelle j'emprunte les faits résume tous ces débats, mais n'en donne pas la fin, malgré la sentence ~~qui~~ du Bailly qui les condamnait les paroissiens convoqués plusieurs fois pour s'entendre sur les moyens de l'exécuter n'avaient pu se résoudre à rien et les trésoriers dans le document que je cite s'informent de la manière qu'ils pourront obliger les paroissiens à faire construire le presbytère et à fournir le fonds, comment aussi la contribution devra s'élever, si ce sera sur les locataires ou sur les propriétaires ou tout à la fois sur les uns et sur les autres.

Les faits assez curieux au point de vue de la jurisprudence le sont pour mon sujet par le rôle qu'y joue la famille de Mr de la Salle, si nous le rattachons à la vie même de celui-ci et dans de plus grandes proportions à l'histoire des Colonies Françaises de l'Amerique d'accord dont les commencements sont remplis par les luttes du Gouvernement du Roi avec l'Eglise naissante du Canada qui à la fois opprime les habitants et aspire à la domination temporelle. Assurément les sentiments qui excitaient le curé de St Herbland contre sa paroisse et ceux

Un septième commandement de l'Eglise

qui au grand scandale de Louis XIV inspirent vers 1700 au clergé Canadien l'idée tout à fait neuve d'un septième commandement de l'Eglise

Dîmes et droits tu payeras
a l'Eglise fidèlement

Ces sentiments là sont les mêmes.

Evidemment ~~pour que~~ les paroissiens se fussent laissé actionner par le curé il fallait que comme dans les prétentions des curés Canadiens ils eussent grande défiance les bornes car s'il est vrai qu'il était dans ce temps là comme aujourd'hui assez difficile à beaucoup de gens de lâcher leur argent surtout en matière d'impôts, selon toutes les apparences les

Un Privilège de St Herbland

paroissiens tenaient à honneur d'entretenir honnêtement leurs pasteurs. Le grand nombre des Eglises, leur belle architecture, les ornemens dont on les enrichissait à l'envi prouvent assez en faveur de la dévotion rouennaise et vraisemblablement la paroisse de Saint Herbland n'y faisait pas exception, l'amour propre même l'y obligeant plus que toute autre par sa proximité de la Cathédrale et par le privilège qu'elle devait sans doute à ce voisinage — C'était de St Herbland que les archevêques de Rouen nouvellement élus allaient nu-pieds prendre possession de leur siège. — A l'époque à laquelle Jean et Henri Cavelier étaient trésoriers la paroisse St Herbland dut sans doute contribuer pour la réception de Harlay de Chanvalon qui fut plus tard le galant archevêque de Paris que l'on connait...

Le second des documens que j'ai trouvés dans les papiers de la paroisse a rapport Monsieur le Ministre au privilège dont je viens de parler et quoique d'une date bien postérieure aux Cavelier il donnera quelque éclaircissement sur la cérémonie qui préoccupa sans doute bien souvent Jean et sa famille, ses enfants surtout. — J'ai pensé que le Comité ~~[illegible]~~ verrait avec plaisir ce fragment de mon

ment desfendues aujourd'hui des Fautes auxquelles nous devenons de plus en plus étrangers.

Difficultés entre les religieux de St Ouen et la paroisse de St Herbland à l'occasion du cérémonial usité dans cette église lors de la petite entrée de l'archev. de Rouen.

D'après cette pièce il paraît que le cérémonial observé dans l'Eglise de St Herbland lors de
la petite entrée de l'archevêque de Rouen avait donné lieu en 1734 à certaines difficultés
entre le curé de cette Eglise et les religieux de l'abbaye de St Ouen.

Il fut alors fait cette convention entre les Prieur et les religieux de saint Ouen d'une part et le
curé et les trésoriers de la paroisse de l'autre

Que le curé et les Marguilliers de saint Herbland céderaient ~~[illegible]~~ aux Sieurs Religieux de
Saint Ouen la chapelle collatérale du côté de la chaire pour que les dits religieux pussent
s'y habiller à leur aise et sans être incommodés par le peuple mais les religieux reconnaissaient
qu'ils n'avaient aucun droit dans la dite Eglise de St Herbland et que c'était seulement par
politesse pour eux et par respect pour Monseigneur l'archevêque que les dits sieurs
Marguilliers leur cédaient la chapelle pour s'habiller.

D'un accord commun l'archevêque devait être reçu dans l'Eglise par le curé à
la tête de son clergé et conduit dans le chœur où les religieux ne pourraient entrer
et ~~[illegible]~~ le sr curé et son clergé devaient jouir seuls dans l'intérieur de la dite Eglise
de tous les honneurs sans que les Religieux de St Ouen pussent s'y rien prétendre.

En outre lorsque l'archevêque après s'être déchaussé dans la sacristie se mettrait en marche pour sortir de l'Eglise le curé son clergé seuls devaient le conduire hors de la sacristie
jusques à la porte de St Herbland pendant ce temps là les Religieux à qui c'était interdit
d'accompagner le curé devaient quand l'archevêque se mettait sur le prie-Dieu
avant de sortir de la sacristie sortir eux de la chapelle où ils s'étaient habillés par la
porte de la dite chapelle qui faisait face aux bas allées et bas côtés de l'Eglise puis ils
se rangeraient dans la rue depuis la porte de St Herbland jusques vers le Parvis de
Notre Dame en tel ordre que le Père prieur de l'abbaye St Ouen et les plus anciens religieux
fussent les plus proches de la porte et les autres suivant leur rang, suivant leur ordre en
tirant vers le Parvis Notre Dame — Ces préparatifs faits le curé qui dans l'intervalle
avait reconduit avec son clergé l'archevêque jusqu'à la porte en dehors le remettrait
alors aux religieux à la seconde marche de l'entrée de l'Eglise.

Après quoi Monsieur le curé de St Herbland, dit cet acte, faisant une inclination
profonde à l'archevêque pouvait à son gré rentrer avec son clergé ou marcher en ordre
de procession avec son clergé et sous la croix de sa paroisse après le corps des dits religieux
et immédiatement avant la croix.

Tels sont Monsieur le Ministre les faits que j'ai pu recueillir sur les parents de Cavelier
de la Salle, sur leur condition, sur le lieu qu'ils habitaient — A l'aide de ces renseignements
si peu nombreux qu'ils soient l'historien peut se retracer en quelque sorte l'enfance de l'illustre
découvreur au milieu de cette famille et des habitudes et du pas de vie qu'elle suivait dans sa
ville — Rien à ce point de vue, Monsieur le Ministre, je l'espère, ces ~~[illegible]~~ renseignements
vous paraîtront former un ensemble intéressant

Les registres du collège des Jésuites manquent pour l'époque de Cavelier de la Salle.

Ayant ainsi à peu près ce que je souhaitais sur les premières années de Mr de la Salle
Il m'eût été curieux de le suivre dans ces mêmes archives depuis cette époque jusqu'au temps où
il partit de l'ancienne France pour venir en la Nouvelle — Je recherchai si les papiers du
collège des Jésuites de Rouen ne m'indiqueraient rien sur son entrée dans leur Compagnie d'abord
comme leur élève puis comme leur confrère mais l'absence des papiers de ~~cette~~ [illegible]
pour cette époque ne m'a pas permis de m'assurer de ce que je désirais. Je verrai donc
de nouveau à Paris où un document me montre Mr de la Salle dans l'Esprit de
congrégation dont le futur Evêque de Québec Mr de ~~[illegible]~~. Mondoreau cy devant
avait été un moment supérieur.

Tout en faisant les recherches dont je vous ai donné plus haut les détails
Monsieur le Ministre, je n'oubliai pas le point capital pour moi de ma mission, le
but que je me proposai par dessus tout en venant à Rouen, c'est à dire le moyen d'arriver

à connaître le possesseur actuel des papiers laissés par Mr De la Salle. — Ces papiers ai-je eu l'honneur de vous dire étaient en 1744 entre les mains de Mr Le Baillif — C'est un ingénieur de la marine qui nous donne cet avis dans ses remarques sur les cartes et plans que le Ministre de la marine l'avait chargé de dresser pour l'histoire de la Nouvelle France du Père Charlevoix. — Ce Monsieur Le Baillif arrière petit neveu de Cavelier de la Salle était auditeur à la Chambre des Comptes, selon ce que rapportait Mr Bellin; mais il n'avait pas le soin de dire s'il était au parlement de Rouen ou à celui de Paris — Il y avait bien à craindre par la résidence même à laquelle l'ingénieur semblait obligé que ce ne fut à Paris — Toutefois je n'en savais rien, et quoique cette incertitude dût ajouter une nouvelle difficulté à mes recherches je marchai.

J'avais l'origine des Cavelier, je connaissais les trois frères et leur sœur issus de Jean — Il s'agissait dès lors pour moi avec ces 4 actes de retrouver dans les registres de l'Etat Civil par quelle alliance cet auditeur des comptes était l'arrière petit neveu de Mr De la Salle. Cette parenté reconnue, après avoir reconnu également les autres descendans collatéraux du découvreur mort sans enfants, je devais tenter d'arriver aux descendans directs ou indirects de ce Mr Le Baillif dans les mains desquels les papiers, par héritages successifs ont sans doute passé comme un des biens les plus précieux, comme un des titres les plus honorables.

Recherche des descendans collatéraux de Mr De la Salle et particulièrement des arrière petits neveux de Mr Le Baillif qui possédait en 1744 les papiers du découvreur.

Vous concevez, Monsieur le Ministre, ce qu'il y a d'arbitraire et par cela même de chanceux à vouloir suivre une famille dans une même ville pendant deux cents ans — Combien de déplacements probables ! Déjà avant la mort du père de Mr De la Salle sa famille n'était plus sur la même paroisse et qui me garantissait que depuis elle était toujours à Rouen — Il eut été assurément moins extraordinaire qu'elle n'y fut plus — Un des hommes de talent qui ont fondé un des bons journaux franco-Américains, L'abeille de la Nouvelle Orléans, me disait il y a peu de temps encore qu'il avait beaucoup connu dans cette ville un Gl Lasalle — Le Général qui s'était fort bien montré avec les milices américaines lors de la descente des anglais sous le commandement de Packenham, se vantait, suivant ce que Monsieur Maillefer me rapportait, d'être la famille de Cavelier de la Salle — Or s'il ne se trompait pas, s'il ne devait pas plutôt faire remonter son origine à un Nicolas de La Salle, lequel eut à la vérité le double honneur d'accompagner Robert Cavelier en 1682 et Pierre Le Moyne d'Iberville en 1700 dans leurs expéditions de découvertes, le Général descendait alors du fils de Nicolas Cavelier nommé Jean Baptiste qui en 1717 avait obtenu du régent la transmission des lettres de noblesse et du nom de son oncle. Mais s'il en était ainsi effectivement, c'était déjà pour moi une source de renseignemens perdue — Que devaient être devenus les autres, est ce que je m'efforçai de savoir

Je ne vous dirai pas, Monsieur le Ministre le nombre des registres que j'ai parcourus pour connaître les descendances que je désirais, par quelles inductions j'ai été amené d'un acte à un autre; comment il me fallait descendre, remonter et descendre encore pour ainsi dire dans ces deux siècles de générations, je me bornerai à vous en faire connaître le résultat par une généalogie que j'ai l'honneur de vous adresser — Mais quelque labeur que m'ait personnellement coûté ce travail rendu réellement pénible par l'absence de catalogue il est toutefois incomplet encore aujourd'hui — C'est ici pour moi un devoir d'avouer qu'il le serait bien autrement sans l'extrême obligeance de Monsieur Potel, archiviste de l'Etat Civil de Rouen. Manquant de temps, j'avais quitté cette ville avec les renseignemens qui m'étaient les plus importants il est vrai, cependant ils étaient loin de me suffire — Monsieur Potel depuis mon départ de Rouen a bien voulu continuer les recherches que j'avais commencées, à l'hôtel de ville et grâce à lui si je ne connais pas encore les descendans directs de Henri Nicolas Le Baillif, celui qui possédait les papiers de Mr De La Salle en 1744; je sais du moins que l'auditeur était de la Chambre des comptes de Paris; je le vois exister encore en 1772 ce qui est beaucoup joint à ces premiers renseignemens. J'ai les noms des descendans actuels de la sœur de sa mère maternelle — C'est à moi maintenant à suivre ici la descendance de Mr Le Baillif. Cela est difficile sans doute, mais je pense que cette recherche me le sera bien moins pour peu que la famille de sa sœur veuille y mettre de bonne volonté. En effet à 75 ans de distance dans des familles d'une certaine condition les relations ne sont pas tellement éloignées qu'on ne puisse remonter à un grand oncle ou même à un arrière grand oncle.

Descendans actuels de Mr Le Baillif qui ne sont pas connus aujourd'hui.

Dans cette conviction j'ai pris déjà la liberté de m'adresser à Madame la Comtesse Berthost
de St Germain, petite nièce par alliance de M. Nicolas Henry Lebailly. J'avais vu le
nom du Conseiller figurer au mariage de Marie anne Laudasse de Francamp fille de
sa sœur, Rose Lebailly avec Mr Louis François René Berthost Sr du Bourgtheroulde
Mr René Berthost était le père du mari de la Comtesse, Louis Armand Berthost, à qui
je me suis adressé. Mais une position toute exceptionnelle dans laquelle celle ci s'est
rencontrée, m'a empêché d'obtenir de sa complaisance les renseignements qu'elle eut
pu sans cela me procurer. En effet en consultant les actes, j'ai appris que Mr Louis
Armand Berthost mourut deux mois après son mariage et sa veuve m'a écrit qu'elle
n'habitait pas Rouen alors — par conséquent elle n'a pu connaître les parens de son mari
qui eussent pu lui parler des Lebailly.

J'espère être plus heureux du côté de l'autre fille de Rose Lebailly mariée Anne Laudasse
de Francamp, épouse de Messire Léon Bernard Louis de Quettaville dont la généalogie
que j'ai l'honneur de vous adresser indique les descendans actuels.

Vous remarquerez sans doute Monsieur le Ministre sur cette généalogie incomplète
il est vrai que d'après les recherches faites jusqu'ici par Mr Potel et par moi que Henry
Nicolas Lebailly sur la descendance duquel repose tout mon espoir de recouvrer
les papiers de Mr de La Salle, Henry Nicolas Lebailly qui est bien l'auditeur des
comptes dont parle Mr Bellin n'est encore à mes yeux qu'un arrière petit cousin
du découvreur par l'alliance d'une fille de l'oncle de celui ci Baptiste Cavelier avec
un sieur David Lebailly — Une nouvelle alliance contractée par les Lebailly avec
les descendans illustres de Jean Cavelier père de Mr de La Salle peut donc seule justifier
relativement à celui ci le titre d'arrière petit neveu que l'Ingénieur [illegible] donne à
l'auditeur des comptes — Il est nécessaire pour s'assurer de ce fait de rechercher les actes
de naissance, et de mariage des enfans et des petits enfans de Nicolas et de Catherine
Cavelier l'un frère, l'autre sœur de Mr de La Salle, L'union d'une Lebailly avec Pierre
Nicolas Cavelier, celui des fils de l'avocat Nicolas qui en 1684 ~~à peine~~ accompagna son
oncle à son premier voyage de 14 ans, expliquerait naturellement comment les papiers du Découvreur étaient entre les mains ~~du parlementaire~~ de l'auditeur des comptes et le prénom de Nicolas donné à
celui ci, peu commun chez les Lebailly invite davantage à cette conjecture à la
quelle les recherches de Mr Potel donneront peut être l'autorité d'un fait

La généalogie que j'ai l'honneur de vous adresser, Monsieur le Ministre, signale outre
les divers points ~~[illegible]~~ déjà indiqués par moi quelques particularités intéressantes.

Quoique marchand, l'oncle et le père de Mr de La Salle Henry et Jean Cavelier y figurent
comme nobles hommes et son second frère y porte également le titre de noble homme — C'est
là une prétention qui me semble mériter attention car je vois en 1675 Louis XIV anoblir
Cavelier de La Salle — l'anoblissait-il de nouveau et la famille du Découvreur appartenait elle à l'une des deux familles nobles de ce nom qui habitaient alors Rouen. C'est ce dont
je tâcherai de m'assurer — De ces derniers Cavelier les uns portaient le titre de Srs d'Auberville
les autres qui paraissent plus anciennement nobles, ceux de Srs de Villequier, de la Picardière
de la Léguerrie et de St Jacques.

Je voudrais savoir également quelle influence a pu avoir sur la vie de son cousin
un fils de Henri Cavelier indiqué dans ce tableau de famille ~~comme~~ les Conseillers,
aumônier de son altesse royale Madame la Duchesse d'Orléans et son prédicateur
ordinaire — Je suppose qu'il ne fut pas pour rien dans l'appui que Monsieur de la
Salle rencontra plus tard à la Cour et qu'il contribua sans doute aussi à le mettre
en de bonnes relations avec Mrs les abbés Bernou et Renaudot, ~~[illegible]~~ tout puissans
auprès de Colbert, malheureusement tout ici n'est encore pour moi qu'hypothèse —
Je ne saurais ~~dire~~ Monsieur le Ministre ce que ces actes de l'Etat civil ont
d'offrir de conjectures, de révélations et même de charmes à ~~un~~ l'esprit de celui
qui a approfondi un sujet — Mais l'histoire est sévère pour l'imagination que Montaigne appelle la folle du logis et si elle lui permet les conjectures c'est à la
condition seulement de les prouver.

Le Père de Mr De Lasalle dit noble.

Un cousin de Mr De Lasalle aumônier de la duchesse d'Orléans.

(le mot [illegible] je crois de M. [illegible] de [illegible])

Une de ces notes qui m'ont causé un plaisir véritable, c'a été la date de l'inhumation de la mère de Mr De la Salle morte seulement le 11. 9bre 1686. âgée de 74 ans. Ainsi Catherine Cavelier aura pu voir son fils au retour de sa grande découverte — Pendant cinq ans que [illegible] grande entreprise de celui-ci dura, avec quelle impatience elle dut attendre des nouvelles de l'Amérique et pour elle que de sujets de douleur lorsqu'elle en recevait, que de sujets d'effroi lorsqu'elles manquaient d'arriver — Mais le jour où Mr De la Salle revint combien elle dut être joyeuse, combien elle dut remercier Dieu qui l'eût avait sauvé de tant d'intrigues, de tant de misères, de tant de dangers — Ce jour là Mr De la Salle dut aussi trouver dans l'affection et dans l'orgueil des siens un de ses rares moments de bonheur qui lui [illegible] tant mesuré.

Date de la mort de la mère de Mr De la Salle

Je n'aurais plus rien, Monsieur le Ministre, à vous annoncer touchant mes recherches au sujet de Cavelier De la Salle si je ne m'étais souvent arrêté devant le nom d'une rue de Rouen, nom dont ni livres ni habitans ne m'ont prédit l'origine. Cette rue s'appelle la rue des Iroquois et s'appelait encore dix ans avant le passage de Cavelier au Canada rue St Étienne ainsi que nous le montre un bon plan de Rouen de 1656 — Aboutissant par une extrémité à la Rue aux Ours dans laquelle est né l'auteur de la Dame Blanche, elle vient à l'autre bout descendre jusqu'au quai entre la Bourse et le cours Boieldieu — Je vous demanderai la permission de vous exposer comment le nom de cette rue me semble se rattacher à l'histoire des origines françaises de l'Amérique du Nord et vraisemblablement à celle du Découvreur de la Louisiane

La Rue des Iroquois à Rouen — Origine de ce nom? —

Cavelier De la Salle depuis 1675 était Gouverneur du fort de Cataracouy ou de Frontenac situé sur les bords du lac Ontario, le lac le plus voisin des Iroquois, il était même parvenu à établir près de son fort un village de ces Indiens — On admettra sans difficulté qu'aux diverses époques de ses voyages en France il ait pu en amener dans sa ville natale quelques uns qui auront séjourné dans cette rue — Il avait plus que tout autre français avant et après lui par son poste et par l'autorité qu'il y exerçait occasion d'en amener et à Rouen surtout, où ces Indiens devaient si je puis me servir de cette expression être [illegible] pour les siens comme un échantillon de ses domaines et des peuples parmi lesquels il vivait.

Cette raison ce me semble peut expliquer pourquoi j'assignerais le passage de ces Sauvages à Rouen plutôt à l'époque de Cavelier De la Salle qu'à toute autre, mais pourquoi désigner cette rue de préférence. C'est là une question qui peut m'être faite — J'y répondrai sur des données un peu vagues il est vrai, mais d'où la vérité peut sortir

Je vois sur les registres de St Étienne des Tonneliers paroisse qui renfermait autrefois la rue des Iroquois, je vois figurer de 1674 à 1685 deux Thouret l'un du prénom d'Étienne l'autre de celui de Gilbert. Le dernier était [illegible] receveur à la Romaine et inspecteur général des fermes du Roy à Rouen. Or j'ai lieu de croire que l'un de ces habitans de la paroisse St Étienne des Tonneliers devait être un Thouret qui avait avec Mr De la Salle des relations d'une amitié réelle et dévouée ce que prouvent les secours d'argent dont il le soutint dans ses découvertes. Et si en effet c'est l'un d'eux il n'y a rien que de vraisemblable à penser que des Indiens amenés par Monsieur De la Salle aient séjourné chez lui soit en 1678 soit en 1684 peut être même en 1675 — Alors le nom des Iroquois porté depuis par la rue St Étienne lui aura été donné naturellement comme dans une circonstance analogue cela avait eu lieu pour la Rue des Espagnols et, en admettant cette supposition, l'amitié de Mr Thouret heureux du succès de la grande découverte à laquelle il avait quelque peu contribué, l'étonnement de la foule à la vue de ces sauvages, la sensation d'un orgueil légitime causé dans la ville de Rouen par le triomphe de l'un des siens, jointe aux espérances de fortune que ce triomphe fit concevoir à quelques uns, espérances qui les engagèrent à partir en 1684 avec Mr De la Salle tous ces motifs auront concouru à laisser [illegible] à cette rue le nom de Rue des Iroquois.

Je sais combien toutes ces conjectures prêtent à la discussion mais j'ai eu de la peine à penser que l'auteur d'une découverte qui avait préoccupé la Hollande, l'Allemagne les Pays bas, qui excita la jalousie de l'Angleterre et inquiéta l'Espagne n'avait par Desy temps même laissé de trace dans sa ville natale, c'était déjà chose assez triste songeant que le corps de Monsieur De La Salle était demeuré sans sépulture au milieu des terres découvertes par lui, de voir que dans la ville qu'il illustrait par sa naissance, son nom aujourd'hui ne réveillait pour ainsi dire aucun écho.

Tels sont, Monsieur le Ministre, les faits nouveaux que mes recherches à Rouen m'ont procurés sur cet homme dont l'histoire se lie comme je l'ai dit à celle de 14 des États* de l'Amérique du Nord — son Depuis le lieu de sa naissance, j'ai levé tout doute à ce sujet; on en ignorait l'époque, je l'ai fixée — De ses parents, de leur condition, de leur descendance, nul n'avait encore parlé, j'ai pu les retrouver et donner sur eux quelques détails fort nécessaires, soit en marquant leur âge, l'époque de leur mort, leur état, la considération dont ils jouissaient et leurs alliances. Mais si ces faits sont véritablement importants, je me suis aussi grandement avancé sur la voie d'une découverte qui le serait bien plus encore, celle des papiers du découvreur — Ces papiers qui vraisemblablement outre les journaux de ses voyages doivent renfermer bien des lettres à lui adressées, bien des notes de sa main, combleraient les lacunes restées dans mon travail et donneraient un plus haut relief au tableau de cette noble et féconde existence. Nous y pourrions trouver de plus amples renseignements sur les relations de Mr De la Salle avec les trois ordres religieux qui servirent ou entravèrent ses découvertes, les Jésuites, les Recollets ou les Sulpiciens — Ce fut je crois ~~[illegible]~~ du nom de l'un de ces derniers qu'il appela Baudrane le fleuve nommé aujourd'hui Ohio — Ses divers passages en France et sa réception à la Cour, les moyens par lesquels il arriva à se faire bien venir de Colbert et de Seignelay, l'amitié que lui montrèrent certains personnages tels que les Princes De Conty et de la Roche sur Yon — L'influence que peuvent avoir eue relativement à ses entreprises, le Sr Belinzani, l'abbé Bernou, l'abbé Renaudot celui à qui Boileau adressait son épître sur l'amour de Dieu, et Hotman l'Intendant de Paris qui venait à cette époque même de relever la fortune des Pontchartrain, toutes ces diverses parties recevraient un nouveau jour de la connaissance de ces papiers — On y rencontrerait peut être aussi Mr De la Salle dans la société de la femme du Gouverneur de Canada, la Comtesse de Frontenac surnommée la Divine ainsi que Mademoiselle d'Outrelaise son amie, surnom donné en l'honneur de celle-ci par Joliet au Teatiki[?] enfin aurions nous des détails sur la présentation de Mr De la Salle à Louis XIV, dont le Mercure ne dit qu'un mot. Ce sont là, Monsieur le Ministre autant de motifs pour m'obliger de poursuivre la recherche de ces papiers et je vais m'y appliquer tout entier, quoique nous soyons bien loin aujourd'hui du regret manifesté par le dernier Biographe de Mr De La Salle, Mr Jared Sparks ~~lequel~~ qui se plaignait de savoir au ~~[illegible]~~ à mettre en œuvre que les méchantes publications faites sur cet homme éminent l'un des plus grands caractères par lesquels l'ancien monde ait commencé la fortune et la gloire du Nouveau —

Interet qu'il y aurait à retrouver les papiers de Mr De la Salle

[illegible]

Quoique les recherches sur Mr De La Salle fussent l'objet principal de ma mission je n'ai rien négligé non plus pour obtenir des papiers ou des renseignements nouveaux sur les autres découvertes des Français. C'est là en effet une partie bien intéressante dont l'ignorance laisse au détriment de l'honneur national un grand vide dans l'histoire de la géographie

---

* Canada — Etat de New-York, Ohio, Kentucky — Indiana — Michigan Wisconsin — Illinois — Iowa, — Missouri, Mississipi — Arkansas, — Louisiana et Texas.

Le dernier des Poutrincourt mort à Rouen

En cherchant à Rouen chez des marchands de tableaux si je ne trouverais pas le portrait du découvreur de la Louisiane soit en gravure soit en peinture, j'ai cru un instant être plus heureux que je ne le fus en effet — Il arrive souvent qu'on ne trouve pas ce qu'on cherche et qu'on trouve ce qu'on ne cherchait pas. — Au défaut du portrait de Mr de la Salle, je me félicitai pendant quelques minutes d'avoir rencontré la figure d'un des plus nobles pionniers de l'Acadie — Le Marquis de Biencourt de Poutrincourt, Mais en tête de ce portrait peint vers l'époque de Charles IX il y avait des chiffres, une date (40 ans, 1562) la réflexion dissipa bientôt ma joie, un homme mort en 1615, dans un siège, ayant encore un fils jeune homme ne pouvait avoir quarante ans en 1562 — Le portrait que j'avais en face de moi ne pouvait être que celui de Florimond père de Jean III de Biencourt fondateur de l'Acadie

Néanmoins ma rencontre me fut bonne à quelque chose, le marchand m'apprit qu'il avait acheté ce vieux portrait à la vente faite après le décès du Marquis de Biencourt - Poutrincourt — Je poursuivis ailleurs mes informations et je connais aujourd'hui les héritiers du Marquis auprès duquel je recherchai ce que Mr le Marquis de Biencourt de Sains n'a pu me donner les papiers de la famille — Il n'y a en effet sur Jean de Biencourt que ce qu'a écrit de lui Lescarbot, — malheureusement cela ne peut suffire et nul écrivain non plus ne nous dit ce qu'est devenu son fils — Le Père Charlevoix assure qu'après la mort du Père Jean la colonisation de l'Acadie resta suspendue, mais j'ai communiqué au Comité historique une lettre de Charles de Biencourt qui convainct l'historien de la Nouvelle France d'erreur puisqu'elle est datée du Port Royal trois ans après la mort de Jean de Poutrincourt.

Quelques notes sur Jean III. de Biencourt Poutrincourt

Une généalogie de la famille des Poutrincourt que possède Mr Barrabé l'archiviste de la Préfecture de la Seine Inférieure, m'a fourni sur ces données quelques notes intéressantes, rien toutefois de nouveau sur le fils qui mourut empoisonné dans son commandement — Cette généalogie outre qu'elle donne tous les titres de Jean III nous le montre honoré de la confiance de Henri IV dès 1593 10 ans environ avant son départ pour l'Amérique — Elle nous le représente ensuite dans ses entreprises sur le Nouveau Continent — Et un acte qu'elle indique, acte de séparation de biens, prouve que l'établissement de la colonie l'a ruiné.

C'est là en effet le sort commun à la plupart de tous ces hommes généreux qui ne craignent aucuns sacrifices — Les pionniers et les découvreurs doivent s'attendre à laisser dans leurs entreprises leur vie ou leur fortune quelquefois l'une et l'autre. Que n'ont pas souffert Jacques Cartier et ses gens — On connaît la fin de l'expédition de Jean Ribaut le marin dieppois, si noblement vengée par Dominique de Gourgues. — Le gentilhomme dont les efforts succèdent à ceux de ces braves gens pour établir au loin le nom français, — le Marquis de la Roche est emporté par les vents sur les côtes de France tandis que son équipage abandonné souffre la plus cruelle misère, Après lui les chefs des expéditions dans lesquelles Poutrincourt et Champlain partent comme volontaires Pierre de Guast sieur Demonts se ruine — Il en est de même d'un des pionniers de l'Acadie Menou de Charnizay qui se noie et laisse ses enfants presque dans l'indigence après avoir dépensé plus de huit cent mille livres, c'est à dire plus que son bien — C'est à peu près également le sort des St Etienne de la Tour. Cavelier de la Salle découvreur de la Louisiane meurt sans tombeau et sa famille perd à ses entreprises plus de 200000 livres — Je ne parle pas de d'Iberville dont la veuve eut à défendre l'héritage — Enfin l'un des fils du noble soldat de Malplaquet, lui-même allait à près de soixante quinze ans recommencer au travers des forêts une route de plus de 700 lieues, au milieu de toutes les priva tions, le Chevalier de la Vérendrye qui avait en 1742 gravi les Montagnes Rocheuses pouvait écrire après toutes ses peines « Je me trouve endetté de plus de 20000 livres « je reste sans fonds ni patrimoine, je suis simple enseigne en second mon frère « ainé n'a que le même grade que moi et mon frère cadet n'est que cadet à « l'aiguillette — Voilà le fruit actuel de tout ce que mon père et mes frères et moy « avons fait. celuy de mes frères qui fut assassiné il y a quelques années par les « Sioux n'est pas le plus malheureux »

C'est là un spectacle bien attachant qui mérite vraiment toutes les sympathies des uns toute la reconnaissance des autres que celui de toutes ces misères, de toutes les privations souffertes, de tous les dangers bravés, de toutes les luttes contre l'indifférence ou contre le mauvais vouloir engagées par ces hommes qui voulaient comme le disait un des leurs dans son vieux langage aller au loin provigner une autre France.

Aussi voudrais je en recueillir tous les divers traits afin de montrer à ceux qui ont profité du bienfait de leurs peines ce qu'ils leur doivent — Mais si j'ai pu réunir un grand nombre de papiers nouveaux sur ces hommes qui ont contribué à honorer le règne de Louis XIV et celui de Louis XV. j'ai malheureusement bien peu de chose jusqu'à Louis XIII. Il me reste à compléter tout ce que les livres nous ont dit des établissements dans l'Amérique septentrionale jusqu'à cette époque — Or je les crois bien insuffisants bien pâles en comparaison de ce qui s'est fait, peut être de ce qui s'est écrit à l'occasion de ces entreprises de même que les manuscrits parmoi découverts sur les entreprises postérieures sont bien autrement intéressants que tout ce que l'on en connaissait

Manuscrit de Champlain fondateur de Québec

Un de ces hommes que l'histoire aimera à retrouver tout entier. C'est Samuel de Champlain, le fondateur de Québec, l'un des plus beaux caractères de notre histoire coloniale, le vrai type du fondateur de colonie par son ardeur par son intrépidité et par sa constance. A son titre de pionnier il joint aux yeux de la science l'honneur d'avoir étendu les découvertes géographiques — Toujours actif tantot il reconnait les côtes, tantot il pénètre dans l'intérieur des terres — Il plantait la croix du Christ et les lys de France aux lieux où s'élève aujourd'hui la florissante Boston puis poussait jusqu'au Lac Ontario, enfin il arrivait par la Rivière des Outaouacs au Lac Nipissing près du Lac Huron. —

Sur les indications de Mr Estancelin (découvertes des Normands) de Mr Vitet (hist. de Dieppe) de M. Adrien Dessalles (h. des Antilles) je vous avais annoncé Monsieur le Ministre que Mr le Bibliothécaire de Dieppe possédait un manuscrit de cet illustre pionnier. Les écrivains que je viens de citer attribuaient à ce document une très grande valeur — Mr Féret qui a pour moi été de la plus grande obligeance a bien voulu me permettre d'en prendre la copie du texte et m'a confié aussi de la plupart des dessins — Le comité pourra donc juger lui même de ce qu'ils valent. Pour moi je désirerais dans le récit comme dans les dessins une œuvre bien plus curieuse — Tout m'y semble trop être fait de souvenir et je ne puis guères le considérer ce manuscrit que comme le sommaire de ce qu'il pouvait être, — Néanmoins je suis fort satisfait de l'avoir vu — Il m'aide à mieux connaître Champlain, et diverses particularités lui donnent un véritable intérêt.

Champlain

Relation inédite de son voyage dans la Nlle Espagne 1599-1601.

Il y a ici tout d'abord de remarquable c'est que ce document est la relation manuscrite du voyage de Champlain dans la Nouvelle Espagne fait par Champlain quelque temps avant son départ pour le Canada et que ce voyage nous ne le connaissions pas. — Le voyage d'un français dans les colonies Espagnoles à cette époque est aussi un fait à consigner pour sa rareté, car les Espagnols en interdisaient aux étrangers l'entrée et Champlain n'avait pu y parvenir librement que par un cas extraordinaire tout à fait exceptionnel.

Henri 4 ayant après la réduction de la Bretagne à son obeissance licencié une partie de son armée, Samuel de Champlain qui servait alors sous Mrs d'Aumont et de Brissac comme Maréchal des logis voulant employer à s'instruire le temps qu'il ne pouvait plus employer à combattre résolut d'aller visiter les colonies Espagnoles « afin, dit-il, de s'informer des particularités qui n'ont pu être recognues par aucuns François à cause qu'ils n'y ont nul accès libre pour à mon retour en France en faire rapport au roy à Sa Majesté » — y avait-il dans cette reconnoissance malgré la paix dessein de se préparer à des projets semblables à ceux de Drake contre une puissance alors l'ennemie du monde entier, le memoire ne le dit pas — quoiqu'il en soit un tel dessein demandait des expedients et cela n'était pas facile de le satisfaire, mais les événements aidèrent Champlain — Il avait dans la marine un oncle tenu pour un des bons mariniers de France — Ce capitaine nommé le Provençal fut chargé par le Maréchal de Brissac d'aller reconduire dans leur pays la garnison d'Espagnols qui avaient occupé Blavet — L'oncle emmena son neveu qui l'en priait et comme le St Julien qu'ils montaient était fort bon et bon voilier, les Espagnols envoyèrent tous les autres et gardèrent le vaisseau du Capitaine Provençal pour le service du Roy d'Espagne au grand contentement du futur pionnier de l'Amérique.

Lorsqu'ils séjournaient à San Lucar de Barrameda une patache vint annoncer que les Anglais allaient attaquer Porto Rico — on arma pour marcher contre eux un certain nombre de navires parmi lesquels étaient le Saint Julien — Malheureusement on y mit tout juste assez de diligence pour qu'une autre patache pût venir annoncer que Porto Rico était pris et devasté — La nouvelle arrêta l'expedition et Champlain qui en était desesperé. — Mais enfin les bonnes qualités du navire françois le recommandèrent de nouveau et Francisco Colombo Chevalier de Malte, Gl de l'armée Espagnole qui avait coutume tous les ans d'aller aux Indes Occidentales, designa le St Julien pour faire ce voyage avec lui. Cette fois le vaisseau partit — Le général le prit au fret ordinaire qui était par mois d'un écu par tonneau, il était de 500 — Champlain en demeura le Capitaine son oncle ayant été chargé d'une autre commission.

Voilà comment Champlain put en toute liberté et sans crainte aucune satisfaire un desir qui couta à plus d'un d'être envoyé aux mines.

Depuis son départ de Seville jusqu'à son retour dans ce même lieu son voyage dura deux ans et à peu de distance delà il revint en France — C'était vers le moment où le vénérable Commandeur de Chastes qui avait rendu de si grands services à Henri IV préparait son expedition pour le Canada — Champlain qui l'allait voir de temps à autre et devait céder à son invitation de partir pour la Nlle France lui donna sans doute alors la relation de son voyage à la Nlle Espagne c'est là la seule application de la présence de ce manuscrit à Dieppe car Champlain était de Brouage en Saintonge. — Ce voyage n'était jusqu'ici pas autrement connu que par ces mots: « Sur ces entrefaites, dit Champlain dans ses memoires imprimés, je me trouvai encore fraischement venu des Indes Occidentales où j'avois esté près de deux ans et demi — » La decouverte de ce manuscrit complète donc les voyages de Champlain et il y avait quelque interet à les connaître. Les faits d'une existence se liant presque toujours entre eux — vraisemblablement le spectacle des colonies qu'il avait parcourues l'affermit dans le dessein s'il ne le lui donna, de procurer de pareils avantages à son pays — Champlain s'exaltant aisément par les idées grandes et genereuses était donc de l'energie et de la constance qui les executent. — Il raconte ainsi les impressions qu'il eprouva à son entrée dans

la Nouvelle Espagne. « Quinze jours après nostre arrivée au dit St Jean de Luz je
m'en allay avec congé de nostre admiral à Meschique distant du dit lieu de cent
lieues tousjours avant en terre — Il ne se peult voir ni désirer un plus beau païs que
ce royaulme de la nove Espaigne qui contient trois cents lieues de long et deux cents
de large. Faisant cette traversée à Meschique j'admirois les belles forest que l'on
rencontre remplies des plus beaux arbres que l'on scauroit
souhaiter comme palmes cèdres
lauriers oranges citronnelliers, palmistes, goiaviers accoyats bois de brasil, bois
de campesche qui sont tous arbres communs en ce pays là avec une
infinité d'aultres differentes sortes que je ne puis reciter pour la diversité et qui donnent
le contentement à la vue qu'il n'est pas possible de plus, avec la quantité que l'on
voit dans les forests d'oyseaux de divers plumages — Après l'on rencontre de grandes
campaignes unies à perte de veue chargées de infinis trouppeaux de bestial com
me chevaux mulets boeufs vaches moutons et chevres qui ont les pasturages
tousjours fraisches en toutes saisons n'y ayant aucun hiver — Ains ung air fort
tempéré, ni chaud ni froid — Il n'y pleut tous les ans que deux fois mais les rosées
sont sy grandes la nuit que les plantes en sont suffisamment arrosées et nourries
outre cela tout ce pays là est decoré de fort beaux fleuves et rivières qui traversent
presque tout le royaulme et dont la plupart portent batteaux. La terre y est
fort fertille rapportant le bled deux fois l'année et en telle quantité que
l'on scauroit desirer et en quelque saison que ce soit il se trouve tousjours des fruicts
nouveaux très bons dans les arbres car quand un fruict est à maturité les autres
viennent et se succèdent ainsy les ungs aux aultres et ne sont jamais les arbres vui
des de fruicts et tousjours verds. Sy le Roy d'Espaigne vouloit permettre que
l'on plantast de la vigne au dict royaulme elle y fructifieroit comme le bled
car j'ay veu des raisins provenu d'un cep que quelqu'un avoit planté par plaisir
dont chacun grain estoit aussy gros qu'un prunier et long comme la moytié
du poulce et de beaucoup meilleur que ceux d'Espaigne. Tous les contentemens
que j'avois receus à la veue de choses sy agreables n'estoient que peu de chose
au regard de celuy que je receus lorsque je vis ceste belle ville de Meschique,
que je ne croiois superbement bastie de beaux temples pallais et belles maisons
et les rues en sont bien compassées où l'on voit de belles et grandes boutiques de
marchands plaines de toutes sortes de marchandises très riches »

Aussi pleine d'admirations qu'il est possible à la plume de Champlain souvent
trop sobre et peu portée à decrire, cette peinture par ces admirations mêmes me
semble bien triste aujourd'hui si on la rapproche du spectacle que le pays
si admiré de Champlain donne en ces temps ci, comme naguère l'Italie et
depuis la Pologne, celui d'un peuple inhabile à jouir de sa liberté tombant
par l'anarchie au pouvoir de l'Etranger, victime de lui même.

Le Manuscrit de Champlain peut être consideré sous divers aspects. En même
temps qu'il donne quelques faits contemporains, il rend compte de l'Etat des
villes de leur position de la manière dont elles sont fortifiées, mais les productions
du pays et l'histoire naturelle occupent aussi dans sa relation une place importante

Lorsque Champlain ecrivait les notes qu'il fournissait sur cette dernière partie
pouvaient avoir quelque valeur pour la France curieuse de connaître le Nouveau
Monde, mais dans l'Etat présent de la science les notions sont bien plus exactes et plus
completes sur les mêmes objets dont parle le voyageur et il me semble qu'il n'y a
gueres à en retenir si ce n'est le souvenir de quelques idées du temps, idées aux
quelles Champlain s'est, ce me semble montré trop facile — celle ci par exem
ple

— « J'ai vu dit il un oiseau qui se nomme pacho del ciello c'est à dire oyseau
du Ciel lequel nom luy est donné par ce qu'il est ordinairement en l'air

Sans jamais venir à terre que quand ils tombent mort. Il est de la grosseur d'un moyneau. Il a la teste fort petite, le bec court partie du corps de couleur vert brun le reste roux et à la queue de plus de deux pieds. On dict que la femelle pond un oeuf seulement sur le dos du malle, par la chaleur duquel le dit oeuf s'esclot et comme l'oyseau est sorty de la coque il demeure en l'air dont il vit comme les autres de cette espèce. Je n'en ai veu qu'un que notre general achepta cent cinquante escus — on

Il paraît à ce prix en effet que l'oyseau doit être rare, mais voici un animal dont l'espèce n'est pas commune non plus assurément

« Il y a aussy des dragons d'estrange figure ayant la teste approchante de celle d'un aigle, les ailes comme une chauve souris. Le corps comme ung lézard et n'a que deux pieds assez gros la queue assez escailleuse et est gros comme ung mouton. Ils ne sont pas dangereux et ne font mal à personne combien qu'à les veoir on dirait le contraire ».

Si merveilleux que soient de tels faits, j'estime pour ce qui me regarde plus ce manuscrit par sa partie moins étonnante — J'y préfère de beaucoup des notes sur les mines, sur leur transport, sur leur fermage et les revenus qu'elles produisent au Roy d'Espagne, sur une petite peinture sur la manière de les extraire, une autre sur la pêche des perles, des détails sur les moeurs des Indiens ; malheureusement tout cela n'est qu'effleuré plutôt que touché.

Mais ce qui donne à ce manuscrit quelque prix historique ce sont les détails nouveaux qu'il fournit sur les attaques des Anglais contre les possessions Espagnoles et les tentatives de commerce faites par les navires français sur les côtes des îles Saint Domingue et de la Tortue — A cette époque ce sont des faits curieux et à consigner, car on peut voir dans ces faits les préludes des colonies que nous devions établir. Les Espagnols étaient si jaloux du commerce de leurs colonies que les étrangers n'y pouvaient trafiquer et que ceux qui ~~couraient~~ s'y hasardoient couroient risque de voir leurs vaisseaux confisqués et d'être pendus ou mis aux galères « Et pour les tenir en plus grande crainte d'aborder la d. terre (St Domingue) le Roy d'Espagne dit Champlain donne liberté aux negres qui peuvent découvrir un vaisseau estranger et en donner avis au General d'armée ou Gouverneur et y a tel negre qui fera cent cinquante lieues à pied nuit et jour pour donner semblable advis et acquerir ainsy sa liberté ».

Préludes de la colonisation française à St.

Au moment où les Equipages Espagnols et Champlain arrivoient un negre alloit au devant d'eux les avertir de la présence de deux bâtiments français au port de Mancenille on se mit tout aussitôt à leur poursuite. Les matelots de ces deux vaisseaux dont l'un s'échouèrent n'eurent que le temps de fuir dans les terres, mais ce n'étaient pas là les seuls au port Saint Nicolas il n'y en avait pas moins de treize tant français que flamands et anglois — Les françois y étoient les plus nombreux particulièrement aimés des Indigènes ils fréquentaient ces côtes.

Champlain dit en parlant de St Dominique « Il y a là quantité de bons ports et bonnes rades et seulement une seule ville nommée l'Espaignolle (habitée d'Espaignols, le reste du peuple sont Indiens gens de bonne nature et qui aiment fort la nation françaises avec laquelle ils traffiquent le plus souvent qu'ils peuvent encore — toutefois c'est au desceu des Espaignols — C'est le lieu aussy où les françois trafiquent le plus en ces quartiers là et là où ils ont le plus d'accès quoique peu libre ».

La flotte Espagnole composée de sept vaisseaux armés en guerre supérieure en forces aux treize vaisseaux marchands fit avant d'arriver devant ceux ci ~~force~~ maintes rodomontades Elle croyait bien les prendre, Mais nos marchands s'étant préparés au au combat se mirent à la voile et vinrent le vent droit aux Espagnols contre lesquels il leur falloit nécessairement passer. Cette résolution fit ~~[illegible]~~ baisser celle de la flotte de l'amiral et adoucit les rodomontades. Ce fut alors aux tour des Espagnols à lever l'ancre avec telle promptitude que dans le navire de l'admiral de l'un coupa le câble sur les escubiers n'ayant le loisir de lever l'ancre — Ainsi dit le manuscrit, nous fismes aussy à la voile chargeant et estant chargés de canonnades, enfin ils nous gaignèrent le vent, nous ne laissant pas de les suivre tout le jour et la nuit ensuivant jusques au matin que nous les vîmes à quatre lieues de nous; ce que voyant notre admirante il laissa cette poursuite pour continuer notre route mais il est bien certain que s'il eût voulu il les eut pris ayant de meilleurs vaisseaux plus d'hommes et de munitions de guerre et ne furent les vaisseaux estrangers préservés que par la faute de courage des Espagnols. —

Le récit que fait Champlain de la prise de Portorico est aussi fort intéressant, mais ~~[illegible]~~ ce qu'il faut voir principalement dans les détails de cette prise, de ces aggressions et de tentatives de commerce c'est le fait même qui en ressort, c'est la prééminence et le monopole que l'Espagne s'attribua alors attaqués par les trois puissances qui aspirent à lui succéder et qui lui succèderont, l'Angleterre la Hollande et ~~l'Espagne~~ la France.

Note curieuse sur Francis Drake

Un des hommes qui portèrent à l'Espagne les plus rudes coups fut Sir Francis Drake. Le manuscrit de Champlain contient ~~sur cet homme distingué~~ une particularité digne d'être notée — sur ce hardi marin qui avait convoité toute sa vie les trésors de l'Amérique Espagnole. — Je citerai le passage qui la renferme par ce qu'il est lui même intéressant sous un autre point de vue —

Panama — Question de l'Isthme

« En ce lieu de Panama s'assemble tout l'or et tout l'argent qui vient du Perou où l'on le charge et toutes les autres richesses sur une petite rivière qui vient des montaignes et qui descend à Portovella laquelle est à quatre lieues de Panama d'où il faut porter l'or, l'argent et marchandises sur mullets et estant embarque sur la dite rivière — Il y a encore dix huit lieues jusques à Portovella. L'on peut juger si ces quatre lieues de terre qu'il y a de Panama à cette rivière estoient couppées l'on pourroit venir de la mer du Sud en celle de deça et par ainsy l'on accourciroit le chemin de plus de quinze cent lieues et depuis Panama jusques au destroit de Magellan ce seroit une Isle et de Panama jusques aux Terres Neufves une autre Isle de sorte que toute l'Amerique seroit en deux Isles — Si ung ennemi du Roy d'Espagne tenoit ledit Portovella il empescheroit qu'il ne sortit rien du Perou qu'à grande difficulté et risque et plus de despens qu'il ne reviendroit de proffit — Drac fust au dict Portovella pour le surprendre mais il faillit son entreprise ayant esté descouvert dont il mourut de ~~[illegible]~~ desplaisir et commanda en mourant qu'on le mist en ung tombeau de plomb et qu'on le jetast entre une Isle et le dit Portovella »

Le peu de mots que Champlain jette sur la question des Isthmes acquiert plus d'importance par les efforts qu'il fit lui même plus tard pour la recherche d'un passage aux Indes par l'Amérique du nord, mais ils servent à montrer dans le pionnier français un homme intelligent préoccupé de tout ce qui intéresse les grands esprits. On voudrait qu'il discutât un peu les idées acceptées ~~[illegible]~~ de son temps sur le percement de l'Isthme, problème dont la solution semble à un de nos Ingénieurs beaucoup plus facile par une voie autre que celles de Panama de Tehuantepec ou Nicaragua.

Voilà, Monsieur le Ministre l'exposé des faits principaux que j'ai trouvés à Rouen et à Dieppe relativement aux anciennes colonies de l'Amérique du Nord et aux hommes qui y ont pris part. Peut-être eussé-je pu trouver davantage si les scellés n'eussent pas été encore sur les legs faits de Mr Coquebert de Montbret à la Bibliothèque de Rouen. Mr Pottier m'a dit qu'il y avait remarqué des registres sur les colonies. Il ne m'a été par malheur possible seulement que d'en prendre note, ainsi que de papiers relatifs à la marine nouvellement trouvés à Dieppe dans les archives et dont Mr Feret a eu l'obligeance de me promettre le détail lorsqu'ils seront tirés de la poussière et qu'on y aura apporté quelque ordre. — J'ai regretté vivement de ne pouvoir les voir moi-même car les manuscrits que j'avais compulsés sur l'histoire de cette ville ne sont guère que des compilations. Toutefois les livres d'Asseline et du prêtre Guibert m'ont fourni quelques notes intéressantes et nouvelles pour moi sur Ribaut, sur Aymar de Chaste, sur Chauvin dont les noms se lient à l'histoire des colonies françaises de l'Amérique du Nord.

Quoique ma mission se bornât à ce sujet j'ai cherché en quelque sorte, Monsieur le Ministre, à réparer les pertes que j'étais ainsi contraint de subir par le relevé de quelques notes sur le commerce et sur la marine de France notes éparses çà et là.

Deux d'entre elles sont curieuses surtout d'après ce que m'a dit un écrivain fort versé dans l'étude de l'histoire du Nouveau Monde, M. Ferdinand Denys, l'une est un acte de délibération concernant le commerce de Rouen avec le Brésil dès 1541 — l'autre la présence en 1550 d'un grand nombre d'Indiens de ce pays dans Rouen lors de l'entrée de Henri II dans cette ville où il venait après ses victoires dans le Boulonois recevoir la reine d'Écosse et sa fille Marie Stuart "affidée au Dauphin" Les fêtes célébrées à cette entrée furent vraiment magnifiques et si belles que l'un des écrivains qui en firent le récit déclare son éloquence se trouvant "muette" qu'il était obligé de mettre un voile de silence sur la magnificence pompe et excellence de ce triomphe, à l'exemple du peintre Timothée dans le tableau où il effigioit l'inhumaine immolation d'Iphigénie fille d'Agamemnon — Il était destitué en effet de termes pour représenter dignement le discours d'icelui triomphe, l'excellence duquel excédoit autant les facultés de son esprit comme il se trouva surmonter l'expectation du Roy et de toute sa Cour et grandement surpasser tous les autres précédents triomphes de temps immémorial célébrés en France — Si je dys en France ajoute l'écrivain, je puis et sans répréhension comprendre tout autre pays et royaulme.

Commerce avec le Brésil 1541. Sauvages Brésiliens à Rouen 1550.

La Bibliothèque de Rouen renferme sur ces fêtes magnifiques un manuscrit en vers curieux à double titre — ce manuscrit fut présenté à Henri 2 et les peintures qui le remplissent assez finement touchées peuvent servir de documents elles-mêmes. Toutefois il est nécessaire de consulter en même temps pour avoir une idée complète des fêtes le récit qui en a été fait en prose.

Ce livre dans lequel aucun des historiens du Brésil n'est encore arrivé à aller puiser étant fort rare, j'en ai extrait le passage curieux qui indique nos relations avec cette partie du Nouveau Monde à une époque fort reculée — Je le joins aux documents que j'ai l'honneur d'adresser au Comité — Mais voici le titre de ce livre " C'est la
" Déduction du sumptueux ordre, plaisants spectacles et magnifiques théâtres dressés
" et exhibés par les citoyens de Rouen ville métropolitaine du pays de Normandie à
" la sacrée Majesté du très Christian Roy de France Henri Second leur souverain seigneur
" et à très illustre Dame Madame Katharine de Médicis, la Royne son épouse lors
" de leur triomphant joyeulx et nouvel advènement en cette ville. Qui fut es jours de
" mercredi et jeudy premier et second jours d'Octobre mil cinq cents cinquante et
" pour plus expresse intelligence de ce tant excellent triomphe les figures et
" pourtraicts des principaux aornements d'icelui y sont apposés chacun en son
lieu comme l'on pourra voir par le discours de l'histoire. — Rouen 1551

Légende brésilienne du Caramourou

Il paraît tout d'après ce que m'a dit Monsieur Ferdinand Denys que ce document outre de pittoresque qui le distingue a le mérite d'ajouter un nouvel éclaircissement aux discussions engagées depuis longtemps sur une des légendes les plus populaires du Brésil à propos de la venue en France d'Alvarès Correa surnommé l'homme de feu (Caramourou)

Cet homme était un habitant de Viana que la tempête avait jeté vers 1510 sur les rivages du reconcavo de Bahia de todos os Santos habités alors par les Tupinambas. Grâce à un mousquet qu'il avait eu le bonheur de sauver du naufrage il avait tenu en respect les Indiens frappés d'étonnement et de terreur à la vue de cet homme qui lançait le feu et la mort. C'est par là la cause de son surnom. Alvarès Correa demeura parmi les Tupinambas depuis l'époque de son naufrage jusqu'à celle de sa mort arrivée selon les meilleures autorités vers ~~1557~~ 1557

La tradition qui a fourni à son occasion en 1780 à Santa Rita Durao le sujet d'un poème aujourd'hui classique dans l'ancienne colonie portugaise rapporte que l'homme de feu ayant épousé la fille d'un chef nommé la Grande eau (Paraguassu) s'embarqua quelque temps après sur un navire français qui avait abordé sur ces côtes et que lorsque sa femme ~~[illegible]~~ et lui arrivèrent en France où ils furent présentés à Catherine de Médicis voulut être la marraine de la jeune Indienne qu'elle fit ensuite célébrer son mariage avec Alvarès devant l'Église leur donnant après la permission de retourner dans leur pays.

Mais d'habiles critiques contestent ce fait et ceux-là prétendent que la légende confond le Caramourou avec un Espagnol habitant la province de Pernambouc qui servait d'interprète aux Français — or Mr Denys ~~croit~~ [illegible] pouvoir se servir à l'appui de ce dernier thème de la présence des Brésiliens à Rouen dans les fêtes données à Henri 2 et à Catherine de Médicis — si les gens instruits à fond de l'histoire du Brésil le veulent ainsi, je le veux bien aussi, car dans cette matière, je ne saurais guère que fournir mes documents.

Papiers sur la marine et sur le commerce trouvés à Rouen

Les papiers que j'ai trouvés à Rouen sur la marine même et sur le commerce peuvent se diviser en deux catégories, l'une d'un intérêt local, l'autre d'un intérêt plus général — L'histoire de la marine et celle du commerce de France qui ont ~~tant~~ de points communs entre elles, étant encore à faire, je donnerai jusqu'au commencement du 18e siècle les pièces que m'ont indiquées, sur les matières suivantes, les Archives de l'hôtel de ville et celles de la Chambre de Commerce.

19 Juin 1389. Lettres de Hanse.
25. 9bre 1493. Débarquement des marchandises formalités
18. Xbre 1507. Mesures pour la sûreté de la navigation
1516 — Moyens pour enrichir le peuple
1538 — 22 Janvier — Afrique commerce avec les côtes d'Afrique
1541. 21 Mai. Commerce avec le Brésil
1558. Navires étrangers. Embargo — Mariniers étrangers arrêtés.
1563. Réduction de la ville du Havre
1566. Pilotes de Quillebœuf exact cons. 6. Xbre.
1570 — 18. Août. Halles de Rouen mesures contre les Étrangers.

Droits sur les marchandises entrants 24. 9bre 25. 9bre 1603
Liberté du commerce 25. 9bre 1604 — 1624.
Piraterie 1er Décembre 1616. — 17 Mars 1618 — 21. 9bre 1618.
Commerce des Indes Orientales 26 Janvier 1619.
Liberté du Commerce 1624 — Mars

1626–27–28 – Guerre contre La Rochelle
1627 Guerre contre Alger
1627. Vaisseaux pour la sureté de la navigation
1631. Commerce des cuirs exportation – 1 avril
1632–33–34 – reappreciation des marchandises
1634. Commerce avec le Senegal 11 mars –
1635. Commerce avec les Hollandais.
1647. Louis 14 à Dieppe 31 Juillet
1647 – Reduction de Dunkerque
1647 – Droits levés sur les marchandises
1652 – Commerce de Rouen protégé
1658. Prise de Dunkerque – 25 Juin
1664 – Commerce avec les Indes orientales
1665. Deputés du Commerce residant à Paris.
1677. Commerce des Indes &
1698. Liberté du Commerce
1700 – Consuls du Commerce.

Les archives de la Chambre du Commerce renferment les suivants

1566. Edit de creation de la Juridiction consulaire à Rouen
1577. Copie d'une Correspondance relative à la prise de vaisseaux français par la reine d'Angleterre sous Henri III.
1584. Plaintes pour troubles apportés au Commerce maritime par les Espagnols
1620 – 1622. Edits concernant une Contestation entre divers marchands de Rouen et de St. Malo associés pour le trafic de la Nlle france d'une part et le Duc de Montmorency vice Roy de la Nlle france et le Sr Dolu son Jntendant d'autre part.

1628 – à 1670 – Comptes et factures relatives au Commerce avec les Colonies memoires pour le retablissement du Commerce en france redigé par le Sr Jean Cellorer etc.

1710 – Journal d'un voyage aux Jles de l'amerique

La Bibliothèque de Rouen enfin renferme les deux manuscrits que je vais indiquer dont l'Jnteret s'étendra de là de l'histoire de la marine normande

Essai ou dissertation sur les galères de france dedicé à Mgr le Duc de Vendosme par le Sr Lesamus controleur Gl des vivres des galères à Marseille le 1er 7bre 1705.

Ce memoire contient quelques faits curieux et corrige d'après de bonnes notes des erreurs reçues et repetées par des historiens estimés.

Etat de la marine en 1691. – Etat abregé de la marine en 1691. C'est un des tableaux si merveilleusement conçus que possedait jadis le ministère de la marine et qui ont été dispersés en tous lieux lors de la grande Revolution. plusieurs dessins du Marquis de Marty eleve de Vandermeulen.

Je clorai cette liste par la citation d'un manuscrit assez volumineux du Chevalier d'Acher intitulé traité de la Discipline militaire de l'Infanterie de Marine, des évolutions et de la manière de conduire ces troupes dans les différentes occasions où elles peuvent se trouver.

Ce traité est suivi d'une histoire abrégée de l'origine des troupes de la marine de leurs différentes révolutions et du détail des principales actions qui les ont signalées sous Louis XIV et dans les commencemens de Louis XV. — Quelques plans accompagnent plusieurs de ces actions.

Ici Monsieur le Ministre se bornent les résultats de mes recherches — Vous avez pu voir dans le cours de ce rapport que j'ai acquis des faits importans relativement au travail dont j'ai l'honneur d'être chargé — Je crois de plus être sur les traces des descendans de celui qui possédait en 1744 les journaux de Cavelier de la Salle — Le Comité historique pourra voir également que j'ai encore cherché en notant ce qui pouvait se trouver sous ma main d'intéressant à rendre ~~utile~~ ma mission aussi utile que possible à l'histoire de notre pays. J'estime ainsi avoir fait tout ce qu'il m'était donné de faire dans un court espace de temps — Je souhaite, Monsieur le Ministre, que vous en puissiez être satisfait

Je suis,
avec un très profond respect

Monsieur le Ministre

Votre très humble et très obéissant
serviteur

Pierre Margry

Paris, le 20 Xbre 1847.

Monsieur le Ministre,

depuis ... 4-5 ...

J'ai l'honneur de vous faire remettre les copies des documents que je vous avais annoncés dans mon précédent rapport — Ce sont les derniers de ceux que j'ai découverts il y a quelque temps et la remarque que j'ai faite relativement aux premiers s'applique également à ceux-ci. Quelques uns d'entre eux, ai-je dit, retracent une partie des faits qu'on a publiés dans les mémoires déjà présentés par moi, mémoires importans lorsque ceux qu'ils résumaient n'étaient point connus, mais de la main des acteurs de l'entreprise dont nous cherchons à recueillir les divers monuments, ceux que j'envoie ont une valeur de beaucoup supérieure à celle des autres par cela même — Les détails y sont plus abondants et plus vifs, leur exactitude est certaine, en même temps qu'on a lieu d'y être plus souvent ému par la passion qui les anime et les colore soit qu'elle s'agite encore sous l'influence d'un intérêt présent, soit qu'elle n'ait plus pour cause qu'un souvenir écho d'une douleur passée —

Les lettres surtout de Mr de La Salle écrites à des amis qui l'aidaient ou de leur argent ou de leur crédit ont tout l'intérêt, tout le mouvement des lettres intimes, si elles en ont l'abandon et même le désordre. Bien des choses aussi s'y montrent qui se cacheraient dans un rapport officiel. Dans ces rapports, voulant dire en peu de mots ce qu'il eût eu à dire, Cavalier de La Salle l'aurait dit sèchement. Mais écrivant à des gens dont il espère, dont il attend la sympathie, qu'il a besoin d'intéresser à lui de plus en plus par ses actes qu'il expose, il les initie à sa vie, à sa personne, à ses malheurs, à ses espérances de triomphe et de fortune dont on lui aura demandé compte. Dans un rapport il n'eût pas osé émettre de conjectures. Dans une lettre à un ami, il est libre et ses conjectures nous donnent la clef de mystères précieux pour l'histoire, car leur liaison non seulement entre elles mais avec d'autres mémoires ne fait que trop connaître que ce sont des faits réels. Ces lettres tirent même un certain charme de leur abandon, du désordre qu'on y remarque dans quelques parties. Cavalier en effet les écrit entouré de sauvages qui le distraient, et à vingt reprises différentes; il les finit à trois cents lieues de l'endroit où il les a commencées et s'il s'arrête lorsque l'on souhaiterait qu'il continuât encore, c'est qu'au milieu de ces solitudes le papier lui manque.

Aux nouveaux manuscrits de Mr de La Salle, de Henri de Tonty, des Pères Récollets, des Sulpiciens, j'en ajoute d'autres, Monsieur le Ministre, qui se rattachent au but des deux entreprises de 1678 et de 1684. — Je crois du reste avoir touché quelques mots de ces documens.

Les livres publiés jusqu'ici sur cette partie de notre histoire ont fort inexactement et fort incomplètement retracé les découvertes de Cavalier de La Salle, mais ils en ont encore moins déterminé l'objet. Voilà ce qui ressort des documens inédits.

Dans la première période, période entièrement inconnue de ses découvertes, de 1667 à 1671 – Mr de la Salle cherche le passage à la mer du Sud afin de donner un port sur le Grand Océan pour le commerce des Indes.

Mais de 1678 à 1687, époque à laquelle il périt assassiné, ce premier dessein n'est plus que secondaire. Mr de la Salle a dû pour faire accepter ses services se plier aux besoins du moment – On était, lors de ses deux dernières entreprises, en guerre avec l'Espagne. – Lorsqu'il partit en 1678, on n'avait pas encore conclu la paix de Nimègue. Des trois traités qui se firent séparément pour cette paix avec la Hollande, l'Espagne et l'Empire, le second fut seulement signé le 17 7bre – A l'époque de son expédition contre la Nouvelle Biscaye Louis XIV poursuivait l'exécution des traités de Nimègue et la date de la trêve de Ratisbonne est du 10 août. Mr de la Salle avait déjà mis à la voile – Dans ces circonstances, en 1678 d'abord, le découvreur avait fait espérer à Colbert, comme il l'espérait lui même, que le Mississipi donnerait vraisemblablement à son embouchure un port dans le Golfe du Mexique d'où les vaisseaux français iraient harceler les colonies espagnoles – et empêcher le passage des galions. Colbert qui ne permettait plus alors les découvertes de nos Français dans l'Amérique du Nord qu'avec de grandes réserves, parce qu'il voulait qu'on peuplât le Canada avant de s'étendre davantage accueillit à ce point de vue la proposition que lui faisait Cavelier de la Salle de continuer ses propres découvertes et celles de Jolliet et il lui accordait sa commission – En 1682. cette commission était exécutée. En descendant jusqu'à l'embouchure du Mississipi Cavelier avait découvert le port que désirait Colbert.

La découverte de la Louisiane était donc en elle même un acte d'hostilité contre l'Espagne. Cette hostilité se déclara plus nettement encore dans l'entreprise tentée par Cavelier en 1684. En 1682 il disait dans un mémoire qu'on pourrait par les pays qu'il venait de découvrir aller attaquer les mines des Espagnols et peut être s'en emparer. – En 1684 il part avec une commission secrète de Mr de Seignelay attaquer les mines de la Nouvelle Biscaye et s'établir dans ces pays.

Le passage à la mer du Sud, – la possession des mines de l'Espagne tels furent donc les deux grands projets qui remplirent la vie de Cavelier de la Salle. L'histoire du passé est souvent celle de notre temps même. Les Etats Unis en succédant à notre puissance dans l'Amérique du Nord, nous ont également succédé dans nos projets. En 1806 ils sont arrivés par l'intérieur des terres sur les côtes de la mer du Sud pour y disputer plus facilement à l'Angleterre le commerce de la Chine et des Indes et l'Angleterre ne peut présentement soutenir leur concurrence – Voilà pour le premier projet de Cavelier de la Salle. – Le second est aujourd'hui réalisé, – par la prise du Mexique – Les résultats de ces deux grandes conquêtes montreront mieux que tout discours ce que les desseins de Colbert et de Cavelier de la Salle suivis avec zèle et intelligence pouvaient ajouter à la grandeur de la France – Il suffira de dire pour le dernier projet et pour en montrer l'importance que le luxe immense et les guerres continuelles de Louis XIV contraignirent alors Colbert à lever des impôts qui l'allaient faire maudire; que aussi la prise des Colonies Espagnoles aurait achevé l'œuvre de Richelieu et de Mazarin, la ruine d'un Empire dont la rivalité avait fait tant de mal à la France et que notre pays eût pu s'élever encore sur ces ruines.

Les papiers que j'adresse au Comité, Monsieur le Ministre, montrent que si Cavelier de la Salle avait formé ce projet et l'avait conçu de lui même, d'autres aussi en avaient eu l'idée. Je choisirai quelques documents qui prouveront ce fait, mais les mémoires du Comte de Peñalosa, qui sont avec les autres manuscrits que j'envoie, ont surtout un grand

rapport avec les desseins de Cavelier de La Salle — Le Comte et Cavelier, connaissant tous deux
le même homme l'abbé Bernou, si je ne me trompe, je crois qu'il serait vrai de dire que
les projets du premier ont grandement servi au découvreur de la Louisiane sinon pour
l'inspirer ou pour le guider du moins pour l'appuyer et le soutenir auprès
de Seignelay dont ils préparaient ainsi l'esprit en sa faveur. — Je ferai remarquer en
passant, à propos de ces papiers mêmes l'erreur du Père Charlevoix qui signale les projets
du Comte, comme une conséquence de ceux de Mr. de La Salle, tandis qu'en effet ils les
précédèrent, ils sont de 1682 et le Comte de Peñalosa était mort à Paris avant que la
nouvelle de l'assassinat du découvreur y eût pu arriver. — C'est là une erreur qu'on peut
juger grave, mais la légèreté du père qui se donne trop souvent carrière l'aggrave
surtout par ses raisonnements sur une entreprise dont avec plus de réflexion il eût mieux
parlé —

Le Comité l'appréciera sans doute avec plus de justesse que n'a fait le Père quand j'aurai
réuni les projets épars çà et là, comme je l'ai dit plus haut, tendant tous à l'établissement
de la puissance française dans le Golfe du Mexique. Le passage que j'ai extrait d'un
mémoire de Mr. Du Casse en 1696, montrera fort bien ce que devait être
politiquement cet établissement. (Cet extrait est avec mes pièces.)

Je ne m'étendrai pas davantage, Monsieur le Ministre sur les papiers que j'ai l'honneur de
vous adresser puisque j'en joins le résumé à cette lettre

J'avais eu d'abord l'intention de vous les donner dans un catalogue analytique qui eût présenté
l'ensemble de mon travail jusqu'ici, mais j'ai pensé qu'il valait mieux encore attendre pour
ce catalogue n'ayant plus vraisemblablement que peu de chose à recueillir pour terminer
la copie de ce que les Bibliothèques et les Archives de Paris où j'ai eu accès renferment
sur la découverte de la Louisiane. Alors ce catalogue plaçant les papiers suivant l'ordre des
événements et indiquant brièvement leur valeur permettra mieux au Comité d'apprécier
ce qui doit être publié que ne le feraient mes rapports où j'ai dû m'étendre et
où je n'ai pu suivre aucun ordre, — Mais en le donnant aujourd'hui, je le donnerais
incomplet et je m'exposerais ainsi à perdre du temps — en m'obligeant à le représenter
avec ses additions et des corrections. — Je dois également attendre le succès des démarches
que j'ai faites en Normandie pour mettre s'il est possible la main sur les
journaux de Cavelier de La Salle — L'archiviste de la mairie de Rouen a eu la bonté
de m'écrire dernièrement, qu'il poursuivait toujours dans ses registres les descendances des
Cavelier jusqu'à nos jours — De mon côté je n'épargne rien pour cette recherche.

Je suis avec respect,

Monsieur le Ministre

Votre très humble et très obéissant
serviteur

Pierre Margry

Monsieur le Ministre de l'Instruction Publique

15 avril 1848

Monsieur le Ministre,

La mauvaise santé qui m'a retenu à la chambre pendant plus d'un mois et demi, les événemens
extraordinaires auxquels personne depuis le 24 février n'a pu s'empêcher de prendre part - quelques difficultés materielles qui en ont été la suite ne m'ont pas permis de faire avancer mon travail
autant que je l'aurais voulu et avec toute l'activité que le comité sait que j'ai l'habitude d'y apporter. Néanmoins je suis loin d'avoir perdu entièrement ce temps, j'ai continué de prendre
les notes qui doivent rattacher entr'eux les documens principaux de ma collection. J'ai poursuivi mes recherches auprès de particuliers et si je n'en ai pas recueilli les fruits que je pouvais
attendre, la faute n'en est pas à moi.

Il y a pour mon travail un point important entre tous, ce serait de savoir entre
quelles mains sont présentement les journaux et les mémoires de l'homme éminent qui
a découvert l'ancienne Louisiane. J'ai tenté de venir à bout de ce problème, mais ce
n'est pas une entreprise facile, car je n'ai eu tout d'abord sur ce sujet d'autre renseignement qu'un fait très vague et d'une date fort reculée. Je savais seulement qu'en 1740
un sieur Lebaillif, auditeur à la Cour des Comptes et arrière petit neveu du découvreur
possédait ces papiers. Pour me mettre sur leur trace, il me fallut suivre celle du parlementaire, c'est à quoi je me suis appliqué - Après beaucoup de recherches, je suis parvenu
Monsieur le Ministre, quoiqu'on ne me dît pas s'il était de la Cour de Paris ou de celle de
Rouen ou d'ailleurs encore, à connaître sa famille, sa parenté, à le suivre lui même jusqu'en
1772, mais depuis cette époque je perds de vue mes papiers et leur propriétaire
~~[illegible]~~ ~~[illegible]~~ moyen cependant me restait de savoir ce qu'ils étaient devenus je l'ai employé
n'ayant pu trouver la descendance directe de Monsieur Lebaillif, j'ai suivi la filiation
de sa sœur jusqu'à nos jours et ainsi j'ai été assez heureux pour avoir jusqu'à l'adresse des arrière-
petits neveux et petites nièces de Rose Lebaillif, mariée à un sieur Laudasse de Francamp.

J'ai obtenu, Monsieur le Ministre, une partie de ces faits depuis mon dernier
rapport et aussitôt que je l'ai pu, j'ai cherché à mettre à profit ces renseignemens.

Dans la pensée que les membres de la famille qui m'étaient désignés pourraient
les étendre, que leurs parens même pourraient dans leur jeunesse avoir connu Monsieur Le
Baillif, s'il avait vécu encore quelque temps après la date où j'ai cessé de le suivre, je me suis adressé
à trois personnes pour m'informer si elles ne savaient rien de lui, s'il avait eu des enfans,
sinon quels avaient été ses héritiers. Malheureusement leur réponse n'a pas été aussi satisfai-
sante que je l'aurais souhaité.

une dame du Bosc-Theroulde veuve du petit fils de la dame Laudasse de Francamps, demeurant à Oissel près de Rouen m'a répondu qu'elle était trop nouvellement mariée à la mort de son mari pour me donner des renseignemens sur la famille de celui ci. Mr De Nicolaï habitant Osny près de Pontoise après avoir également pris des informations chez des notaires n'a pu me donner que quelques faits très secondaires — un cependant pourra m'aider à me guider — Il m'indique la sœur même de Cavelier De La Salle veuve de Jean Le Forestier comme possédant vers 1750 la terre d'Harquency près des Andelys — Monsieur De Nicolaï du reste me renvoya aux Enfans d'une Dame De Melleville, héritière de Monsieur Du Bosc Theroulde de St Germain. En attendant leur réponse qui ne m'est point encore parvenue, je me suis adressé à une troisième personne mais aussi inutilement qu'aux deux premières — Ce qui motivait ma démarche auprès de Mr Le Forestier du Bois-de-la-Ville était son nom même qui avait assez de rapport avec celui de la sœur de Cavelier De La Salle et aussi la parenté qu'on m'annonçait tenir à Madame De Melleville, vers laquelle Mr De Nicolaï me renvoyait — Or une autre parente de celle ci, parente également de Monsieur Le Forestier me dit que dans son Enfance elle entendait souvent parler à la vieille comtesse des personnes qui avaient honoré leur famille et qu'entre autres noms elle avait un souvenir confus de celui de De La Salle, auquel se rattachaient en effet bien des aventures — Madame De Melleville possédait elle les papiers du décou-vreur. C'est ce que sa parente n'a pu me dire, mais elle savait qu'il y avait des papiers fort anciens chez elle — La Lettre de Monsieur Le Forestier du Bois de La Ville ne m'a rien appris.

Malgré tous les échecs que j'ai déjà éprouvés, je ne me découragerai pas et je veux trouver les descendans directs de Monsieur Le Baillif né à Rouen vers 1705. — Il demeurait à Paris en 1772 sur la paroisse St Gervais, Il y sera mort sans doute. J'irai consulter les registres de décès de cette Paroisse, soit à l'Hotel de Ville, soit à l'Eglise même. L'époque de son décès trouvée, je chercherai les registres des notaires de cette même paroisse vers 1772 pour voir si je ne rencontrerais pas un testament ou d'autres actes qui m'indiqueraient peut être ses enfans ou ses héritiers. Monsieur Le Baillif étant aussi de la Cour des Comptes j'ai là également un moyen de savoir à quelle époque il a cessé de vivre. J'aurais déjà fait ces recherches, si je n'avais été malade, mais lorsque je me suis retrouvé sur pied, je ne pouvais me présenter à tous ces endroits avec mon ancienne commission. Je vous serais en conséquence obligé Monsieur le Ministre de vouloir bien me donner une lettre qui me facilite l'Entrée des différens dépôts qui me restent à consulter. Outre l'Hotel de Ville j'aurai besoin de voir les Archives de l'ancienne Chambre des Députés, celles de la chambre des Pairs et celles aussi de la Cour des Comptes où l'on m'a dit qu'il existait des papiers sur notre Colonie de la Louisiane, et enfin les Papiers des Princes de Conti, renfermés dans ceux de la maison de Condé.

En même temps que je poursuivrai ces recherches j'achèverai de prendre les notes qui doivent éclaircir les Découvertes de Cavelier De La Salle et si je ne trouve pas les papiers que possédait Monsieur Le Baillif mon travail sur lui sera fini.

† Dans le cas où j'aurais terminé avant l'époque qui m'est assignée pour mes rapports, je vous prierais Monsieur le Ministre de vouloir bien le plus tôt qu'il sera possible me donner une Instruction définitive sur l'Étendue que doit avoir ma Collection — Doit elle se borner seulement à la découverte de l'ancienne Louisiane ou embrasser toutes les découvertes des français dans l'Amérique du Nord. C'est là une question sur laquelle aucune décision n'a été prise encore d'une manière précise et qu'il m'importe de connaître.

Quelle doit être l'étendue de sa publication ?

Ma première Instruction portait que j'eusse à faire un choix des documens les plus intéres

Premier propo-
sition de m.
Margry

sans, relatifs à l'histoire des anciennes colonies de l'Amérique du Nord. Mais comme l'intérêt
et la nouveauté de cette histoire si negligée devaient reclamer et trop de temps et trop de volumes
encore ne ferait on rien de complet, je demandai alors au Comité historique de vouloir bien borner
mon travail à deux de ses parties capitales egalement inconnues ou même à l'une d'elles seule dans le
cas où le Ministère ne pourrait les entreprendre toutes deux — Le sujet de ces deux parties était pour
l'une la Decouverte de plus de mille lieues de territoire — pour l'autre, la guerre de sept ans en Amerique
guerre dans laquelle nous perdîmes tout ce que nous avions eu tant de peine à ~~acquérir~~ decouvrir

En faisant cette proposition j'envoyais des papiers curieux sur ~~les~~ Decouvertes de la Louisiane
Sur leur examen et d'après mon rapport le Comité acquiesçant à ma demande m'indiqua
les Decouvertes — Je m'y suis en consequence aussitôt appliqué. Mais à l'époque où j'ai soumis au
comité les papiers vraiment importans qui temoignent de la Decouverte de l'Oregon par
~~nos~~ français Canadiens tandisque les Anglais et les Américains en ~~leur~~ réclamaient l'honneur pour
les leurs, je reçus l'avis d'achever le recueil relatif aux Decouvertes de Cavelier de La Salle. Cet
avis avait-il pour objet seulement de mettre une suite dans mes recherches ~~[illegible]~~ dont je profitai
les resultats un peu comme ils s'offraient à moi toutefois sans quitter mon sujet general, ou bien
tendait-il à limiter aux simples proportions de documens géographiques une publication à la
quelle une première instruction donnait une si vaste étendue — C'est une question sur
laquelle je n'ai pas eu d'explication — Aujourd'hui que je vais avoir bientôt achevé la collection
des documens relatifs à Cavelier de La Salle je désirerais ~~avoir~~ connaître à ce sujet, Monsieur le Ministre
vos intentions.

qu'elle est
l'intention
m'a mandé

Je prendrai ~~[illegible]~~ à cet effet, la liberté de vous soumettre quelques reflexions.

La Decouverte de la Louisiane par ses incidens est sans contredit l'un des Episodes les
plus attachans que l'on puisse rencontrer dans l'histoire. Le romanesque s'y trouve mêlé aux interets
les plus graves — On y voit un grand homme ouvrant le chemin à une grande nation au milieu de
dangers, de douleurs, de privations de luttes de tous genres qui semblent devoir dépasser ~~la~~ la mesure des
forces et de la constance humaines — Mais si interessant que soit cet épisode, quoiqu'il domine
les autres réellement par l'energie necessaire au Decouvreur, par l'étendue même des découvertes,
par l'avenir promis aux Etats établis sur leur territoire alors reconnu il est necessaire de remarquer
que les travaux de Cavelier de La Salle sont une suite des travaux des Français qui avaient précédé
ce noble normand et que le but même qu'il se proposait a été l'objet des efforts des nôtres et après
de ceux des Anglo Americains — Cavelier de La Salle n'est venu qu'après Jacques Cartier, le pilote
Alfonse, Samuel de Champlain, les Biencourt de Poutrincourt — Les Recollets et les Jésuites ses tentatives
le Decouvertes s'enchaînent aux leurs et il poursuit leurs idées comme d'Iberville, Tonty, Bienville, les
Pères de Charlevoix et de Sonor, Les Varenne de la Verendrye, Marin, Noyelle et Saint Pierre et
chez les Americains Lewis et Clarke poursuivront les siennes en étendant leurs conquetes. Or
~~dans~~ les uns comme ~~dans~~ les autres si cela a été à un moindre degré que Cavelier de La Salle,
se sont signalés par une vigueur d'action étonnante, par la hauteur de leur intelligence et je peux
le dire par la grandeur des services rendus à la civilisation, services dont profitent aujourd'hui les
Etats Unis et desquels la France eût elle même tiré les plus grands avantages sous une adminis
tration ~~et~~ aussi plus eclairée, du moins plus forte et plus appliquée au bien et à l'honneur national.
Chacun des hommes que j'ai nommés a d'ailleurs sa physionomie particulière.

~~[illegible]~~ Dans le cas, Monsieur le Ministre où le Comité n'aurait pas arrêté definitivement
le dessein de limiter la publication aux Decouvertes de Cavelier de La Salle sur d'autres motifs plus
puissans et ~~[illegible]~~ supérieurs ~~[illegible]~~ besoins mêmes de la collection, cette raison me parait expliquer avec
elle la necessité d'embrasser l'Ensemble de nos decouvertes dans l'Amerique du Nord.

utilité d'une
publication
embrassant
l'ensemble des
nos decouvertes
dans l'Amérique
du nord

— Quant à moi j'avoue que ce ne serait pas sans une douleur réelle que je verrais rompre cette chaîne de nobles cœurs pour qui la mère patrie a jusqu'ici été si oublieuse et dont le souvenir si glorieux pour nous ajouterait aux sentiments des francs américains quelques motifs de plus d'être fiers de leur origine — A cause de cela même je ne pourrais également voir sans chagrin le Comité s'occuper seulement de la Louisiane heureuse aujourd'hui dans sa liberté et laisser de côté ce qui regarde les malheureux Canadiens qui en 1837 versaient encore leur sang parce qu'ils ne peuvent pas ne pas se souvenir qu'ils sont d'origine française — Or en rappelant l'origine de la Louisiane, comment ne pas rappeler aussi la découverte du Canada, la découverte du pays d'où sont partis ceux qui allaient descendre à l'embouchure du Mississipi — Puis il faut le dire parmi ces Pionniers français deux hommes nous font principalement honneur et ces hommes ce sont deux Créoles Canadiens — L'un c'est Pierre Le Moyne d'Iberville qui a fait des choses si extraordinaires comme soldat qu'on le renommait même entre les marins de Louis XIV. Il est de fait un brave comme César, militaire comme son épée. — L'autre c'est Pierre Gautier de Varenne sieur de La Verendrye — Je ne connais pas de vie plus touchante que la sienne et à la fois plus honorable — Lieutenant de régiment de Bretagne à Malplaquet il fut laissé sur le champ de bataille comme mort, tant il était couvert de blessures — 40 ans après affrontant de nouveau à l'âge de 7[?] ans les privations et les dangers d'une entreprise où il avait déjà perdu une partie de sa fortune, son neveu, un de ses fils et 21 des siens il allait repartir pour pousser au delà des Montagnes Rocheuses lorsque cette fois, il mourut sans plus de remise — Les entreprises de ces deux créoles se lient indissolublement à celles de Cavelier de La Salle. — D'Iberville a reconnu par mer l'Embouchure du Mississipi à laquelle Mr de La Salle était descendu par l'intérieur des terres — Mr de La Verendrye a continué la recherche de la mer de l'Ouest par l'intérieur des terres, comme lui de fait aussi le passage à la Chine et au Japon, projet pour la réalisation duquel Monsieur de La Salle avait fait ses deux voyages et dont le nom du village de La Chine à trois lieues de Montréal consacre le souvenir — Ces deux entreprises ont eu d'immenses résultats et l'on s'en rendra facilement compte, surtout de ceux de la dernière, si l'on jette les yeux sur la prospérité que les Etats Unis doivent à son entier achèvement. La position dans l'Oregon de ces Américains possesseurs de la Louisiane et en même temps de Boston, de New-York et de la Louisiane leur permettra bientôt de lutter avec avantage contre la suprématie commerciale des Anglais dans l'Inde ces la Chine c'est là le but auquel ils tendent par un chemin de fer qui conduira de New-York à l'Océan Pacifique c'était là aussi le but de nos français, mais ils ignoraient alors la distance qui séparait de l'Asie et leur gloire a été en se frayant un chemin à l'Ouest, d'avoir aidé à la reconnaissance de l'Amérique

C'est là un point sur lequel Monsieur le ministre, je dois fortement appuyer.

En effet aux motifs de justice et d'amour propre national que je viens d'exposer, il s'en joint un tout à fait scientifique pour m'engager à vous prier de donner à ces publications des découvertes françaises toute l'étendue qu'elles comportent — Il y a une grande lacune dans l'histoire de la Géographie, lacune que chacun signale. Du commencement du 17e siècle au milieu du 18ème depuis la fin de l'action Espagnole et Hollandaise jusqu'aux temps du capitaine Cook on est étonné de voir l'esprit d'entreprise s'arrêter, Mais comme je l'ai dit plusieurs fois il n'en est rien, c'est l'activité française qui remplit cette période et les mémoires de ce qu'elle a fait restent dans la poussière des Archives — Quand la Science en a besoin pour se rendre compte des progrès des Découvertes Géographiques de la Russie et de l'Angleterre de la Hollande par les rapports qu'il y a souvent entre elles et celles des français — les papiers qui retracent celles-ci doivent-ils rester dans la poussière des cartons — Cette question ne peut je crois être décidée qu'en faveur de la Science.

Il y aurait du reste un inconvénient évident à la publication seule des Découvertes de Cavelier de La Salle, c'est que cette publication touche bien vivement à

Motif pour ne pas borner la publication aux travaux du sieur Cavelier de La Salle.

Quelques difficultés dans lesquelles le Ministère de l'Instruction Publique a été particulièrement intéressé. J'ai montré que la découverte de la Louisiane et l'avènement du Pouvoir Royal dans le Canada, et lorsque Colbert eut racheté les colonies des Compagnies de commerce, avaient été l'occasion d'une longue et terrible lutte entre les Jésuites et les officiers du Roi. Cavelier de La Salle qui se jetait au travers des projets de l'ambitieuse société fut peut être un des hommes qu'elle a le plus persécutés, qu'elle a le plus cherché à perdre par de nombreuses ~~[illegible]~~ intrigues dans un temps où Port Royal et le grand Arnauld pouvaient dire tout ce qu'il leur en coûtait d'être son rival.

Je n'hésiterais pas pour moi particulier à faire seulement cette publication. Mais le clergé ayant pour habitude de prendre comme une attaque dirigée contre lui tout ce qui montre dans son vrai jour la société des Jésuites, l'affaire me paraît plus délicate pour l'administration. Il serait donc bon de rallier la découverte de la Louisiane aux autres entreprises qui ont étendu pour si peu d'années le territoire français dans l'Amérique du Nord par ce motif comme par les considérations de science, de justice et de générosité que j'ai exposées plus haut.

Ainsi comprise et dans cette étendue la collection ~~[illegible]~~ serait un véritable monument ~~[illegible]~~ qui le céderait peu à ceux qu'ont laissés dans ce genre le Portugal, l'Espagne et l'Angleterre, surtout si plus tard on y ajoutait le recueil de nos voyages dans l'Afrique, dans l'Amérique du Sud, dans l'Océanie et aux Indes. Mais à les y examiner, ce sont les découvertes dans l'Amérique du Nord qui sont notre principale gloire et il semble qu'il nous soit échu en partage d'ouvrir au commerce et à la science cette partie du monde comme les Portugais ont eu pour ainsi dire la mission de leur révéler l'Afrique, les Espagnols l'Amérique du Sud et les Russes le nord de l'Asie.

Ces observations seront sans doute de nature à vous porter, Monsieur le Ministre, vous et le Comité plutôt sur l'ensemble que sur une partie des découvertes. Du reste le travail que j'ai encore à faire ne saurait je crois y faire obstacle, car depuis 1655 je pourrais dire depuis 1630 jusqu'en 1755 j'ai réuni presque tout ce qui ~~était~~ à recueillir. Je suis il est vrai peu riche sur les temps qui précèdent, mais s'il en est ainsi, je crois que c'est beaucoup parce que nos Français y ont donné peu matière. Ce travail ne me demandera donc plus que peu de temps. Cependant cette rareté de documents comme de faits dont je parle depuis 1504 jusqu'en 1630 est à confirmer quoique probable et je ne parle ici que d'après les données générales. Or il m'est arrivé souvent de me trouver par mes études singulièrement en contradiction avec elles même vis à vis de gens qui eussent pu m'aider à l'affirmer du contraire.

C'est là par exemple ce qui m'est arrivé pour Jacques Cartier. J'ai prié un de mes amis de Bretagne qui alla exprès pour cela à Saint Malo de demander aux Maire et aux archivistes de cette ville s'ils ne possédaient pas de papiers concernant cet illustre navigateur. Il lui fut répondu catégoriquement qu'il n'y avait rien. Si j'en crois quelques avis, je pourrais attribuer cette réponse au désir qu'ont certains savants de la ville de monopoliser leur richesse entre leurs mains — J'aime mieux toutefois croire qu'il y eut ignorance plus que mauvaise volonté — or d'après des renseignements d'une personne qui les a vues les archives de la ville renferment au moins onze lettres adressées par François Ier à Jacques Cartier en 1538 et de plus la Délibération de la communauté de ville de St Malo à l'époque du départ du navigateur. Il sera facile d'avoir la preuve de ce que j'avance pour peu qu'on y apporte de bon vouloir et de bonne foi — En effet l'abbé Manet qui a classé et numéroté les archives a formé de ces pièces une liasse et le sommaire de chaque document est écrit au dos du parchemin.

Quelle que soit, Monsieur le Ministre, votre résolution sur le plus ou moins d'étendue de la publication dont j'ai l'honneur d'être chargé, je vous prierais de vouloir bien donner des ordres pour que ces documents si importants et si curieux pour notre histoire maritime et surtout pour notre histoire coloniale vous soient communiqués, sinon copiés et envoyés à Paris aussitôt — La connaissance de ces lettres sera pour nous une bonne fortune et d'autant meilleure qu'elle causera une véritable joie en Amérique et particulièrement au Canada

Le portrait de Jacques Cartier est aussi dans l'hôtel de ville. Ce serait un monument à conserver et qui figurerait bien à la tête de cette collection. Si on pouvait le dessiner je vous en serais bien reconnaissant, dussé-je en faire les frais, car je voudrais arracher à l'oubli tout ce qui reste de ces hommes courageux dont la vie a été toute consacrée à servir le pays et à porter au loin sa puissance et son nom.

Comme vous jugerez nécessaire sans doute de connaître, pour faciliter votre décision sur l'étendue à donner à la publication, l'ensemble des papiers déjà réunis par moi et ce qui reste à recueillir, je crois bon de vous en présenter un aperçu.

Relevé des papiers déjà réunis, et à recueillir par M. Margry

Je n'ai rien encore touchant le fait qui attribue la découverte de l'Amérique à un pilote dieppois sur le vaisseau duquel aurait été l'un des Pinzon qui aidèrent Colomb dans son projet. — Je n'ai rien trouvé non plus sur les voyages des Bretons, des Basques, et des Normands aux Terres Neuves dès et avant dit on 1504.

Je n'ai rien encore sur le voyage du Baron de Léry qui aborda en 1518 à l'Île de Sable. — Sur Verazzani le Congrès de Gênes, répondant à une lettre que je lui avais écrite m'a donné quelques renseignements. — Indication aussi m'a été donnée par un de mes amis de papiers du navigateur florentin employé par François Ier entre les mains d'un ancien consul américain.

De Jacques Cartier, et de Roberval et d'Alfonse Saintongeois, j'ai connaissance de plusieurs manuscrits. — La Bibliothèque Nationale possède le manuscrit du 2e voyage du pilote malouin. — Les archives de St Malo, les lettres dont j'ai tout à l'heure fait mention. Ailleurs, les archives de la rue du Chaume donnent les lettres patentes de Roberval le petit Roi de Vimeu. — La description de l'Amérique faite par Alfonse Saintongeois dans sa Cosmographie restée inédite serait à copier et compléterait avec les pièces précédentes ce que je connais des découvertes du temps de François Ier.

— Une relation manuscrite du coup hardi autant que généreux de Dominique de Gourgues est le seul document que je connaisse de l'histoire des établissements français en Floride. — Une famille de Bordeaux pourrait peut être m'en fournir d'autres, on me l'a dit du moins.

J'ai sur Aymar de Chastes, Gouverneur de Dieppe, sur Pierre de Monts et sur leurs Lieutenants en Canada quelques notes qui ne sont pas sans valeur. Le Comité sait que j'ai obtenu dernièrement un manuscrit précieux de Champlain le fondateur de Québec qui a étendu les découvertes du côté du Lac Ontario et de la Baie d'Hudson. — J'avais déjà une fort belle lettre de Biencourt fils de Poutrincourt, le premier de l'Acadie. Mais sur ces hommes du temps de Henri IV et de Louis XIII le ministère des Affaires Étrangères pourrait vraisemblablement me donner encore des renseignements que je ne trouverai pas ailleurs. — Lorsque Monsieur Mignet a assuré la Comité qu'il n'y avait rien dans son dépôt de relatif à mon travail c'est que sans doute il avait été trompé par le rapport de l'employé qu'il aura chargé de cette recherche. Une personne, admise par lui même il y a six mois à consulter les papiers de l'Amérique m'a affirmé de son côté que je trouverais dans ce dépôt plusieurs lettres de Champlain et même des pièces relatives de la Louisiane. — Il est facile de comprendre qu'un employé des archives ne soit pas savant sur tout ce qu'il ignore les relations de certains papiers avec des faits dont personne n'a jusqu'ici entendu parler. C'est ce qui arrive dans ce cas. Je me recommande donc de nouveau à l'obligeance de Monsieur Mignet.

— Les Relations imprimées des Jésuites et quelques ouvrages des Récollets tiennent l'histoire au courant des découvertes et des Établissemens de nos français dans l'Amérique du Nord depuis Champlain jusqu'en 1665. Néanmoins le vague de leurs comptes rendus pour tout ce qui ne les regarde pas personnellement me ferait désirer de trouver si cela était possible les relations des voyages de Nicolet au delà du lac Supérieur et de Jean Bourdon à la baie d'Hudson voyages sur lesquels j'ai quelques notes provenant de manuscrits officiels

Voilà Monsieur le Ministre ce que j'ai recueilli, ce que j'ai encore à copier sur cette première partie de nos découvertes. Cela sera peu de chose comme volume, mais l'importance de ces pièces est assez grande pour leur mériter d'être jointes à celles qui suivent, et qui sont beaucoup plus nombreuses. — La première partie doit retracer la découverte de l'Acadie, du Canada et d'une partie de la Floride — La seconde embrasse les immenses territoires compris entre le lac Supérieur, les Montagnes Rocheuses, les côtes du Texas et la Floride Méridionale — Ces dernières découvertes faites sous les règnes de Louis XIV et de Louis XV. ne sont que l'extension il est vrai de celles que la France devait aux marins de François Ier de Charles IX, de Henri IV et de Louis XIII.

Tels sont les matériaux qui se rattachent à la grande période politique de Louis XIV et de Louis XV.

— Baie du Nord ou d'Hudson. Plusieurs pièces relatives à la découverte d'un nommé Van Hemskerk dont je n'ai vu la trace nulle part —

Ohio. Louisiane. Le voyage de Mrs Dolier et Galinée avec Cavelier de la Salle pour le passage à la Chine — Notes sur le voyage de St Lusson — Cartes du Père Marquette et de Jolliet — plusieurs Lettres de ce dernier sur la Découverte du Mississipi par l'Ouisconsin. Cavelier de la Salle l'avait découvert avant lui soit par l'Ohio soit par ~~[illegible]~~ les Ilinois

Louisiane Ohio. Ilinois — Arkansas. Golfe du Mexique Texas. Papiers des découvertes de Cavelier de La Salle y compris son acte de naissance, les actes d'État civil regardant sa famille — 130 pièces J'en ai donné la note dans mes précédens rapports — Il y en a plusieurs écrites de sa main ou de celles de ses seconds et ennemis. Il y en a plusieurs très étendues — Une copie du manuscrit de Joutel ne compte pas moins de 600 pages in folio. Restent à trouver et à copier ses journaux et ses cartes restés en la possession de M. Lebailly

Louisiane — Embouchure du Mississipi Biloxi — Mobile. Découvertes et premiers Établissemens de D'Iberville quelques papiers encore à prendre — 35 à 40 pièces. 2 Mémoires très grands ce sont ceux de son voyage d'exploration du Golfe du Mexique

Louisiane Rivière des Kansas et pays fantastiques. Mathieu Sagean et Lemoyne de Bienville

Louisiane. Texas et Mexique — Missouri. — Découverte d'une route au Mexique par St Denis Voyages au Texas par Benard de la Harpe — de Bourgmont au Missouri — A compléter —

Lacs — Missouri-pays des Mandanes
et Montagnes Rocheuses. Recherche de la mer de l'ouest sous le Gouvernement des Marquis de Vaudreuil, et de Beauharnois, de La Galissonière et Duquesne.

Voyageurs. De la Noue — le Père de Charlevoix — les Varennes de la Verendrye, de Saint Pierre et La Marque de Marin
70 pièces environ plusieurs assez vastes — Cartes

Labrador — Esquimaux — Quelques découvertes

D'après le compte fait par moi de toutes ces pièces l'ouvrage entier se composerait de 300 à 350 documens inconnus et qui se reliant tous les uns aux autres ne sauraient être séparés sans qu'on diminue véritablement la valeur de la publication.

J'ai l'honneur d'être, Monsieur le Ministre, en attendant votre décision sur ce point important

Votre très humble et très obéissant
serviteur

Pierre Margry

Travaux historiques.   114 / 1339

W. B.

Monsieur le Ministre,

fait.

Monsieur Aurélien de Courson, correspondant de votre département pour la Bretagne, vient de me confirmer l'avis qu'il a déjà bien voulu me donner, de l'existence à Saint Malo des papiers de Jacques Cartier, le navigateur qui découvrit le Canada. Cette nouvelle assurance m'est d'autant plus précieuse que Monsieur de Courson part prochainement pour sa province et qu'il y fera volontiers les recherches, d'où la collection, dont vous m'avez fait l'honneur de me charger, peut tirer plus d'éclat et plus d'intérêt.

Je vous serais en conséquence, Monsieur le Ministre, obligé d'inviter Monsieur de Courson à prendre copie des manuscrits de ce navigateur.

Monsieur de Courson m'a encore parlé d'autres papiers, qui manifesteraient dans la Bretagne des 15.e et 16.e siècles un grand mouvement vers les choses de la mer, sur laquelle ~~elle~~ cette province semble avoir alors été ~~toute~~ puissante. Si Votre Excellence voulait bien m'accorder la grâce que Monsieur de Courson prît à copier quelques notes principales sur l'État et sur les Entreprises maritimes des Bretons en général dans ces temps là, ce seraient pour moi autant de faits à conserver qui mettraient mieux en relief, en les encadrant, les navigations particulières que je dois présenter.

Ces navigations, ces épisodes particuliers sont malheureusement peu connus et l'on n'en a guères que le sommaire. On a surtout peu de détails sur les hommes qui y ont pris part; ~~et~~ leur nom même quelquefois est tout ~~défiguré~~ altéré. Cette raison me ferait vivement désirer que Monsieur de Courson, s'il en avait le temps, pût faire ce que j'aurais souhaité faire moi même en Bretagne, s'il m'eût été donné d'y aller, c'est à dire qu'il y recherchât en outre des papiers qui regardent les découvertes de Jacques Cartier les documens originaux pour éclairer davantage les autres navigations Bretonnes à peu près connues et pour produire au jour les entreprises qui n'y sont point encore arrivées.

Dans les recherches auxquelles je me serais livré la première affaire aut été pour moi de constater si les Bretons ne fréquentaient pas Terre Neuve avant 1504 époque généralement assignée à leurs premières courses sur les côtes de l'Amérique du Nord.

Après cette recherche, après la copie faite des papiers de Jacques Cartier, je me serai appliqué par la collection de faits concernant les pêcheries du grand banc et la part qu'y prenaient les Bretons à combler les lacunes qui semblent exister dans relations de la France avec sa future colonie depuis 1549 jusqu'en 1587–88 années où l'on voit apparaître les neveux de Jacques Cartier, et vers (1598) le Breton Troilus De Mesgouet, Marquis de la Roche – J'aurais été curieux de retrouver des traces de la expédition malheureuse faite par ce gentilhomme pour aller s'établir suivant les termes de sa commission aux pays de Canada (Québec) Hochelaga (Montréal) La Brador, Terres neuves, Rivière de la Grande Baye (St Laurent) Norimbegue et terres adjacentes

Je me fusse également préoccupé de recueillir quelques faits nouveaux sur Pontgravé prédecesseur et plus tard compagnon de Champlain. Enfin il est un homme, non plus de Saint Malo, mais de Vitré sur lequel on sait peu de chose et sur le compte de qui j'aurais tâché d'en savoir davantage, c'est un gentilhomme nommé Malherbe qui voyagea dans les 4 parties du monde et paraît avoir eu quelque influence sur les essais de colonisation de Henri IV. Il serait à désirer que les travaux et le souvenir de l'influence de ce voyageur s'il en a eu effectivement, sortissent du vague dans lequel ils sont demeurés jusqu'aujourd'hui.

Monsieur de Courson trouverait pour le guider dans ces recherches, quelques renseignemens sur le Marquis de la Roche, et sur Pontgravé dans l'Histoire du Père Charlevoix, dans les memoires de Champlain ainsi que dans le l'ouvrage de L'Escarbot, je n'indique pas les histoires Bretonnes — Quand à Malherbe l'hydrographie du Père Fournier mentionne ses voyages.

J'ai indiqué Monsieur le Ministre toutes ces choses et tous ces personnages à Monsieur de Courson comme mon desideratum afin qu'il, si vous le permettez, ne laisse pas échapper des faits utiles sur ces différents points dans le cas où ils lui passeraient sous la main — Je crains que ce ne soit là lui donner beaucoup de mal, mais son habitude des papiers Bretons lui rendra assurément le travail plus facile et comme il lui sera tenu compte dans la collection dont je suis chargé des efforts qu'il aura faits pour obtenir tous les renseignements possibles et qu'ainsi tout ce qu'il enlèvera à l'oubli des archives d'une province pour le rendre à l'histoire de deux mondes, lui doit faire honneur, il ne se refusera sans doute à aucune peine, à ce prix, la première récompense qu'on puisse désirer après le succès du travail lui même.

C'est le but, Monsieur le Ministre, auquel je vais tendre personnellement en Normandie où Votre Excellence m'envoie, faveur dont je tâcherai de la remercier en utilisant le mieux possible le peu de moyens qui m'est donné.

J'ai l'honneur d'être,

Monsieur le Ministre

Votre très humble et très obéissant serviteur

Pierre Margry.

Réponse au N° 133 Gl

116

A Monsieur F. Genin, Chef de Division, au Ministère de l'Instruction Publique.

Monsieur,

Je suis chargé, par Monsieur Le Maire de S. Malo, de répondre à votre lettre du 18 courant concernant la demande que vous lui faites d'une copie des lettres, que possède la Ville, de François 1er à Jacques Cartier et aussi celle d'une délibération, de la Communauté de S. Malo, relative aux voyages de ce grand navigateur.

Je m'empresse, Monsieur, de vous transmettre, à défaut de tous les documents que vous demandez, des renseignements et des détails utiles au travail préparatoire du recueil historique que vous devez publier, c'est à mon double titre d'adjoint au Maire et d'Archiviste bénévole que je dois l'honneur de correspondre avec vous.

Occupé depuis sept années consécutives à écrire l'histoire de S. Malo, ma ville natale, j'ai dû commencer, afin de faciliter mes recherches, par mettre en ordre les archives municipales, travail pénible auquel je suis cependant parvenu, malgré le mauvais vouloir de l'autorité Départementale: une faible allocation de 500 F. accordée il y a deux ans par le Préfet, après maint refus, me permit de prendre un commis intelligent pour seconder mon zèle.

Après cet exposé, je vous dirai que la série de nos registres municipaux commence à l'année 1534, recueils alors informes, pleins de ratures, d'abréviations et de lacunes. Le premier registre commencé par les deux extrémités, offre une lacune de 32 ans qui tombe entre les années 1536 et 1568, ce fut durant ces 32 ans que Jacques Cartier fit ses derniers voyages, cessa de naviguer et mourut. C'est sur ce registre que le capitaine malouin fit copier, sans indiquer le jour et sans préambule aucun, la commission qu'il lui délivra Philippe Ch[illegible] ral de France et de Bretagne, cette commission assez lisiblement écrite, est du 30 Octobre 1534 et par conséquent peu de temps après le retour du premier voyage, qui avait eu lieu le 5 Septembre 1534. La voici :

„ Philippe Chabot, Chevalier Baron d'Aspremont, de Paigny „ et de Mirebeau, Seigneur de Beaumont et de Fontaine-Françoise „ Admiral de France, Bretaigne et Guyenne, Gouverneur pour le „ Roy en Bourgogne, aussi Lieutenant Général pour Monseigneur „ le Daulphin au Gouvernement de Normandie, Au Cappitaine „ et Pillote Maistre Jaques Cartier, de Saint Malo, Salut. „ Nous vous avons commis et depputé, commettons et depputons du „ voulloir et commandement du Roy, pour conduire, mener et employer „ troys navyres équippés et avitaillés chacun pour quinze moys, „ au parachevement de la navigation des terres par vous ja commen„cée à descouvrir oultre les terres neufves et en icelluy voyage „ essayer de faire et accomplir ce qu'il a plu au dit Seigneur vous „ commander et ordonner, pour l'equippaige du quel vous achapterez „ ou freterez à tel prix raisonnable que adviserez avec coignoissance „ et sellon que vous en congnoistrez assez bon pour le bien de la „ dite navigation les dits troys navires prandrez et louerez le nombre „ des pillotes, maitres et compagnons maryniers qu'il vous semblera „ estre requis et nécessaire pour l'accomplissement d'icelle navigation „ des quelles choses faire equipper dresser et mettre sus vous, avons „ donné et donnons pouvoir, commission et mandement special avec la „ totale charge et surintendance d'iceulx navires voyage et navigation „ tant à l'aller que retourner. Mandons et commandons à tous les „ dits pillottes maistres et compagnons mariniers et aultres qui seront „ es dits navires vous obeyre et suivre pour le service du Roy en ce „ que dessus comme ils le feroient à nous-mêmes sans aucune „ contradition ne reffus et ce sur les peines en tel cas acoustumé „ à ceux qui se trouveront désobéissans et faisant le contraire. „ Donné soubz nos seing scel d'armes, le penultiesme jour „ d'Octobre l'an mil cinq cents trente quatre. Ainsi signé „ Philippe Chabot, et scellé en plat-quart de cire rouge. „

En marge du registre est écrit : Conforme à l'original.

Le 15 Mars 1535, se trouve une délibération de la communauté au local de l'Abbaye St Jean, en présence de Jehannot Bandonysmes Capitaine pour le Roy et Jehan Billard, procu-

Syndic des Bourgeois [illegible] un [illegible] exposé, mais indéchiffrable, vu soixante douze noms des marins qui s'embarquèrent pour la 2e expédition au Canada. (2) Voilà, Monsieur, tout ce que je vois sur nos registres municipaux concernant Jacques Cartier.

Il est vrai que nous possédons des lettres du Roi François 1er, mais ce sont des lettres patentes étrangères à la navigation; les premières furent données à Paris et à Lyon, les 17 Mai et 17 Juillet 1534, elles accordent à celui des habitants de la Ville de S. Malo qui abattra de la haquebutte le Papegault, tous les droits de billots et impôts appartenant au dit Seigneur Roi sur 30 pipes de vin vendues en gros et détail.

Une autre lettre patente donnée à Nîmes, le 18 Juillet 1538, porte la confirmation du précédent privilège aux habitants de St. Malo.

Enfin, un édit du 24 Janvier 1527, reglant divers procès, questions et differents intervenus entre les Capitaines de St. Malo ou leurs Lieutenants, et les Doyen, chanoines et chapitre de l'Eglise de S. Malo, à cause de la juridiction temporelle à eux appartenant en icelle. Ces divers documents, comme vous pouvez en juger, n'ont aucun rapport avec le Capitaine Malouin.

Toutefois nous avons une pièce originale fort importante; elle contient une commission du Roi François 1er à Jacques Cartier pour le 3e voyage qui fut le dernier entrepris par ce marin au Canada, et plusieurs documents relatifs à ses démêlés avec le Sieur de Roberval. La copie en a été faite par l'érudit Mr d'Avezac; elle se trouve classée aux archives de la marine et portée sous le No 22 au registre des acquisitions; c'est donc à ce précieux document que vous devez recourir pour votre ouvrage.

La Société littéraire et historique de Québec, fit paraître, en 1843, un recueil des découvertes de Jacques Cartier au Canada. cet opuscule (?) composé sur des notes prises au Ministère de la Marine et sur celles conservées dans les archives de Québec, offre quelques erreurs. J'ai pu au moyen de recherches minutieuses, parvenir à rectifier divers points historiques et à substituer les dates réelles aux dates fausses, ces dates, qui se confondaient avec le voyage de Roberval, contribuaient à jeter de la confusion parmi les faits et à les laisser incompris.

J'ai envoyé, je crois, à l'honorable et savant Mr d'Avezac, copie de [illegible] extrait entrepris pour nos amis de Québec qui nous l'avaient demandé.

[Marginal notes: "erreurs. - Bibliothèque Royale c'est quel faudrait [illegible]" ; "mon dernier"]

---

(1) Le savant abbé Manet qui nous a laissé un extrait de la Commission du 30 Octbre 1534, de laquelle je vous ai donné une copie exacte, avait renoncé à reproduire un seul mot de cette délibération — (2) Les mémoires portent à 120 le nombre des hommes de l'expédition, ce qui prouve que les quelques hommes volontaires n'étaient pas compris parmi ceux inscrits sur nos registres.

(?).

deux volumes, sur le Canada, imprimés par leurs soins, viennent de paraître ; ils nous promettent prochainement le 3e qui est sous presse ; ce dernier volume contiendra en outre des documents nouveaux, les rectifications faites au récit des découvertes de notre illustre compatriote.

Nous devons, nous autres malouins, à MM. les Canadiens, de posséder quelques débris du navire La Petite Hermine qui fut abandonné dans la rivière St Charles, par Jacques Cartier, en Mai 1536.

La biographie Bretonne va donner incessamment l'article Jacques Cartier ; c'est Mr P. Levot, directeur de la bibliothèque de Brest, qui en est l'auteur. Cet article, qui m'a été communiqué, se trouve presque complété par les nombreuses notes que j'y ai ajoutées.

J'ai pu, après maintes recherches et malgré la mauvaise tenue des registres d'alors, trouver l'acte de naissance de Jacques Cartier, qui avait échappé aux investigations du docte abbé Manet, et je suis parvenu à établir l'arbre généalogique de la famille Cartier. Le célèbre navigateur né le 31 Décembre 1494 est mort sans laisser d'enfant. Quoique nos registres nécrologes nous manquent à l'époque à laquelle Jacques Cartier a cessé de vivre, il m'a été possible d'en préciser la date à moins de [illegible] ; le dernier acte de nos registres, qui atteste son existence et sa présence à St Malo, est du 15 Octobre 1552, à cette date ce grand homme avait 58 ans, depuis il n'est plus fait mention de lui !

Cette absence de son nom, si souvent reproduit dans les actes de l'état civil et que les familles malouines tenaient à honneur de faire inscrire à côté de celui de leurs nouveaux nés,(2) me porte à croire que c'est vers l'âge de 60 ans que notre célèbre compatriote a dû terminer sa glorieuse carrière.

Je désire infiniment, Monsieur, que les renseignements que je viens de vous donner remplissent le but que vous vous êtes proposé en écrivant à Monsieur le Maire de St Malo.

J'ai l'honneur d'être, avec la considération la plus distinguée,

Monsieur

Votre très humble serviteur

Ch. Cunat

(1). Histoire du Canada, depuis sa découverte jusqu'à nos jours, par F. X. Garneau. Québec 1845.

(2). Jacques Cartier a été parrain de 42 ou 43 enfants malouins ; son nom se trouve inscrit en cette qualité, jusqu'à trois fois dans une seule année.

118

St Malo 6 Sept 1848

Monsieur Le Maire,

C'est avec un bien vif empressement que je me suis occupé, d'après votre invitation, de faire dans nos archives de nouvelles recherches pour répondre au désir de Monsieur Le Ministre de l'instruction publique; le bienveillant accueil que Monsieur le Ministre a daigné faire à une demande que je lui ai adressée pour mon fils, devenait pour moi une obligation d'apporter dans cette investigation la plus sévère attention: vous pourrez donc, Monsieur Le Maire, répondre d'une manière affirmative sur son résultat.

La première lettre que vous reçutes signée de Monsieur F. Genin, à laquelle j'ai répondu, renfermait la demande de la copie des lettres de François Premier à Jacques Cartier; dans ma réponse je disais que la Ville de Saint Malo ne possédait pas ces lettres; ce qui est vrai.

Je conçois de quelle autorité devait être pour Monsieur Le Ministre, la correspondance du savant Monsieur de Courson, qui affirme avoir lu en 1838, aux archives de l'hôtel de Ville, plusieurs lettres de 1536, par le Roi de France à notre grand navigateur. En 1838 nos archives étaient encore dans un grand désordre, par suite des travaux de construction à la Mairie, qui avaient nécessité deux fois leur déplacement; si Monsieur de Courson a été assez heureux pour tomber sur ces lettres, il est fâcheux qu'il ne les ait pas copiées, car elles n'existent plus aujourd'hui. Cependant, avec tout le respect que je dois à cet écrivain distingué, je me demande comment il se fait, que notre docte Abbé Manet, si exact, si minutieux dans ses recherches, ne parle nulle part de ces lettres; dans la biographie qu'il a donnée de Jacques Cartier, comme dans ses grandes recherches, il passe sous silence les lettres de François Premier à Jacques Cartier: ces lettres cependant méritaient bien la peine que le docte Abbé en parlât.

Monsieur François Morvonnais, avocat et mon ami, dont j'ai hérité des manuscrits, qui s'occupait depuis longues années de prendre des notes pour servir à l'histoire de St Malo, qui a relevé tous les faits remarquables qui s'y rattachent, ne parle pas non plus de ces lettres: et Monsieur Morromais avait passé bien des jours, bien des m mêmes à visiter nos archives. Moi même à cette époque, qui ne savais pas être appelé, plus tard, à y mettre l'ordre qui règne aujourd'hui, je les explor bien souvent afin d'y trouver des matériaux pour les employer un jour à l'histoire de ma ville natale, et je n'ai jamais vu ces lettres de François Premier à Jacques Cartier.

Vous savez, Monsieur Le Maire, qu'en 1816 & 1817, je me suis occup spécialement de mettre en ordre les précieux documents que renferment nos archives; tous, l'un après l'autre, ont été l'objet d'un scrupuleux examen et classés avec soin dans des cartons spéciaux, suivant les sujets qu'ils traitaient; un catalogue ~~établi~~ avec ordre les relate tous: au résultat, il ne sont pas si nombreux pour qu'on puisse faire confusion.

Voulant répondre à votre recommandation, à l'attente de Monsieur le Ministre, ainsi qu'à celle de Monsieur Genin, j'ai compulsé sur les Catalogues toutes les dates du 16.me siècle et dans les cartons toutes les pièces durant cette période, sans y trouver les lettres indiquées; aujourd'hui j'affirme que si quelques unes d'entre elles avaient pu être oubliées lors du classement des titres, elles n'auraient pu échapper à mes nouvelles investigatio

Voici, avec leurs dates, les seules lettres ou ordonnances de François prem que nous possédons.

- 9 Mai 1517. Ratification par François Premier de la fondation, faite par la Reine Anne, d'une grand'messe dans la Cathédrale de S.t Malo.
- 17 Mai 1534. Lettres de François Premier concernant le papegault.
- 17 Sept.bre 1535. Ordonnance du Roi qui prescrit à tous ses vassaux Barons et Seigneurs de faire le guet sous peines de cinq sous d'amende &c.a
- 17 Juil.t 1536 Lettre du Roi pour le papegault.
- 17 Nov.re 1536. Lettre du Roi pour le même sujet.
- 4. Mars 1537. Lettre du Roi, pour la levée de 50 hommes de guerre à la solde de la ville de S.t Malo, à raison de six livres par mois pour chaque individu &c.a
- 18. Juillet 1538 Lettre de François premier papegault, datée de Nîmes
- 18 Juillet 1538 Lettres patentes du Roi pour faire enregistrer la précédente.

Dans ma réponse à Monsieur Genin je parlais d'un document précieux dont la copie se trouve aux archives de la Marine, où l'érudit Monsieur D'avezac l'a classée sous le N.o 221 au registre des acquisitions. Cet écrit que j'ai signalé donne l'équivalent des comptes de la troisième expédition de Jacques Cartier. Les démêlés de celui-ci avec le Sieur

Roberval et contient deux lettres de François Premier au navigateur Malouin : il fut rédigé par deux Notaires Royaux à la demande des neveux de Jacques Cartier. La Ville voulait enlever aux collatéraux du grand homme le privilège qu'ils avaient obtenu pour faire le commerce du Canada et qu'ils possédaient comme récompense des services de leur Oncle.

Cette pièce, en effet, porte une étiquette écrite de la main de notre docte abbé Manet, mais elle prouve, de même que la notice biographique de Jacques Cartier donnée par cet écrivain, ainsi que ses manuscrits que nous possédons, qu'il ne s'était pas donné la peine de transcrire cette pièce en entier.

Voilà, Monsieur Le Maire, le résultat du travail que j'avais volontiers accepté dans l'intérêt de l'histoire ; je pense qu'il suffira pour convaincre Monsieur Le Ministre et Monsieur Génin, que la Ville ne possède plus, si autrefois elle les a possédées, les lettres de François Premier à Jacques Cartier, vues en 1838 par Monsieur Cousson.

Je reste avec une parfaite Considération

Monsieur Le Maire

Votre bien dévoué Serviteur

Signé Ch. Cunat

Pour Copie Conforme

Le Maire

[illegible]

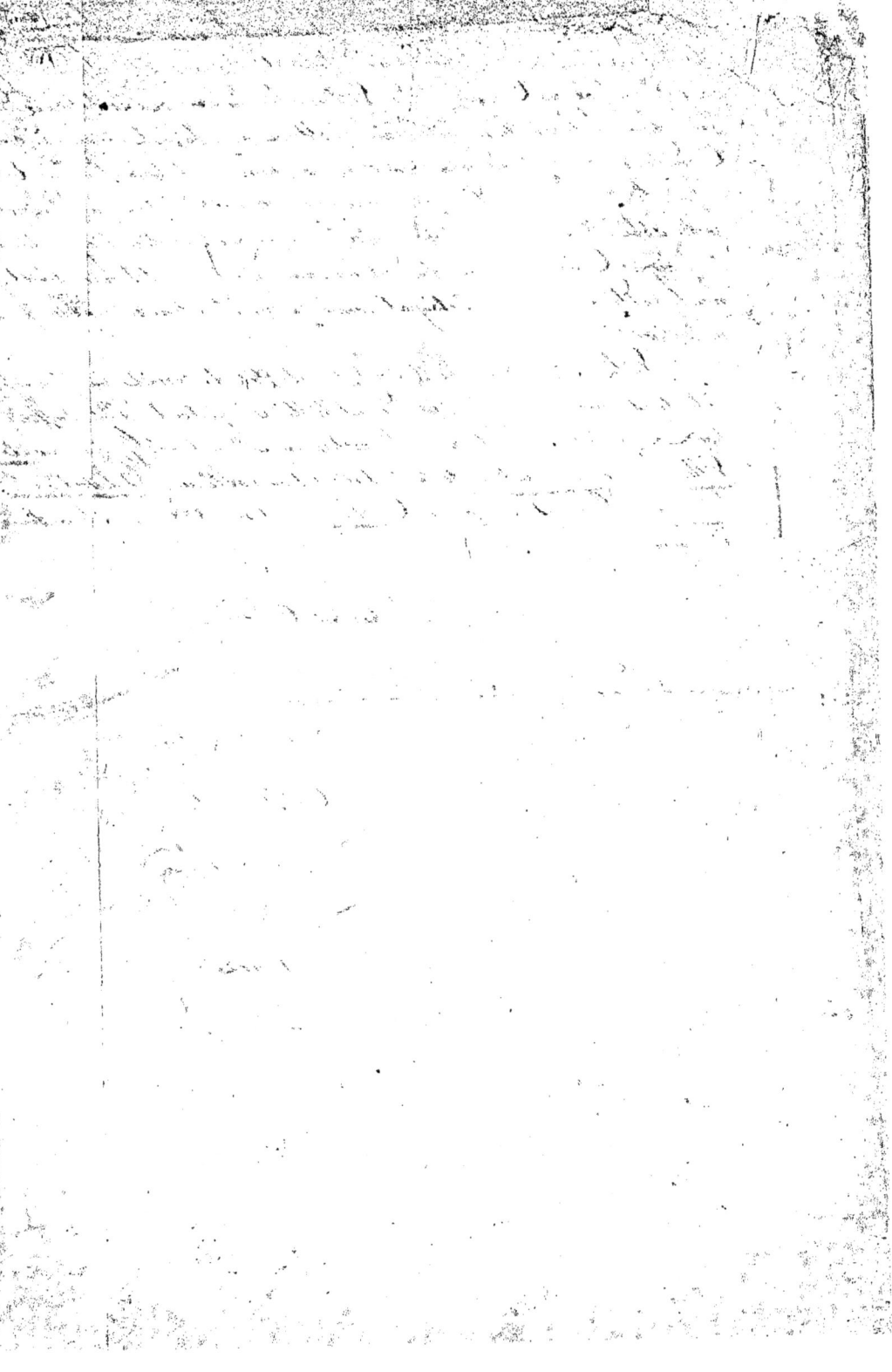

B. 3. 2

120

12 Août 1848

Monsieur le Ministre,

Cavelier De La Salle
Héritage des Le Baillif
Beaujeu – Minet

J'ai l'honneur de vous rendre compte de mes recherches et de mon travail pendant
ce dernier trimestre. – N'ayant pas eu de réponse sur le point capital que certaines instructions précédentes m'avaient fait mettre en question, à savoir si la publication dont j'ai
l'honneur d'être chargé devait embrasser seulement la vie d'un homme ou bien l'histoire
entière de nos découvertes dans l'Amérique du Nord, j'ai continué comme si le
Comité avait adopté ce dernier projet qui me semble en effet présenter plus d'intérêt
pour la science comme aussi il fait une plus grande part à la justice du pays.

L'objet auquel s'appliquent principalement mes désirs et mes recherches depuis
longtemps c'est la découverte des journaux autographes laissés par Cavelier De La Salle
et dont en 1740 son arrière petit-neveu Mr Nicolas Le Baillif, auditeur des comptes,
donna communication à un ingénieur de la Marine, Mr Bellin, pour l'aider à
dresser les cartes que celui-ci fit alors pour le grand ouvrage de Charlevoix. Mais
comme il est facile de le comprendre, quand aucun autre renseignement ne mettait
donné pour me mettre sur la voie, le succès d'une investigation semblable doit
exiger de grandes peines. – Je suis encore à poursuivre la découverte * de Monsieur
Le Baillif jusqu'à ce jour, afin d'apprendre entre quelles mains sera tombé cet
héritage si précieux pour l'honneur de deux nations, de la France et des
États Unis. – Néanmoins j'ai fait, Monsieur le Ministre depuis mon dernier
rapport, un grand pas vers le but que je souhaiterais d'atteindre. – Je n'avais
pu suivre les traces du propriétaire des papiers du découvreur de la Louisiane
que jusqu'en 1770. – J'avais inutilement demandé aux descendans directs d'une
de ses (sœurs), ce qu'ils savaient sur lui sur l'époque de sa mort. – Un Monsieur de
Nicolaï, demeurant près de Pontoise, Madame Du Bosc. Théroulde demeurant
près de Rouen, un Mr Le Baillif, voisin d'Alençon interrogés par moi n'avaient
pu me donner sur ce magistrat allié aux deux premiers, aucun renseignement
positif. Après des recherches longtems ingrates, mis enfin dans la voie j'ai
trouvé à l'hôtel de Ville de Paris l'acte de décès de Nicolas Le Baillif
en 1790, à la Direction des Domaines j'ai trouvé l'indication du Notaire chez
lequel avait été déposé son testament, et enfin chez le second successeur de cet notaire

* des descendans

…sieur le Ministre de l'Instruction Publique.

notaire le testament qui me marque ses héritiers, sa famille et deux de ses propriétés.
Avec ces informations, séparé seulement de 58 ans de l'époque de sa mort, pouvant
[illegible] trouver des vieillards qui l'ont encore connu j'espère Monsieur le Ministre
mettre la main sur les papiers de Cavelier de La Salle, s'ils existent toujours —
Peut être me faudra-t-il pour achever cette longue découverte aller ~~en~~ à Evreux
et à Caën, mais avant de vous faire ~~cette~~ la demande, je vais écrire moi même en Normandie
pour m'~~[illegible]~~ enquérir de ce que j'y pourrai obtenir sûrement, et je veux aussi tâcher de voir
si Paris ne pourrait pas me donner ce que j'irais chercher ailleurs et m'offrir une de ces
rencontres pareilles à celle que j'ai faite relativement à l'histoire de l'un de nos premiers
établissements dans la Floride.

Je dois voir prochainement un honorable ecclésiastique directeur d'une descendante
du noble Dominique de Gourgues, qui vengea si héroïquement le massacre de nos pionniers
de la Floride. Madame de Bullion, restée seule des trois enfants d'Armand Guillaume
de Gourgues mort sur l'échafaud en 1793, possède, m'a-t-on dit les papiers de l'illustre
Capitaine Bordelais. Si ce n'est pas elle qui les a, ce sera l'un des deux fils de son frère
cadet allié à la famille du surintendant Fouquet.

Je suis également en expectative pour ce qui concerne les papiers du prince de
Conti que je me proposais de fouiller, dans l'espoir d'y trouver quelques lettres de
Cavelier de La Salle au prince son protecteur en l'honneur duquel il nomma
Le Lac Erié le Lac Conty — Malheureusement ces papiers faisant partie des papiers
particuliers du Duc d'Aumale, il ne m'a pas été possible d'obtenir de les voir que ceux
de l'ancien amiral Comte de Toulouse qui après avoir été pris pendant la 1ère
Révolution avec les autres papiers de la famille d'Orléans ~~[illegible]~~ et portés par ordre
de la Convention aux Archives nationales ont été depuis la restauration rendus à la
cette famille et font je le présume actuellement partie du domaine privé de l'Ex-Roi;
J'avais cru il y a quelque temps que ces papiers pouvaient être au Louvre, mais l'Ar
chiviste m'a assuré le contraire — J'attendrai donc. ~~[illegible]~~ qu'on ait
levé le scellé mis sur ces papiers ~~[illegible]~~ néanmoins je tenterai pour avancer le moment
de les voir quelque démarche si cela est possible auprès de l'Archiviste du Palais
Royal, et pour peu qu'il ait de bonne volonté, il ne peut manquer de me donner
quelques renseignements utiles à mon travail.

Les Archivistes il est vrai n'ont pas toujours cette bonne volonté ou quand ils l'ont il arrive aussi quelquefois que la science leur fait défaut et qu'ils ignorent ce qu'ils conservent. Je ne voudrais point, Monsieur le Ministre, accuser soit de l'un soit de l'autre de ces deux torts Monsieur Cunat adjoint à la Mairie de St Malo, qui s'est chargé de répondre à la demande que votre Département a bien voulu faire pour moi à cette ville des papiers de Jacques Cartier qu'elle pouvait encore posséder — Mais j'avoue que je ne sais que penser de sa réponse. — Monsieur de Courson, qui a examiné en 1838 les archives de Saint-Malo, m'a assuré de nouveau qu'il avait vu aux archives de l'Hotel de Ville plusieurs lettres adressées en 1536 par le Roi de France à Jacques Cartier. Il m'en a même désigné le nombre qui n'est pas moindre que de onze, sans y comprendre la délibération de la Communauté de ville de St Malo, à l'époque du départ de Cartier. J'ai lieu de croire que la mémoire de Monsieur de Courson ne le trompe point puisqu'il a mentionné ces lettres non seulement dans les rapports qu'il a faits pour l'ouvrage de Mr Thierry mais encore dans son Essai sur l'histoire, la langue et les Institutions de la Bretagne Armoricaine — Cependant Monsieur Cunat adressa en tout à votre Département deux documens relatifs au célèbre Malouin, les seuls qu'il ait trouvés, dit il. Je vous serais en conséquence bien obligé d'écrire de nouveau à Monsieur le Maire de St Malo d'après les faits que j'ai l'honneur de vous indiquer, afin qu'il ordonne des recherches plus sérieuses et que l'on retrouve les pièces du navigateur que Monsieur l'abbé Manet avait classées et numérotées — Il est facile de les reconnaître, suivant ce que m'a dit Monsieur de Courson, le sommaire de chaque document est écrit au dos du parchemin.

— J'aborderai maintenant, Monsieur le Ministre, le compte rendu des pièces nouvelles que j'ai trouvées et copiées.

Cavalier de la Salle comme j'ai eu l'honneur de le dire au Comité plusieurs fois, en allant chercher par mer l'Embouchure du Mississipi qu'il avait découverte par terre se proposait de partir de sa rivière pour aller attaquer les mines de la Nouvelle Biscaye et cette entreprise est l'une des plus audacieuses qui aient jamais été tentées, téméraire ce ne serait point si cet homme n'avait déjà donné des preuves d'une intrépidité, d'une constance, d'une fécondité de ressources vraiment extraordinaires — J'ai donc tâché de me rendre compte des rapports de la France et de l'Espagne au moment où il agitait ce projet

et ce qui pouvait justifier l'Encouragement de Seignelay — J'ai copié, Monsieur le
* Ministre, un certain nombre de pièces sur ce sujet — Ces documents m'ont servi à mieux
comprendre, [illegible] me serviront à mieux présenter la situation des affaires politiques
au moment où Cavelier de La Salle offre d'après ses plans d'aller exécuter le projet
du Comte de Peñalosa — Ces pièces sont d'autant plus intéressantes que souvent il s'y mêle
des grands noms tels que ceux des Duquesne et des Tourville — ~~Duquesne~~ La guerre après
des hostilités sourdes a été enfin déclarée entre l'Espagne et la France en Décembre
1683 — Duquesne a reçu l'ordre de donner au Maréchal de Bellefonds tout le secours
qui peut dépendre de l'armée navale pour le succès des Entreprises que le Maréchal
devait tenter en Catalogne — Tourville doit aller joindre Duquesne pour empêcher
les Espagnols et les Génois de s'unir — C'est au milieu de ~~cette~~ guerre que Cavelier de
La Salle part vers le Nouveau Monde attaquer les Espagnols au centre de leurs Richesses.

Une raison, Monsieur le Ministre, m'a porté à appuyer sur ce point, c'est
que les historiens qui se sont occupés de retracer l'Entreprise de Cavelier de La Salle
ont négligé de prendre garde à cette circonstance — « La Salle encouragé par
« le bon accueil de Monsieur de Seignelay, dit Charlevoix, proposa au Ministre le
« dessein qu'il avait formé de reconnaître par mer l'Embouchure du Mississipi
« afin d'en frayer le chemin aux vaisseaux français et d'y faire un Établissement
« et il eut ordre de faire des préparatifs » Du secret de l'Entreprise Le Révérend
Père ne dit mot, et lorsqu'on croit qu'il va au moins l'effleurer, il commet à ce propos
une double erreur, pensant que le dessein de s'approcher des Mines de Sainte Barbe
ne vint à Cavelier de La Salle qu'après qu'il eut été dégradé sur les côtes du Texas
par la jalousie de Monsieur de Beaujeu, et que ce fut cette idée de Cavelier de La Salle
qui inspira ensuite un semblable projet au Comte de Peñalosa. — Il est certain, ~~que~~
« ajoute Charlevoix, que Mr de La Salle se voyant dégradé dans la Baye St
« Bernard et ayant bientôt reconnu qu'il était à l'Ouest du fleuve qu'il cherchoit
« s'il n'avait eu dessein que de le trouver auroit pu dès le premier voyage qu'il fit
« aux Cenis obtenir de ces sauvages des Guides puisqu'ils en donnèrent dans la suite
« à Joutel, mais il avait envie de s'approcher des Espagnols pour prendre connaissance
« des mines de Sainte Barbe et pour vouloir trop, non seulement il ne fit rien du
« tout, mais il se perdit sans être plaint de personne » C'est ainsi que le Père de Charlevoix
cherche ~~[illegible]~~ à jeter la déconsidération sur la mémoire d'un homme dont sa Compagnie

avait traversé si longtemps les entreprises, dont elle avait même tenté d'abréger la vie.

D'après ces considérations il m'a semblé bon d'établir la vérité de cette expédition contre les mines des Espagnols et de montrer le rapport qu'avait cette expédition avec les autres affaires politiques du temps — C'est là en effet un des épisodes les plus curieux de cette guerre qui précéda le grand acte par lequel le Roi Charles cédait la couronne au Duc d'Anjou.

J'ai trouvé touchant cette même entreprise relativement assez préparatifs, aux hommes qui y participèrent, à leur caractère et à leur destinée une série de documents d'un véritable intérêt qui dessinent plus fortement ces personnages et comblent en même temps des lacunes regrettables.

En voici seulement la mention : Je les ai copiées et les joins à ce rapport

! où sont elles ! ces pièces ont été par un dossier les réclamer à M Margry

4 8bre 1683. Ordre au Sr De Beaujeu qui vient d'arriver à Marseille et revient d'Alger où il a été prisonnier, d'aller travailler aux cartes du Golfe de Venise — Mr De Beaujeu est le capitaine qui doit mener Monsieur De La Salle

8. 8bre 1683. Le Sr Minet qui accompagnera Monsieur De La Salle comme Ingénieur et prendra avec lui des airs impertinents de sentant soutenu par Mr De Beaujeu est proposé pour aller lever la carte d'une partie de la côte d'Espagne.

23 Mars 1684. Le Roy donne le Joly à Monsieur De La Salle. — Ordres à l'Intendant pour les préparatifs de l'Entreprise.

14 avril 1684. Mémoire pour servir d'instruction au capitaine De Beaujeu capitaine entretenu dans la Marine — Mr De Beaujeu est entièrement soumis au commandement de Mr De La Salle et ne peut diriger que la manœuvre — cette position secondaire révolte son orgueil.

14 avril 1684. Liste des officiers de marine choisis par le Roi pour servir sur le vaisseau le Joly que Sa Majesté fait armer au port de Rochefort.

14 avril 1684. Au s.r Du Mont. Lui donne avis du Choix du s.r De Beaujeu comme capitaine du Joly au lieu du s.r Pingault qui commandait auparavant ce vaisseau. Instructions pour favoriser l'Entreprise de Cavelier De La Salle.

17. Juin 1684. Au s.r De La Salle. Le Ministre s'étonne qu'il ait été si longtemps à se rendre à Rochefort, l'invite à presser ordres qu'il donna pour l'approvisionnement du vaisseau et pour la levée des hommes necessaires à l'Entreprise.

17. Juin 1684. Au s.r De Beaujeu. Lettre du Ministre qui tend à mettre un peu l'orgueil de ce capitaine à la raison. Le Ministre lui assure que s'il veut bien se soumettre à la position qu'il lui fait pour être juste envers Mr De La Salle, il augmentera ses merites auprès de Sa Majesté. Il s'exprime ainsi à la fin de sa lettre : « pour veu que vous vous mettiez dans la teste d'apporter toutes les facilités qui dépendront de vous et de n'avoir aucun chagrin
« sur ce qui regarde le commandement parce qu'autrement il n'y aura rien
« qui puisse faire échouer si certainement cette entreprise. » Le Ministre prévoyait juste. Ce fut là la cause de tout le mal.

17 Juin 1684. au s.r Arnoul. L'invite à presser le départ du s.r De La Salle, à lui donner les vivres nécessaires. Rations à part pour les Recollects. Se plaint du retard apporté à la levée des soldats.

23. Juin 1684. Au s.r Arnoul. Le Roy attend avec impatience des nouvelles du départ du Joly. Mr De La Salle lui écrit que les soldats levés pour lui n'étaient que des enfans ou des gens peu propres à servir. Autres ordres.

30. Juin 1684. — Au s.r Arnoul. Le Joly doit être prest. Le Roy a appris avec peine que les soldats levés pour Mr De La Salle sont mauvais.

5. Juin 1684. au s.r Arnoul. Le Roy attend avec une impatience extreme les nouvelles du Départ du Joly — le retard pouvant lui être fatal. Le Roy approuve que Mr Arnoul se soit entremis entre Mrs De La Salle et De Beaujeu, pour faire cesser leurs prétentions réciproques et il doit envoyer copie du mémoire qu'il leur a fait signer.

24. Juillet 1684. Au s.r Arnoul. Le Roy à propos du retard du Joly se plaint à l'Intendant que ce qui doit être expédié en trois semaines est a

Rochefort quelquefois retardé de trois mois. Il est impossible que le service du Roy se fasse de cette manière. Le Roy a vu les contestations de Mrs De La Salle et De Beaujeu. — Les informations de Mr De Beaujeu sur le peu de probabilité du succès de Mr De La Salle.

24 7bre 1684. Ordonnance du Roy pour la publication de la trève entre la France l'Empire et l'Espagne datée de Chambord.

Lettres d'Etat pour le Sr De Beaujeu.

22 juillet 1685. Au Sr Arnoul. Le Roy averti par lui que selon Mr De Beaujeu qui est de retour Mr De La Salle n'est pas à l'Embouchure du Mississipi. Sentiment du Roy à ce sujet défavorable à Mr De Beaujeu quoiqu'il en soit. Mr Arnoul a bien fait de lui ~~demander~~ recommander de ne rien publier contre cette entreprise et de le menacer dans le cas où il le feroit du mécontentement du Roi. Celui-ci s'est convaincu que la perte de la flutte l'Aymable n'est arrivée que par la faute du capitaine et il donne ordre de le faire mettre aux tours de La Rochelle, ainsi que le Sr Minet qui au lieu d'obéir à Mr De La Salle s'est mêlé de lui écrire des lettres impertinentes.

22 Juillet 1685. Ordres du Roy pour faire mettre dans les tours de la Rochelle les Srs Minet et Aigron
autres pour le desarmement du Joly.

30. 8bre 1685. Lettre du Roy à M. Muller pour élargir le nommé Aigron maître de barque détenu dans les tours de la Rochelle. —

9bre — — Un pareil ordre relativement à Mr Minet.

Après ces lettres j'en ai copié d'autres qui présentent le commencement d'une guerre qui s'allume en Canada à la suite des intrigues du Gouverneur de cette colonie et des Jésuites contre le Découvreur de la Louisiane — Ces intrigues mettent en feu la colonie pendant que Mr De La Salle dont Monsieur de Beaujeu a fait échouer l'entreprise cherche à remonter aux Illinois par la Baie Saint Bernard qu'il a prise pour un embranchement de sa rivière. Mr De La Barre, instrument des Jésuites, ayant permis aux Iroquois ennemis des Illinois et des Miamis de frapper les Français qui se trouveraient chez ces derniers peuples, espérant ~~de~~ par là faire piller et et massacrer Cavelier De La Salle, Les Sauvages abusent de desordres et frappent aussi un convoi de Francais qui alloient faire le commerce aux Illinois pour le Compte de Mr De La Barre au détriment de Cavelier De La Salle, à qui Le Gouverneur avait pris ses forts. Mr De La Barre refuse alors de déclarer la guerre à l'Iroquois. Cette guerre commencée par lui honteusement sera fort longue et menacera l'existence de la Colonie encore à son Berceau.

28 Mai 1684. Relation d'un Voyage dans le Pays des Illinois par MM. De Beauvais, Provost, Des Rosiers.

Les Iroquois pillent les marchandises d'un convoi de 14 hommes qui allaient traiter au fort Saint Louis. Le fort appartenait à Monsieur De La Salle, mais Mr De La Barre l'en avait dépouillé pour y mettre le Chevalier de Beaugy, un homme à lui. Les Iroquois après avoir retenu prisonniers pendant quelques jours les francais les lachent et ils leur annoncent qu'ils vont attaquer le fort des Illinois — les excuses que donnent les Sauvages aux francais en les dépouillant est la même raison que celle qu'ils ont alléguée lorsqu'ils ont attaqué Cavelier De La Salle = "Que viens tu chercher disent ils à ce convoi c'est icy notre pays, ne sçais-tu pas que Mr Lemoyne (Interprète de Mr De La Barre) nous a dit de faire la guerre aux nations de ce pays et que si nous rencontrions les francais de les piller et que s'ils se mettaient en défense de les tuer.

24. Mars 1684. Lettre de Mr De Beaugy écrite des Illinois à Mr De La Durantaye

Lui annonce qu'ils sont assiégés par les Iroquois, mais qu'il les a jusqu'ici tenus en respect, Il lui dit le fâcheux Etat dans lequel sont les francais en ce fort, Et lui demande des vivres et des munitions, n'en ayant ~~que~~ ~~pour~~ de ces dernières tout juste pour ne tirer que quand l'on peut tuer.

Tonty que les Sauvages appellent le Bras Coupé et qui reste dans le fort pour veiller aux intérêts de La Salle ajoute un mot à cette lettre et dit que le peu de francais qui sont de ces côtés fait des actions dignes de la nation

26 Mars 1684. Copie de la Lettre écrite aux francais qui sont en traite chez les Outaouais et autres nations par le Chevalier De Beaugy.

Les prie de donner avis en diligence de la position fâcheuse où il se trouve à Mr De La Durantaye.

22. avril 1684. Lettre de Mr De La Durantaye datée de la Mission saint francois

– François Xavier de La Baie des Puans.

Malgré son dénuement il part pour aller secourir Mr Le Chevalier De Baugy dont le fort est l'espérance De tous les alliés du Lac – Les Outagamis ont pris et tué sur les Sauteurs neuf personnes. C'est une affaire De conséquence. L'Outagamis est une mauvaise nation, mais elle fournit beaucoup de castor. —— Il n'a pas de papier pour écrire – s'il est obligé de le faire, il sera obligé de se servir d'écorce.

<u>23. Avril 1684</u>. Lettre adressée à Mr De la Barre par le père Henry nouvel Datée De la Mission de St François Xavier dans la Baie des Puans.

Parle du coup fait sur les 14 français par les 200 Iroquois – De la Défense De Mr De Baugy dans son fort — Prie Dieu pour l'entreprise de Mr De la Barre contre les Iroquois par l'Intercession de la Sainte Vierge et Saint François Xavier qui a si souvent ~~[illegible]~~ aidé auprès De Dieu les Portugais contre les Infidèles.

Mr De la Durantaye Infatigable dans ses courses va pour la Douzième fois aux Illinois pour secourir le Chevalier De Beaugy. Le Père D'allouez l'y accompagne – <u>C'est là un fait important</u> – Les Jésuites sont enfin arrivés ~~à ce~~ ici qu'ils désiraient, à supplanter les Récollets dans la mission des postes de Monsieur de La Salle, comme ils font alors au fort De Cataracouy. Lorsque L'abbé Cavelier frère du Découvreur, Joutel, son second et cinq autres reviendront seuls De 200 qu'ils étaient partis pour l'expédition des ~~[illegible]~~ mines de la Nlle Biscaye, Joutel qui ne connaît en rien les Intrigues des Pères écrira que sur l'avis faux que Monsieur De la Salle n'était pas mort et qu'il venait le Père Allouez se sauve à toutes jambes Du fort des Illinois et retourne à Québec

<u>7. Mai 1684</u> Le Père Enjalran à Mr De La Barre. Lettre Datée De Miss. de Missilimakinak

Parle De L'Etat De Mr De Baugy – Il faut absolument en ce pays empêcher par la main de L'Iroquois qui fait assez connaître qu'il ne veut pas Démordre de ses desseins sur la main des nations de ces quartiers qui deviendront Insolentes au dernier point si les François ne leur rendent leur Protection nécessaire – Politique qu'il Juge que comme bonne à suivre à l'égard des Sauvages.

7. Mai 1684. Lettre De Bois Guillot datée De Missilimakinak à Mr De la Barre.

Il est nécessaire de punir le vol Insolent des Iroquois sous peine de se voir discrédités dans l'esprit des sauvages. Il faudra renoncer alors à la traite du sud si l'on abandonne L'Illinois —— Les Hurons lui ont donné un collier pour Demander la protection D'Onontio – c'est à Dire Du Gouverneur Général – Ils le nommaient ainsi ~~[illegible]~~ Monsieur De Montmagny. Dont le nom Latinisé signifie Grande Montagne...

Tels sont, Monsieur le Ministre, les derniers documens que j'ai copiés relativement
aux Entreprises de Cavelier de La Salle — Il y en aura quelques autres encore, outre ses journaux
si je puis parvenir à les découvrir — Je vais en faire la recherche et la copie; mais avant
de prendre les papiers d'un intérêt secondaire, j'ai toujours soin de prendre les plus importants.
Aussi ai-je estimé bon de retranscrire maintenant un grand projet sur la découverte
d'un passage à la Chine à travers l'Amérique du Nord — Les projets volumineux antérieurs
aux Expéditions de Mr de Varennes de La Verendrye est plein de faits propres à don
ner des lumières sur l'histoire de nos découvertes géographiques dans l'Amérique du Nord
et il est curieux surtout si on rapproche les desseins de notre ancienne colonie des
projets de la nation qui ont succédé à notre puissance dans ce continent. Les communica
tions a établir entre les ~~[illegible]~~ deux Océans preoccupent aujourd'hui beaucoup les
Etats Unis qui en les accélérant tendent chaque jour à disputer à l'Angleterre sa prépon
dérance dans le Grand Océan et dans les mers de la Chine.

Voulant montrer aux Etats Unis qu'ils ne sont que les héritiers de nos projets et qu'ils n'ont
pas eu en eux là l'honneur de l'initiative, j'ai cherché à compléter les manuscrits de
Mr de La Verendrye — Je suis allé dans cette intention à l'Institut, m'informer si l'on ne pour
roit point me communiquer les papiers de l'ancienne Académie des Sciences. La Découverte
de la mer de l'Ouest a en effet vivement préoccupé les savants, Guillaume Delisle, Philip
pe Buache et les Cartes ainsi que les Memoires de ces Géographes, les remarques de Mr
De la Galissonnière, ~~[illegible]~~ permettraient de croire que quelques uns des
memoires du Découvreur des Montagnes Rocheuses leur ont passé dans les mains — Peut-être
trouverai-je quelques uns de ceux qui me manquent dans les papiers de l'ancienne Acadé
mie des Sciences dont Monsieur De La Galissonnière était membre. Le jour que je suis
allé à l'Institut Le Secrétaire Mr Pingart était dans une Commission. Je dois prochainement
y retourner, ainsi qu'à la Cour des Comptes où j'ai déjà consulté les Registres. Ces
Registres contiennent quelques particularités importantes pour mon travail.

Dans les recherches que j'ai faites pour mon travail, il m'est arrivé souvent, Mon
sieur le Ministre, de rencontrer quelques faits importans pour notre histoire dont je ne
pouvais guères que prendre la note pour moi, ces faits étant en dehors de mon sujet et
les extraits que j'en eusse pu faire dans mes rapports devant pour ainsi dire rester inconnus.
Mais vous ne trouverez sans doute pas mauvais que j'aie employé quelque tems à la copie de documens
relatifs à un travail dont j'ai entendu parler vaguement et dont je crois que votre Dépar
tement a entrepris la publication. Ces documens regardent la fameuse Ambassade de Mr
De Chaumont et de l'abbé De Choisy députés vers le Roy de Siam. Il paraît d'après une
lettre ~~[illegible]~~ subséquente de Mr De Vaudricourt, le capitaine qui conduisit Mr De Chaumont
que des relations s'établirent entre ce roi et Louis XIV auquel il renvoya des présens

en remerciement de ceux que lui avoit envoyés celui ci — Parmi les presens du Roi de Siam il y avait trois éléphants et un rhinoceros qui moururent avant d'arriver au cap de Bonne Espérance.

Les pièces relatives à cette ambassade, dont j'ai fait des extraits, sont 2 lettres de l'abbé de Choisy —

— L'Instruction pour le sieur Chevalier de Chaumont

— Ordre du Roy portant que le sr Chevalier de Chaumont commandera le Capitaine de Vaudricourt.

— Lettres de créance au Roy de Siam pour le sr Chevalier de Chaumont

— Lettre du Roy au Barcalon

— Passeport pour les présens que le Roy envoie au Roi de Siam — Ils y sont mentionnés, mais document plus curieux encore. Mémoire des hardes et meubles appartenans au sr Chevalier de Chaumont, ambassadeur pour le Roy au Royaume de Siam

— Mémoire des Personnes qui seront embarquées sur le vaisseau l'Oyseau outre l'Equipage ordinaire.

— Passeport pour le sr Delisle chargé de conduire les Envoyés du Roy de Siam de Paris à Brest.

— 3 Mémoires manuscrits du sr de Vaudricourt, concernant ses voyages à Siam en 87 et 88 — D'après ces journaux il paraîtrait que les Hollandais ne virent pas ces voyages sans inquiétude.

Le volume de dépêches qui m'a fourni une partie des documens renferme également un grand nombre de pièces fort curieuses sur les rigueurs qui suivirent la révocation de l'Edit de Nantes. Rien n'est plus triste que les ordres donnés à un Intendant de Saintonge contre les Religionnaires, ordres dans lesquels le Ministre annonce en même temps que le Roy dans le dessein de travailler à l'Instruction des nouveaux convertis de Poitou, de Saintonge et d'Aunis a choisi une mission considérable de gens habiles parmi lesquels est l'abbé de Fénélon le futur archevêque de Cambrai.

Je n'ai plus rien Monsieur le Ministre à ajouter à ce rapport. Il eut été plus étendu sans les tristes evenemens qui ont pris à chacun une partie de son tems.

d'une manière si regrettable. L'appui également que votre Département avait bien voulu me prêter auprès des Affaires Étrangères dans la demande que je lui avais adressée d'être attaché à la Légation des États-Unis, les promesses que j'avais reçues m'ayant fait espérer de quitter bientôt la France, je me suis un moment détourné non de mon travail, mais des copies, j'ai recherché tous les matériaux nécessaires pour la continuation de celui-ci malgré mon éloignement, afin d'en prendre note et de les faire copier pour me les envoyer — Ces raisons, Monsieur le Ministre, pourront je crois me servir d'excuse et je vous prie de vouloir bien les agréer

J'ai l'honneur d'être, avec un profond respect

Monsieur le Ministre,

Votre très humble et très obéissant serviteur

Pierre Margry

31. 126 231

Paris, le 6. Juin 1849.

Monsieur le Ministre,

I — La dernière lettre du Ministre m'engage à me concentrer sur Cavelier de La Salle

I Je viens de recevoir la lettre par laquelle vous me faites l'honneur de m'annoncer que le Comité me rappelle qu'à plusieurs reprises il a exprimé le désir de voir mon travail se concentrer sur Cavelier de La Salle. Deux fois en effet Monsieur de Monmerqué m'a fait cette observation; mais lorsque je leur exposai que les deux entreprises de Cavelier de La Salle avaient leur suite après sa mort même et que l'histoire de cette suite était en grande partie demeurée inconnue, plusieurs membres du Comité comme l'honorable Monsieur de Monmerqué lui même m'ont dit qu'en m'invitant à me concentrer sur Cavelier de La Salle ils n'avaient plus l'intention de borner mon travail à une biographie si la grandeur des découvertes de Cavelier de La Salle et leurs résultats en devaient faire l'objet principal.

II — En représentant tous les documents que j'ai présentés, j'ai suivi l'instruction qui m'a été donnée et m'ordonne de recueillir les documents relatifs à la Découverte et à la fondation de nos Colonies dans l'Amérique du Nord

II Autorisé par les paroles de ces personnes comme par mes instructions précédentes, j'avais lieu de croire que le Comité historique ne pouvait mutiler l'entreprise qu'il avait consacrée et adoptée lui même par les termes de mon instruction du 28. Juillet 1846. Le Comité m'écrivait alors au nom des Ministres vos prédécesseurs, désirer que vous vous attachiez à recueillir les divers documents relatifs à la Découverte et à la fondation de nos Colonies de l'Amérique du Nord. Tel est aussi depuis cette époque l'objet de toutes mes recherches et il n'y a pas un seul document que j'aie présenté au Comité qui ne tende à jeter un jour nouveau sur cette partie si obscure de notre histoire. Il s'est trouvé par le fait que les documents sur Cavelier de La Salle ont été les plus nombreux et les plus intéressants. Je me suis en conséquence appliqué surtout à retrouver les monuments de cette grande existence d'une manière aussi suivie que possible. D'où il est arrivé sans doute que le Comité voyant toujours ce nom, s'est pour être exclusivement intéressé à ce personnage et a oublié les autres. Pour moi, ayant dans l'esprit l'ensemble des Découvertes que me désignait mon instruction, quand j'ai dû attendre les renseignements de la Province ou même de l'Étranger, comme il m'arrive depuis six mois pour les demandes que j'ai faites à Rouen, Plaisance et depuis à la Nouvelle-Orléans, j'ai employé cet espace de temps qu'il ne fallait pas perdre, à me compléter sur d'autres points par la recherche et la copie des documents relatifs aux autres Découvertes.

Maintenant, Monsieur le Ministre, le Comité apercevant difficilement l'unité de mon travail dans le quel l'état de dispersion de mes documents ne me permettait guères de m'avancer par ordre chronologique, croit il à cause de l'étendue de ma tâche et des difficultés que j'y rencontre que je marche sans plan, sans direction au hasard. Le Comité, dans cette pensée qui ne serait pas juste, veut il réduire les proportions de ma publication — c'est là une autre question qu'il est important de décider le plus promptement possible, c'est pourquoi je prends la liberté de vous adresser quelques observations.

Monsieur le Ministre de l'Instruction Publique

III Encore cette collection que le Comité semble trouver aujourd'hui fort étendue l'est-elle
bien moins que celle que fixait ma première Instruction qui embrassait tout l'ensemble de l'histoire de ces colonies et non pas seulement leur découverte et leur premier
établissement

IV Cette collection telle que le Comité l'a adoptée par sa dernière Instruction de
Juillet 1846 a une liaison directe et du plus haut intérêt avec l'histoire inté-
rieure et extérieure de la Métropole.

III Lorsque ma première Instruction embrassant tout l'ensemble de l'histoire des anciennes
Colonies Françaises de l'Amérique Septentrionale me commandait d'extraire les documens
les plus intéressans de cette histoire, en face des 130 cartons, des 60 registres, des gros
in folio de la Marine, en présence des énormes collections de la Guerre, de la
Bibliothèque de la Rue Richelieu, des registres de la Cour des Comptes etc etc
qui concernent nos anciennes colonies de l'Amérique du Nord, je vous avoue
que je trouvai l'objet de mon Instruction bien vaste et que je fus très embarrassé
sachant d'avance combien je serais limité dans le nombre des volumes de publication.
Je ne sentais non plus guère de plaisir ni de courage à ne faire que des extraits
dont on n'apercevrait pas la liaison. Aussi après mon second rapport dans lequel j'avais
rendu compte de documens importans sur l'administration de Colbert, proposai-je
le choix à faire dans les papiers de nos colonies entre deux sujets dont l'histoire des
Etats Unis et celle de la France pussent retirer quelque enseignement important
l'un de ces sujets était nos Découvertes et notre Premier Etablissement, l'autre
la guerre de sept ans en Amérique. Celui-là représentait les Origines Françaises
Françaises de l'Amérique du Nord, celui-ci était le tableau de la ruine de nos
Possessions dans ce Continent — Tous deux se rattachaient du reste de la manière la plus
IV. intéressante à l'histoire de la Métropole. Ceux qui s'appliquent à l'étudier, négligent
des faits dignes d'attention, s'ils ne reconnaissent pas la coïncidence de la Découverte
de la Louisiane avec la guerre de la France contre l'Espagne, s'ils ne voient pas
dans l'établissement de cette colonie les mesures prises par nous pour aller frapper
au cœur nos rivaux en nous emparant par un coup de main de leurs mines, alors seul soutien de
leur puissance et de leur gloire passées. — Plus tard quand le système de Law mal compris, mal
appliqué [illegible] bouleverser la France avec sa banque, sa Compagnie d'Occident et ses
Mississipiens, ailleurs quand s'établissent les compagnies de la mer du Sud, de la Chine et
[illegible], les Dupleix et les Labourdonnaye étendent la puissance de la Compagnie des Indes
il faut encore fixer ses regards sur nos établissemens de l'Amérique, ici sur les cher-
cheurs d'or ou d'émeraudes, sur la Nouvelle Orléans qui se fonde et sera le seul grand
fait resté de toutes les folies ruineuses de la Rue Quincampoix, là sur ces hommes
courageux qui s'efforcent de découvrir et d'établir une communication entre les deux
Océans, l'Atlantique et le Pacifique pour donner à la France la Route des Indes.

L'examen de ces coïncidences entre l'histoire de la Colonie Américaine et celle
de la Métropole a été sans doute l'une des principales raisons qui ont porté le Comité
à adopter les Documents relatifs aux Origines Françaises de l'Amérique du Nord,
que je préférais pour moi à l'autre sujet quoique celui-ci eût également son importance
Mais si le Comité sentait alors les raisons qui plaidaient en faveur de ce dernier
sujet dans son intégrité pourquoi donc aujourd'hui le rejette-t-il en partie,
pourquoi veut-il le mutiler et s'en tenir aux élémens d'une biographie, je ne
me l'explique pas.

Aussi, Monsieur le Ministre, comme j'ai cherché à secouer le joug
d'une première Instruction qui m'imposait une tâche qu'on n'appréciait assurément
pas, je vous demande présentement à vous ainsi qu'au Comité de soutenir la Premier

V– Pourquoi le Comité veut-il mutiler le sujet qui lui a paru justement digne il y a trois
ans d'être arraché à l'Inconnu et à l'oubli —

VI Raisons pour lesquelles le Comité doit maintenir une décision qui lui fera honneur dans
les deux mondes.
Cette histoire est inconnue même des historiens qui l'ont traitée jusqu'ici avec le plus de
succès — Mon travail bien fait sera donc une création doublement nationale par les
motifs que j'expose comme par la grandeur des maux qu'ont nécessités la décou
verte et le premier établissement des terres et aussi par l'obscurité présente de ceux
qui s'y sont exposés. Elle est une œuvre de justice

---

décision contre la seconde parce que la première doit être beaucoup plus honorable
en Amérique pour les savans qui l'auront prise, pour les savans qui l'auront
soutenue

VI. Je n'offenserai personne en France lorsque je dirai que l'histoire de nos
anciennes colonies de l'Amérique du Nord est à peu de chose près ignorée — Ce
serait assurément une honte pour notre Université s'il y avait seulement plusieurs
personnes en France capables de contrôler ce que disent sur ce point les livres approu
vés par elle pour l'Instruction Publique. Mais dans les pays mêmes où on est le plus
intéressé à la savoir aux États-Unis comme au Canada ceux qui sont autorisés à avoir
cette prétention, les historiens qui en ont traité quelques parties soit comme Mr Gar
neau, soit comme Mr Jared Sparks et autres, soit comme Mr Bancroft,
écrivain distingué, réduits sur ce point aux livres imprimés perdraient bien vite par
l'examen de nos archives leurs illusions sur leur science, s'ils n'avaient pas eu ce qui n'est
pas vraisemblable la sagesse d'apercevoir le vide de ces livres.

Il est donc important que le Ministère aide à la création de cette histoire
dans les limites de son budget, il est vrai, mais aussi complètement que possible.
La Collection des Documens relatifs aux origines françaises de l'Amérique
du Nord, collection que j'ai proposée et que le Comité a adoptée ne les dépassera vrai
semblablement pas — Or ce travail d'une part doit satisfaire l'amour propre
national de l'autre nos sentimens les plus généreux, soit parce qu'il marquera
nos sympathies pour une race toujours menacée comme française, soit parce
qu'il rappelle la part que la France a prise dans la grandeur du nouveau
continent qui prend son essor.

On verra dans ces documens comme nulle part ailleurs, si on les publie tous les
maux soufferts, tous les efforts tentés pour la découverte des terres et aussi qu'il y a là
dans ceux qui les ont faits qui s'y sont exposés des hommes aussi grands que ceux qui
ont éternisé le nom de l'Espagne, du Portugal et de l'Angleterre. Enfin quelles
furent les difficultés et les misères à surmonter pour l'établissement des principaux
postes qui ont été dans ce continent comme les étapes de la civilisation en marche.

A l'idée de montrer, Monsieur le Ministre, tous ces travaux répandus, résultats auxquels
ne contribuait déjà ce rendre justice à des hommes inconnus, il suffirait je crois pour des savans
des esprits élevés n'ont pas besoin d'être poussés, il suffirait je crois pour des savans
que ce fût l'occasion de combler une lacune historique par des mémoires émanés
la plupart du temps de la main des découvreurs ou des pionniers eux-mêmes. Mais
ces deux raisons réunies ne défendent-elles pas l'intégrité de la publication
telle que l'a adoptée le Comité dans une première Instruction.

VII Réduire aujourd'hui les proportions de ce travail, quand j'ai réuni à force
de labeur et ayant copié de ma main les trois quarts des matériaux qui
doivent le former, me semble une idée malheureuse et j'aurai de la peine à
la subir après avoir tout fait. Toutefois si des raisons majeures contraignent
à cette mutilation qu'il me soit permis d'indiquer là où le coup doit être porté
de manière à ce que mon travail souffre le moins possible et qu'il conserve
quelque chose de sa première grandeur.

VII. Mais s'il faut dans les circonstances présentes réduire les proportions de ce travail déjà fait aux
trois quarts j'indiquerai, si on veut bien me le permettre par gradations les divers plans qui peuvent
permettre d'en sauver le meilleur et le plus important.

VIII 1er Plan

VII. Bien que j'apporte au jour sur l'époque qui précède Colbert comme sur celles
qui le suivent beaucoup de faits nouveaux qui étendent ce que l'on sait mal
en même temps qu'ils en corrigent les erreurs. Cette époque toutefois est celle
jusqu'ici pour laquelle j'ai eu le moins de succès. Cela tient à diverses cau
ses. Beaucoup de faits relatifs aux découvertes et aux premiers établissements
postérieurement à 1669 sont comme ceux qui y sont antérieurs dispersés dans
un grand nombre de collections en différents lieux. Mais comme jusques
là la Colonie est peu considérable, qu'il y a moins de chances pour les entreprises
de découverte et par conséquent qu'il y a beaucoup moins à espérer de papiers
sur ce sujet, que d'un autre côté les collections où ces rares documents peuvent
être sont très vastes, qu'aussi jusqu'aujourd'hui l'accès des Archives des Affaires
Étrangères accordé à des Américains, à Monsieur Jared Sparks, à Mr Ban
croft, au Major Poore m'a été poliment refusé sous prétexte qu'elles ne
contenaient rien sur mon sujet, quand l'un de ces étrangers m'assurait par écrit
qu'il y avait des documents. N'osant pas dans cet état de choses employer
un temps considérable à fouiller ces collections sans l'autorisation du Ministre
ou du Comte de peur d'être accusé de le perdre, il en est résulté que je suis pour
cette époque un peu dans la condition de tous, si je suis loin d'y être entièrement.
En effet j'ai quelques documents nouveaux sur Jacques Cartier, sur Parmentier
sur Alfonse Saintongeois — Mieux instruit sur ce dernier que le Père Char
levoix, je n'en suis pas à dire qu'Alphonse est né en Portugal, en Galice selon les autres
J'ai étudié et viens de copier en partie sa Cosmographie manuscrite dans la
quelle il se dit lui même de Saintonge habitant La Rochelle et indique
avoir été à la côte de Mozambique au Darien, au Brésil aux Indes et jus
ques au Cathay. Toutes choses remarquables et à noter pour les premières naviga
tions de la Marine française dans ces parages — J'ai encore trouvé le voyage
inédit de Champlain en 1599 aux Indes Occidentales. J'ai par devers moi une
lettre importante et du plus beau style de Charles de Poutrincourt de 1618 qui
me montre parfaitement que l'Acadie n'était pas abandonnée dès 1613. Le
Père de Charlevoix qui le dit le savait il est vrai sans être aussi bien que moi
seulement si c'était une erreur de sa part, elle aidait à couvrir l'empoisonnement
du noble Pionnier attribué par sa famille à la Compagnie de Jésus. J'ai aussi
des lettres intéressantes d'Isaac de Razilly, l'un des plus grands hommes de mer
du temps de Louis XIII et dans un mémoire inédit duquel j'ai trouvé
tous les germes des grands desseins exécutés par Richelieu pour la Marine
et les colonies de notre Pays — J'ai enfin une histoire manuscrite de l'Établisse
ment de Montréal de 1640 jusqu'en 1672 et aussi beaucoup de pièces sur les
Jésuites qui montrent que leur conduite ne fut pas précisément aussi édi
fiante que leurs lettres et leurs Relations controuvées. — Toutes ces pièces nouvelles
importantes établissant des faits ignorés sont sans doute quelque chose
Mais c'est peu en comparaison des autres époques pour lesquelles je n'ai
que des pièces ~~importantes~~ inconnues qui retracent chacune d'elles sans avoir

VIII Premier plan que je propose — Par les considerations qui précèdent et par celles qui suivent Il serait à souhaiter que le Comité voulût bien s'arrêter à celui ci et surtout qu'il ne séparât pas la Decouverte du premier Etablissement 12

recours à aucun Imprimé — tandis que pour celle ci, si je veux présenter une periode complète nous serons réduits à emprunter un certain nombre d'extraits aux Imprimés et particulièrement aux Relations des Jésuites. Il serait à souhaiter que le Comité voulût bien y consentir pour donner à la Publication tout l'Interêt qu'elle comporte l'histoire des Decouvertes et des Etablissemens devant être ainsi dans son entier. Mais si le Comité ne peut accepter le travail dans de pareils termes quoique j'aie fait toutes ces Copies pour mieux saisir et présenter l'Ensemble de ma Collection je lui demanderai alors de déterminer mon travail de cette manière.

VIII. « Recueil de Documents Inédits pour servir à l'Histoire des Decouvertes des Français dans l'Amérique du Nord et au premier Etablissement de leurs principaux postes dans ce continent depuis la fondation du Gouvernement Royal en Canada (1663) jusqu'à la Perte de cette colonie en 1763 et à la Vente de La Louisiane aux Etats Unis. »

Dans ces limites que j'indique je n'ai recours à aucun livre et je n'aurais pas de peine à prouver que tous ceux qui ont paru sur ce sujet pour cette époque sont misérables et que les moins mauvais sont de pitoyables abrégés de manuscrits que j'ai entre les mains. Toute cette partie doit donc être une véritable création. C'est pourquoi il serait je le crois, ce semble que ce fût là toute la réduction qu'on voulût bien faire, car je ne saurais admettre sans un vrai chagrin la séparation de la Decouverte et du Premier Etablissement, l'Etablissement étant la prise de possession du sol découvert. Cette séparation des deux membres d'un même corps ferait perdre à cette publication de grands élémens d'Interêt et lui retrancherait volontairement par là l'Etendue des pays où ainsi conçu ce recueil sera recherché. — Negligera-t-on en effet l'Etablissement du Bas du Mississipi de la Nouvelle Orléans du Détroit, de l'Ile Royale, de l'Ohio, de La Baye des Esquimaux — Mais qu'on examine que La Louisiane a été pour les Etats Unis la clef de leur puissance que la Nouvelle Orléans enfantée au milieu des rêves dorés de la Compagnie d'Occident est appelée si les eaux ne l'engloutissent pas à devenir l'un des Principaux Marchés du Monde — Pour le Détroit aujourd'hui ville Capitale d'un Etat Important quoiqu'il ne date que de la guerre de 1812 son Etablissement est encore un fait saillant autant par l'avenir Promis à ces contrées que par les misères, par les luttes auxquelles donna lieu sa fondation et aussi par le caractère excentrique par l'esprit de son fondateur, qui se vantait d'en faire le Paris du Nouveau Monde. L'Interêt des Documens qui regardent l'Etablissement de l'Ile Royale n'est pas moindre s'il est différent — Cet établissement était destiné à réparer la perte de l'Acadie cédée par le Traité d'Utrecht et à en faire un rempart contre les envahissemens de l'Angleterre. Enfin aux Etablissemens de l'Ohio se forma l'orage de la guerre de sept ans et nous y rencontrons Washington faisant tirer soit par malentendu soit volontairement sur le Parlementaire Jumonville, ce jeune Colonel Washington qui sera plus tard la France aidant,

Gascon,

IX. Mais quoique le Comité décide il ne peut fixer venir à Cavelier De La Salle seul parce
que les Entreprises de ce grand homme ne cessent pas avec lui et que des hommes
remarquables les continuent, tels principalement les Varennes de La Verendrye si
Inconnus et cependant si intéressants — D

X Dernier terme de réduction possible de mon travail

---

le libérateur des Colonies Anglaises, le fondateur de la Nationalité Américaine. Certes
après avoir étudié tous ces faits, après en avoir reconnu toute l'Importance et toute
la curiosité, il me serait douloureux de les abandonner.

IX. Néanmoins si l'on veut réduire mon travail à ses plus simples proportions
Il faudra bien que je m'y soumette et m'attende à moi seul pour achever l'Entre
prise longue et difficile que j'ai commencée sans l'Etat. Mais j'espère de l'Intel
ligence du Comité et de celle de l'administration bien informés, que quoiqu'ils puis
sent faire ils ne limiteront pas mon travail à Cavelier De La Salle seul —
En effet Cavelier De La Salle a découvert la Louisiane, mais par divers incidents
qui ajoutent à la grandeur et ~~[illegible]~~ pour ainsi dire à la fatalité de sa vie
Il n'a pu retrouver par mer l'Embouchure du Mississipi — Cet honneur que
Monsieur de Beaujeu voulait lui ~~[illegible]~~ dérober, était réservé à Le Moyne D'Iberville
Ainsi l'on voit déjà que la Découverte du fleuve Mississipi exige les papiers
De deux Entreprises. Mais le Mississipi a de nombreux affluents, son cours
est considérable. Le haut du fleuve, ses sources n'ont pas été découverts en même
temps, ses affluents reconnus par Cavelier De La Salle n'ont été remontés égale
ment ou descendus que plus tard par des hommes d'un Esprit distingué et d'un
Courage à toute épreuve qui voulaient mener à terme les Entreprises mêmes
de Cavelier De La Salle. Le Comité donc voudra-t-il laisser de côté des faits
qui sont tellement liés à l'Histoire du grand événement sur lequel on
m'ordonne de me concentrer. — Telle est principalement la grande Entre
prise de la Recherche d'un passage à la mer de l'Ouest si péniblement
et si Indépendamment poursuivie pendant quinze ans par un officier qui vingt
années auparavant était laissé pour mort couvert de blessures sur le champ de
Bataille de Malplaquet. L'ignorance où l'on est complètement de ce fait consi
dérable qui eut lieu sous le Ministère de Monsieur de Maurepas, sous le gou
vernement de l'arrière grand oncle du Prince Eugène de Beauharnois, Claude
de Beauharnois, le quel avait pris part lui même comme enseigne à
la Découverte de D'Iberville — Les Misères, le Dévouement, le Désintéresse
ment de Mr De La Verendrye et de ses fils dont l'un par ses ordres poussa jusqu'aux
Montagnes Rocheuses plus de soixante ans avant Lewis et Clarke, l'envie qui
vivants, a empêché leur Entier succès, l'Ingratitude, qui morts les a laissés dans
l'oubli; toutes ces raisons ~~[illegible]~~ m'imposent de réclamer pour eux
auprès du Comité la Récompense tardive due à plusieurs existences sacrifiées au
service du Pays — Quand j'entends l'un des fils de Mr De La Verendrye après
la mort de leur père ruiné et empêché de continuer ses Entreprises par l'Injus
tice d'un nouveau Gouverneur, s'écrier, après avoir exposé au Ministre leur cruelle
situation: "Certes celui de nos frères qui a péri massacré par les Sioux celui là n'est
pas le plus malheureux." Quand je vois ces mêmes hommes après une vie toute de
souffrances périr à leur tour selon leur triste vœu noyés sur un vaisseau armé
en Cartel, je regarde comme un devoir pour moi de ne les pas retrancher de
mon travail. Je subirai sur ce point, Monsieur, toutes les modifications qu'on

XI. Dans le cas où le Ministère et le Comité seraient réduits à cette nécessité, plan que je propose pour concilier les intérêts de ma Collection avec l'économie réclamée par l'état des finances 127

XII Mais si grand que soit le nombre des volumes que ma publication

exigera de moi, mais je ne les proposerai pas.

X. Le dernier terme de réduction proposable et partant acceptable auquel on peut descendre pour mon travail est je crois dans le triste moyen que nous avons de séparer l'Etablissement de la Découverte des terres. Si après délibération le Comité se croit obligé à cette réduction violente de mon travail et prend toujours Cavelier de La Salle pour point de départ, voici quel alors doit être ~~[illegible]~~ l'objet et le titre de cette Publication : "Recueil des Documents relatifs à l'Histoire des Découvertes faites par les Français au Sud et à l'Ouest du Canada depuis le Ministère de Colbert jusqu'à la cession de la Louisiane aux Etats Unis". De cette manière notre sujet est encore un et complet s'il est bien restreint et même plus qu'il ne conviendrait.

Mais, Monsieur le Ministre, si le Comité veut bien me permettre de former un souhait pour son plus grand honneur dans l'Amérique, ce serait qu'il voulût bien accepter le projet qui va suivre et qui est bien loin des proportions du premier travail adopté par lui après la Révision de ma Première Instruction. Je pense que ce plan concilierait les vues de Réduction qu'il veut faire avec la mesure que je crois importante à l'Intérêt de la Collection.

Il consisterait simplement à retrancher les Découvertes et les Etablissements faits au Nord et à l'Est sous Louis XIV et sous Louis XV et à se borner aux Entreprises qui regardent le Sud et l'Ouest du Canada, de beaucoup supérieures en intérêt aux premières, de manière à présenter les ~~[illegible]~~ progrès des Français dans l'Amérique du Nord depuis le Lac Ontario d'un côté jusqu'à Santa Fé d'autre part jusqu'aux frontières de la Floride ou aux Montagnes Rocheuses. — Ce projet est par le côté des Découvertes le même que celui qui précède mais il en diffère en ceci que je veux en y ajoutant les premiers Etablissements montrer la prise de possession de ces terres par une chaîne de postes. — De cette manière nous aurons suivi non seulement l'histoire de Cavelier de La Salle mais encore l'histoire de ses projets et de ses entreprises, nous aurons également sauvé pour la Collection les faits les plus importants puisque nous aurons l'Etablissement de Niagara, des Illinois, du Détroit, de La Nouvelle Orléans, de la Baie St Bernard et des postes de l'Ohio.

Si une étude patiente des Papiers de l'Amérique du Nord, si la connaissance des Desiderata de l'histoire des Etats Unis par une fréquentation des livres et des papiers, comme par le commerce habituel des Canadiens et des citoyens de l'Union peut me mériter quelque confiance de la part du Comité, si les efforts que je fais personnellement pour combler une lacune immense dans notre histoire méritent quelque récompense, le Comité qui a consacré tout un volume à la ville de Reims laquelle n'est qu'un point dans la France, acceptera ce dernier plan que j'ai l'honneur de lui soumettre, en admettant qu'il ne veuille pas s'en tenir au premier projet. — Malgré la différence qu'il y a entre lui et celui que le Comité avait accepté, il embrasse encore huit cents lieues qui seront plus intéressantes, bientôt, que toutes les Champagnes et l'avidité que les citoyens des Etats Unis montrent à acheter tous les vieux livres concernant leurs origines

ne demeurerait en supposant qu'on s'en tînt au projet adopté par le Comité en 1846 il sera moins coûteux que l'État que toutes les publications antérieures de la Collection des Documens Inédits de l'Histoire de France, par l'empressement des amateurs à acheter tous les mauvais livres qui existent aujourd'hui sur leurs origines et qu'ils paient des prix insensés — Et aussi par l'étendue du pays, le nombre des ~~[illegible]~~ dont ma collection embrasserait l'histoire — L'incendie des Bibliothèques et des archives du Parlement du Bas Canada ~~me fait espérer~~ qui augmente le besoin de cette collection me fait espérer que le Comité demeurera dans sa première décision, sinon qu'il acceptera au moins les proposition la plus large

m'est un garant sûr que ce sera l'une des publications qui auront été les mieux accueillies au Ministère comme je puis dire déjà qu'elle sera dans ces dernières propositions l'une de celles qui lui feront le plus d'honneur non pas seulement dans un certain rayon de savants français, mais à l'étranger parmi les populations immenses d'un Peuple plein d'avenir

Telles sont Monsieur le Ministre les diverses propositions que je dois soumettre afin de savoir incessamment ce qu'il arrête, s'il abandonne le travail adopté par lui dans mon Instruction de Juillet 1846. Je me suis je l'avoue bercé de l'espoir que réunissant le peu d'imprimés que nous avions sur les découvertes des Français dans l'Amérique du Nord, qui ne sont que des extraits aux nombreux manuscrits ~~[illegible]~~ inédits que j'avais rassemblés, il consentirait à former un recueil monumental imposant autant qu'intéressant par son ensemble — L'incendie allumé par les Canadiens anglais qui a dévoré les archives et les Bibliothèques des deux Chambres législatives du Parlement du Bas Canada me le fait encore espérer si le Comité veut bien fixer un moment son attention sur un journal Canadien qui déplore la perte de « tous ces ouvrages devenus introuvables et lesquels sont conséquemment dit-il perdus pour le pays et pour l'historien qui désirerait étudier l'histoire des premières années. Mais si le Comité depuis 1846 a modifié ses idées sur ce point ou si alors elles n'ont pas été exprimées de la manière qu'il l'entendait, ce qui n'est pas vraisemblable, il est bon du moins d'en finir promptement avec ces oscillations qui me font une position fausse vis à vis du délai et de l'administration

Quoiqu'il puisse décider, Monsieur le Ministre, je vous promets d'achever dans un court délai tout ce qui regarde Cavelier de La Salle. Mais je vous prie pour m'aider de vouloir bien écrire à Rouen afin de savoir quels sont les résultats des recherches demandées par votre Département à la ~~famille~~ ville ~~[illegible]~~ sur la famille de La Salle et particulièrement sur les descendans existans des Lebaillif. Henri Nicolas Lebaillif et Le Baillif Mesnager exécuteur testamentaire de ce dernier. Si je n'obtiens pas de Rouen par l'intermédiaire de l'administration ces renseignemens il faudra que je les aille chercher moi même, car leur défaut entrave mes recherches et retarde cette partie de ma publication. L'on vient de me dire qu'il existe des papiers de Cavelier de La Salle entre les mains d'une famille de la Nouvelle Orléans. Je crois le fait douteux d'après les assertions réitérées du contraire qui ~~[illegible]~~ m'ont été données à d'autres époques. Néanmoins je vais écrire là bas. Vous voyez, Monsieur le Ministre par ces divers embarras que je ne suis pas le maître d'aller vite. Si je l'avais été, certes tout serait déjà fini depuis longtemps

Recevez, Monsieur le Ministre l'assurance
de mon respect et de ma considération
la plus distinguée

Pierre Margry

11. Rue du Mont Thabor

Monsieur le Ministre,

Je me préparais à vous adresser le résultat de mes recherches et du travail qui m'ont occupé pendant ces trois derniers mois lorsque Monsieur le Directeur de la Division des Lettres m'a donné avis de votre désir de connaître exactement la situation actuelle des travaux commencés pour la Collection des Documents inédits de l'histoire de France, et de connaître quant à ce qui me concerne particulièrement le degré d'avancement auquel est parvenu l'ouvrage dont la publication m'est confiée — Ayant en conséquence abandonné mon rapport trimestriel qui devient en partie inutile par cela même, je vais vous rendre compte de ce que j'ai fait et de ce qui me reste encore à faire pour mon recueil de Documents relatifs aux découvertes des Français dans l'Amérique du Nord —

Objet de la Collection qui m'est confiée.

— Les Découvertes des Français dans l'Amérique se divisent en trois époques bien tranchées. Résumé de cette histoire encore inconnue

— 1ère Époque. (1488 — 1663.)

— Les découvertes, Monsieur le Ministre, se divisent nettement en trois époques où l'on voit le génie d'entreprise de nos Français s'allumer tout d'un coup pour s'étendre insensiblement — [illegible] de l'histoire de ces trois époques ne se trouvant encore nulle part, je crois devoir en résumer ici en quelques lignes les principaux traits, afin que vous puissiez mieux apprécier l'importance des faits nouveaux que je produis aujourd'hui. ——— La première de ces époques commence selon quelques-uns à Charles VIII, selon un sentiment plus général à Louis XII — et finit avec le règne de Louis XIII [illegible] C'est sous le règne de Charles VIII que des historiens placent l'arrivée du pilote Dieppois Cousin au Maragnon par la même fortune qui y jeta plus tard Alvarez Cabral et indiqua ainsi le véritable itinéraire à suivre pour aller aux Indes par le Cap de Bonne-Espérance — tout le monde sait que pour aller aux Indes par l'Afrique on va d'abord en Amérique au Brésil à cause je crois des courants — Monsieur Estancelin a discuté la présence du pilote Pinzon sur le vaisseau de Cousin avec beaucoup de bonnes raisons et peut croire à ceux qui veulent se prêter un peu que c'est le même qui a accompagné Colomb dans son entreprise, — Mais ces faits controversés demeureront toujours incertains — Ce qui est certain c'est que dès 1504 nos navigateurs Normands, Basques et Bretons allaient pêcher sur les côtes de Terre-Neuve. Néanmoins la Marine française ne prit réellement son essor vers ces terres connues comme on disait alors généralement de l'Amérique, que sous François 1er. Ce prince voyant les [illegible] d'Espagne et de Portugal se disputer le Nouveau Monde les bulles du Pape à la main, comme si [illegible] autre qu'eux ne devait y avoir accès avait demandé qu'on lui montrât la partie du testament d'Adam qui l'excluait de la succession. Aussi voulut-il y prendre sa part. Dans cette vue le [illegible] Thomas Aubert, puis le Florentin Jean Verazzani puis Jacques Cartier et enfin le Pilote Alfonse avec le sire de Roberval, le petit roi de Vimeu furent envoyés par lui et illustrèrent son règne par les découvertes qu'ils firent en cherchant comme Cabot par le Nord le passage aux Indes où les [illegible] de Dieppe, poètes et marins allaient [illegible] vers le même temps pour le compte de [illegible] de Varengeville. Après François 1er les guerres de Religion et l'administration abandonnée sous Henri III à ses mignons ne permettant pas à nos Français de se livrer à leur esprit d'entreprise — Cependant durant un intervalle de paix, Coligny sachant que la Reine mère n'avait fait la paix que pour prendre son temps avait résolu de donner à ses coreligionnaires un lieu où ils fussent libres de gouverner leurs consciences comme ils l'entendraient et dans ce dessein le chevalier de Villegaignon

ce le Capitaine Ribaut qui s'était signalé dans les guerres religieuses au service de l'amiral [illegible]
eurent mission de lui d'aller fonder des colonies l'un au Brésil, l'autre à la Floride. — Vous savez, Monsieur
le Ministre, la fin de cette dernière entreprise et la vengeance héroïque. Mais on ne fit depuis aucune fondre
d'établissement ni aucune découverte malgré les voyages des neveux de Jacques Cartier, celui de La Roque de Roberval
Ravillon qui à bord de Bonaventure, reconnut les Iles de St Pierre et Miquelon, — malgré l'entreprise du Marquis
de La Roche et les Commissions de Pierre Chauvin de Honfleur pour aller habiter le Canada — Ces tentatives n'abou-
tirent à rien — Les entreprises réellement fécondes ne recommencèrent qu'avec Pierre Du Gua sieur De Monts
chef digne d'avoir pour seconds Samuel de Champlain et Jean de Biencourt Marquis de Poutrincourt. — Les côtes
de l'Acadie, les terres et même au delà jusqu'à Boston, le Lac Ontario, le chemin du Lac Huron et de la Baie d'Hudson
furent reconnus par ces deux hommes et plus particulièrement par le premier qui vécut jusqu'en 1635 et fonda
d'une manière durable la Colonie du Canada — Après sa mort les Pères Récollets, les Jésuites, les Sulpiciens
conservèrent soit par leurs écrits, soit par leurs missions les connaissances et les terres acquises — Ils les étendirent
même quelque peu, en poussant jusqu'au Lac Supérieur et en passant le Lac Michigan — Si je ne me trompe
Nicolet avant 1640 aura navigué auprès du Mississipi si même il n'a pas navigué sur ce fleuve.
Mais le plus grand service que les Révérends Pères rendirent en France ce fut celui de tenir continuellement l'attention
publique éveillée sur nos colonies de l'Amérique du Nord, et pour ce qui regarde les Découvertes, sur la
recherche du passage à la Chine à travers l'Amérique du Nord. ——— Les hommes qui se signalèrent
vers ce temps tout après Champlain ce sont des Pères Récollets, Théodat Sagard et Jean Dolbeau, des Jésuites Charles
Raymbaut, Jean Dequen, Jacques Buteux, Gabriel Druillettes, Léonard Garreau — Claude Dablon et Allouez
— Dans les simples particuliers il faut citer Nicolet, Jean Bourdon, les sieurs de La Vallière et Desprez Couture.

— Telle est la première époque des Découvertes qui a pour résultat la Découverte depuis Terre Neuve,
le Labrador et la Baie d'Hudson, jusqu'à la Floride en côtoyant le Continent et en pénétrant par l'intérieur
des terres depuis l'Embouchure du fleuve St Laurent jusqu'au Lac Supérieur — et le fond de la Baie des Puants
aujourd'hui Baie Verte (Green Bay) on avait seulement alors entendu parler des Outaouacs, des Illinois, des Sioux
[illegible] l'on ne connaissait
les limites de ce continent que de cette manière : Nicolet assurait vers 1637 que s'il eût vogué trois jours
plus avant sur un grand fleuve qui sort du second grand lac des Hurons, il aurait trouvé la mer — Et les pères
[illegible] qu'il donnait cette assurance s'en faut que c'était la mer qui répond au Nord de la Nlle Mexique et que de
cette mer on aurait entrée vers le Japon et la Chine — En conséquence ils lancèrent l'un des leurs découvrir cette contrée
— Charles Raymbaut, qui méditait le chemin de la Chine à travers de notre Barbarie lorsqu'il mourut — En 1659,
— la même pensée reparaissait avec le même avis : [illegible] qu'il n'y avait que neuf jours de chemin
depuis le lac des Puans (Michigan) jusqu'à la mer qui sépare l'Amérique de la Chine — et suivant
toujours la même (Ouinipegouek) propos les Pères en 1657 écrivaient — (tout ceci est à noter) — « Les sauvages
« qui habitent la pointe de celui le plus éloigné de nous nous ont donné des lumières toutes fraîches et qui ne
« déplairont pas aux curieux touchant le chemin du Japon et de la Chine dont on a fait tant de recherches. Ces nouvelles
« de ces peuples, qu'ils trouvent la mer de trois côtés, du côté du Sud, du côté du couchant et du côté du nord de sorte que
« si cela est, c'est un grand préjugé et un indice bien certain que ces trois mers se trouvant ainsi contiguës ne font proprement
« qu'une mer qui est celle de la Chine puisque celle du Sud qui est la mer Pacifique qu'on connaît assez étant
« continuée jusqu'à la mer du Nord qui est pareillement connue par une troisième mer qui est celle dont on est
« en peine, on ne peut plus souhaiter que le trajet dans cette grande mer Occidentale et Orientale tout ensemble.
« Or nous savons que du bout du lac Supérieur dont je viens de parler tirant au Sud après environ trois cents lieues on trouve
« la Baie du Saint Esprit qui est à trente degrés de latitude et 280 de longitude dans le Golfe du Mexique, et de la même
« extrémité du Lac Supérieur tirant au Sud-ouest il y a environ deux cents lieues jusqu'à un autre lac qui
« a sa décharge dans la mer Vermeille côte de la Nlle Grenade dans la grande mer du Sud — C'est de l'un
« de ces deux côtés que les sauvages qui sont à quelques soixante lieues plus à l'Occident de notre Lac Supérieur ont
« des marchandises d'Europe et même disent avoir vu des Européens. ——— En outre de ce même lac Supérieur suivant
« une rivière vers le Nord on arrive après huit ou dix journées à la Baie de Hudson à la hauteur de cinquante cinq degrés
« et de ce lieu tirant au Nord-ouest il y a environ quarante lieues par terre jusqu'à la Baie de Button où est le port de
« Nelson à cinquante sept degrés de latitude et deux cent soixante de longitude d'où l'on ne doit compter que douze cent
« cent vingt lieues jusqu'au Japon, n'y ayant de distance que septante et un degrés d'un grand cercle ——— Ces deux
« mers donc du Sud et du Nord étant connues — il ne reste plus que celle du couchant qui joigne l'une et l'autre pour
« n'en faire qu'une des trois et c'est la nouvelle connaissance que nous avons eue par le moyen d'une nation
« qui étant environ au quarante septième degré de latitude et à deux cent soixante et trois de longitude nous assure
« qu'à dix journées vers l'ouest se trouve la mer qui ne peut être autre que celle que nous cherchons, ce qui nous
« fait juger que toute l'Amérique septentrionale étant ainsi environnée de la mer au levant, au Sud et au
« couchant et au Nord doit être séparée de la Groenlande par quelque trajet dont on a déjà découvert une bonne
« partie et qu'il ne tient plus qu'à pousser encore de quelques degrés pour entrer tout à fait dans la mer du Japon
« ce qui ne se doit tenter pour passer le détroit de Hudson qu'aux mois d'août et de septembre pendant lesquels
« seulement ce passage est moins engagé de glaces. » — En 1665 et 1667 l'on revint, l'on pensait encore

ce qu'lon avait pensé ce qu'on avait rêvé dix ans auparavant.

Seconde époque de nos découvertes (1663 – 1715)

– Mais Colbert arrive au pouvoir – La Colonie française près de se perdre par le despotisme des Jésuites et leurs de rougeurs, s'y régnaient en effet et les gouverneurs devaient leur obéir s'ils voulaient vivre en paix et même conserver leur postes, – La Colonie près de succomber également sous les attaques des Iroquois, qui ravageaient le pays, se releva de ce double mal, s'affermit – ~~elle~~ le Roi protège le peuple contre les excès du clergé, contre les incursions des Indiens, il envoie des hommes, des femmes, des bestiaux – et avec cela un bon Intendant – La colonie va donc s'accroître et s'étendre – Ici commence la 2ème époque des ~~français~~ découvertes des Français dans l'Amérique du Nord – Cette période embrasse le règne de Louis XIV depuis 1663 jusqu'en ~~1715~~ 1715.

– Dans cet espace de tems la foi surexcitée par la fermentation des guerres civiles dans lesquelles elle se perdait, étant dirigée dans des entreprises nationales par une autorité plus forte, se répand au dehors l'activité, le génie et l'honneur de la France – Nulle époque en y écrite n'a été aussi complète brillante pour la France que cette époque qui l'a été sur tous les points

Dans l'Amérique du Nord elle fut admirable – C'est alors que se fit la découverte de cette immense [depuis] dont cent ans plus tard l'acquisition devait donner aux Etats-Unis la plus grande part de l'importance politique de laquelle ils jouissent et liés ainsi deux fois leur histoire à la nôtre – Je veux dire la Découverte de la Louisiane –

C'est alors qu'entre ceux qui se livrent aux découvertes brillent deux hommes l'un qui y voue son existence tout entière, y expose plusieurs fois et y perd enfin sa vie et sa fortune; ~~dans~~ celui là c'est le plus grand – l'autre qui ajoute comme en jetant au renom de ses actions militaires d'une audace souvent surprenante la gloire de découvreur, gloire plus pacifique en apparence mais assurément non moins périlleuse, de ceux qui ont assisté à ces découvertes – Monsieur de La Galissonnière avait raison d'écrire au Ministre en 1... les découvertes causent de plus grandes dépenses et exposent à de plus grands dangers que des guerres ouvertes –

Le Dernier de ces deux personnages, dont l'on dit lorsqu'il commence à peine à paraître, qu'il est fort comme son épée se nomme Pierre Le Moyne d'Iberville. Il est le 3e des valeureux fils de Charles Le Moyne de Longueuil, se trouvait lui même à la tête de ces capots bleus. comme on disait appelait les montréalistes – Pour le premier c'est René Robert Cavelier sieur de La Salle, homme d'un génie admirable et capable d'entreprendre toutes sortes de découvertes, selon le jugement d'un officier qui l'accompagnait et qui ~~éprouva qu'il~~ pouvait comprendre le génie et la bravoure. –

Les autres noms qu'on peut grouper autour de ces deux là et qui appartiennent à cette époque sont ceux d'hommes distingués, aventureux, mais qui n'ont point cette grandeur romanesque presque épique des deux premiers, ce sont ceux des Sulpiciens Dominique de Casson, René de Gallinée, de Joliet, et du Père Marquette, de St Lusson, de Perrot, de Van Heemskerk, du Père Hennepin, de Bienville, de Le Sueur de Duluth, de Denville et enfin celui du fantastique Mathieu Sagean à la merveilleuse histoire qui voyage dans des pays où les murs du palais du Roy ont dix huit pieds de haut, sont en or. massif non en plaques ce qui eut été par trop vulgaire, mais en carreaux arrangés l'un sur l'autre comme des briques, fort larges, liaisonnés avec des crampons et des barres de même matière ».

Au nombre de ces découvreurs je ne dois pas oublier Pierre Esprit de Radisson mais son éternelle oscillation entre les Anglais qui l'avaient magnifiquement récompensé pour leur avoir indiqué le passage de la Baie d'Hudson et les Français toujours envieux, toujours indifférents ou ingrats en fait un personnage exceptionnel par ses ~~combats~~ longs combats entre ses devoirs ~~...~~ et ses affections de père et d'époux. – En effet marié à la fille d'un protestant que je crois un Français réfugié en Angleterre – Il avait été obligé de quitter en mon t le service de la Grande Bretagne d'abandonner cette et son enfant par ce qu'il ne pouvait les faire venir ~~...~~ son beau-père menaçant même de la déshériter; – femme pendant ce temps qu'il avait repassé avec les Français, sa femme pour le faire subsister lui même lui avait envoyé jusqu'à la dernière de ses bagues – Il avait été contraint de vendre le portrait du Roy d'Angleterre que ce prince lui avait donné, ainsi que la chaîne d'or qu'il luy avait mis au cou –

Les résultats des entreprises de ces différens hommes embrassent une étendue de près de huit cents lieues Cavelier de La Salle découvrit l'Ohio, le Mississipi, le Missouri et les ~~...~~ cours adjacens, descendit en 1682 à l'Embouchure du grand fleuve, aborda en 1685 au Texas où il périt assassiné – Les Sulpiciens Dollier et Gallinée ne firent que reconnaître les terres situées entre l'Ontario, le lac Erié et le lac Huron – Le Père d'Allouez s'avança chez les peuples Outaouacs – Le Père Marquette ~~et~~ Louis Jolliet à qui jusqu'ici on fait l'honneur d'avoir les premiers découvert le Mississipi n'y arrivèrent toutefois par l'Ouis consin que deux ans après que Cavelier de La Salle y avait descendu par l'Ohio, mais ceux ci descendirent trois degrés plus loin qu'il ne s'était avancé – St Lusson reconnut les terres de Labrador, du lac Supérieur et en ~~...~~ prit possession – Perrot. Radisson trouvèrent un nouveau passage par l'Intérieur des terres à la Baie d'Hudson – Van Heemskerk, voyageur peu connu, semble avoir dépassé en naviguant pour la France – Le Père Hennepin remonta le Mississipi jusqu'au Sault Saint Antoine où il trouva Greysolon Du Lhut qui alla fonder plus tard un établissement assez avant dans le pays des

sions, comme fit egalement Lesueur. — Bienville remonta la Rivière Rouge après que son frère D'Iberville eut
reconnu par mer les côtes de la Floride, de la Louisiane et pénétré dans l'intérieur des terres — Mathieu
Sageau enfin a pénétré dans des regions voisines du Mexique, mais je ne saurais déterminer lesquelles
avant d'avoir relu les voyages de Pamphile Narvaez, où il est parlé du pays des Acoranibas visités par
Sageau — Du moins tel est le nom que je me rappelle, car j'écris tout ceci de souvenir.

La plupart des Entreprises que je viens de citer eurent pour objet de se rapprocher de la mer du Sud
et s'il était possible d'y pénétrer par l'intérieur du Canada, dont on ne connaissait la limite ni à l'ouest
ni au Nord. ainsi Monsieur le Ministre que je vous le montrai l'extrait que
je vous ai présenté à l'appui de la première époque — on esperait toujours trouver dans le continent quelque
rivière qui conduirait au Grand Océan, procurerait en un temps grande une position pour le commerce des Indes et
de la Chine — Cette importance que les Colons de l'Amérique du Nord Anglais ou Français
de même que les Espagnols avant le succès de Balboa, attachaient à la réalisation de ce projet
était telle que quand le Capitaine Smith, le Pionnier de la Virginie crut avoir découvert
ce passage en découvrant une rivière qui était la Chesapeak, cette nouvelle passa pour certaine
et excita contre lui et tourna les colères en une joie générale — L'erreur de Smith fut
celle de bien d'autres, et bien des espérances furent deçues — Ainsi quand Cavelier de la Salle,
partit pour le voyage où il découvrit l'Ohio, d'après ce qu'il avait entendu dire
par les sauvages, sur cette rivière de 800 lieues d'étendue, en rapprochant ces mêmes
récits des idées exprimées dans les Relations des Jesuites, il pensait bien lui aussi qu'il allait atteindre
l'Océan et le nom de la Chine resté à son habitation située près de Montréal indique que la préoccupation de nos voyageurs de découvrir le passage par l'intérieur des terres n'était pas moins vive
que celle des navigateurs qui cherchaient ce passage en longeant les côtes nord ouest de ce continent —

3eme Époque de nos Découvertes.

Ce projet occupa cependant d'une manière plus ardente et moins mêlée à d'autres vues la troisième periode des
Découvertes Françaises de l'Amérique du Nord et le succès de ce passage eut été alors d'autant plus important
pour notre pays que c'était le temps où les Compagnies de Commerce auxquelles la régence malgré le désastre
de son système donna une si forte impulsion, et où les talens de Dupleix et de La Bourdonnaye commencaient
à faire prime notre Commerce en Orient. — Néanmoins des memoires negligés et restés au fond des cartons,
quoiqu'ils indiquassent nettement des moyens de succès, ceux mêmes qui firent réussir Lewis et Clark, des
desseins commencés et demeurés sans suite quoiqu'ils eussent confirmé en partie la justesse
et la vérité de plusieurs points de ces mémoires, sont tout ce que cette époque nous aurait laissé
si un homme, ses fils et son neveu n'étaient venus jeter dans la recherche de la mer de l'Ouest
quinze années de dévouement de privations de misères pour n'être récompensés que comme on l'est
sous des gouvernements qui perdent ainsi le pouvoir et le pays, par des passe-droits. — Lorsqu'ils y avaient
tant de millions de bons au comptant dépensés pour des Courtisanes, lettrés ou non lettrés, on ne
trouvait pas 5000 livres pour le succès d'une Entreprise qui devait contribuer à l'honneur, à la
science et à la Richesse du pays — Malgré tout, cependant les Varennes de La Verendrye s'avancèrent jusqu'aux Montagnes Rocheuses en poursuivant leur dessein et ils eussent assurément atteint
à la mer si de nouvelles injustices, à la mort du père, ne leur eussent retiré l'entreprise au moment
où elle allait réussir pour la confier à des créatures du Gouverneur — Les Géographes de Lisle - Buache
le missionnaire Bobé ont dans cette periode donné sur ce sujet et les moyens de
suivre cette découverte des memoires fort interessants.

C'est là, Monsieur le Ministre, l'histoire dont j'ai à recueillir les monuments
Je n'ai pas à faire ici la part d'honneur qui revient soit aux pouvoirs soit aux particuliers dans l'ensemble
de ces découvertes — le n'est pas le lieu de montrer des hommes comme les De Monts et les Poutrincourt
se ruinant, comme Samuel de Champlain à peine secouru, — comme Radisson, jetés et rejetés
encore dans les bras de l'Etranger — ce n'est pas le lieu de montrer les héritiers
de Cavelier de la Salle après avoir participé de leurs deniers à ses entreprises, réduits à la mendicité
lorsque le Banquier Crozat exploitait les mêmes découvertes — de montrer les fils de D'Iberville inquiétés
dans leur héritage, — Le dévouement et les services des Varennes de La Verendrye n'aboutissant pour
eux qu'à la ruine et au désespoir — Chateaubriant dit cette qui lui aussi tenta le même projet que les hommes
l'a dit avant moi: Il faut remarquer une chose particulière à la France la plupart de ses voyageurs ont été
des hommes isolés, abandonnés à leurs propres forces et à leur propre genie — Je n'ai voulu que à ceux
faire dans ce memoire que le côté glorieux de ces découvertes, et si je fais allusion à ces misères, c'est que
l'ombre fait valoir le tableau — et que nos voyageurs sont d'autant plus grands que leur genie a été
comme trahi s'ils ont eu à soutenir, qu'ils ont entre comme trahi

les effets de. l'indifférence du pouvoir qui leur a fait du mal. Les Gouvernements qui leur semblent d'ailleurs communs avec celle de

Cette indifférence et cette ingratitude du pouvoir leur semblent d'ailleurs communes avec celles de
la foule, car c'est à peine si l'on connaît quelques mots vrais de leur histoire

État présent des connaissances en ce qui concerne l'histoire de nos découvertes dans l'Amérique du Nord.

Si en effet on demande aux livres publiés de nous les instruire on trouvera que les livres spéciaux publiés sur ces matières ne sont la plupart du temps que de mauvais résumés de documents manuscrits dont la connaissance les dédommage, l'on trouvera que les autres livres ne sont eux-mêmes que l'abrégé de ces mêmes résumés — sur ce point les articles ou les ouvrages des membres les plus respectables de l'Institut et parmi eux je citerai feu Monsieur Eyriès, dont la mémoire m'est aussi chère qu'honorable, les articles des [illegible] savans, leurs livres peuvent donner la mesure de ce qu'on connaît ou de ce qui reste à connaître — Quant aux ouvrages que nous étudions dans nos collèges : voici ce que j'en trouve dans un Précis de l'histoire de France approuvé par le Conseil de l'Université — « 1534 — Premier voyage des Français au Canada — 1680 Entreprise sur la Louisiane » — C'est là tout que te donne ce Précis — n'est-ce pas là par trop précis encore cela est-il bien juste ? — A voir cette phrase, à voir cette ignorance générale sur ce point si intéressant, quand nous savons si peu ce que nous avons fait nous ne saurions guère nous attendre à ce que les étrangers en disent quelque chose — Aussi le livre anglais qu'on a traduit, l'Histoire des voyages de D. Cooley que son format place sur les rayons de nos bibliothèques, a-t-il dit il n'y a des autres ou à peu près — Forster dans ses voyages au Nord n'est pas plus explicite — Enfin si nous touchons aux livres publiés dans les pays mêmes où l'on aurait le plus d'intérêt à les connaître nous lisons des choses telles que celle-ci : La Société historique de Québec traduisant un passage de la Cosmographie d'Alfonse le pilote saintongeais d'après Hackluyt publie « D'après la nature du climat les terres en allant vers Hochelaga deviennent meilleures de plus en plus et cette terre peut produire des figues et des poires — D'après le rapport des gens du pays, je crois qu'on y pourrait trouver des mines d'or et d'argent — Mais autre chose est le texte original copié par moi — « Les terres en tirant vers Hochelaga (Montréal) sont beaucoup meilleures et plus chaudes que celles de Canada — (Québec plus particulièrement) et tient cette terre de Hochelaga au figuier et au poirier en laquelle abonde or et argent et par ainsy que ceux de la terre (?) dient que en la ville nommée Cibola qui est vers les trente et ung degrez de la haulteur du polle arctique les maisons sont toutes couvertes d'or et d'argent et sont servis en vaisseaux d'or et d'argent — Ces terres tiennent à la Tartarie et pense que ce soit le bout de l'Azie selon la rondeur du monde ». Pour expliquer une partie de ce passage si remarquable des connaissances géographiques d'alors il faut se reporter à un autre passage de la même Cosmographie qui nous montre le Cap du Figuier en la terre ferme de Yucatan et je n'ai pas besoin d'expliquer qu'Alfonse saintongeois veut dire que le Canada fait partie du continent américain où se trouvent et le dit Cap et le [illegible] quoique celui-ci soit dans l'Amérique méridionale — Mais le copiste n'ayant pas lu ou Hackluyt n'ayant pu comprendre, a arrangé tout à son intelligence et à sa façon et la Société historique de Québec a répété le passage d'Hackluyt comme on a souvent répété le verset de l'Évangile selon St Marc je crois dans lequel le traducteur fait passer un chameau au lieu d'un câble dans le trou d'une aiguille — Toutefois ceci n'est que gai, mais il y a quelque chose de tellement triste à voir un historien croyant parce qu'il a cinq ou six documens nouveaux entre les mains s'élever une réputation que la connaissance de tous les papiers lui eût rendue presque sainte et ajouter encore au-delà du tombeau au malheur d'une vie tout entière. C'est ce que des médisants [illegible] le nouvel historien du Canada, Mr Garneau a fait pour l'histoire des Varennes de La Vérendrye.

Vous pouvez voir par ces derniers paragraphes, si sommaire que soit l'exposé de nos découvertes que je vous ai présenté, la lacune qui se fait sentir dans notre histoire — Il est évident qu'on ne sait pas ou qu'on sait fort peu la part qu'a prise l'activité française à la découverte du nouveau monde pendant une période de plus de 100 ans, entre les voyages des Hollandais et ceux du Capitaine Cook — Je puis donc maintenant vous dire ce que j'ai fait pour combler ce vide et ce qui me reste encore à faire pour l'achèvement du monument que votre Département se propose d'élever à la mémoire de notre passage dans l'Amérique du Nord — J'espère vous faire voir là aussi que si de notre gloire il ne nous reste que des souvenirs je n'ai rien négligé pour que ces souvenirs fussent tout entiers arrachés à l'oubli — J'ai trouvé en effet bien des choses nouvelles, les proportions de certains hommes ont grandi au-delà de ce qu'on pouvait croire, et d'autres encore, grâce à mes recherches, gens dont on ne savait pas même le nom se recommanderont aujourd'hui au respect des générations à la puissance et au bien-être desquelles ils ont ouvert l'espace —

Document trouvé sur la première époque des découvertes —

Cependant, Monsieur le Ministre, en vous exposant ce que j'ai trouvé sur la première période de nos découvertes, je pourrais paraître me vanter — et en vérité, si j'ai copié des pièces nouvelles sur cette période le plus grand nombre de celles que j'ai réunies sur elle jusqu'ici sont extraites d'ouvrages publiés — J'ai cru, Mr devoir faire toutefois ces copies d'abord parce que ces livres sont rares et que quand on les trouve, les passages qui regardent les découvertes y sont encore perdus — La liaison des faits géographiques disséminés dans plus de 50 volumes, est cependant nécessaire à établir — J'ai pensé du reste que ces extraits étant si peu considérables en proportion des pièces inédites avec lesquelles elles ne font qu'un seul et même corps, le Comité historique ne voudrait point les séparer — puisque ce serait ainsi je présenter sous sa main tout un recueil des Découvertes des Français dans l'Amérique du Nord — Recueil dont j'ai démontré la nécessité. Ce recueil serait il pas un pendant des grandes collections où les Anglais et les Espagnols ont montré qu'ils prenaient quelque souci de leur gloire.

Le peu de pièces manuscrites que j'ai trouvées sur cette époque se compose de quelques notes éparses sur nos navigateurs jusqu'à Verazzani — 2° Sur Verazzani lui même je n'ai qu'une lettre que m'a adressée le congrès scientifique Italien en réponse à une demande que je lui avais faite des documents qui existent dans la Bibliothèque Strozziana — Cette lettre contient peu de détails qu'on ne connaisse, mais elle indique au moins que j'ai puisé partout, à toutes les sources d'instruction — C'est aussi que l'on m'a rapporté que Mons. Greey ancien consul des Etats Unis à Rome qui a publié un article sur Verazzani possédait ses papiers — Cela me semble extraordinaire, mais je me propose de m'en enquérir et je réclamerai votre aide à ce sujet.

— 3° Cinq pièces concernant Jacques Cartier donnent quelques détails intéressants sur ses camarades marins de St Malo — Une me vient de Quebec, les autres de Bretagne, d'où j'aurais tiré sans doute davantage d'après les renseignements que M. [illegible] de Courson m'avait donnés si l'archiviste bénévole de cette ville, l'était moins pour lui même et plus pour les autres, à moins toutefois qu'il n'ait péché par ignorance — Malgré la réponse assez vive de M. Cunat, Monsieur de Courson persiste à me dire que lorsqu'il a fouillé les archives de St Malo il y a vu onze lettres de François Ier relatives au voyage de Jacques Cartier au Nord Ouest.

4°. — Les Archives de la rue du Chaume renferment sur l'expédition de Roberval deux lettres que je n'ai pas encore copiées — Il me demeure aussi à prendre une copie exacte du 2e voyage au Canada qu'on n'a reproduit qu'avec des fautes, comme on a fait de la Cosmographie d'Alfonse, le pilote Saintongeois dont je vous ai cité la plaisante version — Je ferai ces deux copies prochainement

5° Dupré m'a fourni quelques notes précieuses sur les navigations du temps de Henri IV mais je lui dois surtout de pouvoir compléter les œuvres de Samuel de Champlain par le manuscrit inédit et entremêlé de figures que le noble pionnier Saintongeais avait tracé sur son voyage aux Indes Occidentales — Ce manuscrit est précieux non seulement par quelques uns de ses détails, mais encore parce que ce voyage décida de la vocation de ce brave officier qui devait fonder Québec — Car Champlain est un des personnages les plus dignes et les plus intéressants de notre histoire coloniale — Malheureusement, malgré mes efforts pour trouver quelque chose de plus qui dessine mieux et plus fortement cette noble figure, je n'ai pas encore réussi — Les Affaires Etrangères m'ont indiqué cependant plusieurs pièces dont on m'a donné la note — Je pense également qu'à Brouage lieu où il est né l'on pourrait à son sujet découvrir quelque chose sur lui en cherchant dans l'Etat Civil quelle époque de sa naissance qu'on ignore — Pour ne rien négliger de ce qui doit être fait comme de ce qui peut être trouvé — Je vous adresserai encore, Monsieur le Ministre une note pour cette ville et nouvellement pour La Rochelle que je vous prierai de faire parvenir et je vous serai obligé de me faire donner accès aux Archives des affaires Etrangères, dont j'ai d'ailleurs besoin de visiter les cartes.

X

6° Avant que je n'eusse pu trouver à Dupré le manuscrit de Champlain, j'avais pu par la connaissance d'une généalogie des Biencourt de Poutrincourt me procurer quelques faits nouveaux sur ces courageux pionniers de l'Acadie, ~~et particulièrement sur les dépenses~~ qui se ruinèrent pour l'Etablissement de cette colonie — La tradition de famille rapportée dans ces mémoires me confirma aussi les persécutions qu'ils eurent à subir de la part des Jésuites, lesquels, y est-il dit allèrent jusqu'à empoisonner le fils de Jean de Biencourt — Ce que m'avait écrit du reste le marquis de Biencourt de Paris — Une lettre inédite de ce même fils et qui est du plus haut style, découverte par moi en prouvant une erreur peut être volontaire de l'historien de la Nouvelle France, le Père Charlevoix nous montre également que les Jésuites avaient affaire à un homme qui ne le cédait point en mérite à son père, vaillant homme mort à Mery sur Seine où ses soldats élevèrent à son honneur une croix qu'on appela la Croix de Poutrincourt — L'assertion du Père Charlevoix démentie par cette lettre, qu'après la mort de celui-ci, le fils avait abandonné son entreprise d'établissement coupe court à toutes discussions — Ainsi les Jésuites qui agissaient sur le monde de tant de façons différentes avaient soin d'étouffer tous les bruits qui devaient les compromettre, cherchant aussi par leurs nombreux à dominer la Renommée.

7° — De 1610 à 1672 à l'exception de [illegible] Sieur de Sagard et de 2 ou 3 autres, ce sont pour ainsi dire les Jésuites seuls qui nous restent pour suivre l'histoire de la colonisation des Français dans l'Amérique du Nord — Aussi comme j'ai eu l'honneur de vous le dire ai-je dû copier la partie considérable qui regarde leurs voyages et leurs missions où du reste, quoiqu'il faille se méfier toujours de ce qu'ils disent, ils se montrèrent réellement gens fort courageux et fort intelligents surtout quand il s'agissait de leurs intérêts.

8° — Mais il est des faits que je n'ai pas trouvés dans ces mêmes relations et que j'ai dû copier également ce sont des faits qui les montrent aspirant à fonder un Empire en Canada comme ils étaient parvenus à le faire au Paraguay, au Mexique, en Chine, tantôt par des moyens violents, tantôt par des intrigues souterraines. J'ai dû recueillir ces pièces, elles étaient nécessaires pour compléter le tableau de ma première période des découvertes — Elles étaient indispensables pour comprendre et pour accepter la seconde.

[…]cuments sur la [se]conde époque [de]s découvertes.

— A cela Monsieur le Ministre se borne tout ce que j'ai rassemblé de matériaux sur cette première époque des voyages et des établissements des Français dans l'Amérique du Nord. Si je n'ai rien trouvé de plus jusqu'aujourd'hui c'est que les papiers relatifs à ces découvertes étant dispersés en tous lieux et souvent même ignorés des conservateurs des dépôts qui les possèdent et m'ont souvent répondu qu'ils n'avaient rien de ce que je leur demandais — J'ai cru, pour ne pas paraître perdre du temps en compulsant les immenses collections où d'autres faits peuvent être disséminés, m'appliquer surtout à réunir ce qui se présentait à moi plus aisément au moins en plus grande masse. — Je vous demanderai du reste, après que j'aurai entièrement achevé le dépouillement des cartons qui sont les plus abondants en ces matières, de parcourir ces recueils tels que ceux de Fontanieu, Dupuy et autres où sans doute je rencontrerai quelques faits dignes d'être arrachés à l'oubli soit touchant cette première série soit sur la seconde et la troisième dans lesquelles j'ai été plus heureux — Sur la seconde même mon bonheur pourra déplaire à quelques uns car il fait ressortir de grandes intrigues et doit venger une noble victime

Je viens de vous dire, Monsieur le Ministre, que les pièces que j'avais trouvées sur les Jésuites ailleurs que dans leurs propres relations imprimées m'étaient nécessaires pour compléter le tableau de ma première période de découvertes et indispensables pour comprendre et pour accepter la seconde, tant ce que j'ai à montrer ressemble peu à ce que leurs panégyristes nous disent de leur pouvoir et de leur conduite en Amérique.

Et en effet la découverte de la Louisiane, ce qu'on ignore, ce qu'on ne soupçonne même pas par delà l'Atlantique fut un grand duel entre Cavelier de La Salle et la Compagnie qui s'acharna d'autant plus à le combattre qu'il était élevé chez eux, et avait un moment porté la robe — Ce fut un duel terrible dans lequel un adversaire loyal, seul contre ces bras ténébreux, courait à chaque instant le risque de succomber sous un coup perfide.

Le sort du poète Théophile, du savant Fréret mis à la Bastille, la ruine de Port-Royal, les persécutions des missionnaires du Japon et de la Chine, celles des saints évêques de la Nouvelle Grenade, et du Mexique, de Dom Bernardin de Cardenas, et Dom Jean de Palafox, des Philippines, montrent entre vingt exemples ce qu'il y avait de dangers à se trouver en concurrence soit en littérature, soit en Religion, soit en Politique — avec cette noire et forte machine

Dont le souple et vaste corps
Étend ses bras jusqu'à la Chine

ainsi que disait le poète Théophile — Cavelier de La Salle dans la lutte qu'il engagea avec eux fut un exemple de ce qu'il en pouvait coûter de leur nuire dans leur commerce — Cette assertion n'a rien d'étrange, ni de nouveau que je sache soit au Mexique, soit à la Chine, soit même à la Martinique — Pour ce qui est du Canada, si cela est moins connu, ce n'est pas non plus une énigme d'une solution fort difficile — Les Jésuites ne voulaient pas permettre l'établissement des postes voisins de leurs missions qui étaient de vrais comptoirs et ils ne voulaient pas davantage être devancés dans l'intérieur des terres parce qu'alors les sauvages au lieu de porter leurs pelleteries aux Pères, les eussent portées à ceux qui occupaient les frontières. — C'est le mot de tous les obstacles qu'ils suscitèrent à Cavelier de La Salle — Ces obstacles font, Monsieur le Ministre, de l'histoire de cette entreprise la partie la plus saillante de l'histoire de nos découvertes, tant par les misères et les dangers, les privations, la ruine et la mort du découvreur, par sa constance, son adresse, l'étendue des ressources de son esprit si énergique, que par la richesse et l'immensité des pays découverts —

Grâce aux documents, et que j'ai pu recueillir sur cette partie, cette histoire se déroule avec toutes les péripéties les plus romanesques et le grand homme vengé de ses ennemis nous apparaît enfin après deux siècles d'oubli dans toute l'infortune de sa glorieuse vie — Appuyés par les documents de la première époque, ces derniers accusent et convainquent les adversaires de Cavelier de La Salle d'embuscades continuelles, de guet à pens et l'on ne peut plus douter de la conduite tenue par eux dans la découverte de la Louisiane quand avant Cavelier de La Salle je puis les montrer agissant de même envers les Biencourt de Poutrincourt, les Pionniers de l'Acadie, envers les Récollets qui eurent l'imprudence de les appeler dans leurs missions où les Jésuites les supplantèrent, envers les Sulpiciens dont ils entravèrent l'établissement à Montréal, enfin envers tous les officiers du Roy qui ne voulurent pas se soumettre à eux comme les Voyer d'Argenson, les d'Avaugour, les Mézy, les Courcelles, les Frontenac Gouverneurs, les Deronne d'Auteuil, les Jean Talon Intendants puis après Cavelier de La Salle envers Lamothe Cadillac fondateur du Détroit qui écrivait à leur sujet fort spirituellement au Ministre Pontchartrain — « Vous souhaitez que je sois ami des
« Jésuites et que je ne leur fasse point de peine — Je n'ay trouvé après y avoir bien rêvé que trois
« voies pour y parvenir, la première est de les laisser faire, la 2ème de faire tout ce qu'ils veulent
« la 3ème de ne rien dire de ce qu'ils font — En les laissant faire les Sauvages ne s'établiront point
« au Détroit et ne s'y feront point établir — En faisant ce qu'ils veulent, il faut faire tomber ce
« poste et en ne disant rien de ce qu'ils font il faut faire ce que je fais et malgré ce dernier
« point essentiel je ne puis encore les engager d'être de mes amis. » Ces trois conditions pour plaire aux Jésuites donnent bien la mesure de ce qu'ils firent en Canada, dans tous les temps et principalement contre Cavelier de La Salle, ce fut

pour n'avoir pas employé toutes ses grandes facultés à leur profit et de connivence avec eux que Cavelier de La Salle trouva
dans leur compagnie une ennemie mortelle et souvent atroce — qui amis ne craignit jamais d'employer les
moyens les plus coupables contre lui — soit qu'elle voulût l'arrêter dans l'établissement de nouveaux postes sur
le lac Ontario, à Niagara, au Détroit, aux Illinois et plus bas vers le Mississipi, soit qu'elle voulût empêcher ses
découvertes — Dans ce dessein on vit les Jésuites par leurs intrigues arriver à faire dépouiller Cavelier de La Salle
de ses établissements qui étaient son bien pour y rentrer eux-mêmes, — chassés par ordre du Roi trouver le
moyen d'y rétablir, et après avoir fait rappeler le Gouverneur qui protégeait le découvreur
s'emparer des deux autres qui succédèrent à celui-ci et s'en faire des instrumens de leur haine, au point
d'avoir donné lieu à une des guerres les plus cruelles qui aient désolé le Canada — Enfin sans en dire
plus, s'il n'avait dépendu que d'eux le découvreur aurait été plusieurs fois pillé, ruiné, assassiné
— tous les hommes qui le volaient trouvaient refuge auprès d'eux — Avant sa grande découverte commencée
en 1678 il avait été déjà empoisonné — Le misérable qui avait commis ce crime porte le nom d'un homme
auquel le Père de Charlevoix accorde les plus grands éloges — Enfin Monsieur De La Barre avait donné
Monsieur De La Salle à massacrer aux Iroquois et complice volontaire des Jésuites, avec lesquels
du reste il faisait le commerce, il envoyait en même temps un homme à lui s'emparer du fort des Illinois, pendant
qu'il mettait la main sur le poste de Cataracouy. — Mr De La Barre, vieillard, homme cupide, et estimé par Colbert
dès 1664 comme homme de peu de conseil ne devait pas être difficile à manier pour une compagnie si habile à
exploiter les passions et les faiblesses — Il en fut à peu près de même de Mr De Denonville, parfait
honnête homme, mais manquant lui aussi de jugement sûr et ferme. Le duc de St Simon l'a bien apprécié
— Quant à ce qui est de l'ambition que les Jésuites avaient de faire cette découverte si j'avance ce fait il
ne m'est pas encore moins difficile de le prouver — A peine Monsieur De Beaujeu dont la basse jalousie
et le sot amour-propre firent manquer l'audacieuse entreprise proposée par Mr De La Salle au Marquis
de Seignelay, fut-il de retour en France, que les Jésuites demandaient eux-mêmes un
vaisseau pour aller reconnaître l'embouchure du Mississipi à laquelle Mr De Beaujeu n'avait pas
su la remonter, lorsque Mr De La Salle s'est aperçu qu'il l'avait dépassée — J'ai leur demande entre
les mains et cette preuve est concluante pour eux-mêmes qui ne doivent pas cacher ce désir manifesté à
l'époque où Cavelier De La Salle ayant découvert le Mississipi par l'Ohio, les Jésuites y voulurent
arriver aussi avec Joliet et désirent accompagner ce voyageur par le père Marquette.

Le nombre des papiers que j'ai réunis sur les entreprises du découvreur de la Louisiane qui devient
de plus en plus grand à mesure qu'on pénètre plus avant dans sa vie, est fort considérable et offre partout les détails
les plus inconnus dont ceux que j'ai signalés tout à l'heure ne sont qu'une bien faible partie et loin, mais pour
voir même qu'on soupçonna l'intérêt de cette existence, tant les livres qui la retracent sont
loin d'en donner l'idée que nous trouvons dans les papiers — Une partie de ces papiers sont de la main
même de Cavelier De La Salle — plusieurs sont adressés à des amis intimes.

Le chiffre des pièces que j'ai sur les découvertes qui se sont faites de 1667 à 1687 s'élève au delà de
250 et dans le nombre si je comprends de simples extraits il y a fort souvent aussi des documens
fort étendus, plusieurs même ont de 50, 60, à 80 pages et il en est un qui en compte plus de 600.
encore est-il malheureusement incomplet — C'est le mémoire de Joutel, dont d'Iberville se servit
lorsqu'il acheva la découverte de Mr De La Salle.

Malgré l'élévation du chiffre de ces pièces, Monsieur le Ministre, je n'ai point encore achevé ni mes
recherches ni mes copies sur cette découverte. — Il y a des lacunes en certains endroits importants — Or
d'un autre côté je sais que certains mémoires qui pourraient les combler ont existé — L'abbé Cavelier
et un Père Récollet avaient adressé au retour de la dernière entreprise d'où ils ne revinrent que
sept de deux cents qu'ils étaient partis des mémoires au Ministre — Puis en 1740 Mr Le Baillif auditeur
à la Cour des Comptes de Paris mort en 1789 c'est-à-dire il n'y a que cinquante ans possédait les journaux d'entreprise
de son grand oncle — Il faut donc trouver ces papiers — A cet effet je vous ai prié d'adresser une lettre à Mr
le Maire de Rouen — 3° Je dois voir les papiers des Princes de Conti afin de m'assurer si les lettres que
Cavelier De La Salle a écrites à l'un d'eux, son protecteur, n'y seraient point encore — J'aurai besoin pour
cela d'une lettre de vous à M. Biesta. — Enfin j'ai à voir les papiers des maisons professes des Jésuites qui
sont je crois du moins en partie à l'ancien Collège de Louis-le-Grand pour y chercher dans leurs
écoliers dans leurs professeurs si je ne trouverais pas le nom du Découvreur — Cette dernière chose
est de peu d'importance mais ce qui est d'un réel intérêt c'est de pouvoir montrer l'enchaînement
des événemens de la Colonie avec les découvertes de Cavelier De La Salle — Or il me reste sur
ce point bien des notes à prendre, quoique j'en aie beaucoup pris dans un temps où mon travail ne
m'était point encore commandé par votre Département — Les querelles de Mr De Frontenac
ennemi des Jésuites et de Mr Duchesneau, leur créature qui s'acharnaient contre lui — La part que
Mr De La Salle prend dans le procès fait à l'abbé de Fénelon, frère de l'archevêque de Cambrai et
non le futur archevêque lui-même comme dit le Père Hennepin — Et encore les revirements de partis
dans la Colonie lorsque l'Intendant De Meulles, qui succéda à Mr Duchesneau, [illegible]
du parti du Roi dont Mr De Frontenac était auparavant le chef, pendant que les deux Gouver

reurs qui remplaçant le Mari de la Reine, se feront les instrumens de la faction des Jésuites — Tous
les faits principaux de la guerre soulevée par les Pères à l'occasion de M.r Delasalle, ain
que d'autres points encore, méritent d'être étudiés avec soin quoique secondaires — Cette vie étant
importante aujourd'hui par l'intérêt que plus de douze États de l'Amérique du Nord peuvent y att
je ne croirais pas pouvoir les négliger —

Ce qui par exemple me reste à prendre sur D'Iberville, sur Lesueur, sur Bienville est peu consid
— Les pièces que j'ai déjà recueillies sur eux se montent à peu près à 55 – les deux journaux de bord, tenus
1698-99 – l'un par D'Iberville montant la Badine, l'autre par l'Équipage du Marin commandé
par M.r Desurgère, ont chacun près de 100 pages – Les autres rapports sont il est vrai moins étendu

Quant aux Mémoires qui terminent les Découvertes de cette époque, ceux de Sagean et de Bienvi
n'en contiennent guères à eux deux plus de 120 ou 130 —

Ainsi la Découverte de la Louisiane qui occupe presque toute la seconde série embrasse
près de 300 documents dont plusieurs sont fort volumineux, tous du plus haut intérêt et tous i
nus à l'exception de quelques uns que j'ai communiqués à 3 ou 4 Américains de mes am
Cette série donc, je ne crains pas de le dire ne doit le céder par l'intérêt à aucune publica
comme les deux hommes qui l'occupent presque tout entière ne le cèdent en rien à aucun pay
— Si l'on considère en outre que c'est comme je l'ai dit l'histoire de la découverte du sol sur
lequel sont aujourd'hui établis plus de 10 des États Unis, votre Département Monsieur le
Ministre ne pourra que s'applaudir d'avoir coopéré à une œuvre qui lui fera le plus grand hon
dans le nouveau Monde — car l'on peut dire que si Cavelier Delasalle a découvert la Louis
nous avons pour nous découvert sa découverte pardonnez moi cette expression

Documens trouvés sur la troisième époque des Découvertes.

Cette expression toutefois serait encore plus juste pour la troisième série de mes Documens, car
là, l'histoire que je présente est une véritable création — Ses proportions il est
vrai sont moins vastes que dans la Découverte de la Louisiane, mais tout y est neuf, jusqu'au nom
même ou peu s'en faut de celui qui fut le chef de cette entreprise — Les Varennes de La Vérendrye ne
sont pas non plus par leurs faits à la taille ni de Cavelier de La Salle ni de D'Iberville — Ce sont là
encore toutefois de nobles caractères trempés d'héroïsme, qui doivent porter au loin le respect
de notre pays — Vous en pouvez juger, Monsieur le Ministre, par ces deux faits seuls — Cette terrible
Bataille de Malplaquet où nos soldats à jeun depuis plus d'un jour, jetèrent pour combattre
le pain qu'ils venaient de recevoir — Gautier de Varennes qui vingt ans plus tard devait être
chargé de découvrir la mer de l'Ouest par l'intérieur des terres du Canada, alors lieutenant
au Régiment de Bretagne resta couché sur le champ de bataille laissé pour mort. Il avait
en effet neuf blessures — 40 ans plus tard, c'est à dire à l'âge de 74 ans après qu'une justice tardive
lui était rendue par un Gouverneur homme d'une intelligence supérieure et d'un cœur parfait, — qu'on s'éta
alors aperçu que lui seul et ses Enfans étaient capables d'achever l'Entreprise de découverte qu'ils avaie
commencée, il allait repartir, accablé par l'âge et les manœuvres pour explorations de pays
sauvages, inconnus qui imposent tant de fatigues et de privations et exposent à tant de dangers.
Il s'en allait pour un voyage à pied ou en canot de plus de 800 lieues quand il mou
Cela serait incompréhensible
Comment avec de tels hommes la France perdit-elle le Canada — Cela serait incompréhensible
assurément si l'on n'en voyait à côté d'autres qui obtenaient des gouvernemens sans avoir rien fait
les récompenses dues aux services — On ne trouva pas d'autre moyen pour récompenser M.rs De
La Vérendrye que de leur retirer l'entreprise de leur père et de les ruiner ainsi — La Commission au Sous
les yeux de la lettre que le Chevalier celui qui avait poussé jusqu'aux Montagnes Rocheuses
écrivait au Ministre — Et il se rappelle ces paroles pleines d'émotion. « feu

in date du 30 7bre 1750.

« mon père a marché et nous a fait marcher mon frère et moi d'une façon à pouvoir toucher
« au but quel qu'il soit, si le succès n'eût pas été traversé par l'envie . . .
« ... mes retours de cette année recueillis à Montréal et à la suite
« Je n'en suis pas moins ruiné. mes retours de cette année ... je me trouve endetté de plus
« de vingt mille livres — Je reste sans fonds ni patrimoine — Je suis simple enseigne en
« second, mon frère aîné n'a que le même grade que moi et mon frère cadet
« n'est que cadet à l'aiguillette — Voilà le fruit actuel de tout ce que mon père mes frères
« et moi avons fait — Celui de mes frères qui fut assassiné il y a quelques années par les Sioux
« n'est pas le plus malheureux — Malgré ces paroles navrantes, cette lettre demeura comme
bien des demandes demeurent encore dans les cartons où les historiens heureusement au
moins les trouvent ensuite et les découvreurs n'eurent d'autre ressource que de s'aller faire tuer
dans la Guerre de sept ans, ce qui en effet eut lieu — Le Chevalier de La Vérendrye celui qui avait

pénétré jusqu'aux Montagnes Rocheuses, perdu le 15. 9bre 1761 lors du naufrage du navire L'Auguste armé en cartel.

Les 110 à 185 pièces que j'ai réunies, Monsieur le Ministre, sur ce projet d'un passage par l'Amérique du Nord à
l'Océan pacifique complètent à peu de choses près ce que mes autres documens me donnent sur ce même
sujet — Les Américains qui ont succédé à nos entreprises ont goûté du fruit de nos travaux en s'établissant
sur les bords de l'Orégon, ignorent encore ce que nous avons fait dans les mêmes vues — Ils vont
par là disputer puissamment aux Anglais le Commerce des Indes Orientales — Nul doute que nous aussi
avec un Gouvernement autre que celui de Louis XV nous eussions pu par là
disputer à la puissance qui le possédait ce même Commerce, mais quand le serail Royal absorbait
tant d'argent, il n'y en avait plus pour les officiers qui poursuivaient l'exécution de ce projet.

Cette troisième série de documens, Monsieur le Ministre, en montrant des hommes d'intelligence et de cœur toujours prêts à se dévouer pour leur pays offrira quelquefois la faute qui frappe
un peuple inférieur à sa mission en même temps qu'incapable à profiter de ses avantages
en reprenant cette faute toute sa ruine administration judicieuse, nous n'entendrons plus qu'avec
un sourire mêlé de tristesse, il est vrai, Jonathan Carver se vanter d'avoir le premier conçu ce plan
qui nous occupait depuis 1608 et demander en échange à ses compatriotes leurs éloges et leurs bénédictions « L'accomplissement de ce plan disait-il vers la fin du 18e siècle ce voyageur qui poussa
« seulement jusqu'aux sources du Mississipi connues de nous avant 1707 — L'accomplissement de ce plan
« sera effectué un jour ou l'autre je ne fais pas de doute — Ceux qui seront assez heureux pour
« y réussir recueilleront outre les avantages nationaux qui doivent en être le résultat des profits
« personnels au delà de leurs espérances les plus ambitieuses — Lorsqu'ils éprouveront l'enthousiasme
« de ce succès puissent-ils ne pas oublier l'homme qui le premier leur a montré le chemin; en échange
« de toutes mes fatigues je serais heureux de recevoir leurs éloges et leurs bénédictions » — Les
documens que j'ai recueillis signalent avant Carver parmi les Anglais eux-mêmes John Smith
et Dermer — parmi nos Français Samuel de Champlain. Nicolet — les Récollets, les
Jésuites, les Sulpiciens. Cavelier de la Salle. Esprit de Radisson, Greysolon Duluth, Lamothe
Cadillac, de Louvigny — Les Pères de Charlevoix, de Gonor. Les Varennes de La Vérendrye
et d'autres encore même les simples géographes tels que Guillaume Delisle et Buache,
C'était encore ce projet que Mr de Chateaubriant eut dans sa jeunesse avant que Lewis
et Clarke n'eussent atteint l'Orégon

J'ai encore, Monsieur le Ministre pour achever cette troisième série de nos découvertes à prendre
quelques mémoires sur les voyages de Mrs de St Denys, de Bourgmont, Benard de la Harpe et
Denys de la Ronde — Il me manque aussi deux ou trois mémoires importans de Mrs de
Varennes de La Vérendrye. Les rapports que Mr de La Galissonnière Gr du Canada et
protecteur de ces découvreurs eut avec l'Académie des Sciences — Les allusions que Philippe
Buache membre de cette Académie fait aux découvertes de nos Français me permettent
de croire que dans les Archives de l'Institut je pourrais trouver ces
mémoires. Je dois donc les y chercher et la coïncidence que la découverte des premiers Canadiens
avec les découvertes ordonnées par le Czar Pierre, à qui Guillaume de L'Isle en suggéra l'idée
me porte surtout à cette recherche, pour laquelle je dois vous demander encore votre appui
auprès des Membres de l'Institut l'heureux succès de cette démarche et de celles
qui précèdent achèvera ma troisième série mais mon
mon travail auquel je croirois bon d'ajouter quelques pièces relatives au Darien et
à l'Isthme de ce nom

Ces pièces Monsieur le Ministre sont d'une véritable importance et couronneront
bien le travail, dans lequel elles rentrent parfaitement. — Le canal qu'on proposait
encore il y a deux ou trois ans en effet n'a d'autre objet
de communiquer par l'Atlantique avec l'Océan Pacifique et par le grand
Océan avec la Chine, comme nos Français le voulaient faire en trouvant un passage à travers
l'Amérique du Nord ——— La position du Darien est une position si évidemment importante
pour le commerce que Duplessis Mornay voulant attaquer la puissance Espagnole qui envahissait le monde croyait la frapper aux deux flancs en proposant au Roy d'y
être de demander au Sultan allié naturel de la France qu'il lui ouvrit la Mer
Rouge et d'Alexandrie Suez d'envoyer quatre mille hommes à l'Isthme appelé Darien
entre Panama et le Port de Nombre de Dios — « Par ce moyen disait-il on aurait ouvert
« l'autre mer séparée d'un très étroit détroit de terre et delà se pourrait aller aux
« Moluques sans circuir l'Afrique et ne faudrait craindre avec un peu de bonne conduite

que l'Espagnol nous en chassât jamais car le Français est aussi prêt pour secourir le dit pays que l'Espagnol et nous aurons plutôt levé mille hommes dans de mois que de manœuvres pour cette navigation que lui cent. » Ce double plan gigantesque se représenta mais séparément sous Louis XIV. — Leibnitz proposait au Roi de conquérir l'Egypte qui est une route de l'Inde et dans après environ lorsque les Ecossais vinrent s'établir au Darien le cabinet de Versailles appliquait toute sa politique à les en chasser et cherchait à s'y établir lui même. — Ce sont les lettres diplomatiques relatives à cette affaire que je demande Monsieur le Ministre d'annexer ainsi que le projet même d'un Canal qui a été, proposé dernièrement lorsque Mr Garella fut envoyé par notre Gouvernement pour le percement de l'Isthme de Panama — L'auteur ~~[illegible]~~ de ce projet expose des vues toutes différentes de celles de l'Ingénieur des Ponts et Chaussées et je les crois supérieures et moins coûteuses. Selon moi la publication de ces documents ne peut faire que honneur au génie Français — Il est vrai ~~que~~ qu'ils peuvent donner lieu de dire que nous savons voir, mais que nous ne savons pas exécuter

Après ~~vous~~ vous avoir dit, Monsieur le Ministre, ce que j'ai déjà recueilli sur nos découvertes dans les anciennes colonies de l'Amérique du Nord, après vous avoir signalé ce qui me restera faire si je me résume — Je compte aujourd'hui plus de 450 documents nouveaux, 50 anciens neufs et parmi tous ces documents beaucoup sont fort volumineux — Il faut ajouter à ces documents des calques de cartes originales de la main même des Découvreurs — Ces cartes jusqu'ici sont au nombre de 16 fort curieuses et quelques unes sont très vastes — Elles donnent elles mêmes souvent des documents qu'on ne trouve pas dans les mémoires, telle par exemple l'application galante du nom de Divine donné à la Rivière de Teakiki et qui n'est autre que celui de Mlle d'Outrelaise qui le partageait avec la femme du Gr de Canada Mr de Frontenac, laquelle avec la Comtesse de Fiesque avait été nommée des Maréchales de Camp de la Grande Mademoiselle — Quant à ce qui me reste à copier et à rechercher maintenant, d'après ce que j'ai eu l'honneur de vous dire vous pourrez voir que cela est peu considérable en proportion de ce qui a été fait — Mes recherches, à part quelques documents majeurs doivent aujourd'hui surtout porter sur des papiers qui éclairent les faits, mais ne devront pas être imprimés, — Ils serviront ~~[illegible]~~ principalement aux notes, — Ces recherches et les copies achevées je commencerai à rédiger l'Introduction sur la ~~[illegible]~~ j'appellerai antérieurement l'attention du Comité.

Telle est, Monsieur le Ministre ainsi que vous m'avez fait l'honneur de me le demander la situation présente de l'ouvrage dont l'exécution est confiée à mes soins — Je souhaite que cet exposé puisse vous satisfaire, car après tout le travail, après les peines que m'a coûtées cette collection dont j'omets ici un grand nombre de matériaux indirects, j'ai besoin de l'aide, de l'encouragement de votre Ministère ayant l'espoir de mettre en œuvre tous les documents que j'ai recueillis

Agréez, Monsieur le Ministre l'assurance
de mes sentiments respectueux avec lesquels
j'ai l'honneur d'être

Votre très humble et très
obéissant serviteur

Pierre Margry

11. Rue du Mont-Thabor

Monsieur le Ministre,

Après avoir poursuivi dans les divers dépôts de manuscrits de Paris la recherche des papiers relatifs au recueil dont [illegible] j'ai l'honneur d'être chargé, croyant avoir vu ce qui existait de plus intéressant à ce sujet, je prends la liberté de vous demander de nouveau les moyens d'aller dans la Province reconnaître ce qui pourrait m'intéresser.

La Mission que je prierais Votre Excellence de vouloir bien m'accorder aurait pour objet nos découvertes en général dans l'Amérique du Nord, mais principalement les explorations de Cavelier de La Salle au sud et à l'ouest de ce continent. Le désir manifesté par le comité, de voir avant [illegible] l'ensemble des travaux de ce grand homme doit porter en effet tout d'abord mon attention et mes efforts sur cette vie si remplie de gloire, et d'infortune et pourtant si peu connue.

Malheureusement je n'ai pas de données certaines sur les lieux où je puis trouver les papiers qui combleraient les vides restés dans mon travail, je ne sais pas non plus qui les possède aujourd'hui, je ne sais qu'une chose, c'est qu'il en a existé, je connais encore le nom de celui qui les possédait en 1744, je pourrais aussi indiquer la substance de quelques uns de ces papiers, mais quant au reste, j'en demeure aux conjectures. C'est pour confirmer ce qu'elles ont de probable que je prends la liberté de vous demander cette mission.

Les papiers relatifs aux découvertes de De la Salle que je désire obtenir sont de deux espèces. Les uns sont de lui-même, les autres sont seulement de la main de ceux qui l'ont suivi dans ses entreprises.

Les papiers que j'ai de Cavelier de La Salle jusqu'aujourd'hui

sont des lettres à Frontenac, aux Gouverneurs, aux Ministres, mais outre
que ces papiers ne sont pas toujours complets, il a laissé des
journaux qui seroient d'un bien plus haut interet à connaitre —
ce sont ces journaux que je voudrais obtenir, — je les ai jusques ici
cherchés inutilement mais peut être les trouverai-je en province.
Voici ce qu'en écrivait en 1744 l'Ingenieur de la Marine Bellin
dans ses remarques sur les cartes et les plans qu'il avait été
chargé de dresser pour joindre à l'histoire du Père Charlevoix —
« J'ai changé le cours de l'Ohio et de la Rivière Ouabache — je dois
« ces connoissances aux manuscrits du Dépôt parmi lesquels il
« y en a quelques uns de Monsieur de La Salle et ceux qui me manquaient
« m'ont été communiqués par Monsieur Le Bailliff auditeur
« des comptes arrière neveu de ce fameux voyageur qui a sacrifié
« son bien et sa vie pour la découverte de la Louisiane — »
Comment ces papiers sont ils tombés entre les mains de Monsieur
Le Bailliff, dans quelles mains ont ils passé depuis. Telles seront
les informations que je voudrais obtenir et qui me semblent
indispensables pour rendre au grand jour et à la renommée
des papiers, auxquels leur possesseur actuel n'attache peut
être aucun prix.

Les espérances que cette note de Bellin m'a fait concevoir
me troublent d'autant plus que j'ai lieu de croire que je trouverai
dans ces journaux le récit de la seconde expédition dans
laquelle Cavelier de La Salle découvrit le Texas, or jusqu'aujourd'hui je n'ai rien de complet sur cette partie

Je puis à l'extrême rigueur, avec les mémoires que j'ai déjà
trouvés, me tenir satisfait sur les découvertes de 1678 à 1683.
~~[illegible]~~ mal connues du public, — j'aurais besoin il est vrai
d'avoir de plus grands éclaircissements sur celles de 1672 à 1678
entièrement ignorées, si ce n'est de Colbert ; mais je regrette surtout
les lacunes dans l'expédition de 1684 à 1687 — expédition
dans laquelle Cavelier devait achever par mer la découverte
de l'Embouchure du Mississipi et suivi d'un petit nombre
d'hommes, aller avec l'audace des conquistadores, d'un
Cortez, s'emparer des mines de la Nouvelle Biscaye appartenant aux Espagnols avec qui on était en guerre.

Le seul livre publié sur cette partie des travaux de Cavelier
de la Salle est un resumé du Journal de Joutel qui servait
de second dans cette entreprise — ce livre estimé par ceux qui
ne connaissent que lui, n'est à mes yeux d'aucune valeur par
la connaissance que j'ai du Journal même et d'autres
papiers inédits, mais si nous sommes plus heureux que le
public, nous ne le sommes pas assez puisque nous pouvons l'être davantage — Il est donc nécessaire de se compléter sur ce point.

Les papiers de La Salle nous le permettraient vraisemblablement et si j'avais la bonne fortune de les ~~[illegible]~~ rencontrer quoi
qu'elle me coutât de ~~[illegible]~~ recherches je m'estimerais bien heureux
car cette dernière expédition fut on ne peut plus malheureuse,
les périls, les fatigues du Découvreur (1) y furent immenses

(1) mot employé par Voltaire, le Chevalier de Fleurieu, — M. de
Humboldt et autres.

et ses journaux nous révéleront sans doute aussi quelques unes des tortures de son âme dans les cruelles situations où il s'est trouvé, situations dont la plus terrible n'a pas été assurément à l'heure de son assassinat. — La différence que j'ai remarquée entre celles des lettres qui nous restent et celles de ses compagnons doit faire grandement désirer de retrouver tous les écrits qu'il peut avoir laissés, ses écrits devant comme les premiers être empreints de toute sa supériorité.

Si la fortune ne me servait pas de ce côté dans mes explorations, elle m'ouvrirait sans doute au moins quelque compensation pour payer mes démarches.

Des papiers font mention d'un mémoire de l'abbé Cavelier, frère de Cavelier de la Salle, l'un des cinq Français seuls revenus de deux cents qui étaient partis pour cette expédition. Quels qu'aient été mes efforts, je n'ai pu le trouver jusqu'aujourd'hui, mais la valeur que doit avoir ce document pour la collection ne me permet pas d'en demeurer là. — Je dois chercher encore.

La valeur que je suppose à ce document lui vient de raisons différentes. — La première et la principale, c'est que l'abbé Cavelier a été acteur et témoin de cette grande et malheureuse entreprise, que pendant un moment son rôle y a été d'un caractère religieux parfaitement beau. — La seconde c'est que nous pourrions espérer d'avoir quelques détails intimes sur l'esprit et les qualités de Monsieur de la Salle, que ses ennemis se sont plu à représenter sous les plus sombres couleurs. — Le titre de frère ne nous ferait pas craindre un excès de partialité en faveur de Monsieur de la Salle, car les mésintelligences de l'expédition avaient jeté un grand froid entre lui et l'abbé. — L'abbé me semble avoir été un homme un peu faible et c'est là un des motifs qui doivent rendre ce mémoire plus curieux aussi, en ce qu'il nous permettrait de mieux apprécier les peines de la découverte, lesquelles, vues par un plus grand courage, le courage d'un soldat, comme Joutel, se feraient moins apparentes. Enfin si je parvenais à trouver ce mémoire il compléterait le Journal de Joutel même, auquel il manque déjà 4 Cahiers — lacunes bien déplorables, puisque c'est avec la correspondance de Messieurs de la Salle et de Beaujeu le seul document d'un haut intérêt que j'aie sur la dernière partie de cette découverte. — Toutefois, dans les mêmes lieux où je cherchais les mémoires de l'abbé Cavelier, je pourrais espérer de rencontrer une autre copie de ce Journal, et ce n'est pas non plus une des moindres considérations entre celles qui m'engagent à vous faire, Monsieur le Ministre, la demande de cette mission.

La province où je désirerais principalement aller sans être toutefois obligé de m'y tenir à une ville, car les renseignements que j'attendrais peuvent m'envoyer dans plusieurs, ce serait la Normandie. — Les Cavelier étaient de Rouen, Joutel en était également. Mais il y a toute probabilité que les descendants n'y seront pas restés, cependant j'ai besoin de suivre leurs traces pour reconnaître celles de mes papiers.

Étant en Normandie je serais fort peu éloigné d'une province où j'espérerais trouver quelques documens, si vous vouliez bien me permettre d'y aller.

Il y avait dans l'Artois des Récollets auxquels appartenaient par leurs relations ceux qui accompagnèrent Cavelier de La Salle. Le Père Chrétien Le Clercq, cousin du Père Zénobe Membré qui périt dans l'expédition sur les côtes de la Nouvelle Biscaye, semble avoir eu pour faire son histoire de l'Établissement de la foi, les mémoires du Père Zénobe d'abord concernant l'expédition de 1678 à 1682, puis ceux du Père Anastase qui fut du dernier voyage aussi mais qui en revint et accompagna plus tard d'Iberville lorsque celui-ci alla chercher l'embouchure que la mauvaise volonté de Monsieur de Beaujeu avait fait manquer à Mr de La Salle. — Les mémoires de ces pères seraient intéressants à connaître, car ils paraîtraient d'après l'Établissement de la foi contredire le journal de Joutel sur divers points, mais particulièrement au sujet de l'assassinat de Cavelier de La Salle et de celui de son neveu. Le Père Le Clercq autant qu'il m'en souvient, n'ayant pas le livre chez moi, avance sur la foi du Père Anastase que Mr de Moranget vécut assez pour pardonner à ses assassins, qu'il en fut de même de Cavelier de La Salle et que celui-ci fut enterré par le Père Récollet, tandis que le récit de Joutel, on ne peut plus attachant dans sa simplicité, est tout contraire aux allégations du Père Chrétien Le Clercq. Selon lui, Cavelier de La Salle périt du coup et son corps dépouillé de ses vêtemens fut poussé d'un coup de pied dans les halliers et abandonné aux loups et aux oiseaux de proie — Selon Joutel encore le Père Anastase et l'abbé Cavelier se jetèrent à genoux attendant aussi la mort et vraisemblablement craignant pour leur vie ils se gardèrent bien, devant les meurtriers furieux, de la moindre marque de sympathie aux restes du grand homme — Je crois donc suspect le récit du Père Anastase du moins celui du Père Le Clercq arrangé pour le plus grand honneur de l'Ordre, mais je n'en serais pas moins curieux de connaître ces mémoires.

Si les papiers des Récollets sont conservés dans cette province, j'y trouverais peut-être avec ceux des Pères Zénobe et Anastase quelques lettres du Père Louis Hennepin ce moine imposteur qui mal satisfait de l'honneur d'avoir remonté le premier jusqu'au Saut Saint-Antoine, vanta des terres que celui des autres découvertes de Cavelier de La Salle et poussa l'impudence jusqu'à offrir au Roi d'Angleterre ces terres qu'il disait sa propriété — Le Père Hennepin fabriqua assurément bien des lettres et bien des mémoires pour étayer ses mensonges — Il serait intéressant de pouvoir reconnaître tout ce qu'il fit dans les égaremens de sa folle vanité, se disant persécuté par les envieux de sa gloire et cherchant à retenir sur lui l'attention publique contre tout droit.

Tous ces vides que je signale, Monsieur le Ministre, dans ma collection seront sans doute des motifs suffisans pour déterminer votre Excellence à m'accorder la demande que je lui fais. — Il y a un obstacle je le sais, c'est que ma demande repose seulement sur des probabilités et non sur des indications certaines, mais lorsqu'ils

s'agit d'un travail du plus haut intérêt, on ne peut pas ne
pas avoir le cœur net de toutes ces conjectures qui jusqu'à
ce qu'elles soient démontrées fausses, donnent autant de désirs
et d'inquiétudes que si c'étaient des croyances établies — je
(puis-je le dire aussi) Tous les importants papiers que j'ai soumis à Votre Excellence
et au Comité, je ne les ai guères obtenus que par les voies les
plus indirectes et sur des données presque toujours conjecturales
[illegible]
[illegible] — C'est ainsi que j'ai
trouvé moi-même ceux sur les commencements de Monsieur
de La Salle qu'on ignorait entièrement et cette découverte
m'a montré en même temps qu'il fallait faire la part au hasard,
ces papiers étant demeurés jusqu'en 1842 ou à peu près dans les
combles de la Bibliothèque Mazarine.

Si cependant des conjectures seules ne pouvaient décider
à m'accorder ma demande, Monsieur le Ministre, j'y
ajouterais une certitude qui regarde une partie des découvertes autres que celles de Cavelier de la Salle — Il existe à
Dieppe entre les mains du Bibliothécaire un manuscrit
du fondateur de Québec Samuel de Champlain qui poussa
les découvertes assez avant dans l'Amérique du Nord, reconnut les terres jusqu'à Boston et jusques près du Lac Huron.
Les manuscrits de Dieppe fournissent aussi des détails sur
les expéditions des Français à la Floride sous Coligny — Il
serait d'autant plus intéressant de les consulter que le
chef du voyage, le capitaine Ribaut avait pris part aux
guerres religieuses, comme on le voit dans l'histoire de Dieppe
de Mr Vitet. Ces renseignements sur ces deux points si je
n'en trouve pas sur d'autres, ce que je ne crois pas, seront
des notes utiles à la collection. J'aurai toutefois tout d'abord
en vue Cavelier de la Salle pour satisfaire aux intentions
du Comité.

C'est là en effet l'objet majeur auquel malgré leur
intérêt les autres découvertes des Français et les plus belles
(d'autres) celles des étrangers n'ont rien de comparable — Aussi je pense,
si peu qu'on puisse être sûr du succès de ses démarches,
qu'il ne faut pas les ménager, quand il s'agit d'un
tel homme et de telles actions — Je n'ajouterai donc
plus qu'un seul mot — Votre Excellence ne peut oublier
que la collection dont elle m'a fait l'honneur de me
charger, intéresse deux grands peuples, la France et
les États Unis — Si vous voulez bien aussi considérer
Monsieur le Ministre que l'influence actuelle des
États Unis date principalement du jour où Napoléon
a cédé l'ancienne Louisiane à Jefferson, que l'ancienne
Louisiane a été la cause et le moyen des derniers agran-
dissements de l'Union du côté du Texas, de l'Oregon, de
la Californie et du Mexique, enfin que l'ancienne
Louisiane française doit être un jour le centre de la

grande republique Americaine, vous apprecierez également l'interêt avec lequel une nation plus attachée que toute autre à ce qui l'ennoblit à ses propres yeux, accueillerait si j'avais le bonheur de les trouver, les papiers de l'homme intrépide qui a découvert au milieu de difficultés presque insurmontables, l'espace occupé par dix de ses Etats — vous comprendrez l'honneur qui en rejaillirait dans ce vaste espace sur votre Excellence et sur le Comte Sebastiani en dirigeant ces recherches.

J'ai l'honneur d'être,

avec respect

Monsieur le Ministre.

Votre très humble et très obeissant serviteur

Pierre Margry.

Monsieur le Comte de Salvandy.
Ministre de l'Instruction Publique

Régence du Duc D'Orléans.
Conseil de Marine.

Recherche d'un passage à la mer du Sud par l'Intérieur des Terres du Canada (1ère découverte des Montagnes Rocheuses par les Français)

1. 1716. 12. 9bre. lettre signée L. A. de Bourbon — et Mal d'Estrées.

Messieurs de Vaudreuil et Begon proposent pour étendre le commerce du Canada et rendre cette colonie plus utile à la métropole, de faire la découverte de la mer de l'Ouest. — Ils exposent les rapports sur lesquels ils ~~basent leur projet~~ et présentent les moyens qu'ils estiment les plus propres à assurer le succès de cette Entreprise; enfin les avantages qui à leur avis, en ressortiraient.

Le projet de Mrs Vaudreuil et Begon semble leur avoir été inspiré par le rapport d'un voyageur nommé Noyon que les Sauvages Assinipoils avaient vingt ans auparavant voulu mener à la mer de l'Ouest — Une note placée en tête du projet, indique la décision du Conseil, mais je la trouverai plus amplement sans doute dans les registres des dépêches du Roi qui malheureusement ne vont que jusqu'en 1737.

2. 12 9bre 1716. — Pièce jointe à la précédente lettre, intitulée : chemin du lac Supérieur au lac des Assiniboels d'où on va par une rivière à la mer de l'Ouest.

— On trouve dans ce document, comme l'indique son titre, l'itinéraire à suivre depuis le lac Supérieur jusqu'au Lac aux Iles, autrement appelé des Assiniboels ou gens de la Pierre Noire — Ce lac n'a pas moins de 500 lieues de tour.

Selon ce mémoire, c'est au bout de ce lac que coule une rivière qui tombe à en croire les Sauvages, dans la mer de l'Ouest.

3. 26 Juin 1717. Extrait du Mémoire du Roy à MM. de Vaudreuil et Begon et d'une lettre de ces derniers en date du 20 8bre signé L. A. de Bourbon — Mal d'Estrées.

Le Roi approuve l'Etablissement des trois postes proposés par le Marq. de Vaudreuil pour aider à la découverte de la Mer de l'Ouest. à savoir, le 1er dans la Rivière de Kamanistigouia près du lac Supérieur le second ~~lac~~ au lac des Cristinaux et le troisième à celui des Assiniboels, mais le Roi compte que ceux qui feront cette découverte trouveront à s'indemniser par la traite des pelleteries.

Mrs Mrs de Vaudreuil marquent qu'ils ont fait partir au mois de Juillet de cette année le Sieur de La Noue lieutenant avec huit canots pour faire ces trois établissemens et suivre la découverte. Ils donnent le compte de la dépense qu'ils pensent devoir être faite par le Roi, les mouvemens auxquels seroient naturellement obligés les gens qu'on y emploieroit et le grand éloignement leur interdisant tout moyen de traite.

Demandent des officiers qui sachent dessiner et prendre hauteur pour faire les observations et lever les plans

---

4. 20 Janvier 1723. Lettre adressée à Son Altesse Sérénissime le Comte de Toulouse par le Père De Charlevoix.

Chargé vers 1720 d'aller dans les [illegible] postes principaux de l'Amérique du Nord prendre toutes les informations possibles pour arriver à la découverte d'un passage à la Mer de l'Ouest, il rend compte rapidement de son voyage.

Il s'est enquis auprès de tous, Canadiens ou Sauvages, de l'objet de sa mission allant partout où il a cru pouvoir trouver de nouvelles lumières. Malheureusement il a à se plaindre du peu de souci que prennent les Canadiens de s'instruire sur le pays qu'ils parcourent — Arrivé à la Baie des Puans aujourd'hui Green Bay, il comprend l'importance d'aller au Lac Supérieur étant retourné à Michilimakinak afin de prendre des mesures pour aller aux postes de ce lac — Il rencontre le Sieur De La Noue que la lettre précédente de Mr de Vaudreuil nous montre allant établir les trois Postes, mais il n'obtient de lui que la confirmation de ce que lui avoit dit le Sieur Pachot qu'au delà des Gens du Brochet, il y avait une autre nation qui n'était pas loin de la mer — Un Sauvage de cette dernière nation accompagnait Monsieur Dela Noue, mais il avait été pris si jeune qu'il ne pouvait rendre compte de rien. Le Père de Charlevoix envoie ensuite des mémoires aux Commandans des postes situés vers les Sioux, pensant que par leurs rapports avec ces peuples il pourroit recevoir d'eux quelques indications qui lui seroient utiles. Il fait sonder aussi ces nations pour savoir si elles seroient encore disposées à écouter un missionnaire.

Arrivé aux Kaskaskias il converse avec un grand nombre de Canadiens qu'il y trouve et qui ont voyagé longtemps sur le Missouri, mais les contradictions de leurs rapports l'empêchent de faire fond sur eux. Il descend alors à la Nouvelle Orléans, de là ensuite au Biloxi où il demeure six semaines malade. — La faiblesse, suite de sa maladie, bientôt divers obstacles qu'il raconte en peu de mots entre autres un naufrage qu'il fait à la côte de la Floride l'empêchent quoiqu'il le veuille, de retourner au lac Supérieur où il se proposoit d'interroger lui même les Sioux et s'il ne pouvoit avoir des nouvelles certaines par eux, de s'abandonner à quelques uns qui auroient consenti à le mener à la mer de l'ouest. — Il est alors contraint de retourner en France.

Il termine sa lettre par des considérations déduites de ce qu'il sait et il conclut à l'établissement d'une mission chez les Sioux.

Deux faits de ce mémoire signalent fortement le soin des Espagnols à cacher la connaissance de leurs domaines.

Notes sur les desseins de d'Iberville d'atteindre à la mer de l'ouest par la Baie d'Hudson.

1er Avril 1723. Lettre du P. de Charlevoix au Comte de Morville.

5 Le projet proposé par Monsieur de Vaudreuil d'envoyer cinquante hommes à la découverte de la mer de l'ouest allait s'exécuter quand l'idée de la dépense exigée par cette entreprise arrêta le duc d'Orléans qui résolut d'envoyer un homme s'informer auparavant des moyens de trouver le passage. — Le Père de Charlevoix est choisi dans ce but.

Cette lettre qui traite à peu près des mêmes points que la dernière contient de plus les propositions faites par Charlevoix de faire remonter le cours du Missouri ou d'établir ainsi qu'il en a déjà parlé une mission chez les Sioux. Malheureusement le Régent se détermine à ce dernier projet, et les Jésuites sont avertis de destiner deux sujets à cette mission.

Le Père de Charlevoix offre de nouveau son ministère soit pour établir la mission, soit pour l'entreprise de la découverte par le

Missouri, à laquelle il semble plus porté et qui fut celle qui réussit à Lewis et Clarke..

6 Paris le 11. Mai 1723. — Lettre du Père de Charlevoix.

La réponse qui s'y fait en note confirme ce qu'on vient de lire — Le Roi ne fait pas continuer la découverte, mais établit deux missionnaires dans l'espérance que l'on aurait par ces missionnaires des connaissances qui donneraient lieu de suivre les Découvertes ou d'en abandonner le projet.

7. 26. Juin 1723 — Lettre du Père Charlevoix.

Il souffre de voir le projet de la mission des Sioux sans exécution. Il attend les ordres du ministre pour partir.

Les nouvelles de quelques hostilités avec les Sioux semblent ~~devoir~~, il est vrai, être un obstacle à la mission, mais qu'on songe au second plan qu'il a proposé par le Missouri qui n'est pas d'une aussi grande dépense qu'on se l'est imaginé.

8. 6. Juin 1727. Compagnie des Sioux — Etablissement et conditions de cette compagnie.

Ministère Maurepas. } Ministre de la Marine

Card. Fleury 1er Ministre.

Pierre Gautier de Varennes, Sieur de la Verendrye et ses 4 Fils.

Proposition du Sieur De la Verendrye au Marquis de Beauharnois touchant la découverte de la mer de l'Ouest. Il est arrivé l'automne dernier au poste du Nord. —— D'après la lettre qui est à la suite du Mémoire du sieur De la Verendrye il est évident qu'il nous en manque une partie.

9. Joint à Lettre du Mq. de Beauh. du 10 8bre 1730.

Des Sauvages Criks lui parlent d'une Rivière qui descend droit au couchant du Soleil et qui s'élargit toujours en descendant — Ils font un grand récit de ce pays, de ses terres, de ses nations qui parlent toutes les langues Siouses — Rivière Rouge. — Montagne dont les pierres brillent la nuit et le jour; les Sauvages l'appellent la demeure de l'Esprit et personne n'ose en approcher. Mr De la Verendrye rapporte toutes les particularités qu'il a apprises sur ce pays, ayant cherché à s'assurer du chemin qu'il fallait suivre et d'un guide pour y aller, si on voulait lui en confier la découverte — Rapports de Tacchigis, chef de Criks — Rapports d'un Sauvage donné au Sieur Crapaud, chef du Pays Plat — Mr de La Vérendrye a choisi pour guide à la grande Rivière le Sauvage Ochagach — dont on voit plus bas une carte routière.

Mr De La Vérendrye insiste sur les avantages de cette Découverte.

---

10. 1697—1749. État abrégé des services de Monsieur de La Vérendrye.

Cet état commence à son entrée comme cadet dans les troupes en 1697 et continue jusqu'en 1749 année de sa mort.

On remarque avec un intérêt qui relève à nos yeux le découvreur cette note (1709. Resté à Malplaquet sur le champ de bataille pour mort avec neuf blessures) et ajouté à cet État sa réception comme chevalier de Saint Louis.

---

11. Placet de la Veuve du Sieur de Varennes, ancien Gouverneur des Trois Rivières mort en 1690.

C'est la mère de Mr de La Vérendrye qui s'appelle Gautier de Varennes Sieur de la Vérendrye — Cette lettre par ce la ~~mère~~ seule qu'elle établit a fait a quelque valeur, indiquant la parenté du découvreur et l'état de fortune des siens — Par sa mère il se trouve être le petit fils de Pierre Boucher, sieur de Gros-Bois, souche des Boucherville qui aujourd'hui sont en Canada les représentans les plus honorables de la nationalité Française — Monsieur de la Vérendrye avait un frère capitaine dans les troupes.

---

12. 15. 8bre 1730. Mrs de Beauharnois et Hocquart.

Le Sieur De La Vérendrye propose d'aller fonder un Établissement sur le lac Ouinipigon à 550 lieues du poste de Kamanistigouya — De ce lac d'après le rapport des Sauvages il n'y avait que dix journées courant à l'Ouest pour se rendre à la mer de ce nom et quinze ou vingt en courant à l'Ouest nord Ouest. — Il se charge des frais de l'Entreprise à l'exception des frais pour les sauvages — Les Sieurs de Beauharnois et Hocquart lui ont permis d'aller faire cet Établissement et observèrent que Sa Majesté ne le désapprouvera pas.

Un père Jésuite le Père Sempré accompagne Monsieur De La Vérendrye.

---

13. 1er 8bre 1731. Mrs Beauharnois et Hocquart.

Interrogés sur ce qu'ils pensent du mémoire fait sur l'Entreprise de Mr de la Verendrye ils répondent que les idées de l'auteur ne sauroient être suivies en beaucoup de choses, quoiqu'il ne renferme rien que d'avantageux pour la découverte

14. 2? Janvier 1731. Résumé pour le Roi. Le Roi a écrit le 25 Avril dernier d'envoyer la carte tracée par le Sauvage Ochagach.

Par une lettre du 15 8bre 1730. Monsieur de Beauharnois ~~[illegible]~~ mande qu'il envoie cette carte. Mr de Beauharnois représente que si ce sauvage accuse juste ce fleuve doit se décharger vers l'Entrée découverte par Martin d'Aguilar — Autres remarques qu'a faites le Gouverneur avec l'Ingénieur Chaussegros de Léry.

15. 24 8bre 1730. Monsieur de Beauharnois marque que s'il y a d'après les nouvelles de Monsieur de la Verendrye apparence de reussir dans cette entreprise il envoirra le plus possible de marchandises vers les postes occupés par eux afin d'empêcher les Sauvages d'aller chez les Anglois.

16. La découverte de Monsieur de la Verendrye oblige à rétablir le poste des Sioux, qu'on avait abandonné à cause de la guerre des Renards (18 fev. 1731.)

17. 19 Mai 1731 — Privileges accordés à conditions par M. de Beauharnois pour l'Etablissement du Poste du lac Ouinipigon à Monsieur de la Verendrye et à ceux qui s'y interessent

18.

Deux memoires juxta-posés l'un en regard de l'autre où des objections sont soulevées ici que là on cherche à ruiner. — Le mémoire qui fait les difficultés est sans nom, mais vraisemblablement le Père Charlevoix en est l'auteur. — Les réponses qu'on y fait sont de Mrs M. Beauharnois et Hocquart — si je ne me trompe le mémoire du Père Jésuite s'adresse au Cardinal Fleury.

Une lettre qu'il reçût du Superieur des Missions du Canada, dit l'auteur de ce memoire, releve ses espérances touchant la Decouverte de l'Ouest, espérances qu'il a été obligé d'abandonner. — Il a toujours eu extremement à cœur cette entreprise et il la regarde même comme capable d'illustrer un ministère — prend en conséquence la liberté de joindre ses reflexions à celles de Monsieur De la Verendrye.

Est d'avis qu'il ne faut pas établir de postes sur la route, ce qui feroit tirer la découverte en longueur — Qu'il ne faut pas trop s'éloigner des Sioux qui par eux mêmes ou par leurs alliés, connaissent mieux que d'autres les quartiers de l'Ouest — Il faut d'ailleurs prendre connaissance du lac des Assiniboëls —

Il exprime quelques sentiments, qui me semblent justes, sur la manière dont il croit bon de procéder touchant les renseignemens à prendre, le choix des hommes à engager dans l'Entreprise, les précautions à observer avec les guides, de peur de tomber chez les Espagnols —— Marque enfin que s'il croit la route des Sioux la plus sûre, il l'estime aussi la plus longue et qu'il n'a pas ici proposé d'Etablissement aux Sioux par cela seulement que les personnes auxquelles il devait soumettre ses vues, ne voulaient pas qu'on tentât cette découverte autrement que de proche en proche. — Le Père Charlevoix, comme on l'a su, inclinoit à suivre le cours du Missouri —

Dans les reponses justes quelquefois, quelques autres fois plus faibles au memoire du père on remarque ces deux faits que Monsieur De la Verendrye a ordre de ne point passer les 46 degrés de latitude nord afin de ne se point exposer à tomber chez les Espagnols — Et que le Père Messager est parti avec lui.

---

19 — 24 Juillet 1732. Document d'une importance fort secondaire, mais qui en acquiert par l'interet [illegible] qui se rattache au Découvreur — Elle nous indique quel était mari et où étaient ses biens ——

20 — 15. 8bre 1732. Québec Lettre de Monsieur de Beauharnois

Monsieur de Beauharnois a reçu des lettres du sieur de la Verendrye et du Père Messager — Il rend compte succinctement des embarras que le premier a rencontrés et de ses dispositions pour l'avancement de l'Entreprise pendant cette année.

Les Engagés s'étant rebutés de la longueur du portage de Nantouagan qui a trois lieues et un quart de long — Monsieur de la Verendrye a été obligé d'hiverner à Kamanistigouya. Néanmoins, malgré la mauvaise saison, son neveu Monsieur de la Jemeraye s'est rendu à la rivière de Tekamamiouen, où il a construit un fort par les 47 degrés 15 minutes de latitude. Mr De la Verendrye projette de s'y rendre et de là de pousser au lac des Bois d'où il enverra Monsieur de la Jemeraye au lac Ouinipigon avant d'y aller lui même fonder un poste. —

Par la route que Monsieur de la Jemeraye a tenue pour aller seulement du lac Superieur à celui du lac Tecamamiouen, il n'a pas eu moins de 47 portages à traverser, mais il ont trouvé une rivière qui n'en a que neuf.

Mr Dela Verendrye a envoyé aux Assinibouels des sauvages de Tekamamiouen chargés de présens pour les inviter à venir le voir, mais l'hiver a été si rude qu'il n'en a vu aucun. La guerre que se font toutes les nations entr'elles empêche de trouver des guides — Il a arrêté quelques partis qui allaient en guerre et il s'efforce de concilier les esprits.

---

21. 1733 11. May. Lettre de Monsieur de La Verendrye au Ministre.

— J'ai conservé dans cette copie l'orthographe du découvreur — Elle vaut celle de d'Iberville qui écrivait : « En montans sete rivière je trouvé plusieurs coques de vers à soies, quy sont blanche et dont la soie parest belle — Ils estois attachez à des Solle quy ont la feille tout ta fet tandre — D'Iberville écrivait aussi mes gens de cette façon mes jeans — Le fils le aîné de Monsieur De la Verendrye devenait sous la plume de son père son Ené.

Une partie de la lettre de Mr De la Verendrye traite comme celle de Monsieur de Beauharnois qui précède de ses travaux pendant 1731 et 1732, mais elle entre dans plus de détails.

Il est parti le 27 Juin 1732 de Kamanistigouya pour le lac de la Pluie, est de là allé au lac des Bois — les Creeks venus au devant de lui le conduisent à l'ouest de ce lac à la portée des Assiniboëls où il établit un fort. Sa lettre le décrit. — Envoie son fils à Ouinipigon en établir un autre.

~~Em~~ Adresse au ministre une carte qui représente les pays depuis Gamanistigouya jusqu'à la Grande Rivière qui conduit à l'ouest — Les Sauvages qui en habitent les bords sont plus policés que ceux du Canada — ils sont sédentaires.

Demande au Ministre un peu d'aide pour une entreprise à laquelle il a déjà beaucoup sacrifié, rappelle les services de ses ancêtres et ceux de son père Gouverneur des Trois Rivières pendant 22 ans, et depuis 30 ~~ans~~ qu'il sert lui même, ~~[illegible]~~ ~~de famille [illegible]~~, il croit mériter de l'avancement et prie le Ministre, étant chargé de famille, de vouloir bien le protéger.

Plusieurs endroits de cette lettre montrent son désir d'être utile à la Colonie. Une phrase de cet homme laissé pour mort à Malplaquet avec 9 blessures, fait peine à lire. « J'ai été, dit-il, cinq ans lieutenant dans le Régiment de Bretagne, j'y ai —

reau neuf blessures — N'ayant point de bien pour me soutenir au service en France, je me suis trouvé obligé de revenir en ce pays où je me suis établi et restai dans l'oubli »

22 21 Mai 1733. Copie de la lettre du Sieur de la Verendrye écrite à Monsieur le Marquis de ~~Beauharnois~~ Beauharnois datté du fort Saint Charles au Lac des Bois

Lui envoie son neveu la Jemeraye pour l'informer de tout ce qu'il a fait depuis son arrivée dans ces terres — Là une grande partie de ce qu'on a déjà lu, toutefois avec quelques additions interessantes.

Les Anglais ont détourné les Assiniboëls des Français, dont ils leur ont fait peur avec des mensonges. Monsieur de la Verendrye est obligé de permettre aux Sauvages de ces quartiers d'aller en parti, mais il leur défend d'attaquer les Sioux des Rivières chez qui sont les Français — Ils vont du côté des Prairies.

Peu d'estime des Indiens pour les Anglais qui sont à la Baie d'Hudson — Il a envoyé le calumet de paix aux Sioux — Il attend pour l'Eté l'arrivée des Assiniboëls et des gens du lac

23 Extrait de la Lettre écrite à Monsieur le Marquis de Beauharnois par le Sieur de La Verendrye datté du fort Saint Charles — 25 Mai 1733.

Monsieur de La Verendrye envoie à Monsieur de Beauharnois les colliers qu'il a reçus des Cristinaux par lesquels leur grand Chef fait au nom de sa nation acte de soumission au G^r G^l de Canada

24. Lettre du Marquis de Beauharnois. 28. 7bre 1733.

Résumé des trois lettres qui précèdent auquel se trouvent joints des faits que Monsieur de Beauharnois a reçus verbalement de Monsieur de la Jemeraye. et certaines considérations

Le Sieur de la Jemeraye doit repartir à la fonte des glaces pour se rendre au lac des Bois, d'où il ira à 150 lieues plus loin et ensuite poussera chez les Ouachipouennes autrement dits les Sioux qui vont sous terre, nation située sur la rivière de l'Ouest. à 300 lieues ou environ du lac des Bois — Details sur cette nation. D'après l'Invitation de ~~M~~ M^r De la Jemeraye les Assiniboëls et les Cristinaux ont fait la paix avec elle et y conduiront les Français

M. M. de Beauharnois et Hocquart ~~marquent~~ écrivent que M^r De La Verendrye et ses associés sont hors d'Etat de continuer une découverte à laquelle ils ont déjà donné plus de 43,000. Note du Ministère à ce propos.

25. Monsieur le Marquis de Beauharnois. 8. 8bre 1734.

Envoie au Ministre un mémoire de Monsieur Dela Verendrye : ce mémoire que je n'ai pas trouvé doit l'instruire des démarches faittes parlui pour arriver à sa Decouverte. La guerre des Renards ne peut être un obstacle à cette Entreprise.

Il a représenté à Monsieur Dela Verendrye que le Roi n'entreroit point dans les dépenses qu'elle necessiteroit. Le découvreur lui a remontré de son côté combien elle lui étoit coûteuse et dans quels embarras il s'alloit trouver — Mr De Beauharnois fait l'eloge de Monsieur de la Verendrye, expose les services qu'il rend, ajoute qu'en effet il pourroit être rebuté par les peines et l'argent que coûte l'execution d'un semblable ~~des~~ projet « les avantages qu'on en retire n'étant pas au niveau des dépenses qu'exigent des Etablissemens « et surtout dela nature des siens ».

Le dernier qu'il a fait est au Lac Ouinipigon à 150 lieues des Ouatchipouennes et il compte dans deux printemps se rendre chez ce peuple qui semble se rejouir de l'alliance qu'ils pourroient faire avec les Français.

Mr De Beauharnois a conferé avec Monsieur Dela Verendrye du chemin qu'il devait tenir. Le chemin que Monsieur Dela Jemeraye avait decouvert pour aller du lac Superieur au lac de Tecamamiouen, chemin qui n'avait que neuf portages augmente la Route de 120 lieues et les ~~eaux~~ Sources sont fort basses, de telle maniere que Mr Dela Verendrye se refuse à suivre le Chemin aux 41 portages en ayant réduit le nombre à 32 par les travaux qu'il a fait faire.

Monsieur de Beauharnois termine en reiterant au Ministre que jusqu'ici l'Entreprise est fort dispendieuse à Mr de la Verendrye et mériteroit quelques considerations.

---

26. Lettre de Mr. De La Verendrye au Ministre 12. 8bre 1734.

Je n'ai pas ce journal

Le Ministre concevra par la lecture du Journal combien une pareille entreprise coûte de souffrances, néanmoins ayant eu ordre de la continuer, rien ne l'Empêchera de l'emprunter pour satisfaire aux depenses qu'elle exige, quoique ces depenses qui ne seroient rien pour le Roi soient enormes pour lui. Poussera la découverte aussi loin qu'il pourra — ne saurait donner au Ministre des nouvelles de son voyage avant deux ou troisans et il espère alors avoir assez fait pour mériter sa protection.

---

27. 1734 — Memoire marqué 1735, mais qui est assurément de 1734 – 1735 est l'epoque du travail fait par le Ministre avec le Roi. — C'est, si je ne me trompe, le résumé du

du Journal que Mr De la Verendrye a remis au M. de Beauharnois; Journal que je n'ai pas trouvé et que je regrette a cause du contenu du résumé

Dans ce Journal Monsieur de La Verendrye racontait avec détails ce qui s'était passé dans plusieurs visites que lui avaient rendues les Monsonis et les Assiniboëls — ce qu'il avait appris d'eux touchant diverses mines — Il leur en avait demandé quelques échantillons, mais ceux ci ne pouvaient, dirent ils, lui en apporter que l'hiver suivant allant alors chez les Ouachipouennes afin de traiter des bleds avec eux — Il exposait ensuite les renseignemens que fournissaient ces divers peuples sur cette dernière nation — D'après le rapport des Assiniboëls qui lui avaient parlé des Francais, elle paraissait desirer de lier amitié avec eux.

Les Crecks du Lac Ouinipigon où Monsieur de La Verendrye avait envoyé deux hommes pour y former un Etablissement promettent de ne plus aller aux Anglais si les Francais venoient chez eux leur apporter ce dont ils avoient besoin — Un de leurs chefs vient avec huit hommes voir Monsieur De La Verendrye — Ils l'informent de l'existence de plusieurs mines et de la distance qu'il y a de la R. Rouge au fort Anglais de la baie d'hudson. Selon la promesse qu'il avait faite à ce chef Cris, Monsieur De La Verendrye envoie le 27 Mai 1734 le sieur Cartier fonder au Lac Ouinipigon à l'embouchure de la Rivière Rouge un fort qu'on nomme fort Maurepas —

Après quoi il descend lui même à Montréal. Avant son départ 660 guerriers Crecks et Monsonis s'assemblent au fort Saint Charles et lui demandent son fils pour aller en guerre avec les Assiniboëls contre les Sioux. Craignant de donner à ces peuples mauvaise idée du courage des Francais, Monsieur De La Verendrye n'ose leur refuser il ne permet toutefois pas qu'il les commande comme ceux ci le voulaient Les Cris et les Monsonis se disputent l'honneur d'avoir ce jeune homme avec eux —

Le reste du résumé se retrouve dans les deux lettres qui précèdent

---

1735. Extrait des Lettres des Sieurs De La Verendrye fils et La Jemmeraye écrites à Mr le Marquis de Beauharnois.

28 7. Juin — Le fils de Monsieur De La Verendrye qui a joint le Sieur Cartier a d'après les ordres de son père établi un fort au Lac Ouinipigon à cinq lieues en remontant la Rivière Rouge: Ce fort s'appelle Maurepas.

23. Juillet. Monsieur De La Jemmeraye annonce que son cousin lui a écrit qu'il avait vu trois cents cabannes d'Assiniboëls et qu'il en aurait vu bien d'autres s'il avait eu plus de marchandises à traiter. Les Assiniboëls lui ont donné

sur les Ouadchipouennes des Informations qui s'accordent avec celles que nous avons vu les Monsonis et les Cris donner à Monsieur De La Verendrye père — Les Assiniboels allaient alors chez ce peuple, occasion dont Le chev. de La Verendrye a profité pour inviter ~~le chef~~ s'il voulait recevoir les françaiss, à envoyer au devant d'eux.

---

29. ~~Lundi~~ 8. 8bre 1735. Lettre de Monsieur de Beauharnois.

Sur les représentations que Monsieur de La Verendrye a faites au Gouvernement de pertes considérables essuyées par lui, Monsieur de Beauharnois lui a permis d'affermer, pendant trois ans les postes qu'il vient d'établir à condition qu'il n'y ferait lui même aucun commerce ni directement ni indirectement de manière qu'il pût suivre son Entreprise avec toute la diligence possible. En conséquence, Monsieur de La Verendrye est reparti pour ses postes et il écrit de Michilimakinak qu'il serait au printemps prochain avec le Père Auneau Jésuite au lac Ouinipigon où était son fils, et que celui-ci ferait tous ses efforts pour aller s'établir chez les Ouadchipouennes et avoir des nations situées sur son passage les connaissances nécessaires à la découverte de la mer de l'Ouest. ———

30. 20 Mars 1736. Résumé de la Dernière Lettre fait pour le Roi

Quelques détails de plus sur le fils de Monsieur De La Verendrye.

---

31. Affaire du Meurtre de 21 voyageurs arrivé au Lac des Bois. (À LIRE)

3 Juin 1736 —— Le 4 Juin 30 canots Sioux composés de 100 hommes qui allaient en guerre sur les Cristinaux investissent le Sieur Bourassa voyageur, le désarment, le pillent lui et les siens, Ils le relâchent après avoir appris de lui qu'il y a six Cabannes de Cristinaux au fort de Monsieur De La Verendrye. Ils y vont mais les Cristinaux avaient décampé — Au moment où les Sioux s'en retournaient, vingt voyageurs nouvellement arrivés du lac Alepimigon se rendaient à Michilimakinak. Les Sioux les rencontrent à une Journée delà et les massacrent.

Au dire de quelques uns les Sioux en voulaient au fils du Sieur de La Verendrye qui deux ans auparavant avait été choisi pour chef, par les Cristinaux pour marcher contre eux, mais il avait refusé.

Le parti qui avait massacré ces vingt hommes était composé de Sioux des Lacs des Prairies et de ceux du Poste de Monsieur De La Ronde. Cette affaire donne beaucoup à craindre pour la sureté de Mr De Saint-Pierre qui commande un poste chez eux —— La note envoyée à ce sujet propose d'Interrompre la découverte de la mer de l'ouest ou de remplacer Monsieur De La Verendrye par un autre officier qui au lieu des projets de vengeance que celui ci manifeste travaillerait à reconcilier les nations entr'elles.

32 14. 8bre 1736. Lettre du Marquis de Beauharnois — jusques au 2 Juin 1736.

Une lettre du Sr de La Verendrye datée du fort Saint Charles lac des Bois lui a appris que cet officier n'a pu se rendre au fort avec le Père Auneau que le 2. 8bre 1735 et que le Retard des Canots de marchands retenus à Kamanistigouya l'a empeché d'avancer. L'officier ajoute que la maladie de son neveu ~~lui~~ ~~n'a~~ a pas permis à celui de pousuivre ses decouvertes.

Par une autre lettre datée du huit de ce mois Monsieur de La Verendrye mande à Monsieur de Beauharnois que les Canots qui venaient de Kamanistigouya n'avoient pas rencontré le convoi de 24 hommes dans lequel étaient son fils et le Pere Auneau Jésuite. Il témoigne au Gouverneur la crainte que ce convoi n'ait été defait par les Sioux des Prairies et annonce en même temps la mort de son neveu.

Monsieur de Beauharnois informé qu'en effet ce parti avait été massacré par les Sioux en rend compte au Ministre et en donne la cause.

---

33 1736 — 1737 — Du 2 Juin 1736 au 3. Juin 1737. (Les Discours des Indiens sont toujours verbeux, si decolorés qu'ils soient par les Interpretes)
Journal de Monsieur de La Verendrye.

Le Sieur Bourassa (2 Juin) part du fort Saint Charles au Lac des Bois. Mr De La Verendrye apprend la mort de Monsieur de La Jemeraye son neveu et son second arrivée le 10 mai à la Fourche des Roseaux. Le Père Auneau voyant la détresse où l'on Etait, lui demande de d'aller avec son fils ainé chercher les provisions necessaires pour continuer la route. La demande du Père Jesuite lui est accordée pour le malheur de tous deux et de leurs vingt compagnons — Les Sioux arrêtent Bourassa. Monsieur de la Verendrye inquiet de n'avoir pas de nouvelles de ce convoi, envoie plusieurs personnes en chercher — Il est enfin instruit du desastre dont il n'apprend que plus tard les incidens. Il met alors le fort Saint Charles en défense — 4 Deputés Cris et Monsonis viennent deux mois après l'evenement lui offrir les bras de leurs nations pour venger le massacre des Francais. D'autres encore viennent lui temoigner leurs sympathies et l'Inviter à mettre un de ses autres enfans à leur tete pour marcher contre les Sioux. Mr De La Verendrye refuse ces offres qui flattent sa douleur, mais il prie les Indiens de vouloir bien dorenavant escorter chaque année les convois Francais à leur arrivée dans ce pays et à leur depart — Il leur fait des présents. Deux Canots Cristeaux et Monsonis étant venus demander d'envoyer au lac Ouinipigon des Provisions, il envoie son fils le Chevalier au fort Maurepas leur porter leurs besoins en le chargeant d'une Instruction dans laquelle il lui ordonne d'aller reconnaître les Ouachipouennes dits Kouathéattes et d'excuser les François auprès d'eux de ce que Mr De La Jemeraye n'avait pas reçu leur envoyé, celui ci étant déguisé et lui étant fort malade. Un Sergent va par les ordres de Mr De La Verendrye relever les corps de son fils, du P. Auneau et de leurs compagnons qu'il fait enterrer dans la chapelle du fort Saint Charles.

9 Canots Criks et Assiniboels arrivent du fort Maurepas. Monsieur De La Verendrye tient conseil avec eux et répond comme il avait fait pour les autres à leur invitation de marcher contre les Sioux — Il leur promet d'aller chez eux l'hiver prochain et de fournir ainsi qu'auparavant à leurs besoins — but dans lequel il ira puisqu'ils le désirent à Montreal — Il congédie ces Indiens cherche à arrêter les partis qui allaient en guerre contre les Sioux — Mauvaise Gestion des commis de ses équipeurs — Envoie chercher des nouvelles de son fils au fort Maurepas — Lettres de Bourassa à Mr De La Verendrye et ordres que celui ci lui donne ——————— (1737) ——— Il reçoit l'avis que sur ses ordres les guerriers qui marchaient contre les Sioux se sont arrêtés — Il se prépare à aller au fort Maurepas et envoie auparavant 15 sauvages et leurs femmes lui tracer le chemin le plus court et lui marquer les campements. Les Assiniboels et les Cristeaux viennent au Nombre de 120 l'escorter — Monsieur De la Verendrye leur fait des présents et part malgré le grand froid. Il arrive dix huit jours après ~~à Montréal~~ au fort Maurepas — Il visite l'Ouinipigon et emploie son temps à en prendre connaissance ainsi que des rivières qui s'y déchargent — D'après les cartes qu'il se fait faire il s'aperçoit que la Rivière des Ouachipouennes ne court point à l'Ouest, mais retourne au Sud et va se décharger selon les apparences dans l'Océan Pacifique — Les Sauvages lui font la description d'une Rivière qu'ils nomment la Rivière Blanche — Un grand Conseil a lieu dans lequel les Indiens l'Engagent à s'établir définitivement au lac Ouinipigon. Discours de deux chefs, l'un Cris et l'autre Assiniboël, auxquels Monsieur De La Verendrye répond — Les Criks obtiennent de lui comme une faveur la permission d'adopter son second fils à la place de l'aîné, massacré par les Sioux — Il charge les Assiniboels de présens et de paroles pour les Ouachipouennes, — les Cris et les Assiniboels se séparent. Monsieur De La Verendrye s'en va au Montréal — Recommandation qu'il fait aux Indiens

en partant du fort Saint Charles ——

34. Une autre memoire, résumé du Journal précédent que j'en ai trouvé que plus tard se termine par une justification de Monsieur de La Verendrye par Monsieur de Beauharnois. On accusait celui-ci de rechercher plus les pelleteries que les moyens d'arriver à la decouverte de la mer de l'ouest — Mr de Beauharnois parle aussi des projets du sieur De La Verendrye pour 1738 et 1739 — La lettre suivante donne une justification plus Etendue — A ce Journal j'ai joint une lettre du sieur de Saint Pierre qui donne des détails sur le massacre des François et l'obligation où par suite de cette affaire cet officier lui même est obligé de quitter son poste avec les siens.

---

35. Lettre de Monsieur de La Verendrye au Ministre (1er 8bre 1737)
Il s'excuse auprès du Ministre de n'avoir pas poussé plus loin ses découvertes sur le massacre de son fils, la mort de son neveu, la perte de vingt engagés joint à la perte de ses effets; le denument où les interessés avoient laissé les postes l'avait d'ailleurs obligé d'y employer la plus grande partie de ce qu'il devait utiliser pour sa découverte. Sa découverte loin de l'Enrichir comme on le prétend l'a fort obéré, mais il ne s'en inquiète point par l'Espérance qu'il a de reussir et que le Roi reconnaîtra ses services — Lieutenant depuis 1710 il demande une des compagnies vacantes dans le Canada ——

36. 5 Mars 1738. — (D. du Trav. & ne le Roi) Tout à l'heure j'ai donné un resumé des évènemens de 1737-38 ce document fait plus. Il reprend l'affaire dans son ensemble dès le commencement jusques à cette dernière année. Monsieur De La Verendrye avait dès lors établi 4 postes le 1er à Kamanistigouya près du Lac Superieur, le 2e sur le Lac de Kamamiouen ou Lac de la Pluie, le 3e au Lac des Bois sur les terres des Cristinaux et un quatrième sur la Rivière des Assiniboels près du Lac Ouinipigon (note sur la guerre des Sioux)

---

37. Lettre du Marquis de Beauharnois. Québec 1er 8bre 1738.
Marque qu'il a fait connoître à Monsieur de La Verendrye qu'il n'était pas satisfait de son peu de diligence dans ses découvertes, le voyant revenir sans plus de connoissances sur l'objet de sa commission que celles qui étaient renfermées dans son Journal. Mais il ne lui a fait ces reproches que pour stimuler son zèle. Les évenemens malheureux lui ayant trop donné lieu de revenir, néanmoins tout en se rendant à ses raisons il lui a fait sentir que non seulement il le ferait revenir, mais qu'il lui retireroit sa confiance s'il n'effectuait ce que l'on attendait de son zèle —

Monsieur de Beauharnois après avoir parlé de la severité qu'il avait affectée pour piquer d'honneur Monsieur de la Verendrye expose les avantages qu'on retirera des liaisons contractées par lui avec de nouvelles nations aussi lui a-t-il été commandé d'entretenir leurs bonnes dispositions, en même temps que de concilier les Esprits excités contre les Sioux — Des partis de Cristinaux et de Monsonis s'étaient levés contre ces derniers peuples, mais la petite verole les a arretés et il eût été désirable de châtier ces Sioux pour le massacre des Français — Il n'est pas fâché de cet accident, désirant ne pas voir continuer davantage cette désunion. Les Sauvages en attendant Monsieur de la Verendrye avaient bâti un fort à la fourche des Assiniboëls pour y recevoir les Français — Note sur les Sioux et touchant l'évacuation du poste établi chez eux.

---

38. 14. Aout 1739 — Monsieur de Beauharnois — La personne qui devait lui remettre la lettre du Sieur de la Verendrye n'est point encore descendue. Il paraît toutefois qu'il a pénétré chez une nation Inconnue nommée les Blancs-Barbus.

Ext. d'une lettre de Monsieur de Beauharnois. — 6. 8bre 1739 —

39. (+ Je ne l'ai pas) Monsieur de Beauharnois envoie le Journal de Mr de La Verendrye dans lequel celui-ci annonce qu'il s'est avancé jusques chez une nation que les Assiniboëls nomment Mantannes et donne les raisons qui l'ont empêché d'aller plus loin — Mr de La Verendrye s'efforcera l'année prochaine de pousser plus avant, lui, ses enfans et ses engagés sont pleins de courage et de bonne volonté pour découvrir quelque chose qui mérite attention.

Le R. P. Du Jaunay missionnaire de Michilimakinak demande la mission des Mantannes peuples sédentaires situés à plus de cent lieues du fort la Reine fort qu'on a bâti l'année dernière.

---

40. Extrait du Journal du Sieur De La Verendrye. (Pièce à lire.)

Deux Français laissés par Monsieur De La Verendrye chez les Mantannes pour apprendre la langue de ce peuple racontent qu'ils y ont vu arriver plusieurs nations et une entr'autres nommée la nation du Couchant du soleil qui habite auprès de blancs — Detail sur cette nation. Les blancs sont vraisemblablement des Espagnols. Les Français qui étoient chez les Mantannes ayant tout donné à ces derniers et n'ayant plus moyen de faire des présents n'ont ~~plus moyen de faire~~ pu accompagner les nations inconnues jusque chez elles et ensuite chez les blancs. ——

41 12 Juin 1741 — Arrêt de l'Intendant Hocquart contre Monsieur de La Vérendrye.
Qui montre les ennuis et intérêts que le Découvreur avait à essuyer pour son entreprise.
Cette pièce indique aussi les noms de M. De La Vérendrye — Il se nommait Pierre Gautier
dans un autre document daté de 1744 il signe Varennes de La Vérendrye — ainsi
ses noms sont Pierre Gautier de Varennes sieur De La Vérendrye.

---

42 1742. 6 Mai — Lettre de Monsieur de La Vérendrye au Ministre écrite de sa main
. Il n'a pu faire la découverte l'année précédente (1741 — faute de guides) mais
cette année il va faire tout son possible pour rendre compte de la nation de blancs
policés située à l'ouest. Ne pouvant y aller lui même à cause de la guerre des nations
du pays qu'il occupe avec les Sioux, il a envoyé deux de ses fils avec d'amples
instructions — La joie et le zèle avec lesquels ils sont partis lui donnent avec l'aide
de Dieu bonne espérance.

L'automne précédent il a sur les demandes des Sioux établi un fort nouveau
dans le lac des Prairies, qu'il a nommé le fort Dauphin.

Il rappelle ses blessures, quarante années de services pour son avancement et
celui de ses enfants.

43. 14 Fév. 1743. (Époque du travail avec le Roi.) Résumé très succinct de ce qui s'est
passé au sujet de la découverte pendant les années 1741 et 1742 dont on a déjà
vu quelque chose dans le papier ci dessus.

Le sieur De La Vérendrye part de Montréal X dans le printemps de l'année 1741
s'est rendu au mois d'octobre au fort La Reyne établi par lui sur le bord du Lac Ouinipigon — son fils y était de retour de chez les Mantannes n'avait pu aller plus loin
que chez ces peuples faute de guides, ayant inutilement attendu chez eux les nations
qui devaient y venir selon leur ordinaire. Son fils est revenu avec deux chevaux.
Dans ces conjonctures il envoie un de ses enfans avec deux français chez les Mantannes afin de poursuivre son exploration. La guerre avec les Sioux dont Monsieur
De La Vérendrye s'excuse pour ne point marcher lui même à la découverte est
constatée par d'autres rapports que les siens.

(En marge : qu'on remarque l'immensité de la voie par les lacs, — la difficulté du canotage, du portage et la longueur de la marche, — à lui)

44. Janvier 1744. Date du travail avec le Roi. M. M. de Beauharnois et
Hocquart.

Les fils de Monsieur De La Vérendrye avaient mandé à leur père par une
lettre de juillet 1742 que la nation des Chevaux n'était pas encore prête

mais que pour eux ils étaient résolus de périr plutôt que de relâcher; Enfin qu'ils partaient de chez les Mantannes accompagnés de deux guides de la nation établie chez ces derniers, dont six hommes étaient également avec eux. Ils n'espéraient pas lui donner sitôt de leurs nouvelles, ne prevoyant pas devoir être avant les glaces dans l'Endroit qu'ils allaient découvrir, à cause des détours que necessitaient les partis Ennemis.

Le Roy leur avait marqué en 1742 de faire aider le Sieur de La Vérendrye dans son entreprise par un officier qui serait son second et de retirer également de ces postes un des enfans pour y envoyer quelque autre officier ou cadet. Sa Majesté pensait également que Monsieur de La Vérendrye devait indemniser le second qu'on lui choisirait et payer 3000# pour la ferme de ses postes — Monsieur de Beauharnois répond au Roi que ces arrangemens ne sont pas encore praticables — le manque de vivres ayant obligé Monsieur de La Vérendrye d'abandonner les forts dauphin et de Maurepas et les Sauvages ayant porté leurs pelleteries aux Anglais — D'ailleurs le Sieur de La Vérendrye avait pour 50, 500 livres de dettes dont il ne devait se libérer que sur les retours de l'année. Encore étaient ils fort sujets à bien des évènements. — Le Decouvreur d'ailleurs alors dans un mauvais état de santé a demandé d'être relevé pour l'année suivante et il sera temps de choisir un officier sous le commandement duquel marchera l'un des fils de Mr. de La Vérendrye.

45. 10. Février 1744 — (Travail du Roi)

Sur l'avis qu'on avait eu que la Compagnie de la baie d'Hudson parlait en Angleterre de pousser vers cette baie les Etablissements Anglais jusques dans les lacs de manière à couper la communication du Canada avec La Louisiane et qu'aussi elle avait résolu de tenter la découverte de la mer de l'Ouest — Mr. de Beauharnois répond qu'ils n'ont fait qu'un méchant fort à peu de journées de Temiscaming, mais qu'un coup de main des Sauvages les ruinera bientôt — Quant à la decouverte de la mer de l'ouest par les terres — les Anglais envoyés d'Europe ne sauraient executer un tel dessein et à la Baie d'hudson ils ne sont pas en assez grand nombre pour le tenter par eux mêmes

46. Extrait d'une lettre de M. M de Beauharnois et Hocquart — 21. 8bre 1744

M. De Beauharnois joint à une de ses dépêches le Journal des fils de Mr. De La Vérendrye, où ils rendent compte des Endroits et des differentes nations chez lesquelles ils ont pénétré — Leur père ayant demandé d'être relevé, Mr. de Beauharnois a choisi pour ce commandement le Sieur de Noyelle. cet officier ne perdra point de vue la découverte de la mer de l'Ouest.

47. Quebec. 21. 8bre 1744. Lettre de M. de La Verendrye au Ministre.

On vient de faire une nomination de Capitaines et lui le plus ancien officier de la Colonie n'y a pas été compris. Assurément il a été attaqué auprès du Ministre dans la sincérité des motifs qui l'ont engagé et soutenu dans son Entreprise de découverte. Il ne peut en effet attribuer qu'aux Calomnies de ses Envieux la mortification qu'il vient de recevoir. Il demande en conséquence la grâce de se défendre contre les Insinuations mensongères et perfides dirigées contre lui, en exposant dans un court abrégé la conduite qu'il a tenue depuis 1731 pour parvenir à cette découverte, les accidents de tous genres dont il n'a pu se garantir sans lesquels il eut plus vite rempli sa Commission.

La fausseté du Commerce qu'on lui impute, la dernière chose en vérité qu'il ait regardée, se démontre assez nettement par l'Etat de ses propres affaires. Il est plus Indigent qu'il ne l'était avant d'avoir commencé son Entreprise. A peine a-t-il les moyens de satisfaire aux Emprunts auxquels elle l'a obligé, mais il se serait trouvé dédommagé de toutes ses peines, de toutes ses fatigues, si les soins et les attentions qu'il ~~avait~~ apportés à l'exécution de ses ordres lui avaient pu mériter les bontés du Ministre. Cette lettre signée Varennes de La Verendrye est suivie du ~~Journal~~ Memoire Justificatif dans lequel il expose brièvement ses périls, ses fatigues, tous les obstacles qui l'ont arrêté. On devine par ce simple aperçu plutôt qu'on ne le voit toutes les misères du découvreur. Mais un fait ressort avec évidence de cette lecture, c'est que les plus grandes difficultés qu'il a à surmonter lui viennent du manque des choses nécessaires. Toute la protection que lui donne le Gouvernement et encore voudra-t-il bientôt en avoir sa part, c'est la ~~ferme~~ la ferme des postes que le Découvreur établit et dont il cède la traite. Mais les Intéressés dans ces fermes ne voient que le profit et ne se soucient pas du succès de la Découverte. Leurs commis encore moins; ~~et~~ ils ~~lui~~ fournissent mal à M. de La Verendrye ce dont il a besoin et le peu qu'ils lui donnent ils mettent tant de négligence à le lui procurer qu'il ne peut avancer. A peine a-t-il poussé un peu en avant que bien vite il se voit obligé de retourner sur ses pas pour s'approvisionner de nouveau ~~et~~. Il perd ainsi son temps, ses peines en marches et en contremarches. Tel est le tableau que nous présente ce memoire. Si le Gouvernement eut donné à un homme de l'Energie de Mr de La Verendrye le nombre de gens et les choses nécessaires, il eut bientôt recouvré ses frais, l'eut centuplé ses profits du pays et les siens par les résultats d'un heureux succès —— Il y a dans ce memoire deux phrases remarquables à titre différent, l'une où sans être decrit parait tout ce qu'il eut à souffrir dans son retour de chez les Mandannes. l'autre pleine d'une ironie amère, dans laquelle il se justifie des inculpations de Commerce.

Il dit dans la première : « Je partis quoique très malade dans l'Espérance de me mieux « porter en chemin j'éprouvai tout le contraire étant dans la plus rude saison de l'année « je me rendis le 11 février avec toute la misère possible et on ne peut souffrir davantage il n'y a que la mort qui puisse delivrer de pareilles peines.

Dans l'autre il s'exprime ainsi : « Mr De La Porte étant à Quebec j'eus l'honneur de l'Informer de toutes mes traverses, et malgré le derangement où je me trouvais dans mes affaires l'envie et la jalousie de plusieurs personnes les ont engagées à en imposer à la Cour, insinuant dans leurs lettres que je ne pensais qu'à amasser de gros biens si plus de 40000 livres de dettes que j'ai sur le corps sont un avantage, je puis me flatter d'être fort riche et le serais devenu ~~davan~~ beaucoup plus si j'avais continué ».

✳ Ce memoire pourrait être lu en entier avec deux ou trois autres pièces que j'ai marquées il pourrait donner une idée generale de la Decouverte ».

---

48. M. De Beauharnois au Ministre. — 27. 8bre 1744.

M. De Beauharnois adresse au Ministre le Journal du fils de Monsieur de La Verendrye, journal dans lequel l'officier rend compte de ce qu'il a fait pour obeir aux ordres de son père et continuer la découverte. Il paroit qu'il n'est pas encore arrivé au but desiré, mais il n'a rien negligé pour ces resultats.

Le Gr Gl. plaide ensuite la cause de Mr De La Verendrye et s'efforce avec une chaleur dont il lui faut savoir gré, de montrer la fausseté des faits qu'on imputait à ce Commandant que nul n'était aussi digne des faveurs accordées à d'autres plus heureux que lui.

Cette pièce est précédée par la note qui est en tête où l'on résume brièvement le Journal du sieur De La Verendrye — Cette note est le titre certain de son arrivée aux Montagnes Rocheuses et je la copie pour si elle venait à s'égarer, qu'elle soit encore ici. —

✳ « Envoie le Journal du fils du sieur De La Verendrye commencé en mois d'avril 1742 — Le 21. Novembre arrivé chez les gens de l'arc — Ces Sauvages devaient les mener sur des montagnes d'où ils pourroient voir la mer, mais les gens du Serpent qui habitent ces montagnes et que ceux de l'arc avec lesquels ils sont enque

48\. « Les gens du Serpent.
« qui habitent ces montagnes et que ceux de l'Arc avec lesquels ils sont en guerre
« devaient attaquer ne s'étant pas trouvés chez eux la troupe a rétrogradé et les sieurs
« de la Verendrye avec elle.
« Description des habitations des Espagnols. Les gens de l'Arc ne les connoissent
« cependant que par ce que leur en ont dit les Prisonniers sur les Gens du Serpent.
« Cette nation en guerre avec toutes les autres barre le chemin de la mer.
« Gens de la Petite Cerise. Ils ont trouvé chez eux un homme qui avait été élevé
« chez les Espagnols et qui parlait leur langue. — Découverte d'un français
« établi auprès de la nation de la Petite Cerise — Ils n'ont pu le voir.
« Le Journal finit au mois d'avril 1743 que les Sieurs De La Verenderie sont
« retournés au fort la Reyne. ——

Nota. La Route paraît avoir été presque t. dirigée au S.O. [illegible]

49\. Lettre sans date adressée par Mr De Noyelles à Monsieur de La Jonquière Gr Gl — Mr De Noyelles était l'officier qui avait succédé à Mr De La Verendrye dans les postes de l'Ouest.

Il donne un mémoire de ses services et entr'autres y rappelle les perquisitions qu'il a faites au sujet de la mer de l'Ouest. Il dit qu'il ne pense pas qu'on puisse la trouver par cette route ——

50\. Extrait d'une lettre de Mr de Beauharnois au Ministre (15 8bre 1746). Il cherche encore à justifier Monsieur de La Verendrye et fait son éloge : « C'est dit-il, un homme doux, ferme et bien plus en état que quiconque de tirer des sauvages les connaissances nécessaires aux progrès de la Découverte. Il l'enverra donc relever Mr De Noyelle. ——

51\. Mr De La Verendrye au Ministre. (1er 9bre 1746)
Il est enfin nommé Capitaine et en remercie vivement le Ministre.
Monsieur de Beauharnois lui a fait pressentir son dessein de le renvoyer dans les postes de l'Ouest où sont encore 2 de ses fils — Il assure qu'il ne tiendra pas à lui que la découverte ne s'achève, devant toujours sacrifier son Interet à celui du Roy. ——

52\. Lettre de Mr. De la Galissonnière au Ministre.
Il arrive remplacer Mr. De Beauharnois et répète avec ce dernier que ce qu'on lui a dit contre Mr De la Verendrye est faux — Il avance encore en la

faveur de cet officier des argumens qui sont d'un homme de jugement et aussi d'un homme de cœur. « Ces découvertes, dit il entr'autres choses, causent de grandes dépenses et exposent à de plus grands dangers, à de plus grandes fatigues que des guerres ouvertes. ——

53. Simple note. Extraite d'un long Journal sur ce qui s'est passé d'important en Canada — De 1747 à 1748.

En Juin 1748. Le Chevalier de La Vérendrye part pour la mer de l'Ouest.

---

54. Lettre de Monsieur de La Vérendrye au Ministre 17. 7bre 1749.

Il le remercie de la Croix de St Louis qu'il a reçue et de l'avancement de deux de ses fils. Cette grâce l'oblige à reprendre au printemps prochain les découvertes interrompues depuis plusieurs années — Il ne peut partir qu'au mois de Mai prochain époque à laquelle seulement est libre la navigation des pays d'En haut — Il fera toute la diligence possible pour aller hiverner au fort Bourbon qui est le dernier poste établi par lui au bas de la Rivière aux Biches. ——

Cette lettre écrite toute de sa main est la dernière que j'aie de lui.

---

55. Extrait de la lettre du Gr Gl de La Jonquière qui succède à Mr de La Galissonnière — (Lettre datée du 27 fév. 1750.)

Rend compte de la mort du Découvreur arrivée le 6 Décembre 1749. Le Gouverneur en donnant cet avis annonce également qu'il lui a nommé pour successeur dans l'Entreprise de la mer de l'Ouest, Mr de Saint Pierre

---

56. 1750. Avril. Résumé pour le travail du Roi —

Par suite des accusations dirigées contre Monsieur de La Vérendrye la découverte dont il avait été chargé était ~~ ~~ pendant ces trois dernières années suspendue. Monsieur de Noyelle y avait encore moins fait de progrès. Néanmoins Monsieur de La Galissonnière ayant trouvé bon de confier de nouveau l'Entreprise à Monsieur de La Vérendrye le Roi l'a approuvé et à cet égard ce sens à Mr de la Jonquière tout en invitant ce Gouverneur Général à contenir l'officier sur la traite.

22. 7bre 1749 Monsieur de la Jonquière répond des bonnes dispositions de Monsieur de La Vérendrye et dit qu'il partira au printemps. Le fils

de Monsieur de la Verendrye a decouvert la riviere Poskoiac que les sauvages lui ond dit venir de loin d'une hauteur où il y avait des montagnes fort élevées – Ils ont ajouté qu'ils avaient connaissance d'un grand lac de l'autre coté de ces montagnes dont l'eau n'etait pas bonne à boire —

Monsieur de la Verendrye se proposait de se rendre en Decembre 1750 au fort Bourbon d'où il partirait à l'epoque de la navigation de la riviere Paskouyak vers la hauteur des Montagnes où ils construiroient un fort, puis il enverra prendre connaissance du Grand lac en question. Mr De la Verendrye a prevenu M. de la Jonquière ——————— qu'on ne pourra savoir de nouvelles d'eux avant trois ans – Les sauvages de la Riviere Poskoiac sont d'une nation inconnue.

Il parait par ce qui precede que Mr de la Verendrye y joignait au moins l'exploration par le Missouri qui avait mené ses fils aux Montagnes Rocheuses. Si je ne me trompe le Poskoiac me semble être le Saskatchewan.

---

58. La Verendrye, le 2e fils du Decouvreur. au Ministre – (30 7bre 1750)

Il rend compte de la conduite qu'on tient à son egard après la mort de leur père – On leur arrache la découverte sans vouloir qu'ils y prennent la moindre part — Cette lettre est à lire – Elle couronne dignement l'histoire de cette entreprise; si mal encouragée elle ne devait pas ~~être~~ moins mal recompensée — Le Chevalier de la Verendrye est ruiné – Il a vendu une belle terre qui lui restait de la succession de son pere dont les deniers avaient servi à satisfaire les créanciers les plus pressés — Comptes arrêtés, tant du fait de son père que du sien il ne doit pas moins de 20000 livres à cause de son Entreprise de Decouverte – Il reste sans fonds, sans patrimoine et n'est que simple enseigne en second comme son frère ainé et leur cadet n'est que cadet à l'aiguillette. C'est là le fruit de leurs travaux — Celui de leurs frères, dit-il, mort en 1736. massacré par les Sioux n'est pas le plus malheureux.

Il termine en disant que Mr de Saint Pierre par leur exclusion s'est exposé à faire bien des faux pas et à s'égarer plus d'un jour et il reclame la protection du Ministre pour leur rendre la decouverte qu'ils regardent comme leur héritage.

---

59. Lettre du fils aîné de Mr de La Verendrye au Ministre.

Rend compte fort succinctement de ses services et lui demande sa protection pour l'avancement qu'il a mérité.

Suit le memoire des services de Pierre Gaultier de La Verendrye l'aîné.

(Ce memoire contient de nouveaux détails sur l'Entreprise. Il paraît que vers 1742 il avait poussé vers les Montagnes Rocheuses jusques auprès de deux forts Espagnols — Incidents dont on n'a encore rien su sur son voyage au postes de l'Ouest vers 1748 et les préparatifs qu'ils y faisaient pour avancer les decouvertes lorsque leur père mourut — Il montre aussi l'injustice dont ils sont victimes et la ruine qui en résulte pour eux : les crédits qu'ils avaient faits « perdus, leurs marchandises achetées par eux restées dans les postes, données « sans espérance d'en retirer aucun profit, leurs vivres mangés par des deserteurs « tes et encore se sert on de leurs engagés qu'il faut qu'ils payent. ») Il est alors à la Pointe de Beauséjour en Acadie —

---

60. 5. 9bre 1752. Pointe de Beauséjour dans l'Acadie

Le même fils rappelle encore ses services depuis 25 années, se plaint de voir préférés à lui plusieurs de ses inférieurs — Il est né sans protection, mais il compte sur celle que doivent lui assurer les travaux de son père et les dépenses que lui a coûtées le projet de la Découverte pour lequel il a engagé une partie de son bien — Tous les postes établis par eux existent tous — Ils en ont été retirés lorsqu'ils pouvaient espérer d'y liquider leurs dettes, et d'autres recueillent le fruit de leurs peines. Il termine en priant le Ministre de lui accorder son appui.

---

61. Extrait d'une lettre du Marquis Du Quesne 31. 8bre 1753.

Je ne l'ai pas. Il annonce au Ministre l'Envoi qu'il lui fait du Journal de Mr de Saint Pierre dans lequel celui ci chargé de la Decouverte de la mer de l'Ouest rend compte des difficultés qui l'ont empeché de pousser aussi loin qu'il l'auroit voulu ——

62. Memoire de M. La Marque de Marin où cet officier rend compte de ses services

Dans l'exposition de ces services dont quelques uns sont fort brillans comme chef de partisans, il dit souvent qu'il fut employé à faire des découvertes — Il raconte particulierement qu'en 1752 il fut chargé d'aller dans le haut du Mississipi — Je ne sais où j'ai mis une note qui me l'annonçait comme y étant envoyé pour tacher de découvrir par là la mer de l'Ouest — Il raconte qu'il fit pendant deux années pour obeir aux ordres de Mr de la Jonquière plus de 2000 lieues à pied tandôt dans les neiges tandôt dans les glaces à courir mille dangers chez les nations barbares et essuyer des fatigues de toutes sortes — Il a soumis à la france plus de 20 nations.

63. Une piece dans laquelle Monsieur Marin ayant perdu ses lettres de noblesse au milieu de l'Incendie auquel les Anglais ont livré par vengeance sa maison malgré la capitulation, — demande à être maintenu sur une simple preuve sinon qu'on lui accorde un espace de temps pour aller chercher ses preuves à Gênes. — Cette pièce indique son premier nom et son origine

64. Metz. 13 Janv. 1751. M. Le Chevalier de Cherisay (Chef d'escadre en 1782) Demande à tenter par la Baie d'Hudson le passage du Nord Ouest à l'Ocean. Projet qu'il soumet à l'appui de sa demande, dont il cherche à justifier les chances probables.

Trois cartes calquées

1 la plus grande, tracée par le Sauvage Ochagach, sur laquelle Mr de la Verendrye détermina sa marche

La seconde qui contient la Decouverte jusqu'au Lac Ouinipigon.

— La troisieme qui selon Mr de la Verendrye est loin d'être exacte represente ses decouvertes (sur papier vegetal.)

Pierre Margry

MARDI 29 SEPTEMBRE 1868.

ON S'ABONNE
rue des Prêtres-Saint-Germain-l'Auxerrois, 17.
PRIX DE L'ABONNEMENT :

	Un an.	Six mois.	Trois mois
Départemens.	80 fr.	40 fr.	20 fr.
Paris........	72 fr.	36 fr.	18 fr.

Un numéro, à Paris, 15 centimes.

In London, apply to Cowie and son foreign newspapers office, 1, Saint-Ann's lane, G. P. O.; and Delizy, Davies et Cᵉ, 1, Finch lane, Cornhill, et 1, Cecil street, Strand; And to A. Maurice, general advertising agent, 14, Tavistock street, Covent-Garden, W. C.

N. B. Le Journal des Débats ne répond pas des manuscrits qui lui sont adressés, et ne se charge pas de les renvoyer.

JOURNAL DES DÉBATS
POLITIQUES ET LITTÉRAIRES.

MARDI 29 SEPTEMBRE 1868.

ON S'ABONNE
à Rome,
chez Pierre Merle, place Colonna;
Pour la Prusse et la Russie,
chez le directeur des postes, à Cologne
et à Sarrebruck (Prusse);
Pour l'Allemagne et l'Autriche,
chez le directeur des postes, à Kehl (Bade),
et chez M. G.-A. Alexandre, à Strasbourg.

Les annonces sont reçues
chez MM. Faucher, Laffite, Bullier et Cᵉ,
8, place de la Bourse,
et au bureau du journal;
elles doivent toujours être agréées par la rédaction.

FRANCE.

PARIS, 28 SEPTEMBRE.

Le Moniteur nous apporte ce matin une nouvelle aussi triste qu'imprévue. M. le comte Walewski est mort hier soir à Strasbourg; il a succombé à une attaque d'apoplexie foudroyante. Il n'avait que cinquante-huit ans. Nous n'avons pas besoin de rappeler ici le rôle important qu'il a joué depuis le rétablissement de l'Empire, et tout le monde sait quelle part l'opinion lui a attribuée dans les délibérations d'où est sortie la lettre du 19 janvier 1867.

Depuis le début de l'insurrection, nous n'avions guère été informés de ce qui se passe en Espagne que par l'intermédiaire des agens du gouvernement espagnol ou de ses adversaires. Nous recevons aujourd'hui, pour la première fois, par la voie du Portugal, des nouvelles qui semblent impartiales. On les trouvera plus loin. Bornons-nous à noter que ces renseignemens détaillés contredisent pleinement les bruits de dissentimens qui seraient survenus entre les divers chefs de l'insurrection et que nous rapportait l'autre jour une dépêche de source officieuse. On avait prétendu que Prim, arrivé à Cadix après les généraux Serrano et Dulce, n'avait pu s'entendre avec eux et avait même été contraint de s'éloigner. On voit au contraire dans sa proclamation qu'il est arrivé avant eux au rendez-vous et qu'il est avec eux en parfait accord. Le seul fait qui aurait pu donner lieu au bruit recueilli par la dépêche dont nous parlons, c'est le refus opposé par l'artillerie à l'invitation de se rendre au comte de Reus. Mais comme ce corps a, quelques instans plus tard, passé à l'insurrection, cet incident peut tout au plus être considéré comme un symptôme bon à noter. Quel est le but réel des insurgés? Il n'est pas très facile de le deviner. L'amiral Topete déclare, dans son Manifeste, qu'il veut que « les pouvoirs légitimes, peuple et trône, fonctionnent dans le cercle que leur trace la Constitution »; mais la Constitution dont il parle ainsi n'est évidemment pas celle qui régissait l'Espagne au moment où il s'est soulevé, puisqu'il parle, dans la phrase suivante, de ce que devront faire « les Cortès constituantes. » On voit seulement qu'il se déclare en termes très formels pour une « monarchie constitutionnelle », sans nous dire si le trône dont il réclame le maintien doit, selon lui, être occupé par la reine Isabelle, par le prince des Asturies ou par la duchesse de Montpensier. La junte provisoire de Cadix n'exprime nulle part dans sa proclamation un désaccord net et formel avec l'amiral qui a donné le signal du mouvement, mais elle semble disposée à aller plus loin que lui. Tandis qu'il se prononce pour la monarchie sans exclure personne du trône, pas même la reine actuelle, la junte termine sa déclaration par le cri de : *A bas les Bourbons!* sans même indiquer si elle voudrait accepter d'autres souverains ou si elle prétend acclamer la république. De tout cela, il est permis de conclure, ce qu'il n'était nullement difficile de prévoir, que de graves dissentimens pourront sans doute éclater entre les insurgés; mais on voit aussi qu'ils s'efforcent de rester unis, et qu'ils le sont en effet pour le moment.

Quant aux dépêches datées de Saint-Sébastien que nous transmet l'agence Havas, il est facile, pour qui sait lire, d'y voir combien la situation du gouvernement espagnol est terrible. A Carthagène, un conflit entre la flotte et l'armée et le bombardement de la ville, voilà ce que la reine peut espérer de mieux; ce qu'elle doit redouter, c'est que cette place se rende sans combat, et que les troupes qu'on nous montre prêtes à la défendre ne *se prononcent* à leur tour. En Andalousie, le marquis de Novaliches semble complètement paralysé, et on reconnaît enfin aujourd'hui que Cordoue est au pouvoir de l'insurrection. Tout est possible en Espagne, mais il faut avouer qu'aujourd'hui le triomphe de la cause de la reine est la moins probable des éventualités.

Le secrétaire de la rédaction, F. DAVID.

BOURSE DE PARIS.

CLOTURE	le 26	le 28.	HAUSSE.	BAISSE.
3 0/0				
Comptant.	69 67 1/2	69 65	» ./.	» 1/2
Fin cour..	69 67 1/2	69 65	» ./.	» 2 1/2
Emprunt.				
Comptant.	69 25 ./.	69 10	» ./.	» 15 ./.
Fin cour..	69 15 ./.	69 15	» ./.	» » ./.
4 1/2 0/0				
Comptant.	100 » ./.	100 » ./.	» ./.	» » ./.
Fin cour..	100 50 ./.	» » ./.	» ./.	» » ./.

Télégraphie privée.

Wiesbaden, le 27 septembre.

Aujourd'hui a été tenue une assemblée populaire, présidée par le procureur Von Eck. 3,000 personnes y assistaient. Les quatre propositions du comité libéral, concernant la banque du pays, l'administration communale, les fonds provinciaux et la question des écoles, ont été adoptées à l'unanimité. Les orateurs du parti démocratique social ont dû quitter la tribune au milieu d'un grand tumulte.

Florence, le 27 septembre, soir.

Nubar-Pacha est attendu ce soir ici. Il vient traiter la question des capitulations en ce qui concerne les intérêts de la colonie italienne en Egypte.

Rome, le 27 septembre.

L'armée pontificale vient de recevoir dix caisses de fusils Remington, dix caisses de munitions destinées à ces fusils et un approvisionnement considérable de matériel et de munitions d'artillerie.

Genève, le 27 septembre, soir.

Aujourd'hui, le peuple genevois a adopté à une grande majorité la loi constitutionnelle concernant l'hospice général, loi tendante à faire disparaître toute inégalité entre les anciens et les nouveaux Genevois.

(*Service télégraphique Havas-Bullier.*)

Service de nuit.

Vienne, le 28 septembre.

La *Gazette de Vienne* (édition du soir) dit que les raisons qui ont motivé la décision de l'empereur relative à l'ajournement de son voyage en Gallicie sont si manifestes, qu'il est superflu de les expliquer.

La même feuille réfute les bruits d'après lesquels l'attitude d'une puissance étrangère aurait été pour quelque chose dans la décision de l'empereur. Elle affirme qu'aucune influence de ce genre ne s'est fait sentir soit directement, soit indirectement.

Le président du conseil des ministres, en prenant congé de ses collègues, a déclaré qu'il soutiendrait toujours le ministère, et qu'il continuerait de se dévouer au service de l'empereur et de la patrie.

Le comte de Taaffe et M. Hasner, ministre de l'instruction publique, ont exprimé au nom du ministère leurs sentimens de regret et de sympathie envers le prince Auersperg.

Vienne, le 28 septembre.

On annonce que le feld-maréchal-lieutenant prince de Tour et Taxis se rendra à Varsovie, en mission de l'empereur, pour saluer le czar.

La *Nouvelle Presse libre* apprend que tous les ministres présenteront pour le budget de 1869 des demandes de crédit inférieures à celles de l'année précédente.

Dans un article rectificatif, la *Correspondance autrichienne* dit que l'ambassadeur des Etats-Unis, récemment reçu en audience par l'empereur, n'était pas M. John Hay, mais M. Watts.

Berlin, le 28 septembre.

Aussitôt après l'arrivée du grand-duc Alexis, l'empereur de Russie assistera aujourd'hui à Potsdam à un service d'actions de grâces qui sera célébré à l'occasion du danger auquel le grand-duc a heureusement échappé.

Le Caire, le 28 septembre.

Le vice-roi d'Egypte est arrivé ici ce matin, à onze heures, venant directement d'Alexandrie.

(*Service télégraphique Havas-Bullier.*)

La France nous attribue un langage qui n'est pas le nôtre. Ce journal nous fait dire que « la France est fière quand elle jette ses regards sur ce qui s'est passé en Allemagne et en Italie, et qu'elle est humble quand elle se recueille et qu'elle fait son examen de conscience. » Il n'y a pas un mot de tout cela dans les articles que nous avons publiés, ni même dans la lettre de notre correspondant d'Italie. On peut juger qu'un pays n'est pas atteint dans ses intérêts ou dans son prestige au point d'être contraint à la guerre par telle ou telle politique; mais de là à s'en montrer « fier », il y a vraiment quelque distance. Quant à l'honorable M. Dufaure, nous n'avons pas mission pour parler en son nom ou pour expliquer sa pensée. Car il ne faut pas oublier l'origine de ce débat : *la France* a prétendu que nous nous contredisions en publiant une correspondance rendant compte de ce qui se disait à l'étranger, en même temps qu'une lettre de M. Dufaure rendant compte de ses opinions personnelles; nous avons répondu que ces deux documens intéressans n'étaient pas en désaccord, mais qu'en tout cas, quand bien même ils le seraient, nous ne faisions que notre devoir en les publiant tous deux. Cela est si simple et si évident, qu'il nous paraît inutile d'insister.

Il est toutefois une conclusion à laquelle le langage de *la France* nous conduit forcément, et que nous ne pouvons nous empêcher de soumettre à ce journal. A en juger par le langage qu'il tient, une, pour le moins, des deux propositions qui ont trouvé place dans nos colonnes lui a déplu; mais laquelle? Est-ce l'idée que le pays n'a pas perdu son prestige? Evidemment non; nous ne croirons pas que *la France* trouve cette idée répréhensible, à moins qu'elle ne le déclare en propres termes. C'est donc le passage qui concerne l'intérieur qui déplaît à *la France!* Soit; mais alors si tout est bien à l'extérieur comme à l'intérieur, où ce journal trouve-t-il donc à exercer sa critique, et pourquoi réclame-t-il avec tant d'insistance un contrôle actif du pays sur ses propres affaires? Car *la France* nous apprend aujourd'hui qu'elle a toujours réclamé la participation du pays à ses propres affaires, et même que c'est elle qui était sur la brèche, à l'époque « où il y avait quelque mérite à le faire, et où cette doctrine n'était pas encore un lieu-commun! » Quelle exclamation solennelle! Nous ne savions pas que ce journal eût couru tant de périls pour la cause de la liberté!

Quoi qu'il en soit, nous le répétons, puisque tout est pour le mieux, pourquoi *la France* ne laisse-t-elle pas le gouvernement agir à sa guise? On ne cherche pas à améliorer ce qui est bien. *Le Constitutionnel, la Patrie* et *le Pays*, par exemple, trouvent que la politique du gouvernement est excellente à l'intérieur et à l'extérieur; aussi le déclarent-ils franchement à qui veut les entendre. Nous savons maintenant que *la France* pense absolument comme eux. Seulement elle est moins logique, car on ne saurait comprendre pourquoi elle veut « contrôler » ce qui est parfait.

F. DAVID.

L'agence Havas publie les nouvelles suivantes, qui lui parviennent par la voie de Portugal :

« Le vapeur *Mondego*, de la Compagnie portugaise de navigation, arrivé aujourd'hui, venant de Cadix en trente heures, a apporté des détails intéressans sur l'insurrection libérale qui a éclaté dans cette ville.

» Le général Prim est arrivé à Cadix sur un bâtiment à vapeur anglais, de Gibraltar. Dans la nuit du 17, il s'est rendu à bord de la frégate où se trouvait M. Topete, commandant l'escadre, avec de nombreux officiers, il a eu une conférence avec eux, et il a passé la nuit à bord.

» Le lendemain, à cinq heures et demie du matin, l'escadre a tiré 20 coups de canon, et la musique a exécuté des fanfares et l'hymne très populaire de Riego. La population s'éveilla brusquement et vit les navires qui chauffaient et avaient les canons pointés sur la forteresse.

» L'amiral envoya un parlementaire au commandant de la place, lui enjoignant de se rendre. Le gouverneur voulait résister; mais, voyant que tout se préparait à bord du navire pour un débarquement, et entendant de plus le bataillon de Cantabrie crier : *Vive le général Prim!* il n'a pas bougé, et il a laissé s'opérer le débarquement de l'infanterie de marine.

» Le régiment d'artillerie qui était sur la place marcha vers le fort de Catalina pour s'y retrancher, et il se disposa à la résistance; on envoya un parlementaire aux artilleurs, qui déclarèrent vouloir se rendre à tout général quelconque, à l'exception de Prim.

» L'amiral Topete s'étant présenté, le régiment est sorti du fort en criant : *Vive la liberté!* et musique en tête. Les détachemens de carabiniers et de garde civile firent aussitôt adhésion au mouvement.

» Les chefs de l'insurrection s'empressèrent de défendre la sortie de la ville à tout le monde et firent couper toutes communications par le télégraphe et le chemin de fer, cherchant à organiser un gouvernement provisoire. La junte qui s'est formée est composée du corps commercial de la ville; elle a nommé président l'amiral Topete et le duc de la Ribeira.

» Ce premier a publié immédiatement, dans un supplément des *Novedades*, la proclamation ci-après :

Proclamation de Topete, commandant de l'escadre, aux habitans de Cadix.

« Un marin qui vous doit des distinctions signalées et notamment celle d'avoir été votre représentant au Parlement, vous adresse la parole pour vous expliquer un très grave événement, c'est-à-dire l'attitude hostile de la marine vis-à-vis du gouvernement malencontreux (*malhadado*) qui régit les destinées de la nation.

» N'attendez pas de moi d'élégantes phrases, préparez-vous à entendre des vérités.

» Notre malheureux pays est soumis depuis nombre d'années à la plus horrible dictature; notre loi fondamentale violée; les droits du citoyen méconnus; la représentation nationale fictive; les liens qui doivent rattacher le peuple au trône et former la monarchie constitutionnelle brisés complètement. Il n'est pas besoin de proclamer ces vérités : elles sont écrites dans la conscience de tous.

» Des maux d'une telle gravité, sans parler de ceux qui pèsent sur la marine, exigent des remèdes analogues. Voici nos aspirations : Nous voulons que les pouvoirs légitimes, peuple et trône, fonctionnent dans le cercle qui leur est tracé par la Constitution, rétablissant l'harmonie éteinte et le lien rompu entre eux.

» Nous voulons que les Cortès constituantes, comprenant leur mission et fidèles à leur mandat, ouvrent à la nation une véritable ère de monarchie constitutionnelle; nous voulons que les droits des citoyens soient complétement respectés par le gouvernement et qu'on leur reconnaisse la qualité de droits sacrés; nous voulons enfin une administration financière morale et éclairée. A ce prix seulement existera la félicité de la patrie.

» Habitans de Cadix : je réponds à votre affection en me plaçant à l'avant-garde dans la lutte qui commence aujourd'hui, et que vous soutiendrez avec votre courage bien connu.

» Baie de Cadix, à bord de la *Zaragoza*, le 17 septembre 1868.

» *Signé* JUAN B. TOPETE. »

» La junte provisoire, de son côté, a publié une proclamation appelant les citoyens aux armes dans l'intérêt de la régénération politique et financière du pays; sa proclamation se termine par ces mots : *Vive la liberté! vive la souveraineté nationale, et à bas les Bourbons!*

» Dans le premier moment d'effervescence, trois fonctionnaires supérieurs ont tenté de s'opposer au soulèvement; ils ont été tués par le peuple et les soldats.

» L'île de San-Fernando, située à 4 ou 5 milles de Cadix, et où il n'y avait qu'une faible garnison, a été prise par les insurgés après quelque résistance. L'inspecteur de l'arsenal de l'île a été tué.

» Xérès, Porto-de-Santa-Maria, Porto-Real et Medina Sidonia, voisines de Cadix, se sont soulevées.

» Juan Prim, du bord de la frégate de guerre *Zaragoza*, en la baie de Cadix, a publié à la date du 18 septembre une proclamation ou plutôt un appel aux armes. »

Le Clairon, de Séville, publie, sous la date du 20 septembre, la proclamation, suivante du général Prim aux Espagnols :

« Aux armes! aux armes!

» Assez de souffrance!

» La patience des peuples est sa limite dans la dégradation, et la nation espagnole, qui a été tant de fois malheureuse et n'a jamais cessé d'être grande, ne peut continuer de se résigner à déplorer ces maux prolongés, sans tomber dans l'avilissement!

» L'heure de la révolution a sonné, remède héroïque, il est vrai, mais inévitable et urgent lorsque le salut de la patrie le réclame.

» Des principes suffisamment libéraux pour satisfaire aux nécessités du présent et des hommes assez sensés pour pressentir et respecter les aspirations de l'avenir, auraient pu réaliser, sans secousse violente, la transformation de notre pays. Mais la persistance dans l'arbitraire, l'obstination dans le mal et l'opiniâtreté dans l'immoralité qui, en descendant du sommet, commencent à s'infiltrer déjà dans l'organisation de la société, après avoir empoisonné le gouvernement de l'Etat, en convertissant l'administration en affaire de lucre, la politique en marché et la justice en un escabeau, pour les ambitions exagérées, ont malheureusement rendu tardives et impossibles des concessions salutaires. Tout cela a accumulé la tempête qui, en se déchaînant aujourd'hui, emportera avec elle les digues qui avaient formé jusqu'à ce moment un obstacle insurmontable à la marche lente, mais progressive, constituant la vie des peuples, et qui avaient isolé l'Espagne dans le mouvement général des nations civilisées du globe.

» Aux armes! citoyens, aux armes!

» Que le cri de guerre soit aujourd'hui le cri de tous les bons Espagnols!

» Que tous les libéraux oubliant, durant la bataille, leurs anciens dissentimens, en fassent sur l'autel de la patrie le sacrifice de souvenirs douloureux.

» Qu'il n'y ait plus enfin, dans la grande communion libérale, qu'un seul but : la lutte; qu'un seul objet, la victoire; qu'une seule bannière, la régénération de la patrie.

» Détruire avec éclat les obstacles qui s'opposent systématiquement à la prospérité des peuples, telle est la mission des révolutions armées; mais édifier avec calme et réflexion, tel est le but que doivent se proposer les nations qui veulent, par leur valeur, conquérir leur souveraineté, et qui savent se rendre dignes de cette souveraineté en la conservant par leur prudence.

» Détruisons donc immédiatement ce que le temps et le progrès auraient dû peu à peu transformer, mais sans nous aventurer prématurément dans des solutions que les circonstances et les événemens peuvent rendre irréalisables dans l'avenir, et sans préjuger les questions qui, en affaiblissant l'action du combat, pourraient diminuer la souveraineté de la nation.

» Et lorsque le calme sera revenu, et que la réflexion se sera substituée à la force, les partis pourront déployer sans péril leurs drapeaux, et le peuple, dans l'exercice de sa souveraineté, pourra se constituer le juge entre eux. Cherchons pour cela dans le suffrage universel toutes les garanties qu'il pourra croire nécessaires à la conquête de ces libertés et à la jouissance de ces droits.

» Les généraux Serrano et Dulce devaient se trouver comme moi parmi les illustres marins qui, animés pour le bien de la patrie, ont commencé le mouvement à la tête de l'escadre nationale; mais un incident de mer a retardé sans doute, à leur regret et au mien, leur arrivée. Je vous parle donc, non seulement en mon nom, mais encore au nom de ces illustres généraux.

» Espagnols, militaires et civils, la patrie a besoin de nos efforts; n'oublions pas de prêter l'oreille à la voix de la patrie, voix plaintive de de la souffrance de nos pères, de nos épouses, de nos fils et de nos frères! Courons avec ardeur au combat, sans nous préoccuper des armes dont nous pouvons disposer, car toutes sont bonnes quand c'est l'honneur de la patrie qui anime les bras, quand il s'agit de reconquérir nos libertés avilies. Montrons de nouveau la fierté proverbiale de l'antique caractère espagnol; regagnons l'estime et le respect des nations étrangères, et redevenons les dignes fils de la noble Espagne!

» Espagnols! *vive la liberté! vive la souveraineté nationale!*

» *Signé* JUAN PRIM. »

La proclamation suivante a été publiée par le général Prim avant d'entrer à Cadix :

« Espagnols!

» Depuis que la proclamation ci-dessus a été écrite, le mouvement a été secondé par San-Fernando, la Carracca et la ville de Cadix, aidées par le régiment de Cantabrie, l'infanterie de marine et le corps de carabiniers.

» La province de Cadix, avec toutes ses forces militaires de mer et de terre, est déjà en armes.

» *Vive le peuple! vive l'armée! vive l'escadre nationale!*

» Cadix, le 19 septembre 1868.

(*Agence Havas.*) » PRIM. »

Le gouvernement espagnol a adressé hier, 27 septembre, à toutes les ambassades et légations, la dépêche télégraphique suivante :

« Le ministre d'Angleterre à Madrid ayant notifié que son gouvernement s'était décidé à envoyer des bâtimens de guerre sur les côtes de l'Espagne, le président du conseil engagea le gouvernement britannique à ne pas le faire, puisque le mouvement insurrectionnel n'affecterait pas les intérêts des sujets anglais. Sir John Crampton assura, hier, que lord Stanley se rendrait à ces désirs.

» Le président du conseil ayant appris aujourd'hui que les insurgés se disposaient à bombarder Carthagène et la Corogne, a fait savoir au ministre britannique que le gouvernement de la reine, ne pouvant pas se rendre responsable des dommages que pourraient éprouver dans ce cas les sujets anglais, le gouvernement de la Grande-Bretagne pouvait prendre les mesures qu'il jugerait plus convenables. »

(*Agence Havas.*)

On lit dans *la Patrie* :

« Une dépêche de Londres nous apprend qu'à la réception de ce télégramme, des ordres ont été transmis pour le départ immédiat de Plymouth de deux navires de guerre.

» Le gouvernement français a pris des dispositions analogues. Des dépêches ont été envoyées à Toulon; deux ou trois bâtimens seraient détachés de l'escadre de l'amiral Jurien de La Gravière, et partiraient, dit-on, sous le commandement de l'amiral Dompierre d'Hornoy. — *A. Olivier.* »

FEUILLETON DU JOURNAL DES DÉBATS
DU 29 SEPTEMBRE 1868.

De la conservation des grains par le vide.

Depuis qu'un Pharaon, prévenu par Joseph, a sauvé l'Egypte de la famine, les économistes disputent de l'utilité des réserves de grains, des devoirs et des droits du gouvernement et des citoyens en matière de subsistances, et des moyens d'éviter les hasards funestes des mauvaises récoltes. Pour nous, les droits des citoyens sont absolus; les accusations d'accaparement sont toujours odieuses et ridicules, et le devoir du gouvernement est de ne rien entraver. L'administration est, de sa nature, maladroite, et tout ce qu'on peut lui demander dans ces questions délicates, c'est de ne pas nuire. C'est le cas de répéter qu'elle nous fait toujours assez de bien, quand elle ne nous fait pas de mal. Au commerce seul il appartient de prévoir et de diminuer les disettes, et il est rare que les gouvernemens y puissent quelque chose. Mais, sans insister sur les principes de l'économie politique, on peut se préoccuper d'un problème qui nous touche de plus près que celui-là, et dont la solution est plus nécessaire encore. Ces réserves, inutiles ou non, sont-elles possibles? Avant de savoir si on en veut faire, il n'est pas indifférent d'apprendre si on en peut faire. Le blé ou la farine ne se gâtent-ils pas en peu de temps, et le commerce à long terme n'est-il pas malaisé, sinon impossible? En dehors même des grandes accumulations dont la nécessité est contestée, n'y a-t-il pas intérêt pour les cultivateurs à savoir si la récolte doit être vendue aussitôt, ou si la conservation en est facile, et à étudier les procédés nouveaux qu'on propose chaque année pour défendre contre tant d'ennemis cette précieuse substance?

Ces ennemis sont redoutables, et nulle part peut-être la lutte établie entre tous les êtres n'apparaît plus vive et plus inexplicable. La vie est un combat. Dès sa naissance, avant sa naissance, le blé est recherché par les animaux les plus divers. Les taupins, les noctuelles, la larve du *bibio saliceti*, la chenille du *plusia gamma* rongent la racine, l'*anisoplia* se nourrit du grain qui se forme. Le *zabre bossu* sort la nuit de son trou pour faire sa récolte, la calamobie place son œuf un peu au-dessous de l'épi, et la larve qui naît dévore l'intérieur de la tige de haut en bas, tandis que le *cephus pygmæus* et le *cephus tabidus* remontent en détruisant tout de bas en haut jusqu'à l'épi. La *cécidomye* pond ses œufs dans l'épi lui-même. Un livre entier ne suffirait pas à décrire ces êtres singuliers, depuis le *jassus devastans*, qui a été trouvé sur les feuilles des céréales par M. Guérin-Menneville, jusqu'à la mouche *frit*, à laquelle Linné attribuait la perte d'un cinquième des récoltes de la Suède. Tous ces insectes meurent lorsque le blé est coupé, mais une nouvelle armée attend le grain mûr et rentré dans le grenier. Le charançon, qui produit trois ou quatre générations par an, dont la larve, éclose sur le grain, s'y enfonce et le vide en quinze ou vingt jours; l'*alucite*, qui file son cocon dans l'enveloppe même du grain, les *blattes*, les *acarus*, les *Ténébrions*, qui s'adressent surtout aux farines, et enfin le plus innocent des anciens élémens, l'eau elle-même, qui partout pénètre et introduit à sa suite la fermentation, la putréfaction, la germination.

Dans les greniers ordinaires où l'air arrive librement, où les changemens de température se font sentir autant qu'au dehors, toutes ces causes séparées ou réunies détruisent une grande partie de la récolte péniblement recueillie. On évalue cette perte à 5 pour 100 en moyenne dès la première année. Dans quelques départemens, le Cher par exemple, où l'alucite depuis longtemps se développe, on a vu le dégât s'élever jusqu'à 30 pour 100 dès le mois de décembre. Et sans se livrer à des spéculations, sans prévoir des famines prochaines, les cultivateurs peuvent et doivent garder souvent leur blé durant quelques mois. On a donc cherché dans quelles conditions la perte est moins grande. Un procédé très simple, mais plus cher qu'il ne paraît, consiste à ne point amasser le blé en tas trop élevés, mais à l'étendre en couches de 0ᵐ 50 de hauteur et à l'agiter souvent avec des pelles. C'est ce que, suivant la passion moderne des mots nouveaux pour les plus anciennes choses, on appelle le procédé du *pelletage*. Le grain se sèche ainsi, et beaucoup d'animaux sont détruits ou s'échappent. Beaucoup d'entre eux meurent du froid que produit l'évaporation de l'eau par le mouvement et l'aération. Mais la main-d'œuvre est longue et chère, et la couche de blé, étant très mince, occupe une grande étendue. Il faudrait un grenier de plus de trente lieues de long pour renfermer le blé nécessaire à la consommation de Paris pendant un an. Aussi a-t-on tenté de remplacer la main de l'homme et l'aération naturelle des courans d'air par des machines puissantes et des ventilateurs. On a fait des greniers mobiles dans lesquels le blé est agité ou bien monte et descend sans cesse [illegible] des vis d'Archimède ou des chaînes sans fin. On a tenté le grenier conique de M. Haussmann, le grenier aérateur de M. Al. Devaux, les appareils Pavy, Valcourt, Salaville, Valery, etc., qui cependant, tout appréciés qu'ils soient, ne sont pas encore d'un usage général.

La réserve des cultivateurs en ce point s'explique surtout par le prix élevé de ces appareils. Excepté le préfet de la Seine, tout le monde est arrêté dans ses fantaisies, dans ses goûts, dans ses améliorations, par le manque d'argent. L'agriculture surtout, dont les profits sont très faibles et soumis à mille hasards, souffre de la pauvreté. Aussi a-t-on accepté avec empressement la proposition de M. Doyère, qui, en bien des parties de la science, a laissé et laisse chaque jour la trace d'un esprit judicieux et pratique, et qui avait conseillé de revenir au système des silos, fort employé en Orient et dans l'antiquité. Le blé enfoui en terre avec certaines précautions est à l'abri de l'humidité et des changemens de température. Il ne peut donc ni germer, ni mûrir. La quantité d'air qui le recouvre est minime, et, assez rapidement, se modifie de manière que les animaux n'y peuvent vivre. Lorsqu'on ouvre un silo depuis longtemps fermé, on trouve au fond les cadavres desséchés des charançons. On peut, du reste, pour rendre leur mort plus assurée, y placer un petit flacon de sulfure de carbone ou de toute autre substance meurtrière. La construction de ces silos est fort aisée et a été expliquée et perfectionnée par M. Doyère dans son *Traité de l'ensilage rationnel*. Le loyer annuel d'un hectolitre ne dépasse guère 30 c. ou 40 c.

Le problème est assurément résolu par M. Doyère, surtout pour les grandes réserves. Il n'est pas superflu pourtant de multiplier les manières d'atteindre un but aussi utile que celui-là. En outre, les conditions dans lesquelles on doit conserver le blé, la farine ou les biscuits, sont très diverses. Il peut être nécessaire de les transporter ou bien d'ouvrir souvent le réservoir pour ajouter à la provision ou en retirer une partie. Dans ces cas et dans plusieurs autres, les silos ne sauraient être employés. L'usage, du reste, en est surtout économique, lorsque les dimensions en sont considérables. Il ne faut donc pas négliger une invention récente due à M. le docteur Louvel [1] qui, pour n'avoir pas atteint encore le dernier degré de la perfection, n'en peut pas moins dès aujourd'hui être mise à profit. M. Louvel, au lieu de se fier à l'aération des grains pour éviter la fermentation et éloigner les insectes, ou bien à l'uniformité de la température dans un air confiné et identité impropre à la vie, a proposé d'écarter toute cause de fermentation ou d'éclosion en plaçant le blé dans le vide. Il est clair que la dessiccation est alors très prompte et que la mort des animaux est immédiate. Il n'est même pas nécessaire que le vide soit aussi absolu que celui qu'on obtient dans les cabinets des physiciens sous la cloche de la machine pneumatique, et qu'une grande délicatesse dans les organes des appareils peut seule atteindre. Il suffit que l'air soit très raréfié et que le manomètre marque 50 degrés.

L'appareil de M. Louvel, qu'on a pu voir dans l'un des hangars de l'Exposition universelle, se compose d'un réservoir de tôle assez forte dont la forme, ordinairement cylindrique, pourrait varier suivant les circonstances. A la partie supérieure est un trou qui permet l'entrée d'un homme et d'un sac de farine ou de blé. A côté de cette ouverture, qui peut être hermétiquement fermée, s'en trouvent deux autres plus petites dont l'une communique avec un manomètre indiquant la pression, dont l'autre est mise par un tube en communication avec une pompe à air. Enfin, un dernier orifice au bas du cylindre permet l'écoulement du blé. L'emploi de l'appareil est fort simple : dès que le réservoir est rempli, on manœuvre la pompe, le vide se fait, le blé se dessèche et les animaux meurent.

Cette dessication empêche non seulement le blé de fermenter et de s'altérer; elle peut encore, en certains cas, ramener à l'état sain du blé mouillé par un orage ou par toute autre cause. M. Louvel a donc pu dire que les grains et les farines, loin de se gâter, s'améliorent et sortent de ses greniers plus précieux qu'ils n'y étaient entrés. Des expériences faites avec soin par une commission composée de MM. Boussingault, membre de l'Institut; Sénard, médecin en chef de la marine; Tisserand, chef de la division des établissemens agricoles de la Couronne; Dolsneau, ancien syndic de la boulangerie; Lecouteux, membre de la Société d'agriculture, et Borie, rédacteur en chef de l'*Echo agricole*, ont démontré les bons effets du système. Après six mois, les farines et les blés ont été retirés du cylindre de tôle en très bon état, les charançons qui y avaient été mis à dessein étaient morts, l'humidité avait disparu, et pourtant les cylindres avaient été tout le temps exposés au soleil, à la pluie, à la neige, à des gelées très fortes. Il est même remarquable, — car ici se plaçait la plus forte objection qui se fût peut-être élevée contre le système, — que le vide s'était bien maintenu, et que le manomètre n'avait point baissé au-dessous de 45 centimètres. Cette baisse même n'était due qu'à l'émission de la vapeur d'eau favorisée par la raréfaction de l'air; mais l'air extérieur n'avait pénétré ni par les orifices dont la fermeture était hermétique, ni à travers les pores de la tôle.

Ainsi, la conservation parfaite des grains et des farines dans le vide, la possibilité de faire et de maintenir le vide dans les appareils même considérables, sont démontrées. Mais un procédé possible, commode même, n'est pas toujours un procédé avantageux. Le prix de revient en peut atténuer les avantages. Lorsque les premières expériences ont été faites, il est certain que les frais étaient trop considérables pour qu'un agriculteur sage songeât à renoncer aux greniers ordinaires, et même les établissemens publics y devaient regarder. Un réservoir de 30 hectolitres pesait 1,400 kilogr. et coûtait 1,000 fr.; ce qui, par l'intérêt et l'amortissement du capital à 8 pour 100, donne un loyer de 1 fr. 80 c. par hectolitre et par an. Il y faut même ajouter l'intérêt du prix de la pompe, qui peut, il est vrai, servir à plusieurs greniers à la fois, mais dont le prix, suivant l'importance de l'exploitation, est encore de 300 fr. à 1,200 fr. Ajoutons pourtant que cette pompe peut être employée à d'autres usages : pour l'arrosement, pour l'extinction des incendies, etc.

Dès l'Exposition universelle ces prix avaient diminué, et M. Louvel pense qu'on peut les réduire encore. C'est aussi l'avis de la première commission et d'une commission militaire nommée à propos de l'Exposition. Le rapporteur a calculé que la conservation du blé dans les greniers ordinaires représente une dépense de 19 fr. 87 c. par quintal métrique (100 kilog.) pour le premier établissement, ce qui représente un loyer de 60 c. Les silos de M. Doyère coûtent pour le même poids 11 fr. 43 c., c'est-à-dire près de la moitié, et le procédé nouveau exige, dit le rapporteur, une dépense de 14 fr. 80 c., que l'auteur même abaisse au-dessous de 10 fr., si l'on ne compte point la pompe. A ce prix, l'appareil peut être vraiment utile au commerce, à la marine marchande, aux armées, et M. le docteur Louvel mérite de tenir une place excellente parmi les nombreux inventeurs qui ont poursuivi le même but.

PAUL DE RÉMUSAT.

---

[1] *Système de la conservation des grains, graines et farines, au moyen du vide,* par le docteur Louvel, brochure in-8°, 1867.

On lit dans *le Pays* :

« Les événemens d'Espagne ont motivé, de la part du ministre de l'intérieur, une circulaire d'ordre public qui a été adressée à tous les préfets.

» Voici le sens absolu de ce document officiel :

» Les préfets doivent absolument empêcher les Espagnols venant de France de franchir la frontière.

» S'ils appartiennent à la catégorie des réfugiés touchant des subsides du gouvernement français, ils sont réintégrés dans le lieu de leur internement.

» Si non, comme la liberté des Espagnols doit être respectée au même titre que toute autre, ils sont, sur leur demande, dirigés sur toute frontière de France qu'ils désignent, autre que la frontière d'Espagne.

» Quant aux Espagnols qui cherchent à s'introduire d'Espagne en France, la frontière leur est ouverte comme refuge, mais aux conditions qu'imposent les lois qui règlent nos relations internationales avec l'Espagne.

» En résumé, le ministre de l'intérieur fait exécuter strictement les lois qui règlent cette question fort délicate des frontières limitrophes en temps d'insurrection politique. — *A. Lomon.* »

On lit dans *la France* :

« Quelques journaux ont annoncé que la reine Isabelle avait eu une entrevue, à Biarritz, avec l'Impératrice.

» Nous sommes en mesure de démentir formellement cette nouvelle. »

On lit dans le *Jornal do Comercio* du 24 septembre :

« Le général Serrano, duc de La Torre, qui a pris le commandement en chef de toutes les troupes réunies à Cadix, est arrivé des Canaries sur un navire frété spécialement pour cet objet par un riche capitaliste de Cadix.

» Mendigo a quitté Cadix. La ville était tranquille le 21, et tous les établissemens étaient ouverts.

» On travaillait aux fortifications, et l'on y montait de l'artillerie de gros calibre. »

On lit dans l'*Irurac-Bat*, de Bilbao, du 27 septembre :

« Le directeur chargé de l'expédition de l'intérieur me communique aujourd'hui, par télégramme, les détails suivans :

» L'armée d'Andalousie est réunie. Cent dix gardes civils et deux cent vingt gardes ruraux qui n'ont pas voulu manquer à leur devoir se sont retirés de Malaga à Grenade. Les révoltés de Malaga commettaient des désordres et pillaient les maisons des riches. Les compagnies de carabiniers se concentrent pour garder et veiller les chemins de fer et les télégraphes. Par ce moyen, on a aujourd'hui des nouvelles de toute la péninsule.

» Deux colonnes marchent sur Béjar; une d'elles, pour le moins, arrivera demain devant la ville.

» Les insurgés d'Alcoy demandent à capituler.

» A Logrono, le général de brigade Carbayo a étouffé l'insurrection et rétabli les communications.

» Bilbao, le 26 septembre 1868.

» *Le gouverneur*, MUNIZ. »

» S. Exc. M. le capitaine-général du district, par télégramme reçu à sept heures treize minutes de ce soir, me communique ce qui suit :

« Les partis de la Rioja et de la Ribera ont été mis en fuite par les forces restées fidèles au pouvoir desquelles sont tombés quatorze prisonniers à Calahorra.

» Cette nouvelle est annoncée par le Bulletin officiel et les journaux de cette capitale, pour avoir la publicité qui lui est due.

» Bilbao, le 24 septembre 1868.

» *Le général de brigade, gouverneur*, ABETS. »

Voici quelques extraits des autres journaux espagnols :

Capitainerie-générale de Catalogne. Etat-major.

(Extrait des nouvelles reçues à cette capitainerie-générale.)

Le très excellent ministre de la guerre, par télégramme en date d'hier, six heures du soir, mande au capitaine-général de ce district que les lignes ferrées et télégraphiques ont été rétablies de Cordoue à Madrid ; que le général Paredes, avec ses troupes, a rallié l'armée du marquis de Novaliches, qui continuait sa marche vers Séville. Le général Calonje était toujours à Santander. La tranquillité régnait dans toute la péninsule, à l'exception des points déjà connus du public.

A Alcala de Chivert s'est soulevée une petite bande contre laquelle on a dirigé des troupes. Les bourgeois soulevés à Alcoy se sont rendus à discrétion. Ceci est porté à la connaissance du public.

Barcelone, le 25 septembre 1868.

Le colonel chef d'état-major,
FRANCISCO NEBOT.

(*Diario* de Barcelone.)

Le très excellent capitaine-général d'Aragon, par télégramme d'aujourd'hui neuf heures du matin, mande au capitaine-général *ad interim* de ce district, que l'Aragon jouit d'une complète tranquillité.

(*Idem*.) *Le colonel d'état-major*, NEBOT.

— La procession de la Merced, que l'autorité militaire avait autorisée pour aujourd'hui, a été suspendue à la demande du curé et de l'Œuvre. Autrement cette procession aurait eu lieu avec le recueillement et l'ordre naturels dans une ville aussi civilisée et aussi catholique que Barcelone.

Le capitaine-général *ad interim* est convaincu qu'à des populations aussi éclairées, morales et travailleuses que celles de la Catalogne, on doit accorder pour les jours de fête des délassemens agréables, aussi a-t-il toujours accordé les permissions qui lui ont été demandées pour bals et récréations publics.

(*Idem*.)

L'agence Havas nous communique les dépêches suivantes :

Saint-Sébastien, le 27 septembre, six heures trente minutes du soir.

Prim s'est présenté hier devant Carthagène avec trois frégates soulevées. Leurs sommations furent rejetées par le gouverneur de la place. Les frégates restaient en vue. Novaliches est à Montoro, renforcé de quatre bataillons, ainsi que du régiment du comte de Girgenti. Le maréchal Serrano était à Cordoue.

Le mouvement de Logrono a été dominé.

Dans les autres provinces, excepté celles de Cadix, Séville et Malaga, rien de nouveau.

L'esprit des troupes est excellent.

Madrid, le 27 septembre, cinq heures du soir.

La situation n'a pas changé. Le quartier général du marquis de Novaliches est à Montoro. Les communications télégraphiques continuent parfaitement entre Montoro et Madrid.

On lit dans *le Moniteur*, sous la date du 27 septembre :

« Aucune information n'était parvenue hier sur la situation générale de l'Espagne ou sur les faits particuliers qui s'y rattachent. Les renseignemens reçus aujourd'hui portent sur deux nouvelles principales. Il paraîtrait que la ville manufacturière d'Alcoy, située au milieu des montagnes de la province de Valence, aurait pris parti pour le mouvement ; deux escadrons de gendarmerie d'Albacete ont été envoyés pour rétablir l'ordre de ce côté. Un télégramme de Carthagène, en date de ce jour, porte que trois frégates étaient devant cette place. On supposait le général Prim à bord de l'une d'elles. Sommé de se retirer, le commandant des troupes royales a répondu par un refus formel. On prévoyait une prochaine et sérieuse collision.

» Rien de nouveau n'a été signalé d'Andalousie, où le maréchal Pavia continuait de réunir les troupes suffisantes pour attaquer les forces de l'insurrection.

» On écrit de Londres que deux bâtimens de guerre anglais viennent de recevoir l'ordre de se rendre sur la côte d'Espagne, à l'effet de protéger, en cas de nécessité, les sujets britanniques dans les ports de la Péninsule. »

On lit dans *la Gironde* :

« On nous communique une lettre adressée d'Oviedo, le 24 septembre, par un représentant de commerce, à une maison de notre ville. Le correspondant dit que, dans l'opinion générale, c'en est fait des Bourbons d'Espagne. Il ajoute :

« Hier, je suis venu de Pola de Lena à Oviedo par la voiture du courrier, accompagnée d'une escorte de gendarmerie. Tout à coup une trentaine d'individus armés se sont présentés à nous et ont engagé une lutte avec nos gendarmes : le brigadier a été tué et ses cinq hommes ont été désarmés. Quant à nous, voyageurs, nous en avons été quittes pour la peur.

» ... A vous parler franchement, je ne sais que faire. Les communications sont interrompues dans bien des endroits. Quand on se présente pour solliciter une commission, on vous répond que ce n'est pas le moment de faire des affaires. »

» Le correspondant croit prudent de ne pas signer son nom, et, dans la crainte du cabinet noir, il recommande, quand on lui écrira, de ne pas mêler à la lettre d'affaire un mot de politique.

« Comme il arrive toujours en pareilles circonstances, les bruits les plus divers couraient à Oviedo, et, pour y croire, on ne prenait pas la peine de les contrôler. Ainsi le correspondant mande comme une nouvelle certaine que la reine s'est réfugiée dans la citadelle de Pampelune, et y attend les événemens.

» Oviedo était très agité, très inquiet, mais aucun mouvement révolutionnaire. »

On lit dans *le Gaulois* :

« M. Moncasi, député espagnol, a été arrêté à Saint-Gaudens avec trois autres personnes au moment où il s'apprêtait à franchir la frontière espagnole pour s'unir aux insurgés. Transporté à Tours, sous la surveillance d'un inspecteur de police, et s'étant vu refuser l'autorisation de parler aux autorités, il s'est évadé, et on suppose qu'il sera enfin parvenu à franchir la frontière.

» *La Gironde* publie une dépêche datée de Bayonne, le 27, qui dit ceci :

« Concha a donné ordre de refuser la solde
» à 27 régimens qui devaient se soulever au-
» jourd'hui. Santander a été repris par les in-
» surgés. »

» Voici la situation de la révolution, d'après les dernières nouvelles officielles :

» Elle est maîtresse de toute l'Andalousie, de la Galice, de Valence, de Santona et de Santander. Elle a fait son apparition dans les provinces de la Rioja, Léon, les Asturies et la Manche.

» Une lettre de Saint-Sébastien, d'hier soir, nous assure que la reine n'a pas du tout l'intention de quitter cette ville.

» Nous annoncions hier l'arrestation de Baldrich à Port-Vendres.

» Voici comment les faits se seraient passés et comment cette importante nouvelle, après avoir été exacte, est devenue fausse.

» Baldrich s'était embarqué à Marseille sur un vapeur italien avec quelques officiers suivant sa fortune.

» Un accident, survenu à la machine, força le navire à s'arrêter à Port-Vendres. Sur la demande du consul espagnol, les passagers furent arrêtés. Baldrich parvint à s'échapper pendant que ses compagnons étaient dirigés sur Perpignan.

» Le maréchal Serrano se trouve à Cordoue avec 10,000 hommes et marche sur Madrid.

» Le général Prim doit se trouver en Catalogne, après avoir décidé le soulèvement de Carthagène. Il était accompagné de trois frégates de guerre.

» Béjar et ses habitans ont fermé leurs portes aux troupes royales. — *Ange de Miranda.* »

On lit dans *la Patrie* :

« Le maréchal Serrano est maintenant à Cordoue, dont il a pris le commandement, et Prim s'est rendu devant Carthagène, qu'il menace de bombarder.

» Du côté du gouvernement, l'activité paraît moins grande. La marche du général de Novaliches est lente. On prétend que son avant-garde a trahi. La nouvelle n'est pas authentique, mais on la juge vraisemblable. Le siége de Cadix sera-t-il fait avec succès? Le maréchal Serrano sera-t-il attaqué à Cordoue, et s'il ne l'est pas immédiatement, ne doit-on pas s'attendre à voir son corps d'armée prendre l'offensive et marcher sur Madrid?

» Les populations conservent en général une attitude passive, mais cette attitude n'est au profit ni du gouvernement ni de l'insurrection; elle serait plutôt un danger pour le gouvernement.

» La plupart des lettres particulières reçues hier et aujourd'hui de divers points laissent une impression défavorable. L'opinion publique est généralement mauvaise, écrit-on, aussi bien pour les hommes placés à la tête du mouvement que pour le gouvernement; mais un succès un peu important par les révoltés pourrait décider les esprits à se prononcer en leur faveur. Ce qu'on attend partout, c'est un programme.

» Une dépêche privée transmise de Bayonne nous assure que le dernier bâtiment de l'escadrille royale, qui mouillait devant Saint-Sébastien, s'est prononcé en faveur de l'insurrection.

» Ce bâtiment aurait gagné le large, emmenant avec lui le cutter de la douane, et ayant à bord plusieurs officiers qui étaient restés auprès de la reine.

» Cette nouvelle défection aurait vivement impressionné la cour.

» Des lettres particulières de la frontière nous exposent que la confiance du gouvernement peut rester entière tant que les principales villes, telles que Madrid, Barcelone et Saragosse, demeureront étrangères au mouvement. En dehors de ces villes, dont les populations ont toujours joué un grand rôle dans les précédens *pronunciamientos*, la lutte engagée n'aura, au point de vue politique, que les proportions d'une guerre civile. Or jusqu'ici les habitans de Madrid, de Barcelone et de Saragosse ont montré des dispositions hostiles aux personnages qui se sont placés à la tête de l'insurrection. Ce qui ne veut pas dire toutefois, écrit-on, qu'elles soient favorables à l'état de choses menacé.

» Nous recevons, au moment de mettre sous presse, les nouvelles suivantes, qui sont plus favorables à la cause de la reine. Nous les donnons sous toutes réserves, continuant à mettre impartialement sous les yeux de nos lecteurs toutes les informations qui nous arrivent, quel qu'en soit le caractère :

» Dans l'Andalousie, les citoyens se lèvent en masse et s'organisent en gardes nationales pour repousser la révolte.

» Le général Calonge, qui a reçu des renforts considérables, est parti de Santander, se dirigeant sur Santona avec un corps de siége.

» Les troupes sont très déterminées. Le général Calonge déclare que si la ville refuse de se rendre, il usera des moyens les plus énergiques pour en déloger les insurgés.

» Le marquis de Novaliches a reçu des renforts qui portent son armée à un chiffre très respectable. Il s'est immédiatement mis en marche pour joindre le duc de la Torre Serrano et lui livrer bataille. — *A. Olivier.* »

Voici la proclamation de la junte provinciale révolutionnaire de Séville :

Espagnols,

La junte révolutionnaire de Séville manquerait au premier de ses devoirs, si elle ne commençait pas par faire entendre sa voix aux habitans de cette province et à la nation tout entière, en leur faisant connaître les principes qu'elle se propose de soutenir et de défendre comme base de la régénération de ce malheureux pays dont tant de siècles de tyrannie n'ont pu refroidir l'enthousiasme et affaiblir la virilité.

La consécration du suffrage universel et libre comme base fondamentale de la légitimité de tous les pouvoirs et comme étant la seule et vraie expression de la volonté nationale.

La liberté absolue de la presse, sans dépôt de finances ni éditeurs responsables, et seulement en se conformant aux peines que marque le Code pour les délits de diffamation et de calomnie.

La consécration pratique et immédiate de toutes les autres libertés, celle de l'enseignement, celle des cultes, du trafic et de l'industrie, etc., et la réforme prudente et libérale des lois douanières, jusqu'à ce que la situation du pays permette d'établir complétement la liberté du commerce.

L'abolition de la peine de mort et la réforme du système pénal pénitentiaire.

La sécurité individuelle efficacement garantie, ainsi que l'absolue inviolabilité du domicile et de la correspondance.

L'abolition de la Constitution bâtarde qui nous régit, ainsi que de toutes les lois organiques qui en dérivent et sa substitution provisoire par celle que décrétèrent les Cortès constituantes de 1856 en supprimant l'article touchant à la religion de l'Etat; nous supprimerons aussi le titre relatif à la dynastie et les règles de succession à la couronne, et tout ce qui, dans l'un et l'autre cas, ne serait pas conforme avec la base du suffrage universel.

L'abolition de la circonscription *quintas* et des matricules de mer, et l'organisation de l'armée et de la marine par voie d'enrôlement volontaires, avec les garanties exigées par l'honorabilité de la profession.

Egalité dans la répartition des charges publiques.

Suppression du monopole du sel et du tabac, ainsi que du droit d'octroi.

Egalité de droits et abolition de tous les priviléges, y compris ceux du clergé.

Cortès constituantes et élues par le suffrage universel direct pour qu'elles décrètent une Constitution en harmonie avec les besoins de l'époque, en généralisant son strict accomplissement au moyen d'une commission permanente pendant l'interrègne parlementaire, qui nommera les ministres et les rendra responsables de leurs actes, ainsi que les autorités qui s'écarteraient de leur devoir.

Vive la liberté! A bas la dynastie! Vive la souveraineté nationale!

ANTONIO AGUILAR,
président de la junte révolutionnaire de Séville.

En outre, *le Temps*, *le Gaulois*, *l'Opinion nationale* et *la Liberté* publient une proclamation lancée à Cadix par les chefs du mouvement, à la date du 19 septembre.

Elle est signée Duc de La Torre, Juan Prim, Domingo Dulce, Francisco Serrano Bedoya, Ramon Nouvilas, Rafael Primo Rivera, Antonio Caballero de Rodas, Juan Topete.

Le Temps déclare que cette proclamation est parfaitement authentique. « Nous en avons, dit-il, vu le texte espagnol, et, de plus, elle est connue à Madrid, car notre correspondant dans sa lettre du 26, en confirme l'existence, et toutes les signatures. »

La Liberté publie une proclamation du centre démocratique de Madrid à ses coreligionnaires. Cette proclamation se termine par ces mots :

« Constance donc, foi et énergie! et que, dès aujourd'hui, notre cri de guerre, notre programme soit : *Démocratie! — A bas les Bourbons, avec toute leur race! — Mort aux tyrans! — Vive la souveraineté du peuple!* »

On mande de Vienne, le 27 septembre, huit heures du soir, à la *Correspondance du Nord-Est* :

« *Les bruits répandus par les centralistes au sujet de la Galicie sont sans fondement.*

» Le comte Goluchowski n'a été ni destitué ni disgracié; il a donné spontanément sa démission, motivée sur l'abandon du voyage de l'empereur. Il ne sera remplacé ni par un général ni par un Allemand.

» Aucun Polonais ne voudrait d'ailleurs accepter ces fonctions avant que la situation soit éclaircie, la lieutenance sera provisoirement gérée par le conseiller Possinger.

» Les idées de conciliation commencent à prévaloir dans le ministère. Il n'est question ni de dissolution ni d'élections directes.

» Les Polonais se maintiennent fermement sur le terrain de la légalité, et ils viendront au Reichsrath.

» L'empereur n'est nullement mal disposé, et il ne trouve pas les demandes polonaises exagérées. Il a renoncé au projet du voyage avec regret, pour éviter une crise ministérielle à la veille de l'ouverture de la session du Reichsrath, dont la réunion est urgente à cause du vote de la loi militaire. »

Faits divers.

On lit dans *le Moniteur* :

« Nous recevons à l'instant la douloureuse nouvelle de la mort du comte Walewski, qui a succombé hier soir, à Strasbourg, à une attaque d'apoplexie foudroyante. »

— Le *Sun* publie des extraits de lettres particulières de Callao (Pérou), rendant compte des effets du tremblement de terre qui a eu lieu dans cette ville.

L'une de ces lettres, datée du 13 août, dit :

« Ce matin, vers cinq heures, de violentes secousses se firent sentir. Cinq minutes après, on entendit un bruit sourd, roulant comme un charriot pesamment chargé. Les secousses, devenues plus vives, agitaient les meubles et même les maisons avec une telle violence que nul ne pouvait se tenir debout, et en un instant tous les habitans s'enfuirent dans les rues. Il s'ensuivit des scènes indescriptibles.

» La population, effrayée, s'agenouillait et priait. Des femmes tombaient évanouies sur le pavé; d'autres, à genoux, levaient les mains au ciel ou jetaient des cris perçans et pleuraient en serrant leurs enfans sur leur sein; la grande cloche de l'église de Santa-Rosa sonnait à toute volée, pendant que la foule, pleine de terreur, se précipitait dans l'enceinte sacrée pour y chercher son salut.

» Le grand clocher se balançait dans l'air et craquait par momens, menaçant de tomber et d'écraser toutes les personnes rassemblées au bas. Dans toutes les rues, aussi loin qu'on pouvait voir, le sol et les maisons ondulaient comme des vagues, pendant que, dans la baie, les navires se heurtaient entre eux, soulevés, bouleversés par la violence d'un tremblement sous-marin. Plusieurs bâtimens se sont perdus.

» Des milliers d'indigènes ont pris la fuite vers Lima. Toutes les voitures n'ayant pu suffire pour transporter les personnes qui voulaient se rendre immédiatement dans cette ville, de peur d'être englouties sous les ruines de Callao, on a été obligé d'organiser un train spécial. »

Une autre lettre du 14 août dit :

« La nuit dernière a été la plus épouvantable, la plus terrible que le Pérou ait jamais connue. La mer, très mauvaise, n'a cessé de monter jusqu'à minuit. Actuellement elle s'élève jusqu'à 30 pieds sur le môle, et a submergé les rez-de-chaussée de toutes les maisons, des magasins, des grands établissemens situés sur le port.

» Les navires à l'ancre ont cassé leurs chaînes et sont allés à la dérive de tous côtés. Un gouffre s'est ouvert dans le port; l'eau s'y précipite en tourbillonnant, attirant les navires qui suivent le même mouvement et se brisent entre eux. Des milliers de personnes ont parcouru les rues toute la nuit. Ce matin, les magasins sont fermés, et Callao est désert. »

— On lit dans *l'Italie* du 23 septembre :

« L'orage a produit de grands dégâts sur le chemin de fer de Pistoie-Lucques.

» Les plus considérables sont sur les Apennins, entre Pracchia et Porretta. En cet endroit, la violence des eaux a emporté une dizaine de mètres de la voie ferrée.

» Le dernier train qui ait pu arriver à Bologne est le train direct parti de Florence hier à six heures et demie du soir. Tous les convois dirigés depuis sur cette ligne ont dû être retenus à Pistoie ou ont dû rétrograder vers cette ville.

» Le service entre Pistoie et Bologne demeure donc suspendu jusqu'à nouvel avis.

» L'activité avec laquelle on travaille à la réparation des dégâts fait espérer que les communications entre Florence et Bologne seront rétablies sous peu.

» Il résulte des dernières nouvelles reçues de Pistoie, que le chemin de fer est plus ou moins endommagé depuis Pitecchio jusqu'à Porretta. La route postale n'est pas non plus praticable.

» Le courrier qui devait arriver ce matin à neuf heures quarante minutes a dû rétrograder jusqu'à Bologne, et l'on croit qu'il arrivera demain à Florence par la voie Bologne-Ancône-Foligno.

» Les correspondances pour la France, la Suisse, Turin etc., partiront provisoirement à six heures du soir, au lieu de six heures un quart, par la ligne Livourne-Gênes; celles pour la Vénétie et l'Autriche prendront la voie Foligno-Ancône-Bologne. »

— On lit dans le même journal :

« Les dégâts du chemin de fer, sur les Apennins, sont plus graves qu'on ne le croyait tout d'abord; outre que la voie ferrée est endommagée en un très grand nombre de points entre Pitecchio, Pracchia et Porretta, les eaux du Reno ont emporté beaucoup d'ouvrages en terre; près la galerie Rossignone, entre autres, elles ont déchaussé les rails et détruit le mur du fossé dit Morello. Non loin de la galerie Olivacci, cinq arches seulement d'un immense viaduc sont restées sur pied, et une partie de la ligne télégraphique est maintenant hors de service.

» Malgré toute l'activité avec laquelle on a entrepris les travaux de réparation, les hommes de l'art ne croient pas que le rétablissement, même partiel, de la ligne puisse s'effectuer avant huit ou dix jours.

» La route postale, qu'on croyait sinon praticable, du moins peu endommagée, a subi, assure-t-on, des dégâts considérables, dont la réparation exigera une semaine environ. Si ces dégâts eussent été moins sérieux, on eût pu se porter, en voiture, de Pistoie à Porretta, où l'on aurait retrouvé le chemin de fer jusqu'à Bologne.

» Les dégâts qui se sont produits sur les lignes Pistoie-Lucques et Pise-Spezia sont aussi d'une certaine importance. Les communications directes entre Pistoie et Lucques ont dû être interrompues ; les trains vont seulement de Pescia à Lucques et Pise.

» Les voyageurs de Pise pour la Spezia doivent subir un transbordement dans le voisinage du fleuve Magra, qui se trouve entre Sarzana et la Spezia.

» Des personnes venant de Pistoie nous assurent que le train n° 46, parti de Pistoie le 21 de ce mois, à onze heures cinquante minutes, a couru un grand danger, n'ayant pu être averti des dégâts aux environs de Porretta, puisque la ligne télégraphique était rompue. Si un malheur n'est pas arrivé, on le doit à un gardien qui s'est mis dans l'eau jusqu'à la ceinture, entre Pitecchio et Pracchia, pour signaler le péril.

» On dit que les voyageurs ont donné une somme de 75 fr. à ce gardien. Il est probable que la Société de la Haute-Italie saura, l'exactitude du fait étant reconnue, récompenser cet employé. »

— Les bourrasques et la tourmente font rage plus que jamais dans la vaste région comprise entre la mer et le haut Piémont, et sur les côtes de France et de l'Italie.

Sur les cols et les plateaux de Tende et de la Corniche, dans les gorges profondes qui singularisent d'une manière si pittoresque le trajet entre Nice et Turin, par Coni, la tempête est en permanence, la foudre fait de trop nombreuses victimes, et c'est tantôt un berger, tantôt des paysans qui, fortuitement ou par imprudence, sont atteints par le feu du ciel.

Les poteaux télégraphiques sont culbutés. Entre Gênes et Nice, de longues files de remblais du chemin de fer sont emportées par les torrens, et le trajet des courriers est complétement entravé par les débordemens des rivières.

On signale le passage d'une trombe sur le col d'Eze, au-dessus de Nice, qui aurait mis en péril plusieurs voyageurs surpris par l'effrayant météore, inondant et enveloppant d'eau et de feu une surface immense.

Deux femmes auraient été foudroyées.

— *Le Monde* publie une lettre apostolique du Pape, adressée à tous les évêques des Eglises du rite oriental qui ne sont pas en communion avec le siége apostolique, pour les exhorter à assister au concile œcuménique.

— On lit dans *la France* :

« Il résulte d'explications qui viennent d'être données au sujet du libre cours des monnaies pontificales, qu'en l'absence d'une convention régulière conclue entre le gouvernement du Saint-Siége et le gouvernement *français*, non seulement les caisses publiques n'ont pas reçu l'ordre de refuser les monnaies pontificales, mais ont été invitées, au contraire, à recevoir ces monnaies, lorsqu'elles ont demandé une règle de conduite à ce sujet. »

— On lit dans *l'Indépendance belge* :

« Dans le 18e numéro de *la Lanterne*, qui a paru samedi, M. Henri Rochefort annonce que M. Ernest Baroche lui a fait demander une réparation par les armes pour un passage le concernant publié dans le numéro précédent de ce journal. M. Henri Rochefort se déclare prêt à donner à M. Ernest Baroche la satisfaction demandée.

» Dans le passage incriminé, M. Henri Rochefort faisait allusion à certaine lettre de M. de Persigny, alors ministre de l'intérieur, relative à la candidature de M. Ernest Baroche dans le département de Seine-et-Oise, aux élections de 1863. Cette lettre fut publiée à cette époque par ordre du ministre, et nos lecteurs se rappellent peut-être que *l'Indépendance* la reproduisit. »

On lit dans le même journal :

« Nous apprenons par voie télégraphique le résultat de la rencontre qui a eu lieu ce matin (27 septembre) entre MM. Henri Rochefort et Ernest Baroche, et dont nous disons la cause plus loin.

» Le combat a eu lieu à l'épée, au sas de Gand, sur le territoire hollandais. Il n'a pas duré moins de treize minutes.

» M. Ernest Baroche a reçu trois coups d'épée : à la cuisse, à la poitrine et au côté.

» M. Henri Rochefort a été légèrement blessé au bras droit.

» Les témoins de ce dernier étaient MM. Charles et François-Victor Hugo, les deux fils de l'illustre poète.

» Ceux de M. Ernest Baroche étaient M. Adolphe Belot et un officier dont nous ignorons le nom.

» M. le docteur Laussedat assistait au combat en qualité de médecin et a donné ses soins aux blessés.

— *L'Epoque* reçoit communication de la Note suivante :

« A la suite d'une publication faite dans le n° 17 de *la Lanterne*, M. Ernest Baroche a demandé à M. Henri Rochefort une réparation par les armes.

» L'arme choisie par M. Ernest Baroche est l'épée.

» Il a été convenu entre les témoins soussignés que le duel cesserait lorsqu'un des deux adversaires serait hors de combat, sur l'avis des deux médecins présens à la rencontre.

» Fait en double à Bruxelles, le 26 septembre 1868.

» Pour M. Rochefort :
» FRANÇOIS-VICTOR HUGO.
» CHARLES HUGO.

» Pour M. Baroche :
» E. DE LOYNES.
» A. BELOT.

» Aujourd'hui 27 septembre, à neuf heures et demie du matin, sur la frontière de Hollande, a eu lieu la rencontre convenue entre MM. Henri Rochefort et Ernest Baroche.

» Le duel a duré un quart d'heure avec cinq reprises différentes.

» Au premier engagement, M. Baroche a été légèrement touché à la poitrine.

» Au troisième engagement, M. Baroche a reçu à la cuisse droite un coup d'épée, à la suite duquel il a demandé à continuer le combat.

» Au cinquième engagement, dans un nouveau corps à corps que les témoins n'ont pu empêcher, M. Baroche a reçu un coup d'épée au côté, en même temps que M. Rochefort était atteint au bras droit.

» Les médecins présens à la rencontre, MM. Laussedat et Chaud, ont décidé que ces différentes blessures empêchaient une nouvelle reprise.

» Les témoins, se conformant aux termes de leur procès-verbal, ont arrêté le duel d'un commun accord.

» FRANÇOIS-VICTOR HUGO.
» CHARLES HUGO.

» ADOLPHE BELOT.
» E. DE LOYNES. »

— On lit dans *la Patrie* :

« Nous sommes heureux de pouvoir annoncer que M. Ernest Baroche est arrivé hier soir à Paris, et que son état n'inspire aucune inquiétude à ses amis. — *A. Olivier.* »

— On écrit de Montauban, le 26 septembre :

« La ville de Montauban continue à être péniblement impressionnée par l'affaire des avortemens.

» Les bruits les plus étranges, les versions les plus contradictoires ne cessent de circuler, et si les nouvelles ne manquent pas, il nous est difficile d'en contrôler l'exactitude. Les investigations de la justice se poursuivent sans relâche, et le mystère dont elle s'enveloppe presque est bien fait pour nous conseiller la plus grande prudence.

» Aux faits déjà connus, d'autres viennent s'ajouter, et l'instruction n'est pas près de finir.

» On a fait de nouvelles fouilles dans la maison habitée par la femme Delpech. Nous en ignorons le résultat. Nous savons seulement qu'elles avaient pour but de rechercher les ossemens qui manquaient pour compléter, autant que possible, les squelettes des pauvres petites victimes.

» Hier encore, on a fait de minutieuses recherches dans la maison de la femme Coyne. Les fosses d'aisances ont été vidées, et c'est avec la plus grande attention qu'on s'assura qu'il n'y avait rien d'insolite.

» Les prisonnières sont très abattues, surtout la femme Delpech. Elle est très souffrante en ce moment, nous dit-on, par suite de spasmes nerveux très violens.

» Son état est tout naturel après le changement brusque qui s'est opéré dans son existence. Le régime sévère de la prison doit être peu de son goût, habituée qu'elle était à la bonne chère. Quoique son horrible commerce fût très lucratif, la femme Delpech n'a point fait d'économies; elle mange à la table commune de la prison.

» Quant à la femme Coyne, elle mène une existence un peu moins modeste. Elle occupe une chambre au second étage de la maison d'arrêt, et ses repas lui sont apportés par les soins de sa famille.

» Quoique très abattue aussi, la femme Coyne est relativement plus calme que ces derniers jours. Sa pâleur, les larmes abondantes qu'elle répand assez souvent inspirent de la pitié, et on est presque heureux de voir qu'elle comprend tout ce qu'a de fâcheux sa pénible situation. Quand on lui parle de la femme Delpech, elle s'anime, s'irrite, et des éclairs de colère passent dans ses yeux. Elle reçoit la visite de quelques parens, de sa sœur, de sa fille, une belle enfant de quinze à seize ans, et leur présence devient une consolation pour la prisonnière.

» Dans ma dernière lettre je vous ai annoncé l'arrestation de deux autres femmes.

» L'une, la sœur de la femme Delpech, a trente-cinq ans environ; elle usait largement de la liberté que lui laissait son mari.

» L'autre, la femme Boyer, appartenait à l'une des familles les plus honorables de Saint-Etienne-de-Tulmont. Mariée à un très honnête homme, charron de son état et, de plus, adjoint au maire de sa commune, la femme Boyer était mère de plusieurs enfans. Rien ne faisait prévoir une pareille catastrophe pour cette famille, et l'arrestation de cette femme a plongé dans la consternation tous ses parens et amis. Le mari, nous dit-on, est presque fou de douleur, et, tout en travaillant, il ne fait que pleurer, ne prononçant que de rares paroles.

» A tout moment des personnes sont appelées par le juge d'instruction, et le public, toujours à l'affût de nouvelles fraîches, ne craint pas de répandre les bruits les plus compromettans pour ces personnes.

» Malgré ma réserve, malgré ma circonspection, je crois pouvoir vous annoncer l'arrestation de deux autres femmes.

» Hier, à deux heures de l'après-midi, elles ont été conduites à la maison d'arrêt par la police accompagnée de plusieurs magistrats. L'une est une grosse femme de quarante-cinq à cinquante ans, sage-femme dans un faubourg de Montauban et connue sous le nom de F...; l'autre serait une fille de vingt-quatre à vingt-cinq ans, et demeurant dans une commune rurale des environs.

» En entrant à la maison d'arrêt, nous avons remarqué un moment d'hésitation chez la jeune fille; elle a levé les yeux au ciel et a suivi la sage-femme qui, elle, avait l'air assez résignée.

» *P. S.* J'apprends, au dernier moment, que la femme F... a été relaxée.

» Il y a donc jusqu'ici sept femmes écrouées à la maison d'arrêt de Montauban. »

— On lit dans le *Courrier de Tarn-et-Garonne* :

« Par suite de deux nouvelles arrestations opérées samedi et se rattachant à l'affaire des avortemens, l'opinion publique est très vivement émue à Montauban. Les bruits les plus exagérés sont mis en circulation, et tous les jours on désigne de nouvelles personnes qui non seulement seraient compromises par les révélations des accusées, mais encore déjà arrêtées.

» Aussi nous croyons de notre devoir d'engager la population montalbanaise à se tenir en garde contre des relations fantaisistes, et surtout contre des insinuations imprudentes ou malveillantes qu'on ne craint pas de propager, au risque d'être poursuivi pour délit de fausses nouvelles.

» Jusqu'ici nous n'avons pas indiqué les noms des prévenues, mais aujourd'hui nous croyons qu'il y a peut-être plus d'inconvéniens à les taire qu'à les faire connaître.

» Six femmes sont en ce moment écrouées à la maison d'arrêt de Montauban.

» 1° Anne Gaillard, épouse Delpech, née à Nègrepelisse;

» 2° Sa fille Marie Delpech, épouse Barrière;

» 3° Jeanne Andrieu, épouse Coyne, de Nègrepelisse, sage-femme à Montauban;

» 4° Eulalie Larroque, de Lauzerte, lisseuse à Montauban;

» 5° Miette Vers, de Valsac, sœur de la femme Delpech;

» 6° Jeanne Saulenc, épouse Boyer, de Saint-Etienne-de-Talmont. »

— La fille Monique Richard, qui comparaît devant la Cour d'assises des Vosges, est une de ces natures perverses que ni les raisonnemens ni les corrections ne peuvent ramener dans la bonne voie.

M. et Mme Fleurant-Didier, domiciliés à Ban-sur-Meurthe, n'ayant pas eu d'enfans, recueillirent, il y a bien longtemps déjà, Monique Richard, orpheline dès son enfance, et dénuée de secours. Ils l'élevèrent avec tous les soins possibles. Telle était même leur affection pour elle, que, par un testament en date du 22 août 1863, ils l'instituaient leur légataire universelle.

La fille Richard ne répondit à tant de bonté que par une abominable ingratitude. Elle s'adonnait à la boisson, tenait une conduite désordonnée, et, par-dessus le marché, elle était violente et haineuse. Elle ne se bornait pas à voler ses bienfaiteurs et à les injurier, elle allait jusqu'à les maltraiter.

On la chassait, mais elle revenait et savait se faire reprendre. Indignés de sa conduite, les époux Fleurant-Didier révoquèrent, le 20 avril 1866, les testamens qu'ils avaient faits en sa faveur. Bientôt ils se virent obligés de la dénoncer à la justice, à raison d'un vol d'argent assez considérable commis à leur préjudice. La justice condamna même pour ce délit Monique Richard à deux mois d'emprisonnement, en novembre 1866.

A sa sortie de prison, croyant que le châtiment qu'elle venait de subir avait pu modifier ses mauvais instincts, M. et Mme Fleurant-Didier consentirent à la laisser rentrer chez eux. Ils ne tardèrent pas à s'en repentir. De nouveaux actes de violence furent exercés, et plusieurs vols furent commis par l'accusée. Ces méfaits motivèrent contre la fille Richard, le 27 juin 1867, une seconde condamnation correctionnelle à un an et un jour de prison, qu'elle a subie dans la maison centrale de Haguenau.

Sur ces entrefaites, les époux Fleurant-Didier avaient, par acte du 10 août 1867, fait donation de tous leurs biens à un de leurs neveux, M. Noblick, qui vint avec sa famille s'établir près d'eux, afin de leur donner les soins que réclamait leur vieillesse, et de les protéger au besoin contre l'accusée.

Monique Richard attribuait en grande partie la condamnation dernière qu'elle subissait à M. Marchal, l'un des voisins de ses bienfaiteurs, et chez lequel elle avait commis des vols. La donation faite à Noblick l'exaspéra, et alors elle confondit celui-ci dans la haine qu'elle avait vouée à Marchal. Elle se promit, à sa sortie de prison, de se venger doublement. La fille Richard avait si bien prémédité ce qu'elle voulait faire, qu'elle se rendait compte du sort qui l'attendait. Peu de jours avant sa sortie de la prison centrale de Haguenau, en effet, elle prévenait une de ses codétenues de son prochain retour.

Monique Richard tint parole. Durant la nuit du 20 au 21 juillet, elle arrivait à Ban-sur-Meurthe, se rendait à la maison des époux Marchal, et elle mettait le feu dans leur gran[ge]
remplie de fourrages et contiguë à la pièce [o]ù
ils couchaient. Les aboiemens d'un chie[n]
fort heureusement, réveillèrent les époux Ma[r]-
chal. Ils eurent à peine le temps de fuir et [de]
sauver leurs bestiaux. La maison fut consum[ée]
et détruite de fond en comble en peu d'insta[ns].
Elle n'était pas assurée.

Les soupçons se portèrent aussitôt sur Monique Richard, dont on avait constaté la présence à Ban-sur-Meurthe ce jour-là. Du res[te]
elle n'hésita pas à faire des aveux comple[ts].
Elle avait assouvi sa haine contre les épou[x]
Marchal, elle était satisfaite. Elle a même ajou[té]
qu'après avoir incendié la grange de ceux-[ci]
elle s'était dirigée du côté de la maison de N[o]-
blick, afin d'y mettre également le feu; ma[is]
elle en avait été empêchée par la crainte q[ue]
lui avaient inspirée les aboiemens répétés d'[un]
chien de garde très méchant.

Le jury des Vosges ayant déclaré Moniq[ue]
Richard coupable du crime d'incendie, la Co[ur]
d'assises a condamné cette accusée à la pei[ne]
des travaux forcés à perpétuité.

La fille Richard n'a pas paru étonnée le mo[ins]
du monde de la sévérité du châtiment qu'[on]
lui infligeait.

— Devant la Cour d'assises du Bas-Rh[in]
nous nous trouvons encore en présence d'[un]
incendiaire; mais celui-ci ne ressemble en ri[en]
au physique et au moral, à Monique Richar[d].

Antoine Hiltz est âgé de soixante-dix-ne[uf]
ans; ancien soldat du premier Empire, il [est]
paralytique et presque aveugle. Il habit[ait]
avec sa femme à Witternheim une petite m[ai]-
son isolée, composée d'un rez-de-chaussée.

Le 17 juillet, vers deux heures de l'apr[ès]-
midi, un orage épouvantable éclatait, et [la]
foudre tombait à deux reprises différentes n[on]
loin du village. Un cultivateur qui rentrait d[es]
champs et se hâtait de regagner son domic[ile]
apercevant une fumée épaisse qui sortait [de]
chez Hiltz, donna l'alarme. Au moment où [les]
voisins accouraient et ouvraient la cham[bre]
d'habitation, la flamme éclata dans un [tas]
de paille haut de 80 centimètres environ, et d[is]-
posé au milieu de la pièce. Un baquet d'eau s[uf]-
fit pour éteindre tout. Quelques instans p[lus]
tard on trouvait un second foyer d'incend[ie]
plus considérable que le premier, placé au-d[es]-
sous d'un râtelier, dans l'écurie.

Hiltz prétendit tout d'abord que ce comme[n]-
cement d'incendie devait être attribué à [la]
foudre qui était tombée sur sa demeure. Bie[n]-
tôt il déclara que, se trouvant obéré et tra[qué]
par ses créanciers, il lui fallait de l'arge[nt].
L'orage lui avait inspiré la mauvaise pensé[e de]
profiter de cette circonstance pour mettre [le]
feu, afin de toucher la prime d'assurance.

La vue de ce malheureux vieillard infirm[e]
et se soutenant à peine a inspiré pitié à t[out]
le monde; aussi, malgré sa culpabilité, Hi[ltz]
n'a été condamné qu'à deux ans de prison.

— Le *Journal du Haut-Rhin* constate q[ue]
les cigognes et les hirondelles ont quitté l'A[l]-
sace, ce qui annoncerait des froids très p[ro]-
chains.

— L'inauguration de la section de Ponto[ise]
à Gisors, sur la seconde ligne de Paris à Diep[pe],
est décidément fixée au dimanche 4 octobr[e].

Mardi dernier, vers neuf heures du mat[in],
un train spécial partait de Pontoise pour [Gi]-
sors, où il arrivait vers une heure de l'apr[ès]-
midi, après un arrêt à chaque station qu[i] p[er]-
mettait un examen minutieux de l'installa[tion]
définitive. Ce convoi se composait de MM. F[...]
sard, ingénieur en chef de l'exploitation ; [...]
laire, ingénieur en chef de la construct[ion];
Coindard, secrétaire général de la Compag[nie];
Pagès, ingénieur de la voie; Pingret, chef [du]
service commercial; Guérineau, agent co[m]-
mercial à Rouen; les entrepreneurs et la p[lu]-
part des chefs de service. Les maires de P[on]-
toise et de Gisors avaient été invités à assi[ster]
à cette visite de réception.

Un déjeuner confortable attendait les voy[a]-
geurs au buffet de la gare de Gisors.

Le train repartait ensuite de Gisors à t[rois]
heures de l'après-midi et était de retour [en]
gare à Pontoise à cinq heures et demie, ap[rès]
avoir fait arrêt à toutes les stations.

Les ingénieurs de l'Etat doivent procé[der]
cette semaine à la réception définitive de [la]
voie, et ce sera la dernière formalité ess[en]-
tielle à accomplir avant l'inauguration o[ffi]-
cielle.

— Les obsèques de M. le baron Mallet, ba[n]-
quier, ancien régent de la Banque de Fra[nce],
décédé le 26 septembre à Jouy-en-Josas, [au]-
ront lieu demain mardi 29, à une he[ure]
précise; on se réunira à l'église du Saint-E[s]-
prit, rue Roquépine.

Ceux de ses amis qui n'auraient pas reçu [de]
lettre de convocation sont priés de consid[érer]
le présent avis comme devant en tenir lieu.

— Le cours d'orthophonie public et grat[uit]
fondé et annexé par le ministre de l'intér[ieur]
à l'Institution des Sourds-Muets de Paris, p[our]
le traitement de tous les vices de la parole, [et]
en particulier, du bégaiement, d'après la m[é]-
thode du docteur Colombat (de l'Isère), [aura]
lieu du 1er octobre au 1er août.

Les demandes en autorisation de suivre [ce]
cours, confié à M. E. Colombat, sont reçu[es]
à Paris, dans les bureaux de l'Institution, [rue]
Saint-Jacques, 254.

Pour tous les faits divers :
Le secrétaire de la rédaction, F. DAVI[D].

VARIÉTÉS.

1° *Relations et Mémoires inédits pour se[rvir]
à l'histoire de France dans les pays d'[ou]-
tre-mer*, tirés des archives du minis[tère]
de la marine et des colonies; 2° *les [Na]-
vigations françaises et la révolution [ma]-
ritime du quatorzième au quinzième [siè]-
cle*, d'après les documens inédits tiré[s de]
France, d'Angleterre, d'Espagne et d'[Ita]-
lie, par Pierre Margry.—Challamel a[îné],
1867. — Tross, 1867.

Animé d'un zèle patriotique et prof[ond]
pour la mémoire des anciens navigat[eurs]
français, dont le souvenir est trop nég[ligé]
de nos jours, M. Pierre Margry a entre[pris]
d'écrire leur histoire. Nul ne pouvait mi[eux]
que lui mener à bonne fin un si excel[lent]
projet. Attaché par fonctions aux arch[ives]
du ministère de la marine et des colon[ies],
il est placé aux sources, et il lui a [été]
possible, puisant aux documens mê[mes]
qui recèlent la vérité, de donner à ses d[eux]
rens volumes un remarquable caractèr[e de]
sincérité. Nulle fable; toutes les traditi[ons],
toutes les légendes sont passées au cr[ible]
d'un examen sévère. Les faits n'ont [du]
reste, aucun besoin d'enjolivement, [toute]
superfétation est inutile, ils sont assez [ro]-
manesques par eux-mêmes et défient [l'i]-
magination des poètes les plus invent[ifs].
M. Pierre Margry l'a compris; il ne se l[aisse]
jamais entraîner, il serre l'exactitude hi[sto]-
rique d'aussi près que possible, il n'av[ance]
pas une anecdote sans en fournir la preu[ve];
il a la modestie de ne pas demander à [être]
cru sur parole, et il démontre, pièces [en]
main, que les témoignages qu'il porte [sont]
irrécusables.

L'heure est propice pour publier de[s pa]-
reils livres, et il faut espérer qu'ils rap[pel]-
leront à la France cette tradition géo[gra]-
phique et maritime qui fut jadis une de [ses]
gloires, et qu'aujourd'hui l'on semble

[...]aigner. La vieille monarchie française [s]avait que les voyages de circumnavigation [e]t de découvertes sont pour les gouverne[m]ens une cause d'influence extérieure et de [s]atisfaction morale pour le pays ; Versailles [av]ait le goût de ces expéditions lointaines [q]ui portent le nom d'une nation aux quatre [co]ins du monde, qui forment des équipages [d']élite rompus à toutes les difficultés des [n]avigations les plus diverses, qui donnent [à] des officiers l'occasion de se distin[gu]er et d'acquérir une expérience pratique [q]u'on sera bien aise de trouver quelque [jo]ur, qui prouvent que la loi d'expansion pa[ci]fique est le premier devoir d'un grand [p]euple, et qui offrent un but glorieux à l'ac[ti]vité humaine. Nous n'en sommes plus là [au]jourd'hui. La dernière excursion scien[tif]ique sérieuse qui eut lieu dans notre siè[cl]e fut celle de Dumont-Durville sous le [rè]gne de Louis-Philippe, qui, à cet égard, [av]ait gardé les excellentes traditions de ses [an]cêtres. Notre marine militaire actuelle [es]t admirable, et les services exception[n]els qu'elle a rendus sont trop impor[t]ans pour n'être pas dans toutes les mé[m]oires. Sans elle, nous aurions pu éprou[v]er de grandes difficultés en Algérie, [n]ous eussions probablement échoué en [C]rimée, et l'expédition du Mexique, au lieu [d]e n'être qu'un grave mécompte, serait [p]eut-être devenue un désastre. Mais une [t]elle fonction, presque exclusivement con[s]acrée aux transports, j'allais dire aux [c]harrois, est-elle bien celle qui convient à [u]ne flotte comme la nôtre, sérieuse, forte, [a]nimée d'un esprit excellent, prête à tous [le]s sacrifices, avide de célébrité, mais trop [s]ouvent découragée par les travaux très [h]umbles et parfois illusoires auxquels elle [es]t réduite? Je ne le pense pas, et à côté [d]e cette besogne indispensable, il est vrai, [m]ais aride et ingrate au premier chef, il [y] a place encore, même de nos jours, [p]our ces belles aventures qui guidaient les [v]ieux matelots français vers tous les hémi[s]phères et sous toutes les latitudes. L'An[g]leterre ne se lasse pas, — c'est pour elle [u]ne question d'existence même, — de donner [à] sa vie maritime l'expansion la plus large; [l]a jeune Amérique, hardie, aventureuse, [a]vide de mouvement, marche impétueuse[m]ent sur les traces de son ancienne métro[p]ole; l'Allemagne, déjà troublée par les be[s]oins futurs d'un accroissement colonial [q]uelconque, poussée en avant par des étu[d]es scientifiques qui, sous ce rapport du [m]oins, la mettent aujourd'hui à la tête des [n]ations, commence, avec la lenteur per[s]évérante et infatigable de son génie pro[p]re, à regarder du côté de la mer. Nous, [h]élas! fils de ces Bretons, de ces Bas[q]ues, de ces Normands, intrépides pion[n]iers, découvreurs infatigables, qui les [p]remiers entre tous, avant l'Espagne, [a]vant le Portugal, avant Diaz et Co[l]omb, ont porté le nom de la France dans [l]es mondes inconnus, nous restons paisi[b]lement au rivage, songeant à nos gloires passées et estimant peut-être qu'elles nous suffisent. Protéger nos nationaux, assurer le service de nos colonies, se montrer dans les mers des Indes et du Japon, faire des expériences de vitesse dans l'Océan, évo[l]uer dans la Méditerranée, c'est bien, mais ce n'est pas assez. Les mers ont-elles livré tous leurs secrets, toutes les côtes sont-elles connues, tous les havres découverts, tous les écueils relevés? A-t-on percé le mystère des pôles? Notre marine n'a-t-elle plus rien à faire avec la science et la géographie? L'histoire naturelle a-t-elle dit son dernier mot, et n'y a-t-il plus sur les océans d'aventure pacifique digne des successeurs de Bougainville et de Lapeyrouse?

[Pi]erre Margry ne touche pas à ces [...]s qui ne rentrent pas impérative[m]ent [da]ns son sujet : il se contente, et [c'est dé]jà très suffisant, de nous raconter [...]s, les déconvenues, le courage, [...]tion de nos premiers navigateurs, [...] race héroïque qui avait autour du [cœur l']*æs triplex* dont parle Horace ; il [...]t, avec mille détails intéressans, [...]x et inconnus, l'origine de nos co[lonies] et comment elles sont dues, pour [une grande pa]rt, à l'initiative individuelle de [ce]s hommes hardis qui allaient cher-cher fortune au delà des mers. Mais il ne nous dit pas pourquoi toutes ces colonies, si florissantes d'espérances, ont presque toutes donné des résultats négatifs ; pourquoi, après avoir possédé l'empire colonial le plus admirable du monde, après avoir eu les Indes, le Canada, tout le *far-west*, et des comptoirs sur la côte d'Afrique, et Saint-Domingue, et l'Ile-de-France, nous en sommes réduits aujourd'hui à quelques îlots dispersés sur l'étendue des mers, à un ou deux points de ravitaillement dans l'océan Indien. Il y aurait une étude curieuse à faire sur l'aptitude colonisatrice des différens peuples ou plutôt des différentes religions, et il ne serait pas difficile de montrer que le protestantisme, procédant du libre examen, c'est-à-dire de l'initiative individuelle, a fondé de durables colonies, tandis que le catholicisme, appuyé sur l'autorité infaillible, c'est-à-dire sur l'initiative gouvernementale d'un système centralisé, n'est jamais parvenu à donner une vitalité sérieuse aux œuvres de colonisation qu'il a entreprises. La preuve de cette flagrante infériorité est à nos portes mêmes, et il suffit de voir l'Algérie pour comprendre que notre régime militaire administratif est impuissant à créer une organisation réellement viable. Lorsque après plus de trente ans d'occupation une colonie placée à quarante-huit heures de la mère-patrie ne fait pas encore ses frais, comme on dit en style commercial ; quand elle ne peut d'elle-même résoudre aucune des difficultés qui la viennent assaillir ; quand elle n'a attiré qu'une immigration évidemment insuffisante ; quand elle n'a pu obtenir des droits égaux à ceux de la nation à laquelle elle appartient ; quand, dans un temps de disette, elle laisse mourir de faim les indigènes, elle affirme par ces seuls faits qu'elle est mal régie, mal administrée, ou par des hommes incapables, ou en vertu d'un principe défectueux auquel il faut se hâter de remédier. L'histoire enseigne à ceux qui savent la lire que, dans les temps modernes, toute colonie dirigée par un système exclusivement militaire ou religieux n'a jamais pu parvenir à son développement normal, a langui, s'est étiolée et a fini par périr.

Le fait de se jeter à l'aventure sur la mer pour y chercher une terre nouvelle et la coloniser est le fait des nations jeunes ou de celles qui, comme l'Angleterre, y sont impérieusement poussées par leur organisation sociale. Or nous sommes singulièrement vieux à l'heure qu'il est, et, à l'exemple des vieillards, nous gardons volontiers la maison et le coin du feu. Il n'en était pas ainsi jadis, et il faut voir dans les livres de M. Pierre Margry avec quelle vigueur, quelle sève, quel trop-plein de vie on s'en allait à la conquête de ces *isles* qui toutes, de loin, semblaient des eldorados. A cet égard, le quinzième siècle semble pris de vertige ; on dirait que chaque nation veut échapper à son milieu et aller au delà du connu, au delà du possible, se créer une patrie où le travail soit un profit et le salaire une propriété. C'est, pour l'Europe, le siècle maudit par excellence : guerre entre les rois, entre les princes, entre les seigneurs, entre les communes ; le peuple foulé, piétiné, meurt de faim et de misère. Il n'y a qu'un cri dans les Mémoires du temps : « Du pain ! du pain ! » Dans son excellente histoire *de l'Alimentation sous l'ancienne monarchie*, M. Charles Louandre fait remarquer avec une grande sagacité que, pour fuir tant de désastres, chacun s'embarquait au hasard des vents pour aller découvrir une terre bénie où il n'y avait plus ni tailles, ni corvées, ni famine, ni peste, ni seigneurs. Aussi, lorsqu'à la fin du siècle, Christophe Colomb, imbu des idées de Marco Polo, s'embarqua pour trouver le plus court chemin des Indes, aller visiter le grand Khan et aborder à l'île merveilleuse de Zipangu, qui sans doute n'était autre que le Japon, et qu'il trouva inopinément un monde nouveau au travers de sa route, on peut croire qu'il obéissait aux suggestions de Pinçon, qui, selon Antoine Desmarquets, auteur des *Mémoires chronologiques de la ville de Dieppe*, avait accompagné Cousin dans le voyage de 1488, où le marin dieppois aurait pour la première fois entrevu la terre d'Amérique. D'après cela, la gloire de ce grand événement ne nous échapperait peut-être pas tout à fait.

Qu'importe? De tels hauts faits appartiennent toujours à l'humanité entière et non pas à une seule nation. Quel que soit le motif qui ait guidé Colomb dans son voyage, quelles que soient les informations qu'il ait pu recueillir, quelle que fût l'intuition ou la croyance erronée qui l'ait poussé sur mer, le fait seul de son départ n'est pas moins considérable et extraordinaire pour l'époque. C'était aller contre toutes les idées reçues, avoir contre soi les préjugés, et parmi ces derniers le plus redoutable de tous : le préjugé religieux. Un des Pères de l'Eglise, saint Augustin, dont l'opinion faisait foi, n'avait-il pas dit que les antipodes étaient couverts d'eau, et que si par hasard ils ne l'étaient pas, ils n'avaient aucun habitant, et qu'il n'y avait aucune nécessité à ce qu'ils en eussent, puisque l'Ecriture n'en parlait pas? On croyait fermement que l'univers entier était connu, et que les anciens avaient tout dit ; à ceux qui doutaient on citait Hérodote ; et quand Marco Polo mourut, ses amis le supplièrent, au nom du salut de son âme, de rétracter tout ce qu'il avait raconté de l'Asie. Cette histoire est vieille comme le monde ; c'est celle de la crédulité ignorante, aux prises avec la science expérimentée. Lorsque Levaillant rapporta en France la première girafe empaillée, tout le monde lui rit au nez, et en lui disant : Vous nous la baillez belle ! l'accusa d'avoir cousu ensemble des peaux de léopards pour composer un animal fantastique. — J'ai connu une bonne femme à Rouen qui croyait que la terre finissait à Darnetal, et que « tout le reste était des bêtises ! » — Au temps de Colomb, les plus savans personnages étaient semblables à cette bonne femme.

Lui-même, du reste, ce pauvre grand homme, qui fut si cruellement châtié de son génie, à part l'inspiration qui l'engagea à chercher sa route dans l'Ouest, il partageait, sous bien des rapports, l'ignorance de son temps. Il croyait à l'antéchrist, à la prochaine fin du monde. Il écrivait : « Notre-Seigneur a voulu faire un grand miracle par mon voyage de l'Inde. Il faut se hâter de terminer cette œuvre de l'inspiration divine, car, *selon mes calculs*, il ne reste encore, jusqu'à la fin du monde, que cent cinquante ans ! » — Il croyait naïvement que Dieu l'avait suscité pour convertir au catholicisme les peuples idolâtres du Nouveau-Monde. On sait, sous prétexte du flambeau de la foi, quelles torches les conquérans portèrent en Amérique. Jamais curée ne fut plus odieuse, jamais conversion plus épouvantable. — Ce livre contient la vérité, disait le moine à l'inca en lui présentant l'Evangile. — Je n'entends point ce qu'il dit, répondait l'inca après avoir porté le volume à son oreille et en le laissant retomber. — Soldats du Christ! on insulte votre Dieu! criait le moine ; tue! tue! à sac! — Le massacre commençait, et Pizarre était maître du Pérou! Je ne crois pas qu'il y ait au monde une histoire plus révoltante que celle de cette invasion de l'Amérique par une bande de chenapans accompagnés de prêtres aussi [...] corrompus, aussi sanguinaires qu'eux. C'est là une tache dont le catholicisme espagnol ne se lavera pas facilement. Du reste, il n'a rien fondé, rien établi ; autour de lui il a fait le désert, l'abrutissement, le néant ; toute œuvre de vie s'est, entre ses mains, changée en œuvre de mort, et les descendans des hommes de la conquête ont fini par être chassés du sol qu'ils avaient souillé trop longtemps, tandis que les fils des puritains de la vieille Angleterre ont créé cette grande république des Etats-Unis qui reste un centre de puissante attraction pour tout ce qui étouffe en Europe.

C'est vers le continent américain que se fit la grande émigration ; mais les aventuriers n'en tentaient pas moins la fortune ailleurs, et la France fournit un contingent important à ces hardis compagnons qu'on appelait flibustiers, boucaniers, et qui ne brillaient pas précisément par leurs vertus domestiques. Leur lieu d'élection, point de départ et de refuge, le rocher où ils semblaient embusqués, comme des loups, pour se jeter sur toute proie qui passait à leur portée, était l'île de la Tortue, située à côté de Saint-Domingue. Leur loi première était que si le baptême donné à l'enfant après sa naissance le purifiait du péché originel, le baptême que l'homme recevait sous la ligne, en passant l'Equateur, le lavait de tous les crimes qu'il avait pu commettre dans l'ancien monde. On peut croire, d'après cela, que tous les coquins dont la destinée normale eût été d'être branchés dans leur pays gagnaient volontiers au pied et s'embarquaient pour cette terre promise de l'impunité.

Il faut lire dans le livre de M. Pierre Margry le très curieux chapitre intitulé : *Saint-Domingue en 1692*. Cette colonie donnait en quelque sorte droits de noblesse, car on disait : « les soldats de la Martinique, les bourgeois de la Guadeloupe, les seigneurs de Saint-Domingue. » Le fond des boucaniers et des flibustiers était composé de Normands, et le P. Le Pers, que cite M. Pierre Margry, n'en fait point un portrait flatteur. Pour lui, les premiers vivent en sauvages, et les seconds en brigands. En passant, le Père jésuite fournit l'étymologie du mot boucanier, dont je lui laisse la responsabilité. Selon lui, ce nom vient du mot *boucan* « qu'ils donnaient aux endroits où ils s'assemblaient, d'un mot indien qui signifie *rôtir*, parce qu'ils faisaient cuire leurs viandes, à la manière des sauvages de l'Amérique, sur des claies qu'ils élevaient environ à hauteur d'appui et sous lesquelles ils allumaient du feu. » Ils s'associaient généralement deux à deux, ce qu'ils appelaient *s'amateloter* et prenaient volontiers le nom de *frères de la côte*. Ils professaient un communisme à peu près absolu ; les prises, les produits du pillage, de la course et du vol étaient distribués par parts égales. La justice était expéditive ; la loi du *lynch* était plus souvent mise en vigueur que les articles du droit coutumier de Caen ou de Bayeux. Le plus souvent un coup de fusil dans la poitrine mettait fin aux contestations difficiles ; cela s'appelait « couler du plomb en travers du corps. » C'était la l'aristocratie du pays ; on peut, d'après cela, se figurer ce qu'étaient les flibustiers. Ceux-ci faisaient la course ; le plus souvent, sur de frêles bateaux, ils suivaient de loin les galions d'Espagne, comme des corbeaux volant autour d'un corps d'armée. Quelques coups de main célèbres avaient mis l'eau à la bouche de tous ces bandits. On parlait, en s'excitant à l'imiter, de Pierre Legrand de Dieppe, qui, ayant enlevé le vice-amiral des galions, le conduisit en France, et du Basque qui, sous le canon de Porto-Bello, avait capturé un vaisseau chargé d'un million de piastres. Ils ne faisaient guère d'économie, on peut le croire, et toutes leurs prises s'en allaient en débauches et en orgies ; puis la misère recommençait et on reprenait la mer, à la grâce de Dieu! Les flibustiers n'étaient point en odeur de sainteté ; on voulut en finir avec eux, et l'on s'en repentit : « J'ai [...] » écrivait M. de Cussy à M. de Seignelay, parce que la cour l'a voulu, et je n'en suis venu à bout qu'avec bien de la peine. Je voudrais à présent n'y avoir point réussi, car il y aurait à cette côte dix ou douze bons navires et quantité de braves gens dessus, qui assureraient cette colonie. » — Il était trop tard : *la flibuste* était morte et elle ne pouvait renaître.

Si je n'écoutais que mon penchant, je suivrais longtemps encore les curieux récits de M. Pierre Margry ; j'aime mieux laisser ce plaisir au lecteur lui-même en lui recommandant ces livres, car à une science très positive ils joignent un intérêt puissant qui semble se renouveler de lui-même par la diversité des sujets que l'auteur a toujours su traiter avec un talent digne d'éloges.

MAXIME DU CAMP.

Bulletin des Théâtres.

Demain mardi, au Théâtre-Français, pour la rentrée de Mme A. Plessy, *A deux de jeu*, comédie de M. Legouvé, *Par droit de conquête*. On commencera par *Oscar* ou *le Mari qui trompe sa femme*. Les principaux artistes joueront dans cette représentation.

— A l'Opéra-Comique, *le Premier Jour de bonheur*, par Capoul, Sainte-Foy, Prilleux, Melchissédec, Bernard, Mmes Cabel et Moisset.

— Au Gymnase, *Fanny Lear* et *les Grandes Demoiselles*.

Mercredi 30, représentation extraordinaire avec le concours des artistes de la Comédie-Française, de l'Opéra-Comique et des Variétés.

Ravel, pour son premier début au théâtre du Gymnase, jouera le rôle d'[illegible] dans la comédie de MM. Barrière et Decourcelle : *Un Monsieur qui suit les femmes*.

— A l'Ambigu, 1re représentation (reprise) de *Trente ans ou la vie d'un joueur*, pour les représentations de Frederick-Lemaître dans le rôle de Georges, les autres rôles par [illegible], Mme Lagneret et les principaux artistes de ce théâtre. On commencera par *une Société de tempérance*.

P. DAVID.

BOURSE DE PARIS.

REVUE DE LA SEMAINE.

Nous n'avons pas un grand mouvement de hausse à signaler, mais c'est déjà beaucoup que d'avoir remonté le courant. Le Trois pour 100, de [illegible] fr. 35 c., est revenu à [illegible], et même [illegible] fr. 20 c., et il ferme à [illegible].

Que demander? On ne pouvait espérer mieux, ayant contre soi la révolution espagnole et le classement de l'Emprunt. Il est vrai qu'à la traverse de ces deux causes de baisse s'est jeté le petit discours du roi de Prusse à Hambourg.

La reine d'Espagne était partie de Madrid et l'Empereur des Français de Paris pour échanger une courtoise visite de Biarritz à Saint-Sébastien et de Saint-Sébastien à Biarritz.

On soupçonnait à cette rencontre un objet sérieux ; mais jusqu'à plus ample informé la Bourse en prenait agréablement son parti. Comment supposer qu'étant si près et venus de si loin, les deux souverains se trouveraient enchaînés à tel point par la force des événemens qu'il ne leur serait pas même permis de se serrer la main? Jamais on n'a assisté à un aussi étrange spectacle.

La spéculation a pesé toutes ces circonstances, accompagnées de quelques réflexions que nous ne faisons pas, et elle a accordé immédiatement 1 pour 100 de baisse à cet événement.

Les haussiers engagent la spéculation à ne point se préoccuper des affaires d'Espagne. C'est une arène de militarisme très séparée du reste de l'Europe, où des généraux ambitieux donnent tous les quatre ou cinq ans à de paisibles populations le spectacle de joûtes sanglantes pour arriver au pouvoir. La reine Isabelle y perd sa couronne comme sa mère l'a perdue plusieurs fois, peu importe ce qu'elle laissera derrière elle.

Que voulez-vous? c'est le sort de l'Espagne comme des républiques qu'elle a fondées dans le Nouveau-Monde. Si c'est là tout, les haussiers ont raison, à cette observation près que nous avons enterré terriblement de millions dans les chemins de fer espagnols, et que nous sommes bien intéressés à les voir ressusciter. En outre, est-il certain que les grandes puissances aient écarté l'Espagne de leur jeu, et que ce soit une carte morte pour tout le monde?

Il n'y paraît pas tant, à voir ce matin dans les dépêches télégraphiques les bâtimens qui font voile de tous les ports de l'Europe vers les côtes de la Péninsule dans la Méditerranée.

Les baissiers auront encore à prendre garde probablement à ce qui va se passer dans ce pays ; mais ils persistent à n'y voir aucune menace pour la paix de l'Europe.

Nos lecteurs savent que nous ne parlons politique que quand la Bourse nous y contraint ; que nous n'avons point d'opinion qui soit nôtre à exprimer, et que tout ce que nous écrivons à ce sujet, nous le rapportons des conversations des spéculateurs, qui ne parlent pas d'autre chose pour le moment.

La révolution espagnole arrivait très mal pour les porteurs de l'Emprunt ; elle les accablait, elle leur donnait le dernier coup. Il fallait vendre et non plus à prime, mais à perte. A 68 fr. 35 c. les baissiers forçaient les porteurs d'Emprunt, les porteurs d'un jour, à déblayer le terrain.

Le salut est venu, qui l'aurait cru? de S. M. le roi de Prusse. Le roi de Prusse a prononcé à Hambourg un discours que cette fois la Bourse a interprété dans un sens pacifique après avoir accentué dans un sens belliqueux le discours de Kiel, sans que l'on sache bien pourquoi. Mais on ne raisonne pas avec la Bourse. La phrase de Kiel avait fait 1 pour 100 de baisse, la phrase de Hambourg a fait 1 pour 100 de hausse.

C'est comme le discours de Troyes et celui de [illegible] ; les [illegible] avaient confiance dans le roi de Prusse ; il les a complètement trompés, et à bien peu de jours de distance. Comme c'est cependant le dernier discours qui a raison, l'impression pacifique a dû l'emporter ; elle dure encore, et il y a des spéculateurs qui ont pris les déclarations du roi de Prusse à Hambourg pour leur boussole et ne veulent plus rien considérer au delà.

La révolution en Espagne et le maintien de la paix proclamé par le roi Guillaume écartent de l'esprit de certains gros acheteurs de Rente la crainte de cette guerre d'automne qu'on nous annonçait après l'avortement de la guerre de printemps. Il ne restera plus que la guerre dite guerre d'hiver, mais nous n'y sommes pas. Octobre est un beau mois de guerre ; mais si on le passe à s'occuper de la reine d'Espagne, alors il ne reste plus que la guerre de printemps de l'année prochaine, dont on aura le temps de parler pendant six mois. C'est trop loin pour que la Bourse y songe.

Les affaires attendent, et le public n'est pas du tout disposé à s'y intéresser.

On annonce pourtant la prochaine émission des Obligations de la ferme des tabacs italiens. Voici comment cette Société doit fonctionner :

La Société de la ferme a quinze ans de durée. Le capital-actions est de [illegible] millions.

Pendant deux ans la Société servira au gouvernement une redevance égale au produit net des tabacs en 1868.

Pendant les quatre années suivantes, la redevance sera égale à la moyenne des revenus de la période précédente.

Et de quatre ans en quatre ans on s'appuiera de la même façon sur les moyennes quadriennales pour la redevance courante.

Au delà de la redevance fixe, 40 pour 100 des bénéfices appartiendront au gouvernement, [60] pour 100 aux actionnaires, et cela pendant les six premières années de la concession ; pendant les neuf dernières, le partage se fera par moitié.

Quant aux Obligations, voici sur quoi leur émission repose :

L'intérêt et l'amortissement des Obligations doit être prélevé sur les produits, préalablement au paiement de la redevance gouvernementale.

Le revenu et l'amortissement des Obligations est évalué pour la Compagnie à une charge de 14 millions. Le produit brut de l'impôt des tabacs en 1867 a été estimé à 91 millions, qui laisseraient, si ces estimations sont exactes, un bénéfice net d'environ [illegible] millions.

La semaine est encore mauvaise pour nos chemins de fer. Les recettes vont en diminuant sur tous les points ; mais il ne faut pas perdre de vue que la comparaison qui sert de base à ces rendemens ne peut être longuement exacte. Nous en avons déjà expliqué les motifs ; nous ne nous exposerons pas à une redite fatigante.

La Bourse s'émeut peu, au surplus, de la diminution qui existe dans les produits de quelques lignes, car les Actions comme les Obligations de nos chemins de fer sont l'objet d'une préférence marquée.

Les recettes du Nord ont fléchi aux deux réseaux : [illegible] fr., et 4.37 pour 100 à l'ancien, et 10,523 fr. et 22.31 pour 100 au nouveau.

L'Orléans a repris sa sorte de diminution à l'ancien réseau. Elle est, pour cette semaine, de 191,138 fr., ou [illegible] pour 100 ; par contre, l'augmentation persiste au nouveau réseau : [illegible] fr., ou 1.34 pour 100.

Nous ne croyons pas, du reste, qu'il y ait d'illusions à se faire maintenant. Les résultats connus ne seront guère améliorés à la fin de l'exercice ; il faut se borner à espérer qu'ils ne seront pas amoindris.

L'Ouest perd 140,395 fr. et 9.31 pour 100 à l'ancien réseau, et, sur le nouveau, la première partie est en diminution de 42,893 fr. et 12.28. La seconde partie compense largement cette diminution ; elle présente un excédant de 66,732 fr., ou 24.81 pour 100.

L'Est, comme le Nord, perd aux deux réseaux : à l'ancien, 31,430 fr., et 3.60 pour 100, et au nouveau, 8,863 fr., ou 6.61 pour 100.

Les recettes du Lyon ont considérablement fléchi à l'ancien réseau : 206,707 fr. en moins et 4.44 pour 100. Au nouveau réseau, le mieux continue. Augmentation, 72,703 fr., mais cependant encore ce chiffre donne un résultat kilométrique inférieur de 1.38 pour 100 à la période correspondante de 1867.

Le Midi, ce qui n'était pas arrivé depuis fort longtemps, est en souffrance à l'ancien réseau. Ses produits bruts ont diminué de 64,080 fr., soit 7 89 pour 100 ; mais le nouveau réseau balance ce résultat par une augmentation de 79,103 fr. et 28.33 pour 100. La différence entre ces deux sommes maintient cependant l'excédant en faveur de l'exercice actuel.

Le chemin des Charentes est en perte de 4,214 fr. sur la précédente semaine.

Les recettes totales depuis le 1er janvier sont toujours fort supérieures à celles de la période correspondante. Cette augmentation n'est point commune à toutes les lignes, car celles du Nord, de l'Orléans et de l'Ouest sont, au contraire, en diminution. Le Nord perd 2 millions 846,738 fr. ; l'Orléans 516,931 fr. et l'Ouest 1 million 401,840 fr.

Le chapitre des augmentations se chiffre par une somme fort considérable sur le Lyon. L'excédant est de 8 millions 981,613 fr. Les diminutions que nous voyons se produire depuis quelque temps sur cette ligne n'ont donc rien d'inquiétant au point de vue du résultat final. Sur le chemin du Midi, l'augmentation est de 3 millions 276,982 fr., et sur l'Est, de 1 million 3,709 fr.

Si maintenant nous passons au chapitre du rendement kilométrique total de cet exercice, nous voyons que, relativement au nombre des kilomètres exploités, le rendement le plus élevé se trouve sur le Nord, malgré la faiblesse constante de ses recettes, car il est bon de noter que la ligne du Nord est la moins étendue de toutes les grandes lignes du réseau français. Son parcours est de 1,413 kilomètres pour les deux réseaux, ancien et nouveau ; or les recettes totales de l'exercice courant s'élevant à 59 millions 372,786 fr., cela donne par chaque kilomètre un rendement de 41,968 fr. 38 c., tandis que le Lyon, avec son excédant, représente un revenu de 34,865 fr. 19 c. par kilomètre. Ses recettes totales s'élèvent au chiffre de 146 millions 976,361 fr. pour ses 3,811 kilomètres exploités.

Ce rapprochement suffit pour faire comprendre pourquoi les Actions du Nord, malgré leurs recettes si faibles en apparence, sont cotées à un prix beaucoup plus élevé que celles du [Lyon, qui] donne, au contraire, un excédant si considérable.

Nous avons choisi ces deux extrêmes, dont l'un représente un excédant et l'autre de la perte, pour mieux faire comprendre la portée de notre comparaison.

Les recettes brutes des chemins Autrichiens accusent encore cette semaine une différence en moins de 63,877 fr., soit 3 98 pour 100 ; mais l'excédant total depuis le 1er janvier s'élevant à 12 millions 349,327 fr., cette perte n'a aucune signification.

Les recettes des Lombards donnent encore cette semaine un excédant de 175,839 fr., dont la presque totalité est apportée par les lignes de la Haute-Italie. Cette section représente une augmentation kilométrique de 12.21 pour 100, pendant que la partie Sud-Autriche est, au contraire, en perte de 6.20 pour 100.

Sur les chemins Lombards comme sur les chemins Autrichiens, l'excédant est considérable, mais néanmoins hors de proportion, en raison de l'immense étendue kilométrique des chemins Lombards, comparée à celle des chemins Autrichiens. Notons cependant que pour les Lombards l'augmentation dont nous parlons était, au 13 septembre, de 10 millions 491,744 fr.

Les recettes des chemins espagnols ne subis[...]

COURS DE LA BOURSE DE PARIS DU 28 SEPTEMBRE 1868.

Hausse.	Baisse.	COMPTANT.	1er cours.	Plus haut.	Plus bas.	Dernier cours.	Précéd. clôture.	Hausse.	Baisse.	TERMES.		1er cours.	Plus haut.	Plus bas.	Dernier cours.	Reports		
[illegible]	[illegible]	[illegible]	[illegible]	[illegible]	[illegible]	[illegible]	[illegible]	[illegible]	[illegible]	[illegible]	[illegible]	[illegible]	[illegible]	[illegible]	[illegible]	[illegible]	[illegible]	[illegible]

VAL. ÉTRANGÈRES. — OBLIGATIONS. — [illegible]

CHANGES.	PAPIER LONG.	PAPIER COURT.
VALEURS SE NÉGOCIANT A TROIS MOIS.		
Amster...	[illegible]	[illegible]
Hamb...	[illegible]	[illegible]
Berlin...	[illegible]	[illegible]
Francf...	[illegible]	[illegible]
Trieste...	[illegible]	[illegible]
Vienne...	[illegible]	[illegible]
Barcel...	[illegible]	[illegible]
Cadix...	[illegible]	[illegible]
Madrid...	[illegible]	[illegible]
Lisbonn.	[illegible]	[illegible]
Porto...	[illegible]	[illegible]
Pétersb.	[illegible]	[illegible]
Rome...	[illegible]	[illegible]
VALEURS SE NÉGOCIANT A VUE.		
Londres.	[illegible]	[illegible]
Belgique	[illegible]	[illegible]
Bâle...	[illegible]	[illegible]
Italie (or)	[illegible]	[illegible]

BOURSES ÉTRANGÈRES.

Londres, le 28 septembre 3 h. 30 m. — Consolidés, [illegible] ; Italien Cinq pour 100, [illegible] ; Bons américains 1882, [illegible].

Bulletin financier.

Le Trois pour 100 ferme à 69 fr., 69 fr. 5 c. Ces cours ont été très fermement maintenus pendant toute la Bourse. Les baissiers accusent les haussiers de cette fermeté.

On parle de grandes levées de Rente. A grandes levées, grandes livraisons. Si l'argent ne manque pas, les titres ne manqueront pas non plus. L'Emprunt est là.

Mais il faut avouer qu'on peut se faire reporter au pair et même un peu au-dessous du pair. Dans ces conditions, la baisse est un jeu bien ruineux à la longue et bien dangereux, et il n'y a que des événemens qui puissent donner gain de cause aux vendeurs à découvert ; mais n'assistons-nous pas à de grands événemens? Ceux d'Espagne n'ont-ils pas profité aux gens qui en avaient le pressentiment?

Assurément ; de 1 1/4 pour 100 environ sur les Fonds publics, mais cela n'empêche pas la vérité de ce que nous disons du prix des reports tant qu'ils étaient au pair.

Les Fonds espagnols sont lourds aujourd'hui. On s'entretient d'une proclamation des généraux.

Demain, le roi de Prusse sera à Bade. La spéculation à la baisse est la plus nombreuse, parce que l'on trouve de côté des événemens moins dangereux à exploiter que l'autre, pour le moment.

On cote [illegible] un grand ralentissement de négociations. Les valeurs ont peu varié.

Les Actions des chemins de fer ont légèrement fléchi.

Les Actions des Crédits mobiliers, du Crédit foncier et des autres établissemens de crédit, presque aux mêmes prix qu'avant-hier.

Les Consolidés, pas de mouvement.

Les Fonds allemands, insignifians.

Le Cinq pour 100 italien, 54 fr. 75 c., soit 15 c. de hausse.

Les Actions de l'isthme de Suez, 387 fr. 50 c., avant-hier 396 fr., un seul cours coté.

Les Actions du Gaz, 1,[illegible] fr. 50 c., 1,580 fr.

JULES PATON.

sent pas encore l'influence des événemens politiques de ce pays.

Le tableau s'arrête avant la date de l'insurrection; par conséquent, les comparaisons se font encore dans les mêmes conditions que précédemment.

Les Portugais maintiennent leurs bonnes recettes. Elles donnent pour la semaine une augmentation de 2,178 fr.; mais l'exercice est toujours en souffrance.

Les chemins Romains sont aussi en augmentation; la section Sud est la mieux partagée dans cette accélération : l'excédant sur celle-ci est de 33,907 fr., ou 34 % pour 100, et sur la section Nord il est de 3,191 fr. et 1 38 pour 100.

Quant au total des produits, il est très inférieur, mais la section Sud est la cause de cette infériorité, car la partie Nord, au contraire, donne un excédant.

Les recettes du Victor-Emmanuel manquent encore cette semaine; mais un avis que la Compagnie sans doute fait publier ne peut manquer d'intéresser les porteurs de ses Obligations; car il est dit dans cette annonce que le gouvernement italien fera payer à Paris le coupon du 1er octobre prochain, en vertu de la garantie qu'il a donnée, conformément à la loi du 18 de ce mois.

J. PATON.

GRANDS MAGASINS DU

COIN DE RUE

A partir d'aujourd'hui, les GRANDS MAGASINS DU COIN DE RUE mettent en vente *leurs immenses Opérations de*

TAPIS

et **d'Étoffes pour Ameublemens**, de Toiles et Madapolams, de Linge confectionné pour Dames et pour Enfans, ainsi que de toutes les **Nouveautés d'Automne** et de plusieurs **Soldes** très importans de **Soieries et d'Étoffes Nouvelles** dont le **BON MARCHÉ** *sans précédent* produira la plus grande sensation.

La nomenclature en a été publiée dans tous les journaux portant la date des 25, 26 et 27 septembre.

— Le plus élégant des journaux de modes, *les Modes parisiennes* (dessins de Compte-Calix et Grévin), va publier les nouveautés d'automne. Abonnem., 7 fr. par trimestre; 20, r. Bergère.

— La douleur vaincue par les progrès de la science. Extraction des dents, sans douleur et sans chloroforme, à l'aide du nouvel appareil de M. Duchesne, dentiste brev. s. g. d. g., 45, r. Lafayette.

MARCHANDISES. — *Huile de colza* (les 100 kil. hors barrière). — Disponible, tout fût, 82 fr. 50 c. à .. fr. .. c.; en tonnes, 84 fr. .. c. à .. fr. .. c.; épurée, en tonnes, 92 fr. .. c. à .. fr. .. c.; lin, en fûts, 89 fr. .. c.; en tonnes, 90 fr. 50 c.; indigène, .. fr. .. c.; œillette commune, .. fr. .. c.; bon goût, .. fr. .. c.

Sucres (les 100 kilog.). — Martinique et Guadeloupe, bonne 4e, à l'acquitté, M.; titre saccharimétrique 88° net, 61 fr. 50 c. à 61 fr.; indigène, bonne 4e, dans l'entrepôt, .. fr. .. c. à .. fr.; blanc, [illegible] dessus indigènes de fabrique, 14 fr.; raffinerie, [illegible] fr. .. c. à .. fr.

Esprits (l'hectol. hors barrière). — Montpellier, disponible, 86 degrés, l'hectolitre, M.; dito fin, 1re qualité, 91 degrés, l'hectolitre, 75 fr. .. c. à .. fr.

Blés (les 120 kilog. nets). — Choix, .. fr. .. c. à .. fr. .. c.; 1re qualité, .. fr. .. c. à .. fr. .. c.; 2e qualité, .. fr. .. c.

Farines. — Les 6 marques (le sac de 157 kilog.), disponible, 75 fr. .. c. à .. fr. — 1re type-Paris (le sac de 100 kilog.), disponible, 50 fr. 50 c.

Suifs (les 100 kilog., hors barrière). — De France, disponible, 117 fr. 50 c.; de Russie, M.

Cafés (les 100 kilog.). — Java, bon ordinaire, 150 fr.; Ceylan, dito, 130 fr.; Haïti, dito, 140 fr.; Rio, dito, 115 fr.

TRIBUNAL DE COMMERCE DE LA SEINE

Déclarations de faillites

Du 12 septembre 1868.

REMOND, [illegible], boulevard des Amandiers, 24. — Juge-commissaire, M. [illegible]; syndic provisoire, M. [illegible], rue La Bruyère, 22.

[illegible] rue Sainte-Croix-de-la-Bretonnerie, [illegible]. — Juge-commissaire, M. [illegible]; syndic provisoire, M. Beaugé, rue de Rivoli, 66.

Du 23 septembre.

MENARD, ancien mécanicien, rue du Faubourg-Saint-Martin, 94, y demeurant. — Juge-commissaire, M. Seguier; syndic provisoire, M. Bourbon, rue Richer, 20.

SAUNIER [illegible], négociant en beurs, boulevard Saint-Michel, [illegible]. — Juge-commissaire, M. Jourdan; syndic provisoire, M. [illegible], rue de l'Échiquier, 12.

PUBLICATIONS DE MARIAGES

9e arrondissement. — Entre M. Defrance, marchand de [illegible], rue de Passy, 31, et Mlle [illegible], rue de Rivoli, [illegible]. — M. Léturion, blanchisseur, rue de Passy, 53, et Mlle Lamy, blanchisseuse, rue Scheffer, 11. — M. David, teinturier, rue La Fontaine, 34, et Mlle Lourgey, femme de chambre, même rue, 11.

17e arrondissement. — Entre M. Thomine-Desmazures, juge suppléant au Tribunal de Falaise (Calvados), et Mlle Gaymeau, rue de Paris, 82. — M. Alayrac, juge au Tribunal de Nérac, et Mlle Martinais, rue Jouffroy, 36. — M. Patu, sellier, avenue de Wagram, 56, et Mlle Du Callin de Barizien, rue de Monceau, 18. — M. Lequeray, loueur de voitures, à Avon (Seine-et-Marne), et Mlle Albaro, blanchisseuse, rue du Pont-Saint-Ouen, 41.

18e arrondissement. — Entre M. Perrette, capitaine au long cours, boulevard Rochechouart, 74, et Mme veuve Lavêque, même maison. — M. Cavelus, marchand de vins en gros, rue des Acacias, 21, et Mlle Masseron, piqueuse de bottines, avenue de Saint-Ouen, 14. — M. Chapuis, clerc de notaire, rue Marie, 9, et Mlle Colombier-Lavaroue, rue Muller, 17. — M. Michel, entrepreneur de peinture, rue Ramey, 37, et Mlle Leroux, rue Hérold, 16.

19e arrondissement. — Entre M. de Caumont, fabricant de fleurs artificielles, rue d'Allemagne, 66, et Mlle Martin, rue Gallion, 12. — M. Lizeray, fabricant de bases, rue d'Allemagne, 131, et Mlle Jouenot, rue de La Tour-d'Auvergne, 10. — M. Roche, mercier, rue d'Allemagne, 156, et Mlle Clauzel, à Ollierques (Puy-de-Dôme). — M. Steinbach, peintre, rue du Marché, 26, et Mlle Gérard, brunisseuse, boulevard de La Villette, 171.

20e arrondissement. — Entre M. Jacob, cartonnier, passage Ronce, 3, et Mlle Thénille, cartonnière, même maison. — M. Grosselin, ciseleur, rue de la Muse, 102, et Mlle Godard, brunisseuse, rue de Ménilmontant, 11. — M. Cunier, doreur sur métaux, rue des Cascades, 17, et Mlle Collet, blanchisseuse, à Troyes (Aube). — M. Villé, jardinier, rue de la Roquette, 157, et Mme veuve Haïtien, jardinière, même maison.

DÉCÈS. — *Inhumations du 25 septembre.*

Mme [illegible], 73 ans, rue Neuve-des-Petits-Champs, 27. — M. Dargenne, 80 ans, rue Molière, 30. — Mlle Binet, 28 ans, rue du Houle, 16. — M. Thory, 64 ans, rue du Petit-Carreau, 3. — M. [illegible], 17 ans, rue Montmartre, 138. — M. [illegible], 31 ans, rue du Pont-aux-Choux, 21. — Mme [illegible], 27 ans, rue Saint-Martin, 263. — M. Bacton, 75 ans, boulevard de l'Hôpital, 31. — Mme Montagne, 65 ans, rue Saint-Placide, 22. — Mme veuve Legras, 62 ans, rue de la Ville-l'Évêque, 2. — M. Illaire, 24 ans, rue de la Grange-Batelière, 16. — M. Leboulanger, 84 ans, rue Rochechouart, 24. — M. Lefevre, 33 ans, rue du Faubourg-Saint-Denis, 4. — M. Loison, 70 ans, avenue de la Roquette, 38. — M. Delorme, 57 ans, rue de Malte, 60. — M. Lambert, 29 ans, rue de Bambouillet, 9. — Mlle Greppon, 33 ans, rue Bonnesaule-Sainte-Anne. — Mme Delorme, 11 ans, rue Violet, 16. — Mme Jollieri, 60 ans, rue Desbordes-Valmore, 25. — M. Brunet, 51 ans, rue de l'Écluse, 13. — M. Cholal, 70 ans, rue Lemercier, 31. — M. Leroy, 41 ans, rue Saussure, 102. — M. Chrislaghe, 81 ans, rue Gauthey, 38. — M. Sorman, 38 ans, rue de Meaux, 26. — Mme Grésle, 65 ans, impasse Mulhouse, 8.

SPECTACLES DU 29 SEPTEMBRE.

THÉATRE-FRANÇAIS. — A deux de jeu, Par droit de conquête, Oscar.

OPÉRA-COMIQUE. — Le Premier Jour de bonheur.

THÉATRE-ITALIEN. — Clôture. Réouverture le 1er octobre.

ODÉON. — La Contrebande.

VAUDEVILLE. — L'Abîme.

VARIÉTÉS. — Le Joueur de flûte, les Chambres de bonnes, la Vie privée.

GYMNASE. — Fanny Lear, les Grandes Demoiselles, l'Autographe.

PALAIS-ROYAL. — Deux Prisonniers, Paris ventre à terre, Madame est couchée.

GAÎTÉ. — Nos Enfans.

AMBIGU. — Trente ans ou la Vie d'un joueur, une Société de tempérance.

FANTAISIES-PARISIENNES. — Le Barbier de Séville.

BEAUMARCHAIS. — Gabriel le faussaire, le Château du meurtre.

THÉATRE DU CLUNY. — Les Inutiles.

FOLIES-DRAMATIQUES. — Les Cinq francs d'un Bourgeois de Paris.

FOLIES-MARIGNY. — Le Tuyau de poêle, la Bretonne, Frac et Douillette, Vive la ligne!

THÉATRE DE L'ATHÉNÉE. — Fleur-de-Thé.

TH. IMPÉRIAL DU CHATELET. — Relâche pour répétitions de l'Armurier de Santiago.

CONCERT DES CHAMPS-ÉLYSÉES. — Tous les dimanches, à deux heures.

JARDIN MABILLE (Château des Fleurs). — Ouvert tous les soirs. Mercredis et samedis, grande fête.

SÉRAPHIN, b. Montmartre, 12. — Tous les soirs, à 8 heures. Dimanches, jeudis et fêtes, séance à 2 h.

CIRQUE DE L'IMPÉRATRICE. — Tous les soirs, exercices équestres.

ROBERT-HOUDIN. — Tous les soirs, à huit heures, Magie, Prestidigitation.

ELDORADO. — Tous les soirs, à sept heures et demie, concert; entrée libre.

Le Directeur, gérant responsable,
ÉDOUARD BERTIN.

Imprimerie LE NORMANT, rue des Prêtres-Saint-Germain-l'Auxerrois, 17

Adjudications.

ADJUDICATION même sur une enchère, en la chambre des notaires de Paris, par le ministère de Me BOCQUET, l'un d'eux, le mardi 20 octobre 1868, à midi,

D'UN JOLI **PETIT HOTEL A NEUILLY**

rue Charles-Laffitte, 20, près la porte Maillot et le Jardin d'acclimatation.

Entrée en jouissance immédiate.

Mise à prix .... 35,000 fr.

S'ad. à Me Bocquet, not. à Paris, 27, r. Louis-le-Grand.

ADJUDICATION DE

TROIS MAISONS BOURGEOISES

Sises à Villers-Cotterets (Aisne), rue de Lagny, Le jeudi 29 octobre 1868, à deux heures de relevée, Par Me BARBILLAUX, notaire, en présence de Me Illerry, notaire à Vic-sur-Aisne (Voir les affiches pour la désignation).

VILLAGE DE LA GARENNE,

ENTRE COURBEVOIE ET COLOMBES.

Stations : à Courbevoie (six minutes des terrains), à Bois-Colombes et Colombes (Ouest et Nord).

VENTE PAR ADJUDICATION, dimanche 4 octobre 1868, à deux heures, dans ce village et sur les lots mêmes, de

16 LOTS DE TERRAIN de 400 à 1,000 mètres pour habitations, commerce, industrie, jardins et vergers, sur la mise à prix de :

TROIS FRANCS PAR MÈTRE et plus. Paiement en quatre ans, par dixièmes.

Les terrains sont libres d'hypothèques.

240,000 mètres à vendre à l'amiable, par lots, ainsi qu'un petit château avec jardin de 7,500 mètres.

542 LOTS VENDUS A 738 ACQUÉREURS.

Constructions sur tous points; eau de Seine, gaz.

Renseignemens : à Paris, Me ROBIN, notaire, rue Croix-des-Petits-Champs, 25; M. DUTREUIL, directeur de divisions et ventes, 2, rue Drouot; — à Colombes, Me [illegible], notaire; — à La Garenne, sur les lots, et au petit château (station de Courbevoie), notamment le jeudi, pour traiter à l'amiable.

BELLE PROPRIÉTÉ A MONTMORENCY

RUE DE PARIS, 19,

avec jardin, écurie, remise, volière, pièce d'eau, vue magnifique, cont. 3,500 m.; et 7 lots de TERRAIN propre à bâtir, au même lieu, à adjuger le 11 octobre 1868, en l'étude de Me [illegible], notaire à Montmorency.

Mise à prix de la propriété bâtie, 30,000 fr.

S'adresser à Me Prestat, notaire à Paris, rue de Rivoli, 77, et audit Me Girard.

Avis aux actionnaires.

CHEMINS DE FER ROMAINS. Les actionnaires qui veulent être représentés aux réunions préparatoires et à l'assemblée extraordinaire du 19 octobre, décisive pour leurs intérêts, doivent déposer, sans retard, leurs titres aux bureaux de L'ÉPARGNE, 7, place de la Bourse, siége du comité qui a pris en main leur défense.

AVANCES SUR TITRES, PAIEMENT DE COUPONS, Achats et ventes de valeurs. *Ordres de Bourse*, au comptant et à terme, recouvremens. H. DELRUE, BANQUIER, 19, r. Vivienne.

LA MON DE BQUE E. HUGUET 32, r. N.-D.-des-VICTOIRES, maintient à 3 0/0 le taux de ses avances sur titres.

LA CAISSE DE PRÊTS 4, rue Nve S.-Augustin, avance sur titres à 3 0/0.

Achats et Ventes d'immeubles de gré à gré.

A vendre, BELLE CARRIÈRE D'ARDOISES (département de la Mayenne), en pleine activité, machines à vapeur, chevaux et voitures, maisons, terrains, 3 hectares 1/2. Prix : 115,000 fr. (On traiterait à forfait.) — *Agence de l'Industrie*, rue Vivienne, 17.

Bibliographie. — Publications diverses.

LA SEMAINE FINANCIÈRE.

L'article faisant connaître le but que se sont proposé les acquéreurs de *la Semaine financière*, en l'achetant aux enchères publiques, paraîtra dans le NUMÉRO DE SAMEDI prochain. Les prix d'abonnement de *la Semaine financière* étaient fixés ainsi qu'il suit : 10 fr. par an pour Paris, 12 fr. pour les départemens, et 14 fr. pour l'étranger. Il n'a jamais été question de réduire définitivement ce prix. Ce n'est qu'à titre d'ABONNEMENT D'ESSAI ET DE COMPARAISON, valant du 1er octobre 1868 et finissant le 1er janvier 1869, que le prix en a été fixé à UN FRANC. Passé le 3 octobre, il ne sera plus reçu aucun abonnement d'essai et de comparaison. Il ne sera plus reçu d'abonnemens qu'aux prix ordinaires. Ce que la nouvelle direction a voulu, c'est qu'avant de s'abonner à *la Semaine financière*, tous les nouveaux souscripteurs puissent la comparer aux autres journaux financiers; c'est uniquement dans ce but qu'elle a réduit le prix des abonnemens d'essai et de comparaison à un franc. Envoyer par lettre affranchie et sans aucun retard ce prix de UN FRANC en timbres-poste, à l'adresse du gérant de *la Semaine financière*, rue Richelieu, 83, à Paris.

Cessions de fonds. — Avis divers.

A CÉDER pour se retirer, fabrique et maison de gros; tissus, art. spécial; aff., 360,000 f.; bénéfice net, 40,000 fr.; prix, 45,000 fr. Facilités. Agence de l'Industrie, rue Vivienne, 17.

A céder, pour se retirer, industrie facile à gérer (Art. spécial); bénéf. net, 14,000 fr. Prix, 50,000 fr. Agence de l'Industrie, rue Vivienne, 17.

BACCALAURÉATS. — Cours préparatoires à l'Institution polytechnique, Paris, r. St-Jacques, 249. Dortoirs, chambres, externats. On reçoit des élèves en droit et en médecine.

FONDS à placer sur hypothèque et escompte. Delahaye, rue de Turbigo, 15, Paris.

Industrie — Commerce. — Inventions.

VÉRITABLES WATERPROOFS IMPERMÉABLES 1re qualité, modèles variés, 24f; 2e qualité, modèles variés, 18 75; 3e qualité .... 13 75. MAISON DU GYMNASE, boul. Bonne-Nouvelle, 31, en face du théâtre. — CONFECTIONS, FOURRURES.

MACHINES A COUDRE pr familles et ateliers. CALLEBAUT, 108, boul. de Sébastopol.

Les célèbres et véritables **MACHINES** à coudre à navette de **HOWE** aîné, de New-York, se trouvent chez M. MAYER, seul agent depuis 1867 à Paris, 72, boulevard de Sébastopol. (*Diplôme et médailles d'honneur.*)

MACHINES A COUDRE supérieures de MESLIN, inventeur breveté s. g. d. g., pour ateliers et familles. Maison de vente, r. Montmartre, 65; usine rue Virginie, 3, boulevard Rochechouart.

ESSIEUX fournis pr roulage, carrosserie, patent. et patent. charron, Maubeuge (Nord).

NI FROID NI AIR par les portes et *Vente et pose de* BOURRELETS *et tous genres.* PLANTRES bas de portes. Exp. 1867. JACQUES, fabricant, rue Richelieu.

LA MEILLEURE **BIÈRE DE VIENNE**

TAPIOCA-FEYEUX. rue Turenne, vend

MAGASINS RÉUNIS. — PAPIERS PEINTS, marché fabuleux pr cause de démé[nagement]

FONTE MALLÉABLE qualité [illegible]

Traités de Médecine. — Pharmacie, Parfumerie.

SANTÉ A TOUS. 70,000 [illegible] SANS MÉDECINE NI F[RAIS] ESTOMAC, NERFS, FOIE, [illegible] PHTHISIE, GASTRALGIE, TOUX, ASTHME, [illegible] par la délicieuse farine de [santé] **REVALESCIÈRE DU BARRY** qui économise 50 fois son prix en méde[cines]. 1/4 kil., 2 f. 25 c.; 1 kil., 7 f.; 6 kil., 32 f. La Revalescière chocolatée env. aux [illegible] DU BARRY ET Cie, 26, place Vendôme.

STÉRILITÉ DE LA FE[MME] constitutionnelle ou accidentelle, [illegible] détruite par le traitement de Mme [illegible], maîtresse sage-femme, professeur d'acc[ouchement]. Consultations tous les jours, de trois [illegible], rue Monthabor, 27, près les Tuile[ries].

DARTRES, boutons, rougeurs, dém[angeaisons], *Pommade Cérine anti-d[artreuse]*. **DÉPURATIF** *Essence de salsepareille* du sang et des hu[meurs]. BIDET, ph. ch., r. du Havre, 12, et ph. [illegible]

L'EAU PHÉNIQUÉE [illegible] ou *phénol* ou *acide phénique*. S'emploie [en] lotions, injections et en asper[sions] (*cholérique*). Flac., 1 fr. 40 c., r. de Buc[i]

KUNCKEL docteur [illegible], rue Monthabor, de 10 h[eures]. Maladies de la peau et de poitrine, [illegible]

MIGRAINES guéries par le *Pauli[nia]* ph., 131, r. Montmartre.

DENTS MALADES. TRAITEMENT sans dou[leur] son garantie. Raffermissement des [gencives] *chroniques*. LEVADOUR, 11, *boulevard Mo[ntmartre]*.

DORIGNY. médec.-dentiste, pas. [illegible], 11. Dents à base de caou[tchouc].

CONSULTER SON MÉD[ECIN] POUR SE CONVAINCRE QUE **LE VINAIGRE PHÉNI[QUÉ]** est le plus tonique, le plus hygiénique [et le plus] salutaire de tous.

Il est surtout indispensable aux dam[es pour les] soins de la toilette.

Employé dans les bains, il raffermit [la peau], enlève toutes taches, rougeurs, bouto[ns, dé]mangeaisons, etc., etc., quelle qu'en soit la [cause], tonifie l'épiderme et préserve de tous [les] transsudations. Prix, le flacon, 1 fr.; [à] Paris, F. PEYRAT, rue du Mail, 21, et [dans] les villes et chefs-lieux de cantons c[hez les cor]respondans de la maison Peyrat.

VACONSIN, Eau, pommade, co[smétique] des cheveux, dart[res], 1 fr. et 2 fr., rue Saint-Antoine, 206, [illegible]

Détail de la prime offerte aux abonnés du *Journal financier*.

L'ALMANACH FINANCIER

pour 1869,

Contenant : 1° le calendrier pour 1869 avec les éphémérides financières de 1868; 2° le tableau de toutes les valeurs françaises et étrangères cotées à la Bourse de Paris; 3° le tableau des cours les plus hauts et les plus bas cotés chaque mois en 1868; 4° les recettes hebdomadaires des compagnies de chemins de fer; 5° les plus hauts et les plus bas cours de la farine; 6° le tableau des variations hebdomadaires des bilans de la Banque de France.

(*Voir la suite à la dernière colonne.*)

Prime gratuite aux abonnés d'un an : l'ALMANACH FINANCIER, Guide des rentiers et capitalistes. — Un vol. de 128 pages.

LISTES OFFICIELLES DES TIRAGES FINANCIERS

le plus complet des journaux financiers, [illegible] numéros par an, de 16, 24, 32 ou 48 pages, suivant l'importance des événements.

le meilleur marché : il donne plus de matières, plus de documents, et paraît plus régulièrement que les autres journaux financiers.

le seul publiant [illegible] les listes [illegible] des tirages financiers et les rapports de toutes les grandes compagnies financières et industrielles.

Un numéro chaque semaine. — LE

JOURNAL FINANCIER

POLITIQUE ET AGRICOLE

6 fr. — Par an — 52 numéros. — Départements 8 fr.

Chaque semaine un numéro.

I. ROUSSET, Rédacteur en chef.

BOURSE ET RECETTES — TABLEAUX COMPLETS DES

Partie politique, mettant l'abonné au courant de tous les événements de la semaine [illegible].

Memento des actionnaires, indication des coupons, dates et lieux de paiement, [illegible].

Bulletin commercial et agricole, [illegible].

Envoyer le montant de l'abonnement (8 fr. un an — 4 fr. 6 mois), en mandat ou timbres-poste, à M. ROUSSET, rue N.-D.-des-Victoires, 42.

Détail de la prime offerte aux abonnés du *Journal financier*.

L'ALMANACH FINANCIER pour 1869.

Contenant : 7° les douze mois des rentiers, donnant l'énumération mois par mois des [coupons à] toucher, des tirages qui doivent être effec[tués]; 8° les divers types de la rente française e[t des prin]cipaux fonds étrangers, des emprunts de [la Ville de] Paris, du département de la Seine et [des villes] françaises et étrangères; 9° la revue de[s] institutions de crédit, des grands établissements industriels et des Compagnies de chemins de fer français et étrangers, avec l'énumération des coupons à toucher pour chacune. — *L'Almanach* est adressé franco et sans frais à tous les abonnés pour un an, à partir du [illegible]

GRANDS MAGASINS DU LOUVRE

A partir d'aujourd'hui Mardi 29 septembre

EXPOSITION ET MISE EN VENTE

D'IMMENSES OPÉRATIONS DE

TAPIS

ET D'ÉTOFFES POUR AMEUBLEMENS

DONT LA NOMENCLATURE A ÉTÉ PUBLIÉE DANS LES JOURNAUX D'HIER

Le plus complet des journaux financiers, le guide indispensable des actionnaires et des obligataires, publie, chaque dimanche, une revue de la Bourse, le cours de toutes les valeurs françaises et étrangères et du change, la cote officielle de tous les tirages, les recettes des chemins de fer, les dividendes et intérêts à recevoir, [illegible]. Abonnement : 2 fr. par an, en timbres-poste ou en mandat, à l'ordre de M. de Fonbrouillard, chevalier de la Légion d'honneur, directeur-gérant du journal, 7, place de la Bourse, Paris.

CAPSULES-MOTHES

Approuvées par l'Académie de Médecine de Paris. — Médaille d'honneur.

Traitement facile et le plus sûr des Maladies contagieuses.

Pour éviter les contrefaçons ou imitations, dont plusieurs ont été condamnées pour fraude dans le médicament, exiger que l'étiquette du flacon de la boîte porte dans la plus petite partie du papier les initiales M. L. et Co, et l'étiquette ci-dessous le nom MOTHES.

Rue Ste-Anne, 29, Paris, et dans les bonnes pharmacies.

ROUGE DE LA C[ROIX]

AVIS AUX DAM[ES]

La maison MARTYN, ancien fabricant [illegible]

Elle est si active qu'elle guérit en une moyenne de 6 jours les maladies [illegible]. CLÉRY, Ph., 131, rue Montmartre. 4 et 6 fr.

157

Das Ausland.

Ueberschau der neuesten Forschungen auf dem Gebiete der Natur-, Erd- und Völkerkunde.

Vierzigster Jahrgang.

Nr. 48. Augsburg, 26 November **1867.**

Die britischen Arbeitergenossenschaften.

Im Sommer dieses Jahres wurde durch ein Verbrechen, nämlich durch den Mord eines Arbeiters, welcher den Beschlüssen einer geheimen Genossenschaft Widerstand zu leisten versucht hatte, die Aufmerksamkeit des Parlaments auf die Handwerkervereine (Trades' Unions) gelenkt und ein Ausschuß niedergesetzt, der seine Verhöre und Protokolle in einem blauen Buche veröffentlicht hat. Dadurch ist der Schleier von jenen Vereinigungen hinweggezogen worden, und nicht ohne Besorgniß hat man wahrgenommen daß es Gesellschaften innerhalb der Gesellschaft gibt die mit großer Kühnheit durch Terrorismus ihre Vereinszwecke durchzusetzen suchen. Billigkeit erfordert es sogleich auszusprechen daß verbrecherische Mittel nur in vereinzelten Fällen angewendet worden sind, die den andern Genossenschaften nicht zur Last gelegt werden dürfen. Um ihr Treiben zu würdigen, muß man daher als Muster eine Genossenschaft auswählen die sich noch nicht mit der Anwendung von unerlaubten Mitteln befaßt hat.

Eine solche ist nach den Ansichten des Quarterly Review „die vereinigte Gesellschaft der Zimmerleute und Schreiner." Diese Genossenschaft besteht nach der Aussage des Hrn. Applegarth, ihres Schriftführers, aus einem vollziehenden Ausschuß (executive council) und Zweigvereinen. Die Londoner „Zweige" erwählen die Vollziehungsbehörde. Im ganzen zählt man 190 Zweigvereine zerstreut in allen Städten des Königreichs. Das Einkommen dieser Genossenschaft belief sich auf 10,487 Pf. St., die Ausgaben auf 6733 Pf. St. im Jahr 1865. Mitglied kann jeder werden welcher den beiden Handwerken seit fünf Jahren angehört, ein Alter von 45 Jahren nicht überschritten hat, nicht gebrechlich und ein brauchbarer Arbeiter ist. Nach der Aufnahme hat er wöchentlich einen Shilling (1/3 Thlr. 36 kr.) in die Vereinscasse zu zahlen, aus welcher ihm Unterstützungen zurückfließen bei Krankheiten, Unglücksfällen, hohem Alter, Beschäftigungslosigkeit, Verlust von Handwerkszeug, sowie seinen Erben ein Beitrag zu den Begräbnißkosten. So weit hat der Verein eine gegenseitige Versicherung im Auge. Allein statutenmäßig hat jedes Mitglied bei verabredeter Arbeitseinstellung (strike) Anspruch auf eine Wochenunterstützung von 15 Sh. (5 Thlr.) Der Vollziehungsausschuß in London empfängt alle Monate von den Zweigen Berichte über die Höhe des Arbeitslohnes und den Stand der Geschäfte. Beschließt ein Zweig die Arbeitseinstellung, so befragt er den Vollziehungsausschuß. Dieser verwirft oder billigt den Anschlag, und bewilligt im letztern Falle die Mittel zur Ausführung. Der Verein erlaubt keinem Mitgliede über die festgesetzte Stundenzahl im Tage zu arbeiten. Verweigert ein Mitglied den Gehorsam, so wird es ausgestrichen und verliert dadurch alle Ansprüche auf Unterstützung. Wird außer dem Wochenshilling noch eine besondere Besteuerung beschlossen, so muß ein jeder zahlen, wenn er nicht alle Vortheile, auf die er Dank seinen frühern Beiträgen Anspruch hat, verlieren will. Etwa ein Drittel der Beiträge werden durchschnittlich zur Ausführung verabredeter Arbeitseinstellungen verwendet.

Da dieser Verein sich feierlich verwahrt hat, jemals gegen nicht vereinigte Handwerksgenossen Druck, Zwang oder Drohung ausgeübt zu haben, so ist gegen sein Daseyn irgendein rechtlicher oder billiger Grund nicht einzuwenden. Wenn die Handwerker diese Vereine ersprießlich halten und wenn sie Früchte von ihrer Selbstbesteuerung zu ernten glauben, wer wollte sich anmaßen es ihnen zu wehren? Im Deutschen würde man fehl greifen wenn man jene Verbände Arbeitervereine nennen wollte. Der Ausdruck

Arbeiter hat bei uns einen engen Sinn, wir denken dabei immer entweder an Taglöhner oder an Fabrikarbeiter. Nun bestehen zwar in England auch Vereine von Taglöhnern und Fabrikarbeitern welche Strikes in Scene setzen, im ganzen aber sind sie doch ziemlich harmloser Natur gewesen. Man muß nämlich bei Lohnarbeitern zwei Classen scharf trennen, solche die Producte für den großen Weltverkehr liefern, und solche die nur für örtliche Leistungen beschäftigt werden. Die erste Classe ist mit ihren Arbeitseinstellungen fast stets sehr schlimm gefahren. Wollten z. B. englische Spinner und Weber eine Arbeitspause veranstalten, so würde die Lücke von den festländischen Fabriken ausgefüllt werden. Eben weil der einzelne bei ihnen nicht unersetzlich ist verliert der Strike seine Wirkung. Ganz anders sind diejenigen gestellt welche Unternehmern dienen die von der örtlichen Arbeitsbevölkerung abhängig sind. Man denke sich die Folgen einer Arbeitseinstellung von Schneider-, Bäcker- und Metzgergesellen! Oder erinnere sich an die Arbeitsferien der Leipziger Schriftsetzer und an die der Pariser Droschkenkutscher. In England sind es vorzugsweise die Genossen der Baugewerke gewesen welche durch fortgesetzte Einstellungen der Arbeit sich gefürchtet gemacht haben.

Der Strike ist eine Art Duell oder ein Ringkampf zwischen dem Capital und der Arbeit. Bei Bauten wird das Capital durch den Maurermeister vertreten, und wehe ihm! wenn er nicht in dem Bauvertrag die Clausel einfügt daß eine Arbeitsfeier ihn von der Erfüllung seiner Leistungen freispricht, denn außerdem ist er der Gnade und Barmherzigkeit, oder vielmehr Unbarmherzigkeit, der Arbeitsleute preisgegeben, daher auch die Zahl der ruinirten Leute unter den britischen Maurermeistern jetzt sehr beträchtlich ist. Wir wollen dieß an einigen Beispielen zeigen und in Parenthese die Paragraphennummer des blauen Buches hinzusetzen. Ein Baumeister in Bradford verwendete beim Bau seine eigenen Söhne als Gesellen. Zum Verständniß alles folgenden müssen wir bemerken daß in England eine zünftige Arbeitstheilung beobachtet wird. In Deutschland gibt es, so viel uns bekannt ist, nur Maurer und Handlanger. Allein die Engländer trennen den Backsteinmaurer und den Steinmaurer, den Mauerbewerfer oder Gypser, und denjenigen der Wände weißt und bemalt. Jener Maurermeister erhielt nun eines Tages folgende Zuschrift: „Wir, die Mauerbewerfer von Bradford, zeigen Ihnen an daß alle ihre Söhne über 21 Jahre, welche als Mauerbewerfer verwendet werden, unserm Verein beizutreten haben, widrigenfalls am Montag Arbeitseinstellung erfolgt, und nicht eher wieder aufgehoben wird als bis Sie sämmtliche Kosten des Strike's bezahlt haben" (2971.) Die Arbeit wurde wirklich eingestellt.

Die Politik den Capitalisten die Kosten der Arbeitsferien tragen zu lassen, ist im Sinne der Arbeiter eine höchst wirksame Waffe, und man kann nur bewundern mit welchem Geschick sie alle Vortheile ihrer Genossenschaft auszubeuten wissen. Einem Maurermeister in Blackpool der drei „nicht vereinigte" Mauermaler beschäftigte, wurde ebenfalls der Stricke angedroht (2991). Während einer Feier der Backsteinmaurer in Darlington wollte sich der Baumeister Robinson damit helfen daß er selbst zu mauern begann. Da zeigten ihm die Handlanger an daß sie ihm keine Steine zutragen dürften, weil ihnen die Maurerloge es verboten habe (2997). Er gab also sein Rettungsmittel auf. Die Handlanger, obgleich von den Maurern abhängig, haben doch auch wieder ihren Geheimbund. Bei der Loge der Stadt Leeds gelten folgende Satzungen: „Jedes Mitglied des Vereins welches mehr als die herkömmliche Zahl Backsteine, nämlich acht, auf einmal trägt, wird mit 1 Schilling gebüßt. Jedes Mitglied welches eine solche Uebertretung gewahrt und dem Ausschuß nicht unverzüglich davon Anzeige macht, wird in gleicher Höhe um Geld gestraft." Angeberei ist also vorgeschrieben. Die Sheffielder und Manchesterer Ziegelstreicher verboten einem Maurer Carr Maschinenbacksteine zu verwenden, als er sich nicht daran kehrte, wurde seine Arbeit beschädigt und mit Gastheer bespritzt (3219). Sehr streng sehen die Vereine darauf daß kein Handwerker etwas unzünftiges verrichte. Ein Maurermeister Day in Bolton ließ von einem Zimmermann die Oeffnungen zum Einsetzen der Balken erweitern. Die Backsteinmaurer legten ihm unter Drohung einer Arbeitsfeier 2 Pf. St. ($13^1/_3$ Thl.) Buße zu Gunsten ihrer Vereinscasse auf. Er zahlte ohne Widerrede (3280). Ein anderer Meister, Namens Colbeck, der von einem Zimmermann eine Thoröffnung ein wenig erweitern ließ, zahlte ebenfalls eine Buße von 2 Pf. St. Ist der Maurermeister nicht zahlungsfähig, so muß der Bauherr seinen Beutel öffnen. In Glasgow ließ ein Handlungshaus einen Bau aufführen, der Unternehmer aber blieb den Handwerksleuten eine Wochenlöhnung schuldig. Darauf trat ein Strike ein der eine Woche dauerte. Jetzt wurden die Bauherren genöthigt nicht nur den rückständigen Wochenlohn zu zahlen, sondern auch noch eine zweite Wochenlöhnung für die Dauer des Strikes (3595). Wie unehrenhaft und gewissenlos manche Vereine mitunter verfahren, zeigt ein Fall in Birmingham, wo die Ziegelstreicher mit einem Meister in Streitigkeiten geriethen. Beide Parteien einigten sich ihren Fall einem Schiedsrichter vorzutragen. Der Schiedsrichter entschied zu Gunsten des Meisters aber die Arbeiter kehrten sich nicht daran, sondern erklärten die Arbeitseinstellung (3047).

Das Ziel wonach diese Handwerksgenossenschaften streben, ist durchweg die Rückkehr zu mittelalterlichen Zunftsatzungen. Die Art und Weise wie die Arbeiterlogen ihre Strafen verhängen, erinnert aber geradezu an die Vehmgerichte. Kein Meister erfährt ob eine Klage gegen ihn vorliegt, er wird auch nicht gehört, sondern verurtheilt und gestraft. So las eines schönen Morgens der größte Bauunternehmer Newcastle's, Namens Walter Scott, in einem Tageblatt daß bei der Maurerloge eine Klage gegen ihn

vorgebracht worden sey wegen des Verdachtes daß er sich der Abkürzung der Arbeitszeit auf 9 Stunden widersetzt habe, und daß über seinem Haupte, ohne daß er die mindeste Ahnung hatte, bereits ein Interdict von 18 Monaten schwebe! (4039) Im Gefühl ihrer Macht haben die Logen sich auch Uebergriffe erlaubt die gegen die einzelnen Unternehmerfirmen gerichtet sind. In Nottingham wurde das Bewerfen einer Häuserreihe einer Firma Hill und Murdy contractlich überlassen, weil sie die niedrigste Forderung gestellt hatte, allein die Arbeiter wollten den Verdienst einer „cooperativen Gesellschaft" zuwenden. Sie drohten daher dem Baumeister mit einem Strike und er mußte nachgeben. Hierauf erließen sie an sämmtliche Meister in Nottingham ein Umlaufschreiben des Inhalts: „Der Centralausschuß der Baugewerbe hat beschlossen daß Sie vom heutigen Tag angefangen kein Anerbieten der HH. Hill und Murdy annehmen dürfen bis wir mit dieser Firma wieder auf friedlichem Fuße stehen." Die Logen der einzelnen Zünfte haben unter einander wieder Schutz- und Trutzbündnisse geschlossen, z. B. die Backsteinmaurer mit den Ziegelstreichern, zum Zwecke daß die ersten die Arbeit einzustellen drohen wenn Maschinenbacksteine angewendet, oder wenn Backsteine zum Bau von auswärts gebracht werden. Eine Kritik über die Güte einer Arbeit wird nicht länger geduldet. Ein Meister der eine Arbeit der Maurergesellen als unbefriedigend tadelte, wurde deßhalb um 5 Pfd. St. bestraft; ebenfalls mit Geld gebüßt wurde ein Meister der sich beschwert hatte daß seine Leute bei der Arbeit rauchten und allzu viel plauderten. Verpönt ist ferner das Zahlen nach der Stückarbeit; ein flinker Arbeiter soll nicht mehr erwerben dürfen als ein träger.

Die Gränze wo die Versuche der Genossenschaften strafbar werden, läßt sich sehr leicht ziehen. Die Logen können sich selbst Gesetze geben, sie können auch, wie dieß geschieht, ihre Voigte aussenden, die überall untersuchen ob die Satzungen beachtet werden, sie müssen auch die Freiheit haben eine Arbeitsfeier zu erklären, und wenn Meister die auferlegten Bußen zahlen, so gilt für sie der Rechtsgrundsatz volenti non fit injuria. Allein sie haben auch zu verbrecherischen Mitteln gegriffen. Abgesehen von dem Sheffielder Mord ist es vorgekommen daß einem Meister, welcher einige Vereinsarbeiter entlassen hatte, seine Magazine mit Naphtha angezündet wurden; ein anderesmal rächten sich die Arbeiter daß sie das Lieblingsroß des Baumeisters lebendig verbrannten, und zwar so daß die arme Creatur zwei Stunden lang mit dem Tode kämpfte und, von Qualen getrieben, den Heurechen, an der sie befestigt war, abgerissen hatte. Es ist gar kein Zweifel daß das nächste Parlament scharfe Gesetze erlassen wird gegen jeden Versuch durch Drohungen irgendjemand den Logen dienstbar zu machen, und daß die Geschwornen in strafbaren Fällen unnachsichtlich schuldig sprechen werden, können sich die Betheiligten im voraus sagen.

Den Fachkenner aber muß die staatswirthschaftliche Seite dieser eigenthümlichen Erscheinung begreiflicherweise aufs höchste fesseln. Jene Genossenschaften haben, wie schon bemerkt wurde, eine doppelte Natur, sie sind Werkzeuge zur Kriegführung gegen das Capital und zugleich gegenseitige Unterstützungsanstalten. Alle sogenannten wohlthätigen und vorsorglichen Gesellschaften genießen in Großbritannien Befreiung von der Einkommensteuer, das Recht Schulden durch summarisches Verfahren einzutreiben und andere Privilegien, wenn sie ihre Statuten einem sachverständigen Beamten, Hrn. Tid Pratt, vorlegen, und dieser sich wissenschaftlich überzeugt daß sie ihre Versprechungen erfüllen können. Einige der Genossenschaften haben ihre Satzungen diesem Beamten auch vorgelegt, aber sie sind nicht gebilligt worden, weil sie einen staatswirthschaftlichen Unsinn oder greifbare Unmöglichkeiten enthalten.

So besteht die obengenannte „vereinigte Genossenschaft der Zimmerleute und Schreiner" aus 8261 Mitgliedern, und verheißt ihren Mitgliedern Ersatz für unverschuldet verlorene Werkzeuge; Unterstützung mit wöchentlich 10 Sh. auf die Dauer von 12 Wochen bei Arbeitslosigkeit und von 15 Sh. bei Eintritt eines Strike, von 12 Sh. bei Krankheiten auf die Dauer eines halben Jahres und von 6 Sh. über diese Zeit; bei Verunglückung 100 Pf. St.; Beitrag zur Auswanderung 6 Pf. St.; Leibrente nach 25jähriger Mitgliedschaft wöchentlich 8 Sh., nach 18jähriger Mitgliedschaft 7 Sh., nach mehr als 12jähriger 5 Sh.; außerdem Beitrag zu den Beerdigungskosten 12 Pf. St. Diese gewaltigen Verpflichtungen bestreitet die Vereinscasse mit einem Eintrittsgeld von 7½—25 Sh., je nach dem Lebensalter des Mitglieds und mit einem Wochenbeitrag von 1 Sh. Nach den genauen Erfahrungen über die Dauer des menschlichen Lebens hat sich ergeben daß ein Mann der mit 20 Jahren beginnt 1 Sh. wöchentlich einzuzahlen, und der 30 Jahre fortfährt, am Schluß dieser Zeit zu einer Leibrente von 11 Pf. St. jährlich oder 4¼ Sh. wöchentlich berechtigt wäre, wollte er aber mit seinen Beiträgen einer privaten Leibrentenanstalt beitreten, so könnte er nur auf 3 Sh. wöchentlich Anspruch erheben, denn die Verwaltungskosten vermindern den Rentengenuß durch Zehrung an den Ersparnissen. Jene Arbeitergenossenschaft verheißt aber neben unzähligen andern Unterstützungen schon nach 12 Jahren 5 Sh. Wochenrente. Es ist also ein grober Schwindel, wie er nur von gänzlich unwissenden Leuten erdacht und von andern unwissenden geglaubt werden kann.

Vielleicht ist dem einen oder andern unserer Leser aufgefallen daß die Gesellschaft 6 Pf. St. Prämie für die Auswanderung verspricht. Dieß bezeichnet das innerlichste Wesen der Vereinigungen und ihre Absichten. Ein Gewerbsgenosse welcher auswandert vermindert die Concurrenz, daher kommt örtlich der Genossenschaft seine Entfernung zu Gute. Wenn auch den britischen Arbeitern die wissenschaftliche Wahrheit: Nachfrage und Angebot bestimmen die Höhe des Preises, nicht völlig klar seyn sollte, so handeln sie doch nach ihr mit unfehlbarem Instinct. Arbeit ist eine Waare wie Eisen oder Mehl. Käufer dieser Waare ist derjenige der die Arbeit entweder selbst verbraucht, wie jemand der einen Dienstboten zur Verrichtung häuslicher Arbeiten dingt, oder derjenige der mit der Arbeit Dritter Handel treibt, wie ein Schreiner, der einen Bücherschrank liefert, sich vom Empfänger nicht bloß das Holz und den andern Aufwand von Stoffen, sondern auch die Arbeit der von ihm beschäftigten Gesellen bezahlen läßt. Die Nachfrage nach Arbeit — so meinen die Arbeiter, und darin liegt ein Irrthum ihrer Politik — lasse sich nicht steigern, sie hängt ab „von den Zeiten," wie man sich bequem, wenn auch nicht sehr scharf ausdrückt. Wollen also die Arbeiter (immer in der Sprache ihrer unklaren Begriffe) den Preis ihrer Waare, der Arbeit, steigern, so können sie es nur durch Schmälerung des Angebotes. Ein auswandernder Arbeiter schmälert das Angebot, folglich 6 Pf.St. Prämie für denjenigen der seine Waare nach andern Märkten bringt. Stückarbeit steigert das Angebot, daher Verpönung dieser Vertragsform und an ihre Stelle die Zeitarbeit. Die Zeit wiederum muß fest begränzt werden, eine Arbeit über die festgesetzte Stundenzahl vermehrt das Angebot, folglich ist sie ein Verbrechen verletzter Genossenschaftspflichten.

Wenn nun aber auf diese Art mit erlaubten Mitteln — die unerlaubten ziehen wir nicht in Betracht, weil sie den Strafgesetzen verfallen — das Angebot künstlich unterdrückt und die Arbeit einer gewissen Zunft daher im Preise vergleichsweise zu andern Erwerbslöhnen gestiegen ist, dann könnte es nicht ausbleiben daß ein großer Zudrang zu der günstiger gestellten Zunft stattfände, und dadurch das Angebot doch wieder gesteigert werde. Unsere Genossenschaften haben dieß voraus gesehen und auch diesem Uebelstand vorgebeugt. Es ist daher in ihren Satzungen ausgesprochen daß jeder Meister nur so viel Lehrlinge aufnehmen darf als in einem bestimmten Verhältniß zu den beschäftigten Gesellen stehen; also auch künstliche Unterdrückung des Nachwuchses. Ist dieß nicht ein vollständiger Sieg menschlicher Klugheit über den gefürchteten Lindwurm des Lohnarbeiters, die Concurrenz? Welches Muster für die festländischen Arbeiterfreunde!

Haben nun die Genossenschaften wirklich den unabänderlichen Gesetzen welche die Natur der menschlichen Gesellschaft beherrschen eine Niederlage beigebracht? Man denke nur ein wenig nach! Arbeit ist Waare. Jeder Arbeiter bringt nicht die seinige bloß zu Markte, er ist auch Käufer fremder Waare. Hat der „vereinigte Zimmermann und Schreiner" gesiegt, der Schuhmacher von dem er seine Stiefeln, der Bäcker von dem er sein Brod, der Metzger von dem er sein Fleisch, der Weber von dem er (aus dritter Hand) sein Tuch kauft, und der Schneider von dem er seinen Rock anfertigen läßt, werden sein Beispiel nachahmen, werden auch siegen, werden ihm ebenfalls ihre Arbeitswaare durch künstliche Vertheuerung höher aufnöthigen, und wenn der arme Schelm rechnen kann, wird er finden daß er für seine Arbeit zwar einen höheren Gewinn erzielt hat, für das gewonnene Geld aber, er mag sich hinwenden wohin er will, viel weniger fremde Arbeit kaufen kann als früher, daß er also nicht besser daran ist als vormals. Die Concurrenz, die ihm als Verkäufer von seiner Arbeitswaare überall als schlimmster Feind entgegen trat, war zugleich sein bester Bundesgenosse beim Einkauf fremder Arbeit. Die Concurrenz die auf allen lastet, auch auf dem Capital welches mit der Arbeit Handel treibt, hört auf ein nachtheiliger Druck zu seyn, weil er elastisch überall vertheilt ist, ähnlich wie wir die Schwere der Luft nicht spüren, obgleich sie mit einem Gewicht von 15 Pfund auf den Quadratzoll drückt.

Man überlege die Folgen wenn der Nachwuchs innerhalb einer Zunft durch Beschränkung der Lehrlingszahl unterdrückt wird. Was die Schreiner durchsetzen, können Schuster, Schneider, Schlosser, Maurer und Fabrikarbeiter ebenfalls thun. Nun ist der Arbeiter auch Familienvater, der Söhne auf den Arbeitsmarkt schickt. In seiner eigenen Zunft hat er die Aufnahme satzungsmäßig beschränkt, in den andern Zünften sind die Arbeiter ebenso klug gewesen. Was soll also mit den überzähligen Arbeitskräften werden, die allenthalben angeklopft haben und denen nirgend aufgethan worden ist? Man darf sich nur die Politik welche scheinbar der einen Genossenschaft genützt hat, ausgedehnt denken auf jedes Angebot der Arbeitssorten, und man wird sehen daß sie sich an ihren Urhebern rächt.

Die Arbeiter setzen voraus, sie können die Nachfrage nach Arbeit nicht steigern, sondern nur das Angebot von Arbeit schmälern. Verhängnißvoller Irrthum! Sie haben nicht nur alles unterlassen jene Nachfrage zu steigern, sondern sie haben alles aufgeboten um sie zu schmälern. Betrachten wir die siegreichen Genossenschaften der britischen Baugewerke, die ihre Meister so zahm gemacht haben daß sie nicht einmal mehr den Mund aufzuthun wagen wenn die Arbeit mangelhaft ausgefallen ist. Sieht man da nicht den Zauber des Genossenschaftswesens? Nur ein wenig Geduld! Die Arbeiter, wie es sonst auch die großen Herren dieser Erde zu thun pflegen, betrachten diejenigen als Feinde die ihren Ansichten aus Wahrheitsdrang widersprechen. Und doch sind ihre größten Feinde gerade diejenigen welche ihnen schmeicheln. Wo gibt es jetzt irgendeinen Mann von Billigkeit dem nicht das Wohl der Arbeiter am Herzen läge, der ihnen Gleichheit aller Lebensgenüsse nicht gern vergönnte, wenn die Natur der menschlichen Gesellschaft so etwas nur verstatten wollte? Wer empfindet nicht die innigste Menschenfreude darüber daß in England die „cooperativen" Gesellschaften, in Deutschland die Schulze-Delitzschen Arbeitercassen von Jahr zu Jahr lustiger gedeihen?

Schauen wir nur dem Triumph der Baugewerke über ihre Meister in England auf den Grund. Was sind diese Meister auf dem Arbeitsmarkt? Käufer von Bauarbeitswaare. Sie kaufen sie, um sie wieder zu verkaufen, in Gestalt von fertigen Gebäuden. Sie müssen Geld auslegen, folglich müssen sie auch aus ihrem Waarenkauf Gewinn ziehen, sonst kauften sie eben nicht. Auch sieht jeder daß der Eigenthümer des Gebäudes diesen Gewinn dem Baumeister zahlt. Aber er zahlt gern diesen Gewinn an den Meister, weil er viel schlechter führe wenn er jedem einzelnen Bauhandwerker seine Arbeitswaare im kleinen abkaufen sollte. Steigert man nun nicht die Nachfrage nach Bauarbeitswaare, wenn recht viele Bauarbeitskäufer auf dem Markt erscheinen? Und wenn die Nachfrage nach der Waare steigt, muß nicht auch ihr Preis hinaufgehen? Was haben aber die Genossenschaften gethan? Just das Gegentheil. Sie haben die Käufer ihrer Waare, die Baumeister, vom Markt verjagt. Das blaue Buch bringt dazu die Thatsachen. Der eine erklärt vor dem Ausschuß, „nachdem man ihm gedroht habe ihn zu erschießen, habe er sich aus dem Geschäft gezogen," ein anderer verzichtet auf seinen Erwerb, „weil er sich keine Nacht mehr ruhig gefühlt habe," ein dritter, „weil es immer besser sey den Erwerb als das Leben zu verlieren." Die Folge ist denn gewesen daß, abgesehen von den bankrott gewordenen Meistern, einer nach dem andern den Markt der Bauarbeit geräumt hat. Das Geschäft ist so gefährlich geworden daß nur wenige noch sich halten, und diese wenigen müssen mit einem viel höhern Gewinn ihres Capitals entschädigt werden. Mancher denkt: was kümmert es den Arbeiter? gebaut muß ja doch werden. In der That gebaut muß werden! Aber nur ein Minimum muß gebaut werden, und das Minimum ist sehr wenig im Vergleich zu dem Maximum was gebaut werden könnte. Man kann sich auch behelfen und einschränken, ja man muß sich einschränken.

In Folge der fortdauernden Strikes haben die Bauten abgenommen, weil die Baukosten zu hoch gestiegen sind, theils wegen der künstlichen Erhöhung der Arbeitslöhne, theils wegen der berechtigten höhern Forderungen der Meister, welche die Gewerbsgefahr sich bezahlen lassen. In Folge dessen sind die Gebäude im Werthe gestiegen, und da die Herren Sieger auch Miethbewohner sind, so haben sie die Wirksamkeit ihrer eigenen Politik an der Steigerung der Wohnungsmiethe vor Augen, gerade sowie sie die Wirksamkeit der fortgesetzten Arbeitseinstellungen in den Bergwerken an den erhöhten Kohlenpreisen nachdrücklich empfinden. Das Ergebniß der genossenschaftlichen Thätigkeit besteht also vorläufig in folgendem: im allgemeinen ist der Arbeitslohn bei den Bauwerken innerhalb einer bestimmten Arbeitszeit gestiegen, allein die Nachfrage nach Arbeit ist beträchtlich unter das Maß gefallen welches sie außerdem einnehmen würde. Der Arbeiter erwirbt also durchaus nicht eine höhere Summe wie früher, sondern er erwirbt kaum die gleiche Summe, jedoch in einer beschränkteren Zeitdauer oder mit weniger Erschöpfung. Von jener Summe muß er jedoch abziehen die nicht unbeträchtlichen Genossenschaftssteuern, und von dem Rest wiederum was ihm durch Erhöhung der Wohnungsmiethen und anderer Lebensbedürfnisse, namentlich der Kohlen u. s. w., an Lebensgenüssen entzogen worden ist, mit andern Worten: er lebt schlechter und arbeitet weniger. Scheinbar steht er aber gegenwärtig als Sieger dem Capital gegenüber, dem er Gesetze vorschreibt und dessen Widerstand oder Ungehorsam er durch Bußen straft. Diesen Sieg errang er nur daß er als einheitliche, trefflich gegliederte Macht dem **einzelnen** Capitalisten gegenübertrat, denn die Strikes wurden stets nur an einem Ort verhängt. Der Rückschlag konnte nicht ausbleiben. Nicht allein daß sich der einzelne bei seinen Verträgen durch eine Clausel bezüglich eintretender Arbeitseinstellung deckt, beginnen die Meister sich gegen die Arbeiter zu organisiren, um nun auch ihrerseits den Zauber der Genossenschaft zu Gunsten des Capitals in Wirksamkeit zu setzen. Was wollen ihre Gegner anfangen wenn vielleicht große Arbeiterbanden in Frankreich angeworben würden, die auf jeden von einem Strike bedrohten Ort mittelst der Eisenbahnen hingeworfen würden? Was bliebe ihnen übrig als unerlaubte Mittel und böswillige Störung der fremden Arbeiter, die dann aber nothwendig die Erbitterung der ganzen Gesellschaft wach rufen und die gesetzliche Macht zum Einschreiten berechtigen würde. Bis jetzt sind die Arbeiter siegreich nur deßhalb gewesen, weil in den letzten zwanzig Jahren fast fortdauernd die Nachfrage das Angebot überstieg, weßhalb die Arbeitslöhne auch ohne ihr Genossenschaftswesen hätten steigen müssen. Tritt aber eine Zeit ein, und die Conjuncturen haben noch immer gewechselt, wo das Angebot der Arbeit stetig die Nachfrage überschreitet, so werden alle ihre Vorkehrungen zusammen fallen wie die Kartenhäuser, und sie haben dann den Meistern ein übles Beispiel von unbarmherziger Ausbeutung einer vortheilhaften Lage gegeben. Wie anders wäre dagegen ihre Stellung wenn sie die schönen Summen die sie aufgebracht haben, zur Begründung von cooperativen Gesellschaften verwendet hätten, so daß sie zugleich als Arbeiter und Capitalisten (Actionäre) Unternehmungen selbständig ausführen könnten, wie dieß von den Baumwollenspinnern in Rochdale geschehen ist!

Ueber den Ursprung der Thiernamen.

7. Hund, Wolf, Fuchs.

Den **Hund** erwähnt das neue Testament mehrfach, und so ist uns denn auch sein gothischer Name gerettet, der sich als hunds m. darstellt. Das s ist bloße Bildungssilbe des Nominativ (wie in fugls, fisks - Vogel, Fisch u. s. w.), Stamm also hund, alt- und mittelhochd. hunt, altsächs. angs. hund, altnord. hundr (wobei r dem gothischen s entspricht), engl. hound (gewöhnlich dog, unser Dogge, schon altnord. doggr) u. s. w. Kurz, dasselbe Wort durch sämmtliche alt- und neugermanische Mundarten. Zur Erklärung desselben hat man das goth. hinthan fangen, hunths Gefangenschaft (vergl. binden, Bund) beigezogen, allein das d und th stehen in unlösbarem Widerspruch. Der Hund ist nicht der Fänger, der Jäger, sondern wir haben das d als unorganischen Zuschlag zu betrachten (wie etwa „niemand" „weiland" aus „nie-man" „weilun)," und haben nun den Stamm hun als sprachlich vollkommen gleich dem griech. ky-ôn, kyn-os, dem latein. can-is, wie andererseits dem altkeltischen cu, cun Hund, baneu Hündin (ban heißt Weib), cuân Hündchen, conde hündisch. Unsere Leser wissen ja längst daß dem griechisch-römischen k ein germanisches h entspricht, wie griech. kephalê, latein. caput dem gothischen haubith Haupt, keras, cornu dem goth. haurn Horn. All diese Formen endlich führen auf den sanskritischen Namen des Hundes çvâ çvan (ç etwa unserem ch entsprechend) was auf ein noch älteres arisches kvan zurückführt. Aus der slavischen Sprachfamilie sey genannt das litauische szun, das sich sprachgerecht zu sanskr. çvan stellt.

Der Sprachforscher Benfey hat eine Deutung des Wortes gewagt, indem er es auf die sanskr. Wurzel çvi zurückführt, welche anschwellen, wachsen bedeutet (çûnas geschwollen, çi-cus das Junge; griechisch kyeo bin schwanger, kyos, kyma Leibesfrucht, Embryo; latein. in-ci-ens trächtig). Unser Thier wäre also nach seiner noch jetzt sprüchwörtlichen Fruchtbarkeit benannt, ein Fall dem wir später beim Namen des Schweines wieder begegnen werden.

Im Deutschen ist das Wort Hund durchaus männlich; ebenso schon althd. der rudo, Rüde, großer Jagdhund, mittelhd. auch schâfrûde, Schäferhund. Der Wilddieb heißt den Franzosen le braconnier, ein gut deutsches Wort vom althd. bracho m., mittelhd. der bracke = Jagdhund. Für die Hündin, althd. huntinna, hat die alte Sprache noch ein selbständiges Wort, die zoha, mittelhd. zohe, noch jetzt mundartlich Zoche, Zauke u. s. w., namentlich auch metaphorisch für liederliche Weibsbilder. Auch die tîbe erscheint mittelhochdeutsch, noch jetzt in der Jägersprache Debe. Die Jungen des Hundes (in der alten Sprache auch anderer wilder Thiere, des Löwen, Tigers, Affen) heißen in der Waidmannssprache Welfe, althd. der hwelf, welf, mittelhd. der und das welf, was aber mit dem Wolf nichts zu thun hat. Genau so verhält es sich mit dem latein. catulus, welches zum Stamme catus, Kater, Katze gehörig, den jungen Hund und das Thierjunge überhaupt bedeutet.

Schon die althd. Sprache unterscheidet den Jagd-, Spür-, Leit-, Treib-, Biber- und Habichthund, letzterer für die Vogelbeize bestimmt, wie der mittelhd. Vogel- und Beizhund.[1] Mittelhd. tritt noch der „Suchhund" und der stöuber, stöberer neben den Spürhund. Zu den Jagdhunden gehört auch der hesselunt, die hessezohe, wahrscheinlich vom Hetzen so genannt. Der Schäferhund heißt auch ramhunt (ram der Bock), der Hofhund hovewart. Ein mehr verächtlicher Name ist der und die belle, bille, mistbelle, unser Kläffer, Köter, Bauernhund. Beachtenswerth ist der mittelhd. halpwolf als Hundename; umgekehrt wird der Wolf einmal Waldhund genannt. Ein althd. wolfbizz, Wolfbiß, wird glossirt mit „liciscus, canes ex lupis et canibus nati." Unser Windhund ist ahd., mhd. kurzweg der wint, der windschnelle Hund, mhd. auch Beißwind, Hasenwind und — das wintspil. Was heißt Windspiel? — Federspiel hieß zunächst die Jagd mit abgerichteten Vögeln, sodann der Jagdvogel selbst. Das Windspiel möchte also ein Hund seyn der mit dem Winde gleichsam spielt, mit dem Sturm in die Wette läuft. (Es erscheint aber auch das lewenspil schlechtweg gleich Löwe, und noch jetzt hört man Ausdrücke wie Menschenspiel im Sinne von Volksmenge. Dieß nebenbei.)

Ein häufiges ahd. Wort für den großen Jagdhund ist siuso, suso, mhd. der süse, was L. Diefenbach (Origines Europaeae S. 330) auf die von den Alten erwähnten Hunde von Segusia (Susa) zurückführt.

Die romanischen Sprachen haben ihr chien u. s. w. bekanntlich dem Lateinischen entnommen; nur das spanische perro erinnert an eine im frühen Mittelalter erwähnte Race, den canis petrunculus oder petronius. Den Dachshund führt die Naturgeschichte als canis vertagus auf; sie thäte besser ihn vertragus zu nennen. Die falsche Lesart steht freilich schon im Martial und verirrt sich später in die deutsch-lateinischen Formen veltraga, veltra, velter = Windhund, und in die romanischen veltro, vaultroi, vaultre (altfranzös.) u. s. w. Jagdhund. Das Wort ist keltisch; vertragos, erzählt uns Arrian mit dürren Worten, nennen die Kelten in ihrer Sprache eine schnellfüßige Hunderace; und diese Angabe stimmt vollkommen zu dem was wir Heutigen von altkeltischen Sprachen wissen, vertragus heißt wörtlich der Schnellfuß. Wie der Name später auf dem biederen Dachshund sich angesiedelt, ist mir unbekannt; aber eine Geschichte des Freiherrn v. Münchhausen ist Wahrheit geworden: daß ein Windhund sich zu einem Dachshund herunterlaufen kann. Und könnte nicht am Ende das alte veltra noch heute spuken in dem beliebten Hundenamen Feldmann?

Der Wolf heißt bei Wulfila vulf-s, und der Gothe Wulfila selbst heißt Wölflein. Dieses u hält sich noch im alt- und mittelhd. Namen für die Wölfin: wulpa, wulpin, wulpe, wülpe, wülpinne. Wer denkt nun nicht alsbald an das latein. vulpes Fuchs, und an unsere frühere Bemerkung über das nicht unhäufige Uebergleiten eines Namens von einer Thierart auf eine andere? Und doch erlauben wir uns dieser scheinbaren Gleichheit zu widerstehen und unsern Wolf auch sprachlich dem latein. lup-us gleichzustellen. Gewiß erinnert sich noch mancher Leser daß in der Homer-Stunde der Lehrer ihm viel von einem sogenannten äolischen Digamma zu erzählen wußte. Die Sache wäre ohne Zweifel dem Schüler, und vielleicht auch dem

[1] Eigentlich Beißhund. Beißen heißt mittelhd. bîzen, daher beizen = beißen machen, b. lassen, hetzen. Beißen und Beizen verhält sich wie reißen und reizen, hassen und hetzen, heiß und heizen.

verehrten Hrn. Professor bedeutend klarer und natürlicher geworden, wenn der letztere etliche sprachliche Analogien aus dem Deutschen und Germanischen beigezogen hätte, z. B. den früher von uns erwähnten regelmäßigen Wegfall des englischen k vor n oder des w vor r u. s. w., den Abschliff der mit altdeutschem hl, hr, hn, wr anlautenden Wörter in einfaches l, r, n, w. Wie denn unsere HH. Professoren und Präceptoren überhaupt gut thäten sich etwas mehr im Germanischen umzusehen, im ältesten sowohl als besonders auch in den lebenden Mundarten. Gar vieles in Laut- und Formlehre wie in der Syntax, wird dem armen Schüler wie ein blaues Wunder dargestellt, das nur unter dem classischblauen jonischen Himmel oder auf dem Boden Latiums habe gedeihen können. Wollte man vor den Collegsaal gehen und dem nächsten besten Bauern aufs Maul sehen, so würde man finden daß er jene versunkenen Herrlichkeiten in jedem Augenblick noch heute producirt und zwar gratis, ohne Collegiengeld. Also es läßt sich an einer ganzen Reihe griechischer und lateinischer Wörter nachweisen daß sie in älterer Zeit mit einem v (F) angelautet, dieses aber später entweder ganz verloren oder durch einen andern Laut ersetzt haben. Und so erweist sich denn auch latein. lupus als abgeschliffen aus altem vlupus und der griechische Wolf lykos aus ehemaligem Flyk-os (über p = k ist früher gesprochen worden); und dann stellen sich alle diese Formen trefflich zu dem altslavischen vluk-u, dem litauischen vilk-as, (russisch wolk, polnisch wilk u. s. w.), was beides der Wolf heißt, und endlich zu dem sanskritischen Namen unseres Thieres, zu vrk-as, in der Zendsprache vehrk-as. Was mit Bezug auf die beiden letzten Formen das innige Wechselverhältniß von r und l betrifft, so verweisen wir u. a. auf das Sprechenlernen der Kinder. Uebrigens sogar in einem vorrömischen Dialekt hat sich das ältere r gehalten; im sabinischen heißt der Wolf irp-us, hirp-us. Kurz wir haben durch den größern Theil des arischen Gebietes das Consonantengerippe v-r-k, v-l-p als Name des Wolfes. In den nordgermanischen Mundarten fällt — wiederum dem Digamma vergleichbar, das anlautende w regelmäßig ab und der Wolf heißt dänisch und schwedisch ulf; altnordisch ulf-r. daneben aber auch warg-r, d. h. der Würger, und das ist ein merkwürdiges Zusammentreffen; die sanskrit. Wurzel vark bedeutet nämlich zerbrechen, zerreißen. [1] Sollte also der Wolf der „Reißende, der Würger" schlechtweg seyn? Gothisch vilvan heißt ebenfalls zerreißen und — vulfos vilvandans — reißende Wölfe, sagt in prachtvoller Alliteration die gothische Bibel (Matth. 7, 15).

Für heute noch den biedersten der Biedern, den frommen tugendhaften Meister **Reineke Fuchs**, vor dessen unerschöpften Listen die wilde Kraft des grauen Isegrim so manchesmal zu Schmach und Schanden gieng. Das altdeutsche Thiermärchen nennt ihn Reinhard, was gemeinschaftlich mit Reimbold, Reinhold u. s. w., auf ein noch älteres Raginbald, Raginwald, Ragin- oder Raginhart zurückgeht. Gothisch ragin heißt Rath, Meinung, Sinn, raginon herrschen, ragineis der Rathgeber, Rathsherr, Vormund, und demnach hätten unsere Vorvordern den Fuchs als den Starken (hart) im Rath, als den Sinn- und Listereichen bezeichnet. Im Altsächsischen und Altnordischen aber ist uns noch ein Wort regin erhalten, das wie ein erratischer Block von den Gletschern der Urzeit herabgeschoben einsam in Edda und Heliand liegt. Dieses regin bedeutet die waltenden, rathenden Götter, regino-giscapu heißt das göttergeschaffene Schicksal. Und wie wir etwa sagen: „das ist ein Weltskerl," so dient jenes regin zur Verstärkung in einigen altsächsischen Worten: reginblind heißt stockblind, ursprünglich wohl blind in Folge Schicksalschlusses, d. h. von Geburt an; reginscatho ein ausgezeichneter Schadenstifter, ein Erzschurke, Urschelm, reginthiof ein Erzdieb. Möglich daß der Name unseres Freundes nach dieser letztern Seite hin zu deuten wäre und somit vielleicht in die älteste Cultur- und Glaubenszeit der Germanen zurückwiese. Die beste Uebersetzung wäre dann vielleicht: ein Teufelskerl. Daß der französische renard unseres Reinharts jüngerer Bruder ist, versteht sich von selbst; altfranzös. war aber auch voupille, goupille, aus latein. vulpecula. Reinke Vos ist die niederdeutsche Form, Reineke Verkleinerungsform, wie etwa der Familienname Lemke = Lämmlein (der Name Ranke ist wohl auch nichts anderes als Reineke).

Ein Waidmannswort für die Füchsin ist die Fähe. Ich weiß nicht ob das eine Uebertragung ist. Gothisch nämlich erscheint der Fuchs nur zweimal (Matth. 8, 20. Luc. 9, 58) und beidemal weiblich als fauho (gleich fucho; vor gothischem h darf nie ein reines u stehen); das Masculinum müßte fauhs gelautet haben. Althd. erscheint der fuhs und die foha, daneben aber auch die fuhsinna; mhd. der vuhs, die vohe und die vühsinne. Orts- und Familiennamen wie Vohburg, Vohmann, Pfohmann hängen vielleicht mit jener alten weiblichen Form zusammen. Im übrigen steht das Wort einsam und wohl auch kaum zu deuten. Die nordischen Mundarten geben dem Thier einen andern Namen, und rückwärts über Italien durch das römische vulpes und das griechische alopex nach Asien ist auch kein Zusammenhang: es wäre denn der alte Kathederwitz „alopex, opex, pex, puchs, Fuchs," womit man sprachvergleichende Kühnheiten abzuthun meinte. Nun — daß alopex und Fuchs nicht ein Wort sind, gibt man hier zu: daß sie es an sich sein könnten, behauptet man aber auch. Englisches four und eight und sanskritisches tschatur und ashtau sehen und klingen einander nicht eben sonderlich gleich und sind es doch. Ein Schneemann und ein Kubikfuß Wasser sehen sich vielleicht noch unähnlicher und doch wissen wir daß sie im Grund eins sind. Andrerseits daß lateinisches vulgus und deutsches „Volk" nicht nur dem Sinn, sondern auch

[1] Brechen und reißen ergänzen sich heute noch. Der Augsburger sagt: „Meine Hose ist zerbrochen und mein Krug ist zerrissen." Und doch werden auch in Augsburg die Hosen nicht vom Töpfer und die Krüge nicht vom Schneider gemacht.

der Form nach dasselbe seyen, sollte man freilich meinen; der Philolog aber der es im Ernste behaupten wollte, wäre ungefähr dem Zoologen gleich, welcher den Walfisch zu den Fischen und die Fledermaus zu den Vögeln zählte. Wiederum daß unsere deutsche „Zähre“ und das französische larme nicht nur im Sinn, sondern auch in Form und Abstammung dasselbe Wort, scheint auf den ersten Blick einfach toll; und doch sind sie es. [1]

In alôpex ist übrigens das a höchst wahrscheinlich bloßer Vorschlag und das ex secundäre Bildung, daher Stamm lôp. Dazu stellt sich das litauische lape, Fuchs, lapukas, Füchslein. Wollte man es mit vulp-es verbinden, so müßte man wieder ein verlornes Digamma, also valop ex annehmen. Ueberschau ich aber nochmals all diese Formen und dazu lykos, lupus, vulfs, ûlfr u. s. w., so eröffnet sich mir die Möglichkeit daß sie, mit Ausschluß des Fuchses, ursprünglich alle zusammenhiengen, daß beide naturgeschichtlich sich so nahverwandte Gattungen, der canis lupus und der canis vulpes in der Urzeit einen und denselben Namen hatten, der erst später und bei verschiedenen arischen Völkern in verschiedenen Sprachformen auf die getrennten Species der einst gleichnamigen Art sich vertheilt hätte; eine Vermuthung wie ich sie in dem Artikel über den Elephanten gewagt habe. Wurzeln graben ist harte Arbeit; gönne man uns hie und da die Rast auf dem leichten selbstgesponnenen Gewebe das eine harmlose Phantasie verlockend vor uns ausbreitet.

[1] Larme = lacryma, altlateinisch dacru-ma, griechisch dakry, gothisch tagr, althd. zacher, zaher.

Streifzüge in den Alpen Tirols.

Von Adolf Pichler.

(Fortsetzung.)

Im Winter wird die Malserhaide oft von unliebsamen Gästen besucht, welche das braune Bärenfell noch angewachsen auf den Schultern tragen und ohne Accis zu zahlen Schafe und Kälber verzehren. Meister Petz erscheint in diesen Gegenden nicht selten, und man kann von seinen Lumpereien überall erzählen hören. Einst paßte ein Finanzler in einer waldigen Schlucht den Schmugglern auf. Es wurde Nacht, er hört ein Geräusch, durch die Stauden kam einer der etwas trug, geduckt schlich er weiter als habe er ein schlechtes Gewissen. Unser Finanzler lauert, der Schmuggler streicht an ihm vorbei, er packt ihn mit beiden Händen und schreit: „Hab ich dich du Spitzbub.“ Nun folgt eine sehr dramatische Erkennungsscene; der Finanzler hatte einen Bären umarmt. Die Scene endete aber ebenso komisch wie die zwischen Papageno und dem Mohren, die beiden Gegner liefen erschrocken einer vor dem andern davon, der eine rechts, der andere links; an dem Platz wo das Rendezvous stattgefunden, blieb nichts zurück als ein blutender Schöps, den jener aus einem Stalle geholt.

Unserm Gespräche horchte Agnes die freundliche Tochter des Wirthes zu, hie und da wohl auch ein Wörtchen drein redend. Als sich der Vater entfernte, fragte ich sie, wie sie denn die langen Winter, wo Barricaden von Schnee die Nachbarn absperren, zubringe?

„Die Haushaltung, erwiederte sie, gibt immer zu schaffen, und stürmt es Abends recht wild draußen, so hört man nichts lieber als das Schnurren des Spinnrades. Manchmal liest man auch ein Stündchen.“

„Lesen! Und was denn?“

Ich erwartete sie würde einen Ritterroman oder ein Volksbuch, wie die sieben Schwaben oder die Beatushöhle nennen, sie trat jedoch an einen Schrank und legte mir etliche Bändchen von der hildburghausischen Groschenbibliothek deutscher Classiker vor.

„Und was gefällt Ihnen da am besten?“ fragte ich einigermaßen überrascht.

„Schöne Sachen hat der Goethe und der Lessing, und der Voß und der Hölti, recht gern lese ich aber die Messiade von Klopstock, das ist rührend und erbaulich zugleich!“

Ich schwieg. Das arme Mädchen auf der Malserhaide! Es liest noch Goethe, Hölti und Klopstock, ist es nicht um ein Jahrhundert in der Cultur zurück? Fragt einmal ein deutsches Fräulein um seine Lectüre, es zeigt euch ein Drama von Augier oder die Miserables von Victor Hugo und in einem Landstädtchen vielleicht noch moschusduftig, goldverziert die Amaranth von Redwitz. Armes Mädchen! All diese Herrlichkeiten entgehen dir und du mußt an den alten Krumen von Goethe, Schiller, Lessing und Klopstock nagen!

Das Klopfen an der Thüre mahnte mich Morgens zum Aufbruch. Mein Studentlein harrte schon, und so gieng es vorwärts durch die thauigen Wiesen, über denen sich leichte Nebel kräuselten. Der Pitzlat stand noch im matten Grau, während vom Gipfel des Orteles bereits das goldene Licht auf die Gletscher niederrann. Ein angenehmer Pfad führte am Gehäng des Berges zu etlichen zerstreuten Weilern und dann mitten in ein blühendes Mahd, die Alpenkräuter welche dasselbe schmückten ließen auf eine Höhe von fast 6000 Fuß schließen. Auf einem grasigen Vorsprung erhob sich ein verfallenes Haus, das Dach und die Böden waren eingesunken, die Fenster ausgehoben. Ich vermuthete zuerst ein Brand habe es zerstört, es war aber weder Thüre noch Gebälk verkohlt, und ich erfuhr der Besitzer habe das Haus verlassen, weil es drin so „geisterte“ daß Nachts niemand mehr eine Ruhe hatte. Nachdem er abgezogen, wurde das Haus nur noch von den Mähdern benutzt wenn sie das Heu einheimsten. Einmal wurde einer durch Geräusch aufgeschreckt, er hörte stöhnen und ächzen, alsogleich weckte er seine Genossen, sie rafften die Kleider zusammen und entflohen aus der unheimlichen Stätte. Kaum waren sie vor der Thüre, so begann es zu krachen, und das Gewölb des Raumes wo sie geschlafen stürzte ein.

patria, pro Christo et patria, inter arma silent leges, soli deo gloria. Drehen wir das Schwert um, so lesen wir: pugna pro patria; pro aris et focis; nec temere, nec timide; fide sed cui vide.

In der Nähe dieses Schwerts Philipps II befindet sich ein anderes noch schöneres, das einem Eigenthümer gehörte dessen Name unbekannt ist. Das Verdienst der Arbeit theilt sich zwischen Spanien und Italien, indem die Klinge von Sebastian Hernandez in Toledo, der Griff von irgendeinem namenlosen Künstler am südlichen Abhang der Alpen gearbeitet worden ist. Die Zeit seiner Herstellung muß die der glänzendsten Periode der Renaissance gewesen seyn, als Norditalien Ueberfülle an Dichtern und großen Männern jeder Art besaß. Dieses Degengefäß ist an sich selbst ein wenig episch, theilweise ernst, theilweise komisch, mit seinen Büsten geehrter Männer und lieblicher Frauen, seinen Masken, seinen Satyrn, seinen Genien und dazwischen angebrachten üppigen Schnörkeln, die sich reich um ein Medaillon winden welches das Urtheil des Paris darstellt. Der phrygische Schäfer sitzt auf einem Felsen mit einem goldenen Apfel in seiner Hand, und die drei Göttinnen, Here, Athene und Aphrodite stehen entkleidet vor ihm. Der Augenblick des Zweifels ist vorbei: Paris streckt seine rechte Hand aus um die Palme der Schönheit der Mutter des Eros zu reichen. In dieser Composition, welche, was Zeichnung und Arbeit betrifft, vielleicht nie übertroffen ward, schauen wir das schönste aller Prunkstücke in der Armeria.

Mit dem Worte „maurisch" bezeichnen die Spanier alles Morgenländische, alles was von Bekennern des moslimischen Glaubens erzeugt worden, mögen diese nun in Spanien, in Afrika oder in Asien gelebt haben. Zu dieser Classe von Waffen gehört das bei Lepanto erbeutete große persische Schwert, mit der Gestalt eines Löwen auf der Klinge, neben einer Inschrift in unleserlichen Charakteren. Die Schwierigkeit dieselben zu verdolmetschen, liegt indeß mehr in der Betriebsamkeit der Wächter der Rüstkammer, als in der Art in welcher sie ursprünglich eingravirt wurden, da sie durch beständige Reinigung beinahe verwischt sind. Wie der Leser weiß, hat der Prophet von Mekka alle Abbildungen von Menschen und Thieren verboten, weil sie in seinen Tagen in zu enger Verbindung mit Götzendienst standen.[1] Als die Nothwendigkeit für das Verbot schwand, kamen in muhammedanischen Kunstwerken, besonders in Persien, Granada und Andalusien, allmählich auch Figuren lebender Geschöpfe zum Vorschein. So finden wir in dem obenbeschriebenen Schwerte roh eingravirt die Figur eines Löwen, der vielleicht die Marke des persischen Künstlers gewesen ist; gerade wie ein kleiner Hund, der Kopf eines Mauren oder einer Wölfin die Marke waren durch welche die Künstler von Zaragoza ihre Erzeugnisse unterschieden.

Die berühmte Fabrik von Toledo, die den spanischen Klingen ihre Berühmtheit verschaffte, soll schon im neunten Jahrhundert unserer Zeitrechnung von den Mauren errichtet worden seyn, denen in der That die spanische Civilisation, wenn man sie eine solche nennen kann, ihren Ursprung verdankt. In späteren Zeiten ward diese Fabrica de las Armas plötzlich geschlossen, worauf die Künstler sich zerstreuten, und in verschiedenen Theilen Spaniens und Portugals — in Lissabon, Orgaz, Sevilla, Zaragoza, Bilbao und andern Plätzen — Fabriken errichteten.

In den Gebirgen von Aragon, bei Calatayud, und in denen von Guipuzcoa, bei Mondragon, findet man das beste Eisen in Spanien, vielleicht in Europa. Ueber diesen Minen fließen mehrere Bäche von eisiger Kälte — eine Thatsache welche die eingebornen Grubenarbeiter auf den Gedanken brachte daß das Eisen selbst gefroren sey, und daher sagte man von Waffen die aus diesem Metall verfertigt waren: daß sie Eisbachs-Härte haben.

Als in Spanien das Blut in Strömen floß, und man um geringes Geld Absolution erhalten konnte, spielten der Dolch und das Stilett eine wichtige Rolle im gesellschaftlichen Zustande des Landes. Ohne Dolch auszugehen war weit schlimmer als ohne Unterwäsche auszugehen. Demgemäß trug jeder Mann seine kleine Lieblingswaffe im Gürtel oder im Aermel, jede Frau in ihrem Strumpfbande, so daß Untreue in Liebe, oder der geringste Schimpf, oft durch Erstechung gerächt wurde. Es war nicht ungewöhnlich — wir meinen in frühern Tagen — daß Frauen der Puerta del Sol, die den englischen Billingsgater Damen ähnliche Classe, ihre Dolche auf einander zückten, und die Treppen der Fuente Nacional mit Blut befleckten. Die Verfertigung von Stiletten war sonach ein gewinnbringender Industriezweig, durch welchen große Vermögen angehäuft und ein weit verbreiteter Ruf erworben wurde. Unter andern errang Ramon de Joces einen Ruhm der gleichkam den berühmtesten Künstlern von Toledo oder Zaragoza — einen Dolch aus seiner Fabrik zu besitzen kam fast der Erbschaft eines Adelspatents gleich — so angenehm war es für einen vornehmen Spanier die polirte Spitze dieses Mordwerkzeugs zwischen seinen Rippen zu fühlen.

In Betreff der Mittel durch welche der Stahl eines Schwerts oder eines Dolchs gehörig gehärtet wurde, hat man verschiedene Ansichten aufgestellt. Lord Bacon, welcher der Meinung war daß die Menschheit vor seiner Zeit nur ein Auge hatte, war vollkommen überzeugt daß das Härten von Eisen oder Stahl eine neuere Erfindung sey, obgleich es in Wahrheit schon zur Zeit des trojanischen Kriegs bekannt gewesen, und als man in Toledo anfieng Schwerter zu verfertigen, wurden sie ebenfalls im Tagus gehärtet. Allmählich erfand man neue Härtungsmethoden. Einige Künstler tauchten, nachdem sie die erhitzte Klinge in der Luft herumgedreht, dieselbe in ein Gefäß geschmolzenen Fetts oder Oels, dann in ein anderes Gefäß warmen Wassers, hernach in den kalten Fluß oder Teich. Die Biegsamkeit der Klinge sollte, wie viele glaubten, dadurch erhöht werden daß man in die Mitte der Klinge von oben bis unten einen schmalen Streifen feinen Eisens einsetzte,

[1] Die Perser haben sich wenig darum bekümmert. A. d. R.

wogegen andere meinten — und, wie wir glauben, mit Recht — daß die Waffe auf diese Art verschlechtert werde. Unsere Leser wissen ohne Zweifel daß Italien Jahrhunderte lang darnach strebte es Spanien in der Erzeugung von Waffen gleich zu thun; allein obgleich der Genius seiner Künstler vielleicht größer war, so stand doch das Material mit welchem sie arbeiteten dem spanischen so sehr nach, daß ihre Arbeiten denen aus spanischer Fabrik an Vortrefflichkeit nie gleichkamen. Aus diesem Grund wanderten viele Italiener nach Spanien aus, besonders nach Zaragoza, wo wenigstens einer derselbe, Andrea Ferrara, einen so großen Ruf erwarb, daß sein Name durch ganz Europa gleichbedeutend wurde mit einem spanischen Schwert.

(Chambers' Journal.)

Die überseeischen Entdeckungen der Franzosen.

In unsern Schulen ist uns gelehrt worden daß die Portugiesen zuerst das weiße Vorgebirge in Afrika, und dann nach und nach das Cap der guten Hoffnung umsegelt und den Seeweg nach Ostindien gefunden, daß die Holländer (richtiger jedoch die Portugiesen vor den Holländern) Australien zuerst gesehen haben, ferner daß nach den Fahrten der Nordmannen von Island nach Grönland, von Grönland nach Nordamerika ums Jahr 1000 n. Chr., die Spanier zuerst die neue Welt im Jahr 1492 entdeckt haben. Nach den Behauptungen der Franzosen aus der Normandie sind dieß lauter Irrthümer, Kauffahrer von Dieppe und Honfleur sollen 100 Jahre vor den Portugiesen in Afrika bereits bis zum Meerbusen von Guinea vorgedrungen seyn, etliche Jahre vor 1492 sowohl Brasilien als Ostindien besucht, Australien aber beiläufig 100 Jahre vor den Holländern und Portugiesen entdeckt haben. Ein französischer Geschichtsschreiber Pierre Margry hatte sich daher die Aufgabe gestellt alle diese Ansprüche zu untersuchen, die begründeten zu vertreten, die erdichteten unparteiisch zu verwerfen und als Frucht dieses guten Vorsatzes haben wir ein größeres Werk erhalten,[1] dessen Ergebnisse wir in Kürze darzustellen uns bemühen wollen.

Villaut de Bellefonds hatte in einem Bericht über die Küsten von Afrika aus dem 17ten Jahrhundert am frühesten behauptet daß im Jahr 1364 von Dieppe aus ein französisches Fahrzeug nach Guinea ausgelaufen sey und dort Handel mit den Negern getrieben habe. Die Fahrten dorthin seyen später von Zeit zu Zeit erneuert worden, bis das letzte Schiff 1410 aus Afrika heimkehrte, weil die ausbrechenden Bürgerkriege damals jener günstigen Entwicklung des Handels ein Ende gemacht hätten. Die französischen Fahrten nach der Goldküste hörten also 24 Jahre früher auf ehe es dem ersten portugiesischen Seefahrer gelang, die gefürchtete Sandzunge vor dem afrikanischen Cap Bojador zu umsegeln. Urkunden zur Bekräftigung dieser Begebenheiten waren nicht vorhanden, außer daß P. Labat versicherte er habe in den Archiven von Dieppe, bevor diese im Jahr 1694 durch eine Feuersbrunst zerstört wurden, einen Gesellschaftsvertrag zwischen Kaufleuten aus Dieppe und Rouen zu gemeinschaftlicher Ausbeutung des Handels nach Guinea gesehen. Er ließ es beim Sehen bewenden, Abschrift nahm er nicht. Zur anderweitigen Bestätigung von Bellefonds Behauptungen gab es nichts als daß dem Dr. Samuel Braun, der 1611—1620 dreimal nach Guinea reiste, die Neger erzählten die Väter ihrer Großväter, welche zur Zeit des Auftretens der Portugiesen lebten, hätten ihnen überliefert daß vor den Portugiesen schon die Franzosen an der Küste gewesen seyen. Dieser Behauptung schenkte auch der holländische Geograph Olivier Dapper aus dem 17ten Jahrhundert in seiner Beschreibung von Afrika Glauben. Ferner wollte der französische Generalflotten-Commissär d'Elbée in den Jahren 1669—70 erfahren haben daß in dem holländischen Fort Sanct Anton d'Axim an der Gränze zwischen der Zahn- und der Goldküste vor etwa sieben oder acht Jahren noch ein Stein mit dem Wappen der Könige von Frankreich eingemauert gewesen sey, das Schloß selbst also von den französischen Seefahrern des 14ten und 15ten Jahrhunderts stamme. Ebenso sollten die Holländer nach den Aussagen des Capitäns Gabriel Ducasse in dem Fort El Mina, welches sie den Portugiesen 1637 entrissen hatten, einen Stein gefunden haben mit den Ziffern 13, denen andere unlesbare folgten, woraus die Franzosen auf eine Jahreszahl aus dem 14ten Jahrhundert schlossen. Endlich war in einer Gebietsabtretung an Frankreich vom 15 Dec. 1687, bewilligt von einem Negerfürsten der Goldküste, „Amoysy durch göttliche Vorsehung König und Souverän von Commendo u. s. w.", gesagt worden daß er und seine Vorfahren viele Wohlthaten empfangen haben: pendant le séjour des François sur cette coste, qui a esté de plus d'un siècle.

Was die Negeraussagen betrifft, so waren sie natürlich völlig werthlos, und gegen alles übrige flößte es den höchsten Verdacht ein daß in keiner gleichzeitigen Chronik jener Thaten gedacht und erst 200 Jahre nach dem angeblichen letzten Besuche der Goldküste die Dieppper mit ihren geschichtlichen Ansprüchen laut geworden waren. War auch ihr städtisches Archiv verbrannt, so hätten sich doch in Privathänden noch Urkunden aus jener Zeit und in Rouen, dessen Archive nicht verbrannt waren und dessen Bürger an den nautischen Unternehmungen Antheil hatten, doch Duplicate finden sollen. Anspielungen in Testamenten und Geschlechtsgeschichten auf jene Thaten hätten gewiß entdeckt werden müssen. Bedenkt man daß von Barcelona, Genua, Venedig u. s. w. ganze Bände mit Urkunden über Handel im Mittelalter gefüllt werden konnten, so war es auffallend daß 40jährige Fahrten französischer Seeleute nach der

[1] Les Navigations françaises et la révolution maritime du XIV. au XVI. siècle. Paris. Trobs 1867.

Goldküste von 1367—1410 keine diplomatischen Spuren hinterlassen haben, daß ihre Erfolge ohne Einfluß auf die Schifffahrt selbst und auf die damaligen Landkarten geblieben seyn sollten. Die einzige historisch beglaubigte Thatsache welche frühen Fahrten aus der Normandie einige Wahrscheinlichkeit verlieh, war die Besiedelung der Canarien durch einen normännischen Ritter Bethencourt im Jahr 1402. Ein hochgeschätzter portugiesischer Gelehrter, Joaquim José da Costa de Macedo, erklärte daher den Franzosen rundweg: man werde ihre Erzählungen von der Entdeckung Guinea's so lange für apokryph halten bis sie nicht wenigstens durch eine alte Urkunde bestätigt worden wären. Macedo's Urtheil war recht und billig und nach ihm hat sich bisher jedermann außerhalb Frankreichs gerichtet.

Eine Urkunde ist jetzt aber gefunden worden. Hr. Lucien de Rosny, der im britischen Museum nach alten französischen Texten forschte, wurde dort bekannt mit Hrn. William Carter (London, Oxford Street), und dieser Herr zeigte ihm eine Sammlung altfranzösischer Urkunden, worunter sich auch eine Briev estoire del navigaige Mounsire Jehan Prunaut, Roenois, en la tiere des noirs homs 2c. befand. Von diesem merkwürdigen Schriftstück verfertigte Hr. de Rosny eine Copie welche unser Verfasser jetzt veröffentlicht hat. Es heißt darin: im September 1364 hätten Unternehmer aus Dieppe und Rouen zwei Handelsbarken (naues) unter dem Admiral (amirax) Jehan li Roanois ausgerüstet. Sie seyen nach dem Ovideg (alter Name des Senegal) gefahren und nach dem Cap Bugiador (Bojador) im Lande Guinoye (Guinea) gekommen, bewohnt von Giolof (Dscholoffer), schwarzen Menschen die nie zuvor weiße gesehen hatten. Von ihnen handelten sie Elfenbein (morphi) und Thierhäute ein, worauf sie nach der Normandie zurückkehrten. Es folgte eine zweite Fahrt mit 4 Segeln und eine dritte 1379 mit dem Schiffe Nostre Dame de Boun Voiage. Dieß kehrte zu Ostern 1380 zurück, just als der König (Karl V) in Dieppe sich aufhielt, der den Unternehmern und namentlich dem Admiral Jehan li Roanois, an jener Stelle auch Prunaut genannt, das höchste Lob spendete. Das nächste Jahr schickte Prunaut seine Nostre Dame abermals nach Afrika, und die Dieppe-Rouenneser Gesellschaft fügte die Schiffe Saint Nicolas und die Espérance hinzu. Sie ankerten an einem Ort, wegen seines Goldhandels la Mine genannt. Dort hatte Prunaut früher eine Capelle der gebenedeiten Mutter Gottes erbauen lassen mit einem kleinen Castell, auch führte der Ort oder die Küstenstrecke den Namen Pru-naus-Land zu Ehren des Admirals, wie auch noch andere Posten an der Küste lagen, Klein-Dieppe, Klein-Paris, Klein-Rouen, Klein-Germentruville genannt, weil sich aus Dieppe, Rouen und Paris Leute unter den Mannschaften befanden. Castelle wurden auch bei Cormentin und Akra errichtet. Im Jahre 1410 sey der Reichthum der normännischen Kaufleute durch die Bürgerkriege vernichtet worden, so daß in elf Jahren nur zwei Schiffe nach Afrika fuhren, überhaupt aber ein Verfall der Schifffahrt eintrat.

Daß sich Karl V wirklich im Jahr 1380 in Dieppe aufhielt und die Seefahrer dort empfangen konnte, ließ sich urkundlich nachweisen. Auch die Familie Prunot existirt wirklich, und man hat in den Pariser Kirchenbüchern obendrein folgenden Eintrag entdeckt: „Am 13 Juni 1771 wurde Marie-Anna Prunot geboren, Tochter von Léger Prunot und Damoiselle Marie-Madeleine Bigot.“ Der Name Bigot ist nicht unwichtig, da der Besitzer der Originalurkunde, Hr. William Carter, behauptet sie stamme aus der Hinterlassenschaft von Emery Bigot, eines bekannten Urkundensammlers. Außerdem kennt man auch noch einen Pruneau de Pommegorge, der eine Beschreibung des Sudan (Nigritie) verfaßte, und im Juli 1788 an Ludwig XVI eine Denkschrift über Abschaffung des Negerhandels richtete. Der Träger dieses Namens stammte von einem Seefahrer der Normandie aus dem 14ten Jahrhundert ab, und der Name selbst Preu-naut, Prenaut, Prunaut bedeutete ehemals kühner Seefahrer (preu navigateur). Da nun die oben mitgetheilte Erzählung genau die nämlichen Angaben enthält wie sie Villaut de Bellefonds vorgebracht hatte, so muß der letztere das Schriftstück gekannt haben. Besteht nun jene Urkunde die Prüfung der Handschriftenkenner, erweist sich ferner daß das Altfranzösische dem 15ten Jahrhundert angehört, mit andern Worten schwindet auch der leiseste Verdacht einer Fälschung, zu dem übrigens kein Grund vorliegt, so muß jeder Billige zugestehen daß jetzt das Vorauseilen der Franzosen an der Westküste Afrika's diplomatisch erhärtet worden ist, und daß die Portugiesen sich nur in einer alten verlassenen Verschanzung der Franzosen niedergelassen haben als sie unter Johann II ihr Fort El Mina erbauten.

Was den Antheil betrifft den die Franzosen an der Entdeckung des tropischen Amerika besitzen, so gründet er sich darauf daß Colon auf seinen Reisen beständig ein gedrucktes Exemplar der Schriften des Cardinals d'Ailly mit sich führte. Der Cardinal, Sohn eines Metzgers, Namens Colard, wurde in Ailly-le-Haut-Clocher bei Abbeville geboren, promovirte 1380, stieg bald zum Bischof, endlich 1397 zum Erzbischof von Cambray auf, erschien 1414 als päpstlicher Legat in Deutschland, 1415 auf dem Concil zu Constanz, und starb im Alter von 70 Jahren zu Avignon am 9 August 1420. Als Autor führte er den Namen Petrus de Aliaco, und ganz sicherlich hat der Entdecker Amerika's aus ihm das meiste seines kosmographischen Wissens gesogen. Uebrigens müssen wir hinzusetzen, was Margry übersehen hat, daß gerade die Stellen des Aliacus, aus welchen Colon die Möglichkeit zu erweisen suchte daß Indien auf dem westlichen Seewege erreichbar sey, von dem französischen Cardinal meist wörtlich aus des britischen Mönches Roger Bacon, Opus majus, und aus den Schriften des berühmten bayerischen Scholastikers Albert des Großen abgeschrieben worden sind. Dagegen ist Aliacus einer der frühesten mittelalterlichen Kosmographen der die vergessenen Werke des Claudius Ptolemäus besaß, lesen konnte, sie verstand und sie durch lateinische Auszüge weit verbreitete.

Der französische Reisende Thevet, der im Jahre 1575 seine Geographie durch den Druck veröffentlichte, behauptet darin daß die Terra Cortereälis (ein etwas unsicherer Begriff der die Ostküsten von Neufundland und Labrador einschließt) von dem Portugiesen Cortereal 1501 (genauer 1500 von Gaspar Cortereal) zwar entdeckt, 14 Jahre früher aber (also 1487) von einigen Schiffscapitänen aus Rochelle de la part du goulfe de Merosre (?) besucht worden sey. Nicht unmöglich! Aber auch hier gilt wieder der alte Satz: daß erst das Auffinden glaubwürdiger Urkunden erlauben wird den Portugiesen den Genuß ihres bisherigen Ruhms zu entziehen.

Noch höher hat sich Jean Antoine Desmarquets verstiegen, Verfasser einer Stadtchronik (Mémoires chronologiques de la ville de Dieppe) worin kühlen Blutes das Folgende behauptet wird: Im Jahre 1487 sey Bartholomeu Dias von seiner Fahrt um das Südcap Afrika's zurückgekehrt. Der Ruf der Begebenheit drang nach der Normandie und die Bürger von Dieppe beschlossen ebenfalls die Länder jenseits des heißgesuchten Vorgebirges erkundigen zu lassen. Ihre Wahl fiel auf den Seefahrer Cousin, dem sie als wissenschaftlichen Helfer den besten (!) Mathematiker und Astronomen seiner Zeit, Namens Descaliers, beigaben. „Cousin verließ Anfang 1488 den Hafen Dieppe. Sowie er den Aermelcanal hinter sich hatte, hielt er auf das Anrathen Descaliers, die Küsten zu vermeiden, weit in den Ocean hinaus. Nach Verlauf von zwei Monaten wurde er am Weitersegeln durch ein unbekanntes Land aufgehalten, wo er die Mündung eines großen Flusses erkannte, den er Maragnon nannte. Von dort steuerte er gegen Südosten, erreichte die Landzunge, die er Pointe des Aiguilles (Punta Agulhas der Portugiesen) nannte, zog über die Beschaffenheit und Lage des Ortes Kunde ein, und kehrte dann nach den Küsten von Congo und Adra zurück. Dort setzte er seine Waaren um und trat darauf die Heimfahrt nach Dieppe an, das er im Laufe des Jahres 1489 erreichte." Die Seeleute der Normandie heißt es weiter, hätten ihre Entdeckung geheim gehalten und sie sey nur dadurch verrathen worden daß sich auf Cousins Fahrzeug ein Spanier Namens Vicente Pinzon befand.

Hr. Margry ist besonnen genug diese Ansprüche nicht zu unterstützen. Er bemerkt daß wenn Desmarquets als den astronomischen Begleiter, einen Abbé Descaliers, Priester aus dem Dorfe Arques (Dep. Seine Inf.) nennt, hier wahrscheinlich der Abbé Pierre Desceliers, Priester aus Arques, gemeint sey, von dem sich eine Landkarte mit Namensunterschrift, entworfen in Arques 1550, im Besitz des Professors Negri befindet, es also nicht wahrscheinlich sey daß dieser Mann schon 62 Jahre früher als Astronom eine Reise unter Cousin ausgeführt haben könnte. Daß Vicente Yañez Pinzon, der Begleiter Colons bei der Entdeckungsfahrt 1492, schon vor dieser Zeit in Brasilien gewesen seyn solle, charakterisirt die Erzählung als dreiste Fälschung. Die Pinzonen waren eine alte und begüterte Rhederfamilie in Palos, die schwerlich bei Diepper Seefahrern sich verdingten. Uebrigens gieng ja Colon seine eigenen Wege; nicht Brasilien war sein Ziel, sondern China, dieß suchte er nicht in der südlichen, sondern in der nördlichen Halbkugel, nicht unter der Breite des Amazonenstroms, sondern der canarischen Inseln. Was die Angabe betrifft Cousin habe zuerst den Marañon benannt, so bemerken wir daß der spanische Entdecker Pinzon ihn den Strom von Paricura heißt. Auf den ältesten Karten wird die Amazonasmündung Mar Dulce genannt, und erst die Karten von 1527 und 1529 tragen den Namen Marañon (Maranham). Hr. J. G. Kohl bemerkt daß Peter Martyr diese Bezeichnung des Amazonenstroms schon in einer der frühern Decaden gebrauche. Bei den Eingebornen heißt er Parana Açu, nicht Marañon. Unter den Spaniern soll der letztere Name jedoch schon nach der Fahrt des Diego de Lepe (1500) gebräuchlich geworden seyn, wie Navarrete (III, 23) behauptet. Ueber seinen Ursprung ist man völlig im unklaren. Es sey uns daher erlaubt eine Vermuthung darüber auszusprechen. Die alten Karten zeigten nur den Mündungsschlund mit den Worten Mar Dulce. Vielleicht setzte einer der Kartenzeichner die Worte hin, mar ó no, Meer oder nicht? und aus mar ó no entstand Marañon. [1]

Uebrigens darf nicht bestritten werden daß sich die Franzosen sehr früh in Brasilien gezeigt haben, wie sich aus einer gut beglaubigten Fahrt ergibt, die nicht ohne geschichtliche Nachwirkungen gewesen ist. Im Jahr 1658 verfaßte nämlich der französische Abbé Binot-Paulmier de Gonneville eine Denkschrift an den Papst, worin er behauptete daß einer seiner Vorfahren der Sieur de Gonneville im Jahr 1503 das Cap der guten Hoffnung umsegelt habe (doubla le cap de Bonne-Espérance), und dann von Stürmen nach einem unbekannten Lande des „meridionalen Indiens" geworfen worden sey, dessen Eingeborne ihn freundlich aufnahmen. Ueber die letzteren bemerkt er: „sie zeigten sich halbnackt, besonders die Jugend und das gemeine Volk, doch tragen sie Mäntel theils von Matten, theils von Thierfellen, theils von Federputz, wie bei uns die Aegypter und Böhmen (i. e. Zigeuner), nur daß sie kürzer sind, außerdem einen Schurz der über den Hüften gegürtet wird und bei den Männern bis ans Knie, bei den Frauen bis auf die Mitte des Schenkels herabfällt." Ferner, fügt er hinzu, die Eingebornen hätten Hütten gebaut deren Thüren mit hölzernen Schlüsseln zugeschlossen werden konnten. Wenn nach diesen Angaben das Land Gonneville's östlich von der Südspitze Afrika's gesucht werden mußte, so konnte

[1] Noch näher liegt es zu vermuthen daß auf einer alten Karte im damaligen Latein die Legende stand (Nescitur sit) mare an non, die eingeklammerten Worte dann verwischt und der Rest für einen Flußnamen gehalten wurde.

es Australien, wie sich die Franzosen früher schmeichelten, nicht seyn, denn die Australier tragen keine Bekleidung oder höchstens nur Krägen aus Känguruhfellen, noch weniger bewohnen sie Hütten mit Thüren und hölzernen Schlössern. Wenn daher Gonneville nicht in Südafrika landete, kann er nur in Madagascar gewesen seyn.

Aus dem entdeckten Lande brachte Gonneville Eingeborne mit, unter andern einen Farbigen, Namens Essomerick, der in Frankreich in der Taufe den Namen Nicolaus Binot empfieng und später eine Tochter Gonneville's heirathete von welcher jener Abbé Binot Paulmier de Gonneville abstammte. Die Franzosen haben seit Ende des 17ten Jahrhunderts nicht weniger als vier Entdecker ausgeschickt um das Gonnevilleland zu suchen. Der erste von ihnen, Lozier Bouvet, entdeckte das „Cap der Beschneidung" im südatlantischen Ocean, jetzt die Lozier Bouvets-Insel genannt. Ein anderer war der unglückliche Marion, nach dem die Marion-Inseln genannt werden, ein dritter Kerguelen der die Kerguelen-Insel entdeckte. Man sieht also daß man damals im südatlantischen und im angränzenden indischen Ocean das Gonneville-Land suchte. Der Abbé Binot Paulmier berief sich bei seinen Behauptungen auf eine im Jahre 1505 von Gonneville und etlichen seiner Begleiter in Honfleur mit ihren Namensunterschriften bekräftigte gerichtliche Aussage über die Ergebnisse ihrer Reise, aus welcher er selbst seine Nachrichten über seine Familie geschöpft hatte. Nach dieser wichtigen Urkunde hat schon Lozier Bouvet aber vergeblich geforscht, bis es dem Baron v. Gonneville 1847 gelang das Document aufzufinden. Da es ihm jedoch mit dem bekannten Abdruck bei Debrosses übereinzustimmen schien, so unterließ er eine erneuerte Veröffentlichung. Margry aber, der es abermals untersuchte, entdeckte dagegen einige wesentliche Abweichungen, welche die Fahrt nach einem ganz andern Schauplatz verlegen.

Von Honfleur 1503 abgesegelt, richtete nämlich Gonneville seinen Lauf nach dem grünen Vorgebirge, welches er im August erreichte. „Hierauf, nachdem sie Brasilien angelaufen" (dempuis après, le Bresil couru), kreuzten sie den Ocean ohne Land zu sehen auf 800 Meilen (legues), worauf sie genöthigt waren das Cap Augustin zu umsegeln (de doubler le chapo d'Augoustin). Dieß geschah im November. Sie setzten nun ihren Curs südlich fort 600 Meilen (legues), „als sie aber auf diesem Wege die Höhe des Caps der Stürme (d. h. der guten Hoffnung) erreicht hatten (estant par cette viage à la hauteur du cap Tourmente), geriethen sie in stürmisches Wetter. Völlig rathlos, obendrein von Mangel an Wasser und Lebensmitteln bedroht, benutzten sie einen frischen Südwind, und ließen sich von ihm im Januar 1504 in Sicht eines unbekannten Festlands tragen. Dieß klingt also anders wie die frühere Angabe, denn Gonneville behauptet nicht daß er das Cap der guten Hoffnung umsegelt habe, sondern nur daß er sich auf gleicher Höhe (geogr. Breite) mit ihm befunden habe. Es ist daher nicht unwahrscheinlich daß das rettende Land welches er 1504 in Sicht bekam, Brasilien gewesen sey, und daß sich seine Schilderung auf die Horde der Gouaitacazen beziehe. Höchst auffallend ist der Name Brasilien in einer Urkunde vom Jahre 1505, denn die ersten portugiesischen Entdecker nannten es das Land des heiligen Kreuzes. Uebrigens bezeichnet Gonneville mit jenem Namen nicht das heutige Brasilien, sondern Guayana, und da er den Namen Cap St. Augustin kennt — der ganz sicherlich von den Portugiesen herrührt [1] — so muß er sich im Besitz einer portugiesischen Karte befunden haben. So bestätigt sich auch aus dieser Urkunde daß die Franzosen sehr zeitig (gewöhnlich wird das Jahr 1504 genannt) nach Südamerika gelangt sind.

Auch Ostindien pflegten sie zu besuchen. Dagegen kann man nur belächeln wenn etliche heiße überrheinische Patrioten behaupten, daß China von allen europäischen zuerst die französische Flagge gesehen habe, weil es in den chinesischen Annalen heißt: im Jahr 1517 seyen die ersten Schiffe der Falong-ki nach Folien gekommen. Falong-ki nennen die Chinesen gegenwärtig allerdings die Franzosen, allein Falong-ki ist die chinesische Umwandlung für Feringhi (Franken), wie ehedem und auch noch jetzt Portugiesen, Holländer und Engländer von den Südasiaten genannt werden. Andererseits haben wir bei dem portugiesischen Historiker Barros das Zeugniß daß 1527 ein französisches Segel bei Madagascar landete, ein anderes im nämlichen Jahr sich vor Diu in Ostindien zeigte und ein drittes bei Sumatra zu Grunde gieng. Margry veröffentlicht jetzt einen Vertrag vom Jahr 1525 über die Rüstung dreier Schiffe unter der Aufsicht des französischen Admirals Baron d'Apremont zur Fahrt nach den Gewürzländern. Als Obersteuermann dieses Geschwaders wird ein Messire Jehan de Varesam genannt, und es war nicht schwer darunter den Florentiner Giovanni Verazzano zu erkennen, der 1523 im Auftrag des Königs Franz I von Frankreich an der Ostküste der heutigen Vereinigten Staaten nach einer nordwestlichen Durchfahrt gesucht hatte. Man gewahrte aus jener Angabe daß der florentinische Seemann auch nach 1523 noch in französischen Diensten geblieben war, während bisher über seinen weitern Lebenslauf die größte Ungewißheit herrschte.

Endlich hat Hr. Margry einen verschollenen Mann wieder ans Licht gezogen, nämlich den Jean Alfonse, einen Seefahrer aus der ersten Hälfte des 16ten Jahrhunderts, geboren in der Ortschaft Saintonge bei Cognac. Er war der Verfasser einer Kosmographie, die 1545 vollendet, aber nie gedruckt wurde. Aus einzelnen seiner Aeußerungen ergibt sich daß Jean Alfonse sowohl die neue Welt als auch das portugiesische Indien besucht hatte. Was uns sonst Hr. Margry aus seiner Handschrift mittheilt, ist von großem Interesse, wenn wir auch durch neue Ansichten nicht über

[1] Die Portugiesen benannten wie die Spanier die Küstenobjecte nach den Kalenderheiligen, und jenes Vorgebirge Sto. Agostinho, weil es am 28 August 1501 entdeckt worden war.

rascht werden, denn Jean Alfonse besaß zwar alle Kenntnisse, theilte aber auch alle Irrthümer mit seinen Zeitgenossen. Von geschichtlichem Werth ist dagegen das was Hr. Margry über die nautischen Thaten seines Landsmannes mittheilt. Als Jacques Cartier von seinen zwei ersten Fahrten und Entdeckungen des Laurentiusgolfes und des Laurentiusstromes bis zur Höhe der heutigen Städte Montreal und Quebeck zurückgekehrt war, sollte im Jahr 1540 die erste Besiedelung Canada's versucht werden, und es war daher der Sieur de Roberval zum Statthalter der neuen Colonie ernannt worden. Cartier erhielt den Befehl mit einem Schiff vorauszueilen, und verließ St. Malo am 23 Mai 1540. Nach einem Aufenthalt von 17 Monaten in Canada mochte sich Cartier überzeugt haben daß eine Colonisation keine Vortheile versprach. Er schiffte sich also mit den Seinigen zur Heimkehr ein, und war nicht zum Ausharren zu bewegen, als ihm Roberval, der mit drei Schiffen am 16 April 1542 abgegangen war, noch in der neuen Welt begegnete. Roberval blieb mit den neuen Colonisten allein zurück. Seine Hauptaufgabe war die Aufsuchung der nordwestlichen Durchfahrt. Jede Strommündung hielt man damals für eine Meerenge die nach China führte. So wurde denn auch dem kleinen Saguenay, der sich in den Lorenzo ergießt, die Ehre einer genauen Erforschung erwiesen. Mittlerweile hatte Roberval einen seiner Schiffsofficiere, nämlich den erwähnten Jean Alfonse, abgesendet, um an der Küste Labradors nach der nordwestlichen Meerenge zu suchen. Jean Alfonse führte diesen Auftrag aus bis ihn Eisberge, die er auf seinem Wege fand, zur Umkehr nöthigten. Wie weit er überhaupt gekommen sey, wissen wir nicht, er selbst schweigt über jene Unternehmung, denn die obigen Thatsachen sind uns nur von Leclerc erhalten worden. In seiner Kosmographie bei der Beschreibung der Insel Java, die man damals als einen Theil des phantastischen Südpolarlandes ansah, heißt es jedoch: „Immerhin habe ich in einem Raum verweilt wo der Tag drei Monate einschließlich, der Wirkung der Strahlenbrechung, (?) dauerte, und wo ich nicht länger zu bleiben wagte aus Furcht von der Nacht überrascht zu werden. (Toutes fois j'ai esté en ung lieu là où le jour m'a duré trois moys comptez la reverberation du soleil, et n'ay pas voullu attendre davantage de craincte que la nuict me surprînt.) Die Ausdrücke sind, wie man sieht, höchst dunkel, sie schließen auch nicht den Verdacht aus daß der gute Jean Alfonse vielleicht einen plötzlichen Uebergang von dem Polartag zur Polarnacht fürchtete. Die Erdräume wo die Sonne drei Monate nicht untergeht, liegen nur jenseits vom 72. Breitengrad. Hat aber der Zusatz, comptez la reverberation du soleil, den Sinn daß er unter Tag nur Tageslicht, also eine helle Dämmerung versteht, so findet die Erscheinung schon am Polarkreis statt. Hr. Margry bemerkt mit Recht daß bei jener Behauptung nicht an eine antarctische Reise, sondern an die im Jahr 1542 ausgeführte Nordpolarfahrt zu denken sey, und er läßt daher seinen Seemann durch die Davisstraße bis lat. 72° in die Baffinssee eindringen, also schon 1542 das leisten was den Briten erst 1616, und dann nicht wieder bis zum Jahr 1818 gelang. Eine Unmöglichkeit daß Jean Alfonse dieß ausgeführt haben solle, besteht nicht, aber ebensowenig eine Nöthigung aus jener dunklen Stelle einer Handschrift die That als geschehen zu betrachten. Gewiß, wenn die Franzosen mit gleichem Eifer suchen und sammeln wie Hr. Margry, werden sie noch manche schöne Urkunde entdecken, und dann wird ihnen niemand länger das bestreiten können was vorläufig noch als hypothetisch gelten muß.

Weihnachtsschriften des Spamerschen Verlags.

Karl Böttger, Sprache und Schrift. Leipzig 1868. Ob wir Recht haben diese hübsche Arbeit von 134 Seiten, die uns so fest gehalten hat daß wir sie in einer Nacht durchlesen mußten, unter die Weihnachtsschriften zu zählen, dürfte gerechte Bedenken erregen. Sie bringt erstens eine Verständigung über die Ergebnisse der vergleichenden Sprachforschung und dann eine kurze Charakterisirung der Sprachen der alten Welt, sowie der verschiedenen Schriftzüge, aus der ein jeder sich eine annähernde Vorstellung bilden kann, wie viel Mühe ihm etwa das Erlernen einer noch unbekannten Sprache im Vergleich zu andern bereits erlernten auferlegen möchte. Der Verfasser bringt dem Leser, gleichsam in einzelnen Bissen zum Kosten, einen Vorgeschmack der verschiedenen Sprachen bei. Der zweite Abschnitt beschäftigt sich dagegen mit der Entstehungsgeschichte der Schrift, die auf der untersten Stufe nichts ist als eine Unterstützung des Gedächtnisses durch Bilder oder Symbole. Daraus entwickelt sich die rebusartige Bilderlautschrift, aus dieser eine Lautschrift, wo jedes Bild (Hieroglyphe) den Anfangsbuchstaben des Wortes vertritt, aus dieser wird eine Geschwindschrift der Hieroglyphen, und wenn die Aehnlichkeit mit den ursprünglichen Bildern verwischt wird, eine Buchstabenschrift. Die beigegebenen Holzschnitte erleichtern das Verständniß, so daß die volksthümliche Redensart für etwas unverständliches, „das sind Hieroglyphen für mich," völlig zu Schanden wird.

*

Richard Andree, wirkliche und wahrhaftige Robinsonaden, Fahrten und Reise-Erlebnisse aus allen Zonen. Leipzig 1868. Dieses Lesebuch (221 S.), wie das vorige „gedruckt im nächsten Jahr," wird, wenn wir uns nicht gänzlich täuschen, einen reißenden Absatz finden. Coopers Romane für die Jugend bearbeitet, haben die sogenannte Lederstrumpfliteratur geschaffen, eine heißbegehrte Waare für den Weihnachtstisch. Zur Lederstrumpfliteratur gehört auch die obige Sammlung, jedoch mit einem wesentlichen Unterschied: sie wurde nicht aus

Romanen geschöpft, sondern enthält, wie der Titel besagt, „wirkliche und wahrhaftige" überseeische Abenteuer mit genauer Angabe von Namen, Zeiten und der Originalquelle aus der sie geschöpft sind. Letztere ist in der Mehrzahl der Fälle ein französisches Werk: Les vrais Robinsons. Auch unsre Jugend ist angesteckt vom Drang nach dem Realistischen, und eine „wahrhaftige" Begebenheit wirkt jetzt unendlich stärker auf die Phantasie als die beste Erfindung. Nachdem der Sammler eine Einleitung „über den Wunderglauben und das Geheimnißvolle in der Erdkunde" vorausgeschickt hat, gibt er seine Erzählungen in folgender Reihe: 1) den Franciscaner Crespel in Labrador 1738; 2) den alten Hans Staden aus Homberg unter den brasilianischen Tupi (1547—1554); 3) die Emigranten auf den Mascarenen (1690—1698); 4) Hans Egede unter den grönländischen Eskimo (1721); 5) die Gefangenen der Commantschen (1853); 6) Osculati's Abenteuer in Ecuador (1847); 7) die bekannte Ueberwinterung der Russen auf Spitzbergen (1743—49); 8) Schiffbrüchige auf Trinidad (1818); 9) Robbenschläger auf den Crozetinseln; 10) dann die berühmte Geschichte der Schiffsmeuterer die sich auf Pitcairn verbargen (1787). 11) den Chinesenmord auf der Rosselinsel (Louisiaden, 1858). 12) Guinnards Gefangenschaft unter den Patagoniern (1856—59). 13) Ein Tanz ums Leben in Australien (1839), aus den Discoveries of H. M. S. Beagle. Endlich 14) John Jackson unter den Fidschi-Insulanern (1840 und 1842) aus Erskine's Journal of a cruise among the islands of the western Pacific. Dazu ein Titelbild, 6 Tonbilder und 90 Holzschnitte im Text. Es ist nicht zu beklagen wenn die „wahrhaftigen" Robinsonaden die unwahrhaftigen verdrängen. Defoe's berühmter Roman ist bekanntlich ein Verderb für die Geographie, denn er enthält falsche Schilderungen, die in der Jugend eingesogen, schwer sich vertilgen lassen. Hoffen wir also daß ein günstiger Absatz den Verleger bestimmen wird nächstes Jahr eine zweite Sammlung „wahrhaftiger" folgen zu lassen.

*

Karl Oppel, das alte Wunderland der Pyramiden. Wir haben diese populäre Schrift über Altägypten schon bei ihrem ersten Erscheinen angezeigt, und können nur hinzufügen daß die jetzige zweite Auflage nicht bloß vom Verfasser vermehrt und verbessert worden ist, sondern auch der Verleger mißrathene ältere Holzstiche durch neue beseitigt, überhaupt die Zahl der Abbildungen hat vermehren lassen; es findet sich darunter eine ganze Reihe von Darstellungen (wir haben vorzüglich die architektonischen und die Copien von ägyptischen Malereien im Auge) welche in dieser Reinheit, Schärfe, Feinheit und Vollkommenheit in populären Werken uns noch nie begegnet sind, ja von denen einzelne sogenannte „Prachtwerke" sich zum Muster nehmen könnten.

Miscellen.

Verschiedenheit der Handschrift. Welches ist die Wahrscheinlichkeit daß zwei verschiedene Personen eine ganz genau gleiche Handschrift schreiben ohne die Probeschrift vor Augen zu haben? Dieses Problem hat Hr. Professor Pierce in den Vereinigten Staaten zu lösen gesucht, und gefunden daß man 2,666,000,000,000,000,000,000, d. h. 2666 Trillionen, gegen 1 wetten kann daß die Gleichheit der Handschriften nicht vollkommen seyn wird. (Les Mondes.)

*

Maschine mit Ammoniak getrieben. Hr. Frot, ein Marine-Ingenieur, hat einen neuen Motor erfunden. „Bekanntlich," sagt bei diesem Anlaß Hr. de Parville im Constitutionnel, „ist das Ammoniak sehr flüchtig; man braucht es verhältnißmäßig nur wenig zu erwärmen, damit das Ammoniakgas aus seiner wässerigen Auflösung entweicht; andererseits saugt bei niedriger Temperatur das Wasser rasch große Quantitäten desselben auf. Hierin liegt ein neues Mittel Kraft zu erzeugen. In der That ersetzt das Gas den Dampf, und wird nach seiner Action im Wasser gesammelt, um von dort abermals unter den Kolben geschickt zu werden. Die gewöhnlichen Maschinen können sehr gut mit Ammoniak Dienste leisten. Der Kessel enthält die Ammoniak-Auflösung. Der Condensator stellt den Ammoniaksammler dar. Eine Speise-Pumpe bringt das Wasser aus dem Sammler in den Kessel. Das Gas entweicht nicht durch das Werg der Stopfbüchse, wie man vermuthen könnte. Das Ammoniak erzeugt, indem es die Fettigkeiten seifig macht, eine Substanz die flüssig genug ist um die Kolbenstangen vollkommen schlüpfrig zu machen, aber auch constant genug um dem Entweichen Widerstand zu leisten. Die zur Schau ausgestellte Locomotive ist einfach eine alte Claparède'sche. Am 18 Juli auf das „Marsfeld" gebracht, ist es bis jetzt unnöthig gewesen eine neue Quantität Wasser in den Kessel zu bringen; die Maschine arbeitet indeß unablässig und liefert 10—15 Pferdekräfte. Der neue Motor verbraucht ungefähr 1k, 30. Dieß ist schon ein glückliches Resultat, und es verdient beigefügt zu werden daß das Locomobil nicht ganz unter Dach und Fach, sondern in einem offenen Schuppen steht und der Cylinder keine Bekleidung hat, was alles großen Wärmeverlust verursacht. Die Maschine arbeitet seit nahezu zwei Monaten, und ist kein bloßer Versuch mehr, sondern bereits eine industrielle Thatsache die hinreicht um alle Einwendungen der Kritik gegen dieses System siegreich zu widerlegen.

*

Gewohnheiten der Moschusratte. Die Moschusratten Nordamerika's (erzählt S. Newhouse in The Trapper's Guide) haben eine merkwürdige Art weithin unter dem Eise zu wandern. Auf ihren Winterausflügen nach ihren Nahrungsgründen, die häufig in großen Entfernungen von ihren gewöhnlichen Schlupfwinkeln sich befinden, ziehen sie beim Antreten der Wanderung Athem ein, und bleiben unter Wasser solange sie können. Dann steigen sie ans Eis empor, athmen die in ihren Lungen befindliche Luft aus, welche in Blasen an der untern Fläche des Eises hängen bleibt. Sie warten nun bis diese Luft Sauerstoff aus dem Wasser und dem Eise aufgenommen hat, ziehen sie dann wieder ein, und setzen ihren Weg fort bis die Operation erneuert werden muß. Auf diese Weise können sie auf fast jede Entfernung hin wandern und eine beliebig lange Zeit unter dem Eise leben. Der Jäger zieht zuweilen aus dieser Gewohnheit der Moschusratte in folgender Weise Vortheil: Wenn die Marschen und Teiche in denen viele Moschusratten leben, mit dem ersten noch dünnen und hellen Eis überzogen sind, so sieht er, wenn er mit seinem Beil aufs Fallenstellen geht, häufig eine ganze Moschusratten-Familie ins Wasser stürzen und unter dem Eise fortschwimmen. Er folgt einer derselben eine Strecke weit, bis er sie heraufkommen sieht um auf die obenbeschriebene Weise ihren Athem zu erneuern. Nachdem das Thier die Luft an das Eis ausgestoßen, und ehe es wieder Zeit gehabt seine Blase einzuathmen, schlägt der Jäger mit dem Beil unmittelbar über der Ratte auf das Eis und treibt sie von ihrem Athem weg. In diesem Fall schwimmt sie einige Ruthen weit fort und ertrinkt; der Jäger haut dann ein Loch in das Eis, und nimmt sie heraus. Minke (eine Wieselart) und Ottern wandern unter dem Eis auf die nämliche Weise, und häufig erzählten mir Jäger daß sie Ottern auf die geschilderte Art gefangen haben, wenn diese Thiere der Beute halber die Wohnplätze der Moschusratte besuchen.

*

Neuer Versuch des Gegenbeweises der Generatio aequivoca. Hr. Donné hat durch folgenden, ihm von Hrn. Balard angedeuteten, Versuch nicht nur die Ergebnisse seiner früheren Forschungen widerlegt, sondern auf die triftigste Weise die Schlußfolgerungen Hrn. Pasteurs bestätigt. Man nimmt Eier die schon alt sind, schüttelt sie stark mit der Hand, um das Weiße und Gelbe untereinander zu mischen; taucht die Eier in ein zur Hälfte mit destillirtem Wasser gefülltes Gefäß und stellt dieses Gefäß unter den Recipienten der Luftpumpe; in dem Maß als man luftleeren Raum macht, sieht man die Oberfläche der Eier sich mit feinen Luftblasen bedecken, die durch die Poren der Schale aus dem Innern hervorbringen. Indem man so die Gase großentheils aus dem Ei heraus treibt, gibt man der äußern Luft Zutritt in die Glocke; dann hebt man die Glocke hinweg und läßt die Eier zwei oder drei Stunden im Wasser liegen; das Wasser dringt nun in das Ei ein, welches an Schwere zunimmt, und sich mehr oder minder tief ins Wasser senkt. Endlich nimmt man es heraus, trocknet es ab, stellt es in einen Eierbecher, und überläßt es sich selbst. So behandelte Eier zersetzen sich und gehen mit großer Leichtigkeit in Fäulniß über. In einem Schwitzkasten zu 30 oder 35°, oder der Temperatur des Monats Juli in Montpellier, hauchen sie, unter dem Einfluß des Lichtes, in einem Zeitraum von acht Tagen bis drei Wochen einen stinkenden Geruch aus; oft selbst sickert die innere Materie durch die Poren der Schale hindurch. Nie aber, welches auch der Grad der Fäulniß des Eies sey, hat diese zersetzte Materie die mindeste Spur von organisirten Wesen des Pflanzen- oder des Thierreichs dargeboten: nicht die kleinsten Schimmel, keine einzige Monade, keinen einzigen Zitterwurm, kurz nichts organisirtes, belebtes oder lebendes hat sich inmitten der mit größter Sorgfalt mikroskopisch untersuchten Materie gezeigt. Anstatt die Eier der freien Luft auszusetzen, habe ich sie im Wasser liegen lassen. In zwei oder drei Tagen trübte sich dieses Wasser, roch fade, und man nahm in einem unter das Mikroskop gebrachten Tropfen eine ganze Schaar von Nomaden und Zitterwürmern wahr; was aber das Ei, in voller fauler Zersetzung, selbst anlangt, so zeigte sich keine Spur von Leben oder Beseelung.

(Les Mondes.)

*

Gold- und Silbererzeugung im Jahr 1866. Hr. J. W. Taylor, der sich viele Jahre lang mit dem Sammeln statistischer Notizen über das Gold- und Silbergraben für die Regierung der Vereinigten Staaten beschäftigte, hat kürzlich über diesen Gegenstand einen sehr interessanten Bericht eingesandt. Hr. Taylor führt darin an: es seyen Anzeichen vorhanden daß der große Ueberschuß in der Erzeugung von Gold über die des Silbers, welcher seit 1848 die früheren Beziehungen dieser Metalle zu einander umgekehrt hat, wahrscheinlich künftighin sich weniger bemerklich machen werde. In Californien hat sich, trotz der geschickten Anwendung hydraulischer Kraft und anderer verbesserter Maschinen, die Golderzeugung durch Wäscher-Arbeit von 60 Millionen Dollars im Jahr 1853 auf 20 Millionen im Jahr 1867 vermindert. Folgendes war, Hrn. Taylor zufolge, die Gesammterzeugung an Edelmetallen im verflossenen Jahr:

	Gold. Dollars	Silber. Dollars
Vereinigte Staaten	60,000,000	20,000,000
Mexico und Südamerika	5,000,000	35,000,000
Britisch-Amerika	5,000,000	500,000
Australien	60,000,000	1,000,000
Sibirien	15,000,000	1,500,000
Anderwärts	5,000,000	2,000,000
	150,000,000	60,000,000

(Athenäum.)

Druck und Verlag der J. G. Cotta'schen Buchhandlung. — Redaction: Dr. O. F. Peschel.

Les découvertes d'Outre-Mer des Français.

On nous a enseigné dans nos écoles, que c'étaient les Portugais qui avaient doublé le Cap Blanc d'Afrique avant toute autre Nation, et qu'ils avaient ensuite ouvert le chemin pour les Indes-Orientales, en faisant le tour du Cap de Bonne Espérance; que c'étaient aussi les Portugais plutôt que les Hollandais, qui avaient vu l'Australie les premiers et qu'ils avaient enfin découvert le Nouveau-Monde, l'an 1492; que tout cela s'était passé avant les Navigations des Normands d'Island à Grönland, et de Grönland pour l'Amérique du Nord, vers l'an 1000 après J. C. Mais selon les affirmations des Français Normands il y aurait des erreurs dans cet enseignement; car ils disent, que des vaisseaux Marchands de Dieppe et de Honfleur avaient cinglés en Afrique jusqu'à la baie de la Guinée, 100 ans avant les Portugais, que même quelques années avant 1492, ils étaient arrivés dans le Brésil et aux Indes Orientales, et qu'ils avaient découvert l'Australie à peu près 100 ans avant les Portugais et les Hollandais. Un écrivain français, Pierre Margry, s'est chargé d'examiner toutes ces prétentions, de rejetter ce qui en est faux, et de faire connaître le vrai, et nous possédons de lui un ouvrage intitulé: Les Navigations françaises et la révolution maritime du XIV au XVIe. Paris. Tross 1867, et dont nous tâcherons de présenter les événements en abrégé.

Villaults de Bellefonds était le premier qui soutenait dans ses annonces du 1[illegible]3. sur les Côtes d'Afrique, qu'un vaisseau français était parti de Dieppe pour la Guinée 1364, pour faire le commerce avec les Nègres, et que ces navigations avaient été renouvelées de temps en temps, jusqu'à ce que le dernier vaisseau retournait d'Afrique en Fra 1410, à cause des guerres civiles qui éclataient et qui mi fin au développement favorable du commerce. Les navig françaises vers la Côte d'Or auraient cessé par conséquen 24 ans plustôt, qu'il ne réussit au premier navigateur portugais, de doubler le Cap Bojador en Afrique, et de faire le tour de cette vaste péninsule. Il n'existe pas de documents pour affirmer ces événements; seulement P. Labat assure, qu'il avait vu dans les archives de Die avant qu'ils avaient été détruites par une incendie 16[illegible] qu'il avait vu un contrat d'association entre les marchands de Dieppe et ceux de Rouen, par lequel ils s'engageaient à un commerce dans la Guinée et dont les revenus devaient être en commun. Mais il se contentait seulement de le voir, il n'en fait pas copie. Pour légaliser les affirmations de Bellefonds il y a seulement cela, c. à. d. que les Nègres racontaient au Dr Samuel Braun qui avait fait le voyage en Gui

3 fois de 1611-1620, que leurs pères et grands-pères leur avaient souvent dit, que les Français étaient venus sur leur Côte avant les Portugais. Cette version est aussi adoptée par le géographe hollandais, Olivier Dapper dans sa description de l'Afrique au 17e s. De plus, le commissaire français des flottes générales, Mr d'Elbée Court avait appris dans les années 1669-70, qu'il n'y avait que 7 ou 8 ans, qu'il existait encore une pierre dans laquelle étaient gravées les armoiries des rois de France, et qui se trouvait dans le mur du fort hollandais St-Antoine d'Axim entre la frontière de la Côte d'Or et du pays des Ashantis et que ce château devait donc avoir appartenu aux navigateurs français du 14e et 15e s. De même, selon les rapports du Capitaine Gabriel Ducasse, les Hollandais voulaient avoir trouvé une pierre avec les chiffres 13 auxquels d'autres suivaient mais peu lisibles, posée dans le Fort El-Mina, qu'ils avaient pris aux Portugais 1637, et les Français conclurent de ces chiffres, la date de l'année du 14e s. Enfin il a été dit à l'occasion d'un territoire qu'un prince nègre cédait à la France, que lui, prince Amagoy, roi et souverain de Commendo par la grâce de la divine Providence, ainsi que tous ses aïeux avaient reçu beaucoup de bienfaits pendant le séjour des Français sur cette Côte qui a été de plus d'un siècle.

Ce qui regarde la déposition des Nègres, elle est naturellement sans aucune valeur, et tout y est suspect, parce qu'on ne fait mention de ces événements dans aucune chronique contemporaine, et parce que seulement 200 après cette prétendue visite à la Côte d'Or, les habitants de Dieppe font valoir cette prétention historique. Leurs archives même étant brûlées, il devrait se trouver des documents chez des particuliers ou dans les Archives de Rouen qui n'ont pas été incendiées, ou aussi des duplicata entre les mains des citoyens qui prenaient part aux navigations. On aurait assurément aussi trouvé quelques allusions dans les testaments ou dans les histoires de famille. Quand on considère qu'il y a des volumes qu'on a remplis de documents du commerce du Moyen-Age, de Barcelone, de Gênes, de Venise etc. on s'étonne, qu'il ne reste aucune trace diplomatique des navigations françaises pour la Côte d'Ouest pendant 42 ans de 1367-1410, et que leurs succès soient restés sans influence sur la navigation elle même, et sur les cartes géographiques de cette époque. — Le seul fait historique qui donne quelque vraisemblance à ces navigations des Normands, est, la colonisation des Canaries, par un Normand, le chevalier Bethencourt l'année 1402. Un savant Portugais, très estimé,

Joaquim José da Costa de Macedo déclarait donc franchement aux français en considération de tout cela, que tous leurs récits sur la découverte de la Guinée resteraient apocryphes, tant qu'ils ne pouvaient les prouver par un document, et ce jugement de Macédo a été adopté par tout le monde, les Français exceptés.

Mais on vient de trouver un document maintenant. — Monsieur Lucien de Rosny, qui était à la recherche d'anciens textes français dans le Musée Britan, faisant connaissance avec Mr William Carter (London Oxford Street) ce dernier lui montrait une collection d'anciens documents français, parmi lesquels se trouvait aussi celui-ci: Brieve estoire del Navigaige Monsire Jehan Prunaut, Roenois, en la terre des Noirs hommes etc. Mr de Rosny prit copie de cet note curieuse, et il vient de la publier. On y dit, que des entrepreneurs de Dieppe et de Rouen équipaient deux vaisseaux marchands, (Naues) au mois de Sept.re 1364, sous le commandements de l'Amiral (amirae) Jehan li Roanis, qu'ils étaient partis pour l'Ovidiez (ancien nom du Sénégal, qu'ils étaient arrivés au Cap Buqiador (Bojador) dans le pays Quinoye (la Guinée) qui était habitée de Giolof Dcholoffer, des hommes Noirs, qui n'avaient jamais vu les Blancs auparavant, avec lesquels ils trafiquaient pour l'ivoire (marphie) et des peaux d'animaux, qu'ils rapportaient ensuite en Normandie. A cette 1re Navigation suivit une 2e à 4 voiles, et une 3e 1379 avec le vaisseau Nostre Dame de Bon-Voyage, qui retournait 1380 à Pâques, justement à l'époque où Charles V se trouvait à Dieppe, et fit de grandes éloges aux entrepreneurs et surtout à l'Amiral Jehan le Rouennais, aussi appelé Prunaut. L'année suivan[te] Prunaut envoya son vaisseau Nostre Dame encore en Afr[ique] et la compagnie de Dieppe et de Rouen y joignit les vais[seaux] St Nicolas et l'Espérance. Ils vinrent jusqu'à l'endroi[t] appelé la Mine à cause de son commerce d'Or. Prunaut avait déjà fait bâtir à cette place une chapelle à la Ste V[ierge] avec un petit castel, et l'endroit portait en honneur de l'Amiral son nom, c. à d. pays de Prunaut, comme d'aut[res] postes long du rivage furent nommés: Petit Dieppe Petit Paris, Petit Rouen, Petit Germentrueville, parce qu[e] des hommes se trouvèrent à l'équipage qui étaient de Dieppe, de Paris etc. On établit aussi des castels à Corm[antin] et à Akra. On disait encore, que dans l'année 1410 la richesse des Marchands avait été anéantie par les guerr[es] civiles, de sorte, que dans l'espace de 11 ans, 2 vaisseaux seul[ement] partaient pour l'Afrique et que la navigation tombait en décadence. On peut prouver que Charles V se trouvait réellement à Dieppe 1380, et qu'il avait accueilli les navig[ateurs]. La famille Prunaut existe aussi. On a trouvé inscrit dans les registres de l'Eglise à Paris ce qui suit: Marie, Anne

Prunaut, fille de Leger Prunaut et damoiselle Marie Madeleine Bigot, née le 13 Juin 1771. Le nom Bigot n'est pas sans importance, puisque le possesseur de l'original de ce document Mr William Carter prétendait que le dit document venait d'un collecteur de documents chez lequel on l'avait trouvé après sa mort. — On connait aussi un certain Prunot de Pommegorge qui fit la description du Soudan (Nigritie) et qui adressait au mois de Juillet 1788 une pétition à Louis XVI, concernant l'abolissement du commerce des esclaves. Le porteur de ce nom descendait d'un Marin de la Normandie du 14e s. et le nom en lui-même Preu-naut, Prenaut, Prunaut signifiait autrefois Preux-Navigateur. Tous ces détails s'accordent avec les récits de Mr Villaut de Bellefonds, et il est à croire, qu'il eut connaissance de cet acte. Dans le cas que ce document soutienne l'examen vérifié d'un connaisseur d'autographes et que l'on prouve que ce français ancien appartient au 15e s. ou peu de mots, si le moindre soupçon d'une falsification disparait, dont du reste il n'en faut pas douter, il est juste d'avouer, qu'il est assez prouvé diplomatiquement, que ce sont les Français qui ont précédé les Portugais à la Côte d'Or, et que les Portugais ont bâti leur fort El Mina sous Jean II dans un lieu retranchement abandonné par les Français.

Ce qui regarde la part que prisèrent les Français à la découverte de l'Amérique tropique elle est fondée sur ce fait, que Colon pendant tous ses voyages portait toujours sur lui un exemplaire imprimé des écrits du Cardinal d'Ailly. Le Cardinal, fils d'un boucher nommé Colard, fut né à Ailly le Haut Clocher, près d'Abbeville; il prenait le Grade de Docteur 1380, fut bientôt nommé évèque, et enfin archevèque de Cambrai 1397, parût en 1414 en Allemagne comme légat pontifical et au Concile de Constance l'année 1415; et mourut à l'âge de 70 ans, à Avignon le 9 Août 1420. Son nom comme Auteur est Petrus de Aliaco, et il est certain que c'est dans les écrits de cet auteur, que Christophe Colomb a tiré la plus grande partie de sa science cosmographique. Mais il faut ajouter à quoi Margry n'a pas pensé, que justement les passages d'Aliacus, par lesquels Colon prouve la possibilité d'arriver aux Indes par une navigation vers l'Ouest, ont été litéralement copiés par le Cardinal français, dans les écrits d'un moine briton, Roger Bacon (Opus Majus) et dans ceux du célèbre scolastique de Bavière, Albert le Grand. Mais Aliacus est un des cosmographes du Moyen-Age le plus occulé, qui possédait les ouvrages oubliés de Claude Ptolémée, qui les savait lire, et qui les répandait par des extraits en latin.

Le voyageur français Thevet, qui fit imprimer et

publier sa géographie 1578, soutient que la terre Cortrealis (précis auquel qui renferme les côtes d'Est de la Terre Neuve et du Labrador) avait été découvert du Portugais Cortereal 1501, ou pour mieux dire 1500 de Gaspar Cortereal; mais qu'elle avait déjà été visitée 14 ans auparavant (1487) de quelques capitaines de la Rochelle de la part du goulfe de Merosre, (?) Ce n'est pas impossible. Mais nous nous tenons toujours à notre principe; il faut qu'on nous le prouve par un document, si on veut que nous rendions à un autre la gloire qui appartient encore jusqu'à présent aux Portugais.—

Jean Antoine Desmarquets, auteur des Mémoires chronologiques de la ville de Dieppe, lève ses prétentions encore plus haut, et soutient avec un sang froid, ce qui suit: Dans l'année 1487 Barthélemy Dias était retourné de son voyage autour du Cap de Bonne Espérance.— Le bruit de cet événement, étant arrivé dans la Normandie, les citoyens de Dieppe résolurent de faire aussi découvrir le pays au-delà du Cap tant recherché. Leur choix tombait sur le Marin Cousin, auquel ils associèrent comme aide scientifique le meilleur (!) Mathématicien et Astronome de son temps, nommé Descaliers. Cousin quitta le port de Dieppe, au commencement de l'année 1488. Ayant passé le canal de la Manche, il entra en

en plein Océan, selon les conseils de Descalier d'éviter les rivages
Au bout d'une navigation de 2 mois, il se trouve arrêté dans
son chemin par un pays inconnu, où il reconnut l'embouchu
d'un grand fleuve qu'il appela Maraguon. De là il navigua
vers le Sud-Est et arriva à une langue de terre, à laquelle
il donnait le nom Pointe des Aiguilles (Punta Agulhas
des Portugais, prit des informations sur la situation et le
climat de l'endroit, et retournait en suite vers les Côtes
de Congo et Adra. Il trafiquait ses marchandises, et retourn
à Dieppe, où il arriva dans le courant de l'année 1489.
On disait ensuite, que les Normands avaient tenu secret
leur découverte, mais qu'elle avait été trahie par un Espag
Vicente Pinzon, qui s'était trouvé à bord du vaisseau de Co
Mr Margry est assez prudent de ne pas appuyer ses préten
Il remarque que, si Desmarquets nommait son compagno
astronomique, l'Abbé Descalier, prêtre du village Arques,
(Dep. S. Inf.) il voulait dire probablement: l'Abbé Pierre
Desceliers, prêtre d'Arques, duquel se trouve une carte
géographique, dessinée à Arques 1550, entre les mains
du professeur Négri, et qu'il était peu probable, que ce
même homme, avait déjà fait un voyage sous Cousin
62 ans auparavant. — Que Vicente Yanez Pinzon, le comp
de Colon, présent à la découverte de la navigation en 149
eut déjà été en Brésil auparavant, c'est tout à fait fau

Les Pinzons étaient des armateurs d'une famille ancienne et opulente à Palos, qui, comme il n'est pas à supposer, avait besoin d'entrer au service des navigateurs de Dieppe. Du reste Colon poursuivait ses propres chemins; ce n'était pas le Brésil qui était le but de son voyage, mais la Chine, qu'il ne cherchait pas dans l'hémisphère du Sud mais du Nord, pas dans la latitude du fleuve des Amazones, mais des Canaries. Quant au rapport que c'était Cousin qui avait donné ce nom Marañon au fleuve, nous remarquons seulement que l'Espagnol Pinzon l'appelle, le fleuve de Paricura. Sur les cartes les plus anciennes on appelle l'embouchure du fleuve des Amazones Mar Dulce, et ce n'est que sur les cartes de 1527 et 1529 que l'on appelle Maranon (Maranham). Mr J. G. Kohl remarque que Pierre Martyr se sert déjà de ce nom dans une de ses décades prétendues pour désigner le fleuve des Amazones. Les Indigènes l'appellent Parana-Oçu et non Marañon. Mais ce dernier nom doit avoir été déjà en usage chez les Portugais après la navigation du Diego de Lepe (1500) comme le prétend Navarette (III, 23). — On est tout à fait incertain de son origine. Qu'il nous soit donc permis de dire ce que nous présumons. — Les vieilles cartes ne désignaient l'embouchure qu'avec ces mots: Mar Dulce. Peut-être qu'un des dessinateurs ajoutant les mots "Mar ó no, Mar ou non" et de ces mots on fit, Marañon

(Il est encore plus probable que sur une ancienne carte se trouv
en latin la légende ("dicitur sic") ou non, que les mots
en parenthèse se sont effacés, et qu'on prenait le reste pour
le nom d'un fleuve.)
Du reste il ne faut pas discuter sur ce que les français se
sont montrés de bonne heure en Brésil, car cela est prouv
par une navigation qui a laissé des effets historiques. –
Le français, l'Abbé Binot Paulmier de Gonneville comp
en 1658 un journal pour le pape, dans lequel il prétend
qu'un de ses aïeux, le Sieur de Gonneville, doubla le C
de Bonne Espérance en 1503, et qu'il avait été jetté p
les tempêtes vers un pays inconnu des Indes méridion
dont les indigènes l'accueillirent amicalement. Il
désigne ces derniers ainsi: Ils se montraient moitié nus, porta
pourtant des manteaux, faits de nattes ou de peaux d'anima
ou de plumes comme chez nous les Egyptiens et les Bohém
seulement un peu plus civils; puis un tablier attaché sur les
hanches, tombant jusqu'aux genoux chez les hommes et jusq
la moitié des cuisses chez les femmes; ensuite il ajoute, que
les indigènes avaient bâti des chaumières dont les portes
étaient fermées avec des clefs de bois. – Si selon toutes ces
annonces le pays de Gonneville devait être cherché à l'Est
du Cap Sud de l'Afrique, cela ne pouvait être l'Austra
comme les français se flattaient autrefois, car ses habitan

172

ne portent pas de vêtements, tout au plus des pèlerines de peaux de kanguroos; encore moins ils habitent des chaumières avec des portes à clefs de bois; et si Gonneville n'abordait pas dans l'Afrique méridionale, il ne peut avoir été à Madagascar. Gonneville amena du pays découvert des indigènes, entre autres un coloré, nommé Essomerick, qui, en recevant le baptême en France, reçut le nom Nicolas Binot, et qui épousait plus tard une fille de Gonneville de laquelle descend le dit Abbé Benoit de Gonneville. Depuis la fin du 17ᵉ s. les français ont envoyé 4 expéditions pour découvrir le pays de Gonneville. La 1ʳᵉ Lozier Bouvet, découvrit le Cap de Circoncision, dans l'Océan Sud atlantique, appelé maintenant Ile de Bouvet. L'autre a été faite par le malheureux Marion dont les îles Marions portent leur nom, et une 3ᵉ sous Kerguelen, qui découvrit les îles Kerguelen. On voit donc, qu'on cherchait le pays de Gonneville dans la mer Sud-Atlantique, et dans l'Océan des Indes qui y touche. L'Abbé Binot rapporte ses prétentions à une déposition judiciaire sur les événements de ce voyage, confirmée à Honfleur en 1505 par la signature de quelques compagnons de Gonneville; et dans laquelle il veut avoir puisé lui-même des nouvelles sur sa famille. Mais Lozier Bouvet cherchait longtemps mais en vain ce document important jusqu'à ce que le Baron de Gonneville réussit enfin de le trouver. Mais puisqu'il lui semblait d'être en accord avec la copie chez Binot il s'abstenait à le faire publier de nouveau. Margry, au contraire qui l'examinait encore une fois, y découvrit quelques [illegible] essentielles, qui donnent une toute autre direction à notre voyag Gonneville, après avoir mis voile, partit de Honfleur 1503, et dirigea sa course vers le Cap Vert, qu'il atteignit au mois de (Longtemps après, le Brésil connu) ils traversèrent l'Océan, sans terre sur 800 lieues) et se virent obligés ensuite (de doubler le St Augustin). Cela arriva au mois de Octobre. Ils continuèrent leur course vers le Sud à 600 lieues) mais (étant par cette virage à la hauteur du Cap Tourmente (Cap de B. Esp.) le te se mit à la tempête. Tout déconcertés, et menacés de manquer d'eau et de provisions à vivre, ils profitèrent d'un beau vent de Sud qui les portait en Janvier 1504 en vue d'un continent inconnu. C'est écrit clair! Gonneville ne prétend pas d'avoir doublé le Cap de Bonne Espérance, mais qu'il s'était trouvé au même degré de la latitude géographique. Il n'est donc p invraisemblable que le pays qui les sauvait et qu'il vit 1504, était le Brésil et que sa description se rapporte sur la horde des Gonaitacazes. Bien surprenant est le no Brésil dans un document de 1505, car les Portugais qui le découvrirent le premier, le nommèrent le pays de la Ste Cro Du reste Gonneville ne désigne pas par ce nom le Brésil d'aujourd'hui, mais Guayana, et puisqu'il connaît le nom de St Augustin, qui vient seulement des Portugais. (Les Portugais nom comme les Espagnols les objets du voyage d'après les Saints de l'Almanach de Cap Sto Agostinho, parce qu'il a été découvert le 28 [Août] August 1501.) il doit donc avoir possédé une carte géographique des Portugais. Et c'est ainsi que ce document confirme aussi, que les français ont été de très bonne heure dans l'Amérique méridionale; on désigne ordinairement l'année 1504. —

Ils visitaient aussi souvent les Indes Orientales, mais il faut remarquer en voyant, que quelques têtes chaudes du patriotisme de l'autre côté du Rhin, prétendaient, que c'était un pavillon français qui soit entré le premier en Chine, parce qu'on dit dans les Annales chinoises: "Dans l'année 1517 sont arrivés les premiers vaisseaux des Falanghi à Fokien." Les Chinois appellent en effet les français Falanghi; mais ce mot est aussi la traduction chinoise pour Feringhi (Francs) de même que les Asiatiques du Sud appelaient et appellent encore les Portugais, les Hollandais et les Anglais. D'un autre côté nous avons de l'historien portugais Barros le témoignage, que 1527 un vaisseau français à voiles avait abordé à Madagascar, un autre s'est montré dans la même année devant Diu dans les Gdes Indes, et qu'un 3e périssait près de Sumatra. Margry va publier maintenant un contrat de l'année 1525 sur l'équipation de 3 vaisseaux sous la surveillance de l'Amiral français Baron d'Assumont, se rendant vers les pays aromates. On cite un Messire Jehan de Varesam, comme 1er pilote de cet escadron, et il n'est pas difficile de reconnaître en lui le [Marie] Florentin Giovanni Verazzano, qui, en 1523, par ordre du roi de France, François I avait cherché de trouver un passage

par le Nord-Ouest, sur les Côtés d'Est des Etats-Unis d'aujourd'hui.
On voit par cette annonce, que le Marin florentin se trouvait encore au service des Français après 1523. Tandis que jusqu'à présent on n'avait aucune certitude sur sa carrière.
Enfin Mr Margry a tiré à la lumière du jour un homme qui c'est Jean Alfonse, un navigateur dans la moitié du 16e, né au village Saintonge près de Cognac. Il était l'auteur d'une Cosmographie, achevée en 1545, mais qui jamais n'a été imprimée. Par quelques uns de ses rapports on apprend que Jean Alfonse avait visité aussi bien le Nouveau-Monde, que les Indes portugaises. Tout ce que Mr Margry nous communique par ses écrits, est d'un grand intérêt, quoique il n'y ait rien de surprenant en nouvelles vues, car Jean Alfonse possédait, il est vrai, toutes les sciences, mais il partageait aussi les erreurs de ses contemporains. Mais ce qu'il nous apprend des faits nautiques, c'est d'une grande valeur historique.
Lorsque Jacques Cartier fut retourné de ces 2 voyages premiers qui lui firent découvrir le golfe et le fleuve St Laurent, et étant arrivé jusqu'à la hauteur des villes, appelées aujourd'hui Montréal et Quebeck, on voulut essayer alors 1540 la 1re collonisation à Canada, et le Sieur de Roberval fut nommé Gouverneur de la nouvelle Colonie. Cartier reçut l'ordre de le précéder avec un vaisseau, et il quitta St Malo le 23 Mai 1540. Après un séjour de 11 mois, Cartier, s'étant probablement persuadé, que la collonisation ne promettait aucun avantage, s'embarqua avec son

personnel maritime pour retourner dans son pays. Roberval parti avec ses trois vaisseaux le 16 Avril 1542, le rencontra encore dans le Nouveau-Monde, tâchait de l'arrêter, mais il n'y avait pas moyen de le décider. Roberval resta donc seul avec de nouveaux colonistes, la tâche principale était de chercher pour trouver un passage direct par le Nord-Ouest. Dans ce temps on prenait chaque embouchure de fleuves pour un détroit qui devait conduire en Chine. On fit même cet honneur au petit Saguenay, qui se jette dans le fleuve Lorenzo. En attendant Roberval avait envoyé un de ses officiers de la Marine, le dit Jean Alfonse vers les côtes du Labrador pour chercher le détroit Nord-Ouest. Jean Alfonse s'acquitta de cette commission, jusqu'à ce que des glacières, qu'il trouva sur son chemin, le forcèrent de retourner. Nous ne savons pas jusqu'où il est venu, puisque lui-même n'en parle pas, et ce que nous savons de cette entreprise, nous a été communiqué par Leclerc. Pourtant dans sa Cosmographie sur la description de l'île de Java, que l'on prenait alors pour une partie du pays phantastique du pôle Sud, on dit: "Toutes fois j'ai esté en ung lieu là où le jour m'a duré 3 moys comptez la reverbération du Soleil, et n'y pas voulu attendre davantage de crainte que la nuict me surprint.") Ces expressions comme on le voit sont très obscures, et n'excluent pas le soupçon, que le bon Jean Alfonse craignait de passer tout à coup du jour à la nuit du pôle. Les ... le soleil ne se couche pendant 3 mois, ne se trouvent que dans le 72 degré de la latitude; mais si ces mots: comptez la réverbération du soleil, veut dire la lumière du jour et non du soleil, c. à. dire, une crepuscule éclairée, cette apparition doit alors déjà avoir lieu au cercle polaire. Mr Margry remarque avec raison, que, dans la 1re affirmation il ne peut être question d'un voyage vers le pôle méridional, mais d'une navigation vers le pôle Nord qui avait été exécuté dans l'année 1542, et il laisse avancer son navigateur jusqu'à la latitude 72° dans la mer Baffin, en 1542, endroit où les Bretons n'arrivèrent qu'en 1616 et plus tard dans l'année 1818. Il n'est pas impossible que Jean Alfonse eût exécuté ce voyage, mais nous ne sommes forcés d'y croire par vertu de ce passage obscur. Si les Français recherchaient avec autant de zèle que Mr Margry, ils découvriraient certainement de bien beaux documents, et personne pourrait leur disputer les faits, qui ne sont que des hypothèses jusqu'à présent.

Jacques Cartier
Dominique de Gourgues

Monsieur le Ministre,

J'ai l'honneur de vous adresser le résultat de mon travail pendant ces trois derniers mois afin que vous puissiez connaître les progrès de ma collection de documens relatifs aux découvertes et au premier établissement des français dans l'amérique du nord.

La recherche de documens nouveaux pour compléter ceux que je connais, la copie des manuscrits que j'avais déjà trouvés et n'avais pu soumettre encore au comité historique et enfin l'extrait des papiers d'où je pouvais tirer quelques éclaircissemens sur les pièces recueillies par moi telles ont été les diverses occupations entre lesquelles j'ai partagé mon temps.

Je vous envoie en conséquence un certain nombre de copies de documens signalés dans mes rapports antérieurs et d'autres aussi tout nouveaux — je crois inutile de faire passer sous les yeux du comité historique les notes que j'ai extraites pour me servir d'éclaircissemens, notes dont il ne pourrait connaître la valeur n'ayant point par devers lui les faits ~~[illegible]~~ auxquels elles se rattachent.

rtier Le mémoire le plus volumineux de ceux que je vous fais remettre, Monsieur le Ministre, porte ce titre: « Seconde navigation faicte par le commandement, vouloir du très chrestien Roy Françoys premier de ce nom au parachèvement de la descouverture des terres occidentalles estantes soubz le climat et parallèles des terres, royaulme dudict seigneur et par luy précédentement jà commancées à faire descouvrir, laquelle navigation faicte par Jacques Cartier natif de Sainct Malo de l'Isle en Bretaigne pillote dudict seigneur en l'an mil cinq cens trente six. »

J'avais retardé jusqu'ici la copie de ce document précieux le sachant publié; mais comme il l'est dans des livres perdus pour ainsi dire tant ils sont devenus rares et que j'ai remarqué d'un autre côté des différences saillantes entre les imprimés et le manuscrit, souvent aussi des erreurs grossières dans la reproduction de celui-ci, je me suis enfin résolu à en présenter l'original — j'ai donc copié fidèlement lettre pour lettre ce manuscrit qui est un beau monument dans l'histoire des découvertes pensant bien que le comité ne laisserait pas échapper l'occasion que lui donnent les vices des imprimés, de réunir à nos autres matériaux un mémoire qui en est comme l'introduction naturelle et aussi intéressant par le récit des faits que par la grandeur des résultats du voyage. Comment en effet commencer une collection assez considérable de documens relatifs aux découvertes de nos Français dans l'Amérique du Nord et ne pas y comprendre les mémoires des hommes dont le 17e et le 18e siècles n'ont fait que continuer l'œuvre et étendre les conquêtes, quand ces mémoires imprimés souvent d'une manière fautive ne sont guères qu'entre les mains de quelques savans et montent à des prix vraiment fous, si on les compare à ~~[illegible]~~ valeur en réalité — mais prix qu'on est ~~[illegible]~~ obligé de subir pour ne ~~les~~ pas laisser enlever tous ces ouvrages par les Américains, qui ne nous en laisseront bientôt plus un.

Il m'a semblé d'ailleurs important d'avoir des mémoires authentiques à ~~[illegible]~~ capitaines qui ~~[illegible]~~ de marquer le passage de nos Français en divers lieux et d'en donner dans quelques notes l'historique afin de faire suivre l'enchaînement de nos entreprises.

Gourgues 248 C'est ce motif qui m'a décidé à prendre également copie du récit de l'action héroïque de Dominique de Gourgue, gentilhomme bordelais, bien que ce ne fût ni la narration d'un voyage de découverte ni celle de la fondation d'une colonie, mais seulement le récit de la vengeance tirée par Gourgues des Espagnols qui avaient ruiné notre colonie naissante et assassiné, pendu, massacré les français envoyés en Floride par l'amiral de Coligny. —

L'acte hardi de ce brave officier, qui était un gentilhomme par le bon côté, acte en effet désintéressé, partant d'un esprit entreprenant, énergique, d'un cœur chatouilleux à l'endroit de l'honneur national ~~[illegible]~~

à Monsieur le Ministre de l'Instruction Publique

ne devoir pas être omis dans cette collection, mais j'y ai vu surtout le moyen de rappeler les grands projets de l'amiral de Coligny qui en envoyant des colonies au Brésil et à la Floride méditait d'assurer aux siens le double avantage que poursuivirent dès l'origine les colonies anglaises protestantes, à savoir la liberté de conscience et aussi l'indépendance politique — Les projets de Coligny qui appartiennent à l'histoire du grand système calviniste si magnifiquement représenté en France par lui et Duplessis Mornay par le Duc de Rohan ne peuvent pas être oubliés dans mon travail — Or le Mémoire de Gourgues, le seul que j'aie sur la Floride, est la seule occasion que j'aie d'en parler, n'ayant pu quoique j'aie fait avoir rien de nouveau sur Verazzani.

A ce propos même, Monsieur le Ministre, malgré le peu de succès que nous avons eu jusqu'ici dans nos demandes à l'Extérieur pour les papiers relatifs à cette collection, je vous serais obligé de vouloir bien écrire officiellement au Ministre Plénipotentiaire de France aux Etats-Unis, le Major Poussin, afin d'obtenir de lui s'il le peut une copie des mémoires de Jean Verazzani le premier navigateur envoyé à la Decouverte par François 1er au nom duquel il reconnut la terre qui devait être si fatale au capitaine Ribaut. D'après les informations que j'ai prises auprès de savans Italiens pour savoir ce qu'étaient devenus les manuscrits de ce marin qui étaient à Florence, j'ai appris qu'ils avaient été vendus avec la Bibliothèque de Monsieur Vai di Beato, mais on ne savait point où ils se trouvaient — Or si quelques Américains de mes amis ne se trompent point, il paraîtrait qu'ils sont tombés entre les mains de Mr George Washington Green, consul des Etats Unis à Rome et auteur d'un article publié en 18… dans le Saggiadore, journal Romain — Je vous serais reconnaissant, Monsieur le Ministre de vouloir bien prier le Ministre de France à Washington de s'enquérir du fait auprès de Mr Green et de faire faire les copies de ces documents, si les informations qui m'ont été données sont justes.

Les douze pièces qui d'après l'ordre chronologique suivent les précédentes sont relatives à la Decouverte du Mississipi et au premier établissement de la Louisiane.

Les plus importantes de ces pièces sont les deux premières — Ces deux pièces nous indiquent le mémoire et les hommes qui ramenèrent après dix ans les vues du gouvernement sur les pays découverts par Cavelier de La Salle. — Elles nous en indiquent aussi l'occasion.

— Il ressort de leur lecture que le Père de Charlevoix s'est encore trompé en cet endroit comme en beaucoup d'autres et que son histoire selon moi n'a fait autorité jusqu'ici parce qu'on n'a jamais connu les mémoires dont il a la réputation d'avoir reproduit la substance — Autrement on verrait combien il est partial, incomplet, inexact et décoloré.

Cet écrivain s'exprime ainsi: Depuis la malheureuse tentative de Monsieur de la Salle
« pour reconnaître par mer l'Embouchure de ce fleuve on avait paru renoncer à ce projet. Enfin
« en 1697 Mr D'Iberville de retour de son expédition de la Baie d'Hudson réveilla sur ce point l'atten
« tion du Ministère et inspira au Comte de Pontchartrain le dessein de construire un fort à
« l'entrée de ce grand fleuve que cet officier se flattait de découvrir » — Il y a là presque autant d'erreurs que de membres de phrase.

Relever une erreur de date, de nombre ou de détail c'est selon moi chose de peu de considération quand cette correction ne doit avoir d'autre intérêt que de donner aux faits plus de précision ou un peu plus de pittoresque. Mais quand l'exactitude importe à la réputation d'un homme soit que l'erreur attribue à d'autres l'honneur qui revient à celui-ci, soit qu'elle néglige les faits qui le recommandent, alors il y a une véritable jouissance à la découvrir et à l'indiquer — Le bonheur comme l'office de l'historien est de rendre la justice.

Or pour ce qui est des allégations du Père de Charlevoix je trouve dans un factum publié
8 7bre par la veuve de D'Iberville obligée de défendre l'honneur de son mari et le bien de ses enfans je trouve ces mots: « Le Roy fut informé que les Anglais se disposaient à entreprendre la découverte de l'Entrée du Mississipi — En conséquence Sa Majesté résolut de les prévenir — Le sieur D'Iberville fut choisi pour cette entreprise » — D'après ce mémoire D'Iberville n'a donc pas fourni l'idée, mais l'a seulement exécutée en habile marin.

Les documens que j'ai rencontrés ajoutent de nouveaux détails et confirment l'erreur de l'historien de la Nouvelle France —

D'Iberville

— D'Iberville ne fut qu'en novembre 1697 de retour en France de sa glorieuse expédition de la Baie
d'Hudson dans laquelle seul contre trois vaisseaux anglais il en avait coulé un à fond, mis le
second en fuite et s'était emparé du troisième — ~~Mais~~ Vers cette époque par un projet daté du
14 8bre 1697 Mrs de Louvigny et de Mantet proposaient d'aller continuer l'Entreprise de
Cavelier — Toutefois leur projet étant daté de Québec je ne crois pas que ce soit à eux qu'il faille
attribuer la détermination prise par Mr de Pontchartrain ces officiers demeurés en Canada
étaient trop loin pour exercer une action sur le Ministre — Mais je trouve cette influence dans
un mémoire présenté par Mr Argoud procureur des prises, mémoire que je vous envoie et dont le
mérite principal revient à un nommé de Remonville qui s'embarqua avec D'Iberville et devait
plus tard perdre une partie de sa fortune à secourir la Colonie ~~[illegible]~~ dont il avait provoqué
l'Etablissement, lorsque la Louisiane allait périr de besoin, la métropole s'épuisant elle-même
à cette époque pour la guerre de la succession d'Espagne. — J'ai d'autant plus de plaisir à avoir
retrouvé ce nom que Mr de Remonville mourut presque dans la misère comme l'indiquent d'autres papiers.

Entre autres faits à l'appui de mon assertion le mémoire que suivent bientôt quelques
mesures ministérielles, signale les tentatives des Anglais pour enlever aux Français les avantages de la Découverte du Mississipi et la nécessité de les prévenir — Une de ces Entreprises
était formée par William Penn l'illustre fondateur de la Pennsylvanie — Penn avait envoyé
50 hommes à la Rivière de Ouabache pour y former un Etablissement qui devait conduire les
Anglais au Mississipi par l'intérieur des terres. Cet Etablissement sur l'Ouabache n'eut à ce
qu'il paraît pas lieu, non plus que celui que Juchereau de St Denys proposa vers 1701 ou
1702 nonobstant leur importance puisque je vois encore le même projet présenté en
1749 par Mr Le Baillif Mesnager que recommandait Mr Poisson père de la Marquise
de Pompadour.

Les mémoires de D'Iberville qui accompagnent le projet de Monsieur Argoud et de Mr
de Remonville outre les peines propres au Pionnier, outre les travaux et les soins qu'exige un
commencement de colonisation, sont aussi la peinture d'une partie des difficultés que l'Etablissement de la Louisiane trouva dans l'opposition de certaines rivalités d'intérêts — Cette peinture
complète celle que nous ont donnée déjà les mémoires précédemment fournis par moi au Comité
historique, Mais dans ces dernières pièces ce qu'il y a de plus curieux c'est moins l'inquiétude hostile
de l'Espagne qui craint pour ses colonies le voisinage de la France, c'est moins la Rivalité
anglaise envieuse des avantages que nous nous préparons, c'est surtout la jalousie des Canadiens qui cherchent à entraver les projets de D'Iberville, comme ils l'avaient déjà fait à l'égard
de Cavelier de La Salle. Le nombre des obstacles que rencontre le premier Etablissement d'un
pays découvert et l'intérêt des documents qui les reproduisent me font plus que jamais désirer
que le Comité historique comprenne dans sa collection les travaux du Découvreur et ceux du
Pionnier afin qu'on aperçoive dans son ensemble l'œuvre française en voyant d'un coup d'œil
tous ces jalons jetés par nous pour la civilisation dans les sauvages solitudes de l'Amérique
du Nord.

Cavelier

Le mémoire de Monsieur Le Baillif Mesnager dont je vous ai parlé plus haut et que
vous trouverez joint à ce rapport n'a, Monsieur le Ministre qu'un intérêt pour moi — cet intérêt néanmoins devait suffire pour me le faire copier. Le Comité historique sait que je cherche
depuis longtemps une partie des manuscrits de Cavelier de la Salle, le grand homme qui
découvrit la Louisiane — Malheureusement jusqu'ici mes recherches ont été inutiles, mais
ce manuscrit, ce me semble, me met encore plus directement sur leurs traces — Monsieur
Le Baillif Mesnager, qui fut plus tard gouverneur de Gorée ~~[illegible]~~ et eut conseil et fut l'exécuteur testamentaire de Nicolas Le Baillif auditeur à la Cour des Comptes, entre les mains de qui
en 1744 étaient les mémoires que je cherche — Or le mémoire que j'adresse au Comité me paraît
sans aucun doute inspiré par la lecture d'une partie de ces papiers relative aux voyages inconnus
faits par Cavelier de La Salle de 1667 à 1671. voyages dont je n'ai jusqu'ici pu recueillir
que quelques notes précieuses et dans lesquels il découvrit l'Ohio et ses affluents jusqu'au Mississipi
en cherchant un passage à la Chine — C'est donc sur les descendants de ce Le Baillif Mesnager
qu'on doit principalement diriger les recherches — Vous déciderez en conséquence, Monsieur le
Ministre s'il ne serait pas bon de donner communication de cette information nouvelle à Rouen
où vous avez eu la bonté d'envoyer le résultat de mes investigations généalogiques afin qu'on
les poursuive — Ce serait une occasion de connaître l'état actuel de ces recherches. Mais si
vous le préférez, j'adresserai moi-même cet extrait au Maire de cette ville

J'appellerai ensuite Monsieur le Ministre votre attention sur une pièce assez piquante qui concerne un marin illustre — Ce marin, c'est François Galaup de la Pérouse dont le nom se rattache deux fois de la manière la plus honorable à l'histoire de l'Amérique du Nord et comme navigateur, et comme soldat — Quant au document c'est une pièce d'un haut comique ; ce n'est pas l'œuvre de gens fort habiles qui jouaient gravement avec les passions de leur temps, dont ils ~~[illegible]~~ croyaient salutaire de paraître pénétrés. — Il a rapport à la publication des journaux de l'infortuné navigateur. — L'homme de lettres chargé de ce travail fut à ce qu'il paraît bien embarrassé pour concilier, dit-il, des mémoires écrits avant la Révolution et sous le règne de Louis les préjugés avec les principes austères du républicanisme — Il trouve dans toutes ces pièces "ces mots si odieux de Roi, de Majesté et ne sait comment les laisser subsister sans scandale, comment les supprimer sans invraisemblance — Cette ~~[illegible]~~ pièce soumet une série de questions semblables au Comité de Salut Public — Il paraît que les passions politiques sont les mêmes dans tous les temps, se préoccupant plus de la forme que du fond, des mots que des principes, des couleurs que de la valeur réelle des hommes. — J'ai pensé que le Comité serait curieux de voir cette lettre, mais il aura plus de plaisir à voir les autres pièces j'y ai jointes et qui rappellent la belle conduite de La Pérouse maître des Établissemens anglais de la Baie d'Hudson — La Pérouse rendant à Samuel Hearne les journaux des découvertes de celui-ci à la condition qu'aussitôt que le Gr du fort d'York serait de retour en Angleterre il les publierait — et Turgot rédigeant un mémoire dont on ne le fit l'auteur qu'après sa mort, pour que le vaisseau de Cook fût malgré la guerre respecté en tous lieux — Ce sont là de beaux et nobles souvenirs

Le dernier des documents que je vous adresse, Monsieur le Ministre, quoiqu'il ne soit qu'un simple projet a toutefois une valeur assez grande — Il termine cette longue suite de propositions demeurées sans résultat par lesquelles le génie des particuliers demandait incessamment les moyens de frayer au commerce français un chemin à l'autre mer — La postérité de l'administration réservait cet honneur aux États-Unis, malgré les plus grands faits dans nos colonies, par les esprits entreprenans jusqu'au dernier ~~établissement~~ moment de notre établissement en Amérique. Ce document, Monsieur le Ministre, nous montre que pendant les courts instans ~~que~~ où la Louisiane rentra dans la possession de la France après la domination espagnole, un de nos compatriotes, le Sr de Bonnefoi ancien officier de la Marine s'offrait de remonter le Missouri jusqu'à sa source dans les Montagnes Rocheuses, de traverser ces montagnes, de construire des pirogues sur la première rivière qu'il rencontrerait de l'autre côté et enfin de s'abandonner au courant — Cette proposition exécutée à la lettre par les Américains devance Lewis par la similitude des actes et la proximité des années — Je crois qu'elle finira bien une collection destinée à montrer notre ardeur d'entreprise demeurée par malheur trop souvent [illegible] pas sans encouragement, elle n'avait pas besoin d'être exécutée mais sans succès, car il faut toujours avoir* pour juger de ces entreprises ces mots de Mr de La Galissonnière : les découvertes causent de plus grandes dépenses, et apposent à de plus grandes fatigues et à de plus grands dangers que des guerres ouvertes.

* devant l'esprit

Le petit nombre de pièces nouvelles que je vous adresse ainsi que leur caractère même, leur intérêt bien pâle en comparaison des relations volumineuses, pleines d'incidents et d'émotions, vous montrant Monsieur le Ministre, que peu à peu j'arrive au terme de mes recherches. Il y a encore il est vrai des collections que je voudrais visiter, mais elles me semblent si vastes que je crains de les explorer de peur d'être accusé ~~[illegible]~~ de perdre mon temps — Ce sont celles de Colbert de Brienne de Dupuy de Clérambault, pour lesquelles les catalogues sont très insuffisans jusqu'à ce que vous m'ayez autorisé de les parcourir au moins la partie dans laquelle je pourrais espérer de trouver quelque chose je vais achever la copie des pièces que j'ai déjà remarquées et continuer de faire mes extraits pour mes éclaircissemens —

Ce travail je l'espère ne me conduira pas beaucoup plus loin que la fin de cette année selon la recommandation que vous m'en avez faite en m'annonçant la prorogation de mon indemnité par le Ministère de la Marine — Je suis pressé moi-même, Monsieur le Ministre de voir reproduire au jour tous ces grands faits si neufs qui ne sont encore connus que de la Commission chargée d'examiner mon travail — je suis pressé de voir ces grands hommes si injustement oubliés jouir enfin d'une renommée bien légitimement acquise — Vous pouvez donc être persuadé que je me hâterai autant que je le pourrai tout en m'efforçant de mériter la nouvelle grâce qui m'est faite

Veuillez agréer mes remercîmens Monsieur le Ministre pour la part que vous avez bien voulu y prendre et me croire

Votre très humble et très obéissant serviteur

Pierre Margry

11. Rue du Mont Thabor

les lettres de Monsieur de Beaujeu [illegible] manifestent clairement ses mauvaises dispositions à l'égard de Monsieur de la Salle et l'on a tout lieu, en les lisant, de craindre avant le départ même des vaisseaux échouer la grande entreprise du découvreur.

Les lettres de Mr De Beaujeu, de Mr Delasalle, la correspondance entre ces deux officiers s'élevant environ au nombre de 31 pièces — Au milieu d'elles une surtout est remarquable, c'est la dernière qu'écrivit Mr Delasalle — les contretemps, dispositions, les desseins, tout y est parfaitement retracé et à mesure que je la parcourais, je sentais s'il m'est permis de m'exprimer ainsi que l'histoire qui a sa religion a aussi ses reliques — J'avais déjà éprouvé une même impression en face de la lettre adressée par Mr De la Salle à Mr De Frontenac après sa découverte et dont le successeur de ce Gouverneur. Mr Dela Barre se servit si artificieusement pour dépouiller de ses biens l'homme qui venait d'enrichir ~~[illegible]~~ la France d'un pays nouveau.

Toutes ces lettres, Monsieur le Ministre sont ignorées — La correspondance entre Mr De la Salle et Mr De Beaujeu si curieuse, n'avait garde surtout d'être connue. Perdue comme elle l'était dans les cartons de la Martinique je n'aurais pu la découvrir sans un employé des archives de la Marine, Mr Frédéric Martin qui m'aide dans mes recherches de toute son obligeance.

Deux lettres et plusieurs extraits montrant les efforts de Henry de Tonty pour aller porter secours à Monsieur De la Salle et son arma à y retrouver et son courage et son attachement pour l'homme qui avait ~~[illegible]~~ fait de lui son bras droit et lui ~~[illegible]~~ réservait en cas de mort l'honneur d'exécuter sa propre entreprise.

Lorsque Monsieur le Ministre qu'on a achevé la lecture de toutes les pièces ~~[illegible]~~, un sentiment de curiosité nous inquiète et nous dit que nous n'avons pas encore le dernier mot de cette histoire. En effet on se reporte par la pensée à la première partie des Voyages de Monsieur Dela Salle et l'on se demande si les Jésuites, ses rivaux ont cessé leurs intrigues, sinon où elles ont abouti — Enfin l'on veut savoir aussi ce que vingt ans de dangers, de fatigues, de misères, vingt ans d'une rapidité et de constance ont pu rapporter à cet homme qui eut la hauteur de vues et la patience du génie.

Le reste des papiers que j'ai l'honneur de faire remettre entre les mains de votre Excellence, satisfait sur les deux points notre curiosité en attristant notre âme — Ils nous montrent d'un côté l'Intrigue ayant prévalu, de l'autre Mr Dela Salle mort accablé de dettes contractées pour le service du Roy et lorsque le Banquier Crozat, obtenait la souveraineté des terres découvertes par ~~[illegible]~~ le Normand, l'homme qui avait aidé celui ci dans ses Entreprises de tous ses efforts et de tout son argent, François Plet, son cousin et son légataire universel, mourant ruiné — Sa fille, âgée alors de 70 ans environ postulant encore en 1736 pour une bouchée de pain — C'est à ce qu'il paraît l'histoire de tous les grands hommes, de tous les grands services et de tous les Gouvernements — Il y a peu de variantes. Colomb, qui eut, lui, un tombeau voulut qu'on y enfermât avec son corps les chaînes dont on avait récompensé la découverte d'un Nouveau Monde.

Tout le fruit des découvertes de Mr Delasalle fut donc pour ceux qui n'y avaient point participé ou qui avaient entravé ses entreprises — A ce titre aux Jésuites en demeura la plus grande part — On éprouve un sentiment d'admiration mêlé de douleur et presque d'effroi à voir la persévérance et l'habileté d'intrigue de cette compagnie poursuivant et finissant par atteindre son but — Dès 1685 ayant appris que Mr De la Salle avait manqué l'Embouchure du Mississipi — ils s'adressent à M. de Seignelay [illegible] une pétition que votre Excellence a sous les yeux, par laquelle ils proposent aux [illegible] de tenter la découverte — Ils demandent pour cela les mémoires du découvreur et ceux de Mr De Beaujeu — En 1686 Ils parviennent à faire retirer les Recollets du fort Frontenac, qui appartenait à Mr Delasalle et à s'y établir eux mêmes sous prétexte que dans la guerre il faut des interprètes habiles dans les langues des Indigènes et que les Recollets ne le sont pas. — En 1688 ou 89 Mr De Denonville, Gouverneur qui est entièrement entre leurs mains, donne ordre de faire sauter le fort Frontenac prétendant qu'on ne peut garder ce poste et que le fort servirait de retranchement aux Iroquois — On le voit les Jésuites ont atteint alors le but qu'ils poursuivaient depuis 1675 — Ils seront du côté du lac Ontario les seuls religieux et maîtres de la traite —

Pendant qu'ils faisaient de tels efforts vers le lac Ontario, de l'autre côté c'est à dire du côté des Illinois, ils semblent avoir comme en 1680 et 1683 donné aux Iroquois quelques indices capables de faire détruire par ces terribles naturels le fort Saint Louis des Illinois — mais ce fut inutilement — Ayant échoué de cette manière, ils dirigèrent autrement leurs coups — Quand Joutel arriva du fond du Texas à ce poste avec l'abbé Jean Cavelier Il y trouva le P. D'Allouez y faisant les fonctions de missionnaire — J'extrais à ce sujet le passage suivant de Joutel « De sorte
« qu'on songea à se préparer pour partir. Comme j'ai parlé ci devant que le
« Père Jésuite avait été alarmé de ce que nous lui avions dit que Monsieur de la
« Salle pourrait bien venir audit fort suivant qu'il nous l'avait dit avant
« de nous quitter et comme le dit Père appréhendait que le dit sieur ne l'y rencon
« trât, soit qu'il se fût passé ainsi que je crois l'avoir marqué entre ces messieurs quel
« que chose qui n'était pas à l'avantage dudit sieur ou suivant ce que j'en ai pu appren
« dre ils avaient avancé plusieurs choses pour contrecarrer l'entreprise et avaient
« voulu détacher plusieurs nations de Sauvages, lesquelles s'étaient données à Mr De
« la Salle et même jusques à détruire le fort Saint Louis, en ayant construit un
« à Chicago où ils avaient attiré une partie des Sauvages ne pouvant en quelque
« façon s'emparer du dit fort, de sorte que pour conclure, le bon Père ayant eu peur d'être
« trouvé audit fort, il aima mieux se précautionner en prenant les devants » Joutel se trouvant au fort par hasard, ne connaissant rien du passé, rapporte ingénument ce qu'il sait — or pourquoi faut-il que son récit s'accorde avec ce que nous savons déjà, nous, avec les intrigues que nous révèlent à leur insu leurs propres papiers les lettres de Mr De la Barre et De Denonville. — Le Père Charlevoix rapportant dans son histoire de la Nouvelle France le départ du Père Allouez arrange à sa façon le passage de Joutel « Nos voyageurs, dit-il, partirent enfin des Illinois le 21e de Mars l'année 1688 avec Boisrondet et le Père Allouez qui n'ayant pas trouvé jour à établir une mission fixe parmi ces Sauvages, s'en retourna à la Rivière Saint Joseph où il mourut peu de temps après chez les Miamis.

Tous les documents, Monsieur le Ministre, dont ce rapport et le précédent exposent succinctement le contenu, documents que j'ai eu l'honneur de soumettre en grande partie au Comité sont les seuls à ma connaissance que renferme

Paris — Peut être le Ministère des affaires Etrangères et les Archives de la maison de Condé
en ont-ils aussi, je m'efforcerai de les voir — Mais, Monsieur le Ministre, ces documens ne
sont pas tous ceux qui nous ont été laissés sur Monsieur De la Salle et les papiers du Décou
vreur même pourroient fournir d'autres détails qui ajouteroient sans doute à l'importance
comme à l'authenticité de cette histoire

Mr Bellin, Ingenieur de la Marine, chargé vers 1755 de dresser les cartes et les plans
de l'histoire de la Nouvelle France du Père Charlevoix se servit pour tracer le cours
de l'ohio et du Mississipi des papiers de Monsieur De la Salle, que lui communiqua
à cet effet Mr le Baillif, Auditeur des Comptes, arrière neveu de ce fameux voyageur.

— Le manque de 3 cahiers au manuscrit de Joutel et ses parties indéchiffrables
feroient souhaiter d'en trouver une autre copie.

Une lettre imprimée du Geographe Delisle indique un memoire de Mr D'Emanuelle
prêtre sulpicien qui revint avec Monsieur De Beaujeu, comme traitant de la première
partie de ce dernier voyage de Mr De la Salle — Monsieur de Beaujeu a laissé sans
doute également des memoires ne fut ce que le Journal de son bord.

Où sont les manuscrits des Pères Anastase et Zenobe ?

~~Un auf~~ Je trouve enfin dans une lettre, celle là écrite à la main, que l'abbé Jean Cavelier
rendit compte par écrit au Ministre de ces quatre années de fatigues, de peines et
de dangers dont je viens de parler — Ce memoire, je ne l'ai pas encore vu.

Je n'ai pas besoin de montrer à Votre Excellence, Monsieur le Ministre
l'Interêt qu'il y auroit à retrouver ces memoires pour l'histoire de la Découverte de
la Louisiane — Celui de l'abbé Jean Cavelier me sembleroit surtout précieux
et digne d'être recherché — Il nous dédommageroit en partie du Memoire du Père
Anastase, s'il doit demeurer perdu pour nous et le controleroit si nous le
trouvons — En effet, le Vénérable Sulpicien suivit partout son frère dans cette expedition
et il doit par conséquent raconter ce que n'a pas vu Joutel, qui pendant les deux
voyages de Mr De la Salle vers les Illinois commandoit à la Baie Saint Louis — Le
memoire auroit d'ailleurs aussi sans doute sur ~~leurs~~ celui de Joutel l'avantage de mettre un
peu plus la figure de Mr De la Salle en ~~[illegible]~~ — C'est un tort commun à tous
les auteurs de memoires, de se faire le centre des évenemens et d'oublier ~~[illegible]~~ plus
qu'il ne faut les principaux personnages et l'on peut reprocher à Joutel d'occuper
dans son recit une place qui conviendroit souvent mieux au chef de l'Entreprise
— Une troisième raison peut faire encore desirer ce memoire, c'est que si malheureu
sement nous ne retrouvions pas d'autres papiers du decouvreur, nous aurions
par lui le moyen de son frère auquel il confiait ses pensées, la connaissance de
certaines particularités auxquelles d'autres ne pourraient guères nous donner accès.

S'il n'est pas nécessaire, Monsieur le Ministre de montrer à Votre Excellence
et du surplus, l'importance évidente de ces mémoires pour l'histoire de la Décou
verte de la Louisiane, il l'est peut être un peu davantage d'indiquer, afin de
justifier le prix que j'y semble attacher, ce qu'est cette histoire même au corps entier
de la Collection dont Votre Excellence m'a fait l'honneur de me charger — Il
vous suffira pour cela, Monsieur le Ministre, de jeter un seul regard sur
la Carte de l'Amerique du Nord — Votre Excellence alors se rappelant
ce que l'on connaissoit seulement de ce continent, quand La Salle entreprit
~~son~~ premier voyage, considerant aussi le peu d'Etendue des colo
nies des autres nations, que les Colonies anglaises, Espagnoles, Russes

n'occupoient guères que les côtes de ce vaste continent dont la France avait pour ainsi dire le corps — Votre Excellence envoyant 16 des États Unis établis déjà sur le sol découvert par nos Français aura vu de quelle importance est l'histoire des découvertes et particulièrement celle de la Louisiane qui embrasse le plus grand espace. —

L'histoire de ces découvertes dans lesquelles la France plante au milieu de tant de périls et de souffrances des siens le drapeau de la civilisation est pour notre nationalité un monument digne d'être conservé — C'est par le souvenir de cette origine, comme par le souvenir de la guerre de l'Indépendance que notre patrie impose aux Anglo-Américains, malgré eux, le respect de son nom et les contraint par décence à des sympathies au moins apparentes — Dans l'histoire de la guerre de l'Indépendance nous voyons la France aidant les colonies anglaises à devenir libres et en faisant une nation — Sans elle, Washington l'avouait, leurs efforts étoient inutiles — Dans l'histoire des découvertes on la voit préparant le sol aux générations à venir — Jamais nulle part, d'aucun continent l'influence française n'a été, malgré ses revers, plus belle et plus noble que dans l'Amérique du Nord — L'Amérique du Nord, est née pour ainsi dire de la France

Je prendrai donc Monsieur le Ministre la liberté de demander à Votre Excellence de vouloir bien m'accorder le moyen de combler les lacunes de cette histoire des découvertes et en particulier de la vie de Mr de la Salle, qui doit s'inscrire à la tête de tant de provinces américaines —

J'ai lieu de croire que je trouverai en Normandie plusieurs des papiers que j'ai désignés et je regarderais comme une nouvelle faveur ajoutée à celle que Votre Excellence a déjà bien voulu m'accorder, si elle me voulait bien permettre de visiter les principales archives de cette province — Les Cavelier étaient de Rouen — Peut-être rencontrerai-je comme on me l'a donné à penser, des descendans entre les mains de qui seront les papiers du découvreur, et de son frère, ou d'autres personnes qui me mettront sur la trace de leurs possesseurs actuels — Je ne m'y que j'épuise de courses, s'il est vrai que Cavelier de la Salle soit né à Rouen, c'est l'époque de sa naissance que l'on ne connaît pas — Mais Monsieur le Ministre un document de l'existence duquel je suis sûr aujourd'hui, donnera à la mission que je demande à Votre Excellence une certitude d'utilité — Un de mes amis qui a dernièrement parcouru la Normandie pour chercher la date de la naissance de d'Esnambuc fondateur de la Martinique m'a dit avoir vu chez un particulier de Dieppe, un manuscrit inédit du fondateur de Québec Samuel de Champlain — Ce manuscrit Monsieur le Ministre est fort curieux, assure-t-il — Dieppe possède aussi la chronique d'Asseline dans laquelle je pourrai prendre des notes sur les expéditions maritimes dirigées vers l'Amérique du Nord — A Rouen à Honfleur, au Havre je pourrai trouver des détails sur les relations de commerce et de juridiction entre la Nouvelle France et la métropole — A Mortagne existe encore la famille des Longueuil issus du Pierre de Lemoyne d'Iberville —

Si Votre Excellence et le Comité qui ont tant fait déjà pour cette histoire acquiescent à ma demande, je ne doute pas Monsieur le Ministre, que les résultats de ce voyage ne leur soient agréables. — En Canada, où l'on montre encore avec respect l'arbre sous lequel Champlain la connaissance du manuscrit du fondateur de Québec serait un événement et si je trouvais les papiers de La Salle, la justice et la gloire qu'a été si lente à rendre à ce grand homme, n'en serait, grâces à Votre Excellence que plus éclatante

Pose fatuite
[illegible]

J'ai l'honneur d'être
avec respect,
Monsieur le Ministre
Votre très humble et très obéissant
serviteur
Pierre Margry

Paris le 26 Octobre 1868.

268 bis 1868

Détails Dispositions géographiques indiquées par la Commission — 179

Monsieur le Ministre

J'ai l'honneur de faire remettre à Votre Excellence les Documents relatifs à l'Établissement des Français sur le Saint-Laurent et à Terre-Neuve.

C'est la dernière partie du Premier Volume du Recueil que je suis chargé de former sur les Origines Françaises du Nouveau Continent.

D'après le désir que m'a exprimé la Commission nommée pour surveiller l'exécution de ce recueil, j'ai substitué l'ordre géographique à une division par faits politiques et ce volume est aujourd'hui distribué de la manière suivante :

La Première Section se compose de Documents relatifs à l'Amérique du Nord avant le 17e Siècle.

La Seconde présente la Découverte et l'Établissement de l'Acadie.

La Troisième, le Peuplement et l'organisation de la colonie des Rives du Saint-Laurent,

La Quatrième, la Prise de Possession de la Baie d'Hudson,

La Cinquième, les Pêcheries et les Divers postes des Français à Terre-Neuve

La Sixième, Notre Établissement à l'Isle Royale.

Dans la Septième enfin sont les Documents sur les Explorations et le Premier Établissement aux côtes du Labrador.

Ce volume rappelle donc les Origines Françaises des côtes de l'Amérique Septentrionale occupées aujourd'hui par plusieurs des États-Unis et par la Nouvelle Confédération Anglaise située au Nord de cette dernière puissance.

Pour faciliter le contrôle de la Commission dans le choix des Documents j'ai mis en tête de chacun d'eux un court sommaire écrit à l'en

A S. E. Monsieur Duruy
Ministre de l'Instruction Publique

rouge, en vue de le distinguer du texte même de la pièce.
Ce détail m'a un peu retardé, mais il n'eut été rien après
les copies que j'ai dû faire retranscrire, si depuis trois ans ma
santé n'avait subi une crise assez douloureuse. Il en est résulté
que les travaux différens que je menais de front ont eu
de la peine à se dégager d'un état qui heureusement s'améliore.
J'espère que Votre Excellence et le Comité voudront
bien me pardonner des lenteurs dont je n'ai pas été le maître.

Je suis, Monsieur le Ministre

avec un profond respect

Votre très humble et très obéissant

serviteur

Pierre Margry

Larochelle le 20 août 1854.

181

Transmis à Monsieur P. Margry, conservateur adjoint des archives de la Marine. Rochefort, 21 Août 54
Le Commre général de Grandpont

Monsieur le Commissaire Général,

Je viens vous informer du résultat malheureusement infructueux des recherches auxquelles je me suis empressé de me livrer, conformément au désir exprimé par votre lettre du 16 de ce mois, pour la découverte des dates de naissance de Samuel Champlain et de Jean Alphonse, pilote.

Je me suis assuré que les registres pour les naissances, décès et mariages déposés à la mairie de la Rochelle ne remontent qu'au 11 Mars 1632, et qu'au greffe du tribunal ils ne vont pas au delà de 1667.

Pour compléter mes investigations, je suis allé aux informations à la bibliothèque de

Monsieur le Commissaire Général de la Marine à Rochefort

de la Ville, et le bibliothécaire m'a affirmé qu'il ne s'y trouvait aucun document qui put me mettre sur la trace de la naissance de ces deux hommes historiques. Il fait observer qu'après le siège par Richelieu en 1628, tous les registres formant propriété communale de la Rochelle furent enlevés, mis à la cour des comptes, brulés en partie, et que le reste fut transporté aux archives du Royaume.

D'un autre côté il ne paraîtrait y avoir aucune probabilité que l'on eût transféré à la Rochelle, qui n'était pas de la Saintonge, les archives de cette province dont Brouage faisait partie. Tout porterait à croire que cette translation, si elle eut lieu, a plutôt été opérée à Saintes. Le capitaine de Champlain était Xaintongeois ainsi que l'indique le titre du livre de ses voyages, où sa naissance ne se trouve nulle part mentionnée.

Ce n'est pas sans en éprouver le plus grand regret, Monsieur le Commissaire général, que j'ai acquis la certitude de ne pouvoir vous fournir aucun des renseignements q que vous aviez espéré découvrir par mes recherches à la Rochelle. Il m'a été dit que M. Massiou, président du tribunal civil s'était beaucoup occupé de l'histoire de la Rochelle; son absence m'a empêché de le consulter; mais aussitôt son retour, j'aurai l'honneur de me mettre en rapport avec ce magistrat, et je ne manquerai pas de vous rendre compte du résultat, quel qu'il soit, de ma démarche, ou de toutes autres pour peu que j'en trouve l'occasion.

Veuillez agréer, Monsieur le commissaire général, l'hommage de mon respect.

Le commissaire de l'inscription maritime,

Fumiban

Cher ami,

Ton dessin sera prêt demain Mercredi; dans la journée. Si tu veux le venir prendre tu seras doublement le bienvenu et, parceque j'aurai le plaisir de te voir de te serrer la main, et aussi, parceque tu m'éviteras la peine de te l'envoyer. Si donc tu peux disposer de ta soirée en faveur de l'Ile St Louis je t'en saurai gré et tu pourras emporter ton aigle qui ferait peur à un dindon ce qui ne peut manquer d'être agréable aux mânes de ton Leids.

Tout à toi de tout cœur.

Mignen

commis je crois une erreur de nom en mettant Bertrand d'Ogeron nom d'Esnambuc. Veuillez m'excuser je suis extrêm^t occupé et quand je vous ai écrit j'avais deux personnes malades dans ma famille.

Agréez, Monsieur, l'expression de mes sentiments bien distingués

Le Gal Faidherbe

101.

Monsieur le Maire.

Honneur de Bertrand Ogeron sieur de La Boere, fondateur de la colonie française de St D.

+

— Une Pierre avec une inscription commémorative devant être prochainement placée dans une Eglise de Paris sur la Paroisse de laquelle il est mort, je vous prie de vouloir bien me donner son extrait de naissance pour servir à une partie de l'inscription, ainsi que les actes relatifs à son père, à sa mère, et à ses frères et à ses sœurs —

Il est fils de Bertrand Ogeron sieur De la Boere et de Jeanne Blouin de Chemillé, Le Pere du Premier anobli en 1643 est indiqué dans un acte du [illegible] comme ancien fermier du temporel, fruits et revenus du Prieuré de St Lambert du Lattay, avant François Ménard et l'époque du mariage de sa fille Françoise en 1639, et de sa fille Jeanne en 1641,

Cette indication porte à penser que le Pionnier de St Domingue est né à St Lambert du Lattay.

D'un autre côté la qualification d'avocat donnée en 1635 à son fils Jean * porte à penser que le mariage de Bertrand Ogeron avec Jeanne Blouin a eu lieu vers 1610 ou 1615 et les naissances de ces enfants après cette époque —

Lorsque vous aurez fait les recherches qui vous permettront de reconnaître les actes de la famille De Bertrand Ogeron de La Boere fils de Jeanne Blouin je vous prierai de me les faire savoir et de m'indiquer les prix pour la délivrance de ces actes, afin que vous puissiez me les faire tenir le plus tôt qu'il sera possible.

* à cause même de l'âge de son frère Jean, avocat en 1635, et de ses deux sœurs ainées, Françoise mariée à Angers en 1639, et Jeanne mariée également à Angers en 1641.

Les actes qui établissent ces faits portent à penser

186

Ministère des Affaires Etrangères

Cabinet

Paris le 1. Mars 1864

Monsieur,

Je me chargerai bien volontiers de faire parvenir au Sr Patenotre, d'une manière sûre, le petit paquet que vous me demandez de lui faire passer.

Agréez, monsieur, la nouvelle expression de mes complimens les plus empressés

Alph. de Courcel

Il sera inutile d'Envoyer l'acte de naissance de Bertrand fils de François Ogeron et de Renée Arnaudeau daté du 6 mars 1597 que j'ai déjà — mais je crois necessaire de vous le signaler comme point de depart des recherches.

Veuillez agréer Monsieur le maire, l'assur. de ma considération la plus distinguée

J'espère, Monsieur le maire, que ~~vous voudrez bien prendre~~ ~~en considération~~ le desir que j'ai d'honorer votre commune, et que les recherches les

Je serai heureux, Monsieur le maire, de vous remercier publiquement du concours que vous aurez bien ~~eu~~ voulu me prêter pour honorer la memoire d'un de vos concitoyens — ~~Veuillez~~ Veuillez en attendant, agréer l'assurance de ma consideration la plus distinguée

P. Margry

~~Je de~~

Je sais que le nom d'Ogeron est frequent dans vos registres. J'ignore quelle est la parenté des diverses personnes de ce nom avec le fondateur de la Colonie de St Domingue; ~~mais~~ ~~ma~~ si en faisant faire les recherches pour ~~la famille~~ ~~la plus immédiate~~ les parens les plus proches de celui-ci vous croyiez qu'il y eut un interet historique dans les autres ~~...~~ autres, je vous serai obligé de me le faire connaitre, mais ce qu'il importe avant tout c'est de mettre en relief le personnage qui a fait de grandes choses et pour lequel je voudrais bien arriver à obtenir les mêmes honneurs que ceux que j'ai obtenus en 1862 pour le fondateur de l'Etabliss. de la Martinique, et de La Dominique. Je l'essaierai ~~...~~ en tout cas —

188

Monsieur le Préfet,

Labeaume. L'accueil fait par vous à la lettre que votre
collègue au Sénat, M. D. Nisard, vous a présenté
en mon nom, il y a un mois environ, m'a fort
touché, quoiqu'en réclamant un peu d'attention
pour le découvreur de l'ancienne Louisiane dans
sa ville natale, je sache d'avance les sentimens
avec lesquels vous recevriez une demande qui
n'a d'autre intérêt que celui de la gloire du pays
et en particulier de la Normandie

C'est en effet à votre présence et à votre assistance
dans le Comité des antiquités que j'ai dû déjà
la consécration de la mémoire du fondateur de la
puissance Française aux Antilles, chère à mon
souvenir. Il était naturel que dans une circonstance
semblable, à propos d'un homme plus considérable
que Belain d'Esnambuc, j'eusse confiance dans votre patronage.
Néanmoins, comme lorsqu'il s'agit de faire prévaloir une
idée ~~par l'opinion des hommes~~ à l'exécution, il naît mille difficultés
imprévues, je tiens à vous remercier par ce mot que
vous remettra un des conseillers généraux de votre
département.

Monsieur Bouclot que j'ai connu tout d'abord
par ses sympathies pour la mémoire de Cavelier
de La Salle, partage à propos de l'homme pour
qui le Marquis de Mirabeau demandait un
Camoens, tous les désirs que j'ai pris la liberté de
vous faire recommander par Monsieur Nisard.

Nous avons reconnu ensemble ~~[illegible]~~ l'honneur
juste ~~[illegible]~~ pour le département que vous
administrez, ~~à rendre~~ à cette existence ~~toute~~ sombre la
la popularité qui doit lui appartenir. Et

1o Le nom de Cavelier de la Salle donné à une rue en evidence, et si cela est possible à un quai

2o. La consecration de sa memoire dans l'eglise qui serait sa paroisse aujourdhui l'ancienne ayant été détruite

3o Enfin la recherche de la maison dans la quelle il est né au moyen des actes qui peuvent être chez les notaires

seulement à votre retour

avant tout nous avons parlé de trois conditions nécessaires [illegible] propres à commencer [illegible] popularité.

l'avis donné par vous à M. Nisard que vous [illegible] traduriez l'affaire que je vous recommandai [illegible] donnant à penser que vous ne l'avez point fait encore je vous demande la permission de vous exposer les [illegible] considerations sur les quelles s'appuient ces trois demandes.

1o. Le nom de Cavelier de la Salle donné à une rue n'est pas [illegible] qu'une restitution; [illegible] quand même le nom de rue des Iroquois [illegible] [illegible] que la [illegible] [illegible] a effacé à tort, rappellerait d'autant [illegible] en evoquant aussi celui de Cavelier de la Salle qui etablit au milieu de cette peuplade guerrière sur le lac Ontario le village de Kingston

Frontenac aujourd'hui

2o. La consecration de la memoire du decouvreur rouennais dans la cathedrale de sa ville natale

ne peut être nulle part aussi bien que

si l'on songe qu'il a ouvert à la religion en compagnie de missionnaires recollets et sulpiciens parmi les quels etait son frère, l'abbé Jean Cavelier tout le parcours de l'Ohio et du Mississipi

3o. Quand à la connaissance du lieu où a commencé la vie d'un homme avec qui commença également la vie des populations semées aujourd'hui dans 7 à 800 lieues de pays, vous conviendrez probablement, Monsieur le préfet qu'elle est au moins aussi necessaire que celle de Corneille que les autorités de Normandie ont fait autrefois rechercher avec tant de soin. Dans la tendance que montrent de plus en plus les Etats Unis à oublier les liens de gratitude qui les avaient unis à nous, vous jugerez sans doute qu'il importe de raviver tous les souvenirs et Rouen assurément ne devrait pas voir avec indifférence les Americains venir visiter le berceau de leurs principaux decouvreurs qui m'apparait toujours parmi les decouvreurs

Telles sont les raisons, Monsieur le préfet, que ~~je lui~~ j'ai l'honneur de soumettre à votre appréciation.

Je soumets également à votre appréciation l'inscription commémorative que m'a demandée M. Bouctot, ~~et~~ et à laquelle ~~[illegible]~~ j'ai ajouté les versets de psaume ... qui doivent être ~~[illegible]~~ gravés sur le marbre.

Dans en raison du monument religieux où elle doit figurer, j'ai cru devoir ajouter un verset de psaume, en rapport avec les faits rapportés qui doivent être

SUR ~~L'ANCIEN~~ L'ANCIENNE PAROISSE DE SAINT HERBLAND
COMPRISE AUJOURD'HUI dans celle de NOTRE DAME
EST NÉ ET A ÉTÉ BAPTISÉ
LE. 2. 9bre 1643.
RENÉ ROBERT CAVELIER. Sr de la Salle
QUI DE 1669 à ~~168~~ au 19 mars 1687
JOUR QU'IL A ÉTÉ ASSASSINÉ AU TEXAS.
A OUVERT AU CHRISTIANISME ET
A LA CIVILISATION EUROPÉENNE
PAR SES DÉCOUVERTES ET SES
ÉTABLISSEMENS. LES VASTES VALLÉES
DE L'OHIO ET DU MISSISSIPI.

SCRIBANTUR HAEC IN GENERATIONE
ALTERA et POPULUS QUI CREABITUR
LAUDABIT DOMINUM.
PSALM. 101.

Je laisse, Monsieur le préfet, Monsieur Bouctot ajouter ce qu'il trouvera bon à cette lettre déjà longue. Mais je ne puis exprimer que moi seul, combien je vous serai reconnaissant de tout ce que vous voudrez bien faire pour la glorification de notre grand Rouennais et d'abord pour acquitter la dette contractée envers M. Le Baron de Larcenty. ~~Vous comprendrez [illegible] Le marbre et l'inscription m'ont été accordés~~. C'est vous même qui l'avez décidé. Vous comprendrez que si je poursuis cette revendication, ~~[illegible]~~ je le dois à Monsieur De La

A la demande ... m'ont été accordés par votre décision même

qui l'a demandé et obtenu pour mes comme une
récompense de mes recherches fort coûteuses
~~Et~~ mais surtout par ce que ~~[illegible]~~ la confec
que j'attendais ici de votre bienveillance aussi
que de votre justice, a pour objet ~~[illegible]~~ un des poin
essentiels de la tâche que je me suis donn

je veux dire, de resserrer par les souvenirs historiques
liens entre la métropole et ses anciennes colo
Il est possible que je me fasse illusion sur
l'importance de mes efforts, mais la pens
que j'y attache suffit à mes yeux pour
me faire aimer et honorer ceux qui veul
bien m'accorder ~~le~~ leur concours dans cette
ainsi que toute volontaire
Aussi est-ce sincèrement et autrement qu
par formule que je vous prie, Monsieur
le préfet d'agréer l'assurance de mon
profond respect.

Pierre Margry

Histoire — 22 janvier 1868 — n°. 190

Envoi de M. l'abbé Magloire Giroud —

M. Margry

Documents

relatifs aux établissements des Français

à la Louisiane.

1719.

I

191

Lettre des directeurs de la compagnie des indes à Mr de Bandol.

Les Directeurs de la Compagnie des Indes

Mrs les directeurs de la colonie de la Louisiane accorderont à Monsr le président Bandolle (1) qui envoye à la d. colonie cinquante personnes pour y former une habitation considérable pour son compte particulier une concession en franc aleu de quatre lieües geometriques de terrain en quarré ou autrement figuré contenant le mesme espace dans l'endroit que son fondé de pouvoir ou préposéz pour la direction de la d. habitation jugeront à propos de choisir estant sur les lieux, pourveu qu'il n'ait point esté concedé à d'autres ny reservé pour les établissemens de la Compagnie; de laquelle concession ils le mettront en possession par procuration, en attendant que sur le proçez verbal qu'ils en dresseront et qu'ils l'envoyeront en france à la compagnie, elle en fasse expédier les lettres de concession en forme à mon dit Sr Bandolle pour en jouir par luy ses hoirs ou ayant cause à perpétuité, comme de chose à eux appartenante. fait à Paris en l'hotel de la d. compagnie des Indes le vingtieme decembre mil sept cens dix neuf.

Corneau. (Signature illisible)
Castanier. De montaut
Prou. Havin

Laugier

---

(1) françois II de Boyer, fils ainé de françois I de Boyer et de catherine de maurel de pontevès, naquit à Aix le 2 janvier 1673. il fut nommé conseiller au parlement avec dispense d'âge pour l'exercice de la dite charge, et plus tard président à mortier au dit parlement. De son mariage ~~en secondes noces en 1724~~ avec jeanne de Saubert, de montpellier, il eut françois III de boyer, mort sans postérité.

Conditions accordées par les directeurs de la compagnie des jndes à Mons.r le president Bandolle sur la demande quil á faite à la compagnie d'etablir une habitation à la Louisiane pour son compte particulier.

Les personnes preposées par moud. Sieur Bandolle pour la regie de la d. habitation se rendront à leurs frais avec tous les gens quils veulent faire passer avec eux au port que la compagnie leur jndiquera, ou moud. S.r Bandolle sera tenu de les y faire nourrir avec tous les gens jusqu'au jour de l'embarquement.

La compagnie fera passer à la Louisianne gratis sur l'un de ses V.aux les regisseurs preposez par moud. S.r Bandolle et les laboureurs et ouvriers quils doivent emmener avec eux jusqu'au nombre de cinquante personnes en tout.

Lesd. regisseurs et leurs familles seront nourris pendant la traversée à la table du cap.ne du V.au. à l'egard des laboureurs et autres ouvriers, jls auront la ration ordinaire des matelots.

La compagnie fera aussy transporter à la Louisianne gratis sur ses V.aux toutes les hardes meubles et ustancilles servant à leur usage, provisions de bouche, outils, ferremens vestemens pour les ouvriers, et negres, et generalement toutes les choses necessaires pour l'etablissement d'une habitation aussy considerable dont moud. S.r Bandolle sera tenu de fournir un état à la compagnie au bas duquel elle mettra sa permission d'embarquement sans quil soit permis ny à leurs gens d'en vendre à qui que ce soit dans la colonie, et sans quils puissent sous aucun pretexte embarquer aucunes marchandises de traitte à peine de confiscation tant des d. marchandises, que de tous les effets à eux appartenant, qui se trouveront à bord du vau sur lequel ils passeront.

en arrivant dans la colonie les regisseurs preposez de mond. Sr Bandolle ayant l'inspection de son habitation seront nourris par la compagnie avec tous les gens qui auront passé avec eux jusqu'à leur arrivées dans l'endroit de la concession, qui aura été marqué, ou ils seront transportez aux depens de la compagnie.

il sera accordé à mond. Sr Bandolle une concession en franc aleu de quatre lieues geometriques de terrain en quarré, ou autrement figuré contenant le meme espace dans l'endroit, qu'ils jugeront à propos de choisir, pourveu qu'il n'ait point été concédé à d'autres ny reservé pour les etablissemens de la compagnie, et les terrains seront remis à ses regisseurs, adressant aux directeurs de la colonie pour les y mettre en possession, en attendant que sur le procés verbal, qui sera dressé et envoyé en france à la compagnie, elle puisse en faire expedier au nom de mond. Sr Bandolle des lettres de concession en forme.

la compagnie fera fournir à ses d. regisseurs autant de semences, qu'elle pourra pour la premiere année à condition qu'ils en rendront pareille quantité aprés la recolte.

si dans l'espace de trois années à compter de ce jourd'huy mond. Sr Bandolle veut encore faire passer à sa d. habitation des laboureurs et ouvriers la compagnie luy en donnera la permission d'embarquement des d. ouvriers jusqu'au nombre de cent cinquante personnes qui jouiront des memes avantages et conditions portées cy dessus en prevenant la compagnie de tems qu'ils pourront etre prets à partir.

en cas que le d. Sr Bandolle veuille faire ouvrir

des mines de quelque metail que ce puisse être soit dans l'etendue de sa concession soit dans un terrain non concedé à d'autres, il en aura la liberté et il pourra y faire travailler sans être tenu en aucun temps de payer aucun droit à la compagnie sur le produit des mines, qu'il fera ouvrir pendant les cinq premières années, dont il jouira à perpetuité, bien entendu qu'en cas de cessation de la part de ses regisseurs du travail des d. mines pendant une année le d. Sr Baudelles en sera dechu, et elles seront réunies au domaine de la compagnie sans qu'il puisse pretendre aucun dedommagement ni indemnité, et ce sur le procès-verbal, et sentence de réunion du plus prochain juges des lieux.

La compagnie fera embarquer sur ses Vaux les mats d'or et d'argent, plomb, cuivres, etain, et autres metaux, qui pourront être fondus par ceux ayant la direction de l'habitation de mond. Sr Baudelles pour le fret desquelles et pour tous droits, il sera tenu de payer à la compie cinq pour cent pour les matières d'or et d'argent, et vingt pour cent pour celles de plomb, cuivre, etain et autres metaux. fait double à Paris en l'hotel de la compagnie des indes le vingtieme decembre mil sept cent dix neuf ./.

Consenti — (signature illisible)

Castanlet — de Montant

Prou — Langière

Nariu.

III.

instruction (1)
pour établir les habitations
à la Louisiane.

projet pour une concession de quatre lieues en carré.

il faut commencer par choisir un directeur général de l'habitation qui ait toute la probité necessaire et un homme en qui il faut absolument mettre toute la confiance, tant pour l'œconomie dans les dépenses, que la fidelité pour compter du produit. ce choix demande une grande attention, il faut qu'il sache l'agriculture, et qu'il ait assez de jugement pour prendre le meilleur parti dans toutes les occasions. il doit continuellement penser à augmenter le produit des cultures, le nombre des bestiaux, et à étendre le commerce.

il lui faut un sous-Directeur pour tenir les écritures:

sçavoir

un journal de recette et dépense libellé et raisonné.

un état exact de la distribution et consommation des vivres, des ustenciles et outils.

et un très exact des services qu'il fera tous les mois.

il portera tous les jours sur un ou plusieurs cahiers tout ce qu'il aura écrit sur ses journaux ou différens états, afin que le directeur général et lui n'ayent qu'à les signer pour les envoyer en france pour faire voir l'état où ils en sont, par toutes les occasions; il portera pour tenir cet ordre des registres, du papier, des plumes, et les matières propres pour faire de l'encre.

ils prendront un troisième directeur sur les lieux qui sçaura la langue des sauvages; il faut qu'il connaisse le pays qu'ils

---

(1) 8 pages d'impression petit in fol. sans nom d'imprimeur sans date et sans indication du lieu où cette instruction a été imprimée.

iront habiter.

il faut charger les deux directeurs choisis en france, de la levée d'un chirurgien, d'un aumonier, d'un cuisinier, d'un aide et de 53 ouvriers des métiers contenus au mémoire cy-après, qu'ils conduiront au Port-Louis, lieu de leur embarquement.

il faut observer de les engager pour trois ans, insérer qu'ils commenceront à courir du jour de leur arrivée sur l'habitation, et de n'en engager autant qu'on le pourra, qu'à la condition que lorsqu'ils ne seront point occupez de leur métier, ils travailleront à tout ce qui sera de l'avantage de l'habitation.

le plus difficile est la levée avec choix de ces ouvriers; on trouvera dans la liste le prix, à peu près qu'on estime devoir leur donner: mais le plus sûr est de les payer suivant leur mérite, en s'en rapportant aux personnes qui en feront la levée.

il faut observer que du jour de l'embarquement jusqu'à l'arrivée sur la concession, ils sont nourris et voiturez aux dépens de la compagnie.

il faut ordonner en même temps les outils et ustanciles nécessaires pour l'habitation, et les faire voiturer au Port-Louis, ainsi que les vivres; on trouvera ci-après un état de tout ce qu'on estime qui convient.

la compagnie les fait embarquer sur ses vaisseaux, et les porte jusques sur le lieu de la concession à ses frais, comme les ouvriers.

il faut en charger le teneur de livres par compte, le directeur general des factures originales pour le mettre en état de faire compter les sous-directeurs, et en garder encore ici les copies, pour voir s'ils les ont utilement employez.

les deux directeurs choisis en france, avec celui qu'ils choisiront à la Louisianne sous le titre de commandeur, prendront les mesures et les informations nécessaires.

pour le choix d'un terrain dont le fonds soit excellent, la navigation aisée et à portée, autant que faire se pourra, du commerce, tant avec les comptoirs de la compagnie, que le reste de la colonie.

lorsque après avoir reflechi meurement à ce choix, ils seront arrivez sur le lieu, ils le visiteront très exactement avant que d'y bâtir; parceque s'il ne repondoit pas à leurs esperances, ils seroient les maîtres de le prendre plus haut ou plus bas dans les lieux non concedez à d'autres.

comme dès qu'ils y seront fixez, les gens de la compagnie qui les y auront conduits, les y laisseront, il est necessaire avant de sortir du Port pour s'y rendre, de faire faire pour quinze jours de biscuit pour subsister, en attendant qu'ils ayent fait des fours et des barraques.

le commandant qui sera choisi dans la colonie engagera quatre sauvages chasseurs du plus prochain village, pour fournir la subsistance en viandes

il en entretiendra toujours autant qu'il en aura besoin pour la chasse et la pêche, afin de ne laisser manquer de rien à son monde.

il fera faire des salaisons en hiver pour les cinq mois d'été, et conservera son sel pour cet usage; il observera de faire lever les viandes par filets déchiquetez, de les mettre ensuite dans les bailles pour leur faire prendre le sel, et de les dessecher au soleil avant de les serrer, elles ne se corrompront jamais. les espagnols à S. Domingue les conservent ainsi autant de temps qu'ils le veulent.

il aura soin d'acheter, en remontant le fleuve du Mississipy, des volailles et et des truies pour former une bassecour en arrivant, ils y mettront quelques femmes pour en prendre soin.

ils demanderont aussi aux directeurs generaux de la compagnie quelques vaches; ils acheteront des françois, ils se ou traiteront des sauvages quelques chevaux ou jumens.

(x). il traitera du bled d'inde pour mêler avec la farine de froment pour la subsistance des faux sonniers afin de la faire durer davantage ; il en faut aussi pour nourrir la volaille, et habituer les cochons. on trouve encore des — legumes chez toutes les nations sauvages, il est bon d'en faire provision.

il prendra les marchandises propres à ces differentes traittes dans les magasins de la compagnie avant de partir ; les — commandeurs sçauront comme il faut qu'elles soient assorties.

ils acheteront deux pirogues sur le Mississipy pour le service de l'habitation, et pour se transporter par eau où le service le demandera.

ils employeront les gens qui ne peuvent servir à de barraques, à défricher pour se faire un grand et vaste jardin, et — lorsqu'ils seront établis, ils continueront le défrichement, et prepareront les terres pour les ensemencer des grains propres à la subsistance, comme le bled, le ris et le bled d'inde ; ensuite pour les cultures de tabac, d'indigo et autres, afin d'occuper utilement les Negres (xx), sitôt qu'il leur en sera distribué par les directeurs generaux de la compagnie.

ils observeront de deffendre rigoureusement de couper les Meuriers, ils en feront au contraire beaucoup planter pour élever des vers à soye.

ils attireront par un petit present un village sauvages,

(x) on commue la peine des Galeres à laquelle sont condamnez les fraudeurs de tabac et les faux sonniers en france, en celle de travailler dans les habitations, pendant l'espace de trois années pour la vie et l'habit, à la charge seulement de leur donner après ce terme expiré la somme de 60 livres en outils, propres à leur établissement

les directeurs de la compagnie à la Louisianne les distribue dans les habitations par proportion aux Engagez de bonne Volonté, tous ces gens sont excellens pour les défrichement et les gros travaux.

(xx) on nourrira les negres de bled d'inde, de patates, de legumes, de viande et poisson.

auquel ils donneront des terres dans le terrain même de la concession, le plus fécond en meuriers, et mettront auprès de ce village les eleveurs de vers à soyes pour les instruire; on sera avec ces précautions en état de faire un produit prompt de cette marchandise, surtout lorsqu'on aura construit un moulin à eau ou à vent pour moudre les grains de ces sauvages, qui donneront tous les cocons de vers à soye qu'ils auront élevé, pour le prix de la mouture de leur bled; on n'aura pas de peine à le croire, lorsqu'on sçaura que les sauvages sont naturellement paresseux, et que le plus grand travail des femmes et enfans est de piler le bled d'inde dans des mortiers de bois, ce qui est très penible, à peine y peuvent elles suffire, souvent ils sont obligez de le ~~mang~~ manger en gros grains bouillis. élever des vers à soye, est un amusement qu'ils prefereront.

il faut défendre aux tireurs de soye de leur montrer à la tirer et d'observer de ne jamais travailler devant eux, ils sont fort industrieux et très adroits, ils l'auroient bientôt appris, cela leur donneroit une trop grande facilité pour la porter vendre ailleurs qu'à l'habitation.

ils observeront aussi de ne point tomber dans l'inconvenient des habitans de l'Amerique, dont les maisons sont toutes isolées, de maniere qu'on y rôtit, ils conserveront pour cet effet des bois de haute futaye.

le commandeur visitera continuellement les ouvriers pour les animer au travail; le directeur general s'y transportera aussi quelquefois pour les exciter par sa presence; outre la solde promise en france, il pourra gratifier ceux des ouvriers qui feront le mieux afin d'encourager les autres;

la compagnie donnera aux directeurs generaux des habitations, des negres payables en marchandises et denrées du crû de l'habitation, à 700. liv. pièce d'inde.

(x) un negre par la seule culture du tabac qui ne l'occupera

(x.) le tarif du prix que donnera la compagnie des marchandises du crû est au bas de ce memoire

que six mois, donnera 600 liv. de rente à son maître on peut l'occuper le reste du temps à d'autres travaux.

il faut conserver beaucoup de bois, et se mettre en situation de n'en jamais manquer.

il faut beaucoup de Merin pour enfutailler toutes les marchandises; il en faut aussi pour les différentes constructions et la consommation ordinaire.

il faut un terrain immense en pâturage; la Nouvelle Espagne qui confine à la Louisianne nous doit servir d'exemple, il y a des habitations où on ne peut compter les bestiaux, c'est une richesse qui porte l'abondance.

liste des ouvriers.

2 maîtres charpentiers de maison qui sçachent faire des moulins à eau et à vent pour la mouture des grains aux gages de 300 à 350 liv. par an.
2 maçons, un boulanger et l'autre couvreur de 200 à 250 liv.
2 briquetiers de 150 à 200 liv.
2 menuisiers de 200 à 250 liv.
2 taillandiers de 300 à 350 liv.
2 charrons de 150 à 200 liv.
2 bourliers de 150 à 200 liv.
2 armuriers, *idem*.
2 tonneliers, *idem*.
1 douilleur, *idem*.
2 faiseurs de Merin, de 150 liv.
2 meuniers boulangers, *idem*.
2 boulangers de 100 à 150 liv.
4 scieurs de long, *idem*
2 matelots charpentiers et calfats de 360 à 400 liv.
10 laboureurs, dont 2 jardiniers de 100 à 150 liv.
6 cultivans de tabac de 100 à 200 liv.
6 eleveurs et tireurs de vers à soye tant hommes que femmes, de

40 faux-sonniers ou fraudeurs de tabac.

Si les deux charpentiers de maison ne sçavent point faire des moulins à eau et à vent, il seroit important de joindre un habile charpentier qui sçut les faire de même que des moulins à scie, qui seroient d'un fort gros revenu par la quantité de planches qu'ils fourniroient.

etats des outils, effets qu'on estime necessaires d'embarquer, et les vivres d'une année pour la subsistance des maîtres et des ouvriers ci-dessus et de 40 fauxsonniers ou fraudeurs de tabac qu'on y peut joindre.

sçavoir :

un assortiment d'outils pour chaque ouvrier.

120 pioches
220 grandes haches
40 idem, petites.
60 besches
12 faux avec les marteaux et les pierres.
50 faussilles et autant de serpes.
4 charriües avec toutes leur garnitures.
des bandes de fer et des cloux pour garnir 4 charettes.
12 rateaux pour le jardin.
12 masses de fer. } pour fendre du bois.
2 douzaines de coins, }
2 douzaines de marteaux assortis.
les ferremens pour 2 moulins à moudre les grains.
4 soufflets de forge.
2 enclumes et de gros marteaux.
4 moulins à bras pour moudre du bled d'inde en arrivant.
4 meules de moulin à eau et à vent.
6 meules à éguiser.

12 milliers de cloux assortis pour toute sorte de bâtimens.
40 serrures grandes et moyennes, et autant de cadenats.
80 paires de grosses pentures de porte.
100 paires de pentures de fenêtres.
des gonds à proportion.
des fiches, idem.
des targettes, idem.
des verrouils, idem.
4 chenets de fer, pelles et pincettes.
4 cremaillières
6 trepieds dont 4 à fourneaux, et 2 à chaudière.
4 chaudières, dont 2 grandes et 2 moyennes.
8 petites chaudières à anse.
3 marmites, dont une grande, une moyenne, et une petite.
4 casseroles assorties.
2 poëlons.
4 poëles à frire.
2 lèchefrittes.
2 ecumoires.
2 cuillières à pot.
2 grands coquemars.
12 grands couteaux de cuisine.
2 couperets, dont un grand et un moyen.
6 douzaines de couteaux à gaîne.
6 douzaines de jambettes communes.
4 douzaines d'assiettes d'étain commun.
12 plats, idem, du plus fin, pour qu'ils durent davantage.
6 douzaines de cuillières d'étain, et autant de fourchettes d'acier.
12 chandeliers de cuivre.
8 douzaines de serviettes de toille forte et commune.
8 napes, idem.

4 douzaines de serviettes un peu plus belles, avec leur nape.
12 douzaines de torchons.
4 douzaines de tabliers de cuisine.
12 paires de draps de maîtres.
40 paires de draps pour les ouvriers de grosse toille grise, assez grands pour qu'un seul drap puisse suffire en cas de besoin, et 10 extrêmement grands de toille serrée pour servir de tente et se mettre à l'abri des cousins.
12 douzaines de chemises de maître sans garniture, de 6 livres environ pièce.
24 douzaines de chemises communes pour les ouvriers.
12 pièces de toilles grise pour vestes et culottes.
2 pièces de toille idem pour maîtres.
100 paires de bas de fil, dont 80 paires de gros et le reste plus fin.
60 capots à la canadienne tous faits, de toute tailles, et d'étoffe forte et commune.
20 idem, bleus et rouges d'étoffe legere.
60 chapeaux, dont 10 fins et les autres communs.
120 paires de souliers, dont 20 paires à une semelle, et les autres gros, le tout à talon extrêmement bas.
60 fusils, avec leur bayonnette.
8 paires de pistolets.
50 sabres à un tranchant, manche d'ivoire rouge et blanc.
80 livres de poudre à tirer.
300 livres de plomb, dont 200 livres à outarde, 60 à canard, et le reste assorti.
200 livres de balles à fusil et pistolet.
600 pierres, idem.
6 selles de maître garnies de doubles sangles, et doubles courroyes, fontes, et housses rouges et bleues sans or ni argent.
6 autres de dragon garnies de mêmes.

24 bridons.
12 mords de chevaux de maîtres.
12 idem. communs
12 etrilles avec les brosses.
des harnois pour 24 chevaux de charette.
400 livres de cordage de differentes grosseurs.
60 quarts de farine.
4 barriques d'eau-de-vie en Ancre.
4 barriques de vin de grandes borderies, idem.
2 cannevettes de gros flacons d'huile.
12 barriques de sel en quarts.
2 quarts pleins de toutes sortes de graines de legumes, et pepins.
12 registres.
6 rames de papier assorti.
600 plumes à écrire.
6 canifs.
des ecritoires.
4 caisses de carreaux de verre à vitre.
1 coffre de chirurgie.
la chapelle et les ornemens de l'aumonier.
6 caisses de chandelle.

il faut tirer de Harfleur les haches, pioches et tous les outils de fer, on les y fait meilleurs qu'ailleurs.

les assortimens d'outils, armes, sabres et couteaux, de Saint Etienne en Forest.

il faut faire garnir les fusils et pistolets de jaune, et bronzer les canons.

les farnies, les toilles et la batterie de cuisine, de Nant[illegible] les eaux de vie et les vins, de Coignac.

on peut tout prendre à Nantes, mais il en coûtera un peu plus cher, il faut quand on les prendroit ailleurs y faire tout arriver, et y fretter une barque pour porter tous ces effets au Port-Louis.

on ne trouvera point dans cet état de viande salées, parceque elles seroient pourries avant que d'arriver sur le lieu de la Concession; il n'en coûtera pas le quart du prix qu'elles reviendroit à nourrir les gens de l'habitation de chasse; la raison est, que les bêtes fauves y seront abondantes les deux ou trois premières années, et que quâtre Sauvages loués à un fusil ou l'équivalant chacun par mois, leur tueront plus qu'il ne leur faudra, de boeufs, chevreuils, ours d'inde, canards, sarcelles, outardes et oyes.

la Compagnie donne toutes les marchandises d'Europe dans ses Magasins à 60 pour cent du prix de france, et prend celles du crû de la Colonie au prix du tarif ci-après, Il n'y a qu'à le lire pour voir les avantages considerables qu'elle fait aux Colonies.

Sçavoir,

la soye, depuis 5 jusqu'à 10 liv. la livre, suivant sa qualité.

le tabac de la meilleure qualité, à 25 liv. le quintal, l'inferieur à proportion.

le ris à 20 liv. le quintal.

on se contente de rapporter ici ces articles, le tarif est trop long.

Certifié conforme aux pièces originales conservées dans les archives paroissiales de Saint-Cyr (Var).

Magl. Giraud chan. curé.

correspondant du Ministère.

Paris, le 25 Avril 1868.

200

de l'Instruction Publique.

4e Division

2e Bureau.

No de l'Enregistrement.

Toutes les Lettres et Réponses doivent être adressées directement au Ministre.

P.V. du 3 Février 1868.

Monsieur, M. l'abbé Magloire Giraud, correspondant du Ministère, a adressé à la Section d'Histoire du Comité des travaux historiques, une copie de trois documents relatifs à l'établissement des Français à la Louisiane au commencement du 18e siècle, et déposés actuellement dans les Archives de la paroisse de St Cyr (Var).

La Section jugeant que ces documents pourraient vous être utiles pour l'Histoire de l'établissement des Français en Amérique dont vous vous occupez, a décidé que cette Copie vous serait adressée.

Je vous prie, Monsieur, de vouloir bien m'accuser réception de cet envoi et me dire en même temps l'utilité que vous espérez en tirer.

Recevez, Monsieur, l'assurance de ma considération très distinguée

Le Ministre de l'Instruction publique et par autorisation ;
Le Chef de la Division des Sciences et Lettres,

[signature]

A Monsieur Margry.

Paris le 8 août 1869
11 Rue du Mont Thabor

202

Monsieur le Baron,

Il y a plus de trois ans déjà que j'ai eu l'occasion de vous soumettre le projet de l'érection d'une Statue à l'honneur de Samuel Champlain né dans le département dont vous êtes un des représentans.

A cette époque vous avez pensé avec moi que si Mauzé a consacré sur les bords du Mignon, par le buste de René Caillié, les découvertes d'un Français dans l'intérieur de l'Afrique, votre département devait plus encore s'honorer d'avoir produit un personnage qui n'avait pas seulement le mérite d'avoir découvert dans l'Amérique du Nord le lac Ontario, la Rivière des Iroquois, le Lac Champlain, la Grande rivière des Outawas et le Lac Huron, mais qui en outre par sa persévérance pendant 25 ans dans l'établissement de Québec, a été réellement le Créateur de la nationalité et de la Puissance française dans cette partie du Nouveau Continent.

Vous m'avez alors, Monsieur le Baron, exprimé l'opinion que si l'on était suffisamment averti dans la Charente Inférieure des titres de Samuel Champlain à la reconnaissance et au respect du pays le département, qui rendait ~~alors~~ hommage à ~~la~~ mémoire de l'Amiral Duperré, illustré pour avoir défendu nos intérets, ne manquerait pas d'élever le monument que le mari de Henri IV, pouvait attendre de la justice

Monsieur le Baron Eschassériaux
Député de la Charente Inférieure

nationale et vous publiez à cet effet dans l'In-
pendant de Saintes en Septembre et 8bre 18
puis quelque temps après dans le Journal de
Marennes, les Lettres que j'ai eu l'honneur de
vous écrire sur ce sujet, lettres dont la plus gran
partie a été reproduite, avec quelques altérations
toutefois, dans le 9e Numéro du 1er Volume des
actes de la Commission des arts et des monumens de la Charente Inférieure.

Comme vous l'espériez, votre département n'a
pas été indifférent à ces Lettres et un de vos collègues au Conseil général M. Omer Charlet, a
que vous m'avez fait l'honneur de me le dire
demandé à l'Empereur, suivant le vœu que
ces Lettres exprimaient, de faire consacrer chez
nous la mémoire du fondateur d'une des
Provinces d'Outre-mer, que les ancêtres du Chef
de l'Etat ont gouvernées et défendues au
dix huitième siècle.

Depuis la démarche de M. Omer Charlet
les changements du ministre de la Marine et
les préoccupations naturelles à la fin d'une sess
législative semblent n'avoir pas permis de
suivre cette pensée. Cependant la Charente
ne peut oublier ainsi un projet dont l'adoption
fait déjà honneur à ceux qui l'ont accueilli.

Je viens donc vous prier, Monsieur le Baron,
aujourd'hui que la statue de l'amiral Dupe
va être posée de vouloir bien présenter de nouveau ce projet sous les yeux du Conseil général
de la Charente Inférieure et de [illegible] M.
Omer Charlet quelle réponse a été faite à sa demande.

J'insiste sur ce point d'abord en raison des considérations que j'ai fait valoir auprès de Vous dans les
lettres que vous avez fait imprimer et ensuite à
cause des circonstances qui me semblent favorables
à la poursuite de ce projet de l'autre côté de
l'Océan.

De ce côté en effet je suis persuadé que si le
département de la Charente Inférieure prenait
sur ce point une initiative sérieuse et qu'il
s'y formât dès aujourd'hui une commission
pour une souscription en vue d'une statue à
ériger à Champlain il rencontrerait dans la
population française du Canada un concours
suffisant pour payer au moins la moitié des
frais auxquels s'élèverait cet acte de justice
qui intéresse également l'histoire de l'ancienne
Colonie et de sa métropole.

Monsieur Chauveau, ancien surintendant de
l'Instruction Publique en Canada m'a promis
en 1867 lorsqu'il était à Paris de soutenir ce
projet de son crédit. Depuis cette époque M.
Chauveau a été nommé premier ministre
des anciennes Colonies françaises réunies en
Confédération. Il y a donc lieu d'espérer d'a-
près la promesse de cet écrivain curieux
de l'honneur de la race française, auquel
il ajoute par son mérite personnel qu'il
engagera ses compatriotes à prendre leur
part dans la souscription charentaise, ce
qui leur donnerait d'ailleurs la faculté d'a-
voir eux aussi à bas prix la même statue,
dont le modèle pourrait servir pour les

deux pays. — Si Québec Si Mondreal, ou quelque autre ville voulait faire e[xécuter] cette Statue, le Canada n'aurait plus qu'à payer le bronze et le Coulage [de] sa propre copie.

Les suffrages que vos concitoyens vous ont [...] rement accordés en vous nommant une [...] de plus leur député m'engagent Mons[ieur] le baron à vous prier d'obtenir également de votre [...] partement un témoignage qui prouve [...] ~~le Département de~~ La Charente Inférieu[re] verrait avec joie le Canada s'unir à [...] dans cette oeuvre de glorification

Aussitôt que j'aurais l'assurance par de[s] signatures d'Hommes importans de la [...] Charente prets à se constituer en comité [...] et à mener le projet à bonne fin je [...] me mettrais en rapport avec les amis que j'ai parmi les Canadiens et je serais heu[reux] deux fois en vérité, si, grâce à votre initiativ[e] je pouvais au moyen des souvenirs du p[...] resserrer les liens de confraternité qui existent entre les Deux pays.

Agréez, je vous prie Monsieur le Baron, l'assurance de ma considération la plus distinguée et veuillez me croire

Votre très humble et très obéissant serviteur

Pierre Margry

204

La Rochelle, le 23 Août 1869.

A Monsieur Pierre Margry, conservateur adjoint aux archives du ministère de la Marine, Paris.

Monsieur,

Nous vous sommes très reconnaissants de l'initiative que vous avez bien voulu prendre d'un monument à élever à la mémoire de Samuel Champlain, notre illustre compatriote.

Nos efforts vous sont acquis et vous pouvez compter de notre part sur un témoignage aussi efficace et aussi sympathique que celui que nous avons accordé à deux autres de nos compatriotes, Mr le comte Regnaud de St Jean-d'Angely et Mr l'amiral baron Duperré.

Au moment où le pays va élever une statue à l'illustre marin du 19e siècle, nous reportons nos regards en arrière, vers le marin non moins illustre du 17e siècle, et nous associons les deux noms dans une même pensée de reconnaissance, dans un même souvenir de gloire.

Au marin qui a donné une colonie à la France malgré les rivalités des Anglais, nous ne devons pas moins qu'au marin qui a défendu nos colonies de l'Inde contre les mêmes adversaires.

C'est dans ce sentiment de justice et d'égale admiration que nous serons disposés à concourir à l'érection d'une statue au célèbre marin de Brouage, persuadés que le pays, que les habitants de l'arrondissement de Marennes surtout tiendront à honneur de seconder vos efforts.

Nous ne doutons pas, si le Canada veut bien consacrer une somme de dix mille francs à la mémoire de son premier colonisateur, de mener à bonne fin l'œuvre patriotique que vous avez conçue.

Veuillez recevoir, Monsieur, l'assurance de nos sentiments les plus distingués.

Les membres du Conseil général de la Charente Inférieure

E. Chatteriaux, vice président — Charles Fournier, maire de La Rochelle

Dr Dusault

Prévost

Omer Chaile

Fr Garnier

Gangé

205

V. Chevallier Bz Van Vinney

Aede Delauzon

Jeneit Vallès

Gouvard

Arlet

La Rochelle, le 23 Août 1869. 206

Champlain

A Monsieur Pierre Margry, conservateur adjoint aux archives du ministère de la Marine. Paris.

Monsieur,

Nous vous sommes très-reconnaissants de l'initiative que vous avez bien voulu prendre d'un monument à élever à la mémoire de Samuel Champlain, notre illustre compatriote.

Nos efforts vous sont acquis et vous pouvez compter de notre part sur un témoignage aussi efficace et aussi sympathique que celui que nous avons accordé à deux autres de nos compatriotes, Mr le comte Regnaud de St Jean-d'Angely et Mr l'amiral baron Duperré.

Au moment où le pays va élever une statue à l'illustre marin du 19e siècle, nous reportons nos regards en arrière, vers le marin non moins illustre du 17e siècle, et nous associons les deux noms dans une même pensée de reconnaissance, dans un même souvenir de gloire.

Au marin qui a donné une colonie à la France,

malgré les rivalités des Anglais, nous ne devons pas moins qu'au marin qui a défendu nos colonies de l'Inde contre les mêmes adversaires.

C'est dans ce sentiment de justice et d'égale admiration que nous serons disposés à concourir à l'érection d'une statue au célèbre marin de Brouage, persuadés que le pays, que les habitants de l'arrondissement de Marennes surtout, tiendront à honneur de seconder vos efforts.

Nous ne doutons pas, si le Canada veut consacrer une somme de dix mille francs à la mémoire de son premier colonisateur, de mener à bonne fin l'œuvre patriotique que vous avez conçue.

Veuillez recevoir, Monsieur, l'assurance de nos sentiments les plus distingués.

Les membres du Conseil général de la Charente-Inférieure

Echallerieux
vice président

Charles Fournier
maire de La Rochelle
conseiller général

Dr Dusault

Omer Charlet

Drew. d'Estar

Fr. Garnier

Dangé

Dubois

Bouring

20

J. Chevallier

Wm Von Vinin

Ate Delaunfon

Genest

Jaubert

Fauvard

A Reb on

208

Monseigneur,

Par une lettre que j'ai reçue il y a quinze jours, Monseigneur Poirier, évêque de Roseau, m'annonce que vous souhaiteriez quelques détails sur la raison de la cérémonie, dans laquelle il se propose d'officier et dont la présence de Votre Grandeur augmenterait la solennité. Je m'empresse de me rendre aussitôt que je le peux à votre invitation.

Les Normands, comme vous le savez, ont porté au loin le génie d'entreprise, mais l'on ignore plus qu'on ne le croit généralement tout ce qu'ils ont fait de grand dans les découvertes, les colonisations et les Missions. J'espère en exposer le Tableau soit dans des Etudes séparées, soit dans un livre d'ensemble. Mais le livre qui popularise les grands faits n'est pas pour certaines classes, et une statue, une inscription gravée sur un monument, une fête, qui se répète et devient une coutume, fait connaître de ceux qui ne liront pas le livre une grande action ou toute une vie honorablement consacrée au service du pays.

C'est pour cette raison que je me propose de demander aux divers Préfets une pierre commémorative à l'honneur de ceux leur département qui ont les premiers planté la croix du Christ et le Drapeau de la France sur une terre sauvage.

Monsieur le Préfet et le Comité des Antiquités de la Seine Inférieure, sur le rapport de Mr l'abbé Cochet, Inspecteur des monuments historiques, ont déjà commencé à réaliser cette pensée sur un point et à l'égard d'un homme.

Par une décision du 7 7bre 1861 Monsieur l'abbé Cochet a été autorisé à faire placer dans l'Eglise d'Allouville-Bellefosse une table de marbre sur laquelle serait gravée une Inscription destinée à indiquer dans la métropole le berceau du fondateur de la puissance française aux Antilles.

Voici le texte de cette Inscription, telle qu'elle a été approuvée :

" A la mémoire de Pierre Blain sieur d'Esnambuc fils de Nicolas Blain sieur de Quenonville et d'Esnambuc, Baptisé le 9 Mars 1585 dans cette église de St Quentin d'Allouville, décédé aux Antilles en Décembre 1636.

" En 1626, d'Esnambuc, capitaine de la
" Marine du Ponant, s'étant établi avec
" l'aide d'une compagnie de commerce
" à l'Isle St Christophe, s'y maintint contre
" les attaques des Espagnols et les

« Envahissements des Anglais. En 1635 la Compagnie de St Christophe ayant obtenu sous le nom de compagnie des Isles d'Amérique le Privilège de s'étendre du X au XX degré au delà de la ligne équinoxiale, D'Esnambuc, devancé par un de ses lieutenants dans son dessein d'occuper la Guadeloupe, prit possession de la Martinique le 15 de 7bre et de la Dominique le 17 de Novembre, accompagné dans cette dernière île du Capitaine Baillardel. Quelque temps après D'Esnambuc mourut avec l'honneur d'avoir été le fondateur de la puissance française aux Antilles, où les Dyel de Vaudroques et du Parquet fils de sa sœur Adrienne Blain et leurs cousins les Dyel de Graville, également du pays de Caux, continuèrent son œuvre et en recueillirent les fruits. »

En examinant cette vie d'un pauvre gentilhomme chassé par la misère de la terre de ses pères, nous voyons cette existence remplie d'actes féconds en conséquences. Nous apercevons d'abord la civilisation substituée à la Barbarie ; le Christianisme élevant les races inférieures rouge, noire et jaune qui y sont nées ou amenées. — Au point de vue politique, nous voyons la richesse et la puissance que nos possessions des Antilles ont ajoutées à celles de la France ; nous remarquons ensuite dans le Chef qui nous gouverne le petit-fils d'une créole, l'Impératrice Joséphine, issue d'une Adrienne Dyel de Graville, originaire du pays de Caux. —

Et nous admirons ces actions et ces réactions des événements les uns sur les autres allant de l'ancien monde au monde nouveau. — L'homme religieux voit dans ces faits la Toute puissance de l'Infini qui, ayant le temps pour lui, tire les plus grands effets des plus petites causes.

Une partie de ces faits vous expliquera, Monseigneur, pourquoi l'Evêque de Roseau veut aller officier dans l'Eglise d'Allouville-Bellefosse où a été baptisé le fondateur de la puissance française aux Antilles. Mgr Poirier veut aller dans ce lieu qui est le point de départ de tant d'événements, bénir la pierre qui rappellera la vie si intéressante du Père des Antilles françaises et manifestera la reconnaissance des créoles.

Le vénérable pasteur, qui se fait également écouter des hommes de toutes les couleurs, veut aussi demander à Celui qui récompense les existences utiles, la récompense du Pionnier et appeler du berceau de celui-ci, la continuation de la grâce divine sur l'œuvre qu'il a commencée, sur la société nouvelle, à laquelle il a donné naissance.

C'est par ce côté, Monseigneur, que j'ai pensé que vous pourriez vous unir à

Monseigneur Poirier et lui donner la joie de vous voir assister à la Messe qu'il dira.

Il y a en effet pour Monseigneur Poirier deux manières d'aller officier dans St Quentin d'Allouville.

Il peut y aller comme un Pélerin portant son hommage et son tribut de reconnaissance. — Dans ce cas, il se bornera à faire avertir Mr l'abbé Cholet, curé d'Allouville qui avertira Mr le curé d'Yvetot, son ami.

Mais en agissant ainsi il ne rendra qu'un hommage particulier et il ne peut pas ne pas reconnaître que si l'expression de ses propres sentiments se confondait avec ceux de la métropole cette cérémonie en devenant plus générale et comme officielle, aurait à la fois un caractère plus élevé et plus imposant.

En accordant la pierre et la gravure de l'Inscription Monsieur le Préfet et son administration ont déjà indiqué qu'il s'agissait pour la Normandie d'une de ses gloires, d'une gloire nationale. Lorsque Mgr Poirier veut bénir cette pierre et demander à Dieu la continuation de ses grâces sur des pays que tant de Normands ont contribué à établir, où leurs descendants existent encore, comment ne pas s'unir dans une action, où il est évident que la Métropole

et les colonies sont également intéressées.
Ma pensée est que cette cérémonie doit se faire et que puisqu'on a manqué l'anniversaire de la Prise de possession de la Martinique, qui est le 15 de 7bre, on prenne l'anniversaire de la prise de possession de la Dominique, qui est le 17 9bre, si Monseigneur Poirier est revenu de Rome, comme il est probable sinon qu'on profite du peu de temps qu'il a encore à passer en Europe pour s'entendre avec lui et que selon le désir du bon et simple curé d'Allouville, l'évêque bénisse le marbre sur lequel sera l'Inscription, si elle n'y est déjà par les soins de Monsieur l'abbé Cochet. On prendra garde que l'Eglise soit chauffée, avec quelques calorifères mobiles ou autrement, au moins le jour de cette cérémonie, le climat même de l'Italie étant dur à Monseigneur Poirier.

Mais qui prendra l'Initiative de cette cérémonie?
Placée comme l'est votre Grandeur, il semble que cette initiative lui appartienne, puisqu'elle sait les intentions de Mgr Poirier et qu'elle peut s'en entretenir avec Monsieur le Préfet qui invitera en conséquence Monsieur l'abbé Cochet à faire tenir le marbre prêt à l'Epoque la plus rapprochée. On pourra s'entendre ensuite sur les Personnes à inviter avec M. le Baron Baillardel de la Reinty, délégué

de la Martinique, et descendant du Capitaine de vaisseau qui conduisit d'Esnambuc à la Dominique.

Le concours que je demande à Votre Grandeur de vouloir bien prêter pour que cette solemnité toute nationale et glorieuse pour le pays, puisse avoir lieu, n'est du reste pas sans précédent de la part des Archevêques de Rouen, dans l'histoire des Découvertes et des Etablissements des Normands dans les Pays d'Outremer.

En 1380 lorsque le marin de Rouen qui découvrit les côtes d'Afrique au delà du cap Bojador bien avant les Portugais, arriva à Dieppe où Charles V. l'avait magnifiquement accueilli, l'archevêque de Rouen s'en alla au devant de lui, suivi de son clergé, des gentils hommes et de la population venue de toutes les parties de la Province. La Chronique encore inédite que j'ai entre les mains dit que l'archevêque pensait Messire Jehan moult amé de Dieu et de ses saints, parcequ'il avait établi dans le principal lieu de ses découvertes "une kapelle" dédiée à Notre Dame et emmené avec lui

« Pierre li normant, moult bon clec
« pour doctriner ces païens et mécréans,
« avancer Dieu, bien parler et praiecier
« et por destruire la loy païene »

C'est également à d'Esnambuc, à un homme parti de votre Diocèse qu'est dû le progrès du Christianisme dans les Antilles. Bien plus c'est de l'Etablissement des Français aux Antilles avec d'Esnambuc que date la première bulle, qui permet à d'autres Européens que les Espagnols et les Portugais, d'aller évangéliser les terres des deux Indes.

Permettez moi donc d'espérer, Monseigneur, à moi simple historien qui n'ai d'autre titre à votre attention que d'aimer les grands actes, les hommes supérieurs et de chercher à les faire honorer, Permettez moi d'espérer que vous voudrez bien accorder à la mémoire d'un pionnier des Antilles une partie de l'honneur et des dispositions bienveillantes que témoignaient Charles V et l'archevêque votre prédécesseur au découvreur des côtes de Guinée.

Mon désir, Monseigneur, en vous demandant de vouloir bien vous entremettre pour un acte de justice plus complet n'a d'autres mobiles que des sentimens que je laisse à votre appréciation.

Comme citoyen, je n'ai que ceux que peut avoir tout le monde, le désir que justice soit rendue à tous ceux qui ont bien mérité du pays l'honorant au loin. Mais comme homme en rapport par mes études avec les colonies, je suis frappé de l'indifférence que la Métropole montre pour elles, par suite sans doute de l'ignorance générale où l'on est de ce qu'elles sont pour la nation. — Je sais ce qu'il y a de sentimens généreux dans un grand nombre de leurs habitants, ce qu'il y a d'amour pour la France même parmi les colonies qui ne nous appartiennent plus, c'est pourquoi je voudrais voir les liens de la métropole et des colonies se resserrer plus étroitement. Certains écrivains parlent d'union de tous les peuples. Mais avant, commençons par réunir et grouper les hommes de notre race, qu'ils soient ou ne soient plus sous le même drapeau.

Il y a pour obtenir ce résultat, un moyen qui me semble tout simple. Les colonies ne nous sont indifférentes que par ce qu'elles ne sont trop souvent en rapport avec nous que par le commerce et que par le reste on les ignore. Or l'on peut faire qu'on parle d'elles autrement et que les Provinces de la Métropole ressentent de la joie autant qu'une juste fierté de leurs liens avec elles.

Selon moi, si chaque colonie par reconnaissance envers le pays à qui elle doit sa première existence fondait dans la Métropole quelque prix, allouant annuellement une somme destinée à quelque bienfait, à quelque récompense des actes utiles ou vertueux pour être distribuée dans l'arrondissement où serait né son fondateur, si ce Prix était décerné par l'Institut ou même seulement par l'Académie de la Province, nul doute qu'il n'y eût déjà là un élément de popularité pour la colonie et un resserrement des liens de sympathie et de nationalité réciproques.

Mais ce n'est pas tout.

Un homme originaire des Antilles : M. Le

Baron Gobert a fondé un Prix pour le Progrès des Etudes historiques, sans que les colonies d'où il était sorti en aient profité. — L'histoire de ces colonies, comme tout ce qui se rapporte à elles, est encore ce qu'il y a de plus ignoré et rien n'est plus triste que d'entendre ou de lire ce qui les concerne.

Il y a là un Etat de choses fâcheux à modifier. Il faut exciter les écrivains à explorer ce champ d'Etudes. On pense en conséquence que si un Prix servant pendant plusieurs années de suite à récompenser des existences pures et vouées au bien était, dans une période de temps prescrite et par intermittence appliqué à récompenser l'ouvrage le meilleur et le plus propre à faire connaître les colonies, à qui ce prix serait dû — Il sortirait évidamment de cette publicité et de ces bienfaits répétés des résultats d'attachement réciproque.

M. le Baron Baillardel de la Reinty veut entrer le premier dans cette voie de rapprochement de la métropole et des colonies par le sentiment de services mutuels et par l'intérêt qui naît pour les choses mieux connues. — Il se propose de fonder un Prix qui je suppose pendant trois ans serait affecté à une espèce de Prix Montyon et la quatrième année à une Destination semblable à celle du Prix Gobert. — Mais de même que dans le premier cas le bienfait du Prix Montyon ne s'appliquerait qu'à l'arrondissement d'Yvetot et de Dieppe dont les Pierre Belain, les Dyel et Pierre Baillardel sont originaires, de même les sujets d'Etudes historiques à récompenser comme les meilleures publications faites pendant ce laps de temps, devraient se rattacher aux Antilles.

Dans cette dernière application du Prix, l'Académie de Rouen n'en serait plus la distributrice, Elle laisserait son rôle à l'Institut de France, afin que la publicité de ce qui se rattache à ces colonies fût plus grande.

Une autre raison pour charger l'Institut de ce prix, c'est que l'on se propose d'appeler les autres colonies à imiter l'exemple du délégué de la Martinique, et que si l'acte s'accomplissait dans la province seulement, cet acte isolé ne serait pas connu au dehors d'Elle. Peut-être même, quoiqu'il se continuât, en oublierait-on l'origine, comme il est arrivé de la fondation du frère du Grand Dupleix dans le Soissonnais à l'occasion de la levée du siège de Pondichéry. -

Au contraire, cette fondation se joignant à celles des autres colonies, si nous pouvons y arriver, l'action de la Métropole dans les Pays d'outremer éclatera dans son ensemble et la publicité en deviendra plus grande.

La Normandie, Monseigneur, n'a qu'à gagner à cette publicité de l'action française dans les pays d'outremer, car elle compte parmi les Découvreurs et les Pionniers de nombreux personnages dont l'action s'est attachée à l'Afrique, au Brésil, à la Floride, aux Antilles, aux vallées du Mississipi et de l'Ohio. La Normandie compte aussi des Missionnaires dans l'extrême Orient.

Ces personnages appartenant aux divers départements qui forment l'ancienne Normandie et plusieurs de votre département étant de divers arrondissements, le rapprochement qu'on veut opérer entre la métropole et les colonies, commencera par se faire entre les diverses parties d'une même province.

Voilà, Monseigneur, quelle est la signification, quelle est aussi la portée de la visite que Monseigneur Poirier doit faire au lieu de naissance du fondateur de la puissance française aux Antilles. Elle est le prélude des projets que je viens d'avoir l'honneur de vous exposer.

Ces projets qui reposent sur des idées d'un esprit généreux et élevé, vous sembleront sans doute mériter le concours de Votre Grandeur et je ne puis qu'avec un profond respect vous prier de vouloir bien communiquer les vues de M. Le Baron Baillardel de la Reinty à Monsieur le Sénateur Préfet de la Seine Inférieure, afin qu'à l'arrivée de Monseigneur Poirier tout puisse s'organiser.

J'ai l'honneur d'Être,

Monseigneur,

de Votre Grandeur,

Le très humble et très obéissant serviteur

Paris 11. rue du Mont Thabor

www.ingramcontent.com/pod-product-compliance
Lightning Source LLC
Chambersburg PA
CBHW070928230426
43666CB00011B/2350

* 9 7 8 2 0 1 2 6 3 3 6 7 4 *